U0482453

国家社科基金
后期资助项目

# 性别、身体、社会：
# 女性体育研究的理论、方法与实践

Gender, Body and Society: Theories, Methods and Practices in Women's Sport Studies

熊 欢 著

中国社会科学出版社

图书在版编目（CIP）数据

性别、身体、社会：女性体育研究的理论、方法与实践／熊欢著．—北京：中国社会科学出版社，2016.8
　ISBN 978-7-5161-8255-0

　Ⅰ.①性…　Ⅱ.①熊…　Ⅲ.①女性—体育—研究　Ⅳ.①G8

中国版本图书馆 CIP 数据核字（2016）第 116767 号

| 出 版 人 | 赵剑英 |
|---|---|
| 责任编辑 | 王　琪 |
| 责任校对 | 董晓月 |
| 责任印制 | 李寡寡 |

| 出　　版 | 中国社会科学出版社 |
|---|---|
| 社　　址 | 北京鼓楼西大街甲 158 号 |
| 邮　　编 | 100720 |
| 网　　址 | http://www.csspw.cn |
| 发 行 部 | 010-84083685 |
| 门 市 部 | 010-84029450 |
| 经　　销 | 新华书店及其他书店 |

| 印　　刷 | 北京君升印刷有限公司 |
|---|---|
| 装　　订 | 廊坊市广阳区广增装订厂 |
| 版　　次 | 2016 年 8 月第 1 版 |
| 印　　次 | 2016 年 8 月第 1 次印刷 |

| 开　　本 | 710×1000　1/16 |
|---|---|
| 印　　张 | 31.75 |
| 插　　页 | 2 |
| 字　　数 | 569 千字 |
| 定　　价 | 108.00 元 |

凡购买中国社会科学出版社图书，如有质量问题请与本社营销中心联系调换
电话：010-84083683
版权所有　侵权必究

# 国家社科基金后期资助项目
# 出 版 说 明

后期资助项目是国家社科基金设立的一类重要项目，旨在鼓励广大社科研究者潜心治学，支持基础研究多出优秀成果。它是经过严格评审，从接近完成的科研成果中遴选立项的。为扩大后期资助项目的影响，更好地推动学术发展，促进成果转化，全国哲学社会科学规划办公室按照"统一设计、统一标识、统一版式、形成系列"的总体要求，组织出版国家社科基金后期资助项目成果。

全国哲学社会科学规划办公室

# 目　　录

前言 …………………………………………………………………（1）

## 第一章　女性与体育
　　——研究背景、意义与议题 ……………………………………（1）
### 第一节　女性研究
　　——女性主义的思考 ……………………………………………（1）
　一　女性/性别研究沿革 …………………………………………（1）
　二　女性主义研究 ………………………………………………（3）
### 第二节　体育研究
　　——社会学的思考 ………………………………………………（8）
　一　什么是体育 …………………………………………………（8）
　二　体育社会学的诞生与发展 ……………………………………（12）
### 第三节　女性体育
　　——跨学科的思考 ………………………………………………（15）
　一　为什么研究女性体育 …………………………………………（15）
　二　为什么在体育中研究性别 ……………………………………（26）
　三　女性体育研究的理论发展 ……………………………………（37）
　四　女性体育研究的实践问题 ……………………………………（52）
　五　女性体育研究的跨学科视域 …………………………………（64）

## 第二章　女性体育的演进
　　——历史与文化的透视 …………………………………………（75）
### 第一节　女性体育在西方的历史演进 …………………………（76）
　一　古代及中世纪的西方女性体育 ………………………………（76）
　二　17—18世纪的西方女性体育运动 ……………………………（82）
　三　19世纪西方女性和体育运动 …………………………………（99）
　四　20世纪西方女性体育运动的发展 ……………………………（110）

第二节　女性体育在中国的历史演进 …………………… (122)
　　　　一　古代中国女性的体育生活 …………………………… (123)
　　　　二　近代中国女性的体育生活 …………………………… (133)
　　　　三　当代中国女性的体育生活 …………………………… (143)
　　　　四　港澳台地区女性的体育运动 ………………………… (155)

**第三章　女性体育的理论诠释**
　　　　　　——反思、批判与重构 ………………………… (171)
　　第一节　女性与体育
　　　　　　——女性主义理论视角 ………………………… (171)
　　　　一　体育女性主义的诞生 ………………………………… (172)
　　　　二　体育女性主义的主要流派 …………………………… (174)
　　第二节　体育中的女性与发展
　　　　　　——女性主义心理学视角 ……………………… (187)
　　　　一　女性主义对体育心理学的重构 ……………………… (187)
　　　　二　体育中的主体经验研究——女性的声音 …………… (191)
　　　　三　女性主义精神分析法——体育中的另一种声音 …… (193)
　　　　四　后结构主义理论——体育中身份认同的社会建构 … (196)
　　第三节　女性、体育与社会
　　　　　　——社会学理论视角 …………………………… (199)
　　　　一　社会学视野下的女性体育——研究的历史回顾 …… (199)
　　　　二　结构功能主义理论视角——体育中的性别秩序 …… (202)
　　　　三　冲突理论视角——体育中性别不平等、歧视与排斥 … (209)
　　　　四　社会角色理论视角——体育中的性别角色与分工 … (213)
　　　　五　符号互动理论视角——体育中的性别身份与刻板映像 … (216)
　　第四节　身体、性别与权力
　　　　　　——身体理论视角 ……………………………… (223)
　　　　一　社会的身体——身体理论 …………………………… (224)
　　　　二　运动的身体 …………………………………………… (234)
　　　　三　女性主义视角下的运动身体理论 …………………… (238)

**第四章　女性体育的研究方法**
　　　　　　——聆听女性的心声 …………………………… (246)
　　第一节　女性主义认识论 ……………………………………… (247)

一　对实证主义认识论的批判 …………………………………… (248)
　　二　女性主义研究认识论 ……………………………………… (249)
第二节　女性主义方法论及其在体育研究中的应用 ……………… (252)
　　一　对研究主客体分离的批判 ………………………………… (253)
　　二　对量化研究范式的反思 …………………………………… (254)
　　三　女性主义方法论的主要特点及其在体育研究中的应用 …… (256)
第三节　女性主义研究方法及其在体育研究中的应用 …………… (259)
　　一　女性主义研究方法的偏好 ………………………………… (259)
　　二　女性主义访谈法 …………………………………………… (261)
　　三　女性主义实验法 …………………………………………… (264)
　　四　女性主义民族志法 ………………………………………… (267)
　　五　女性主义跨文化研究法 …………………………………… (271)

## 第五章　抵抗、平等与超越
　　——女性主义的奥林匹克运动 ……………………………… (276)
第一节　妇女参与奥林匹克的历程 ………………………………… (276)
　　一　初步发展阶段（1900—1924 年）………………………… (277)
　　二　缓慢发展阶段（1928—1976 年）………………………… (278)
　　三　飞速发展阶段（1980 年至今）…………………………… (279)
第二节　女性对奥林匹克的"超越"与"重塑" ………………… (283)
　　一　升华奥林匹克的理念与精神 ……………………………… (283)
　　二　将奥林匹克的影响推向纵深 ……………………………… (284)
　　三　重塑奥林匹克的完整魅力 ………………………………… (285)
　　四　推动奥林匹克的变革 ……………………………………… (287)
第三节　奥林匹克对女性主义运动的影响 ………………………… (289)
　　一　奥林匹克是妇女解放运动的重要内容和推动力 ………… (289)
　　二　奥林匹克改变妇女的社会地位 …………………………… (291)
　　三　奥林匹克对妇女问题新的争论 …………………………… (293)
　　四　妇女在未来奥林匹克运动发展中的前景展望 …………… (294)

## 第六章　女性、体育与社会变迁
　　——城市化进程中女性大众体育的崛起 …………………… (299)
第一节　城市化、女性与大众体育 ………………………………… (299)
　　一　城市化进程中女性地位的变迁 …………………………… (299)

二　城市化进程中大众体育的发展 …………………………（301）
　　三　城市化进程中女性大众体育崛起的动力机制 ……………（304）
第二节　城市化进程中女性大众体育的特征 ……………………（310）
　　一　调查对象的总体情况 ………………………………………（310）
　　二　女性大众体育参与的人口学特征 …………………………（313）
　　三　女性大众体育参与的心理特征 ……………………………（317）
　　四　女性大众体育参与形式与行为的特征 ……………………（318）
　　五　女性大众体育设施与服务的特征 …………………………（327）
　　六　女性大众体育的文化特征 …………………………………（330）
第三节　城市、女性与发展：女性大众体育的发展战略 ………（332）
　　一　女性大众体育发展存在的矛盾与局限 ……………………（332）
　　二　多维视野下中国女性大众体育发展战略的建构 …………（334）

# 第七章　女性、体育与空间权力
　　　　——体育对女性社会空间的建构及困境 …………………（343）
第一节　女性主义社会空间的理论研究 …………………………（344）
　　一　女性主义空间研究 …………………………………………（344）
　　二　体育活动对女性空间建构的推论 …………………………（347）
第二节　体育运动对女性城市社会空间的建构 …………………（348）
　　一　体育运动对当代中国城市女性社会空间的建构 …………（348）
　　二　体育空间与女性权利：限制与争议 ………………………（355）

# 第八章　塑造与控制
　　　　——体育传媒中的性别与性别气质 ………………………（362）
第一节　体育、媒体与性别
　　　　——理论之探讨 ……………………………………………（362）
　　一　社会学视野中的大众传媒 …………………………………（362）
　　二　传媒视野中的体育 …………………………………………（364）
　　三　批判主义视野中的性别与传媒 ……………………………（365）
　　四　女性主义视野下的传媒研究 ………………………………（366）
第二节　体育传媒中的性别与性别气质
　　　　——实证之研究 ……………………………………………（367）
　　一　体育报纸对于性别的呈现 …………………………………（367）
　　二　体育报纸中的性别偏见 ……………………………………（372）

三　体育报纸对于性别气质的塑造与控制 ………………………（375）

**第九章　身体的自由与解放？**
　　　——论体育对女性休闲困境的消解 ……………………………（384）
　第一节　女性休闲的双重含义 ……………………………………（384）
　　　一　女性休闲的积极含义——"自由"与"发展" …………（385）
　　　二　女性休闲的消极含义——"失范"与"异化" …………（388）
　第二节　体育运动对女性休闲困境的消解 ………………………（391）
　　　一　身体实践与赋权（empowerment） …………………………（392）
　　　二　打破性别的二元空间 …………………………………………（394）
　　　三　抵制性别秩序 …………………………………………………（395）

**第十章　时空、人际与身心**
　　　——运动中女性身体体验的文化差异 …………………………（398）
　第一节　身体体现与身体经验的理论化 …………………………（398）
　　　一　梅洛—庞蒂的身体现象学 ……………………………………（398）
　　　二　女性主义对梅洛—庞蒂身体现象学的批判与继承 …………（399）
　第二节　运动中女性身体体验及文化差异 ………………………（401）
　　　一　感官体验 ………………………………………………………（402）
　　　二　时间和空间的体验 ……………………………………………（405）
　　　三　与他人共处的体验 ……………………………………………（408）
　　　四　对体育中身—心关系的感受 …………………………………（410）
　　　五　身体运动经验与文化差异 ……………………………………（412）

**第十一章　制度化的排斥与性别角色的"回归"**
　　　——退役女运动员再就业研究 …………………………………（415）
　第一节　中国退役女运动员再就业的制度因素 …………………（415）
　　　一　运动员再就业政策的变迁 ……………………………………（415）
　　　二　举国体制下女性运动员的人力资本 …………………………（419）
　第二节　女性退役运动员再就业中的性别角色 …………………（423）
　　　一　劳动性别分工与两性职业发展 ………………………………（423）
　　　二　退役女性运动员再就业中社会性别角色的回归
　　　　　与超越 …………………………………………………………（426）

## 第十二章　失范、暴力与性别权力
### ——体育运动中的性骚扰 …………………………………（433）

第一节　体育运动中的性骚扰：现状、危害与影响 ……………（433）
　　一　体育中"性骚扰"的范畴与现状 ……………………（433）
　　二　性骚扰的主要危害和影响 ……………………………（437）
　　三　国际体坛对性骚扰的应对与防范 ……………………（439）
第二节　失范、沉默与反抗：女性主义视野下体育运动中的
　　　　性骚扰 ………………………………………………（441）
　　一　理论探究：运动的身体与性别权力 …………………（441）
　　二　女性主义质性调查 ……………………………………（444）

## 第十三章　尴尬、恐惧与挑战
### ——酷儿理论与体育中的同性恋亚文化 …………………（447）

第一节　同性恋、酷儿、酷儿理论 ………………………………（447）
　　一　酷儿、酷儿理论的沿革 ………………………………（448）
　　二　酷儿理论的主要内容与观点 …………………………（450）
第二节　体育与同性恋亚文化的论域 ……………………………（455）
　　一　酷儿理论与体育研究 …………………………………（456）
　　二　体育实践：瓦解的异性恋意识形态？ ………………（457）
　　三　酷儿通过体育寻求身体与认同的可能性 ……………（458）
　　四　体育与同性恋亚文化的研究价值与特色 ……………（459）

**结语　新世纪女性体育研究的挑战** ………………………………（463）

**参考文献** ……………………………………………………………（465）

**后记** …………………………………………………………………（489）

# 前　言

　　进入 21 世纪，我们看到了女性社会地位的巨大改变。女性的生活方式、性别角色、社会对女性的态度以及女性对自我的认知都在发生着翻天覆地的变化，这恐怕是在百年前，为妇女解放运动而奋斗的先锋们所追求而又无法触及的。在很多领域，女性都获得了一定的政治、经济和社会权利。女性主义思潮更是一波又一波地席卷了世界，从实践、理论、意识形态上冲击着原有的性别秩序。女性参与体育的机会在全世界范围内的快速增长就是在这个背景下产生的。她们不仅站上了国际舞台，用身体表达着女性的力量、速度、智慧与理性，在日常生活里，她们也获得了参与体育锻炼的权利与机会。女性体育的勃兴，推动了妇女解放运动。女性在体育领域取得了长足的进步，但这并不意味着妇女体育参与的道路平坦、一片光明。难以撼动的男性霸权和性别不平等仍然是体育中一个挥之不去的现实问题。

　　女性在体育领域所获得的成果以及存在的问题促发了学者们对女性体育（之后逐渐发展为体育性别学）的研究。女性体育研究是一项跨学科的研究。一方面它是妇女研究的重要内容，另一方面它也是体育（社会学）研究的一个重要分支。在欧美，女性体育研究作为一门新兴的学科在 20 世纪 80 年代末 90 年代初开始发展起来，并出版了一系列具有探索性、系统性、代表性的著作，如 1987 年曼干（Mangan）和帕克（Park）编写的《从"公平的性别"到女性主义：工业与后工业时代的体育与女性的社会化》(From "Fair Sex" to Feminism: Sport and Women's Socialisation in the Industrial and Post - Industrial Era)；1994 年哈格里夫斯（Hargreaves）编写的《运动的女性：女性体育历史和社会学中的批判议题》(Sporting Females: Critical Issues in the History and Sociology of Women's Sports)；1994 年比瑞尔（Birrell）的《女性、体育与文化》(Women, Sport and Culture)；1994 年柯斯达（Costa）和顾瑟丽（Guthrie）编写的《妇女与体育：跨学科的视角》(Women and Sport: Interdisciplinary Perspectives)；1996 年安·赫（Ann Hall）

出版的《女性主义与运动的身体：理论与实践》（*Feminism and Sporting Bodies: Essays on Theory and Practice*），等等。这些著作为以后女性体育研究以及体育性别研究奠定了基础、提供了经验。

到了 21 世纪，女性主义体育研究在西方形成了一股不可忽视的潮流，尽管传统意义的研究主题对于女性主义学者来说仍有较大的影响，但探讨的问题已经超越了如何"揭示父权制的体育秩序""女性在体育运动中结构性的束缚""争取体育领域中性别平等"这些具体的主题和目标，其关注点转移到了如何建构女性主义理论和方法，来认识、指导和发展女性体育研究，促进女性在体育领域中地位的提升。学理性建设与问题研究相得益彰。

女性体育研究作为一个跨学科领域，其自省首先来自对自身理论的追求。社会学理论、心理学理论、文化批判主义理论对女性体育研究都有非常深远的影响，而女性主义则是女性体育研究最直接的理论向导。从早期生理性别（sex）与社会性别（gender）的区分，到对体育父权制度（文化）的提出，再到对身体实践（具身性，embodiment）的探讨都是随着女性主义理论思潮的变迁和走向进行调整和发展，在这个过程中逐渐形成了自由主义体育女性主义理论、马克思体育女性主义理论、激进派体育女性主义理论、社会主义体育女性主义理论、文化批判体育女性主义、后结构主义（后现代）体育女性主义等重大的理论派系。理论的重心从对女性地位、权益、角色、身份等的论述逐渐转移到对性别结构、性别文化的批判与重构。这些重大理论既是国际女性体育研究的成果，也为女性体育研究朝着学科化发展提供了重要的支撑。

女性体育研究的重要任务不仅是要在理论层面有所突破，更重要的是解决实践中所遇到的问题，为制定公正、合理的女性体育发展策略提供思路。女性如何平等参与体育运动是一个重要的主题。这里面不仅包括了女性平等地参与竞技体育比赛这个老话题，还包括了对休闲体育活动、体育健身活动、体育教育领域、体育组织的管理、职业体育、商业化体育机构、体育传媒文化机构中平等的参与权。要实现平等，首先必须要找出制约女性在体育各个领域参与的主要问题（因素），其次才能针对这些问题提出相应的策略，这是女性体育研究的一个重要内容。女性如何通过体育运动的参与来提升自我、发展自我、解放自我是另一个重要的实践问题。如果体育文化是以父权制为核心的话，那么女性在参与体育运动的过程中其实是不自觉地陷入了父权的压制，比如运动中的性骚扰问题、女性运动员退役后的就业问题、同性恋恐惧症问题（对女性运动员的歧视）、体育运动对女性身体的规训等,如何打破这种体育文化的男权主导,从女性的立场和利益出发,发展多元的体育运动形式,使体育运动更好、更有效,真正地成为提升女性健康、幸福感、自我意识、社会认同等的途径也是我们目前所面临的一个重大课题。

女性主义一向不是只停留在理论和文字层面,它具有很强的政治性和行动力,这也是21世纪体育女性主义者研究的一个方向,即把理论与妇女解放运动相关联。在"知行合一"潮流的推动下,国际领域的女性体育组织、女性体育研究学会等组织应运而生,在女性体育研究、女性体育参与和妇女解放运动中发挥了重要的作用。比如,国际妇女体育协会(WSI)于1994年成立,其宗旨是服务于妇女体育的推广与普及,为个体及群体的体育参与提供必要的知识保证与技术支持。该组织积极寻求与国际组织的合作以促进妇女体育的发展,为妇女体育的研究、发展战略的分享提供一个良好的平台。近年来,WSI在国际舞台上更加活跃。开展的项目涵盖妇女竞技体育、大众体育的方方面面。关注人群除高水平运动员外还包括普通妇女儿童、残疾人妇女儿童、有色人种妇女儿童等。参与的国家既有发达国家、发展中国家,也有较为落后的非洲国家。WSI的学术研究侧重从理论和实践层面揭示国际妇女体育的现状与问题,这些研究既有对妇女体育认识与开展的整体性、概念性研究,也有对妇女体育开展中具体问题的实践性研究,同时也有针对某一问题的各国间的合作、比较研究。可以说WSI的成立,在女性体育理论建设和社会实践等方面,对世界妇女体育的发展起到了极大的推动作用。"国际妇女与体育工作组"(IWG)也是国际上享有盛誉的国际女性体育组织,1994年,它在英国布莱顿举办了第一届"世界妇女体育大会",有来自82个国家的280名代表参加。之后,每隔四年都会举办一次世界性的妇女大会,至今已经举办了六届。世界妇女体育大会不仅为世界各国交流其女性体育发展经验提供了平台,同时对于女性体育的推广、性别知识的普及以及学术合作与理论探索作出了相当大的贡献。

在我国,女子体育受到的关注并不少,这得益于中国女性运动员在国际舞台上的杰出表现,她们为国家争得了荣誉。然而,女性体育研究作为一个相对独立的研究领域还处于一个初级的阶段。20世纪90年代初期,在奥林匹克运动的迅速传播,以及我国体育界国际间学术交流不断频繁的背景下,我国妇女体育研究开始兴起。具有国际影响力的包括凡红教授的专著《缠足、女性主义与自由:中国现代妇女身体的解放》(*Footbinding, Feminism and Freedom: The Liberation of Women's Bodies in Modern China*),董进霞教授的专著《女性、体育与中国现代社会：妇女撑起大半边天》（*Women, Sport and Society in Modern China: Holding Up More Than Half the Sky*）、包苏珊教授（Susan Brownell）的《为中国而练》（*Training the bodies for China*）一书中也有从社会性别视角对中国女性运动员的讨论。但是，这些比较系统的研究都是在海外进行的，且专著都为英文版本。国内本土的、专著性的、影响力较大的女性研究并不多见。

进入 21 世纪以来，女性体育研究在中国出现了星火燎原之势，在知网上以"女性体育"为主题进行论文检索，从 2000 年至今大概能查到 900 多篇论文，主要集中在"女性大众体育的参与调查""女性体育与健康研究""女性体育经济消费调查研究""女性竞技体育""女性体育教学"以及"女性与体育文化（奥林匹克）研究"等，这说明学术界对这个领域的关注度在不断地提升，我国女性体育研究成果总体上呈上升态势。值得注意的是，女性体育研究成果与重大国际赛事之间的相互关系。如 2008 北京奥运会的前 3 年，女性体育研究成果直线上升，2009 年达到了历史新高。随着奥运热的退却，北京奥运后两年的研究成果稍有下降，但 2012 年的伦敦奥运会再一次带来了女性体育研究的高涨。这些现象表明，大型国际赛事的举办是推动女性体育研究的重要因素之一。

经过十几年的发展，我国妇女体育研究，其关注度虽有所增长，但与同期国际女性体育研究相比较，还存在以下一些主要问题：（1）近年来，国内刊物关于女性体育研究方面的学术文章虽不少，但多是一些描述性或简单数据展示的文章，缺乏有深度的研究，特别缺乏有代表性的、理论基础扎实的专著。（2）研究方法、研究视角比较单一，或是用问卷调查现状，或是综述性的文献梳理；研究视角多立足于传统的历史社会学整体观与系统论，社会性别视角在研究中体现不足。（3）缺乏一个较有影响力的、较独立的学术研究组织，以及一支专门从事女性体育研究的学术队伍。这些"不足"主要来源于两个方面的忽视：一个忽视来自于女性主义研究和性别社会学研究领域。虽然女性主义已经渗透到了很多学科领域，比如政治学、法学、历史学、文学、心理学、性学、教育学等，并在各个学科中得到深化，但是体育研究仍处于女性/性别研究的边缘；主流女性/性别学还是围绕着女性的经济、政治、社会、文化地位而展开，对女性体育的社会、文化、政治功能缺乏深刻的认识，这在一定程度上造成了女性主义研究者和社会学家对女性体育研究的忽视。另一个忽视来自体育研究领域。虽然在体育社会学研究领域，女性作为体育群体受到了一定的关注，一项对 1997—2006 年我国体育社会学研究主题与方法的现状及发展趋势进行的调查，在群体研究中（占总研究量的31.9%），以女性为研究对象的占11.3%，但这些研究大多仍停留在把女性作为一个体育群体来进行社会学分析，运用女性主义理论视角研究女性体育的论文并不多见。男性主义思维定式与话语权仍然操控着体育社会学研究的主流，缺乏真正意义上的女性体育的研究。

我国是妇女体育大国，拥有着众多的女性人口，解决广大妇女的体育参与问题是我国从体育大国走向体育强国的必由之路。从竞技体育的角度来讲，我国拥有众多优秀的女性运动员，中国女运动员撑起了我国奥运夺金任务的大半边天，对我国竞技体育大发展起到了极大的推动作用；从大众体育的角度来看，解决广大妇女的体育参与问题，有利于增加我国的体育人口，推动全民健身计划的实施，提升中华民族的人口素质；而从学术的角度来看，女性体育研究不仅能丰富体育学研究，还可以从一个具体、深入的视角反映整个社会中的性别现象，对于女性主义理论的建构也将起到重要的补充作用。显然，我国女性体育的研究与我国体育实践的发展还不相适应，与建设体育强国的要求还存在较大的差距。要实现新时期的体育发展战略目标，有必要加强有关女性体育的研究工作。

值得欣喜的是，2013年11月在"第四届北京大学人文体育高层论坛——体育·女性·中国梦"上，"中国社会性别与体育专业委员会"（CGSS）成立，它是隶属于中国体育科学学会下的体育社会科学分会。它的成立，将为女性体育、性别与体育研究以及学科建设提供有效的组织工作，为女性体育研究的国内国际交流提供一个新的平台。

在CGSS成立大会上，与会学者形成了一个共识：虽然女性/性别体育研究范畴在扩大，研究内容在丰富，研究数量在上升，但是在中国学界，女性/性别体育研究还没有一个系统性的、概论性的、学科性的梳理。由于没有一个理论和方向性的指导，所以导致了研究者视野的局限，很多研究无法更加深入地去分析与揭示关于体育、身体、性别的本质问题，重复性的研究较多，而具有开创性的研究很少。缺少系统、全面女性/性别体育研究学理性的指导，是目前我国女性/性别与体育研究质量提升与学科发展的一个瓶颈。

结合近十年在国外对女性/性别学的学习与女性体育的研究，笔者拟就女性主义以及性别学视角下的体育研究的重大理论和实践问题进行系统的梳理，为我国女性/性别体育研究的学科建设，做些有益的探索。本书的写作宗旨是：以女性主义性别视角、范畴、方法来审视体育领域中已有的知识建构；通过系统的女性主义性别知识梳理，来揭示女性主义对体育领域中性别、身体与社会权力关系的认知；以理论与实践相结合的方式，在批判与反思中重建与传播体育中性别平等的主张；以开放性的国际视野，整理当前国际女性/性别体育研究的主要议题，推介女性/性别体育研究的理论与方法。围绕着这一宗旨，本书的具体目标包括：

（1）从跨学科的视野来说明女性体育以及体育中性别问题的现实与理论意义，特别是它们对于社会性别研究、体育研究以及人文社会科学的特殊贡献。

（2）系统地介绍和梳理女性体育发展历程，以及女性体育研究中的重大理论和实践问题，从纵向上把握女性体育（研究）在中、西社会历史文化进程中的角色与地位。

（3）以女性主义的视角、立场为基础，结合相关学科、研究视域、理论流派和方法论，对女性/性别体育研究的核心概念、学科基础、理论流变以及研究趋势进行探讨，同时探索一种真正符合女性特点的女性/性别体育研究范式与路径。

（4）通过一系列较有代表性的、具体的议题与实证研究，来确定性别建构与体育制度、性别制度以及社会文化之间的联系，为体育中性别的不平等与性别等级制度寻求解释。

（5）帮助读者更好地理解女性体育的特征、意义与发展趋势；同时也让我们看到女性体育研究所取得的成就和存在的不足，在理论、方法和方向上给后来的学者以启发。

在目标的指导下，本书主要包括两大部分内容。由于目前还没有关于女性体育研究系统性、学理性的文献，因此本书首先花了一定笔墨在学科、历史、理论背景上总结、归纳了女性体育研究通识性的知识，在此基础上提出了对女性体育研究视域、理论和研究范式的建构；其次是以前面的知识为基础和指导，针对具体的问题和议题，进行了实证或理论性的探索和反思。

本书共十三章：第一章分别对女性/性别研究和体育社会学这两大学科的基本脉络进行了梳理，厘清一些关键的概念，阐明了女性体育的研究背景、研究意义以及研究主题。第二章围绕着"女性体育的历史演进"，通过对女性体育运动在中、西历史文化演进过程中的梳理，揭示了性别、阶级和社会结构对于女性体育运动发展历程的影响。同时从社会性别的角度，展示女性的运动经历，重新还原女性在体育运动历史中的"身影"。第三章、第四章是本书的核心部分，从女性体育研究的两大基石——理论以及方法论展开。第三章以女性主义理论、女性主义心理学理论、社会学理论、身体理论探讨了社会理论对女性体育的诠释，第四章以女性主义的方法论为起点讨论了女性体育研究的建构与路径。第五章到第十三章则是以具体的女性体育研究实践为基础，通过九个相互独立又相互关联的研究议题分享了一些研究经验，探讨了如何从社会性别的视角、多元的理论以及女性主义的方法去揭示我们周边的女性/性别与体育的社会现象，为"性别、身体与社会"研究的建构提供理论和现实的依据。"女性主义的奥林匹克运动"（第五章）从历史、宏观的层面反映了女性主义运动在体育领域的抗争和成就，为我们描绘出国际女性体育发展的概貌。"城市化进程中的女性大众体育的崛起"（第六章）则是基于本土化的视角，从社会系统论出发探究了当代中国社会的巨变对于草根女性体育参与的影响与动力机制，从而揭示了女性、体育和社会变迁三者之间内在的互动关联。"体育对女性社会空间的建构及其困境"（第七章）从性别化的空间权力理论出发分析了体育运动如何打破原有的二元性别空间秩序，为女性群体建构起一种新型的社会空间。"体育传媒中的性别与性别气质"（第八章）以体育传媒为切入口，揭示了体育文化和意识形态如何建构、维持了传统性别气质，同时也批判了体育传媒对性别气质的塑造实际上是对不平等性别关系以及体育性别文化的控制。"女性休闲生活中的体育经验"（第九章）和"女性身体运动体验的文化差异"（第十章）则相对微观，分别从理论研究和实证研究角度，通过女性个体在体育运动中的身体经验来阐释体育运动对于传统女性休闲活动困境的消解，以及对女性身心自由、赋权与解放的意义。"退役女性运动员再就业问题研究"（第十一章）从性别制度与性别角色讨论了当今中国退役女运动员的再就业困惑，以及她们在完成体育运动职业后性别身份的转变。正如社会学家们所说体育既是"好孩子"也是"坏孩子"，体育运动对女性来说有正面积极的意义，也会有负面的影响，"体育运动中的性骚扰"（第十二章）则是体育运动中失范、暴力以及性别权力关系的完整展现。性骚扰不仅对她们的身心造成了极大的困扰，而且使她们在体育场域内、在特殊的性别权力关系的压迫下成为"沉默的羔羊"，从女性主义视角来看性骚扰的实质就是一种"身体政治"，是一种强势权力对弱势群体的剥削与压制。"酷儿理论与体育中的同性恋亚文化"（第十三章）或许给我们提供了打破这种性别"桎梏"的新思路。虽然同性恋文化仍然属于一种体育亚文化，然而它以开放的性学视角、解构的思维、独立的批判精神引起了我们对体育运动文化制度的进一步反思，同时成为女性主义、后现代主义挑战主流体育性别制度、性别权力的有力"武器"。

总体而言，本书希望从学科建设、理论、方法与实践四个方面为从事女性体育/性别与体育研究的同人们提供一些启发性的思路，同时也期待通过本书，会有更多的学者以人文关怀为己任、以既尊重多元而又关注弱势为原则，从不同学科、不同领域更加广泛和深入地关注女性体育以及体育中的性别问题，实现"百家争鸣""百花齐放"的新局面。

熊 欢<br>2015年11月　广州

# 第一章　女性与体育
## ——研究背景、意义与议题

女性体育研究是一项跨学科的研究。一方面，它是女性主义研究的分支，其目的是以体育作为一个特殊的视角或突破口去研究和讨论社会中的女性和性别现象，其认识论、方法论、理论框架都可以归属于女性主义研究体系；另一方面，女性体育研究也是体育社会学的一个重要主题，体育社会学非常关注体育中所出现的不平等、排斥、分层、文化霸权等社会问题，而性别是导致这些社会问题出现的主要来源之一，因此体育研究者常常围绕性别来讨论体育问题。女性主义研究与体育（社会学）研究是女性体育研究的两大主要学科基础。因此，本章首先梳理了这两大学科的基本脉络，在此基础上阐明女性体育的研究背景、研究意义，探讨了女性体育研究的重大理论和实践问题。

## 第一节　女性研究
### ——女性主义的思考

女性研究/妇女研究自 20 世纪中期成为一个较独立的学术领域以来，经历了飞速的发展，其研究视域不断拓展、研究内容不断丰富、理论流派层出不穷，女性研究已经不仅仅是一个研究女性问题的学科，而逐渐成为一种看待我们周围生活世界的视野、方法以及态度。女性研究的成熟与发展为女性体育研究奠定了坚实的基础。

### 一　女性/性别研究沿革

女性研究（Women's Studies，也被称为妇女研究）是以女性为对象的跨学科综合研究领域。它主要探讨妇女在政治、经济、文化、教育和家庭生活等领域中的问题。一般而言，女性研究包括了女性主义理论、妇女史、妇女文学、妇女健康、女性文化以及社会学、人类学、政治学、新闻学等社会科学和艺术、哲学等人文学科中与女性相关的研究课题。

虽然与女性相关的研究很早就已经出现，但一直到20世纪60年代西方的第二波女权运动时，女性研究才正式被承认为一个独立的学术领域。美国在20世纪60年代举办过女性学术讨论和讲座。70—80年代，世界不少国家的高等院校相继开设了有关妇女问题的课程。美国、西欧、日本等还成立了有关妇女研究的学术组织和团体。80年代后期，在妇女研究中逐渐形成了一些分支学科。例如，侧重探讨妇女群体与各种社会因素关系的女性社会学；研究从古至今的妇女状况和妇女理论的女性史学；研究女性解剖、生理、病理、心理的女性人类学；对女性前途做出预测并提出对策方案的女性未来学，等等。探讨男女之间的社会共性和社会差异性，阐明妇女与立法、妇女与婚姻家庭、妇女就业、妇女生理卫生与保健、妇女心理与成才、妇女教育、妇女道德、女性美、妇女与人口诸方面的问题。在这些研究中，研究者广泛采用了哲学、历史学、人类学、经济学、教育学、法学、伦理学、社会学、家庭学、人口学、美学、生理学、心理学等学科的成果，逐步形成了自身的理论体系，并促使女性研究不断向着跨学科方向发展。但无论是与哪个学科的结合，女性研究的核心价值都是站在女性立场上，强调女性视角、经验、意识、出发点和目的，反对男性对女性压迫与摧残，力争获得同男性平等的生存与发展空间。

在21世纪的今天，很多人认为男女已经很平等了，女性已经取得了实质性的解放，不再受男性压迫；有的人甚至认为女性的地位已经超过男性，成为社会的强势力量。这个观点显然是肤浅、表象的。虽然从世界范围内来看，女性在很多方面，比如教育、经济、性等方面都取得了一定的自由，这为女性创造了新的生活方式，但在这些新的生活方式中产生了很多新问题，而这些新问题变得更为复杂、隐蔽。到了90年代，越来越多的研究者注意到仅以女性为研究对象可能不能完全揭示女性问题，因为女性的生活状况绝不简单是她们个人的事，两性的社会生活是不可分的。因此，要更好地研究女性，除了关注女性经验，也要关注男性经验，特别是要讨论导致两性间不平等的社会机制。由此，女性研究逐渐向性别研究（gender studies）拓展，其与女性研究最大的区别在于性别研究不仅研究女性本身，还把两性和两性关系也纳入了研究视野。但是目前，女性研究和性别研究的学术边界还并不清晰，研究内容有一定重叠，研究理论也都脱胎于女性主义理论。一些学者提倡用"妇女与社会性别学"的提法，以避免湮没妇女主体。① 当然也有一些学者认为性别研究应该去男性中心或女性中心立场，从代表部分群体利益的研究走向具有普世意义的学术研究。但是由于性别研究的理论和实践渊源均来自于女性主义，因此无法完全实现"价值中立"的研究立场，女性立场仍然是其核心。

中国女性研究是20世纪80年代中期"妇女问题"研究的产物，其发展大致有四个特点：第一，深受全球女性主义运动影响的同时也十分关注中国社会特有的本土化问题。第二，改革开放及社会转型深刻地影响了其研究内容和理论发展。1995年世界妇女大会在北京的召开将妇女研究从隐性变为显性，从描述性研究转向概念和理论建设。第三，强调以实施和资料为依据，着重于女性经验的拓展。从1990年起，全国妇联和国家统计局开始了每十年一次的"中国妇女地位调查"，为数据和资料的累积奠定了基础。同时大量的以个案为研究和口述史料为基础的质性研究拓展了理论空间。第四，虽然女性/性别社会学已经受到关注，但是研究的学者主要是女性，缺少两性对话，也意味着由男性占主导的社会学界缺少整体性的知识反思。②

纵观近30年中国女性/性别研究的发展，我们可以发现以下变化：首先，在研究立场上以价值中立为主转变成价值中立、女性主义共存，甚至出现了某种女性主义的倾向；其次，在研究理念上，妇女由一种"特殊角色"逐渐转变成研究的"主体"或"核心"；再次，在研究方法上，对策研究的主倾向被打破，形成对策研究、纯学术研究、参与式研究三足鼎立的局面，而参与式研究正在成为中国女性社会学研究方法的一大特质；最后，在研究内容方面，20世纪80年代以"问题研究"为主，90年代上半叶以对"女人"研究为主，而从90年代下半叶开始，"性别"研究成为重点。③ 中国女性/性别研究已经不再仅仅局限于探讨妇女群体与各种社会因素的关系，而是要建立从概念、视角、理论、认识论、方法论为一体的学科体系，它的建立对于女性/性别在各个社会科学领域的研究有着重要的指导意义。

## 二 女性主义研究

女性/性别研究的形成过程就是一个研究立场、目标、视角与概念的

---

① 杜芳琴、王政主编：《中国历史中的妇女与性别》，天津人民出版社2004年版，第12—13页。
② 佟新：《30年中国女性/性别社会学研究》，《妇女研究论丛》2008年第3期。
③ 王金玲：《中国大陆女性社会学的发展与建设》，《思想战线》2002年第1期。

建构过程。而女性主义作为一个理论学派以及社会行动在这个过程中起到了至关重要的作用。要澄清的是并不是所有关于女性的研究，或者是关于性别的研究都可以被称为女性主义研究，女性主义研究有其自身的世界观、目标、原则和任务。

### （一）女性主义的世界观

一个学科的建构，一定要有一个主要理论的支撑。女性/性别研究的主要理论来自于女性主义，而之所以被称为女性主义，是与其世界观与研究立场息息相关的。虽然女性主义理论者之间对于其存在必要性、贡献与概念意见不一，但是她们基本上都认为在这样一个跨历史跨文化的普遍存在的社会结构当中，女性在政治、经济、文化、思想、认知、观念、伦理等各个领域都处于与男性不平等的地位，即使在家庭这样的私人领域中，女性也处于与男性不平等的地位。在传统思想文化中，认为这种男尊女卑的性别秩序不仅普遍存在，而且是不会改变的，因为它是自然形成的社会现象。而女性主义却认为，这一性别秩序既不是普遍存在的，也不是永不改变的，因为它并不是"自然形成"的，而是由社会和文化人为建构起来的。由于以男性为主导的社会并不会自动改变其性别权力结构，女性们则只能通过挑战和改变男性主导地位的途径来改变自身的社会地位。

作为一种哲学，女性主义向人们在日常生活中的常见观点进行了挑战，它是一种对世界进行思考的方法；作为一种运动，它也是一种对世界采取行动的方法。女性主义既是个人性的，也是政治性的。在个人层面，它强调女性体验的合法性；在政治层面，它重点在于让女性明白自己在社会中受压迫的居于从属地位的生活情境，并试图改变这种情境。女性主义的信念是：所有人都应被当作人来对待，不能由于他们的性别、种族、阶层或性取向不同而有所不同。它建构了一套理论，目的是要解释女性所受压迫的性质、来源以及这种压迫在社会实践中的作用。同时，女性主义具有理论和实践的双重性，女性主义的含义并非只是来自学术著作，而也是来自世界各地一代代女性的体验与行动。正如伯奇（Bunch）指出，女性主义面对的是人类生活中所有的问题。[①] 女性不受压迫的自由不仅涉及公平问题，而且也涉及女性应当有自由选择，且有权利来控制自己的生活。主张女性主义不等于反对男性，而是要取代那种传统的、用明显的男权主义来面对世界的方法。

---

① Bunch C. *Passionate Politics: Feminist Theory in Action*, NY: St. Martin's Press, 1987, p.16.

### （二）女性主义研究的目标

大多数女性主义观点都基于三个主要目标：

第一个目标是与社会变迁相联系的，是要矫正女性的生活体验被掩盖和歪曲的状况。比如，人类社会基本忽视了女性在历史变迁过程中的作用，这造成了历史画面的不完整。如果把女性的因素放在历史研究中一定会有新的发现，从而对现代社会的变迁产生不一样的影响。

第二个目标是要让女性能控制自己的生活与身体，从而获得平等、有尊严和自由的选择，比如挑战生育权、堕胎权、教育权、家庭暴力、孕妇留职（maternity leave）、薪资平等、投票权、性骚扰、性别歧视与性暴力等问题，在生活的各个方面都能掌控自己的命运。

第三个目标是要消除社会中一切不平等的压迫，因此要了解性别不平等的本质，特别是性别政治、权力关系与性倾向（sexuality）等的不平等，从而消除歧视、刻板印象、物化（尤其是关于性的物化）、家务分配不公、压迫等现实问题。

在很多领域，女性主义都具有一种革命性的倾向，但正如上述目标所表明的，它也体现了基本人权的哲学思考，只不过是把女性与性别作为其中心议题。女性主义理论以研究个人的经历为基础，与其他批判性理论相仿，女性主义理论同时带有强烈的意识形态，但同时，它们也倡导在研究中克服单纯地关注个人的倾向，通过个人的经验来进一步理解社会中经历相似的一类人的共同遭遇，由此使分析问题的视角从研究个体行为拓展到更加广阔的社会层面上。

### （三）女性主义研究的原则

第一，女性主义研究强调必须具备女性立场、女性视角、女性意识、女性经验、女性出发点、女性目的，但它不认为女性是一个有别于男性的阶级，也不与男性对立，更不视男性为敌。它力图反对父权家长制对男女两性的压迫，力争与男子一起共同获得有利的生存与发展机会。

第二，女性主义研究在关注女性的被剥削、被压迫、被边缘化的同时，也重视女性在历史和现实中的功能与作用，力求探寻、证实和开发妇女在促进社会发展中的能动作用。

第三，女性主义研究虽然有性别倾向，但也要发展男性研究，因为只有这样才能加强、完善、健全学科体系。

第四，女性主义研究不仅要从跨历史、跨文化、跨社会制度的视角来研究女性/性别的普遍问题，还要建立本土化的"话语"体系，这样才能使中国女性与其他国家和地区女性生存与发展的特殊性与差异性凸显出来。

**（四）女性主义研究的任务**

1. 从性别制度、性别权力关系角度打破二元分割的认识僵局

女性主义研究试图从劳动性别分工、公私领域的区分、性别身份等概念来揭示父权制下的性别意识形态是如何掩盖了女性的劳动，并使女性在家内/家外的劳动和作用处于次要地位。性别意识形态将两性劳动、工作和作用赋予了不同价值，男性被放在那些具有更多机会和更多优势的地位上，从事那些被认为更具有价值的公共活动；而女性则被永久地安置在那些没有机会、被视为带有私人性的岗位上，即使女性参与公共事务，也被看作是私人或家庭活动的延伸。性别劳动分工的等级化、公域与私域的等级化是性别制度不平等的最根本原因，在此基础上产生了男性霸权的性别意识形态。虽然社会的变迁改变了性别的劳动分工状态和公私域的边界，但是还没有根本改变性别意识形态，因而也无法改变性别关系不平等的状态。

2. 用性别角色理论重构女性在家庭、国家以及社会中的地位以及性别身份

个人、家庭和国家是社会科学研究中的分析单位，也是探讨女性社会地位的三个主要领域，性别角色理论是其主要理论视角。性别角色理论认为人类从性别角色进行分工是社会有序化的重要方面。而女性主义者则认为社会性别角色、性别角色期待与性别认同一起导致了两性间权力的不平等，因此要打破这种性别秩序，则需要重新审视性别角色。新中国成立30年来，通过国家力量完成了新的对女性性别角色以及性别身份的叙述，这种叙述打破了传统的性别分工，使女性承担起社会劳动者的新角色，而这种新角色在至少两代人的生命周期内完成了自我指向的性别身份，具有延续性和一致性，并表现在妇女定位自己的性别身份为"社会劳动者"，从这个意义上讲，女性社会角色得到了根本性的逆转。但是，女性主义者同时也意识到中国30年的妇女解放运动并没有改变女性在家庭中的角色：首先女性没有从养育后代的"自然角色"中解放出来；其次家庭利益掩盖了性别利益；再次家庭性别规范仍然是男人养家、女人持家。这造成了中国城市夫妻的社会性别角色依照家庭外部"国家人"、家庭内部"男主外、女主内"的双重标准的建构，因此女性肩负三重重担：为国家、持家和养

家；而男性则承担单一的职责：为国家作贡献①，这充分体现了性别关系的不平等。

3. 从性别气质来考察和批判性别的历史、文化、社会建构与解构

女性主义者认为性别气质是历史和文化积淀与积累的结果。在父权制社会中，男性统治通过教会、国家和学校得以延续。现代倾向于技术和理性的男性气质借助资本主义发展的文化变迁、男性职业、城市的成长和强大的国家政权而得以发展。中国历史中的性别秩序有其本土特征，有强调其自然属性和阴阳并存的方面；同时儒家思想则以封建统治的方式强化了等级化的性别秩序。在实践层面上，儒家文化对男性思想和女性身体进行控制，以生育文化来维持统治秩序。女性主义者通过重新书写中国妇女史来挑战传统历史观，赋予女性主体性，从而从历史上解构性别气质。文化对性别气质的建构也是女性主义研究比较关注的焦点。它们认为在父权文化中，社会文化通过语言、身体等塑造了男强女弱的性别气质，从而维持了性别秩序。女性话语权的缺失，使她们不能很好地叙述自己的生活经验，因此需要把女性主体都加到性别知识的叙述中，才能对以男性为中心的话语体系进行挑战。除此之外，文化对身体以及性的建构，使女性被描述为被动、压抑和从属角色。女性主义者倡导女性身体和性的解放来解构文化对性别气质的建构。性别气质同时也是在社会化的过程中被社会成员内化的标准。家庭、学校和大众传媒对性别气质的塑造都起着重要的作用，因此需要在各个环节，对性别刻板印象进行挑战。

4. 从女性个体经验反映女性内部因种族、阶层、年龄、文化等因素所造成的差异

随着后现代主义的出现，女性主义逐渐强调男女两种性别特征的非自然性和非稳定性，及男女两性人格是多元的。像弗洛伊德所说的，没有纯粹的男性，也没有纯粹的女性，它试图推翻原有的男女二元解构模式，建立一个两性特征的多元体系。女性主义认为没有统一的或规律性的理论能够完全反映性别平等问题，因为差异是永恒的，始终存在的。差异不仅存在于男女之间，而且存在于女性内部，不同民族、种族、收入、职业、年龄、文化水平的女性，生活经历都不同。因此要实现真正的平等，必须研究女性内部的差异，关注所有人群的特征，特别是弱势群体，只有从个体经验出发才能全面描述女性的生活状况和社会地位，理解性别关系，争取性别平等。

---

① 佟新：《30 年中国女性/性别社会学研究》，《妇女研究论丛》2008 年第 3 期。

自新中国成立以来，女性研究在我国人文社会学领域已经占有"一席之地"，然而相对于其他的人文科学，它仍还处于"幼儿"阶段。其主要原因在于女性/性别研究是一个跨学科的研究领域，它的成熟与发展面临着两方面的压力：既要继承其他学科的优秀成果，同时也要摆脱其他学科的约束，形成自己的一套理论和实践体系。但我们也欣喜地看到女性/性别研究的不断发展也为其他人文社会学科注入了新的活力。女性/性别研究的发展需要加入更多元的研究对象、内容和视域，只有在不断借鉴、吸收、跨学科合作的基础上才能使其"繁荣"下去，也才能从"边缘"逐渐走向"中心"。女性体育研究/体育与性别研究无疑为女性/性别研究开拓了一个新领域。

## 第二节 体育研究
### ——社会学的思考

女性体育研究的产生从严格的学科背景来看是体育社会学的一个分支主题。因此，我们在讨论女性体育/性别与体育这个话题之前，首先要了解什么是体育、我们为什么要研究体育、社会学对体育的思考是什么，在这个背景下才能更深入地探讨体育与女性/性别这个话题。

### 一 什么是体育

什么是体育？对于这个问题，几乎每个人都能说出一些自己的看法。在我们生活的空间里，体育无处不在。但对于"什么是体育"这个问题，不同的人在不同的历史阶段和文化背景下，对它的理解和认识都不一样。

古希腊是西方体育之源。在古希腊的文献中，涉及体育内容的著作很多。公元前10世纪的荷马史诗，公元前5世纪至公元前4世纪的教育家、思想家、哲学家，如苏格拉底、柏拉图、亚里士多德等人的著作中，对体育都有诸多论述。概括起来，有关体育的基本术语只有"竞技"（athletics）、"训练"（training）、"体操"（gymnastics）等几个词。这些词汇都与身体的运动有关，但没有明确地出现"体育"一词。体操可能是当时与体育意义非常接近的概念。柏拉图认为体操是"身体训练的理论和方法体系"，可以指一切健身运动或健身术，是健身运动的总称。亚里士多德认为体操是教育的一种方式，体操有助于培养人的勇敢且有利于健康，从道德和体质对个人的发展是有利的。亚里士多德主张把竞技作为体操的手段，但是他反对专门的竞技训练。可见，当时人们对体操的认识和后来的体育（physical education）有同工异曲之处，都包括身、心两个方面。

古希腊对体育的基本认识一直变化不大，古罗马承袭了希腊文明，而欧洲中世纪，由于禁欲主义的控制，人们不能从积极的方面去讨论身体的发育，因此在一个相当漫长的历史时期，西方对体育的自觉认知和讨论都不能与古希腊时期的繁荣相提并论。

西方思想界自文艺复兴以后，才开始对体育有一定的阐述，它与古希腊时期有关体育活动的认知是一脉相承的，更确切地说，这些观点都是围绕着身体—心灵教育这一主线进行的论述。在这个时期，首先，人们开始抛弃精神领导身体的观点，开始意识到灵肉一致，因此体育在教育和社会生活中的价值重新得到肯定；其次，"健全的思想寓于健全的身体"这一理念重新得到重视；再次，人们开始注意到身体成长与教育的关系，体育开始把教育学与医学作为自己的学科基础。

1762年，卢梭在法国出版了《爱弥儿》一书。他使用"体育"（physical education）一词来描述对爱弥儿进行身体的养护、培养和训练等身体教育过程。洛克也是早期关注体育教育的思想家。洛克认为应该从体育、德育和智育三个方面培养年轻人。他的关于对体育教育的理论主要出自于《教育漫话》这本书。洛克在这本书中的第一句话就是"健康的精神寓于健康的身体，这是对于人是幸福的一种简短和充分的描绘"[1]。从这一引语，我们可以看到洛克指的健康是以身体健康为基础的。另外，洛克提出了绅士体育，这表达了新兴资产阶级在17世纪的教育要求。绅士体育的目的就是要通过体育、德育、智育等世俗教育把资产阶级的子女培养成为与世俗规则没有多大区别的新贵族——绅士。他主张把绅士体育的内容作为体育手段，教育目标是培养有德行、有才干、善于处理自己事业的绅士。在体育锻炼和保健卫生方面，他提出了一套符合当时科学水平的主张和建议。他提出的锻炼内容有当时上层社会流行的游泳、划船、骑马、击剑、舞蹈和旅行，他还基于自己的医学修养提出了一套科学的保健主张，这在禁欲主义仍有强烈影响的时代是很有意义的。

托马斯·阿诺德是另一位现代体育教育的启蒙者，他被西方认为是对顾拜旦奥林匹克思想的产生影响最大的人。阿诺德在体育方面的功绩在于通过对学校的改革，把英国传统的竞技游戏引入学校，初步形成学校体育的体系。阿诺德生活的时代是英国的转型期，人们的精神和身体极度的疲

---

[1] ［英］约翰·洛克：《教育漫话》，傅任敢译，人民教育出版社1985年版，第71—80页。

急和脆弱，绅士教育的理念也岌岌可危。阿诺德想通过身体教育来改善人们的体质和精神状态，因此他把体育活动作为一门学科在学校广泛地推广。本来英国传统的户外运动（游戏和比赛）就在拉格比之类的学校中占有重要地位，最风行的是板球、橄榄球、划船和狩猎。阿诺德充分利用学生自治，使这类运动组织化。1839年10月阿代莱德女王访问拉格比学校。此后其他学校竞相效仿，使有组织的竞技游戏成为学校教育的一部分。随着英国的殖民扩张和对外发展，"阿诺德方式"传到世界各地，对世界竞技运动产生了强烈的影响。近代奥林匹克创始人顾拜旦到英国旅行时，很赞赏英国学校的竞技游戏，后在法国学校中也推广了这种竞技游戏。这时候的体育开始渐渐脱离个人的身体锻炼，而逐渐步入制度化的过程。但是我们可以看到，人们对体育的理解也主要是集中在体育对人类身体—精神的功能上。总的来说，17—18世纪，人们主要从教育角度去认识体育，确立了体育在学校教育中的地位，奠定了体育教学的组织、手段、教材体系和教学方法的基础。

19世纪，近代实验科学开始成为探索体育运动内在规律的有力工具。德国人菲特（1763—1836年）于1794—1818年出版的《体育百科全书》，第一卷是体育史，第二卷在解剖学、生理学的基础上对身体运动进行了分类，并用数学、物理学加以解释，这两个方面都是首创的。德国人施雷贝尔1855年出版《室内医疗体操》；1911年法国儒安维尔体育师范学院出版《运动生理学》。法国人布洛卡1861年创造多种人体测量仪器，在此基础上，1871年比利时人格特勒（1796—1874年）发表《人体测量学》。这些著作奠定了体育科学的基础。可以看出，在这个时期，体育教育学（physical education）和医学占据了体育研究的主要领域，体育也被作为一种自然科学被讨论和研究。20世纪前期，美国学者威廉姆斯的"体育是用大肌肉活动为方式的教育"观点盛行一时。这个观点给人们两个启示：第一，体育是一种教育手段；第二，体育是大肌肉活动或以大肌肉活动为主的身体活动。我们暂且不评判这个论点正确与否，它确实能代表一大批学者对体育的最基本的认识。

20世纪中叶，随着世界各国经济、文化和科学技术的迅速发展，体育得到了巨大的发展，并逐渐深入社会各个角落，成为人们日常生活不可缺少的部分。体育的内容、形式及其影响已经超越了原来作为学校身体教育的范畴。这也可以从五花八门的体育称谓看出来，有的称为"身体文化"（physical culture），有的称为"身体娱乐"（physical recreation），有的叫"身体锻炼"（physical/fitness exercises），有的叫"身体活动"（physical activity）。更加通行的是 sport，它逐渐代替 physical education，成为国际体育通行的术语。Sport 这个词最早起源于法语的 desport，意思就是休闲。而在英语中最早关于 sport 的定义是一种娱乐，是为了转移或减少人们在日常生活中所承受的压力所进行的身体活动，因此还包括赌博、狩猎、游戏等需要以身体为媒介所进行的活动。[1] 从这个定义上来看，体育（sport）的概念已经超越了身体的教育，而是作为人们的一种日常生活方式而存在。

而在现代的语境中，有关体育的术语逐渐在厘清。Sport 主要指的是具有一定制度性（有规则）的体育运动；physical exercises 或 fitness exercises 主要是指的是以健康为目的的身体锻炼；leisure 主要指休闲活动；physical education 特指体育教育；games 一般是具有一定规模的比赛。但是混用的情况也不少，sport 可以说从广义上包含了这以上几种形式。随着现代体育和奥林匹克运动的兴起，在西方学术界，学者普遍认为"体育（sport）是一种制度化的、竞争性的、以一定身体运动技能为基础的，以个人享受或得到一定回报为动机的活动"[2]。这个定义主要是从身体和心理的层次对体育进行理解。这些分类定义的发展在某种程度在反映了人们对体育认识的变迁过程：从自然的身体运动到制度化的社会活动。

从早期人们对体育的关注来看，无论是从生理、心理还是从道德方面，学者们大多把体育的关注点放在了个人的身体活动上。体育科学的形成也体现在以近代医学和教育发展为基础的解剖学、生理学方面。直到 19 世纪六七十年代，才陆续有学者把观察体育的视角从身体转移到了社会。人们不断地追问：体育是以何种方式存在的？体育和它存在的社会有什么样的外在、内在关系？人和人又是怎样在体育的方式下产生关系并推动社会的发展的？体育带给人们什么？人们又是怎样改变体育的？总之，人们不仅想了解围绕体育所发生的社会现象，而且更加想探究在这些现象下更深层次的意义。社会学视野为人们更加深刻地认识体育提供了新的途径。

亚当·弗格森（Adam Ferguson）早在 1767 年就提出体育是社会生活的一部分。[3] 既然是社会生活的一部分，它就会有社会生活的各种表现。他观察到体育是一种集体仪式，它对社区产生了特别的影响。弗格森第一次把体育的概念从身体、心理、教育层面延展到了社会层面。他看到了体育的社会意义。约翰·洛伊（John Loy）1979 年在《体育的本质：对定义

---

[1] Edwards, H., *Sociology of Sport*, IL: Dorsey, 1973, p. 55.
[2] Coakley, J., *Sport in Society: Issues & Controversies*, New York: McGraw-Hill, 2001, p. 20.
[3] Ferguson, A., *An Essay on the History of Civil Society*, Edinburgh: A. Millar & T. Caddel, 1767, pp. 1-3.

的尝试》（"The Nature of Sport: A Definitional Effort"）一文中从各个层面对体育进行了定义：第一，体育是一种实际的游戏以及特殊的事件；第二，他进一步解释，体育不是一种简单的游戏，而是一种制度化的游戏；第三，体育是一种社会制度；第四，体育是一种社会情形（social situation）。[1] 同时，洛伊采用了斯梅尔瑟（Smelser）的观点，认为体育是一个抽象的整体（abstract entities），它把不同模式的文化和社会结构结合到特定的价值观、知识、习俗、认识以及社会情境中，并制度化为某一项体育运动。根据洛伊的定义，体育既是一种社会制度（social institution），即体育秩序是由一定社会团体组织、规定和支持的人类活动；又是一种社会情形（social situation），即人们参与体育活动的社会背景。虽然体育参与会有很多不同的社会情形，但洛伊认为这些社会情形大多都可以被认为是一种社会系统（social systems）。社会系统是指一组特定的人以及这些人之间的通过互动建立起来的关系。把体育作为一种社会系统来看待有助于分析为什么人类会进行体育活动，参与的程度怎么样以及他们的体育活动对于社会生活的其他方面有什么样的影响。

除了以上的两个概念以外，还有的社会学家认为体育就是一种文化实践（cultural practice），是人类在一个特定的社会环境中创造出来的一种生活方式（life style）。就像其他文化实践现象一样，体育是人类在生活实践中的文明创造。[2] 既然体育是一种文化实践，这就意味着它会随着人类的发展和时代的变迁而改变。换句话说，体育是历史和社会建构，而并不是一种固定的活动和事实。因此，也不可能有一个特别准确而不变的关于体育的定义。我们只能把体育放在不同的社会情境中来了解体育现象。但无论体育的内涵、外延如何变化，社会学对体育的基本定义都反映了传统社会学整体观的认识论。

## 二 体育社会学的诞生与发展

19世纪末，随着社会学的建立，一些西方社会学家开始把体育作为一种社会现象进行讨论。比如社会学创始人之一斯宾塞（H. Spencer）探讨过体育的教育问题；德国社会学家韦伯（Max Weber）讨论过宗教信仰对体育参与影响的问题；法国社会学家杜尔凯姆（E. Durkheim）在宗教仪式

---

[1] Gerber, E. W. and Morgan, W. J. (eds.), *Sport and the Body: a Philosophical Symposium*, London: Henry Kimpton, 1979, pp. 1–68.

[2] Coakley J., *Sport in Society: Issues & Controversies*, New York: McGraw-Hill, 2001, p. 3.

与体育之间进行了类比；德国的埃利亚斯（R. Elias）则从体育的变迁来看西方文明的进程；齐美尔（G. Simmel）曾以体育竞赛来揭示人的社会化的过程，并把它视为冲突中的一个因素；马克思则认为体育包含着剥削与被剥削的关系。这些理论家对体育的思考逐渐引起了其他学者对体育研究的关注。1898年，美国学者杰布林（C. Zueblin）等人曾分别写了《芝加哥市立运动场》和《小型运动场的运动》等论文，发表于《美国社会学杂志》。1899年凡勃伦（T. Veblen）在其代表作《有闲阶级论》一书中通过研究制度的起源，观察上层阶层的有闲特权与消费特征，探讨了制度与经济现象之间的奥妙关系。1910年，德国学者斯坦尼泽（Steinitzer）发表了《体育运动与文化》的社会评论。1914年，美国学者盖琳（J. Gillin）完成了《娱乐社会学》，深入讨论了体育运动的问题。

虽然这些关于体育具有社会学思维的描述和研究从某种程度上推动了体育作为一门社会科学的形成，但此时体育并没有成为社会学者们研究的核心内容，它往往只是作为一种社会现象或例证，是社会学家们观察社会的一个工具，因此早期的体育社会学更确切地说应称为"社会学中的体育"（sport in sociology）而不是"体育社会学"（sociology of sport）。1921年，德国学者海因兹·里瑟（H. Risse）的专著《体育社会学》的问世，标志着体育社会学作为一门独立学科的出现。这部著作第一次把体育运动作为社会活动方式，用社会学理论与方法对体育运动进行了系统的考察。30年代，在美国大萧条时期，由于娱乐业的兴起，以美国为代表的体育社会学加深了对休闲、消遣和娱乐的研究，同时一部分教育学学者转向体育社会学的研究，例如，1937年美国教育学家劳埃德（F. LIoyd）写了《身体教育社会学》，阐述了体育是文化的组成部分。但此时，体育社会学并没有得到学术界广泛的关注，直到第二次世界大战以后，体育社会学的研究才开始渐渐地兴盛起来。

进入20世纪60年代，在西方各国出现的各种社会问题，如战争、社会冲突、种族矛盾、妇女运动等吸引了大量学者的思考，他们希望通过重建社会秩序来稳定社会。此时，体育作为一种生活方式，其社会功能以及在体育中出现的社会问题也成为学者们讨论的话题。体育社会学的形成在第二次世界大战后大约经历了两个阶段：一是学科建立阶段。在1945年至1963年的近20年中，美国、日本、德国、法国、英国、苏联及东欧国家积极开展了体育社会学研究。研究领域延伸到了体育与政治、经济、教育、文化和宗教等的关系，并开始探讨体育社会学的概念、性质、对象、内容和研究方法等。同时出现了一批体育社会学领域的领军者，如埃利亚斯（N. Elias）、当宁（E. Dunning）、卢森（G. Lüschen）、凯尼恩（G. Kenyon）、罗伊（J. Loy）、麦克伯森（B. McPerson）、舍谢弗（H. Shafer）、斯通（Stone）等。二是学科发展阶段。1964年6月，国际体育社会学委员会（ICSS）成立，并成为国际体育运动理事会（ICSPE）的分会，之后又加入了国际社会学学会和联合国教科文组织，标志着学科进入了发展阶段。1993年学会名称改为国际体育社会学学会（ISSA），ISSA为来自不同国家的体育社会学者提供了一个交流的平台，每年举行学术讨论会，举办讲座，开展国际合作的科学研究活动，并创办期刊。《国际体育社会学评论》（*IRSS*）、《社会与休闲》（*Leisure and Sport*）、《体育社会学杂志》（*SSJ*）等专业期刊相继出现。除此之外，体育社会学论著先后出版并进入大学课程。这些出版物和专业著作的出现扩大了体育社会学在学术界的影响，同时也为在大学开设体育社会学课程创造了条件。

体育社会学经过几十年的发展，逐渐确立了自身学科的研究领域，在理论基础和研究方法上都形成了一套体系。然而对体育社会学的学科定位问题，还存在着一些争论。基本上可以归纳为以下几个观点：

（1）体育社会学是社会学的一个分支，它把体育运动作为社会和文化生活的一部分来研究。

（2）体育社会学研究体育中的主流文化和亚文化，研究体育运动中的权力运作、体育参与的社会限制因素，以及体育中的不同角色和不同权利与义务。

（3）体育社会学是研究体育运动领域中人类的社会行动与社会秩序及其规律性的学科。当代主流社会学的研究领域也应当是体育社会学关注的研究领域。

以上的观点不管是从哪种研究对象（体育社会现象，体育的社会结构、特点，体育和社会的相互关系，体育社会问题，体育形态等）出发，都可以反映出两个层次的研究范畴：一是研究体育中的社会要素和社会问题（文化、制度、秩序、冲突、权力等）；二是从体育现象来研究广泛的社会要素和社会问题。

社会学家们还强调体育社会学价值中立的立场。他们认为，体育社会学家们不应该事先预设体育社会学研究的基础——身体活动的好还是坏。体育社会学既不注重对人们的意见和行动施加影响，也不寻求对体育目标的支持；体育社会学者既不是体育运动福音的传播者，也不是体育运动福音的布道者，体育社会学的功能不是形成关于体育运动在社会中的价值和态度，而是对体育中的社会问题、社会行动的记述、说明和解释。当然，强调体育社会学是一门不追求价值的社会科学，并不意味着体育社会学主张体育也不追求价值，体育应该有自己的明确目标。

体育社会学从 20 世纪 60—70 年代迅速崛起以来，已经发展成为一个比较成熟的学科，不仅表现在它形成了较系统的理论、视域、研究方法，也表现在它的研究主题不断地拓展、丰富、更新。而作为一个跨学科的领域，体育社会学本身也遇到了困难。首先是其对母学科社会学的依赖。无论是理论还是方法，体育社会学都沿用了社会学的一套体系，这样造成了"体育"只作为一种"社会现象"被研究，而缺失了体育运动学本身的特质与属性。其次，体育社会学长期被传统的"科学"概念所绑架，这样的研究潮流使"人"的主体性以及"人文精神"被淡化。而女性与体育，或者是体育中的性别问题一直都是体育社会学研究的一个重要主题，其之所以被关注，除了由于女性、性别问题所反映出的体育权力与其之间关系的一些本质特点以外，就是女性体育研究所突出的人文主义精神，这对于传统体育社会学研究是一个重要的补充。

## 第三节　女性体育
### ——跨学科的思考

女性体育从一个侧面向我们展示了人类体育的发展与进步，展示了妇女从社会底层走向赛场、走向体坛领奖台的历程。体育，从某种意义上讲，比其他社会领域更能反映出性别的"差异"与不平等的状态。女性在体育领域所做的努力也充分地体现了她们从身体到社会层面上对解放、平等、公正的追求。本节将从"女性体育"和"体育中的性别"两个层次讨论女性体育的研究意义，梳理其理论发展、实践问题、研究视域，阐释性别研究与体育研究的交叉与融合趋势。

### 一　为什么研究女性体育

#### （一）体育对女性解放和发展的功能

女性体育的兴起与女性解放运动几乎是同时展开的。近半个世纪以来，女性平等地参与体育活动作为一项重要的女性解放运动的内容，在女性主义者的推动下，发生了翻天覆地的变化。体育运动的参与使女性自主意识高涨，为展现女性意志提供了一个广阔的场所。女性悄然进入曾只属于男性的领地，正一试身手，大展宏图，她们已不再是世人所云的"暖房花朵"。如世人所见，女性从事体育，总具有一种强烈的使命感，期盼革除社会陋习的急切心情甚是强烈，而体育参与对女性从身体的解放到社会地位的提升都起到了不可忽视的作用。

1. 解放女性身体的功能

身体不仅是人的物质基础，也是社会实践的运载工具，人类的身体是在每一天的社会生活中不断地、系统地被制造、维持和表达着的。[1] 女性所受到的各种社会压迫也是最先在其身体实践的过程中凸显出来的。激进派女性主义者认为，女性所受压迫来源于（男性）社会对其身体（性）的压迫；男、女在身体实践上的差异导致了他们不平等的社会关系。因而女性的解放，首先要解放社会对女性身体的禁锢，并通过身体实践，让女性身体摆脱由于生物原因所带来的压迫，从而使女性身体形象、自我意识真正强大起来。

体育活动的参与是一种最基本的身体实践，它既是对身体自然能力的彰显，也是开发身体潜能的过程，同时也是愉悦精神的途径。体育活动对于女性身体健康的益处是显而易见的。积极的身体活动有利于女性保持身体的强壮和敏捷，也有助于精神和心理上的健康。和其他身体实践相比，人们通过体育活动能感觉到自由、自决以及对自己生活的控制感，体育活动的参与有助于女性从其他身体实践（比如生育、哺乳、家务劳动）的约束中释放出来，展现女性身体的魅力，体验身体所带来的快乐，同时开发自我身体的潜能，最终达到自我身体的解放。一位女性长跑爱好者自白："当我的腿带动着我的身体，在田径场上奔驰，我感到自由极了，就像一只不受约束的小鸟在天空中翱翔，忘却了一切烦恼。奔跑让我完全舒展了身体，释放了一切压力，我要一直跑下去。"[2]

身体运动同时传达出的是一种符号，无论是东方文化还是西方传统，它们对女性身体姿势、行动、行为的规范传达出的是一种柔弱、静止、消极的信号，通过体育活动可以改变女性身体柔弱、消极的形象，使女性拥有更强大、更积极的身体体验从而增强其自信，争取和男性平等的社会地位。

2. 对性别秩序抵制与重构的功能

男强—女弱、男尊—女卑的性别秩序一直是女性主义者们所抨击和抵

---

[1] Turner, B. S., *The Body and Society*, London: Sage Publication, 1996.
[2] 摘自"多维视角下女性大众体育发展战略研究"（No. 1912SS13073）课题中的访谈内容，2014年5月。

制的对象。无论是在广泛的社会结构还是在微观的社会子系统中，这种性别秩序，或称性别权力关系都无所不在。比如在经济结构中，男主外、女主内的分工模式造成了男性占有更多的生产资料、社会资源，从而导致其经济地位的绝对优势。又比如在文化体系中，社会文化通过语言、图画、音乐、表演等塑造了男强女弱的性别气质，从而维持了性别秩序。

在体育这个社会子系统中，同样反映了男性主导、女性从属的性别关系。比如很多体育项目不向女性敞开大门，女性体育参与度比男性低，男性比赛、女性喝彩的体育模式等。自20世纪60—70年代以来，女性主义者们呼吁给予女性更多的机会，废除体育政策上对女性不平等的条例，对女性的体育参与给予更多制度上和技术上的支持，消除体育中的性别歧视，制定两性体育机会平等的政策等。而从实际来看，女性体育的迅速发展确实对体育原本的性别秩序造成了不小的冲击。就中国竞技体育来看，曾经一度流行的"阴盛阳衰"就是一个最好的例证，女性运动员通过她们的努力向世人展现了女性也可以站在体育的中心，也可以成为体育的主体，也可以打破"男性的神话"，从而改变原有的"男强女弱"的性别意识，助力性别秩序重构。另外一个例证就是目前女性休闲体育活动的兴起对传统的男性体育文化和参与模式产生了强烈的冲击。在市场和利益的驱动下，出现了很多专门针对女性消费者的体育活动和服务模式，使体育活动变得更加丰富、多元，这也是打破单一的以男性为主的体育文化的推动力。

3. 对女性发展的促进功能

"女性自我发展"是继20世纪"女性解放""男女平等""父权制"等话题之后，进入21世纪以来最受关注的话题，女性发展包括妇女自我意识的增强、自我能力的提高、机制地位的提升、潜力的开发、发展环境与条件的改良等。女性发展可包括女性个体的发展以及女性群体整体发展两个层次。女性体育无论是对个人还是群体，都是推动其发展的一个重要途径。

从女性个体发展来看，女性自我意识的增强、自我能力的提高以及潜能的开发都需要通过社会化、教育过程来实现。社会化指的是"自然人"成长为"社会人"的全部过程，以及个人适应社会生活的整个过程，是个性塑造、自我意识建立以及自我成长的重要途径。女性体育的参与对于女性顺利完成自我意识的建立、性格的培养以及自我能力的认定起着重要的作用。首先，体育是一种以身体与智力活动为基本手段，来达到促进人的全面发育的一种活动。有研究表明，从小参与体育活动较多的女孩，其他方面的能力比如智力、社会适应力、人际交往、心理素质等也会相应较强。其次，体育是一种性别社会化的途径，女性进行体育活动有利于她们冲破传统性别意识形态的束缚，在实践过程中认清自我真正的能力，从而树立积极的人生观和自我意识。再次，体育是一种自我提升与发展的生活方式，体育参与有利于提高女性身体素质、个体身心健康，改善生活方式，提高生活质量。

从女性整体发展来看，女性体育有利于女性机制地位的提升、发展环境的改良。首先，我们可以看到随着体育职业化的深入，女性（竞技）体育为女性提供了一个就业、流动、升迁的途径。随着女性竞技/职业体育的增长，对于女性运动员的需求也越来越大，这不仅为女性提供了一个职业选择，更为一些女性提供了一个改变命运的途径。其次，随着体育与政治的关系日益密切，女性体育也成为女性参加公共事务，在政治舞台展现能力的平台。特别是女性对体育政策制定的参与，在国际体育事件中话语权的增加，以及女性体育政治象征意义的塑造都在对女性政治地位的提升产生着不同的影响。再次，体育文化的多元发展对女性生活、发展环境进行了改善。例如，随着女性对体育活动参与需求的增长，无论是公共政策还是市场都开始把女性因素考虑进去，建立了一些适合女性的体育休闲场所，策划了一些女性特色的体育休闲活动，成立了女性休闲体育社团等，这都为女性群体的发展提供了一定条件。

综上所述，体育对女性的发展来说是一种积极的因素，对于女性个体来说，女性从体育活动的参与经验中可以获得一种独立、自主和赋权（empowerment）；对于女性群体来说，通过体育参与她们可以抵抗和挑战传统的性别角色，提升女性社会地位。当然，女性在体育活动中的体验不一定都是积极的、愉快的，这是因为体育制度和社会性别制度本身对女性来说还存在着许多障碍和限制，只有排除了这些障碍，女性才能真正地得到体育给她们带来的最大益处，这也是我们之所以要研究女性与体育的原因。

### （二）女性对体育的推动

翻开历史长卷，人类文明进步和社会发展的各个阶段无不渗透着妇女的作用。从远古的母系社会到今天的信息时代，女性用自己的聪明才智推动社会文明的发展。体育运动作为人类文化活动，是与人类文明同步的。女性在人类文明的进程中做出了不可磨灭的杰出贡献，同样妇女的参与也极大地促进了体育运动的发展。但是，长期以来男性占主导的历史观忽视了女性所起到的重要作用，因此，正确认识女性对体育发展的意义也是研究女性体育的动因。

1. 女性对体育历史的影响

女性在体育发展史上其实扮演了重要的角色。早在人类社会的初期，妇女在社会中的地位曾有过辉煌的时代。相传3400年前，在地中海的克里特文化繁荣的时代，妇女不仅从事纺纱、织布、磨面、制造陶器等劳动，也参加驾车、狩猎等活动，甚至还参加斗牛。在古埃及由原始部落向文明古国转变时期，法律曾规定将包括体操、摔跤、举重、游泳、球类和舞蹈活动在内的体育运动正式列入教育课程，而那时的女子经常参加这些运动。与西方一样，在古代的东方，在黄河流域的母系氏族社会，妇女也曾有过和男子同等参加体育活动的权利。据考古资料推断，当时的女子参加的体育活动形式也较为广泛，诸如原始舞蹈、石球游戏甚至健身操等。而且这种现象曾盛行了很长的一段时间。然而，当人类由母系氏族社会进入父系氏族社会之后，妇女的政治和经济地位开始下降，妇女的文化地位衰落了，她们参加体育运动的权利也逐渐被剥夺了。

第二次世界大战之后，女性为改变由男性主宰世界事务，同时也为女性自身的发展曾进行了不懈的努力。在决定人类发展重大事务的历史主动性方面，女性找准了自己的位置。在体育运动舞台上，女性所做出的贡献要比在政治、经济、文化领域更为突出。女性对体育的参与方式、参与程度及其所带来的影响，撼动着千百年来形成的人类行为和思维定式。她们给世界体坛带来的冲击和惊喜，震动了男性本位社会。由男性主宰体育的传统已无力延续，以往女性是体育的旁观者，现在则成为体育运动的推动者，女性由体育之边缘走向中心。

就拿奥林匹克运动为例。女性从被奥运会排斥到积极地参与奥林匹克比赛不仅改变了体育以男性为中心的发展历程，同时也是对奥林匹克的宗旨——反对歧视、平等参与理念的最好注解；女性在奥运会上取得的卓越成绩，是对古希腊奥运会和现代奥运会早期"剥夺女性参加权利"思想的最好回应，是对奥林匹克精神的升华。

妇女对体育运动历史影响的途径有两条：第一条途径是妇女在男性体育框架之外建立自己的体育运动组织，比如艾丽斯·米莉艾特成立的国际女子体育联合会（FSFI），这个联合会于1922年组织了首届"妇女奥运会"，之后更名为"世界妇女运动会"，并于1926年、1930年和1934年举行了三届世界妇女运动会。这些比赛取得了意想不到的成功，参赛人数和观众都是一届比一届多。参加比赛的选手们来自西欧、英联邦国家和北美,从而确立了妇女在田径运动中的地位。面对世界大多数体育机构的反对,女性终于依靠自己的力量使一项她们认定自己可以发展的体育项目成为一种现实。第二条途径是积极加入大男性体育框架中,女性通过参与"男性"为主导的体育活动所表现出的优异成绩来挑战传统的基于生理、心理逻辑,由社会文化最终建构的体育文化逻辑——"男性天生适合运动,女性只能充当观众和看客"[①]。妇女参与奥林匹克改变了奥林匹克运动中男女性别歧视和不平等现象,成为奥林匹克运动改革和完善的重要推动力,促使奥林匹克运动不断修正,并逐渐功能完善、架构健全。

女性对体育的影响不仅体现在女性体育参与人数和参与项目数量呈现历史性的上升趋势,还体现在女性在体育管理层面上对体育起到的推动作用。1968年国际奥委会第一位专职秘书由法国女性贝利乌担任,这位前游泳运动员在奥林匹克管理层中的杰出表现为更多的女性参加管理工作起到了表率和榜样作用,也使得国际奥委会对待女性管理者的态度有所改变。

2. 女性对体育经济的推动

当体育从一种"生产活动"变为一种"消费活动"后,女性作为一群重要的消费者,对体育产业的推动有着不可忽视的影响。当今体育市场的出现,多种多样的针对女性锻炼健身的商品、商业场所如雨后春笋般地出现。从体育服装到体育用品,从健美操、肚皮舞,到瑜伽、舍宾、水上芭蕾,各式各样的健身项目瞄准了女性的钱包,由此也促进了体育产业的繁荣。

以运动服装为例。随着女性开始参与体育运动,她们对服装的特殊要求引发了运动服装的改变。服装公司竞相为女性设计运动服装,在营销上也是打"女性"牌。运动文胸的发明就是为女性运动员提供一种身体保护,使她们能在激烈的运动中避免尴尬,充分发挥,并且舒适、安全,因此很快被女性接受。为了吸引更多女性购买,各大服装公司不仅在服装的方便性上下功夫,还增加了运动文胸的外形美观,满足了女性对美的追求。就美国体育用品制造商协会(Sporting Goods Manufactures Association)的统计,女性已经成为运动服装的强劲消费群体,81%的运动服装由女性购买。

再以健身俱乐部为例。在国内早期的以商业模式出现的健身房,基本上都是以男性的器械运动为主。为了吸引更多女性消费者的加入,很多健

---

① [美]杰·科克利:《体育社会学——议题与争议(第六版)》,管兵等译,清华大学出版社2003年版,第292页。

身房开始开发适合（吸引）女性的项目和内容，他们开始缩小器械区，开辟"健身操房""瑜伽房""舞蹈室"等专门供女性运动的空间。还有一些健身俱乐部专门以女性为服务对象，进行健身—美体—美容—休闲一条龙服务，在满足广大女性的需求同时也促进了体育产业多元化的发展。在媒体的影响下，"花钱锻炼，买健康"的观念开始在女性群体中传播开来。再加上女性自身对"美丽消费"的追求，体育消费逐渐成为一部分城市女性生活消费的一部分，女性群体已经成为体育市场中强劲的力量。

3. 女性对体育政治的影响

体育作为社会的一部分，不能离开创造、组织、开展体育运动的人们而存在，这些人的生活以及他们之间的相互关系至少部分地与权力和控制问题联系在一起，因而产生了体育政治（化）。随着女性参与体育人数的增加以及女性体育国际影响力的扩大，她们对体育政治也产生了巨大的影响。我们可以从女性体育与政府的密切关系、女性体育与全球政治、女性体育与体育性别秩序三个方面来研究这种政治影响。

当今社会，女性体育的发展得到了政府的大力支持。体育项目和活动需要资金、组织和场地——所有这些都需要资源，而个人不可能拥有这些资源，因此政府的参与是必要的，但是不同国家和地区，针对不同的人群，政府的参与程度不一样。就中国来说，对于女性竞技体育的参与是完全投入，而对女性大众体育是部分投入。这是由于女性竞技体育与大众体育有着不同社会功能和政治意义。女性竞技体育给政府和国家带来更加直接、快速的政治影响力，这种影响力无论是在国内社会还是国际社会都会产生迅速的政治效应，比如20世纪80年代兴起的"女排精神"，而90年代的"马家军"不仅唤醒了民族精神、社会凝聚力、爱国主义，同时也在国际舞台上展示了中国的实力，增强了人民对政府的支持，因此政府进行了完全的投入。当然，完全的投入也意味着完全的控制，中国女性运动员的权利问题在社会上引起了广泛的争论，对中国体育政治产生了一定的影响。相反，女性大众体育带来的政治利益是间接的、长期的、缓慢的，政府因此倡导社会力量来支持，在政策法规上，对女性体育参与权利进行了充分的保护。女性大众体育的发展对社会健康、社区安定、家庭稳定等方面有一定作用，有利于维持政府的统治。

女性对体育政治的影响不仅体现在其与政府（国家）的互动上，还体现在女性体育在全球政治以及国际关系中扮演的重要角色。促进国家间的平等和友谊是国际体育运动的一个长期思想，而事实上，体育在国际关系上不仅制造了很多政治事件，如慕尼黑奥运会的血腥一幕、北京奥运会火炬传递期间的"藏独"事件，还有国际足球流氓事件等，而且还被看作一种"超级强权政治"的延伸，通过体育展示国家的优势地位和影响力是大多数国家首要考虑的问题。女性体育不仅为国际妇女间的交流提供了一个很好的平台，也在国际关系中扮演了"大使"的正面形象。和男性相比，女性更具有亲和力、信任感、无攻击性，这些都是女性得天独厚的"政治资本"，体育女性主义者哈格里夫斯（Hargreaves）曾谈到，只有大力发展女性体育才能改变男性主义给体育带来的政治麻烦——国际强权和激进的民族主义，因为女性主义本身就是为抵制男性的强权而存在的。

　　政治的核心是权力，更明确地说是权力的取得和使用的过程。女性对体育政治的影响还表现在女性主义者对体育中男性权力和秩序的挑战。在体育管理与组织过程中，谁来制定体育规则、谁来执行体育规则、谁来控制比赛、谁有资格参加、如何进行酬劳的分配等都代表着一种政治权力，而长期以来这种权力被男性所拥有和使用，造成了体育中男性主导的政治秩序，反映了父权制对女性的规定与塑造，目的是使女性成为符合父权制要求的、安于从属地位的"第二性"，以维护和巩固其统治。20 世纪 60—70 年代的妇女运动要求体育领域对女性完全开放、缩小男人和女人的差别使两性趋同，最突出的表现是妇女参加奥林匹克的人数和项目数量呈现历史性的上升趋势。国际奥委会对妇女参加奥运会的态度逐步缓和，经历了从坚决拒绝到适度准入再到全面开放的转变过程。特别是第二次世界大战以后，国际奥委会对待妇女参加奥运会的态度和思想发生了巨大的变化，由消极抵制到积极支持，这使得女子项目数大幅度增加。奥林匹克运动项目的变革开始进入一个以男女平等为标准的时代，几乎每届奥运会都有新增的女子参赛小项。1996 年国际奥委会组织的第一届世界妇女与体育大会的决议指出："国际奥委会将继续为在奥林匹克项目上达到男女平等的目标而努力。"到 2012 年伦敦奥运会女子拳击成为正式奥运项目，终结了奥运项目男女不平等的历史。国际奥委会还规定，凡要进入奥运会的体育项目，首先必须包括有女子项目才能被考虑。国际奥委会还按照女性特有的生理、心理特点增设了艺术体操、花样游泳等女子特有的项目。这些事实都说明了以男性为中心的体育政治秩序在女性体育崛起时正在逐渐地改变。

　　4. 女性对体育文化的"重塑"

　　从世界范围来看，体育运动文化历来被看作一种对男子汉气概的颂扬。许多占主导地位的运动形式常常是突出力量、坚硬、速度等和男子气概相关联的特征，这是构成体育文化的主流因素。曾有学者把体育馆和圆顶竞技场描述成"男人的文化中心",他们认为这些耗资百万美元的场地就是为了迎合男人的兴趣,容纳男人们进行"杀戮""鞭笞""翻滚""惩罚"和"消灭"的运动,而人们在一旁喝彩。这些运动相关的形象是基于进攻、体能、恐吓和支配他人能力的男性形象。[1] 随着更多女性加入到体育中来,她们开始影响到这种男性文化中心的体育氛围。比如在竞技体育中,体操、花样滑冰、花样游泳等以平衡、灵活、优美为特征的运动项目越来越受欢迎,在休闲体育中,女性钟爱的瑜伽、体育舞蹈等有氧运动在男性群体中也越来越流行。这些运动给人们传递这样的信息——体育运动不一定必须是攻击性、对抗性的,体现力量与速度的,它也可以是平和的、优雅的、和谐的。另外,女性观众对体育热爱程度的加深也会直接或间接影响体育文化。男性体育迷在为自己喜欢的队伍呐喊时,通常是"大而粗糙的",常常使用粗话或者脏话,这被体育社会学家们看作一种宣泄和释放,因而体育和暴力常常被看作双生子。女性体育观众(迷)的加油方式则相对温和、积极,她们通常在服装、表演上传达自己对体育的喜爱,比如穿自己崇拜队伍的服装,在脸上画支持队伍的象征符号或图案,又比如女子啦啦队,以积极向上的表演、高昂的口号鼓舞本队的士气。体育迷以前那种"暴力"的形象也渐渐在这种"文明"的形式下淡化。

当然,我们也不否认,文化的变迁是一个长期的过程,男性价值观为主导的体育文化仍然是主流。就像科克利(Coakley)所说,如果多数运动是为女性并由女性所创造的话,那么奥林匹克的格言就不会是"更快""更高""更强",而是"平衡、灵活和持久"或"为了健康和超越"[2],这也是我们所期盼的改变。

### (三) 女性体育的社会功能

女性体育除了对女性自我的发展和对体育的发展起到了巨大的作用以外,作为一个社会子系统,也具有健康、教育、社交、提高社会凝聚力等社会功能,对小到家庭、大到国家发挥着作用。

1. 女性体育运动的家庭功能

女性与家庭是一对紧密相连的概念。女性体育在发展之初,其家庭功能首先就得到了突出的认识。无论是在西方还是在中国近代,对女子参与

---

[1] B. Kidd, "Sports and Masculinity", in M. Kaufrman ed., *Beyond Patriarchy: Essays by Men on Pleasure, Power, and Change*, New York: Oxford University Press, 1987.

[2] [美] 杰·科克利:《体育社会学——议题与争议(第六版)》,管兵等译,清华大学出版社2003年版,第291页。

体育活动最原始的倡导出自于"母强子健"的观念。这和人们对女性的认识是相关联的，在19世纪以前，人们对女性的主要功能的认知就是生育——延续家庭的血脉。因此，要生育健康的下一代，母体的健康就非常重要。体育运动作为一种维持健康的手段，因而被社会大力倡导。我们暂且不去评论这种观念的正确与否，但就女性体育运动的社会功能来看，它确实有促进家庭后代健康生长的作用，这种健康的传递不仅是体质上的，也是健康生活方式的教化与传递，因为母亲对子女成长的影响，特别是孩童时期的影响是最大的。因此，女性体育运动对于家庭的健康有着积极的影响。

除此之外，女性体育运动对家庭的稳定以及婚姻的幸福感也有一定的贡献。有研究表明，女性参与体育运动除了提升自我健康以外，和男性体育运动比较大的差别在于，男性的体育运动多以自我为核心，而很多女性的体育活动则是以家庭为核心。这种以家庭为中心的体育活动有利于家庭成员间的相互沟通、情感的交流，形成共同的感情基础，从而增加家庭的和睦与稳定。

另外，体育社会学家理查德·拉普奇科（Richard Lapchick）在他的文章《祖父对女子体育的思考》一文中指出，女子体育不仅对女性受益，也使男子受益。体育活动除了会使女性家庭成员变得更加健康、自信以外，在与她们一起参与体育活动时，男性也不太可能会变得残忍、暴力和厌恶女性。他们更倾向于与妻子一起分享生活与家庭的压力，而不希望自己成为唯一一个照顾家庭的人。喜欢青少年女子体育的父亲也会花更多时间陪伴女儿，这样女孩也能像男孩一样，通过体育增进与父亲的感情。[1]

2. 女性体育运动的社区交往功能

20世纪以来，随着女性参与体育活动人数的增加，她们已经不局限于家庭范围内的体育活动。女性体育从"私域"走进了"公域"，女性体育活动的功能因此从其家庭延伸到了社区。有研究表明，女性体育的开展对于社区的安定与团结起到了很大的帮助。正如上面提到的，和男性相比，女性在更大程度上把体育活动作为一种人际沟通和培养感情的方式，她们更重视体育活动中交往的质量而非参加体育活动的时间数量。[2] 如果说男

---

[1] Lapchick, R. A., "Grandfather's Take on Women's Sports", Women's Sports Foundation [online], 2001年8月（http://www.womenssportsfoundation.org）.

[2] D. K. Orthner and J. A. Mancini, "Benefits of Leisure for Family Bonding", in B. L. Driver, P. J. Brown and G. L. Peterson eds., *Benefits of Leisure*, State College, PA: Venture Publishing, 1991, pp. 289–302.

性体育是为了体现个人的能力与竞争精神,女子体育特别是以娱乐休闲为目的的体育活动,则更体现了体育合作、互信的精神以及社交的功能,因此发展女子体育有利于创造和谐的人际关系,这也是维持社区及社会稳定的基本要素之一。

在中国社会转型时期,大量的女性下岗或提前退休,由于社会身份的失落,她们成为社会中不太稳定的因素,参与体育活动,不仅填充了由于失业而带来的"多余"时间,而且有利于这些女性重新获得一种社会身份。① 同时随着在城市化过程中人际交往方式的转变和交往空间的转移,如以前邻里间的交流受到空间的局限较小,现在城市居民都住进了高楼,这样也限制了邻里之间的交往。女性通过体育运动有可能会走到一起,这也是加强邻里之间相互沟通、交流的一种方式。研究表明,随着妇女参与体育活动的人数增加,社区内的邻里矛盾相应地减少了。②

3. 女性体育运动对国家凝聚力的作用

在谈到国家主义时,无论是大众还是学者,眼光基本上都聚焦在男子体育上,而女子体育对国家凝聚力提升、维护国家形象的贡献却很少被关注。随着女性运动员数量的持续增长,女子体育在全球范围内的影响力也不断地提升,特别是在竞技体育领域,其带来的政治和社会影响逐渐受到了各个国家的重视。在当今国际社会,女性体育的发展水平不仅体现了一个国家的国力,同时也反映了国家的性别政策的先进程度,而性别平等水平也是国际上通用的衡量一个国家发展和文明程度的指标。

我国对于女子体育历来重视,这也来源于它对国家凝聚力以及国家形象的贡献。比如中国女排 20 世纪 80 年代在国际上所取得的五连冠佳绩,不仅对中国体育是一针强心剂,对整个中国社会来说,也是振奋民族精神和增强国家凝聚力的催化剂。中国女排之所以备受推崇,最重要的是那种不畏强敌、奋力拼搏的精神,远远比"五连冠"本身更加能鼓舞国人,成为整个民族锐意进取、昂首前进的精神动力。这种精神动力也大大增强了整个国家的凝聚力。"顽强拼搏,为国争光"的女排精神,激励了一代代国人奋发进取、报效祖国,并在他们成长的道路上留下了永难磨灭的烙印。

女性体育在国际舞台上的表现也常常被各国政府和政治家视作一种展

---

① 熊欢:《城市女性体育参与分层现象的质性研究》,《体育科学》2012 年第 2 期。
② Xiong, H., *Urbanisation and Transformation of Chinese Women's Sport Since 1980: Reconstruction, Stratification and Emancipation*, London: VDM Verlag Publisher, 2009.

现国家形象的最佳"手段"。比如在冷战之后，苏联等社会主义国家女子体育，特别是女性竞技体育的飞速发展引起了国际社会的极大关注，在国际上掀起了一场激烈的讨论，认为社会主义国家女性体育所取得的成绩一方面与其意识形态所提倡的"男女平等"的性别政策有密切联系，同时也是其展示其国家形象以及政体优越性的途径。[1]

总而言之，女性体育与整个社会结构、规范、意识形态有着密切的互动关系，也是折射社会性别秩序与性别关系的一面镜子。女性体育的发展对于女性整体的发展与解放有着重要的推动作用；同时女性体育对于体育本身向更加多元、以人为本的方向的发展有着重要影响；除此之外，女性体育也是整个社会和谐、公平、可持续发展的润滑剂。研究女性体育，或说研究体育中的女性以及性别制度，可以从一个具体、深入的视角反映整体社会中的性别现象，对于女性主义理论的建构也将起到重要的补充作用。

## 二 为什么在体育中研究性别

体育是一种从身体延伸到社会的制度与文化，同样我们对性别的认知也经历了从"自然身体"（自然性别）到"社会身体"（社会性别）的转变。从这个意义上讲，体育研究和性别研究具有共同的研究基点——身体与社会。体育不仅是一种社会制度、一种文化生活，更是一种用身体符号来进行表达的权力关系，在性别领域则具体表现为男性权力对女性身体的控制。透过体育现象，可以揭示性别不平等的现状、分析性别不平等产生和再生的社会机制、寻找实现两性平等的方法；同时也可以观察到社会性别角色的分工、行为、气质以及性别认同感是如何在社会制度与文化中产生，性别意识形态与性别逻辑又是如何通过身体的社会实践得以传递，实现其维持性别秩序的目的的。

### （一）体育对性别不平等的折射

体育是"一项性别化的活动"（a gendered activity）[2]，在一定程度上复制着社会中的两性不平等。体育中的性别不平等关系既是社会中性别不平等关系的延伸，也是社会性别不平等关系的强化剂。虽然经过近半个世纪

---

[1] Dong, J., *Women, Sport and Society in Modern China: Holding up More Than Half of the Sky*, London: Frank Cass, 2003.
[2] S. J. Birrell, "Feminist Theories and Sport", in J. J. Coakley and E. Dunning (eds.), *Handbook of Sports Studies*, London: Sage, 2000, pp. 61–76.

的发展，体育中比较明显的性别不平等问题在逐渐消失，但是在体育现象后面隐藏的以性别为基础的不平等关系仍然存在并且成为两性平等、公正地参与体育活动的障碍。在体育运动领域，性别不平等关系可以分为显性的与隐性的。

1. 体育中显性的性别不平等

显性的不平等关系可以从具体的统计数据以及事件中表现出来，主要体现在以下几个方面：

（1）各年龄阶段参与体育活动（包括亲自进行体育活动、观看体育比赛、收看体育节目等）的女性仍然比男性少；

（2）一些体育项目，女性依然不能合法参加，或被列入奥运会项目；

（3）对男子体育的投入（无论是政府、民间还是商业赞助）要远远高于对女子体育的投入；

（4）担任体育领导者（包括教练、指导员、体协负责人、高级官员、奥委会成员等）的女性比男性少得多；

（5）女性比男性体育从业者（包括运动员、教练员、管理者）所获得的报酬要少［特别是在职业联赛中男性运动员的收入远远超过女性，如美国国家女子职业篮球联赛（WNBA）老球员的最低年薪是4.2万美元，美国男篮职业联赛（NBA）首轮挑选的新球员在第二年就可以拿到51.2万美元］；

（6）媒体对男子体育比赛或男性运动员的报道要远远超过对女子体育比赛或女性运动员的报道，对男性明星运动员、球队的宣传要远远高于女性。

在这里只是简单地总结几个在全球范围内都比较明显的性别不平等关系。当然在不同的地域、不同的文化、不同的政治体制下，体育中性别不平等关系的显性表现程度不同。

2. 体育中隐性的性别不平等

隐性的性别不平等是不容易被察觉到的，并且很难通过统计数据表现出来，但是我们却能感受到它的存在。比如，社会对女性体育的关注比对男性体育的关注要小，以至于提供给女性参与体育活动的机会较男性有限；由于职业和家庭角色的束缚，女性参加体育的时间和资源比男性少；老师和家长对男、女青少年在其体育表现与体育能力上的态度与期待不同，造成了他们成人后对体育所表现出的兴趣不同；在体育话语权上（政策的制定、体育研究领域），男女的不平等关系，使得女性在体育中的平等权利得不到充分的体现；退役后女性运动员比男性运动员面临的社会压力与就业危机更大，等等。对这些隐性的性别不平等需要深入、细致和大量的经验研究加以揭示，这也是女性体育研究的一项重要任务。

只有揭示了体育中性别不平等的事实，我们才能分析性别不平等所产生的原因，并且找到性别平等关系再生的社会机制。通过半个多世纪的努力与社会的变革，体育中性别不平等的现象渐渐地在改变。当然，体育范围内的男、女地位关系并不能代表社会其他领域内的性别状况，但是它是与社会各个领域紧密联系的，也会反映并影响整个大社会的性别关系。

**（二）体育对社会性别的建构**

"社会性别"（gender）是女性/性别研究最基本的概念，而揭示社会性别制度是女性/性别研究最核心的内容。我们在一般意义上讲的性别是指"生理性别"（sex）。生理性别是从解剖学上把作为生命体的人类在染色体、性腺、性激素、解剖构造、生理机能、身体形态、运动机能等方面的共性和差异分为男性与女性。但是在日常生活中，人们对性别的认定大多是依靠性别文化符号来进行的，这些性别文化符号包括体态、嗓音、语言、服饰、行为等。人们通过这些文化符号来确认自己或他人的性别：比如在体态上男性强壮、女性较弱；在嗓音上男性较粗和低沉、女性则比较尖细；在语言上，一些国家（如韩国、日本）男女所用的词汇以及表达方法都不同，甚至一些语言（如法语）有严格的性别属性；在服饰上，不同的时代、不同的国家和地区，男、女的穿着也有很明显的区别；男、女在行为举止上更有着不同的规范和标准，比如"男儿有泪不轻弹"是男性的美德，"小鸟依人"则是对女性行为的赞许。因此，性别不仅仅是生理上的构建，更是通过文化和社会实践而建构起来的，这就是性别的社会属性。因为所有与性别相关的文化、行为和制度都是社会性的，因此在女性/性别研究中，"性别"专门指"社会性别"。

1. 身体实践对社会性别的建构

体育是一种身体实践，也是一种社会制度，更是一种文化表达。体育对性别最原始的建构是通过身体实践而实现的。在古希腊，年轻的男孩子会被年长者送去体操场锻炼。现代体育中的"体操"（Gymnasium）一词来自于古希腊的 Gumnoi，意思是"强壮的裸体"。古希腊人认为男性裸露的、强健的身体是自然的礼物，也是文明的成就。体操场可以教导年轻的雅典男孩怎样成为裸露者，以便展现其结实的肌肉和肌肉的力量与张力："体操场上那些正处于青春期中晚期男孩的体魄，他们这时候的肌肉正开始结实，生命周期中的这个时点，正是将体热永久释放到肌肉中的关键点。角力时,通过将其他男孩举起来这个动作,男青少年的背部及肩部肌肉将会扩大;角力时抓紧腰部的动作,则可以让身体扭转蜷曲;投掷标枪或铁饼时,手臂的肌肉可以延伸;跑步的时候,腿部的肌肉会紧实,臀部也能变得坚挺。"[1] 在体操场内,男孩子不仅训练了身体肌肉,也通过身体运动学习如何在其他方面(特别是在性方面)毫不掩饰,采取积极主动的态度。与之相反,在古希腊身体文化中,女性被视为是"身体比较冷的男性"[2]。"相对于男人来说,女性比较柔弱,比较像液体,比较冷而黏湿,比较不具形体。"[3] 因此,女性身体不能裸露,在屋内她们要穿薄布料制作的长衫,长至膝盖;在街上,她们的长衫则长至脚踝,以粗糙不透光的亚麻布制成。她们的活动空间局限在屋内,阴暗的内部要比日光下的开放空间更适合她们的体质。女性身体的"缺陷"导致了女性体育活动受到了压制,而那些参加体育活动的女性常常被认为是一种"危险动物"。女性身体的勇猛不符合希腊人对异性恋取向的女性的定义,许多人对强壮而身体技能熟练的妇女,提出了有关性特征和性取向的问题。[4] 唯一不同的是斯巴达地区,女性可以像男性一样参加体育活动,比如赛跑、角力、投掷等,还可以在节庆日跳舞。对于这个特例,很多历史学家分析,主要为了提高女性的优生能力。和男性身体不同,女性身体只能被动接受,而不能主动地表达。男性身体的热、强壮、主动与女性身体的冷、柔弱、被动形成的鲜明对比并形成了特定的符号,这些身体符号规定了什么是男人和女人。

在古代中国,有令人惊讶的相似之处。最明显的例子是阴阳学说对男性(阳)与女性(阴)的解释与描绘。男、女的身体运动也是这种哲学的延伸与实践。而值得注意的是,和男性以修身、养心、育德为目的的体育运动相比,古代中国女子体育活动更是一种观赏性和表演性的活动,比如女子水秋千(类似今天的跳水)、穿着裸露的女子相扑、马球、蹴鞠、舞剑等活动,充满了色情和香艳的元素,其唯美的特点是男子体育运动所无法比拟的。男、女体育内容、形式、目的、功能,以及参与经验的不同是

---

[1] [美]理查德·桑内德:《肉体与石头——西方文明中的身体与城市》,黄煜文译,上海世纪出版集团2005年版,第19页。

[2] 同上书,第6页。

[3] Brown, P., *The Body and Society: Men, Women, and Sexual Renunciation in Early Christianity*, New York: Columbia University Press, 1988, p. 10.

[4] B. Kidd, "The Myth of the Ancient Games", in A. Tomlinson and G. Whannel (eds.), *Five-ring Circus*, London: Pluto Press, 1984, pp. 71–83.

在体育实践中建构社会性别的元素。

2. 体育制度对社会性别的建构

体育制度充分体现并参与建构了以男性价值观为核心的社会性别体制。社会性别体制是一整套有关男女社会角色、社会分工的政治、经济、文化制度，这套制度规范了两性的社会关系与地位，被称为性别制度。体育运动从一开始就是男人们为了自我的身体、心理、社会的需求而建立起来，体现男性利益、权力和权威的制度，即父权制度。体育中父权制的产生和运作可以通过以下五种独立又相互作用的结构组成：

第一，社会分工结构。体育活动通常是社会生产活动以外的活动。男、女的社会劳动分工决定了男人在工作之外有自由的时间参与体育活动，而女性常常因为既要生产劳动又要承担家务劳动和生儿育女，而被剥夺了参与体育活动的时间和自由。

第二，酬劳分配结构。体育中，特别是男女运动员的酬劳差距仍然很大，一方面是由于女性常被排斥于那些"有巨额利润"的职业体育比赛之外，另一方面是由于社会对女性体育的关注度较男性的小，她们所获得的政府以及商业赞助要小。

第三，政策结构。总的来说，体育政策和优先权上对父权利益有着系统化的偏爱，这表现在体育资源的分配和再分配上。

第四，性（行为）（sexuality）结构。以男权为核心的性结构体现在强迫的异性恋、体育运动所传达出的性的双重标准，以及体育中同性恋恐惧症现象。

第五，文化制度。体育文化通过媒体、宗教和教育等制度和实践制造出了男性视野下的女性和女性体育，这影响到了女性的自我身份认同和行为。

总而言之，和其他社会领域一样，体育中的父权制维护了男性普遍优先权的性别秩序，但它不是简单的个体男性"统治"女性；作为制度，女性像男性一样参与到这种统治中，男性也像女性一样受到这种制度的统治和限制。当然性别制度不是永久不变的，随着历史的发展，父权制受到了来自各方面的挑战。如何通过理论和实践来打破这种体育性别制度是重建性别关系的关键，也是女性体育研究的核心内容之一。

3. 体育文化对社会性别的建构

体育也是一套以父权制意识形态为中心的文化机制，这种文化机制通过男女在运动场上的表现，建构了一套"性别逻辑"，这种性别逻辑在社会心理层面划分出两性差异，在社会化、大众传媒的再生产过程中，形成性别意识形态，并转化为特定性别文化符号，使人们在体育经验中认定自己的性别。

在大多数文化中，占主导地位的体育运动形式的开展和组织，多是利于多数男性，而不利于大多数女性。体育运动从某种意义上讲就是对男子汉气概的颂扬。体育文化就是男人的文化。他们强调根据人们的支配能力来评定人们的地位等级，通过这种方式，体育运动实际上迎合和延续了那些满足男人兴趣而不是女人兴趣的意识形态。

这种意识形态所带来的结果就是当人们参与运动时，他们常常认为女性"天生"不如男性，男人在运动场内外都被赋予了超越女性的能量，这种性别化的"共识"形式就是性别逻辑。性别逻辑至今依然存在并影响着人们的行为和态度，比如，当某人跑步动作不正确或跑得慢时，人们倾向于说那个人"跑得像女孩"。潜藏于许多运动之中的性别逻辑导致的另一个信念是，男性必须保护女性，因为男性天生强壮和富有攻击性，女性天生虚弱和被动，因此，女性在体育运动上的弱势是应该的，男性则不行。在社会心理层面来看，男孩子体育成绩好是值得鼓励和赞扬的，对那些体育成绩不好的男性，大家或多或少有一些歧视与不满。而女孩子体育成绩的好坏却并无大碍，相反，一个女孩子的体育成绩过于突出会被称为"假小子"。在社会化的过程中，人们对男孩、女孩体育表现的不同期待内化为他们自我性别身份的认定。

媒体也起到了一定强化性别意识形态的作用。媒体对女性运动员的刻画是建立在以男性为中心的性别意识形态之上的，是为了迎合社会文化对女性角色、女性气质的塑造，实际上就是对女性体育潜力的抑制。布瑞尔（S. Birrell）和塞波格（N. Theberge）就通过媒体形象对女性意识形态控制的问题提出几个具体需要关注的问题：一是媒体对女性运动员形象宣传不足；二是媒体对她们所取得的成就进行矮化与边缘化；三是媒体对女性运动员性取向的偏见；四是媒体语言所隐藏的同性恋恐惧症；五是过分描述女性在体育活动中的悲惨经历；六是媒体对女性运动员的带有偏见性的诠释：认为女性不是天生的运动员，而女性运动员不是自然的女性。她们认为正是体育媒体误导了大众对女性体育以及女运动员的看法，同时维护了以男权为中心的体育文化结构。[①] 体育文化通过对男性气质与女性气质具有差异性的标准与规定，建构了社会性别，并维持了占主导地位的父权

---

[①] S. Birrell and N. Theberge, "Ideological Control of Women in Sport", in D. M. Costa and S. R. Cuthrie (eds), *Women and Sport: Interdisciplinary Perspective*, Human Kinetics, 1994.

制度。

社会性别既然是一种文化和社会的产物,它也将在社会文化变迁中发生一定的变化。当代体育文化的多元发展对社会性别的刻板印象产生了一定的冲击,在某种程度上逐渐地抹去性别文化的界限,打破了性别非此即彼的"二元结构"。越来越多的女性从事激烈、竞争性强、有身体直接碰撞的运动;而男性也可以从事以技巧、审美为核心的体育项目。女运动员可以展现男子气概,而男子运动员也会在运动场上展示其灵活、柔美、感性的一面。研究体育对性别的解构已经成为后结构主义的一个研究趋势。

### (三) 体育与性别角色的互动

性别角色指的是一系列为社会所期待并认同的个人的性别行为模式和标准。换句话说,性别角色的认定是根据女性和男性生理性别的不同而被社会所规定扮演不同的社会角色。比如男性一定会扮演丈夫、父亲、家庭继承者等的角色,而女性一定和女儿、妻子、母亲的社会角色相关联。不同的社会角色被期待着不同的权力、责任、义务以及社会行为。比如从传统意义上讲,丈夫是一家之主,有控制家庭成员的权力,但同时也要履行养家糊口的义务。妻子不需要外出挣钱,但要承担生儿育女和操持家务的责任,并服从、服务于丈夫。丈夫的性别角色在与妻子的互动中得到了巩固;母亲的角色在与孩子的交互关系中被加强。体育运动也是强化性别角色的重要场域。

#### 1. 性别角色对体育行为的影响

个人的性格(个体因素)对体育行为会产生一定的影响,而性别角色是影响一个人性格的重要因素之一。在以前的研究中,心理学学者们常常从个人性格的视角来考察和研究体育运动员或体育参与者的体育行为——为什么一些运动员就会成功而另一些不会;为什么一些人热爱体育,而另一些人则对体育运动没有兴趣。虽然性格对于个人的体育行为有着一定的影响,但是个体性格的影响力远远要小于社会环境(因素)的作用力。另外,以前的心理学家们往往是站在男性的角度和立场来分析和研究性格与体育的关系,常常忽视了性别变量对于研究结果的干预,造成了对女性体育行为的误解,也限制了人们对女性体育行为的认知。

性别角色的引入为体育心理学对与性别相关问题的研究开启了一扇大门。研究者们把性别角色分为男性化的、女性化的和中性化的。他们的研究表明,无论运动员或体育参与者的生理性别如何,那些运动能力强的、对体育感兴趣的多具有男性化或是中性化的性格特点,而不太参加体育运动的人则更多体现出女性化的性格特点。由此可推断,那些拥有男性化性格特点的女性更容易参与体育活动。我们暂且不评论这种心理学推论正确与否,但是在现实社会生活中,我们可以观察到,男孩子确实比女孩子更喜欢从事体育活动,而这不仅仅是一个个体经验和心理学层面上的问题,更是一个社会学层面的问题。

从社会学的角度来看,性别角色是他人和社会依照人们的生理性别将某些责任和权力交付给男性和女性,形成一系列的制度安排,如在家庭制度中的分工,母亲角色和父亲角色分别承担不同的社会责任。在体育制度中,男女性别角色也有一定的分工,男性常常扮演的是赛场上的英雄角色,而女性则更多扮演的是为"英雄"欢呼雀跃的观众,或者是扮演枯燥比赛中的"调味剂",比如啦啦队就是女性对男性体育比赛的支持。这完全延续了社会劳动分工对男、女角色扮演的规定——男性是外出的战斗者,女性是其忠实的"粉丝"。

两性在社会生活中扮演的不同角色也使人们产生了对男女的不同期待。比如男性被期望的有竞争力、积极、独立、坚毅、强壮、理性思考、果断、具有冒险精神等性格特点,这些性格特点与体育活动所倡导的精神相吻合,因此社会要求男性要积极地参加体育活动,在体育活动中实现男性性别角色的认定,展现男子气概。而女性被期望的被动、忍让、依附、软弱、柔弱、感性、优柔寡断等性格特点与体育活动所需要以及传达的品质不相吻合,因此女性的体育参与不被鼓励。由于女性在参与体育的过程中是不被社会鼓励的,因而她们也逐渐失去了所谓的"对体育的兴趣"。因此,社会对性别角色不同的期待决定了男、女在体育中的表现、行为规范以及参与模式。

2. 体育对性别角色的强化与重塑

性别角色不仅在体育中能得到充分的体现,体育也是强化性别角色的场所和工具。无论是卢梭提倡的儿童自然主义体育思想,还是洛克倡导的绅士体育,或是阿诺德所开创的竞技体育模式,他们共同的理想是通过对身体(男性身体)的教育和训练来培养他们(男人们)的德行和才干,从而强化被社会文化所期待的男性特征和气质,维护现有的、社会所认可的对性别角色的安排。性别角色在体育活动中的强化也可以从女性体育的发展历程中得以体现。早在维多利亚时代,英国的女校教育提倡女性参加体育活动,但是从参加的形式、内容和目的上看,主要围绕"健康的母亲——健康的子女"的宗旨,活动也主要是以非对抗性、非激烈性的项目为主，目的是培养女子健康的体质和优雅的气质。女性的固定角色就是生育工具。结婚就是丈夫从妻子的父亲那里得到使用其身体来满足性需求以及生育小孩的一种许可。从某种意义上说，女性的角色就是女儿、妻子和母亲，从更深层次来看，是象征其父亲和丈夫物质水平与地位的文化符号。因此，她们的休闲、体育运动其实不是为了自我的满足，而是其父亲或丈夫的社会身份的象征，而在体育过程中，她们依附性的性别角色被认可和强化。这种现象一直延续到现在，比如人们常常鼓励男孩子进行比较激烈的、竞争性强的体育活动，从而打造男性强壮的外形，锻炼坚韧的毅力，激发"男子汉气概"；但对于女孩子，则多提倡她们参加舒缓的、优美的体育运动，从而塑造女性柔美的外形以及优雅的性格。

性别角色在维持原有的性别秩序的同时，也会受到新兴事物、新生力量的冲击。随着体育内容、形式以及意义的变迁，以及越来越多女性参与到体育中来，体育中特定的性别角色分工与性别气质也在慢慢地发生着改变。更多的传统的男性体育项目向女性开放；除了男性之外，职业联赛中也出现了女性职业联赛的制度；职业女运动员的出现更是对体育中原有的性别角色产生了冲击，很多女性运动员在为国家赢得荣誉的同时，也成为国家和民族的"英雄"，她们不再扮演为别人喝彩的配角，而是站到了舞台中央，成为主角。除此之外，有更多的女性教练员、裁判员、女性体育官员出现，冲破了体育传统的性别分工，女性不再只是扮演体育中聆听者、被动者与服从者的角色。性别角色所固有的气质与特征也在不断变迁的体育制度与文化中慢慢地得以改变。女性可以通过体育来展现勇敢、独立、竞争、强壮、富于冒险精神的特质，男性也可以在体育运动中体现灵活、优雅、感性的一面，从而使人们逐渐改变对原有性别角色的期待，因此参与体育活动也可以成为重塑性别角色的途径。

### （四）体育对性别生活方式的影响

生活方式（Life style）是一个内容相当广泛的概念，它包括人们的衣、食、住、行、劳动工作、休息娱乐、社会交往、待人接物等物质生活和精神生活的价值观、道德观、审美观以及与这些相关的方面。作为相对独立的社会群体，女性与男性的生活方式也存在着不同。基于性别生活方式不同的原因有生理与心理的原因，而更重要的是社会历史的原因。从生理和心理特点来看，女性在体型上相对来说小于男性，在体力上也比男性弱，除此之外还有明显的"四期"（经期、孕期、产期、更年期），这都是在生理上客观存在的男女不同。女性在人口生产中的特殊作用，更加决定了两性在生育和家庭生活中所进行的活动不同。从心理角度来看，女性通常形象思维和语言能力较强，比较细致、耐心、情感细腻，而男性则在逻辑思维和运动能力方面稍占优势，因此女性更多从事的是那些体力强度小的，更需语言天分以及耐心等性格品质的职业活动，男性则更多从事的是体力强度大、比较冒险和创新的工作。除了劳动方式不一样以外，两性的消费方式也会存在一些比较明显的差别：女性的消费活动，更多的是在穿着打扮等方面；男性的消费活动，则更多的是在娱乐活动以及人际交往上。当然，这些生理与心理的不同并不是决定两性生活方式的决定因素，长期的社会历史原因赋予了两性不同的生活方式。比如受长期社会历史的影响，女性的生活空间相对狭小，从而使她们在社会上并没有享有与男子一样平等的社会权利，以至于她们的政治生活与社会生活缺失。虽然在现代社会，女性被赋予了与男性同等的社会权利，但是在实际的生活中，男性比女性更热衷于政治和公共事务。除此之外，女性的交往活动比较被动，男性的交往活动则相对主动。然而，生活方式是随着时代的变迁而变迁的，对男女不同生活方式以及其变迁的研究，可以反映和揭示两性的生存状态及对体育参与情况的影响。

1. 两性生活方式对体育参与的影响

生活方式不仅是一些具体的活动，也是一种生活态度以及价值观的体现。体育活动也常常被作为一种生活方式。对于运动员来说，体育是他们的职业活动；对于非运动员来说，体育是一种休闲、娱乐、健身的活动。由于不同阶层、不同人群的生活方式不同，他们参与体育的方式、行为、态度也会表现不同。而就男性、女性这两大人群来看，生活方式对于他们体育参与的差异影响更加明显。

首先，从劳动分工来看，男性主要负责在外工作，女性则主持家务劳动，而在外工作的价值是得到承认的，家务劳动的价值则得不到认可。这就造成一种观念，即男性在工作之外的时间是可以自由支配的，因为他们工作很辛苦，而女性则没有为家庭带来"收入"，因此，家务劳动是一种永恒的义务劳动。因此在参与体育活动的时间条件上，男性是充足的，女性是不足的。同时从合理性来看，男性为了能更好地从事生产活动，需要在业余时间锻炼身体，保持健康来储备一定的体力和精力，而女性的劳动强度相对较小，则不必把时间花在锻炼身体上。有些人甚至把家务劳动看作一种女性锻炼身体的方式，这显然是一种对女性家务劳动的蔑视以及对体育活动的偏颇认识。而在当代，虽然大部分的女性都外出工作，但她们仍然承担大部分的家务。

其次，从消费结构来看，男性的消费更加偏重于自我的休闲、娱乐和社交，女性的消费主要是围绕家庭，无论是孩子教育还是日常的支出，这导致男性比女性的体育消费高。还有一个原因就是男性的总体收入比女性要高，因此更有能力进行体育消费活动。而从体育消费的结构来看，男性的体育消费更加直接，比如买比赛的入场券和体育用具、俱乐部的会费等；而女性的体育消费相对间接，在体育服装上的消费比例较大。这当然与男女不同的消费模式与消费心理也有密切关系。

再次，从休闲方式来看，女性的心理特点一般趋于沉静，再加上生育子女和家务劳动的重负，女性闲暇活动的形式与男性往往不同，一般表现为接受型的静态形式，比如缝纫、编织、看书、听音乐、看电视等，活动空间大多在室内。而男性的闲暇活动则多在室外（或家庭以外），从事较为剧烈的竞技娱乐活动。这造成了男性与女性从事体育活动的内容不同。

最后，还有一点值得注意的是，一些女性把从事体育活动作为家庭生活的一部分，比如陪伴小孩和丈夫，沟通家庭成员感情；而男性更多地把体育活动作为自己的活动，或者是对外交往的方式。这与女性以家庭生活为主、男性以社会生活为主有着直接的关系。

2. 体育对传统性别生活方式的改变

体育活动同时也是改变性别生活方式的途径。特别是对于女性来说，参与体育活动，不但可以丰富业余生活，改善生活质量，创造健康生活方式，拓展交往空间，同时还有利于她们积极地加入到社会生活中来，摆脱附属感，提高自信与独立。

体育活动对传统性别生活方式的改变可以从三个层次来看。首先从表象层来看，时间与空间是进行体育活动的必备条件，它们是客观的、具体的。参加体育活动可以从某种程度上改变人们日常生活的节奏，改变人们通常的生活空间。不同性别的人群，生活时间的分配一定不会相同。比如女性花在家务劳动上的时间相对于男性较多，而男性休闲时间比女性相对来说多。就闲暇时间的安排来说，男性与女性也存在着一定差异，比如女性花在聊天、逛街、看电视上的时间更多，而男性花在网上游戏、社交、运动方面的时间更多。不仅如此，在时间的具体安排上也会有不同。参与体育活动可以改变两性这种相对固定的生活规律。对于男性来说，和家人在一起的体育活动可以成为一种增进家庭人员感情的方式，特别是对子女的教化可以在一起进行体育活动中完成。而对于女性来说，体育活动可以增加她们对自由时间的拥有感，让她们暂时脱离家庭空间的束缚，调节传统的生活模式。其次从感知层来看，心理状态下的体育运动是个体的一种感知反映，即个体与特定的活动产生互动并从中获得自在的心理感受。通过参加体育活动，对不同性别的人群来说，他们会产生不同的心理感受。从积极的体育经验来看，男性在体育活动中可以感受到"男子汉"气概的张扬，女性在体育活动中也可以获得愉悦、自信以及释放的心理感受。从消极的体育经验来看，体育活动也可以给人们不同的挫败感。再次在构想层面上，体育活动更侧重个体内在的价值诉求，即从参与体育活动获得自我存在的心理感受，在运动中找到自我的价值与存在感。如果说男性在政治、经济等主流领域很容易实现其自我价值的存在感，那么能让女性获得其自身存在感的领域确实不多，而体育活动则是融合身体、心理以及社会元素的活动，它有利于女性从各个层次满足其需求，并实现对传统生活方式从行动、心理到价值观的改变。体育作为一种生活方式融入自身的生活中，并对于体育和人生的价值观念表现出理性的认同和理解。

综上所述，体育是身体的活动，它涉及人们身体的呈现和展示，直接证明了身体具有二元划分的性质并"天然"地带有性别的等级制度。随着体育的全球化，体育越来越具有吸引力，这种性别的信息更加具有力量。但是，体育是在社会的定义与安排下、各种组织机构与价值评估的过程中被创造并不断被社会化的。一方面，体育被社会所建构并被赋予男和女的性别，另一方面，男性和女性在社会规则、价值与期待下完成各自的体育项目。体育的性别文化不仅仅是体育的传统与想象所创造的，也是个体在体育参与中在对于自身的想象中完成的。体育中的性别就是一个不断社会化的过程，我们将社会化定义为"个体不断参与并接受改造的社会实践"。这其中无论是父母、同事，还是学校、媒体都发挥着重要的作用。总而言之，体育运动与体育现象已经成为一种观察、揭示、诠释与探索社会性别问题的绝佳视角，也为女性的解放与发展提供了新的思维与路径。

## 三　女性体育研究的理论发展

任何学科的发展都有其成形、成长、成熟的过程。女性体育研究作为一个跨学科的学术领域，它的自省首先来自于对本学科理论的探索和追求。早在20世纪60年代，西方的女性体育研究者们就认识到了女性体育研究不仅仅是把体育问题的研究对象设定于女性或性别，而是要通过体育研究来发现与性别相关的社会规律，总结相关经验，并提炼新的理论，使性别（这里指的是社会性别）在体育学的背景下实现理论化。女性体育研究的理论发展大致可以分为三个阶段：（1）早期以研究体育中的女性地位为中心的非理论化阶段；（2）自1978年开始寻找并建立研究体育中女性问题的理论框架,是女性体育理论的初步形成时期;(3) 20 世纪 80 年代以来,受到后现代思潮影响,女性体育理论向多元化方向发展。

**(一) 影响女性体育研究的主要理论范式**

早期在以男性话语为主的体育社会学研究中,女性和性别问题显然不在其理论框架之中,然而主流体育社会学对女性/性别问题的关注与讨论却深刻地影响了后来女性体育理论的形成。体育社会学理论框架本身也在不断地发展与变化中,实证主义研究范式在 20 世纪 60 年代以前在欧美(主要是北美)体育社会科学领域占主导地位。70 年代以来,受到激进的批判主义的影响,解释主义范式与新马克思主义范式逐渐受到了关注。到了 80 年代,在激进批判主义的继续发酵下,文化研究范式兴起,同时也促成了女性主义研究范式的成型。图 1-1 基本上反映了传统体育社会学范式的发展历程。主流体育社会学研究范式对于性别的观察以及诠释不仅引起了人们对体育中性别问题的关注,而且也是女性/性别问题在体育学中实现理论化的初步尝试。

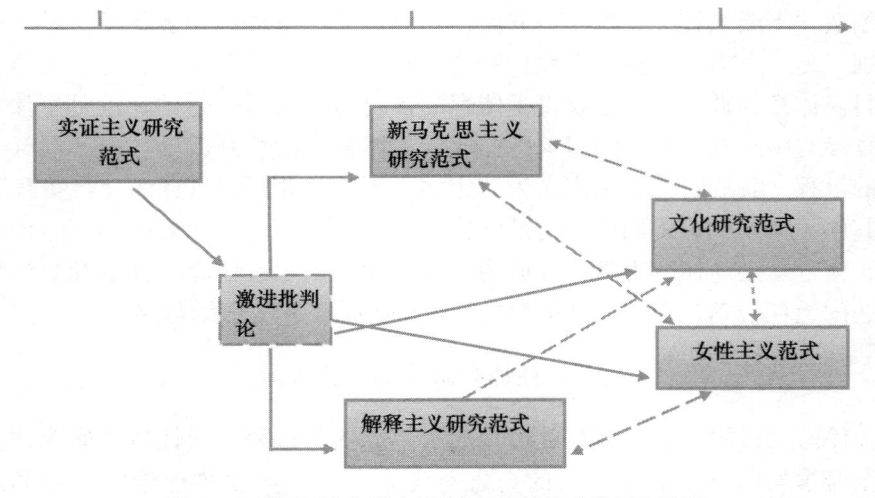

图 1-1 体育社会学主要理论研究范式发展示意图

1. 实证主义范式

体育社会学在欧美的兴起是与实证主义研究紧密相结合的。在 20 世纪 60 年代,实证主义大行其道,其理论及认识论是建立在"社会与自然同样都是客观存在的,可以用自然科学的方法进行观察和解释的"的假设基础上的。因此其研究常常是采用演绎的方法，倡导建构普遍的理论，并使其在经验研究中得以验证。在实证主义的范式下，研究体育的视角通常采用系统论的模式，体育被看作社会的一个子系统，对整体社会的顺利运转起到了重要的作用。在这种背景下，体育通常被抽象化、整体化和理想化，而体育本身所存在的社会问题，比如性别歧视、种族主义、冲突矛盾、失范问题等通常被忽略。

性别虽然不是实证主义范式下的体育社会学所关注的核心问题，但是在一些研究中也会出现，比如在20世纪70—80年代所关注的体育社会化的研究。在这些研究中，性别通常被看作一个独立的变量，而女性被看作一种人口学的类别。在这个时期首先所关注的女性体育的核心问题是性别角色的冲突及解决办法，特别是作为母亲和作为女运动员两种角色之间的转换。哈罗斯（Harris）的研究指出运动员气质（athleticism）和女性气质（femininity）是处于两个极端且相互对立的文化元素，很多女性不参加体育运动就是害怕失去女性气质，而那些参加体育运动的女性常常有"运动员"角色和"女人"角色的冲突和困扰。[1] 一些研究者认为解决女性运动员角色冲突的关键是要减少人们对女性运动员女性气质的过分强调和要求，比如化妆、服装、关于男友和家庭的谈论等，还有一些主张减少对女性运动员运动能力的要求，不要过分强调成绩和表现。[2] 对女性运动员角色冲突的探讨也在学术界引起了一轮对女性气质、男性气质以及中性气质的研究热潮。其次是体育中性别社会化问题，换句话说就是如何通过体育运动来学习性别角色、获得性别认同，从而有利于个人的成长和社会性别秩序的稳定，例如马可尼（McCrone）特别对英国维多利亚时代女子学校体育进行了分析与研究，从社会化的视角解析了英国社会如何通过体育游戏和锻炼使那些中、上层阶级的妇女成为"健康的生育者""优雅的淑女"和"道德高尚的公民"；[3] 司徒娜（Struna）在她的《好主妇和园丁，纺织者与无畏的骑士：美国早期体育文化中的中上层妇女》一文中同样也揭示了美国早期女性体育活动来源

---

[1] D. Harris, "The Social Self and the Competitive Self of the Female athlete", *The Third International Symposium on the Sociology of Sport*, Waterloo, ON, 1971.

[2] R. Colker and C. Widom, "Correlates of Female Athletic Participation", *Sex Roles*, 1980, Vol. 6, pp. 47 – 58.

[3] K. McCrone, "Play Up! Play Up! And Play the Game! Sport at the Late Victorian Girls' Public Schools", in J. A. Magan and R. J. Park (eds.), *Sport and the Socialization of Women in the Industrial and Post – Industrial Eras*, Exeter, U. K.: Frank Cass, 1987, pp. 97 – 129.

于女性的日常生活、劳动以及各种生活经历，妇女在参与这些体育活动的同时也不断地强化了她们的自我角色、任务以及文化表现与诉求[1]，从而维持了社会性别秩序的和谐与稳定。还有一些学者讨论了女性体育运动中参与学术/职业表现的内在关系，认为体育运动对培养女性"认真""职业"的态度与精神很有帮助。[2]

对体育中性别角色和性别社会化的强调反映了这个时期结构功能主义理论在体育社会学中的主导地位，在这种背景下，女性体育研究的目的是促进社会和谐。然而，这种以整体论为基础的实证主义研究范式并没有认识到性别角色、性别气质等是随着时代和文化背景而变化的，从而束缚了研究者对性别与体育文化多元性、多维度的探讨。

2. 激进批判论

实证主义在体育社会学中的统治地位在20世纪60年中后期遭到了激进批判主义的质疑。一些社会学家开始质疑体育整体论的观点，并开始反思西方社会中体育结构、过程、组织和行为的问题。这种批判思潮蔓延到了体育社会学研究的各个领域，体育中的种族主义、性别主义、军国主义、殖民主义、过度的商业化、体育制度的腐败等都成为批判家们批判的核心内容。体育系统论与功能论也受到了深刻地质疑，他们否认体育是一个相对稳定的社会系统，拥有普适的价值观，而是一种剥削、压迫、不平等的场域。然而正如英格汗（Ingham）所指出的，在这个阶段的批判主义缺乏理论的指导，很多批判只有尖锐的观点而缺乏对问题的进一步阐释，以及对问题解决的思考。[3] 激进批判论除了对理想主义、实证主义以及功能主义理论视角进行批判之外，还在方法论层面对当时在体育社会学领域占主导地位的科学主义以及抽象的经验主义的研究方法论进行了批判，特别反对那些不合时宜的因果推论研究、动力机制模式研究以及用数字模型来衡量人类行为的研究方法。

对于体育中的性别问题，激进批判主义起到了关键性的启蒙作用。它

---

[1] N. Struna, "Good Wives' and 'Gardeners', 'Spinners and Fearless Riders': Middle – and Upper – rank Women in the Early American Sporting Culture", in J. A. Mangan and R. J. Park (eds.), *Sport and the Socialization of Women in the Industrial and Post – Industrial Eras*, Exeter, U. K.: Frank Cass, 1987, pp. 235 – 255.

[2] M. Hanks, "Race, Sex, Athletics and Education Achievement", *Social Science Quarterly*, 1979, Vol. 60, pp. 482 – 496.

[3] A. Ingham, "Sport and The 'New Left': Some Reflections Upon Opposition Without Praxis", in D. M. Lamders (ed.), *Social Problems in Athletics*, Champaign: University of Illinois Press, 1976, pp. 238 – 248.

用批判的眼光揭示了体育中大量的性别歧视与偏见，比如女性在奥运会中不平等的待遇、体育中性别分离主义（Separatism）、体育组织中女性领导的缺失、男女参与体育运动机会与资源不平等现象、体育中男性气质霸权以及体育中女性受压迫地位等。然而理论的缺乏使得激进批判主义无法从本质上解释体育中性别问题存在的根源。激进批判论更像是一种过渡性的思潮，没有形成一定的范式，但是它为其他研究理论和研究范式的形成开启了大门。

3. 新马克思主义范式

新马克思主义范式的出现就是对激进批判主义的回应。新马克思主义范式出现在20世纪60年代末70年代初，之所以称之为新马克思主义，是因为在此范式下进行体育社会学研究的学者大多受到了卡尔·马克思理论的影响。新马克思主义范式所关注的问题非常集中，即探讨工业资本主义的特点与体育之间的内在关系。这些研究多采用历史辩证法，从历史的线索去追溯体育作为社会物质文化发展的产物是如何出现并发展起来的。在体育研究中，新马克思主义范式还非常关注社会关系，比如阶级关系、性别关系、种族/民族关系、宗教关系等。他们认为，这些社会关系决定了人们参与体育的形式、内容和意义。

然而，在新马克思主义的研究范畴中，最优先的考虑是阶级关系。他们认为其他的社会关系都是阶级关系的一种表现。由是，性别关系也是一种阶级关系，是社会生产制度的一种产物。在这种思路的引导下，新马克思主义范式关注的问题主要集中在：（1）资本主义体育制度对女性运动员的剥削；（2）性别制度在国家体育发展中的角色；（3）女性体育的自治权等问题。布雷（Bray）1983年发表了《体育、资本主义和父权制》一文，开启了女性体育研究政治经济学的视野，它揭示了性别制度（父权制）与资本主义制度的互动关系及其对女性体育参与产生的深刻影响。[1] 之后，比米西（Beamish）又从历史唯物主义的视野分析了体育中的性别关系，认为体育中性别的不平等与生产方式的性别分工有着一定的关联。[2] 在方法论上，泰博格（Theberge）提出要把马克思主义的一些原则运用到社会行动中，这样才能

---

[1] C. Bray, "Sport Capitalism and Patriarchy", *Canadian Women Studies*, 1983, Vol. 4, pp. 11–13.
[2] R. Beamish, "Materialism and the Comprehension of Gender-related Issues in Sport", in N. Theberge and P. Donnelly (eds.), *Sport and the Sociological Imagination*, Fort Worth: Texas Christian University Press, 1984.

看到女性在资本主义体育中受到双重压迫（资本主义和男权主义的压迫）的根源，并寻求出路。[①]

新马克思主义范式使女性体育进入到了政治经济学的研究范畴，这对女性体育研究来说无疑是一个极大的飞跃。然而，新马克思主义研究范式虽然看到了性别制度对体育的深刻影响，但是在实际的研究过程中它仍把阶级制度和经济制度置于性别制度之前，换句话说它把经济关系无限放大，在阶级问题的掩盖下，性别在体育中的文化属性被忽略。除此之外，资本主义工业社会也不是理解性别与体育的唯一背景，只是一个特殊案例，因此新马克思主义无法全方位地揭示在其他体育文化和制度中的性别权力与性别关系。

4. 解释主义范式

前文我们谈到了激进批判论对体育社会学中的科学主义和实证主义的方法论进行了强烈的反思和批判。解释主义范式是这种思潮的衍生与拓展。解释主义范式强调主体性问题，它认为个体有赋予其所处的社会情境和社会行动意义的能力。同样，体育情形与体育行为的意义也是由社会成员定义的。解释主义范式主要关注的是体育中的小群体、亚文化、个体的互动等问题。在研究方法上，解释主义倡导用质性的研究方法比如民族志法、参与观察法、生活史以及个案研究等。

解释主义研究范式对于性别的关注非常少。它既不把性别作为一个变量，也不把其作为一个理论的类别。它认为性别本身就是一个模糊的概念，在很多情况下性别更多的是指女性，摩根（Morgan）就指出社会学家倾向于把男性社会行为与社会阶层相关联，而把女性的行为与性别相关联。[②] 在解释主义研究者看来，女性的行为和经历是与男性不同的，而传统的视角总是把男性的行为和经历作为一个参照系，因此对女性的理解也是在与男性的比较和对照中得出的。解释主义强调女性特有的体育经历，同时也要求揭示体育运动对女性自我的特殊意义。比较有代表性的是英国当代文化研究中心早期的研究，它们用民族学的方法研究了作为亚文化现象的英国女性休闲活动、其在女性生活中所扮演的角色以及对维持女性从属地位的意义。然而早期的解释主义研究者对性别的忽视，使得这种范式并没有很好地去推动女性体育研究的发展。

---

① N. Theberge, "Joining Social Theory to Social Action: Some Marxist Principles", *Arena Review*, 1984, Vol. 8, pp. 21 – 30.

② D. H. J. Morgan, "Gender", In R. G. Burgess (ed.), *Key Variables in Social Investigation*, London: Routledge and Kegan Paul, 1986, pp. 3 – 53.

5. 文化研究范式

文化研究在体育社会学中的应用受到了早期新马克思主义的深远影响。文化研究认为文化与意识形态不完全是经济和政治的附属品，它是一个相对独立的社会过程，同样也具有影响以及调节人类社会行为的功能。与实证主义把体育看作一个抽象的整体系统、新马克思主义把体育看成物质条件的产物不同，在文化研究的范式下，体育运动是一种真实的社会实践。正如体育文化研究学家格努诺（Gruneau）所指出的，体育是一种建构的社会实践，这种实践的意义、象征、结构都是与人类自我（个人或集体）的塑造与再造紧密相连的。[1] 除此之外，文化研究与传统的社会学视角不同，它并不是简单地进行社会现象的归因分析，相反，它更强调还原社会现象和社会生活的复杂性，比如，文化研究认为用性别角色的二元模式来描述性别关系过于简单化，在特定的时候，女性也扮演着传统的男性的角色，男性也可以扮演传统的女性角色；又比如，他们批判用传统的社会化的理论来看女性体育的社会化过程，认为其太过于死板，因为影响女性体育社会化的因素不仅仅存在于学校和家庭，也深受其他社会文化因素的影响，而社会文化是一个非常广泛与复杂的现象，同时也在不断地运动变化着，因此要从更加细节的要素去反映这个过程，而不是简单归纳几个影响因素。

文化研究范式认为体育并不简单地是"社会的一面镜子"，而是文化产品的一种形式，是人类行动的产物，因此也是变迁的。传统社会学认为体育是为创造或者维护某种社会制度和社会动力而服务的，而文化研究更认为体育是我们日常生活中的一部分，是点滴积累起来的社会文化经验。文化研究范式试图从体育的形式、体制与实践来展示和分析现今主流的体育文化是如何在具体的、历史性的情境中被打造出来的，而这种体育文化又可以以何种方式产生变迁。

性别是文化研究范式中一个重要的文化要素与理论类别，它是除女性主义以外对性别问题最为关注的一个研究范式。文化研究强调文化反思，而占主导地位的父权制文化是文化研究主要反思与批判的对象。文化研究认为父权制文化对男女皆是压迫。女性在服从于贬低和否定其自身的社会化过程中，学会了克制、顺从和沉默等；而男性同样是统治者的囚徒和黑暗中的受害者，父权文化要求男人在一切场合都能展示出男子气概，这使

---

[1] Gruneau S., *Class, Sports and Social Development*, Amherst: University of Massachusetts Press, 1983.

男性永远处于压力和紧张的状态之中，只有摒弃父权制文化男性与女性才能获得解放。[1]

体育文化是父权文化的重要代表，因此成为文化研究的一个重要场域。文化研究在这个领域所关注的问题包括：（1）体育父权文化中的性别文化的形成；（2）女性体育作为体育亚文化的探究；（3）女性体育的文化意义等。男性文化的体育建构研究深受康奈尔的"男性气质"（masculinity）研究的影响。康奈尔指出："在西方社会，理想的男性气质多数是通过竞争性的运动而建构形成的。"[2] 飞利浦（Phillips）[3] 和曼干（Mangan）[4] 则从历史文化研究的视角阐释了传统体育项目、男性气质以及帝国主义的意识形态这三者之间的联系。布赖森（Bryson）更进一步地阐释了体育是维持男性主义文化霸权的场域，[5] 而韦森（Whitson）的研究则从更加具体的元素，如肌肉、身体、道德、男人的担当、男性的权威等方面阐明了体育男性文化主导地位的形成及其对女性排斥的根源。[6] 由于体育主流文化通常被规划为男性文化的范畴，因而，女性体育文化通常被早期文化研究者作为亚文化来探讨，其中比较有代表的研究是把女性作为体育文化事件中的旁观者、协助者或支持者来阐析女性文化对以男性为中心的体育主流文化的维护和意义；但是也有学者指出应该在主流体育文化之外为女性营造一个不一样的体育文化氛围，而这种新的女性体育文化将成为改变体育运动的新力量。

权力关系也是文化研究范式下体育中性别问题的一个重要议题。权力关系是一种围绕财富、特权、尊严的等级结构。在我们的文化中这样的权力结构存在于性别、种族、民族、阶层、年龄中。其中表现为，一方占绝对的主导优势，对另一方进行控制，而控制可以通过暴力或强制等极端的方式，也可以通过社会化、意识形态的同化等微妙的方式进行。性别权力

---

[1] ［法］皮埃尔·布迪厄：《男性统治》，刘晖译，中国人民大学出版社2012年版。
[2] Connell, R. W., *Gender and Power: Society, The Person and Sexual Politics*, Stanford, CA: Stanford University Press, 1987, pp. 84-85.
[3] J. Phillips, "Mummy's Boys: Pakeha Men and Male Culture in New Zealand", in P. Bunkle and B. Hughes (eds.), *Women in New Zealand Society*, Auckland: Allen and Unwin, 1980.
[4] Mangan, J., *The Games Ethic and Imperialism*, New York: Viking Press, 1987.
[5] L. Bryson, "Sport and the Maintenance of Masculine Hegemony", in S. Birrell and C. Cole (eds.), *Women, Sport and Culture*, Champaign, IL: Human Kinetics, 1987, p. 176.
[6] D. Whison, "Sport in the Social Construction of Masculinity", in A. M. Messner and D. F. Sabo (eds.), *Sport, Men and the Gender Order: Critical Feminist Perspectives*, Champaign, Human Kinetics, 1990, pp. 19-29.

关系在体育中集中地体现在男性对女性的压制与束缚上。比如，早期的奥运会拒绝女性参与甚至观看，这是一种较明显的对男权在体育中的维护。而男性所塑造的体育文化对男性气质的依附、服从与服务则更加细微和隐秘地巩固了男性在体育活动中的优势与特权。文化研究的目的就在于从日常的、细微的、想当然的体育活动、体制、文化价值中揭示出其后面掩藏的性别权力关系。

虽然文化研究范式与传统的社会学范式的出发点不一样，一个是通过宏观的描述总结规律，一个是从微观的描述揭示本质现象，但是它们的目的都一致，即找出性别在体育发展中不平衡的原因。

### （二）女性主义体育理论的形成与演变

虽然体育社会学的各种理论范式都对女性体育的理论化做出了一定贡献，然而只有女性主义把性别放到了体育研究的中心，由此才真正地拉开了女性体育（体育中的性别问题）理论化的帷幕。女性主义研究的宗旨是理论和实践的结合（praxis）。女性主义坚信理论只有在政治行动和实践中才会产生并发展。基于不同经历、经验以及关注的现实问题的不同，诞生了不同类别的女性主义理论。女性主义体育理论也是在这个背景下产生的，它是在各种主流女性主义理论和社会理论的启发下，对体育和性别问题的一系列思考、观点和争论。总的来看，女性主义体育理论的产生来自于两个方面：一方面是学界（学者）对某些相关问题、观点、话语、理论的回应；另一方面来自于在体育组织和体育机构中女性的实践经验，因此女性主义体育理论既是观点的表达也是政治行动的表达。基于不同的政治理念、实践经验以及意识形态，女性主义体育理论有很多不同的分支，但其共同的核心目的是揭示、挑战和消除在体育政策和实践中所存在的性别霸权（这种性别霸权最初表现为对女性在体育中表现的歧视，之后女性主义把这种性别霸权抽象为体育文化对男子气质统治的屈从和迎合）及其导致的后果，如女性体育的边缘化、歧视、不公等。

女性主义体育理论探索路径基本上有两种：一是借用以"男性视角"为主的主流体育社会理论，如伊力亚斯、马克思、吉登斯、弗洛伊德、布迪厄、福柯、波德里亚等理论家的理论，在其基础上补充女性主义视角和观点；二是借用女性主义理论家，如波多（Bordo）、巴特勒（Bulter）、乔多罗（Chodorow）、胡克斯（Hooks）、罗伯（Lorber）等人的视点来阐述体育中的性别规律，从而发展出相应的概念和理论。正如女性体育理论家比瑞尔（Birrell）所认识到的，女性体育理论化的过程是相当多元、复杂的，它吸取着各类领域、各个学派的营养和精华，是一种名副其实的跨学科理论。① 总的看来，女性主义体育理论的发展演变主要体现在以下四个方面：

1. 从自由主义到文化斗争再到后现代主义的挑战

女性主义体育理论的发展过程与女性主义思潮的发展历程是紧密相关的。20世纪70年代在第二波女权运动的浸润下，自由派体育女性主义诞生。自由主义哲学基础建立在"人人平等"之上，受此影响，自由派体育女性主义的理论思维和政治目标是从上而下的政治改革，为女孩、妇女寻求和男孩、男人一样的体育参与机会和资源，从政策上消除阻碍女性参加体育运动的壁垒和限制，保证妇女平等参与运动和休闲的机会。与此相反，激进派体育女性主义强调"平等机会"的局限性和"从上而下改革"的不可操作性。她们把强大的父权制（Patriarchy）放到了理论的中心，把女性在体育中受压迫的处境归结为男性为中心的体育体制——父权所代表的压迫。她们希望通过与原有体育体制的分离，重新建立一个以女性为中心的体育制度，进而重新分配权力。马克思主义女性主义则把理论重心放到了阶级差异上，他们认为是资本主义体育结构阻碍了工人阶层妇女享有与中产阶层妇女一样参与体育的机会。然而大多体育女性主义者都对这种把阶级关系凌驾于性别关系的观点提出了质疑。

在这三大理论流派的启蒙下，文化体育女性主义（社会主义女性主义）诞生并成为极有影响力的一支理论流派。它汲取了激进派和马克思主义的观点，认为父权制的权力关系与资本主义权力关系是体育中产生性别歧视和不平等的最原始因素。文化研究的出发点是权力，特别是"霸权"（hegemony）这个概念非常重要，应用到女性主义体育理论中就是探讨体育中的性别霸权是如何产生、塑造和改变的。文化研究的基本观点是认为社会中权力分配是不平等的，不同的种族、阶级和性别所拥有的权力是有差异的，而这种不平等的产生是通过对社会意识形态的主导来实现的。这种体育文化研究集中在：（1）体育中的男性权力；（2）大众传媒对于体育中性别与性别气质的塑造与控制；（3）对男性为主导的体育活动的抵抗。清楚地了解性别霸权才能够认识到女性在其争夺体育平等权利的过程中既是被压迫的对象也具有很强的能动性，自由和束缚是一个辩证的关系。

---

① S. Birrell, "Feminist Theories for Sport", in J. Coakley and E. Dunning (eds.), *Handbook of Sports Studies*, London: Sage Publication, 2000, pp. 61–62.

女性主义体育理论在发展过程中也受到了后现代主义的影响和挑战。首先，福柯与后结构主义对于女性主义理论起了重大的变革作用。后结构主义通过语言和其他形式分析社会组织、意义和权力问题，这让我们更加关注语言的建构和冲突意义。福柯对于身体的规训被用来解释在体育运动中运动员的身体是如何被规训和控制，围绕现代体育产生的训练科学、医学等的目的是为了对身体进行控制。在福柯关于身体和权利的论述基础上，女性主义强调女性的身体是通过各种话语权建立起来的，在体育中，女性的身体受到来自教育、医学等各种话语权力的制约。其次，在后现代主义中，解构主义起了十分重要的指导作用，尤其是对性的解构。而体育则成为对性别与性别气质进行解构的突破口。因为在体育中的性别、性别气质与社会中正常的性别、性别气质是有一定的差异，这为研究者解构对性别的传统认识提供了工具。但是，后现代主义对于性、性别和性别气质的质疑也为体育女性主义理论的发展带来了困惑：如果这些重要的概念都被解构，那以前建立起来的理论和观点就没有存在的意义了，这也是体育女性主义在新世纪后现代主义思潮中所面对的理论挑战。

2. 从"女性气质"到"女性主义"

体育女性主义的成长不仅仅体现在其理论分支的不断繁荣，也体现在其所关注的理论核心问题的迁移和转变。早在20世纪60年代，西方体育女性主义产生的开端就是对"性别气质"与"体育精神"的讨论。传统的观点认为体育竞技的特点是与女性气质相违背的，女性过多参加体育活动会破坏她们作为女人的特点，而具有身材魁梧、好胜、暴力等男性倾向，甚至会影响其生育能力。在学术界，特别是心理学领域，中性化的行为被解释为情感混乱以及性别越轨的标志之一。沿用这种思路，女性身份与运动员身份在他们（心理学家）看来是相互矛盾的，这导致了女性运动员心理不健康。针对这种观念，体育社会学以及体育心理学领域的学者试图通过各种研究来证明无论是从心理层面还是从行为层面体育竞技并不会使女性变得男性化。据不完整统计，1965年到1987年，大约有70多篇论文是与此问题相关的。[1] 这些文献在一定程度上都是围绕着体育运动与性别角色、性别认同关系的社会心理学研究，其关注点为女性体育运动员的刻板印象以及社会接受度等问题。然而，从我们现在的视角来看，这些研究和讨论大多是建立在本质主义、非理论化的基础上的，仍然没有根除对体育

---

[1] A. Hall, "The Discourse of Gender and Sport: From Femininity to Feminism", in Sheila Scraton and Anne Flintoff (eds.), *Gender and Sport: A Reader*, London: Routledge, 2002, p. 7.

运动和女性气质的普遍认识，相反继续强化了性别的刻板印象。

随着越来越多的女性进入到了体育和教育领域，到底"女性气质"与"运动气质"可不可以一致、能不能相结合，这个问题也成为困扰他们的一个谜。为了验证这个假设，20世纪60年代心理学家提出了"心理中性"或称为"心理雌雄同体"（psychological androgyny）的概念，其前提是男性气质与女性气质并不是处于相互排斥的两个极端，而是独立存在、多维度的特质，个体可以拥有两种性别气质，而拥有两种性别气质的个体不仅心理是健康的，而且在社会行为上显得更高效。[1] 体育心理学家们在"心理中性"这个概念及其理论基础上，通过大量的研究论证了女性运动员比普通女性更具有中性气质，但是在心理上并不比普通女性不健康，相反比普通女性有更强、更积极的自我意识。[2] 这为女性进入体育领域奠定了"合理化"基础。

在女性体育研究的早期，这无疑是一种理论上的突破，然而这种思路之后却遭到了来自文化女性主义学者的批判。她们认为"雌雄同体"或中性化（androgyny）的概念只是将由社会建构而成的男性气质和女性气质两者简单地结合起来，并不会对女性受压迫的现实做出多大改变。父权文化对女性气质和男性气质的认识是非常固定的：女性气质主要体现在照顾他人、自我牺牲、温柔、顺从；男性气质的特点则是有自主、自信、自强、成功、有领导意识等。这种把两种性别气质综合的方式并不能超越原有文化结构，不能产生出新的女性气质价值观、道德观，因此也不能避免主流文化（男性文化/父权文化）对女性气质的排斥，从而不能打破原有社会文化结构对女性的压迫。除此之外，"女性运动员中性化"的社会学理论假设并不是中立地针对体育文化与性别的冲突，而仅仅针对体育文化与女性气质的冲突。为什么这种冲突只存在于女性之中？因为社会对男、女两性性别的定义存在区别，即女性被认为喜欢关爱他人，更具有利他性。而男性则自主、自恃，以自我为中心，甚至以反社会的姿态出现来获取成就。然而，现实社会的普世价值就是注重成就、个体和自我提升，而女性如果想成为一个拥有女性气质的人，她必须摒弃掉这些能获得成就的价值取向，选择注重自我牺牲和利他性的女性心理。因此，性别和文化的冲突仅存于女性之中，其原因就在于社会中的文化实践是按照男性标准来进行

---

[1] Cook, E. P., *Psychological Androgyny*, New York: Pergamon, 1985.

[2] H. W. Marsh and S. W. Jackson, "Multidimensional Self-concepts, Masculinity, and Femininity as a Function of Women' Involvement in Athletics", *Sex Roles*, 1986, Vol. 15, pp. 391–415.

的。由于体育文化本身就是男性为主导的文化,因此女性气质与体育文化的冲突关系实质上仍然是女性文化与男性文化的冲突。由是,文化女性主义者认为从女性气质与体育冲突关系的理论途径去证明"女性运动员具有更多的心理优势(运动带来的)而又不会失去其本身的女性气质"是一种压迫性的理论解释模式。

现代女性体育理论学家倡导在揭示女性体育/体育与性别的问题时要抛弃早期的一些固定概念和理论模式,比如性别气质、性别角色等,这些概念本身就是男性文化思维下的产物,会限制我们对性别的想象,只有创造新的女性主义理论范式才能摆脱固有思维的束缚。"女性主义"成为理论的核心,换句话说,女性体育理论不再仅仅围绕女性气质是否合适体育气质这个老问题,而是围绕如何建立以女性主义为核心的观察体育的视角和方式。什么是女性主义?虽然直到现在,正如前文所提到的在体育社会学领域还没有形成一个统一的、高度理论化的女性主义范式,但是我们可以从近些年的文献中总结出其在视角上的显著特点:(1)其理论假设是建立在"妇女是被剥削、被压迫、价值被忽略的群体";(2)其现实目标是要改变妇女的生存/生活条件;(3)其理论视角是批判性的,特别是对传统学界对女性受压迫地位的忽视和错误评价进行批评;(4)它的理论目标是要打破传统实证主义和科学主义的束缚,寻找到一种对实践具有指导性的、解放性的理论范式。女性主义研究强调以下三点:(1)社会生活中的性别差异所产生的影响是普遍存在,而不是一个特定的现象;(2)女性主义研究要重视性别和权力的重叠关系,通过改进现存的研究方法,使研究过程得到改善;(3)女性主义研究要"坚持它的政治本性,以及给女性命运带来改变的潜能",从强调"女性气质"的理论探讨到以"女性主义"为根基的理论路径的转变见证了体育女性主义的自省与成长,也为以后的理论发展指明了方向。

3. 从分类研究到关系研究

女性体育理论的发展还经历了从分类研究到关系研究的转变。西方体育社会学对性别和种族问题的研究模式主要分为三类,即分类研究、分布研究和关系研究。分类研究主要关注的是不同性别和种族的人在运动参与、表现及能力方面的差异,试图通过生物性因素和社会化原因去解释这种差异的存在。分布研究则考察资源分布情况,例如竞争机会、收入水平等,其主要关注的是机会、资金等的不平等。关系研究则把体育运动视为社会关系的一种文化表现形式,它始于这样的假设:体育运动是历史的产物,由社会所建构,同时,文化决定其服务于社会中权势集团的利益与需要。心理学家和社会心理学家主要采用分类研究模式来说明群体或个体之间的"先天"形成的差异；社会学家则主要侧重于运用分布研究来揭示体育资源和机会等"后天"形成的差异；体育文化批判主义研究更看重的则是社会成员在体育运动制度中互动所产生的等级和权力关系。

早期关于"女性和体育运动"的研究主要是从生物学角度进行的分类研究。生物决定论在体育研究中具有很大的影响。生物决定论认为性别与种族等的差异都来源于天生，是"自然"的结果。基因是决定女性、男性，白人、黑人的唯一因素。生物决定论包含了简化和分类两部分内容。简化论认为一个社会的行为可以通过生活于其中的个体来解释。同理，个体的表现也可以通过每个个体身上的基因结构来解释。因此，在性的差异上，基因扮演了一个关键的角色，通过不同的性激素，决定了性的差异。二元分类法则将这种简化论进一步发展，它将人分成女/男、白人/黑人等绝对对立的两类。然而这种方法只注重两性、种族间的差异，而忽视其共性。这种将差异视为绝对性的观点也遭到了女性主义的强烈批判。

社会角色理论，特别是社会性别角色理论是在生物决定论下分类研究的一个变种。它强调是社会角色扮演的不同使个体处于体育运动社会结构中的不同地位，从而导致了资源和机会的分配不均。女性和男性在体育中所扮演的角色是不同的，男性扮演了参与者的角色，女性则是旁观者和助威者。性别的社会角色（更确切地说是社会所期待的角色）不同是男、女在体育领域表现不同的主要原因。然而这样的理论也遭到了来自女性主义者的质疑。首先，她们认为社会角色理论在解释性别不平等时更注重从个体经验出发，而不是社会建构和权力等核心问题。另外，一个人可以拥有多种社会角色，不仅仅体现在其性别上，还可以根据其年龄、种族和社会阶层拥有不同的社会角色，仅仅用性别角色来解释男、女在体育运动结构中的差异与不平等是不妥的。传统的实证主义理论认为角色是社会结构与个体之间最主要的直接接合点。为了使社会功能性运转，不同角色的人之间需要相互作用。而女性主义者更加强调实践，她们认为社会系统不是由各种角色构成的，而是由各种实践构成。实践才是行动者与社会结构之间的联结点。

在女性主义和文化研究思潮的反思下，关系研究逐渐代替了分类和分配研究，逐渐成为女性体育理论讨论的核心内容。在文化批判主义的理论假设中，"性别关系"就是两性间的权力关系——男性对女性的霸权（hegemony）。女性主义者认为在体育运动领域，通过各种实践活动"产生"并"维护"了特定的性别霸权关系，比如早期不让女性参加严肃、正式的体育竞赛，又比如以医学的借口限制女性从事激烈的体育运动，再比如体育传媒对男、女体育表现的呈现和描述等，在这一系列的体育实践中，渐渐树立起了男强女弱的体育权力和等级关系。然而对于体育女性主义来说，这种性别权力关系并不是像性别角色那样是固定的、不可流动的，而是可以通过行动被再生产的，这也成为体育女性主义者们的新的理论命题——如何通过体育实践打破原有的性别权力关系而在体育运动这个次文化结构中产生出新的、平等的、公平的性别关系。

4. 以"身体"为核心的女性体育理论涌现

女性身体一直都是女性主义的核心主题。第二波女性主义让人们意识到了被剥削和被控制的女性身体，但很少有人注意到女性运动的身体，也没有看到身体与政治之间的联系，或通过身体活动所表现出来的政治关系，这成为女性体育理论发展的一个新的突破口。

在女性主义者中间，对于女性的身体主要有两种认识：一种是为了性别平等，不承认两性在生物上的差异；另一种是接受并赞扬这种生物上的性别差异。持前种观点的人认为，女性身体再生产性的（生育）特性必须被克服，如有需要可以通过科学的介入，从而达到和男性同样的平等地位。体育运动是一个介入女性身体的主要方式。后一种观点则认为，男/女两性在生物上的差异应该得到承认和赞扬，不应该用科学的手法介入而使其消失。女性体育运动因而要与主流的以好斗、竞争、暴力为特征的男性体育价值相区别，建构新的符合女性身体特点的体育价值观和体育形式。

在以"身体"为核心的女性体育理论发展过程中，福柯的理论起到了关键的启蒙作用。福柯认为身体是一个历史、文化的具身性（embodiment）实体。他将身体置于不同权力之间争斗的中心，认为身体由各种话语建构而成，这里的话语不仅仅只是语言现象，而是权力的象征。女性主义理论家正是借用这个观点解释了体育领域中围绕性别化的身体所建立起来的话语权及其主导的女性体育实践和行为。身体的意义由此在女性体育研究中得到了充分的放大。一方面，一些学者认为，女性身体是女性受社会压迫的主要原因，因此要解放女性，首先要解放女性身体，而体育运动是女性身体解放的一种重要途径；另一方面，有些学者则认为现有的体育运动并不能完全达到解放女性身体的目的，"运动中的身体"反而更强化了她们对现有社会文化秩序的服从。著名女性体育理论家安·霍（Ann Hall）在论述健身运动的目的和意义时就曾经指出，女性参加健身运动的目的和意义大致可表现为两种形式：一是服从于社会对女性气质的要求去进行塑造,即遵守女性刻板印象,以一种自我陶醉的形式保持对他人和自己的吸引力;二是反对按照女性气质去进行塑造,提倡通过健身来获得许多经常被认为是男性的特征——强壮、体力和肌肉来抵制现有的父权制文化。今天的主流话语借助了一个理想的女性美标准(苗条、曲线、运动和健康)来控制女性的身体,这种特别的女性身体已成为一个市场化的商品。对于许多专业的女性健美运动员来说,要不受制于这一标准,要不超越这一标准。[1] 当然也有一些研究者注意到了女性健身不仅仅是按照社会理想的身体形象去塑造自己的身体,同时还享受这种练习活动。尽管女性非常努力才能达到理想的身体(纤细、健康、年轻),但她们在取得这些成果时也得到了许多快乐!因此,对于女性来说,健身运动同样是一种获得自信和自尊的途径。[2] 总而言之,我们需要用具体的、辩证的方法来分析运动中各种女性身体的体验,从不同的维度探究身体对于女性体育发展的重大意义。

综上所述,我们可以看到女性体育理论的发展历程是一个多维度、多路径又互相交织的复杂过程,它一边吸收着不同社会思潮的精华,一边建构着自己独特的理论图景,这也导致了目前女性体育理论还没有完全形成一种紧凑而完整的理论体系,而只是汇集起来的一系列相关理论视点和支派研究。

## 四 女性体育研究的实践问题

女性主义研究特别强调理论和实践的结合,女性体育研究也强调要有问题意识,即从具体的体育实践中总结和性别相关的问题、经验、规律,并且对其进行反思。这部分将从体育研究的切入点、核心内容以及现实议题来梳理女性体育研究所面临的实践问题。

### (一) 女性体育研究的切入点

性别理论面临的最大问题就是性别的二分法。抛弃性别的二分法对男性和女性行为、态度的研究就会重新创造新的关于性别的印象与不同。而走出这种困境最好是采用洛伯(Lorber)的建议,即不应该将性别实体化,

---

[1] Hall, M. A., *Feminism and Sporting Bodies: Essays in Theory and Practice*. Champaign, IL: Human Kinetics, 1996.
[2] 熊欢:《"自由"的选择与身体的"赋权"——论体育对女性休闲困境的消解》,《体育科学》2014 年第 4 期。

而是将性别想象为一种有多种元素组合而成的建造物。① 不同文化多种元素之间的相互依赖与联系造就了多种的性别模式。无论是组织还是个人,这些不同元素都可以作为我们研究体育以及性别文化之间异同的切入点。女性体育研究理论框架也正是建立在这些不同的切入点(或者称为核心概念)之上的。

1. 性别地位(Gender Statuses)

性别地位是社会对于性别的规定、期待以及评价。西方社会的性别制度是以两性为基础的,通过体育的实践和展现,性别在社会中得以再现和合理化,但是体育同样能够挑战性别制度。另外,体育同样能够强化性别的不同,因为体育本身就是以不同的性别而存在的,每个人都必须去适应这个不同。传统的体育是以"男性"和"女性"作为评价标准的,但是这种评价标准在不同文化、不同时期又是不同的。例如,足球在许多国家都是男人的运动,但在美国确是女人的运动。

2. 性别化的劳动分工(The Gendered Division of Labour)

性别分工是指不同性别从事不同的工作和劳动,工作的价值是以劳动者的性别作为标准的,并且这种分工又强化了彼此的性别地位。我们已经提到过在工业社会性别分工作为性别制度的基础的重要性,性别分工的不同同样限制了男性和女性参与体育的机会。

3. 性别化的特征(Gendered Personalities)

性别特征是根据性别的刻板印象描述的不同性别的行为模型。在许多文化中,男人和女人的存在是天生的,但男性和女性的形象却是想象出来的,属于特定的文化现象。例如,在中国女性是坚强的、坚定的并且勤奋工作,然而在其他国家女性仍被认为是脆弱的。在体育和不同的体育项目所创造和需要的性别特征会支持或改变社会所建构的性别特征。"身体强壮"的女性会改变社会中对女性是脆弱的看法。

4. 性别化的性规范(Gendered Sexual Scripts)

性规范决定着人们的性行为。对于性行为的规范存在着大量的不同之处,例如基督教奉行的禁欲主义,而穆斯林则是两性隔绝的文化,甚至不允许女性出现在公共生活中。性规范在体育运动中扮演了重要的角色:体育运动中的紧身衣中蕴含了怎样的性信息?穆斯林的女性又是怎样处理那些不符合穆斯林性文化的服装呢?大众媒体中为什么会出现大量被"色情化"的女运动员呢?这些问题都可以从性别化的性规范出发去进行深入的

---

① Lorber, J., *Paradoxes of Gender*, New Haven, CT: Yale University Press, 1994.

讨论。

5. 性别意识形态（Gendered Ideology）

性别意识形态维护着性别制度，使传统的性别角色合理化。尽管性别意识形态是以生理性别为基础的，但它更是在社会、历史、文化的演变中一步步被建构和维持的。体育意识形态与性别意识形态紧密相连，一方面以竞争为核心的现代体育意识形态强化了男性在社会中的优势地位，另一方面现有的性别意识形态维护着男性为主的体育制度，影响着男性与女性的体育类型。

6. 性别化的印象（Gendered Imagery）

性别印象是在文化、语言、艺术、科学、媒体等领域出现的刻板化的性别形象。体育就是极具权力的实现差异的领域，尤其是对性别差异的塑造，同时体育在大众传媒中扮演着重要的角色。体育尤其是传媒中的体育塑造着男性的阳刚之躯与女性性感化的身体。体育不仅仅塑造着性别的领域而且还改变着性别特征。

除此之外，我们也要意识到社会和个体的性别是有多重因素交织在一起的，例如种族、宗教、阶级以及个人的教育、职业、金钱地位等，既相互联结又相互影响。洛伯理论关于性别复杂与多重因素的建构可以用来解释性别的多重性、复杂性以及性别制度的不同，这是我们深入研究和探索不同文化中的女性体育以及体育中的性别问题的出发点。

### （二）女性体育研究的核心问题

女性体育研究的内容广泛，按照研究目的来看，它主要涉及两个层面的问题：一是从体育中的性别现象来揭示和反映广泛社会中的性别，特别是女性问题，比如从女性体育参与的社会变迁来看女性社会地位以及生存状态的变迁；从体育中的性别逻辑来反映整个社会文化的性别意识形态；从体育传媒看女性形象在特定历史时期的塑造等。二是从广泛的社会元素，特别是关于性别/女性的元素，来探讨女性在体育运动中或女性体育的发展问题，比如讨论教育、婚姻家庭、文化传统等社会元素对女性体育参与的影响，及它们之间的互动关系。从严格意义上来讲，二者一个属于女性研究范畴，一个属于体育社会学研究范畴。它们之间虽然各有偏重的研究出发点，但总的来说，女性体育研究的内容围绕三个基本任务：一是揭示体育中所存在的性别不平等现象；二是分析体育中性别差异产生的社会机制；三是寻找实现体育中两性平等、解放的途径。而从目前具体的研究内容来看，主要集中在两个核心问题上：一是参与和平等问题；二是性别意识形态和结构问题。"参与和平等问题"包括：（1）女性体育运动参与方式；（2）参与机会、对运动员的支持、教练和管理岗位等相关的性别不平等；（3）为实现女性获得体育平等机会的必要变革；（4）体育参与对女性平等参与其他社会事务的贡献。有关"性别意识形态和结构"方面的一些重要内容包括：（1）体育运动如何与有关男子气概和女性气质的观念相关联；（2）对体育中男性气质与女性气质的重新定义；（3）如何实现体育组织的多元化，从而取得真正而恒久的性别平等。

当然，从"参与和平等"以及"意识形态和结构"这两大核心问题可以引申出更多维度、更加具体的研究主题，比如女性参与体育的历程、参与的平等机制、性别意识形态的建构、身体文化和性别权力、体育传媒对性别气质的塑造、体育与性倾向的关系以及对男性主导体育模式的抵抗等。这些主题研究贯穿了整个女性体育研究的发展历程，同样也为新研究提供了指引。

**（三）女性体育研究的主要议题**

女性体育研究的主要议题是建立在女性/性别研究的框架以及女性体育在实践中所出现的困境、问题和挑战之上的。从宏观，我们可以研究女性体育政治、女性体育文化、女性体育与社会变迁、女性体育的分层与排斥、女性体育比较研究或跨文化研究、女性体育价值/道德等；从中观，可以研究女性体育传媒、女性体育商业/消费、家庭体育、社区女性体育、女性体育社团与组织、女性体育管理与领导权、女性青少年体育、学校女生体育教育等；从微观，可以研究某项具体的女子体育项目，女性体育运动员问题，某种体育形态下的女性行为与态度，女性体育参与中的互动、矛盾、冲突、自我认同（self-identity）等。女性体育研究在过去主要围绕以下议题展开。

1. 女性体育教育与体育社会化

女性的学校体育教育是女性体育研究中的一个经典主题。无论是西方社会还是中国社会，人们对女性体育的关注也是最早从女学生的身体教育开始的。女性研究对体育教育的关注来自两个大的方面：第一方面是揭示体育教育中的性别不平等现象；第二方面是讨论参加体育过程中的性别社会化问题。体育教育中的性别不平等包括男女在接受体育教育的机会上（经费、政策、设施、指导等）的不平等，也包括在体育教育结构中所存在的性别歧视和偏见（比如在课程设计、体育教师的态度、对女生体育表现的期待等）。体育教育中性别的不平等和偏见直接导致了男孩、女孩在其成年之后对体育表现出的兴趣与运动能力的差异。

体育社会化问题更加关注的则是性别是如何通过体育教育实现其性别身份认同并强化自我性别角色的。比如在很多青春影视剧作品中,都会有这样的场景:男同学在球场上飒爽英姿,女同学在球场下助威喝彩,当后勤部长。男孩子在体育比赛中实现了其领导角色、团队合作精神以及英雄主义的情怀;女孩子在体育活动中则实现了其作为旁观者、表演者、服务者的角色。因此很多学者呼吁应该通过改变体育对性别社会化的过程从意识形态上打破固定的性别角色学习模式,建立更加平等的体育教育制度,从而使男、女获得更加平等地参与体育乃至参与社会的机会。

2. 女性健康与体育参与

体育参与对女性健康无疑是有益的,这也得到了很多学者的论证。最早人们对女性体育的关注也来自于其对女性健康的作用。特别是进入现代社会,女性承担着生产与生育重任,如何提高女性人力资源的数量与质量问题,成为社会关注的焦点。

随着社会的发展,人们对健康的观念也在发生着变化,健康不仅是身体健康,还包括心理健康以及生活方式的健康。体育活动的参与对女性建立健康的身体、心理以及生活方式都有帮助。研究表明,体育运动可以降低血压、血糖和胆固醇,减少骨质疏松、乳腺癌以及中风的机率。参加体育运动的女性更愉快,精力充沛,经常参加体育活动的女性无论对自身体质还是社会角色都会感到自豪、自信。[1] 通过体育锻炼女性可以学习如何领导他人、承受压力、与他人协作,而这些都是获得职业生涯的必备技能。[2] 除此之外,研究还表明,与不参加体育的女孩比,参加体育运动的女孩生活方式更加阳光,出现吸毒、自杀等机率更小。[3] 女性健康是女性研究关注的重要内容之一,如何通过体育运动增进女性健康的体质、心理与人际交往,从而建立健康积极向上的生活方式将持续成为研究的焦点,特别是在新自由主义经济下,如何避免体育运动的工具化,使女性沦为健康的"他者"成为一个新的主题。

---

[1] D. Anspaugh, "Risk Factors for Cardiovascular Disease Among Exercising Versus Nonexercising Women", *American Journal of Health Promotion*, 1996, Vol. 5, p. 3.

[2] L. Buker, "Lifelong Benefits of Youth Sport Participation for Girls and Women", Speech Presented at the Sport Psychology Conference, University of Virginia, Charlottesville, 1988.

[3] Women's Sports Foundation, "Women's Sport and Fitness Facts and Statistics", 2004 (http://www.womenssportsfoundation.org).

3. 女性运动的职业生涯与退役后的再就业

随着竞技体育的发展以及体育职业化的不断深入，女性进入体育职业生涯不再是梦想，女性运动员的职业生涯以及退役后的再就业逐步成为社会关注的问题。对于女性运动员职业生涯的讨论主要围绕两个比较突出的主题：一是男、女职业运动员报酬的不平等现象；二是女性职业运动员如何处理家庭与职业之间关系的问题。男、女职业运动员报酬确实存在着很大的差距，比如在足球运动中，2003年女子世界杯比赛前三名队伍的球员每人净收入为 2.5 万美元。而进入四分之一决赛的男子球队每名球员的收入为 20 万美元。在其他职业体育项目比赛中，在报酬上的大差距同样存在。针对体育界的"同工不同酬"问题，一些保守人士认为，这是由于市场的机制产生的，因为女子运动没有男子运动水平高，比赛没有那么激烈、精彩，因此在广告收入、门票收入以及各类赞助上，男子比赛的总收入比女子比赛要高很多，相应的男性运动员的酬劳就理应要高。这其实与在社会中所存在的男女收入不平等是一样的运作机制，而要打破这种机制，一定要消除对女性在体育乃至整个社会中所做贡献的忽视与歧视。在市场上的公平公正也是女性研究一直探寻并进行"战斗"的领域。

另一个大家热议的问题是女性运动员的职业生涯与家庭角色之间的冲突与兼容。和一般职业女性不同，女性运动员需要投入到训练与比赛的时间更多，如何兼顾家庭与自己的事业是很多女性运动员面临的问题。在体育界曾经有一个不成文的规定，即女性运动员不能谈恋爱、不能结婚，因为人们常常带有偏见的认为如果女运动员谈恋爱结婚了则会影响其比赛成绩。后来很多事实证明，很多优秀的职业女性运动员是完全可以兼顾训练、比赛与婚姻家庭的。但是对于女性运动员自身来说，她们在日常生活中所遇到的困惑却常常被忽视。如何从女性研究角度来揭示、分析并解决女性运动员在日常生活中所遇到的问题更加体现了女性研究人文关怀的核心思想。

女性运动员退役后的再就业也是一个受到关注的社会问题，在中国这个问题也显得特别突出。因为长期训练的关系，她们除了体育技能外再没有其他特长，再加上长期的集体式封闭生活，她们基本上没有什么社会生存能力，当退役后被抛向社会、市场，她们很难找到合适的工作，特别是那些没有站到"金字塔尖"的女运动员，虽然为国家荣誉付出了同样的汗水与青春，但是她们的未来何去何从没有得到国家、社会的相应关注和支持。全国冠军去做搓澡工、亚锦赛冠军去摆地摊，还有很多我们不知道的。退役后的就业问题把一些运动天才拒之于体育行业之外，她们因为担心退役后的生活而不敢进入这个行业。同时也不利于女性体育的持续发展，强化了"女性在体育行业无前途"的社会偏见。在市场经济下，对于退役女性运动员的再就业不仅仅靠国家的安置，同时也要寻求一个更好的社会机制，从根本上解决女性运动员再就业问题。

4. 女性与休闲体育活动

女性休闲研究目前是引人注目的新领域。而体育活动是休闲活动中重要的组成部分。休闲体育和我们说的大众体育从内容和形式上有着相似之处，但是本质上却有不同。休闲体育应被理解为在自由条件下人们自由选择的体育活动，而传统的大众体育包括了职工体育、军事体育等，是一种通过行政手段组织的群众活动，而不全是个人选择。可以从以下三个层面来理解休闲体育：（1）它是在人们余暇时间内进行的体育活动；（2）它是以个人休闲、娱乐和健身等为目的；（3）它是人们自由选择的体育活动。而对于女性来说，休闲体育活动有着更加复杂的意义，目前女性休闲体育研究所关注的焦点在于探求休闲体育对女性生活体验的重要性；分析女性参与休闲体育活动的社会心理因素；调查分析女性的休闲体育活动通常在何时何种情况下发生，以什么样的方式发生；不同阶层、婚姻状况、民族、职业类型的女性参与休闲体育活动的行为与态度及其影响因素；探讨休闲体育活动对女性发展的益处等。总之，把休闲体育活动作为女性日常生活中的重要体验进行研究，可以反映女性总体的生活状态以及社会地位。

5. 女性体育参与的差异、分层与流动

女性主义认为除了性别差异之外，还存在阶级、阶层、民族、种族、收入、年龄、文化、地域等各种差异，因此体育参与研究不存在绝对的规律，而是对差异的无限研究。体育与社会生活的各个方面都有着密切的联系。因为参与体育活动需要时间、金钱和社会资源与途径，而不同阶层、民族、身体条件、生活环境的群体，并不能完全平等地享有这些因素，而无法获得同等的享受体育运动的机会。因此，女性体育研究的一个重要任务就是揭示不同群体女性体育参与的差异性，及导致这些差异出现的原因，并探讨如何消除这些不平等或不公正的差异，同时创造满足不同女性需求的体育参与机制。阶层与女性体育的关系研究是其中一个比较突出的内容，它主要是分析和揭示社会阶层所处的不同环境，拥有的不同社会资源对于女性体育参与的影响，以及体育可以给女性带来的社会阶层间的流动机会。特别是对于那些处于底层的女性，体育可能是她们脱离农村、走入城市的捷径，是她们获取接受教育的机会、提高自身的社会阶层和经济阶层的最佳途径。

6. 女性与体育公共政策（政治）的参与

女性的体育参政是女权主义运动以来一直备受关注但也是困难重重的问题之一。女权主义者认为女性要实现体育领域中真正的男女平等，起决定作用的是妇女要争得在国际体育组织和国家体育管理机构的领导权，参与体育政策的制定与执行。经过半个多世纪的努力，女性体育参政取得了一定的成果。无论是在国际奥委会及其专门委员会，还是在国际单项体育联合会，资料表明，在决策层出现了女性的身影。至 2000 年 3 月，国际奥委会中共有 14 名女委员，占总人数的 12.4%；在奥林匹克项目单项体育联合会中，有 10 名女性担任要职。2004 年国际奥委会在召开百年奥运大会上认可了国际单项体育联合会的建议，到 2000 年 12 月 31 日，女性至少占领导层的 10%，到 2005 年 12 月 31 日，则升至 20%。2012 年的伦敦奥运会，根据布罗克—多伊尔的数据，伦敦奥组委的通信部门超过 60% 的职位都由女性担任，人力资源部门同样占到 60%，融资部门为 59%，商务部门为 58%，而最伟大的两个部门——体育和建筑基础设施中，女性也占据了 50% 的职位。虽然从统计数据来看，女性的体育参政取得了长足的进步，但是还存在着一定的问题：首先，虽然在体育管理层女性所占比率在增加，但是随着职位和级别的递增，女性所占比率就越低。其次，在体育管理层的女性员工和领导是否完全代表了女性利益，还是只是为男性权力服务的机器？因此，对女性体育参政程度的衡量不能只考量在管理层以及领导层女性所占的比例，而是要真正考察女性的体育参政是否真实地改变男性统治的局面，为体育中的公平公正政策的制定与实施发挥了作用。

7. 体育商业化模式下的女性体育发展

体育的商业化是体育现代化进程中的一个重要阶段。商业体育已经成为当代社会生活中重要的组成部分。体育商业化的发展对女性体育来说存在着正面和负面的作用。商业体育是以获得收入为动机，一旦体育被商业化，体育运动的取向和目的就有可能发生转移。科克利在分析商业体育时认为，商业体育就是一项大众娱乐的方式，为了取悦那些对某项体育运动没有技术知识的人的需要，它具有更强的"美学取向"和"英雄取向"。[1] 从这个角度来看，商业体育确实有利于打破以前完全以男人取向为核心的体育模式，因为要照顾到占人数一半的女性，商业化模式的体育项目也会

---

[1] [美]杰·科克利：《体育社会学——议题与争议（第六版）》，管兵等译，清华大学出版社 2003 年版，第 426 页。

考虑如何吸引更多的女性观众和消费者，为她们带来娱乐，创造女性对体育的兴趣。目前各类女子健身、塑形、休闲、娱乐会所的兴起就是体育商业化的产物，除此之外，各式各类女性体育服装、器材的研发与推广也是在市场的刺激下产生的，并更有利于唤起女性对体育活动的参与感。从另一方面来看，体育的商业化也会对女性体育的发展产生负面影响。商业体育模式是以高消费的生活方式为基础，并且强调物质地位的象征，这会导致对中低收入女性人群的排斥与边缘化，这不利于女性体育的整体发展。除此之外，还有一些学者批判商业体育的模式对职业女性运动员的剥削，以及女性体育项目商业运作举步维艰的困境。如何在商业化的模式下发展女性体育，让女性充分获得市场所带来的发展机遇也是当代体育研究一个重要课题。

8. 女性/性别与体育传媒

媒体渗透到人类文化的各个方面，无论是以什么方式，不管是读到的、听到的还是看到的，媒体所传递的信息构成了我们经验的重要组成部分，它们影响着我们对世界的看法，我们也用媒体形象和信息来评价社会事件以及幻想未来。总之，媒体是对意识形态的传播。体育媒体对女性以及性别的报道实际上也是传播以男性为核心的体育意识形态。研究者们主要从以下几个方面来证明这一现实：一是从报道的篇幅比例来看，男性的体育仍然占整个媒体报道的主体地位，虽然电视播放的女性运动比过去要多得多，但是女性运动占整个体育播放时间的比例也远远小于男性。二是从报道的内容来看，媒体中占优势的女性运动是那些强调文雅、平衡和审美的运动——与传统女性形象一致。而男性运动吸引媒体报道的是那些强调体形、高度和身体力量的项目——与传统男性形象一致。三是从报道的形式来看，媒体经常把男性体育比赛提升或描述成似乎有些特殊的历史重要性的事件，而通常用次要的、不严肃的态度来描述女性体育比赛。四是还有一些媒体过渡夸大女性运动员的悲惨经历，给大众一种印象即体育并不适合女性的发展。五是女性体育记者、体育评论员的缺乏也是引起体育传媒中性别偏见的一大原因。总而言之，从体育媒体可以揭示体育文化中男性占主导地位的性别意识形态，而要打破这种意识形态，也只有通过体育媒体的努力，增加女性在传媒中的正面形象，从而影响甚至改变大众对女性体育的看法。

9. 身体文化和体育中的性别权力

体育运动是一种身体文化，而身体不仅是一个生物学的概念，也是一个社会学概念。身体的社会性在于身体是社会实践的运载工具，而人类的身体是在每一天的社会生活中不断地、系统地被制造、维持和表达着。因此身体是反映社会活动和社会实践的最好媒体。① 在这个基础上，社会学家认为只能通过以下三个途径才能真正地认识身体：（1）身体只能放在每一天的社会实践中才能被真正地理解；（2）身体是一个承载着社会意义和社会符号的标志系统和社会比喻；（3）身体不仅是符号系统，而且还反映了社会的权力关系。② 女性身体所受到的束缚与压迫是女性主义者批判的焦点，也是女性所处不平等地位的根源。因此要使女性获得平等的社会地位，首先要解放她们的身体。主流女性研究对身体的关注主要是从性和性行为的角度来阐述的。在体育中对女性身体权力的关注主要可以从两个方面来揭示：一是，体育与其他身体行为一样，也是通过束缚女性身体来压迫女性的一种方式。女性主义者特别强调了女性的身体是通过各种话语权建构起来的观点，这包括医学、科学、技术的主导话语权。从福柯的观点来看，这些都是现代科学对女性身体的控制和训诫。二是，体育也是解放女性身体的一种途径。通过体育活动这种身体实践，女性身体可以摆脱由于生物原因所带来的被压制的经历，要使女性身体形象、自我意识真正强大起来就需要通过身体实践来实现，这才是改变女性在经济、政治和社会地位的途径。但是值得注意的是，在不同的文化背景下，身体文化有所不同，身体文化对体育中性别权力关系的建构也不同。这也是值得深入研究的一个比较有意思的课题。

10. 体育中的种族与性别研究

尽管非白人女性如美国黑人、拉丁裔人、美国亚裔人、美国印第安人等在女性运动中发挥了非常重要的作用，但是在以"白人中产阶层"经验为主的女性体育的研究中，这些女性群体经常被忽视。对女性体育研究缺少针对"有色妇女"研究的问题，早期不成熟的解决方法是将"有色女性"纳入已存在的女性主义理论体系中。这样做至少出现了两个问题：其一，这一方法的前提是假设有色女性的活动可以包含在现有的以白人女性的活动为基础的理论框架中，但这样做无疑是漠视了有色女性的特殊经历。其二，这一方法假定"有色女性"是一个具有统一性的女性类别，它并没有区分有色女性之间在不同文化背景下的不同生活经历。由于上述分类的缺点，许多研究有色女性的学者对女性主义理论极不信任，她们认为

---

① Turner, B. S., *The Body and Society*, London: Sage Publication, 1996.
② Xiong, H., *Urbanisation and Transformation of Chinese Women's Sport Since 1980: Reconstruction, Stratification and Emancipation*, London: VDM Verlag Publisher, 2009, pp. 70–77.

这种做法是一种殖民化的行为。因此，她们建议以那些最受压迫和身处边缘化的人群为主建立一个由边缘到中心的女性主义理论或者独立建立以有色人种为中心的女性主义思想。

在体育研究领域，种族与性别的综合理论研究目前尚处于启蒙阶段。一些早期的研究工作主要依赖体育之外的研究成果。最近十年西方女性主义者开始研究在体育领域之中性别与种族关系表现形式。例如，布兰顿（Brenda Bredemeier）从性别文化和种族文化的视角重新构建了关于性别、道德与体育的研究课题。麦克·迈斯（Mike Messner）的女性主义文章《白肤色男性的不良行为》提醒了大家：女性不是唯一被歧视的性别，黑人也不是唯一被歧视的种族。还有一些学者专门以黑人的男性特征为研究主题来探讨种族与性别的相互关系。但我们也发现对有色女性，特别是非洲裔人之外的其他有色族群的女性体育研究还非常欠缺。

11. 体育与性倾向以及女性体育中的同性恋恐惧症

性别与性取向（sexuality）之间的关系从20世纪80年代后期开始成为女性主义理论关注的问题。早期激进派女性主义理论经常将性取向理论化，明确地把女同性恋主义作为女性独立运动的一个组成部分。她们认为女性主义只是理论，而女同性恋主义是对女性主义的实践。过去从事体育活动的女性常常被认为是涉足男性领域的假小子甚至是同性恋。帕特·格瑞芬（P. Griffin）在她的著作《坚强的女性，幽深的壁橱》中描述了女性同性恋在体育界的经历，揭示了很多女性同性恋运动员害怕公开自己的性取向会危害自己职业生涯的复杂心理。[①] 调查发现很多女性运动员承认当她们认真、努力地从事某种体育项目时，常常被认为是同性恋。人们想当然地认为女性同性恋者有着男性的特征，这使她们在体育中的表现要更加优于一般异性恋女性。而另一些人也相信过度的体育锻炼或是过激的体育训练和竞赛会使女性出现男性气质，其性倾向也会转变。体育女性主义者认为正是这种同性恋恐惧症所产生的意识形态的偏见使得女异性恋者和女同性恋者双双被排除在体育活动之外。因为害怕被冠上同性恋的头衔，很多异性恋女性不参加体育活动；而一些家长为了避免女儿在参加体育活动的过程中受到女同性恋运动员或教练的影响，因此也禁止她们进行体育运动。公众对女同性恋的恐惧影响着女性体育参与的选择。当她们害怕被认为是同性恋或是和同性恋有关联时，一般女性会刻意避免一些体育活动，

---

[①] P. Griffin, "Homophobia in Women's Sports: The Fear that Divides Us", in G. L. Cohen (ed.), Women in Sport: Issues and Controversies, Newbury Park, CA: Sage, 1993, pp. 193–203.

这让她们的体育潜力不能很充分地发挥出来。这种对同性恋的恐惧症可能是个人的原因，但更多的是受到他人（社会）对同性恋的态度和表达的影响。这种影响不仅作用于非同性恋者，也作用于同性恋者。那些同性恋者不愿意人们把自己的性倾向与爱好体育的事实联系在一起，渐渐地远离了体育；还有一些女运动员为了不受到歧视和嘲笑不得不隐藏自己的性倾向。对同性恋的恐惧与体育中的性别逻辑是联系在一起的，因此只有变革意识形态与结构才能真正消除。

20世纪80年代的女性主义者研究工作的焦点是在女同性恋的身份认定上，自90年代起，女性主义者则开始用更加完整的理论模型深入地分析性倾向和体育的关系。这也逐渐成为体育社会学的一项传统且流行的研究课题。

12. 全球化下的女性体育发展，以及体育对女性发展的促进

全球化是当今世界发展的一个趋势，它已经从经济领域扩展到了社会的各个方面。现代体育的发展过程也是一个全球化和多元化相互交织、并行发展的过程。[①] 在体育全球化的背景下，女性体育如何富有建树并且可持续性的发展也是当今体育界所面临的一个挑战。首先，全球化的趋势有利于全球女性联合并团结起来共同努力创建有利于女性的体育机制，这包括在大型比赛中女性运动员、教练员、裁判员、官员、媒体人、研究者发挥不同的作用和优势。不仅如此，各类国际女性体育组织、国际比赛、世界妇女体育大会、国际女性体育研讨会等为世界各地的女性集结在一起分享和交流各地区女性不同的体育经验以及探讨如何进步发展女性体育提供了一个国际平台。其次，在全球化的背景下，我们也需要结合各地区不同的政治、文化、经济特点，做到女性体育发展的本土化，创造多元的女性体育发展趋势。多元化是当今女性研究比较注重的问题，女性研究的任务不仅是要打破以男性为主的体育格局，同时也要打破以西方白人中产阶层妇女经验为核心的早期的女性研究框架。全球化的女性体育发展因此更加注重不同地区、种族、文化圈的女性的特殊经验与需求。

除了关注女性体育的整体发展，如何通过体育运动对女性自我发展有所促进也是女性研究的一个重要任务。以前关于体育发展的研究往往是建立在男性的经验和话语之上的，因此女性研究呼吁体育发展研究应该加入性别这一变量，因为妇女不仅在体育实践中发挥着较大的作用，而且也逐

---

① 熊欢：《身体、社会与体育——西方社会学理论视角下的体育》，当代中国出版社2011年版，第24页。

渐形成了自己的知识以及经验体系。注重女性知识和经验体系并使之成为制定体育政策的参考，不仅能使女性充分地参与到体育事业的发展过程中来，同时对女性自我的成长与发展有着重要的意义。最后，女性研究旨在研究和实践女性在体育中的自我发展的改善与促进，这包括如何通过体育活动增强妇女自我意识，提高自我能力，提升社会地位，开发潜力，改善生活与发展环境等内容。

13. 女性主义体育理论的建设

女性体育研究不仅是经验层面上的，它也是理论层面上的探索。自20世纪70年代女性体育研究开展以来，理论建设就没有中断过。女性体育研究的理论基础主要来源于女性主义理论，作为一支重要的体育社会学理论流派，它对早期体育社会学理论以男性视角为主导的理论框架进行了挑战。当我们谈论"女性主义理论和体育"问题时，我们通常所指的不仅仅是研究体育中所出现的单个的性别问题，而是如何用女性主义的视角去研究体育。女性主义理论的建设不是局限于"体育中的女性"这个早期的研究问题，而是建设独立的理论框架体系来理解体育组织、体育制度、体育文化以及体育意识形态等社会现象和文化实践，其目的在于揭示身体、权力和性别在体育中的关系。不仅如此，女性主义体育理论所体现的政治实践性要求我们不仅要分析性别在体育中的表现，而且还需要探索性别在体育实践过程中的演进、发展、改革等进程以及最终实现男女在体育中平等地位的战略。随着体育新现象的出现，女性主义体育理论也需要与时俱进地发展，这是女性体育研究发展的重要基石也是核心任务。

## 五 女性体育研究的跨学科视域

由于跨学科的特点，在进行女性体育研究时，根据研究主题，还需要了解其他学科的视域以及不同视域对女性体育的诠释与关注。在胡塞尔、海德格尔、狄尔泰和其他现象学及解释学哲学家们的著作中，"视域"被赋予了特殊哲学意义，指一个人在其中进行领会或理解的构架或视野。每个人都处于某个传统和文化之中，并因此而居于某个视域之中，不可能有纯客观的、与人的特殊视域无关的理解，一个视域就是一个人的生活世界，不同的视域对同一现象因此就会有不同的理解和阐释。下面就与女性体育研究相关的几大主要视域及其关注的女性体育现象进行说明。

### （一）社会学的视域

社会学起源于19世纪末期，社会学是从社会整体出发，通过社会关系和社会行为来研究社会的结构、功能、发生、发展规律的综合性学科，是一门利用经验考察与批判分析来研究人类社会结构与活动的学科。社会学家通常将经济学、政治学、人类学、心理学等一起并列于社会科学来进行研究。社会学的研究对象范围广泛，小到几个人面对面的日常互动，大到全球化的社会趋势及潮流。

社会学对女性体育的关注始于20世纪70年代末。这个时期，社会学家主要是探讨社会以及文化因素是如何建构、限制以及定义女性体育经验的。其中女性体育社会化问题是一个比较突出的课题，另一个比较热门的课题是女性如何通过体育活动来实现其社会化的过程，即体育参与对女性态度、行为、价值观等的影响。从社会化的角度去看女性体育社会化为女性体育研究开启了一扇大门，它引领更多的研究者从更广泛的社会和文化方面来研究女性体育，而不仅仅是从生理、解剖学等传统的视角去解释女性与体育的关系。随着更多女性从事体育活动以及体育社会学的逐步发展，社会学对女性体育的关注不断升温，其研究领域也在不断拓展。社会学也是一门综合性科学，因此会涉及政治、经济、文化、心理等各个领域。但是社会学对女性体育的核心阐释和关注主要表现在几个方面：

（1）阐释体育不是一般的社会制度，而是一种父权制度；

（2）揭示体育、女性与其他社会系统有着紧密的关系；

（3）揭示性别偏见与性别不平等关系在体育中处处存在，而这是社会结构的产物；

（4）批判社会与文化因素对女性体育参与的限制与压迫；

（5）探索体育对女性的社会功能以及女性体育的社会功能。

### （二）政治学的视域

政治学在古希腊原本被定义为一个民族如何统治自己的学问。如今这个定义的实质仍未改变。《牛津英语词典》把政治定义为"统治的科学和艺术"[1]。人们现在使用的"政治"已经超越了统治的含义，几乎涵盖了人类的每一个群体，个人在这些群体中围绕集体目标而发生冲突，对解决

---

[1] *The Concise Oxford English Dictionary*, 7th Ed., Oxford: Clarendon Press, 1982, p. 793.

这些冲突的方式也存在分歧。在这些斗争中，政治处于一个核心地位，因而它本身就是一个"权力"的概念，即"通过理性和语言，在一个群体中行使权力，进而取得某种特定的成果"[1]，因而政治的核心是行使权力。西方政治思想具有二元性。在区分什么是政治和什么不是政治时，有两条标准：首先政治不属于自然（本能、直觉），而属于文化世界（语言、理性、科学和艺术）；其次政治存在于公共领域，即在人群之中发生，而不存在于个人或家庭的私人领域中。了解这两点对于我们从政治学的视域来考察女性与女性体育有着重要的作用。

性别在政治学中所体现的二元论的内在本质是将男性的政治理论严格地认同为理性、秩序、文化和公共生活，而女性则是与自然、情感、欲望和私人生活密切相关。由此，女性被排除在政治领域之外。权力体现为市民社会对自然状态的超越，因此理性和秩序战胜自然与混乱还体现为男性特征凌驾于女性特征之上。在这种二元框架内分析男性对女性的权力是怎样形成的，是政治学范畴下的女性主义研究的重要任务。另一个重要任务就是探求如何解构这种二元框架，打破自然与社会、公域与私域的界限，从根本上瓦解男性对女性的权力。

体育运动通过长期的演变已经从一种自然的身体运动变为了理性的、有秩序的、规范化的在公共场所发生的社会活动。从政治学的意义来看，体育通过身体语言和理性把秩序和权威带给统治者——男人，这也是女性的体育参与之所以被压制的原因。从政治学的视域来看，女性体育研究的核心任务就是批判男性体育霸权，揭示在体育中存在的性别冲突与矛盾，并通过集体谈判和决策等政治手段来解决这些冲突，从根本上消除体育中男性施加于女性的权力。正像珍妮弗·哈格里夫斯所说，女性体育绝不仅仅是一个简单的事件，而是一个政治事件，之所以长期以来体育中性别歧视以及不公正的问题一直得不到解决，就是因为人们认为女性体育与政治没有关联。只有把女性体育提高政治的高度，问题才能得到解决。[2] 政治学视域下的女性体育研究方向有：

（1）批判和揭示体育中的性别权力；

（2）通过体育活动解构私域—公域、自然—理性的二元对立，从而瓦解女性被排斥于体育之外的不合理性；

---

[1] ［加］巴巴拉·内加尔：《政治学与女性主义》，郭夏娟译，东方出版社2005年版，第3页。

[2] Hargreaves, J., *Sporting Females: Critical Issues in The History and Sociology of Women's Sport*, London: Routledge, 1994, p.254.

(3) 争取女性在体育公共政策制定上的话语权和参与权；
(4) 争取女性在体育运动中的自主权，建立女性体育自治组织；
(5) 女性、体育与世界和平。

### (三) 经济学的视域

萨缪尔森认为：经济学研究的是一个社会如何利用稀缺的资源以生产有价值的物品和劳务，并将它们在不同的人中间进行分配。[①] 换句话说，经济学主要解决"生产什么？如何生产？为谁生产？"三个方面的问题。经济学的思维方式有这样一个基本预设——所有社会现象均源于个体的行为以及群体的合作，在这些活动中，人们基于他们预期的额外收益和成本进行选择（特别是个体的选择，以集体名义的选择实际上也是由个体做出），个体都在实现各自计划和目标的过程中权衡利弊、节约资源。经济学的思维方式强调游戏规则的重要性，因为它会影响我们的选择方式。经济学的视域应该是一种观察分析问题的方法和角度，是利用经济学的理念来观察世界所得到的"影像"。经济学的视域呈现这样一幅图景：面对有限的资源，"理性人"按照市场机制作出自利性选择，配以适度的宏观调节，将会促进经济发展和国民福利的改善。我们可以利用经济学的思维（观念、理论、工具和方法）观察社会发展的许多普遍性问题，并借助资源管理理念、供求关系分析、成本效益比较、计划与市场结合、最优化选择等思想方法，分析或驾驭人类许多重要活动的动机。

从历史的发展来看，人们以前把体育当作某种形式的公众娱乐，但随着社会工业化和后工业化的进程，如今体育运动已超越了这个"公共娱乐"的界限，成为一种商业产品，有关体育的决策以及与体育相关的社会关系明显地受到商业因素的影响。因此，在经济的视域内观察体育，特别是女性体育的发展问题，可以揭示隐藏在现象后面的真正的利益关系。很多学者在分析女性体育为什么不如男性体育发展迅速时，首先就用供求关系来进行了解释。他们认为是市场对男性体育的需求量更大，因此在男性体育的投入上就相应更多，这遵循了市场经济的原则，因此无论是公共政策还是市场供给，都严重地偏向男子体育项目。这也导致了女性体育报酬远远小于男性报酬的原因。这看似"合理"的现象其实隐藏着巨大的利益链条，而获取好处的是那些少数的代表男性利益的集团。

另一个女性研究比较关心的问题就是体育商业化下女性的体育劳动被

---

① [美] 萨缪尔森·诺德豪斯：《经济学》，萧琛译，人民邮电出版社2004年版，第10页。

剥削的问题。以马克思经济学的视角来看，在一个社会中，谁拥有经济权力决定了如何使用这些经济权力来为其经济利益和地位服务。女性在体育经济中的劣势地位（缺乏社会资源）决定了在体育工厂中她们对自己的身体和劳动没有控制权。她们的身体成为一种生产工具，成为供他人娱乐和制造利润的机器，她们自身并没有从中得到欢乐。批判家特别指出女性运动员由于服用兴奋剂和进行不正确的训练所造成对女性身体的伤害是巨大的，她们是追求利润至上的体育运动系统的受害者。

随着体育商业化的发展，体育运动逐渐成为一小群人的"奢侈品"。高收入群体往往通过某些运动项目来维持他们那些强调消费和休闲的高贵的生活方式。因此，当体育运动同特殊地位群体的生活方式联系起来的时候，他们会加大社会阶级的差别而不是提供平等的机会。女性体育生活中不仅面临这种阶级关系，而且还有性别关系的制约。当男人们可以下班以后去打篮球或健身房时，他们的妻子可能在做饭或带孩子。中低收入的女性即使想参加体育运动，由于没有钱请人带孩子、没有钱请人做家务、没有钱支付参与体育的费用，这种愿望很难实现。高收入家庭的女性可能情况要好一些，她们比那些低收入的女性拥有参与体育的机会要多。可以看到体育活动不仅强化了男、女的经济地位的差别，同时也带来了女性内部的分层和分化。

经济学的视域中的女性体育研究可以包括以下几个主要方面：

（1）市场机制下女性体育的供需关系；

（2）女性体育商业化及其对女性体育整体发展的利弊；

（3）女性体育运动员劳动的异化与剥削；

（4）男女体育不平等的经济基础与关系；

（5）由于经济和社会资源差异所造成的女性群体体育参与的分层现象。

**（四）心理学的视域**

心理学一词来源于希腊文，意思是关于灵魂的科学。灵魂在希腊文中也有气体或呼吸的意思，因为古代人们认为生命依赖于呼吸，呼吸停止，生命就完结了。随着科学的发展，心理学的对象由灵魂改为心灵。直到19世纪初，德国哲学家、教育学家赫尔巴特才首次提出心理学是一门科学。1879年，德国著名心理学家冯特在德国莱比锡大学创建了世界上第一个心理学实验室，开始对心理现象进行系统的实验研究。在心理学史上，人们把这一事件看作心理学脱离哲学的怀抱、走上独立发展道路的标志。科学的心理学不仅对心理现象进行描述,更重要的是对心理现象进行说明,以揭示其发生发展的规律。心理学者就是在尽可能地按照科学的方法,间接地观察、研究或思考人的心理过程(包括感觉、知觉、意识、记忆、思维、想象和言语等)是怎样的,人与人有什么不同,为什么会有这样和那样的不同,即人的人格或个性,包括需要与动机、能力、气质、性格和自我意识等,从而得出适用于人类的、一般性的规律,继而运用这些规律,更好地服务于人类的生产和实践。

体育心理学是研究人们从事体育活动(包括体育教学活动、课外体育活动和体育竞赛活动)的专门条件下的心理现象及其发生、发展规律的学科。在心理学的背景下观察和分析女性体育行为可以揭示很多问题,比如为什么男性比女性在体育运动方面竞争性强;为什么男性比女性更热衷于体育运动;身体运动与锻炼又对女性自我意识与身份认定又会产生什么影响等。早期的一些学者试图仅从心理学角度去考察性别因素对女性体育态度与行为的影响,但是事实证明单单心理因素并不能完全解释女性的体育行为,因为这种行为是在一定社会和历史背景下产生的,个人的差异和心理的过程也都是在这种特定的社会背景下产生的。不同的社会因素、个体因素在心理过程中相互作用,通过复杂的方式影响了体育行为。因此从心理学的视域观察女性体育行为时,也一定要考虑到社会因素。而从社会因素的角度去研究女性体育问题也需要考虑到个体的心理差异,这两者是相辅相成的关系。

心理学对女性体育研究的贡献主要体现在几个方面:
(1)解释与批判性别差异对体育行为的影响;
(2)阐述性格与性别角色对体育行为所产生的作用;
(3)体育运动中所获得的成就感对不同性别的群体在体育中表现的影响;
(4)体育锻炼对女性自我认知的影响。

从性别差异来解释男女在体育中的不同表现是一个传统的研究视角。早期的研究者认为男女体育心理的差异源于两者生理上的差异。当代学者批判了这种观点,认为男女体育心理特点和行为并不是建立在生理基础上的,也不是鲜明地一分为二的。虽然男女有一定差异,但是也会有相似和交会之处,比如,一般来说男性比女性身高要高,但是也有一些女性比一般男性高。男女的心理特点也是这样,并不都是按照一分为二的原则,有些女性比男性更具竞争性,攻击性更强。很多学者认为正是这种人为认定的性别差异限制了女性在体育中能力的发挥,而对性别差异的过度强调也不利于我们真正认识女性的体育行为。

性格因素是心理学以及运动心理学研究的一个重要内容,很多关于女性体育的研究也非常重视性格因素,很多研究考察了运动员、非运动员、成功运动员、非成功运动员的性格特点;还有一些研究着重探讨了体育活动对女性性格的影响。但是戴安尼·基利（Diane Gill）认为,这些只关注性格的研究无论是在理论上还是在方法上都是有问题的,研究结果缺乏一致性和广泛性。她认为环境因素比性格因素对体育行为的影响力更大。[1] 除此之外,大部分性格研究都建立在男性经验上,以男性的标准来审视女性的性格特点,这在方法论上是一个严重的问题。取而代之,心理学家在研究与性别相关的体育行为时更加重视性别角色（女性化、男性化、中性化等）及其相关的性格与行为。早期一些心理学家对女性运动员进行了研究,认为和那些杰出的女性科学家们一样,女性运动员更具有中性化甚至男性化倾向。[2] 除此之外,一些学者也指出性别角色也是阻碍女性参与体育运动的一大障碍,越是女性化的女性在体育参与中所遭遇到的阻力越大。当然,性别角色的分析模式还是有一定的局限性的,因为所谓的男性化、女性化是一种社会、文化、历史的建构,在不同的族群、阶层和文化圈里对男性化和女性化的定义也不同。

成就感是心理学以及体育心理学的另一个突出主题。早期的心理学关注的是性别因素对取得成功的动机的影响,后期的研究更加关注性别因素对成功认知的影响。比如,霍雷尔（Horner）认为成功对女性具有负面影响,因为获得成功需要竞争行为,这与传统的对女性形象的期待是不相符的,这种矛盾则导致了女性对成功的恐惧与回避。[3] 心理学家指出男女对成功的认知感不同也是影响他们在体育中的表现的原因。他们通过实验证明女性对成功的期待与付出相对于男性来说低,她们对比赛输赢结果的期待值相对较低。也有学者指出,如果女孩子能拥有与男孩子一样的经验、能力、评判标准,她们也会表现出和男孩子一样的对成功的认知感。

体育运动对女性自我认知的影响在女性研究领域被更加广泛地讨论。

---

[1] D. Gill, "Psychological Perspectives on Women in Sport and Exercise", in D. M. Costa and S. R. Guthrie (Eds.), *Women and Sport: Interdisciplinary Perspectives*, Champaign, IL: Human Kinetics, 1994, pp. 253 – 284.

[2] R. L. Helmreich and J. T. Spence, "Sex Roles and Achievement", in R. W. Christina and D. M. Landers (Eds.), *Psychology of Motor Behavior and Sport* – 1976, (Vol. 2), Champaign, IL: Human Kinetics, 1977, pp. 33 – 46.

[3] M. S. Horner, "Towards an Understanding of Achievement – related Conflicts in Women", *Journal of Social Issues*, 1972, Vol. 28, pp. 157 – 176.

体育运动不仅能提高女性的身体素质和技能，也能提高女性的心理素质，特别是对女性自信心、自尊心、竞争力的提升都有帮助。当代女性对自我形象特别关注，通过体育活动来实现自己理想的身材也会给女性带来很大的心理变化，这也是心理学家们所研究的课题。总之，心理学的视域与方法有利于更深入地了解女性在体育中的心理历程，揭示女性体育行为的规律，创造适合女性心理特点的体育发展模式。

### （五）教育学的视域

教育学是研究人类教育现象和问题、揭示一般教育规律的一门社会科学。其涉及的内容很多，例如教育本质问题，教育、社会、人三者关系问题，教育目的、内容、教育实施的途径、方法、形式以及它们的相互关系问题，教育过程问题，教育主体问题，教育制度、教育管理问题，以及各种教育理论和教育实践问题等。① 教育学理论众多，但是从其发展起源来看，有两大理论——形式教育论和实质教育论。形式教育论起源于古希腊，纵贯整个中世纪，形成于17世纪，盛行于18—19世纪，衰落于20世纪，主要代表人物是洛克和裴斯泰洛齐。主要观点是：教育的目的在于发展学生的各种官能或能力；形式学科（如希腊文、拉丁文、数学、逻辑学等）或古典人文课程最有发展价值；教学原则、方法以学生心理官能的内在发展秩序为依据。实质教育论起源于古希腊和古罗马，在中世纪受压制，形成于18世纪，兴盛于19世纪，20世纪初衰落，主要代表人物是赫尔巴特和斯宾塞。主要观点是：教育的目的是向学生传授与生活相关的广泛知识内容；与人类的世俗生活密切相关的实质学科（如物理、化学、天文、地理、法律）或实科课程最有价值。②

在教育学的框架下，性别身份和性别角色的培养与塑造也成为一项重要的内容，换句话说，教育应培养什么样的男人和女人？应该传授他们什么相应的技能和知识？在教育人人平等的理念下，性别平等教育的真谛是什么？教育应如何对待女性？是否应该针对性别进行差异化教育？等等。一百多年来通过对这些问题的探讨、实践与反思，学校教育业已形成两大教育传统：性别化教育与性别中立教育，身体教育（体育教育）也是在这样的框架中形成了不同的观念。不可否认，在现代教育形成的过程中，体育作为一种有效的教育手段进入学校并在学校中逐渐发展。在这个过程

---

① 胡海德：《教育学原理》（第二版），甘肃教育出版社2001版。
② 邵宗杰等：《教育学》（第三版），华东师范大学出版社2006版。

中，人们也日益深刻地认识到体育学习对于人的发展所具有的多方面价值：身体素质的训练，心理素质的培养，道德观念的习得，从理论上来说体育教育对一个完整人的培养起着重要的作用，它不仅能实现自我意识的觉醒和能力的开发，而且能进一步确立独立的人格和人生价值。然而在对男、女的体育教育中却存在着不同的理念，这导致了在现实操作中存在着非常多的问题、困惑和争议。比如，为什么很多女同学到了初高中阶段就不爱参加体育锻炼，体育课的积极性也降低？为什么女生在体育项目的选择上那么"挑剔"？统一的教学目标是不是适合女生？体育教学应不应该针对男、女不同身心特点设置不同的教学目标和教学内容？如果需要，又如何设置针对女生的体育教学目标、教学内容？体育教师对男女学生的态度和方法是否会影响女生体育课以及课外活动的积极性？那些喜欢运动、体育课表现积极的女生，她们会受到哪些积极或者消极的影响？这些都是在现实体育教育中存在的问题，也是需要我们去深入研究和思考的问题。而更深一步，我们还要追问，体育教育应该成为一种强化性别观念、塑造不同性别气质的途径呢？还是应该成为一个解构固有的性别关系、挑战传统性别意识形态的平台？这是一个本质性问题，决定着体育教育应该向性别差异化还是向性别中立化方向发展，也是解决体育教学实践中所出现的问题的根本出发点。

### （六）文化研究的视域

文化研究结合了社会学、文学理论、影像研究与文化人类学来研究工业社会中的文化现象。文化研究者时常关注某个现象是如何与意识形态、种族、社会阶级或性别等议题产生关联的。文化研究关心的是日常生活中的意义与活动。文化活动是指某个文化中的人们如何去进行某些事情（比如说观看电视或外出用餐），而他们之所以这样去做则与某些文化意义有关。在文化研究的脉络下，"文本"（text）这个概念不只是在讲书写下来的文字，还包括了电影、摄影、时尚或发型；文化研究的文本对象包含了所有有意义的文化产物。同样的，"文化"这个概念也被扩大。对一个文化研究者来说，"文化"不只是传统上所谓的精致艺术（high art）与普罗艺术（popular art），还包括了所有日常的意义与活动。事实上，上述的后者已经变成了文化研究中的主要研究对象。

从文化研究的视域来观察和揭示女性体育的复杂性和政治性成为当代女性主义者们的一个新的研究途径。文化研究注重的是生活的细节，其理论背景是后结构主义。文化研究所关注的女性体育研究重在对体育"话语"——身体话语的剖析。所谓话语（discourse）就是人们说出来、写出来的语言，这包括人们说什么、如何说以及所说的话带来的社会后果。话语是社会互动和实践的基本形式之一，也被称为"文本"，多用在文学批评中。传统语言研究将语言视为沟通的工具，人们借助语言彼此传达信息、思想、情感。文化是通过语言来反映社会现实的，语言是传播文化的关键性传媒，也是文化的要素之一。现代理论强调，语言不仅是沟通的工具，而且是社会生活的本质，使用语言是一种社会行动。话语是在互动过程中呈现出来的，具有社会性。社会性的话语具有行动性、历史性，并且是权力关系的体现，也是意识形态的实践。[1] 后结构主义理论的核心任务就是要揭示话语中的权力关系。福柯就是一个典型的代表，他通过知识考古学以及宗谱学的研究，不遗余力地揭示权力、知识和道德以及各种社会文化力量的紧密交错关系。体育作为一种身体的语言（话语）也不断地呈现、建构和强化这种社会权力关系。女性主义文化研究的目的就是要通过各种社会身体实践来揭示性别权力关系，特别是解释现代知识的增长和对女性身体戒律之间存在的权力的扩张，即从知识和女性身体关系的变迁来反映体育中性别权力制度的形成和演变。

在文化研究的思维下，体育知识（话语）体系是一种制定性别规范、性别实践和性别身份的控制体系。玛格丽特·邓坎（Margrate Duncan）在两期《体形》（Shape）（妇女健身杂志）中分析了妇女身体形象所产生的政治问题。她指出所谓的现代生物科学知识物化了女性参与体育活动的意愿和责任，它过分地强调了通过体育来增加形体美感的价值而忽略了体育锻炼所带来的身体健康的价值。她以图表的方式将大众传媒对女性身体的戒律机制勾画了出来。[2] 除此之外，她还分析了公共话语的传播（传媒）是如何使性感、苗条、健康的女性身体形态作为身体文化的主流；而这种身体文化主流又是如何潜移默化地强调女性在社会中的服从角色的。从更加全景的脉络，麦克奈尔（P. MacNeill）讽刺性地将明星偶像身体广告比喻为展示政治经济权力和他/她们所倡导的"科学"知识的场所。马库勒（Markula）将女性体育文化从关注媒体转移到物质经历上，她将福柯人种论理论运用于对女性有氧运动者的研究。马库勒除了谈到有氧运动中的文化空间所隐含的权力安排以外，她还分析了一些女性健身的矛盾心理：一

---

[1] 佟新：《社会性别研究导论》，北京大学出版社2011版，第87页。
[2] M. C. Duncan, "Beyond Analyses of Sport Media Texts: An Argument for Formal Analysis of Institutional Structures", *Sociology of Sport Journal*, 1993, Vol. 10, pp. 353–372.

方面希望拥有理想的身材,另一方面认为实现这种愿望是"荒唐的"。她进而指出,权力在纪律性社会的无所不至并不意味着人们不得不盲目服从权力。产曼(Gwen E. Chapman)综合运用福柯理论和女性主义文化研究成果,她对一支女子轻重量划艇队关于"控制体重"问题进行了研究。她的研究发现在女子划艇这项竞技运动中,极端的身体练习活动和严格的饮食控制在广泛运用女性科技的同时扮演着纪律约束机制的角色。产曼也用女性划艇运动员的经历来说明了福柯后期理论关于构建自我的积极体验中所存在的自由与限制间的矛盾关系。她指出,体育一方面是女性在权力关系中反抗压迫的工具,同样也进一步将她们陷入在所谓规范化趋势下限制自我的怪圈中。[①] 文化研究对女性体育的关注包括:

（1）体育传媒对女性形象的塑造与控制;
（2）体育科技（知识）对女性身体的控制;
（3）体育中的符号消费与女性（性别）身体的商品化与异化;
（4）体育文化（文学作品、思想）中的身体、性和性文化。

文化研究不仅丰富了女性体育研究的内容和形式,也为女性体育研究注入了新的生命力,引领了女性体育研究的趋势。

女性体育研究不仅仅是研究体育中的女性性别,或是研究女性体育的问题,而是以性别、身体、体育运动的综合视点去观察、揭示、解释我们周围的世界。它不仅仅是讨论女性群体如何参与体育或如何提高女性体育成绩的问题,它同时也是观察和揭示女性/社会性别在政治、经济、文化、教育和家庭生活等领域中地位和状态的最佳场所。因此,女性体育研究不仅是一个体育社会学的话题,更应该成为性别研究领域的重要议题。作为一个新兴的研究领域与学科,它"贪婪地"吸收着各类学科的营养,同时也在思考其自我的发展路径。我们现在还不能说女性体育研究已经有了一套独立研究体系,然而在近半个多世纪的研究与探索中,它逐渐形成了自己独特的视角、立场、观点、所关注的内容与研究的路径。

---

① 熊欢:《身体、社会与体育——西方社会理论视野下的体育》,当代出版社 2011 年版,第 230 页。

# 第二章 女性体育的演进
## ——历史与文化的透视

女性体育史是嵌入到社会历史、体育发展史、女权运动的整个进程中的。在20世纪60年代之前，很少有历史学家关注体育运动的历史，更别说女性运动的历史了。即使在20世纪早期史学家的著作中有一些关于女性体育运动参与的描述，但是在这些历史中，交织着由男性读者所主导的对体育运动有趣的故事叙述：强调了运动的刺激性、竞争性和戏剧性。其他可以用来概括体育史特点的作品，则是由那些主要从事和体育相关的记者以及官员的作品，主要集中在记录破纪录的运动成绩、体育英雄的故事和用于统计目的的数据积累。

在20世纪70年代以前，西方有关女性运动的素材大多出现在一些流行杂志中，里面有许多著名女性运动员的传记，以及体育记者对于她们破纪录成绩的评价。随着越来越多的女性参与到体育运动中来，并且受到女性主义以及女权运动的鼓舞，女性开始书写她们自己的运动历史。1972年于美国俄亥俄州立大学举办的体育会议上，弗吉尼亚·伊万斯（Virginia Evans）做了一场关于"二十年代女性体育"（Women's Sport in the 1920 Era）的报告；在同一年，著名的女权运动历史学家艾伦·格博（Ellen Gerber），提出了首个有关女性运动的课程（马萨诸塞州大学），并在《体育史杂志》（Journal of Sport History）的第一版中，发表了有关女性运动历史的第一篇文章。在过去的几十年，从全世界的范围来看，有关女性体育运动的历史研究大量涌现，被"隐藏"的妇女体育史也会随着女性发展的不同阶段被世人所知。这一章主要以体育的起源与发展为线索，还原女性以及女性体育在这个历史进程中的角色、地位以及贡献。

## 第一节　女性体育在西方的历史演进

### 一　古代及中世纪的西方女性体育

#### (一) 女性体育的起源

要探究女性和男性在运动中的历史,我们必须从运动本身的起源出发。许多学者都将史前的宗教和狩猎仪式作为体育运动的主要起源。[①] 宗教信仰和现实的世界是不可分的,在史前和之后的时期都是如此。因为女神崇拜的文化先于上帝崇拜的文化,所以如果脱离女性来分析运动的起源,那将难以令人信服。尽管一些运动的形式是从狩猎的技巧演变而来,但是关于男性和狩猎的事实,却有被夸大的成分。除了忽略女性参与狩猎的情况之外,在其他方面,有关狩猎的理论也是充满了疑问的。我们知道旧石器时代的壁画,被错误地解读为男性狩猎的场景,实际上大规模的狩猎是一种团体活动,需要男性、女性和孩童的共同参与,驱赶动物到悬崖边或者陷阱中,再将其杀死。

如果女性和男性都和运动的起源有关,那么体育运动到底最初是什么形式呢?现在无人能知。因为缺乏文字资料,现在的一些观点如劳动起源论、宗教起源论、战争起源论等也都是现代人的各种假设和推测。要试图找到女性在体育起源过程中的身影,我们还需要回到母系社会,并进一步探究在父系社会中存在遗迹。

克里特(Crete)文明起源于大约公元前6000年,是古希腊爱琴海地区的古代文明,在公元前1450年突然消失,这一文明中有许多值得崇敬之处。许多学者认为是地震和随后的迈锡尼人的入侵,摧毁了克里特文明。文化历史学家艾斯勒(Eisler)通过建筑、艺术考古资料,认为克里特是西方世界中最后的合作社会。[②] 克里特人有四种书写系统,掌握了先进的技术,包括那时就已存在的抽水马桶。他们卓越的艺术成就展示了克里特人与自然和谐共处的生活。克里特的艺术作品中,没有战争或是对于武力和统治的推崇;克里特的建筑都是为了自由、轻松的生活而造。克里特文明的一个突出特点是他们对女性神的崇拜,而非男性神。因此,在克里

---

① Eisler, R., *The Chalice and the Blade*, San Francisco: Harper & Row, 1988: 23.
② Ibid..

特合作社会中，女性有较高的社会地位。① 女性和男性之间，是互相欣赏、互相平等的关系。虽然存在着某种程度的等级划分，但是社会财富是人们平均分享的。道路、排水系统、管道系统等公共设施都是为服务大众而建造的。②

在克里特文明的第一阶段（公元前 2000—前 1700 年），跳牛（见图 2-1）是当时年轻贵族中流行的运动。③ 从当时的壁画中可以看到，参与运动的人抓住牛的一只角，然后从牛的背上前空翻跳下。我们很难想象当时的参与者是如何完成这样一个危险的动作，也对这一动作的完成存在异议。图 2-1 中展示了男性跳跃者、抓住牛角的女人和协助男性完成跳跃动作的女人。所有关于跳牛运动的解读，都表现了宗教信仰的重要意义。

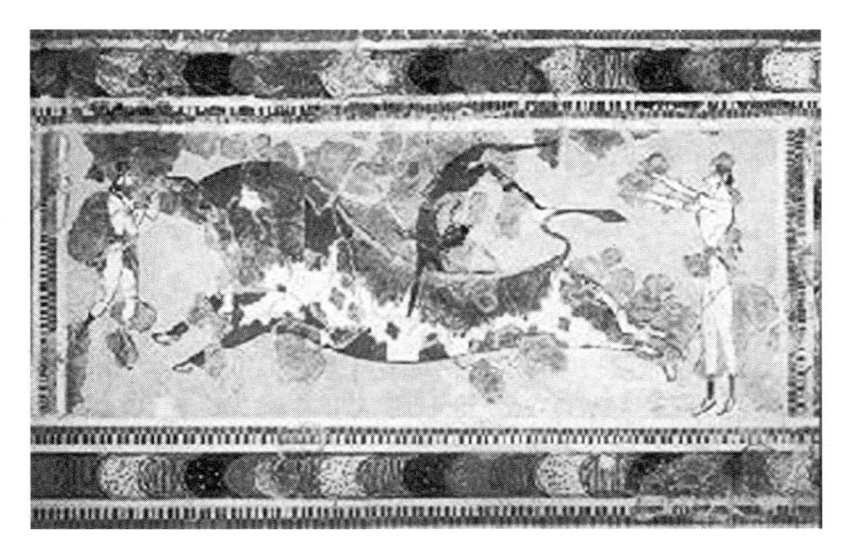

图 2-1　克里特岛上的"跳牛"运动

（图片来源：*Women and Sport：Interdisplinary Perspectives*，1994）

尽管有些人说女性也参与其中，但许多记录了跳牛运动的文章，都未提及女性。事实上，女性不仅是跳牛运动的参与者，她们也活跃于运动的

---

① Ward, A. G., *The Quest for Theseus*, New York：Praeger, 1976：79.
② Eisler, R., *The Chalice and the Blade*, San Francisco：Harper & Row, 1988：29-41.
③ Costa, D. M. and Gathrie, S. R., *Women and Sport：Interdisp-linary Perspective*, Champaign, IL：Human Kinetics, 1994：19.

仪式和看台中。牛是神圣的动物，献祭用的牛角，总是使人联想到女神崇拜。金布塔斯（Gimbutas）提出过这样的解释：

> 牛的子宫和性器官为它作为戏剧创造中神圣的动物做了相符的解释……作为印欧世界中的一个重要象征，并非是因为牛这种动物所具有的力气和男子气概，而是因为它的头部正好与女性的生殖器官，具有相似性。这样的相似性使得牛成为再生的象征，比如生命、水、月亮、鸡蛋和庄稼。①

对克里特文明中跳牛运动新的解释从一定程度上说明女性在体育起源中其实也扮演着重要的角色，只不过这一事实并没有被描述出来。因此从体育文化的起源来看，不能把女性排斥在体育历史以外。

### （二）古希腊的女性运动

历史学家倾向于假定最早的文明起源于古希腊，但是在古希腊文明出现的25个世纪之前，就存在着其他宏伟的文明，古希腊文明是从这些早期的文明传承而来。通常有关于古希腊女性的描述，她们大多是被排除在政治舞台之外，甚少有经济权力，在她们还未成熟的时候就已经结婚，承受数次的生育之苦，然后在年轻的时候就早早地死去。她们的生活，特别是婚后的生活，并不有助于她们参与到体育运动中来。

所有有关古希腊的描写，大都会从荷马开始，而荷马毫无疑问有着关于父权制度的偏见：宙斯是权力至上的上帝。在荷马的作品中，为我们提供了很多有关男性运动的信息：比如男性体育竞技中，会有马匹、三脚架和善于手工艺的女人作为获胜的奖励。父亲们会通过比赛，为自己的女儿选择丈夫。在荷马的《伊利亚特》和《奥德赛》中，虽然缺乏女性运动的描写，但是《奥德赛》中仍提及了女神狩猎和驾驶二轮战车，以及瑙西卡和她的女仆玩球类游戏的场面。然而荷马的作品中，对于神话的改编都符合父系社会的价值观念。巴特沃斯（Butterworth）这样写道："奥林匹克运动是一场革命，它和所有的革命一样，都是通过大量的宣传完成的。但是这样的宣传热情中，包含着对于过去历史的模糊或诋毁。"②

---

① Davis, N., *Society and Culture in Early Modern France*, Stanford, CA: Stanford University Press, 1975, p.126.
② Hunt, L., *Politics, Culture, and Class in the French Revolution*, Berkeley: University of California Press, 1984, p.104.

1. 斯巴达

斯巴达是希腊众多城邦中比较具有代表性的,普鲁塔克对于斯巴达女性的评价是"勇敢和具有男子气概的,更胜于她们的丈夫",这是对于斯巴达女性的典型概括。在古代,斯巴达女性因为自己的独立而受到欣赏或者诋毁。历史学家错误地认为,斯巴达的女性比其他希腊城邦的女性更为独立,但他们却忽略了一点,即斯巴达的女性需要在她们的丈夫离开时独自处理一切事物。斯巴达的男性要在军营中生活到30岁,在这期间他们只能偷偷地回家看望妻子。即使是在30岁之后,许多斯巴达的男性也是和其他男性在一起的时间比较多。

就运动而言,斯巴达女孩在跑步、摔跤、掷铁饼和标枪等项目中,都有学习和发展。她们也参与到节日的狂欢中,愉快地跳舞。但是很多学者认为关于斯巴达女孩参与这些活动,是从优生学角度出发,为了孕育更加强壮的后代,但是这种看法也只是一种推测。

对于斯巴达社会是由男性主导的战争机器的这种普遍认识,库恩斯特勒(Kunstler)提出了一个较为新颖的观点:斯巴达社会是一个性别平等的社会。在斯巴达社会中,没有厌女症和同性恋恐惧症存在。和其他希腊城邦的女性不同,斯巴达女性享有很大的自由,她们被养育得很好;除此之外,她们享有自己的兄弟没有的权力。斯巴达的女孩受到父母的关注,并被鼓励参与各种体育运动和节日。①

2. 奥林匹亚的赫拉运动会(Herean Games)

在许多历史记录中,赫拉运动会都是附属于宙斯运动会的。有关这些信息的记载,主要来自保塞尼亚斯(Pausanias)②。根据保塞尼亚斯所述,在竞走比赛中,专门为少女设立了一个项目,比成年男性的路程少了六分之一。参赛者需要穿上束腰,右边的肩膀展露出来。比赛的奖品包括橄榄枝做成的桂冠和一部分贡献给赫拉的牛肉。参赛者还可以通过比赛,来树立自己的地位。保塞尼亚斯将赫拉运动会的起源追溯到希波达美亚(Hippodameia,赫拉的原名),运动会创立者是为了表达对于赫拉的尊敬和感谢。在埃利斯(Elis)和匹萨(Pisa)长时间的冲突之后,艾琳斯(Eleans)从16个城邦中各选了一名聪明的年长女性,来解决他们的争论。

---

① B. L. Kunstler, "Women and the Development of the Spartan Poleis: A Study of Sex Roles in Classical Antiquity", *Doctoral Dissertation*, Boston University Graduate School, 1983, p. 424.

② 保塞尼亚斯(143—176年),希腊地理学家和历史学家,著有《希腊志》——一本关于古希腊地志和历史的十分有价值的书。他描述了奥林匹亚和德尔斐的宗教艺术和建筑,雅典的绘画和碑铭,卫城的雅典娜雕像,以及(城外)名人和雅典阵亡战士的纪念碑。

这些女性的任务包括每四年为赫拉缝制一件长袍，并代表赫拉的荣耀参与运动会。[1] 赫拉运动会背后意义更值得我们深思：它"暗示了在社会组织中未成年女性的角色，以及她们在成年以后，将会成为宗族部落的中心女性"[2]。而艾琳斯所做出的决定战胜了由男性主导的社会政治特权，女性成为赫拉运动会的监督者。

3. 奥林匹亚（Olympia）

在古希腊人到来之前，奥林匹亚和特尔斐一样，是一个神圣的地方。从考古学和文学的考证来看，在赫拉克勒斯和宙斯到来之前，盖娅（Gaia）和其他伟大的女神都受到人们的崇拜。从某种角度，奥林匹克运动可以追溯到史前的土地祭祀活动。而在土地祭祀活动中，女性可以担任祭司的角色，比如那里出现过农业女神德墨忒尔（Demeter）的女祭司。除此之外，获胜的运动员会戴上橄榄枝做成的花环，把这些作物作为获胜的符号，并用舞蹈和运动来表达对自然界神灵的崇拜，这是原始居民的传统，[3]也是奥林匹克运动与农业紧密相连的一个例证。

但是随着宙斯之子御有"大力神"之称的赫拉克勒斯（Heracles）[4] 成为运动会尊崇的对象，女性逐渐被排除在运动会之外。但是不能否认的是随着农业女神德墨忒尔接管狩猎女神阿尔忒弥斯（Atremis）大部分的职能后，她的女祭司的角色也为运动会留下了女神的遗迹。

虽然宗教革命使耶和华和宙斯获得权力，但这并没有完全消除有关女神的崇拜。现在有关女神的宗教信仰，仍可以在世界各地找到。比如天主教徒对圣母玛丽的崇敬，那些宗教的仪式，如穿长袍、洒圣水、点蜡烛，都是典型的女神崇拜的象征。在运动领域，如奥林匹克运动会中，授予获胜者的橄榄枝花环和圣杯，都是神圣的女神宗教的传统。

---

[1] Levy P., *Pausanias*, Vol. 16, London: Penguin Books, 1971, pp. 2-8.
[2] B. L. Kunstler, "Women and the Development of the Spartan Poleis: A Study of Sex Roles in Classical Antiquity", *Doctoral Dissertation*, Boston University Graduate School, 1983, p. 303.
[3] J. Mouratidis, "Heracles at Olympia and the Exclusion of Women from the Ancient Olympic Games", *Journal of Sport History*, 1984, Winter, p. 51.
[4] 有关古代奥运会的起源的传说有很多，最主要的有以下两种：一是古代奥林匹克运动会是为祭祀宙斯而定期举行的体育竞技活动，另一种传说与宙斯（Zeus）的儿子赫拉克勒斯（Heracles）有关。赫拉克勒斯因力大无比获"大力神"的美称。他在伊利斯城邦完成了常人无法完成的任务，不到半天工夫便扫干净了国王堆满牛粪的牛棚，但国王不想履行赠送300头牛的许诺，赫拉克勒斯一气之下赶走了国王。为了庆祝胜利，他在奥林匹克举行了一场盛大的运动会。所以才有了奥运会。

### (三) 中世纪时期的女性体育

娱乐休闲在中世纪早期、盛期和晚期逐渐兴盛起来，最后进入了顶点，即意大利的文艺复兴。中世纪早期有关运动和娱乐活动，最有参考意义的信息来源是5世纪的主教和诗人阿波利纳里斯（Sidonius Apollinaris）的作品。阿波利纳里斯于公元430年出生于里昂，家庭显赫。他从小就要学习文法、文学、修辞、哲学、几何学、天文学等大约七门的人文学课程。在公元469年或470年，阿波利纳里斯成为克莱蒙特的主教。

从阿波利纳里斯的作品中，可以看到他对于教会和高卢法庭的深刻洞悉。在他的诗集和书信的插图中，可以看到古罗马国王、日耳曼的首领和一些其他阶级的人群（包括女人）运动和娱乐的场景。他对于哥特人的首领狄奥多里克（Theodoric）二世的描写涉及日耳曼王室和贵族的运动和娱乐活动。在他的描述中，在中世纪早期，女人和男人一样参与国际象棋和其他的一些棋类游戏。

阿波利纳里斯表示女性和男性一样，参与了多种球类运动。在他写给自己的朋友的信中，描述了一大群人在圣·杰斯塔（St. Justus）的墓前进行礼拜仪式后，展开了球类运动。尽管没有很多记录中世纪早期人们参与运动和娱乐活动的文献，但是通过阿波利纳里斯的书信和诗作，可以帮助我们消除在传统观念中对于女性参与运动和娱乐活动的否定。

到了中世纪盛期，女性参加体育运动的历史证据更加充足。到12世纪为止，封建制度和骑士制度影响了中世纪的世界观，在中世纪盛期，女性扮演着重要的角色。贵族的女性渴望受到教育，不仅是阅读和书写，还有其他许多领域：下国际象棋，讲故事，唱歌，跳舞和弹奏多种乐器。贵族女性渴望学习所有男性应该了解的事物！

中世纪体育比赛的发展也为我们了解中世纪盛期的社会以及当时的女性体育活动提供了一个窗口。在12世纪以前，运动比赛是欧洲封建社会为战士们庆祝的军事和骑士节日，女性在其中扮演了重要的角色。很多作者都在他们那些有关骑士制度的作品中，省略了有关女性的事迹。但是仍然有小部分的史诗作品中，如《於拉乌尔·德康布雷》（*Raoul de Cambrai*）和《威廉元帅的历史》（*History of William the Marshal*），出现了女性的身影。

如许多中世纪作家所写的，在中世纪的时候，授予运动比赛优胜者的真正奖励，其实是女人。如果一名骑士可以获得一个贵族出身的女人，那将是至高无上的荣耀。如果一名骑士赢得了比赛，或者在比赛中展现了他作为骑士的英勇,那么他可以在比赛之后获得自己最想要的奖励——女人。哈维(Harvey)在他的作品中,对两者的关系做了阐述:"这样一种契约式的奖励并不只存在于运动比赛中……但是无疑运动比赛是这种奖励方式最能发挥作用的地方。作为女人,能够看到大批的男人为她们而战,这即使是从壮观的比赛场面来看,也是十分值得炫耀的。"[1]

女性在中世纪的运动比赛和其他活动中的角色,从来都是一个值得争议的话题。总的来说,有两种完全对立的观点:一种认为女性在中世纪的运动比赛中扮演着活跃的角色,她们有时参与比赛的积分,或者为获胜者颁奖;另一种认为在中世纪晚期的运动比赛中,女性所扮演的角色不过只是啦啦队队长而已。

## 二　17—18世纪的西方女性体育运动

### (一)17—18世纪的欧洲女性体育运动

1660—1810年,欧洲体育运动以及休闲活动在贵族以及民间展开。女性体育运动的开展与当时整个社会的结构形态、历史背景是密不可分的。要谈女性体育运动,首先要明确"体育运动"(sport)的概念。从欧洲体育发展历史来看,直到19世纪,才出现了有组织、有规则的体育运动。在早期,"运动"一词通常被描述为:可以给予人们娱乐和欢乐的各种活动。当时有着血腥的"逗牛"和"逗熊"运动,也有狩猎、保龄球和板球。这些运动都没有成文的规则,而是按照惯例习俗来进行,运动的组织也很简单。英国古文研究学家约瑟夫·斯特拉特(Joseph Strutt)在1801年的文章中,提出早期人们对于运动和休闲活动的认识:英国人的运动和休闲活动,包括乡村和城市的娱乐活动、五月游戏、哑剧、游行和队列行进,从早期到现在都是如此。斯特拉特大量的作品,为我们提供了了解17—18世纪体育运动史的窗口。他认为社会等级、乡村或者城镇地理位置、节日(自然和宗教的)等都是影响"体育运动"定义的重要因素。

17世纪和18世纪流行的体育运动都和赛会、守夜活动(英国人每年用来纪念教区的教堂的节日)、节日季(如圣诞节、复活节等)有关。季节的规律对于休闲活动的形式有着巨大的影响,特别是在劳动阶级中间。因为大多数的劳动人民,都没有去过离开家20里或者30里远的地方。他们可以在自己居住的城镇里,买到一切所需的生活用品,找到自

---

[1] Harvey, R., *Moriz von and the Chivalric World*, Oxford: Clarendon Press, 1961, p. 89.

己喜欢的休闲活动。城镇是公共生活的中心,在春耕和秋收时节,女人和男人从黎明工作到黄昏,有时候甚至一天工作 16 个小时,之后通过盛宴和狂欢、载歌载舞庆祝丰收。忏悔节和复活节是人们固定进行足球比赛的时节。

和劳动阶级相反,贵族和上层阶级有许多的休闲时间进行休闲活动。他们参与狩猎、斗鸡、赛马,或者去他们乡村的宅邸度假。在 17 世纪,人们热衷于赛马这项活动。在 1660 年继位的查理二世,把纽马克特(Newmarket)作为跑马场的总部;到 19 世纪,在埃索利姆的德比市(Epsom Derby)、阿斯科特和其他地方,都开展一年一度的赛马比赛。在 18 世纪,板球在英格兰的东南部盛行,那里的上层阶级和市民都参与其中;同一时期,拳击也是全民参与的一项流行运动。[1]

在英吉利海峡的另一头,等级制度依然盛行。法国革命(1789—1792 年)之前,法国的人口被分为三个等级:大资产阶级(贵族)为第一等级;中小资产阶级为第二等级;第三等级为超过当时人口数 90% 的市民。其中的资产阶级包括商人、艺术家和城镇的工人;社会的最底层是农民。等级的划分决定了人们的权利和义务。但是随着贵族阶级资产的减少,难以维持他们狩猎、跳舞和社会活动。王室为了维持奢侈的生活,因此对第三等级的平民和生活在底层的农民实行苛捐杂税,导致了他们对王室强烈的不满,这是导致法国大革命的一个重要因素。历史学家乔治·特卫里恩(George Trevelyan)甚至这样推测,如果当时的法国贵族阶级可以和"农民一起玩板球",那么他们的城堡可能就不会在法国革命中,被愤怒的暴民所烧毁了。[2]

在德国,因为罗马帝国统治的衰退和 30 年的战争(1618—1648 年),导致了大量独立城邦的出现。这些城邦的统治者拥有绝对的统治权力。为了满足统治者狩猎和球类运动的大量开支,人民被征收重税。在 18 世纪早期,普鲁士城邦在腓特烈大帝(1712—1786 年)的军事和管理制度下,在欧洲占据了重要的权力。在普鲁士城邦中,有着严格的社会体系,强调绝对的服从。那些城邦中的贵族们通过参与政府的管理和军事中的地位,来巩固他们的权力。在普鲁士城邦中,贵族、市民和农民之间的鸿沟,因

---

[1] Arlott, J., *The Oxford Companion to World Sports and Games*, London: Oxford University Press, 1975.
[2] Trevelyan, G. M., *Illustrated English Social History: The Eighteenth Century*, Vol. 3, London: Longmans, Green, 1942, p. 211.

为受到法国贵族特权的影响而加剧。①

　　虽然每个国家的国情都各不相同，但是欧洲女性的地位都是普遍低于男性的，这种情况到了17世纪晚期逐渐有了改变。在17世纪的德国南部，女性从事零售、编织等行业。但随着工会组织开始把她们视为竞争对象，女性开始被排除在劳动力之外。从16世纪到18世纪，随着父系家庭的普及，人们认为这种家庭形式更有利于财产的占有和社会人口的流动。尽管法国大革命的口号是"自由、信念、平等"，但是这些崇高的理想，并未涉及女性。1793年，国会宣布所有的女性俱乐部都是不合法的，女性参与政治活动是不符合社会秩序的。② 在法国，对于女性的社会和政治偏见也一直存在，英国也如此。英国的女性在国会中没有一席之地，她们无法参与法律的制定和废除。法律规定已婚的女人要归入丈夫的身份，所以她们甚至不能算作独立的人！她们的钱或者小孩，也都不归她们所有。除非丈夫一直对妻子实行暴力，否则那些已婚的女性不能离开她们的丈夫，离婚更是不可能的事情。单身的女性需要服从于男性的家属，而生活在底层的女性则受到了更为不平等的待遇。③

　　女性的休闲娱乐活动与当时的欧洲的社会背景是密切相关的。虽然，男性是休闲娱乐体育活动的主导力量，但是在休闲娱乐体育活动中也有女性身影。在那时，英国已经形成了以男性为主的体育运动传统。整个18世纪，体育运动的范围扩大，休闲活动也变得更加商业化。赛艇比赛、拳击和赛马比赛中，有了系统、明确的规则。其中最具有标志意义的当属板球运动，因为那时板球运动已经具有完备规则制度和裁判制度。随着板球运动从英格兰东南部传到了伦敦，这项比赛吸引了几千万的观众。在1787年还建立了马里波恩板球俱乐部。

　　在18世纪早期，拳击运动受到王室的赞助。詹姆斯（James Figg）是英国的首位拳击冠军，在伦敦开设了一个拳击竞技场，吸引了社会各个阶层的人士前来观看。在18世纪晚期和19世纪早期，英国的男士们会带他们的妻子一起观看在阿斯科特或者埃普索姆举办的拳击和赛马，还有划船等其他比赛。在当时流行的运动中，斗鸡比赛是一项由男性主导的具有赌

---

① Menhennet, A., *Order and Freedom: Literature and Society in Germany from 1720 to 1805*, New York: Basic Books, 1973, p. 12.
② Hunt, L., *Politics, Culture, and Class in the French Revolution*, Berkeley: University of California Press, 1984, p. 104.
③ M. Ferguson, "Introduction", In Mary Wollstonecraft, *Maria or the Wrongs of Woman*, New York: Norton, 1975, pp. 5–6.

博性质的休闲活动。斗鸡比赛通常在屋外的场地进行,女性为比赛的观看者。保龄球运动在英国和欧洲大陆也非常流行,虽然它也是男性主导的活动,但女性可以参与其中。塞缪尔·佩皮斯（Samuel Pepys,1633—1703年）,当时英国有名的文学家,在他的日记中,就记录了和妻子一起参与保龄、台球和推圆盘游戏的经历。① 在法国,农村的妇女和年轻的女孩一起,在屋外玩保龄球。

**图2-2　17世纪中期法国的保龄球运动（Sally Fox 收藏）**
（图片来源：*Women and Sport*: *Interdisplinary Perispectives*, 1994）

伊丽莎白一世（1593—1603年）和她的朝臣们一起,参与狩猎和"逗熊"活动。在18世纪,"逗熊""逗牛"和动物之间的角斗比赛,吸引了社会各个阶层的人士。据说,安妮女王（1665—1714年）"对'逗熊'和'逗牛'活动十分有兴趣"②。

还有一些有关女性参与拳击比赛的记录,这些比赛的举行吸引了很多人的关注。女拳击手和其他男拳击手一样,会受到观众们的加油和支持。在1799年,布莱斯福德（Brailsford）记录了女拳击手茹芙（Mrs. Ruff）和格拉斯（Moll Glass）之间的一场比赛,这场比赛吸引了大约400多名女性观众。女拳击手所穿的服装,通常是紧身的上衣、短裙子、白色的长袜和

---

① Pepys, S., *The Diary of Samuel Pepys*, Vol. 1, New York: Random House, 1893, pp. 267 - 268.
② Howitt, W., *The Rural Life of London*, Vol. 2, London: Longman, Orm, Bronson, Green & Longmans, 1838, p. 268.

鞋子。同时,女人们也和丈夫一起,使用剑和铁头木棒,参与到夫妻拳击比赛中,获胜者可以得到40英镑或者更多。①

**图 2-3　女性在观看拳击运动（Spalding Archives 收藏）**

（图片来源：Women and Sport, 1994）

在男性劳动者中流行的摔跤运动,有时也会有女性参赛者的出现。在北威尔士,玛格丽·特伊万斯（Margaret Evans）因为自己卓越的摔跤技能而享誉盛名。据说,"她是一个十分厉害的摔跤手,即使到了70岁,也很少有男性摔跤手能和她一较高下"②。在18世纪90年代,女性还参与了划船运动,当时的"多吉特外衣"（Doggett's Coat）和"徽章竞赛"（Badge Race）两项划船赛事中,有许多农村女性划手。1751年名为"航海上"（Joutes Nautiques）的油画,描绘了在巴黎和里昂举行的划船比赛场景,画面以湖中心的一名握着桨的女性划手为中心。从17世纪开始,意大利北部的城市维也纳,也开始举办一年一度的赛舟会。③ 在英格兰,男性、女性和小孩一起参加一年一度的斯坦福德奔牛节是一项传统的休闲活动。④

---

① Boulton, W. B., *Amusements of Old London*, Vol. 1, London: Cambridge University Press, 2011, pp. 30-31.
② Brailsford, D., *Sport, Time and Society*, London: Routledge, 1991, p. 133.
③ Alfonso, V., "Giardini and Elena Biaggio", *Italy's Book of Days*, Rome: Ente Nazionale Industrie Turistiche, 1960, pp. 148-149.
④ Chambers, R., *The Book of Days: A Miscellany of Popular Antiquities in Connection With the Calendar*, Vol. 1. London: W. R. Chambers, 1869, pp. 574-576.

在苏格兰的一些老教区，还会举行一年一度的"足球比赛"，比赛在已婚和未婚的女性之间展开。虽然现代的体育资料中，很少有关于女性参与在圣诞季或复活节举办的激烈的足球比赛，但是可以肯定的是，女性是足球比赛的观众。

女性偶尔也会参与板球运动。从 1779 年有关德比郡比赛的油画中，可以看到作为击球手的女选手握着球拍，另一个女选手则指向木桩方向的场景。她们都穿着长度到脚尖的裙子、长度到腰的上衣，戴着很大的帽子。① 1793 年的运动杂志记录到英国萨塞克斯的女性非常擅长板球运动："在 19 世纪早期，在萨塞克斯，一场女性参与的板球比赛在 3000 名观众面前展开。选手们穿着两种不同颜色的板球裙，最后蓝色裙子的这队，以 108∶97 的比分，战胜了粉红裙子的那队。"② 1811 年 10 月，月刊 Monthly Magazine 还报道了在萨里（Surrey）和汉普郡（Hampshire）之间举办的一场女性板球比赛，选手们的年龄从 14 岁到 50 岁不等。③

射球戏（一项用球和木棒来完成的团队运动，可能是棒球运动的前身）总是会在复活节季举办。据记载，复活节和降灵节后的一周，会有 12 名老妇人在巴厘·圣埃德蒙德（Bury St. Edmunds）进行射球戏运动："她们活力充沛，比赛一直进行到日落。其中一名大约 60 多岁的女性，被选为'射球戏皇后'。在进行了一整天的激烈运动之后，那些充满活力的年长女人，在晚上尽情地歌唱和庆祝。"④

在当时，女性中最为流行的比赛当属竞走比赛，也被叫作"长罩衫比赛"（smock racing），因为获胜者的奖励是一件带有蝴蝶结的亚麻长罩衫。参加比赛的时候，男选手通常不穿上衣，女选手通常也着装很少，竞走比赛的选手们都全身心地参与比赛。在 1744 年的一则板球比赛广告中，曾经打出两名参赛女选手"只穿内裤进行比赛"的标语，吸引了大批的观看者。1790 年，在坎特伯雷（Canterbury）举办了女性的竞走比赛；同年于布莱顿（Brighton）举办的竞走比赛中也宣传了"性别平等"的观念。彼德·莱德福特（Peter Radfort）提出，18 世纪是女性竞走运动的黄金时期，

---

① Ashton, J., *Men, Maidens and Manners A Hundred Years Ago*, London: Field&Tuer, 1888, pp. 85 - 86.
② Egan, P., *Pierce Egan's Book of Sports and Mirror of Life: Embracing the Turf, the Chase, the Ring, and the Stage Interspersed with Original Memoirs of Sporting Men*, London: T. T &J. Tegg, 1832, pp. 346 - 347.
③ Hole, C., *English Sports and Pastimes*, London: B. T. Batsford, 1949, pp. 61 - 62.
④ Hole, C., *English Sports and Pastimes*, London: B. T. Batsford, 1949, pp. 61 - 62.

女性的竞走比赛"比男性更加频繁"。他又进一步指出：常规的竞技比赛，通常和当地的市集和赛马集会有关；有一些比赛还往往与板球运动和婚礼相关联；而那些有偿的运动比赛，大多有下层阶级的女性参与。① 在德国，也有女性竞走比赛，最有名的当属在圣·巴塞洛缪节（St. Bartholomew's Day）时举行的胡森堡（Wurtemburg）的竞走比赛。参赛的选手们都穿着短裙和紧身上衣，为了获得胜利不遗余力。

德国女性还喜欢在冬季滑冰，这是一项自 15 世纪起就很流行的运动。1708 年，当威尼斯泻湖的湖面结冰的时候，当地的人们便可以开始开展滑冰运动了。滑冰比赛在比较寒冷的国家尤为流行，因为通常到了冬天运河都会结冰，这为滑冰运动的开展提供了场地。在荷兰北部的弗里斯兰（Friesland），几乎每个城镇都建造了滑冰场。据描述，1805 年在吕伐登（Leeuwarden）举办的一场女性滑冰比赛，吸引了几百名观众，成群的男性和女性滑冰选手，参与到滑冰盛会中。② 18 世纪法国的油画作品，也同样展示了农村和城市的女人参加滑冰运动的场景。③

在英格兰，跳舞也相当流行，每个阶层的人都喜欢，人们可以参加各种类型的贵族和乡村舞会，其中包括了五月柱舞蹈、挤奶女工的舞蹈（通常在五月的第一天表演）和收获季的舞蹈。④ 跳舞也流行于法国的贵族和城镇的居民中。据记载，跳舞是当时法国的农民最重要的休闲方式。在法国的北部，有着更为活泼的舞蹈方式；而在巴黎附近，则比较盛行乡村舞会。在会说德语的贵族中，奢华的舞会比较流行；而在普通的市民中，则较为流行圆圈舞（Reigen）和其他的舞蹈。⑤

从现代油画中，可以看到小姐和绅士一起玩跷跷板和板羽球的场面。在 1808 年的一幅画作中，描绘了一对年轻夫妇玩板羽球的场景。据说当时瑞典的女王——克里斯蒂娜（Christina），特别爱好板羽球，所以经常让她身边的贵族大臣脱掉外套，陪她一起玩。德塞维耶（Durivier）的作品"青年健身房"（La gymnastique de la jeunesse，1803）中提出，板羽球对女

---

① Guillaume Depping, *Merveilles de la force et del' adresse – Agilite, souplesse, dexterite : Les exercises du corps chez les anciens et chezles modernes*, Paris：Librairie de L. Hachette, 1869, pp. 133 – 138.
② Jan, F., *Het Boek der Sporten*, Amsterdam：van Holkema&Warendorf, 1900, p. 263.
③ Camille, P., *Le costume civil en France du XIII au XIX siecle*, Paris：Ernest Flammarion, 1911, pp. 277 – 310.
④ Trevelyan, G. M., *English Social History*, London：Longmans, 1944, p. 207.
⑤ Gustav Freytag, *Bilder aus der Deutschen Vergangenheit*, Vol. 5, Leipzig：Verlag Paul List, 1924, p. 335.

孩来说，是一项非常健康的运动。时髦的英国、法国和德国年轻女性还经常在休息室里玩台球。而像 colin-mallard（类似捉迷藏）这样的简单游戏，则流行于法国上层阶级的女孩当中。Loup（一种儿童卡片游戏）也被乡村的年轻女性所喜爱，荡秋千也是女孩们所喜爱的一项优雅的运动。

图 2-4　英国妇女猎马图，1780（Paul Mellon 收藏）

（图片来源：Women and sport，1994）

欧洲的贵族在很长一段时间内，都非常喜欢骑马和狩猎运动。据统计，路易十六在 1755 年到 1789 年在位期间，狩猎的时间总计长达 1562 天。尽管其他阶级的人士，不像法国王室那样热衷狩猎，但狩猎仍在许多国家的上层阶级中流行。比如 18 世纪隆基（Pietro Longhi）的油画《猎兔》"The Rabbit Hunt"描绘了一个年轻的意大利女人手握枪炮的场面，在 18 世纪早期，英国女性也参与狩猎活动，（如图 2-4 所示）对于她们的参与，没有任何的社会成见。安妮女王在位期间，只要健康允许，就会参加狩猎会。乔治二世的女儿，艾米丽公主带着她的猎犬一同狩猎。从许多油画和绘画作品来看，许多国家的女性也把垂钓作为休闲活动。[1]

在18世纪，箭术再次在社会中流行。许多技术高超的女弓箭手在比赛中获胜，赢得奖金。英国皇家的弓箭手，主要由北威尔士的男性和女性组成，他们每隔两周都会在一起切磋技艺。到了18世纪末期，出现了大约90多家射箭俱乐部。射箭运动流行的原因之一，是因为它为当时社会中的男性和女性提供了一起欣赏比赛的机会。

到17世纪晚期，温泉逐渐变成了健康的旅游胜地。18世纪早期，英国富裕的人士，会在巴斯、坦布里奇维尔斯、埃普索姆和其他一些地方的温泉疗养地附近进行休闲活动。但是男女混浴也引起了社会的争议。为了吸引生意，一些矿泉疗养地的经营者，会向游客提供饮料、食物和游戏道具。在欧洲大陆，"温泉疗养"也很流行。1764年，蒙彼利埃皇家科学协会的成员德林堡（J. P Delimbourg）这样描述道："从里耶奇（Liege）到拉夏贝尔（Aix－la－Chapelle）的沿路，都是楼房、温泉、咖啡屋和各种娱乐设施。镇上的居民可以在公园和树林里散步，可以骑马，还能在晚上参加音乐会和舞会。"

在研究17世纪晚期和18世纪女性的体育运动和休闲活动时，我们还需要对当时女性的教育以及有关女性体育教育的论著有所了解。在那时，珍妮丝（Mme de Genlis）和瑞鲍里尔（Ambroise Riballier）所著的作品在倡导女性教育方面起到了革命般的创新作用。她们认为，男孩有家庭教师，女孩也应该有女家庭教师。路易十六的妻子在1686年创建了圣西尔私立女校，供法国的贵族女孩接受教育。这在17世纪无疑是一个创新之举。女孩们玩板羽球和捉迷藏作为休闲娱乐和训练身体灵活度的方式。1692年，圣西尔女校遭到了很多的争议，它反映了社会对于女性教育的认知和看法。18世纪的女数学家桑姆薇尔（Mary Somervill）回忆自己的学校时光是"十分不幸的"。她被迫要穿着束身衣，背着小木棒来训练身形。在那里学习英语、法语、舞蹈、音乐和缝纫。她们每一天都被安排得很充实，没有时间进行休闲娱乐。虽然在法国，年轻的贵族女孩可以在私人的寄宿学校接受教育，但是学校的课程主要是强调女孩经营家庭的技能和作为母亲道德的培养。到了18世纪，一些女性找到了自身接受教育的机会。特别是法国沙龙

---

[1] Buxton, M., *Ladies of the Chase*, London: The Sportsman's Press, 1987, p. 28.

式的聚会为女性提供了一起讨论文学、哲学和政治的机会。在一些沙龙和聚会中，客人们也会参与捉迷藏的游戏。

其实早在 17 世纪晚期，一些作家就开始温和地质疑女性教育的局限性。坎布雷的大主教菲尼伦写有《女童教育》（De Leducation des Filles，1678）一书，来表达其对于女性教育的宣扬和重视。① 虽然女性在当时的社会地位和男性不同，但菲尼伦认为她们不应该被视为下等的群体。同时菲尼伦还推荐了一些可以开发智力和训练小孩的休闲活动。

在英吉利海峡的另一头，英国的哲学家洛克著有《教育漫话》（Some Thoughts Concerning Education，1693）一书，这本书对于后来的教育理念有着巨大的影响。洛克否定了人们生来就有"先天观念"的观点。与之相反，他认为刚出生时人们是一无所知的，脑袋中是一片空白的。人们从所见所闻中，慢慢获得感知。在洛克看来，运动和休闲活动对于人们很重要。他的论著中提出了有名的"健全的身体和心灵"（mens sana in corpore sano）这一格言。卢梭在《爱弥儿》（Emile，1762）中也有同样的观点。科耶尔（Coyer）在《公共教育计划》（Plan Deducation Publique，1770）一书中，用了一整个章节来描述体育运动、休闲活动和游戏，他提到了网球、箭术、跑步、舞蹈、体操、摔跤和击剑运动。虽然讨论的是男孩的运动，但科耶尔也强调了女性接受教育的重要性，并建议休闲活动应该根据小孩的性别和年龄而定。② 和科耶尔同时期的作家路易斯（Louis Philipon dele Madelaine，1783）在法国大革命爆发的 6 年前提出了为劳动阶层的孩子提供教育的方案。方案中涉及对于他们阅读、书写和算术的教育，使他们可以完成简单的工作。同时他也提倡对于女孩，实行和男孩一样的教学管理：相同的伙食、身体锻炼和较轻的运动量。③

从事医生与律师职业的约翰·温迪赫（Jean Verdier），也开创了自己有关男孩和女孩教育的主张："因为男性和女性都有着同样的生理和健康问题，所以他们应该进行相同的运动训练：跳高，跑步，打球，投掷，板羽球，网球、箭术、跳舞和体操。"④ 但是她强调，从女性的情况来看，通常强调她们在运动中的灵活度，而不是运动强度。

---

① R. J. Park, "Stephanie – Felicite du Crest la Comtesse de Genlis (1746 – 1831): Early Female Proponent of Physical Education", Research Quarterly, 1973, Vol. 44, pp. 34 – 45.
② Gabriel, F., Coyer, Plan Deducation Publique, Paris: Duchesne, 1770.
③ Louis Philipon de la Madelaine, Vues patriotiques sur l'deucation du people. Lyon, France: Bruyset – Ponthus, 1783, pp. 5 – 15.
④ Verdier, J., Cours Deducational usge deseleves. Paris: L'auteur, 1777, pp. 60 – 67.

伯爵夫人让利（La Comtesse de Genlis），是当时的女性教育学家，也试着把相同的理念付诸实践。她在1781年成为法国王子的家庭教师，这在历史上是史无前例的。王子的前任教师辞职后，她接手了教育王子的任务。伯爵夫人在教育王子时，采取了传统和新式的教育理念相结合的方法。在她看来，女孩应该和男孩一样，学习跑步，跳跃障碍，搬重物，保持平衡，打羽毛球和射箭。她设计了运动方案和一些运动时需要的装备，也研究了跑步运动中的力学原理。她有关运动参与的观察和主张，具有很强的现代性和创新性。①

在德国，贝斯多（Johan Bernhard Basedow）于1774年创办了"泛爱学校"（Philanthropinum）。受到之前一些教育主张的影响，贝斯多将每天上午和下午的时间，供孩子们进行锻炼和活动。男孩和女孩们在学校的花园里玩板羽球。② 即使是相对保守的西班牙，也受到了18世纪末期广泛传播于欧洲的教育理念的影响。波尔本（Amary Borbon）这样写道："在自然的所有财富中，没有什么比强壮的体魄更加重要了。"因此人们应该对女性的健康和运动有所关注。③在英国，达尔文（Erasmus Darwin，1731—1802年）建议在传统的绘画、舞蹈、音乐课程之外，教授女孩植物学、化学、物理、语言、地理和历史等课程。他认为："因为体育锻炼有助于身体健康和情绪的调整，所以女孩也应该要参与球类运动和轻度的力量训练。但不幸的是，社会的约束使女性无法获得参与滑冰和游泳等体育活动的机会。"④

但以上所有的教育主张，都无法和玛莉·渥斯顿克雷福特（Mary Wollstonecraft）的教育远见相比。她长期致力于女性教育的研究并指出，文明的现代女性因为受到错误观念的影响，而失去了接受教育的机会。社会拒绝给予女性发展自身素质的机会，这是违反自然规律和公民权利的。她提出建立全日制的学校："不论男女，不论贫富，都可以在里面上学。在学校应该教授植物学、数学、天文学、阅读、写作、算术和哲学等课

---

① Stephanie Felicite Genlis, *Discours sur la suppression des couvents des religieuses et surd' education publique des femmes*, Paris: Onfroy, 1790, pp. 40 – 44.
② Leonard, F. E., *A Guide to the History of Physical Education*, Philadelphia: Lea&Febiger, 1923, pp. 67 – 70.
③ R. J. Park, "The 'Enlightment' in Spain: Expressed Concern for Physical Education in Spanish Educational Thought, 1765 – 1810", *Canadian Journal of History of Sport and Physical Education*, 1978, Vol. 9, pp. 1 – 19.
④ Darwin, E., *A Plan for the Conduct of Female Education in Boarding Schools*, Derby: J. Dewry, 1797, pp. 68 – 112.

程。同时学校要有可以供学生进行户外运动的操场。"尽管女孩受到的教育,应该是让她们在以后成为合格的妻子和母亲,但是首先要把她们看作"有思想的人和市民"①。1797 年,在渥斯顿克雷福特去世后,与其相似的教育主张仍继续被提出。

### (二) 17 世纪到 18 世纪美国女性的休闲体育活动

同欧洲一样,早期的美国也是一个男性占主导的社会,很多历史学家认为女性大多扮演"好妻子"的角色,她们至多只能是运动和休闲活动的旁观者。但这一部分列举了早期美国女性一些日常生活,这些生活的痕迹和她们的经历都可以证明在早期的美国女性并不仅仅是传统定义上休闲体育活动的旁观者,也是休闲活动的"生产者"和"消费者"。

17 世纪之始,在北美大陆还没有白人女性的存在。当地土著居民的女性人口不仅在数量上超过男性,而且工作能力也比男性更出色。根据约翰·史密斯(John Smith)船长的描述,在当时的弗吉尼亚,那些女性编制盆和筐,缝纫衣服和收割谷物,还有养育孩子。她们管理家中的经济,有时候甚至会参与到赌博中;她们也在宗教仪式和社区庆典中扮演着中心角色。根据史密斯的描述,这些女性大多"非常强壮,有着健康的身体和敏捷的思维"②。之后那些欧洲的殖民者,也对这些本土女性的力量和忍耐力表示了赞赏。

这些曾被欧洲的殖民者误认为是西印度群岛上的印第安人,才是美国大陆真正的居民。虽然可以大致描述当时美国本土的社会情况,但对于那里女性的休闲活动,我们了解得还很少。但首先可以确认的一点是,当时女性的休闲活动,已经融入了美国人生活的各个方面。例如,在宗教的庆典活动中,需要女性跳几小时的舞蹈。球类运动也出现在当时女性的日常生活中,而且比赛的结果会影响女性在家庭和村庄中的地位。甚至是那些用于打赌的赌注,都是来自于女性所储存的诸如木头、玉米、贝壳和兽皮等一些用于日常生活的物品。③

劳动力的性别区分和男女间的两性关系也是影响 17 世纪早期美国人休闲活动构成的重要因素。虽然女性极少和男性竞争,但是在大规模的种

---

① Wollstonecraft, M., *A Vindication of the Rights of Woman*, 1792, pp. 73 – 81.
② Kupperman, K. O., *Captain John Smith, A Select Edition of His Writings*, Chapter Hill: University of North Carolina Press, 1988.
③ Lawson, J., *A New Voyage to Carolina 1709*, Cambridge, MA: Harvard University Press, 1966, p. 219.

族部落间的男性比赛，比如长曲棍球，却需要村庄中女性的配合来完成。女性需要为男性准备比赛期间所需的食物，决定衡量男性比赛表现的赌注。除了参与以上这些村庄里的活动和比赛，在实行一夫多妻制和奴隶制的部落中，那里的女性也有自己的比赛活动。女性在竞走比赛中的优良表现，或是可以跳优美的舞蹈，都有利于巩固她们在家庭和部落中的地位。

在最开始，欧洲殖民者的到来并没有改变美国本土的男性和女性的休闲活动。大约在1607年之后的10多年，英国、荷兰的新移民和本土部落之间的贸易往来密切，在进行贸易的过程中，当地的女性会提供食物、饮料等东西。在17世纪20年代，因为白人殖民者占领了美国人的土地，所以他们之间的关系变得紧张，甚至是敌对的。到了17世纪中期，随着欧洲人进一步的侵略，原本公平的贸易往来，渐渐被一些白人贸易者所统治，和当地部落间的贸易也减少了。

从17世纪30年代开始，大批的欧洲人来到了大西洋海岸边上的北美大陆。到18世纪，大约有15万人历尽艰险，远渡重洋，来到了北美大陆，其中有英格兰人、苏格兰人、爱尔兰人和少部分的尼德兰人。[1] 在这些人之中，女性只占了少数。和大多数男性一样，这些女性都是出于不同的目的来到北美大陆，她们的身份大多是农户、手工业从事者、小商人、小店主和仆人。一些女性是和全家一起来到这里，开始她们艰难的移民生活；还有的则是作为契约性被雇佣者，在当地人家里或者农场工作，通常在获得自由之前，需要工作七年之久。

劳动力的需求和人们工作的强度，导致了当时社会生活的沉闷。当时北美的休闲活动比欧洲大陆要少得多。人们辛勤工作，女性需要长时间地参与工作。特别对于那些雇工，他们占了17世纪白人移民中的大多数，那些原本的欧洲节日变成了他们"悲伤和难过"的日子，因为无法融入当地的生活。但是辛苦的劳作，并不是导致殖民地居民的休闲活动受限的唯一原因。和欧洲相比，由于人口数量的减少、物资储备的减少、许多动物和工具的缺乏，欧洲的殖民者无法在北美大陆开展休闲活动。这导致了许多节日、社区庆祝活动以及体育运动没能在北美大陆得到传承和发展。[2]

北美大陆上休闲活动到了17世纪中期以后，开始慢慢地繁荣起来。随着第一代和第二代的移民后裔达到了法定年龄，新英格兰、弗吉尼亚、

---

[1] Innes, S., *Work and Labor in Early America*, Chapel Hill: University of North Carolina Press, 1988, p. 7.

[2] N. L. Struna, "Sport and Society in Early America", *International Journal of the History of Sport*, 1988, Vol. 5, pp. 292–311.

马里兰和新尼德兰州的居民、农民和贸易者开始开展了一系列有特色的社区和殖民地活动，比如自卫队训练、选举日、开庭日、婚礼和丧礼等活动，都把不同阶层的殖民地居民聚集到了一起。对于女性来说，这些聚会可以使她们与平日不太见面的亲人和朋友相聚，可以唱歌和跳舞，还可以观看男性和孩子们进行的游戏和比赛。①

这些活动的出现，体现了17世纪晚期和18世纪早期殖民地文化发展的一个重要方面：大众文化的复兴。大众文化的复兴表明了在人们的日常生活中，行为和价值观体系变得越来越活跃和多样化。与那些早期的移民者相比，这些新一代的殖民地居民创造了多种形式的社会和经济交流，在这些交流过程中，女性和休闲活动都起着重要的作用。休闲活动是大众文化复兴的原因也是结果，是殖民地居民的行为和价值观的文化体现。女性作为生产者和消费者，也积极地参与到了这些休闲活动的设计和展开中来。

早期的殖民者大多都是男性，他们会在特定的活动时聚在一起，干杯庆祝，比如军事的胜利或者盛大的周年纪念日。在17世纪的后半叶，随着女性人数的增加和家庭重要性的凸显，在新兴的商人和种植园阶层之间，出现了一种新形式的庆祝方式——舞会。舞会"让女性可以在这种特别的场合共同分享欢乐"②。从那以后，华丽的舞蹈成为上流社会男性和女性之间最流行的休闲活动之一。

18世纪，随着殖民地人口在数量、地域和种族上的扩大，女性的生活也变得更加多样化。例如，在南方女性的工作和休闲活动中，有着突出的种族区分，她们之中包括非洲裔的美国人和欧洲裔的美国人。在那里，随着奴隶制度的普遍化，非洲裔的美国女性，不仅为白人女性的休闲活动提供了劳动力基础，也创造了她们自己的休闲活动。在不工作的时候，比如星期日、晚上，或者是节日庆典的时候，女性奴隶会跳舞，玩一些简单的游戏，或进行竞技比赛。由种植园主、白人农民和贸易者创建的农业集市中，也会进行各种比赛，其中包括黑人女性奴隶可以参与的竞走比赛。有时候，黑人女性奴隶也会把她们的工作放一边，去酒馆与其他的非洲人一起喝酒和跳舞。③ 由于在当时，女性的生活空间还是以家庭为主，因此，

---

① Walsh, L. S., *Community Networks in the Early Chesapeake*, Chapel Hill: University of North Carolina Press, 1988, pp. 222-233.
② Morgan, E. S., *Virginians at Home*, Williamsburg, V. A.: Colonial Williamsburg, 1952, pp. 88-89.
③ Cresswell, N., *The Journal of Nicholas Cresswell 1774-1777*, New York: Dial Press, 1924, pp. 18-19.

她们还设计了一些适合在家庭中进行的休闲活动。而那些上流社会的女性可参加的休闲活动的范围更加广泛，比如赛马运动。许多历史学家都认为男性是赛马比赛的发起者和主要参与者，但实际上在 18 世纪的美国，也有一些上流社会的女性参与赛马比赛，她们通常在很小的时候就学会了骑马。根据现代的资料显示，女性通常在同性之间举办赛马比赛，她们在比赛中表现得很"勇敢"。[1] 根据戈特利布·米特伯格（Gottlieb Mittleberger）在其 1750 年的宾夕法尼亚旅行日志中的描述，也有女性和男性一同进行赛马比赛。她们不仅仅是骑马，也和"最好的男性骑手"进行比赛。[2]

图 2-5　女性是 18 世纪赛马比赛的参与者和观众（Harvard Theatre 收藏）

到了 18 世纪 60 年代，赛马比赛通常由赛马骑师的俱乐部组织发起，这也变成了一项在殖民地广泛举办的赛事。在比赛中，还建立了由女性观众出钱赞助的"女性基金"（ladies purses），以表示她们对所喜欢队伍的支持。比赛的举办方也会在看台上为女性安排好特定的位置，同时在地面上建立"宽敞的小屋"，为比赛的女性赞助者提供安全舒适的观看场所。[3]

---

[1] Spencer, H., *Education: Interllectual, Moral and Physical*, London: Williams& Norgate, 1860, p. 179.

[2] Newman, L. M., *Men's Ideas/Women's Realities: Popular Science 1870 - 1915*, New York: Pergamon Press, 1895, pp. 1 - 11.

[3] F. P. Cobbe, "Ladies' Amusements", *Every Saturday*, Vol. 9, 1870, p. 101.

这是因为传统上人们一直认为女性是"柔弱的群体",所以组织方会在赛马比赛的场地周围建立起女性专用看台来保护女性观众,让她们可以远离拥挤和吵闹的人群。那些比赛的举办者,也意识到了女性在这项运动中的商业价值,因为一些女性会在比赛中下赌注,也有女性会选择让自己养的纯种马参赛。甚至还有学者推测,赛马中的这些下赌注的活动,是由女性最先发起的。①

18 世纪中期,那些中层阶级的手工业者和从事小生产但没有足够收入的女性,通过自制的活动工具,参与到城镇里的休闲活动中来。在新英格兰,有许多城镇的女性参与钓鱼、舞蹈和航海活动。在中部殖民地的女性,也参与了滑雪、溜冰等休闲活动。独立战争的时期,当殖民地人民拒绝进口英国布料的时候,一些中层阶级的女性还举办了纺织比赛。她们根据自己的纺织水平,分成几个小组进行比赛,纺纱量最多的小组可以赢得奖金。②

从早期美国女性休闲活动的发展来看,可以总结如下规律:第一,早期休闲活动的形式和内容,是从美国女性的生活方式中获得的。第二,因为北美女性的生活背景有很大的不同,因此嵌入她们生活经验中的休闲活动形式也是多样的。第三,女性的休闲活动体现了种族和阶级的差别。休闲活动从一个方面反映了当时的社会经济环境和种族关系,它们也是个人在社会中地位的标志之一。

独立战争结束后的几十年,休闲活动仍是女性生活重要的一部分。美国从英属的殖民地变为独立的国家,这使得当时的政治、社会、宗教和经济环境都发生了很多变化。女性的生活、工作和活动方式也受到了很大的影响。但这并不表明从殖民地到独立国家的过渡彻底改变了女性日常生活的各个方面。实际上,许多休闲活动仍然保留到了 18 世纪末,并延续到了下一个世纪。乡村的聚会,庆祝丰收的节日,舞会,还有其他多种形式的竞技比赛,都保留着它们在 1776 年(独立战争)前的面貌。

但是,在独立战争后的几十年,女性的休闲活动确实也发生了一些变化,这些变化是由两个发展过程引起的。其中的一个是经济形态的转变,过渡到了资本主义经济。另一个是独立战争后政治意识的改变,战后出现了共和主义的意识形态,人们坚信要把美国建立成一个独立和民主的国家,公民具有选举权和投票权。这样的共和主义思潮,使当时人与人之间

---

① Holt, R., *Sport and the British: A Modern History*, Oxford: Clarendon Press, 1989, p. 11.
② Whorton, J. C., *Hygiene of the Wheel*, NJ: Princeton University Press, 1982, pp. 304 - 330.

的关系更加平等,特别是男性和女性之间的关系。

资本主义的经济过渡引起了休闲体育商业活动的扩大。比如出现了大量的公共文体表演,其中有骑术、马戏杂技和珍稀动物的展示等,还出现了"游泳场",用于举办演唱会的乡村胜地,用于散步和跳舞的美丽公园等许多进行休闲活动的场所。[1] 如果有足够的费用,在纽约、宾夕法尼亚、巴尔的摩和波士顿的女性,可以在每天晚上都进行一些休闲活动。

一些休闲活动的举办者也逐渐意识到了女性的庞大人群。比如,为了吸引顾客来自己的酒馆,专门为女性顾客设计了"飞行的沙发",为男性顾客设计了"旋转木马",让他们可以骑在上面娱乐。又比如,约瑟夫·戴乐克劳斯(Joseph Delacroix)在他的沃克斯豪尔庄园(Vauxhall Garden)中,修建了一个圆形剧场,只准携带女伴的男性进入。这表明戴乐克劳斯鼓励女性观众的参与。虽然我们不知道戴乐克劳斯这样做的具体原因,但是可以确信,当时戴乐克劳斯,以及像他这样的活动举办者,已经意识到了女性巨大的商业价值。他同时也提倡一种女性的道德影响论:女性可以调和男性的行为。作为受到共和主义思想熏陶的一代,戴乐克劳斯也赞成共和主义所信仰的,女性是"共和主义之母"的主张。[2]

共和主义者将女性在国家中的角色,视为"母亲和道德的守护者"。他们认为道德观念来源于女性,同时和男性相比,女性更能培养道德观念,并且做到身体力行。因此这也形成了19世纪晚期共和主义的思想基础:虽然女性仍被视作在身体上低劣于男性,但她们在道德上却是优于男性的。在当时的休闲活动中,这种思想也起到了巨大的作用。因为它将女性区别于男性,并且鼓励两种不同性别的活动构建。一些19世纪早期的女性通过日常的劳作获得休闲活动的灵感;而像凯瑟琳·比彻(Catharine Beecher)这样的女性学家,则呼吁女性可以将扫地、走路和健身操等当作休闲活动。[3]

独立战争后的中产阶级女性的生活方式与休闲活动,因为资本主义和

---

[1] Wansey, H., *Henry Wansey and His American Journal, 1794*, David John Jeremy ed. Philadelphia: American Philosophical Society, 1970.

[2] C. Smith‐Rosenberg, "Domesticating Virtue: Coquettes and Revolutionaries in Young America", in Elaine Scarry ed., *Literature and the Body: Essays on Populations and Persons*, Baltimore: Johns Hopkins University Press, 1988, pp. 160–184.

[3] N. L. Struna, "'Good Wives' and 'Gardeners', Spinners and 'Fearless Riders': Middle‐ and Upper‐rank Women in the Early American Sporting Culture", in J. A. Mangan and R. J. Park (eds.), *From 'Fair Sex' to Feminism Sport and the Socialization of Women in the Industrial and Post Industrial Eras*, London: Frank Cass, 1987, pp. 235–255.

共和主义的影响，发生了很大的变化。随着女性生活方式的改变，她们的休闲活动也随之改变。她们开始居住在城镇中，而不是农场和田地里；她们和自己的丈夫一起，出席各种公共活动，而不只是出现在丰收节、婚礼和葬礼上。女性的休闲活动，在17—18世纪的发展过程中，经历了很大的变化。女性是否参与休闲活动、参与的程度如何，这些都取决于她们所拥有的社会资源、地位、个人的职业以及信仰等。

## 三 19世纪西方女性和体育运动

19世纪是女性开始觉醒的世纪，也是女性体育休闲运动蓬勃发展的开端。回顾19世纪的西方女性和运动历史，许多人都把它称作女权主义对于男性专制的胜利。这种女性权利和地位的改变，贯穿于整个19世纪。首先是通过19世纪上半叶的女性健康改革者，然后是通过先进的女性医生和专业的女性体育教育家的领导。女性对于运动的参与，最先开始在志愿者组织、运动俱乐部和女子专业学校中盛行，随后在农业集会、竞技比赛，以及像商业舞会等大众休闲活动中普及。到了19世纪末期，女性参与运动的形式和范围变得更加广泛。那时候的她们，享受了更好的医疗和公共卫生措施，寿命比以前更长。有些女性受到了更高的教育，获得了更多的机会。纵观当时女性的生活，如韦布鲁奇（Verbrugge）所说，社会中"出现了一种新的女性形象"[1]。

### （一）有关女性健康和体育运动的关注

在19世纪初，女性扮演着从属和依附的角色。当时女性追求的两个目标是成为好妻子和好母亲，所以她们大多只能待在家中，很少有女性获得受教育的机会。女性依附于丈夫，她们没有合法的财产拥有权，也无法参与到公共生活中。

当时的农村，女性对各种活动的参与度相对来说比城镇的女性要高，除此之外，由于那里排斥休闲活动的清教徒思想并不盛行，所以人们可以在空闲的时候参与各种各样的休闲活动，比如跳舞、骑马和溜冰等。对于当时的女性来说，接受度最高的运动是骑马，因为从中可以彰显出女性的温柔和优雅。到了19世纪50年代，在骑马比赛和农业节中，经常可以看到女性的身影。在农场工作的女性，也会加入到男性伙伴中，和他们一起

---

[1] Verbrugge, M. H., *Able-Bodied Womanhood: Personal Health and Social Change in Nineteenth Century Boston*, Oxford: Oxford University Press, 1988, p.196.

骑马巡视牛群。同时，还有些独立的女性，参与钓鱼、打猎、徒步和露营等活动。然而，在城镇的居民中，年轻的女性在家中或是学校，很难获得参与运动的机会，那些接纳女生的私立学校，只向她们提供"一些非常有限的课程"，比如缝纫、音乐、绘画和语言。

19世纪初，已经出现了对女性健康的担忧了。19世纪的早期，女性因缺乏运动锻炼而导致身体不健康的现状，成为人们讨论的话题。人们开始担心，认为女性的生活方式"是造成她们健康衰退"的重要原因。[1] 心理学家也开始对女性的心理健康表示了担忧，认为在这种不健康的情绪下，不会生出健康的后代。他们坚称女性在成为一个健壮的母亲前，应该进行更多的体育运动。[2]

对女性身体健康的担忧，主要集中在学校教育中。由于长时间坐在桌子前，在空闲时也无法进行体育锻炼，女学生的生长发育自然受到了影响。像威廉姆·本特利·福尔（William Bentley Fowle）描述的那样，"似乎当时的人们认为女性不需要通过运动来提高身体素质"[3]。美国教育编年史中的一篇文章也指出："现在年轻女性的教育中，存在着极度错误的教育制度，她们的父母或者老师，没有给她们创造应有的体育运动条件。"[4] 随着对于女性运动发展的日益担忧，健康改革家开始呼吁，在女性的教育中增加体育运动。在随后的1820年到1860年当中，大批的健康改革家和女权主义者，提倡通过运动和卫生习惯来提高女性的身体素质。凯瑟琳·比彻在她早期的著作中，就强调了女性运动的重要价值，同时她还建立了两所女子神学院，供女性学生在里面进行每日的身体锻炼。[5] 比彻后来被认为是一系列早期女子体操的发明者。她所著的《学校和家庭中的生理学和健身操》（Physiology and Calisthenics for Schools and Families）一书，成为许多神学院和女子学院中体育课程的教科书。1821年创建的特洛伊女子神

---

[1] Beecher, C., *Letters to the People on Health and Happiness*, New York: ArnoPress, 1972, p. 121.

[2] P. Vertinsky, "Body Shape: The Role of the Medical Establishment in Informing Female Exercise and Physical Education in Nineteenth-Century North America", in J. A. Mangan and R. J. Park (eds.) *From 'Fair Sex' to Feminism Sport and the Socialization of Women in the Industrial and Post Industrial Era*, London: Frank Cass, 1987, pp. 256–281.

[3] W. B. Fowle, "Medical Intelligence", *American Journal of Education*, 1826, pp. 698–699.

[4] Woody, T., *A History of Women's Education in the United States*, Vol. II, New York: Octagon Books, 1974, p. 99.

[5] P. Vertinsky, "Sexual Equality and the Legacy of Catharine Beecher", *Journal of Sport History*, 1979, Vol. 6, pp. 38–49.

学院就规定了学生每日的锻炼课程，包括健美操、跳舞、骑马和走路等。①1862年，刘易斯博士（Diocletian Lewis）改进了比彻的健身操，创立了"新体操"。刘易斯博士是当时有名的伦理学者和生理学者，他强烈呼吁女性参与运动。他试图将健身操引进到公立的学校，同时普及哑铃等其他形式的健身操器材在学校和家中的使用。他所创立的新体操在19世纪50年代到70年代受到了女性巨大的欢迎。他于1861年建立的体育教育研究机构，是美国第一所培养体育教师的机构，还亲自指导300名年轻女性教师进行体操训练。②

除了教育领域提出要重视女性的健康以外，一些女性主义者和社会活动家也认为女性的健康有利于以"家庭为核心"社会价值观的树立。凯瑟琳·比彻认为在中产阶级的家庭中，女性对于男性的依附有助于社会发展的和谐。她强调了家庭在社会中的重要地位。比彻提倡女性身心的全面发展，但这种发展只能局限在家庭和孩子的范围内。共和主义者将女性在社会中的地位定位于母亲和道德的守护者。他们认为尽管女性在身体上劣等于男性，但她们在道德上被视作优于男性。女性和男性角色的明显区别，有助于促进两者社会活动的构建：男性在社会中扮演公众的、活跃的角色；女性则主要在家庭中进行活动。

在这个基础上，比彻坚称女性与男性不一样，因为她们有着不同的目标，所以女性需要特别的健康和运动课程。女性的目标通常包括三个部分——教育、健康和家庭，这与男性目标的三个部分——法律、医学和神学同等重要。比彻创立的运动体系，并不是为了锻炼发达的肌肉，而是要为女性提供合适的运动锻炼标准，来帮助她们更好地进行家庭工作。比彻希望通过"体操"来重塑美国女性群体的运动意识，她引入了有着严格性别区分的体操体系，这在整个19世纪都很流行。比彻对于女性角色的观点和理念，伴随着当时人们对于"家庭的狂热"，在当时的社会非常流行。一方面"家庭的狂热"规定了女性在家庭生活中的行为，展现了19世纪社会中女性道德地位的提升；另一方面，女性的社会活动和体育运动又受到这种思想的限制。③

---

① Phelps, A., *Female Student: Or Lectures to Young Ladies—on Female Education*, New York: Leavitt & Lord, 1833, p. 49.
② Leonard, F. E. and Affleck, G. B., *A Guide to the History of Physical Education*, Philadelphia: Lea & Febiger, 1947, p. 261.
③ Clements, B. E., *Images of Women: Views from the Discipline of History*, New York: Harrington Park Press, 1990, p. 116.

### （二）女性体育运动的观点之争

19世纪中期，随着西方工业化的发展，越来越多的人口涌向了城市。科学技术的发展和创新，改变了人们思考和生活的方式，对人们身体健康和缺乏运动的担忧，日益加剧。所以当时西方社会出现的体操运动和运动体系，也产生了巨大的影响，并与后来的民族主义和民主思潮的兴起密切相关。同时，19世纪中期，西方国家陆续出现了一系列的女权运动。一些现代的女权主义者强调女性在家庭中的义务会妨碍女性自我的发展。她们认为生物学上将女性作为生育者的定义，只是女性的其中一个特质。这些观念都忽略了女性的健康和运动的重要性，也不利于女性在体育运动中的参与。

受到女权主义的影响，当时的许多女性，都参与到女权运动中，试图改变她们在社会中的地位。当时出现在美国的第一次女权运动，发生在乌托邦社区（Utopian Community），有许多女性和废奴主义团体参与其中。她们提出了有关女性穿着的改革和生育控制等问题，试图为劳动阶级的女性争取更多的权利，比如投票权和接受高等教育的权利。在随后的女权运动中，女性对体育和运动教育的要求日益突出。许多女权主义者希望通过体育运动来提高女性的身体素质，以获得更多的自由和权利。

在19世纪中期，关于女性的体育运动，出现了两种对立的观点。第一种观点起源于当时女性的"家庭狂热"，混合了对于女性参与体育运动的传统限制，和社会达尔文主义有关"适者生存"的理论。这种观点突出了女性在家庭中的重要作用，同时强调应该将女性教育集中在她们的生育和养育子女方面，而不是智力的开发上。这种观点深受赫伯特·斯宾塞（Herbert Spencer）理论的影响。斯宾塞认为："自然有着它严格的法则……如果你在一个地方需要的能量，超过了它所能供给的，那么它就会通过减少其他地方的能量，来达到其中的平衡。"[1] 斯宾塞是维多利亚时期最具权威的思想家之一，他的思想直接影响了当时大多数中产阶级的观念和价值观。斯宾塞对于女性身体能量和社会关系的理论，引起了公众对于女性体育运动和教育的争论。在他看来，男性总是优越于女性。他引用了拉马克定律（Lamarck's Law），阐述了因为进化发展使女

---

[1] Spencer, H., *Education: Interllectual, Moral and Physical*, London: Williams& Norgate, 1860, p. 179.

性从必要的体力劳动中解放出来,所以她们失去了原有的能量和力气。[1] 尽管男性和女性都需要能量来进行身体的发展,但是女性会也较快地用完了所需的能量,特别是在生理期和生育期的时候,她们还需要特别的能量补给。这些"生育的奉献"虽然限制了女性个人的发展,但却是种族延续所必需的。所以女性似乎难以同时完成这两件事情,因为她们需要把体力用在生育中,而在智力发展或者体育运动中的能量消耗,会对她们生育的后代造成虚弱、疾病等伤害。在此基础上,一些体育学家和社会理论家提出,智力教育和体育教育会加重女性的负担,使女性的体力有所下降,因此会影响她们的生育能力。

第二种观点则强调对于女性的权利、高等教育和职业训练的要求。她们认为如果通过工作和体育运动,可以提高男性的身体素质,那么同样的,被解放的女性也应该参与到运动中。在1870年,女权主义学家弗兰西斯·柯布(Frances Cobbe)这样写道:"女性只有进行有意义的工作,她们才能获得参与运动和休闲活动的机会。"[2] 随着越来越多的女性追求在社会活动中的参与,她们也希望获得独立自主的权利,可以选择自己的伴侣,选择喜欢的职业,能够参与网球、高尔夫或者骑自行车等运动。但是在霍尔特(Holt)看来,这种观点是有些矛盾的。因为尽管女性得到解放,可以参与到运动中,但是女性的体育运动只对她们在社会中的地位产生细微的影响。"在社会传统的观念和持续的女性参与运动的需求之间,达到了微妙的平衡。"[3] 到19世纪末,许多女性都更为活跃地参与到了体育运动和社会生活中,但是她们的体育运动仍然受到许多传统社会观念的限制。

### (三) 女性体育运动的开展情况

纵观19世纪女性的体育运动史,大部分女性体育活动只限于运动俱乐部和专门的女性教育机构中。女性运动的需求大多来源于当时的贵族阶级,因为劳动阶级女性忙于工作或是家中的事务,没有时间和体力参与体育运动。

1866年,槌球戏开始在美国盛行,它变成了在美国女性中十分流行的休闲活动。之后射箭和网球运动也开始在女性中流行。射箭比赛是当时第

---

[1] J. W. Stocking Jr, "Lamarckianism in American Social Science", *Journal of the History of Ideas*, 1962, Vol. 23, pp. 235 – 259.

[2] Frances P. Cobbe, "Ladies' Amusements", *Every Saturday*, 1870, Vol. 9, p. 101.

[3] Holt, R., *Sport and the British: A Modern History*, Oxford: Clarendon Press, 1989, p. 11.

一项有组织的、女性参与的竞技运动。在 19 世纪 70 年代之后，那些射箭俱乐部的女性成员可以参与到常规的射箭比赛中。除此之外，女性还可以进行保龄球、划船、游艇、滑雪、溜冰等多种运动，但这些运动当时还没有在整个社会盛行。

图 2-6　滑冰，1885. Sally Fox Collection
（图片来源：*Women and Sport*，1994）

对于女性体育运动的解放，影响最大的运动是骑自行车。女性通过骑自行车，可以锻炼她们身体的移动性和平衡性，同时将她们从紧身的裙子中解放出来。[1] 随着女性越来越热衷于骑自行车，女性服装的改革也成为

---

[1] Smith, R. A., *A Social History of the Bicycle*, New York: McGraw-Hill, 1972.

当务之急，需要把那些紧身的服装和厚重的裙子，换成宽松的衣服和裤子。那些因为缺乏时间、金钱和社会地位，而无法参与贵族休闲活动的中产阶级女性，通过骑自行车运动，找到了合适她们的需求和自我解放的一种新方式。

但是在同一时期，自行车运动受到了许多医生的质疑，他们原本认为骑自行车可以帮助女性提高身体健康，但是后来渐渐开始怀疑这一运动是否真有这个作用。他们也担心过度的运动可能导致女性体力透支、心脏强度难以负荷，同时影响脊柱的生长和生育能力。虽然如此，因为骑自行车运动体现了女性的解放、身体上的自由和她们新的追求，所以自行车运动仍然在很长一段时间内流行。骑自行车运动标志着当时女性为争取获得参与体育运动所做的努力，而通过这一运动，女性也获得了一定的自由和权利。

图 2-7　女性的骑车竞技，伦敦，1890，(Sally Fox 收藏)
（图片来源：同前）

网球运动也吸引了当时社会很多中产阶层以上的女性，一些私人的网球俱乐部竞相为女性提供球拍等运动器材。网球运动有助于拉近上层阶级和中产阶级的距离，它在英国的许多城镇中都十分流行。到20世纪早期，英国草地网球协会所属的俱乐部共有300多家。[1] 网球锦标赛中

---

[1] Holt, R., *Sport and the British: A Modern History*, Oxford: Clarendon Press, 1989, p.126.

出现了许多优秀的女性选手,比如罗蒂·道德(Lottie Dod)和多萝西·兰伯特(Dorothea Lambert),她们都展示了高水准的女性运动竞技,使人们相信女性可以不失优雅地进行激烈的运动比赛。但随之而来的又是女性服装的限制,紧身的衣服导致呼吸都困难,更别说在比赛中跑步和跳跃了,但当时15岁的罗蒂"将她的裙子系到小腿的高度,在比赛中活动才能自如一些"[1]。

高尔夫也是当时英国的一项流行运动,但是传播到美国后,这一运动只有上层阶级的人士参与。后来在那些高尔夫球俱乐部中,为男性和女性提供了专门的活动区域,这也为女性的社会交际提供了良好的平台。

虽然,从历史文献来看,大部分描写的是中产和贵族阶层女性的体育运动,但是佩斯(Peiss)在《廉价的休闲活动:世纪转折点的纽约劳动阶级女性的娱乐和休闲》一书中却也有这样的描述:"街头的女人们,除了日常生活之外,还参与到各种休闲活动中。"[2] 年轻的单身劳动阶级女性在舞会和俱乐部中跳舞,在城市的公园里参与球类运动。随着新世纪的到来,舞厅更是成为当时女性跳舞和进行社会交际的最佳场所。

### (四) 女子学校体育教育

学校的体育教育是推动女性体育运动发展的一股强大动力,到了19世纪,这股动力显得更为突出。虽然1883年欧柏林学院开始招收女学生,但是直到南北战争之前,大多数美国女性都无法接受高等教育。对于否决女性接受高等教育的权利,人们声称女性的身体素质会因为受到过多的智力开发而变弱,同时女性如果出现在男子学校中,会妨碍男性的学习。

1865年,由马修·瓦萨(Matthew Vassar)创立的瓦萨学院,向人们证明了女性同样可以在不影响自身健康的同时接受高等教育。在瓦萨学院的"教学计划"中,体育教育被放在首位。学生们需要参与体操、保龄球、骑马、游泳、滑冰、园艺等多种活动。在这之后的20年里,史密斯学院(1875)、韦尔兹利学院(1875)和布林莫尔学院(1884)相继开始招收女学生,同时每所学院都强调将健康的身体作为进行学习活动的基础。

在女子学院和许多男女混合的综合院校中,对于女性健康和体育教育

---

[1] Blue, A., *Grace Under Pressure*: *The Emergence of Women in Sport*, London: Sidgwickv&Jackson, 1987, p. 10.

[2] Peiss, K., *Cheap Amusements*: *Working Women and Leisure in Turn – of – the – Century New York*, Philadelphia: Temple University Press, 1986, p. 3.

的关注日益增长，1873 年，哈佛教授爱德华·克拉克斯（Edward Clarks）在《性别和教育：或许是给予女性平等的机会》一书中，对当时美国女性的教育和运动主张进行了抨击。克拉克斯的观点与当时大多数医学专家相同，认为 12—20 岁是女性生育能力发展的最佳时期，因此不应该在那个时期消耗体力学习。"女性受教育的后果"，他说，"就是导致怪异的思想和虚弱的身体，不正常的身体消化，还有迟钝的身体移动。"[①] 那些鼓励女性体育运动的主张，被认为是将智力的发展夸大于身体的发展，因而容易导致种族的退化。

对于克拉克斯的观点，也有许多反对的声音。女权主义学者认为，高等教育和职业训练与女性的身体健康相关联。她们抨击了对于女性着装的严格限制，以及女性缺乏户外运动的现状。在她们看来，如果当时的教育院校可以为女性提供进行户外活动和运动的机会，那么她们将可以证明，即使在进行学习和专业工作的同时，女性也可以保持健康的身体状态。[②] 她们认为美国的大学院校应该开设体操和其他的运动课程，并允许女性学生的参与。有关的体育教学部门对女性学生进行身体素质检测得到的数据结果表明，这些参与运动的大学女生，比她们没有上大学的同龄人更健康。[③]

当时的许多大学院校都开展了广泛的体育教育，比如在威利斯利学院中，为学生提供了大量的体育活动和户外运动。其中主要的体育运动包括：建立于治疗模式基础上的瑞典体操、使用大量器材的德国体操，以及由哈佛大学的杜德利·艾伦·萨金特（Dudley Allen Sargent）创立的，加入许多力量训练的萨金特训练体系。[④] 在 19 世纪 80 年代，萨金特训练体系在威利斯利学院流行，但是到了 90 年代，瑞典体操占据了主导地位，成为当时女子院校中，最为流行的体育运动训练方式。

除了体操运动之外，还有两项运动在当时的女子院校中十分流行，分别是网球和篮球运动，后者更成为第一项女性参与的团体运动。在 1892 年，篮球运动由桑德·贝伦森（Senda Berenson）引入史密斯学院，标志着女性可以参与到激烈的运动竞技中。事实证明，篮球运动在女性学生中

---

① Clarke, E. H., *Sex in Education, or A fair Chance for the Girls*, Boston: J. Osgood and Company, 1873, p. 41.

② Howe, J. W., *Sex and Education: A Reply to Dr. E. H Clarke's "Sex in Education"*, Boston: Roberts Bros, 1874.

③ E. C. Stanton, "The Health of American Women", *North American Review*, 1882, Vol. 313, pp. 510 – 517.

④ Verbrugge, M. H., *Able – Bodied Womanhood: Personal Health and Social Change in Nineteenth Century Boston*, Oxford: Oxford University Press, 1988, p. 152.

受到了热烈的欢迎,同时它对女性的体能和团队协作也十分有帮助。如果说在19世纪60年代槌球戏使得女性可以参与体育活动;到19世纪90年代,骑自行车运动在女性中流行;那么在19世纪末期,篮球运动毫无悬念地成为当时全美女子院校中最为盛行的运动。

学校体育活动为女性提供了参与运动竞技的机会,特别是在美国西部的男女综合院校中。虽然当时来自东部贵族学院的女性运动学家认为,学院间的竞技比赛会影响女性的身体和健康。因为这些原因,导致了当时的美国女性无法参与现代奥林匹克运动会。虽然很多美国女性提出女性也应该和男性一样获得参与运动竞技机会的要求,但是当时诸如阿拉贝拉·基尼利（Arabella Kenealy）这类极端保守的医学家认为,过多的运动会影响女性的生育,因为她们的体力大量被消耗了。由于这个原因,19世纪末期,一些教育家和体育学专家倡导需要重新寻找更合适女性体质的运动。

**（五）女性体育教师的出现**

随着专业的体育教育部门在大西洋两岸的许多院校中出现,体育教师也成为女性一种新的职业形式。一些学校专门聘请女性运动的教育专家教授学生体操和各种运动,监督学生的体育锻炼。通常也有很多女性医生担任这一项工作。

到20世纪初,在切尔滕纳姆女子学院（Cheltenham Ladies College）中,有6个负责教授体操等各种运动的专职女性体育教师。她们都毕业于英国专门的体育学院。这也标志着当时在英国的许多小学和高校中,系统的女性体育教学开始发展。1881年,瑞典的玛蒂娜·伯格曼（Martina Bergman）来到英国伦敦,就任当时各个女性学院的体育教育负责人一职的时候,她将体育教学的范围扩展到了公立学校,同时还制订了训练女性体育教师的有效方案。以瑞典斯德哥尔摩的中央机构为模型,玛蒂娜在英国达特福德创立了更为成功的体育培训学校,这也成为后来女性"体育教师"培养的模范学校。在英国学院中采用的瑞典的体育体系,加入了一些英式的活动和游戏,这在玛蒂娜和她的支持者看来,"构成了完美的体育训练体系";还有林（Ling's）式训练体系,强调了女性的健康和平衡感,对于20世纪早期的女性体育教育也有着重大的影响。

瑞典体操在美国女性运动机构中的影响也十分显著。比如1889年在达特福德创立的波士顿体育学院（BNSG）是以斯德哥尔摩皇家学院的体育制度为原型创立的。该学院早期的一些毕业教师,对于美国女子院校中的体育教学有着重要的影响。波士顿体育学院（BNSG）是19世纪晚期北美专业体育教育的重要组成部分,在那里出现了大量用于体育教学的运动和训练课程。1881年,杜德利·萨金特博士(Dudley Sargent)在剑桥大学设置了一年的体育教师培训课程;威廉·安德森(William G. Anderson)在布鲁克林开设了一家体育培训学校,这所学校后来成为新纽黑文体育师范学院(New Haven Normal School of Gymnastics)的前身。安德森还在1885年创立了全美体育教育协会(American Association for the Physical Education),协会成员共49人,其中有6人为女性。4年之后,该协会在波士顿举办了有关体育培训的会议,会议中引进了瑞典的体育体系和萨金特运动体系,作为当时盛行的德国体育体系的有力竞争。这场"不同体育体系之间的争论"持续了几年之久,其中也涉及了与之相关的医学和体育教育领域。

图2-8 伯克利女子运动俱乐部的体操课(1890年,Sally Fox 收藏)

(图片来源:*Women and Sport*,1994)

波士顿体育学院所推广的瑞典体育体系，成为当时全国各个院校中最为盛行的体育体系。之后波士顿体育学院在 1909 年与威利斯利学院合并。毕业于波士顿体育学院的杰出女性，如梅布尔·李（Mabel Lee）、桑达·贝伦森（Senda Berenson）和埃塞尔·佩兰（Ethel Perrin），可谓是"反对女性运动限制和歧视的最佳佐证"。这些杰出女性的事迹，以及她们为女性体育运动的发展所做出的贡献和影响，一直延续到了 20 世纪。她们是女性体育运动的先锋和发起者。通过基督教女青年会（Young Women's Christian Association）、运动协会、俱乐部等，她们为女性体育运动的普及做了广泛的推广工作。

虽然 19 世纪的女性表现出了持续的运动热情，同时她们也在一定程度上参与到了当时的体育运动中，但是女性体育运动的发展历程仍然充满波折。在 20 世纪的开端，在体育运动领域，女性还是处于劣势和受歧视的地位。因为女性的解放运动，使得女性的体育运动成为"在男性主导社会中，一项值得尊敬的活动"。但当时还是存在反对女性参与运动的呼声。纵观 19 世纪西方工业化的历史，可以帮助我们更好地理解当时女性的体育运动，有关女性参与体育运动的自由和平等的革命，也继续在后面的世纪中出现。

## 四 20 世纪西方女性体育运动的发展

如果说 19 世纪是女性体育发展理论与实践的储备阶段，那么 20 世纪的女性体育则有了历史性的突破。这种突破表现在三个方面：一是女性拥有了合法地参与竞技体育比赛的权利和机会；二是女性体育联盟的出现；三是实现了体育运动的最高梦想——奥运会之梦。

### （一）女性的体育竞技

19 世纪末，西奥多·罗斯福（Theodore Roosevelt）发表讲话称，由于人们不再开拓边疆和打仗，男人的勇气和毅力得不到检验，他们变得太过柔弱、满是女人气，只有富于挑战的体育运动能够创造出"男人的体力、精神、自信和灵敏"。罗斯福认为"足球场是证明男性的至高无上无可争辩的唯一场所"[①]。从罗斯福的观点中我们能发现影响女性自由地参与体育运动的主要障碍：体育是表征男性特质的一种"仪式"，然

---

① Dubbert, J. L., *A Man's Place: Masculinity in Transition*, Englewood Cliffs, NJ: Prentice-Hall, 1979, pp. 116–117.

而女人应该有其女性的特质，因此不应该进入体育竞技这个男性的领域。本节我们讲述女性如何摆脱这一处境，进入传统意义上的男性领域这一过程中的经历。

19世纪七八十年代，大学出现了女性体育教师。这些女性体育教育者对于女性竞技体育的发展起到了至关重要的作用。她们的任务就是运用健康、"适当"的体育活动平衡女学生们严苛和紧张的学术生活，通过提升女性的体能和肌肉力量来增强她们的母性机能，让其更加貌美、身材曲线更趋动人。她们的教学目标包括塑造正确的姿势，提升美貌和身体曲线，保持健康，享受娱乐，以及追求和力争与奥林匹克相反的体育理念——"每项运动为女孩而设，女孩参与每项运动"。女性体育教育者鼓励女性通过积极参与体育运动的方式来发展自己的特质以保持"吉普森女孩"（Gibson Girl）的理想状态，体验更多自由。"吉普森女孩"的命名由时装大师查尔斯·丹娜·吉普森而来，19世纪90年代他在《生活》杂志中创立了吉普森女孩形象。吉普森女孩身材高挑，充满活力，喜欢发号施令。在《美国丽人》一书中，班纳（Banner）评价道："吉普森女孩象征这个时代里让人满怀希望的变化：女性加入劳动力，男女行为的新自由，体育竞技带来更加健康体魄的新时尚。"①

篮球运动在女性学生中的开展，最能说明那个时期女性体育竞技运动的发展状况及女性体育价值观的转变。19世纪90年代篮球是体育课项目中最受欢迎的团队运动，同时也是女性参与人数增长最快的一项。早在1892年史密斯学院在森达·贝伦森（Senda Berenson）的带领之下女学生开始打篮球。到1896年加利福尼亚大学和斯坦福大学的女学生首次组建校队进行比赛。贝伦森和她的同事注意到："运动场上女性比男性表现的行为似乎更加粗暴恶意……抢球时的打闹让人难以忍受。"② 此外，女性的生理限制要求对篮球规则进行改进。最后她们采用了三场制比赛，禁止带球、抢球或接触对方球员。到1899年，体育教育者将这些规则标准化，成为"正式女子篮球赛规则"。类似的改进在全国女子篮球官方委员会形成后不断出现，它是当前美国全国女子运动协会（NAGWS）的前身。

---

① Banner, L. W., *American Beauty*, Chicago: University of Chicago Press, 1983, p. 169.
② S. Berenson, "The Significance of Basketball for Women", in *Line BasketBall or BasketBall for Women* 1901, New York: American Sporting, 1901, pp. 20–27.

图 2-9 史密斯学院的女子篮球赛，1890 年
（奈史密斯篮球纪念馆收藏）

女性体育教师在当时几乎掌控了高等教育中女性体育运动竞赛项目的选择、规则的制定等权力。女性体育教育者的教育理念仍然是建立在塑造和培养女学生母亲角色的基础上，因此她们设置的女性竞技运动的任务与流行的男性竞技运动价值理念截然不同。她们认为女性竞技传统应该建立在这样的观点上：所有成年或未成年女性应该体验到运动的乐趣，而不仅仅是为了争取"桂冠"而进行枯燥、大强度的训练。参加奥运会并能获得"成功"体验的只有少数优秀运动员，而精英竞赛的代价是公共的体育运动以及体育项目的多样性发展得不到财力支持，导致最终只有少数运动发展起来。

然而，1890—1920 年，女性体育教育者改变了对于女性竞技的观念和目标。在学院和大型高中体育课项目的数量和强度都有所提升。随着越来越多的学校有了校队，女性运动竞技比赛不断成长。女子体育竞技开始效仿男子体育竞技的模式，这让女性体育领导者们产生了警觉。她们开始对女性竞技项目进行控制，比如为这些比赛设立标准、制定政策和改进比赛规则。但是不可否认，在此基础上，女性竞技运动逐渐合法化并进入了公众的视野。

（二）企业女子体育联赛

企业体育运动是由企业主导发起、为员工和公司共同谋利的体育活动。根据盖瑞·贝克尔（Gary Becker）的理论，健康与教育是人力资本的两大基石。美国企业的雇主们陆续在19世纪末开始组织体育活动来改善员工的健康状况，同时降低旷工率。那时人们认为体育活动能增强员工对公司的忠诚度，从而能进一步降低人事变更率。团队体育运动被视为能够促进合作、激发团队精神，同时雇主们也希望这些优良品质能被带到生产线上。事实也证明体育活动的开展不仅能为工人们带来好处，也促进了企业生产率的提高。

19世纪初，纺织厂80%的工人都是女性。19世纪末，很多制鞋厂、制靴厂以及雪茄烟厂也雇用了大量女性。20世纪初期，随着打字机的发明女性开始从事文职工作，也有的到商店当售货员。第二次世界大战期间，由于军工厂的需求，参加工作的女性人数比例从25%猛增至36%。虽然战争结束后，重工业行业又对女性关上了大门，但是几百万女性仍旧继续上班，从事的是她们之前做的那些传统工种。随着女性在劳动大军中的比例越来越高，女性员工的健康与体育项目的开展受到了企业的关注。

马萨诸塞州洛厄尔市的纺织厂首先为其职工体育活动提供了赞助。这些工厂在19世纪初为了留住优秀员工，向他们提供了住房。19世纪中期，一些公司为员工提供了会议室和图书馆。19世纪末，一些企业开始为女性体育运动队提供赞助。世纪之交，有的公司开始赞助健美操和塑身运动，比如一家国家收银机公司（NCR），它每天给员工10分钟的运动休息时间，并雇来专业体育教练为公司不同部门的女性健美操领操员进行了为期两周的培训。女性职员需要参加午饭前的健美操和跳舞活动，另外，公司还为她们提供了晚间体育运动课程。① 公司这样做的目的在于改善女员工们的健康状况、提高工作效率。

另一家关注员工健康状况和娱乐活动的是密歇根州巴特克里市的凯洛格公司。20世纪初，这家公司修建了一个交谊厅，午休时员工可以在这里举行舞会。公司每年还为员工及其家人举办郊游野餐会。这项活动开展的第二年，即1911年，公司还专门为女员工举办了锯木比赛。②

虽然在20世纪初期有些知名企业开始开展女员工的体育运动，但是并不是一个非常普及的现象。美国劳工部1913年和1918年进行的调查报告显示，赞助并开展女性体育活动的公司寥寥可数，最常见的形式是锻炼

---

① G. R. Schleppi, "'It Pays': John H. Patterson and Industrial Recreation at the National Cash Register Company", *Journal of Sport History*, 1979, Vol. 3, pp. 22-23.
② H. L. Ray, "Snap, Crackle, Pop for Fitness and Sport: The Kellogg Legacy", paper presented at the North American Society for Sport History Conference, Clemson, SC, 1989, pp. 3-4.

课程、上班时间的小憩，或者布置有沙发、有一台留声机或钢琴的休息区。① 1921年一项全国性调查结果则有了一定的转变。参与调查的51家公司里面只有15家没有为女员工提供体育活动，报告称8家有网球队、6家有保龄球队、6家有篮球队、4家有排球队、2家有棒球队，还有一家有几个曲棍球队。除此之外，还有一家公司称为女员工提供高尔夫球运动，还有一家提供的是室内运动。接受调查的大多数公司的团队体育比赛都是在非工作时间进行，大部分为傍晚。②

这份调查研究还指出了女员工体育活动的社会阶层差异的现象：办公室文员有着上流社会的举止，不屑与女售货员结交；而女售货员又认为自己比清洁工高出一等。还要注意到另一个事实：大多数售货员和佣人都是新来的移民，而办公室文员更多的是接受过较多教育的本地人。阶级和民族的差异性使她们很难在一起进行体育运动，并且忘我地享受运动比赛的乐趣。

企业赞助的女子体育竞技队主要由蓝领女工组成。由于报纸杂志最常报道的是中上阶层感兴趣的对象，因此有关这类女子运动的材料少之又少。有关女性体育团队或联盟早期发展的文章也是寥寥可数。有研究称保龄球、篮球、网球、垒球是最受女性欢迎的体育运动。于1940年进行的一项全国性调查发现，在639家企业中，35%都组建了女子保龄球队。当时，保龄球是最受女性欢迎的体育运动。

保龄球运动简单易学，每支球队只需5名队员，组建一支球队或联队相对容易，普遍受到蓝领工人、少数族裔群体、各个年龄段女性群体的青睐。1895年成立的美国保龄球大会组织了男子保龄球赛，此后每年都举办全国性比赛。女子保龄球赛也紧随其后。1907年圣路易斯组织起一个女子保龄球联盟，同年美国保龄球大会赞助了一次全国性的男女保龄球比赛。1916年女性成立了自己的管理机构——全国女子保龄球协会，组织了国际女子保龄球比赛。1920年，女子保龄球锦标赛出资2000美元奖金供84个参加队伍比赛争夺。保龄球很快成为企业女性最喜爱的一项体育运动。企业老板们对此也积极地响应，他们发现保龄球运动有鼓舞员工士气、增强员工忠诚度和降低离职率的作用。同一家企业的球队不仅举行内部比赛，也同其他企业的球队进行比赛。例如，1925年芝加哥市的水电供应部门在

---

① Gerber, E. W., *The American Woman in Sport*, Reading, MA: Addison - Wesley, 1974, p. 39.
② Schaper, D., " Industrial Recreation for Women", *American Physical Education Review*, 1922, Vol. 27, p. 106.

其员工协会的主办下成立了女子竞技委员会，举办的首届保龄球锦标赛，邀请了所有部门的女性参加。到20世纪30年代，这个锦标赛已有超过一万名来自城市和郊区的女性报名参加。

图 2-10　思嘉伯产品保龄球队，1934年
（图片来源：妇女国际保龄球联合会）

篮球也是一项在企业中比较流行的运动。可以说女子篮球运动的普及与企业对女子篮球运动的大力支持是分不开的。如果没有企业体育队，美国的女子篮球就不会那么家喻户晓。企业开始赞助女子篮球队的时间大概在20世纪头十年的中后期。由于当时篮球运动在中学和大学里很流行，许多来自工人阶级家庭的女孩熟悉这项运动，想继续打下去。许多企业老板看到了让自己的队伍参加全国比赛给公司带来的正面公关效应，很快他们便开始雇佣会打篮球的女员工。这些女工拥有同男人一样的机会来参加打篮球并磨炼球技。许多纺织厂至少有一支球队来和其他工厂的球队一较高低。随着竞争越来越激烈，工厂开始雇佣专业女球员。它们还从其他队

伍雇来球员，在参加全国各地的比赛时支付给她们固定工资。

一个标志性事件是1921年南卡罗来纳州格林威尔市举办的南部纺织业篮球锦标赛。第一届比赛有男子A、B两个分赛区以及一个单独的女子A分赛区。到20年代末，参加比赛的球队由8个增加到来自5个州的120个。后来还有了女子B分赛区。除了1943—1945年，这项比赛每年都举办，并得以延续。①

20世纪二三十年代，在大学和高中禁止女子校队比赛的时候，企业方面的女子体育运动却进行得如火如荼，甚至第一届AAU（美国大学联盟）冠军赛都有一支来自企业的队伍参加。1926年举办的第一届全国女子篮球冠军赛由AAU和帕萨迪纳竞技乡村俱乐部（the Pasadena Athletic and Country Club）提供赞助。其中帕萨迪纳队获得冠军，阿纳海姆体育俱乐部（Anaheim Athletic Club）获得亚军，固特异轮胎橡胶公司（Goodyear Tire and Rubber Company）赞助的旋风腿（the Wing Foot）队获得季军。队员们身着深色无袖的V领制服、深色短裤、高帮运动鞋中套了一双齐膝长的筒袜，实用却谈不上美观。

企业还明显发现了篮球和女运动员身体的广告价值。在这基础上，之前的运动服有了很大改变，裤子更短，上衣也变成印有赞助商名称的紧身款。运动制服通常由缎子料制成，并饰有一条腰带。1926年时穿的齐膝筒袜消失了，使得双腿暴露至脚踝。20年代末达拉斯旋风队穿着她们的新款短运动裤上场比赛时引起了几家当地报纸的争议，结果是每场比赛的观众数量从150人增加到5000人。②

20世纪30年代，企业女子篮球在美国的发展蒸蒸日上，并成为六七十年代工人阶级女性最重要的一项体育运动。

建立女子体育运动队逐渐被视为公司和企业的一种公关手段。人们普遍认为组建女子体育队体现了公司进取的态度，也能提高公司的公众形象。能将产品和女子运动队挂钩就是一种绝妙的广告手段，因为它宣传了公司整洁、关爱的形象，就如同现在很多企业愿意为奥运团队或者奥运会提供赞助一样。虽然大部分的公司组织体育活动，宣传其公众形象的主要目的是为自身谋利，但也不能否认它们赞助女性体育运动的行为对女子体育的发展产生了积极的影响。

---

① M. F. Shelden, "Textile League and Early Competition for Women", Paper presented at the North American Society for Sport History Conference, Columbus, OH, 1987, pp. 5 – 6.
② Twin, S. L., *Out of the Bleachers: Writings on Women and Sport*, Old Westbury, NY: Feminist Press, 1979, p. xxxix.

许多公司坚信支持体育项目能够为自身谋利,为了管理这些项目,它们在自己的广告部门、财政部门或人事部门设立了相应的职位。最开始,女性参加的企业体育项目主要由男性带领,他们担任活动主管或公司娱乐活动策划人,负责组织由公司赞助的活动。随着女员工数量不断上涨,女性也开始参与到组织和管理的工作中来。在女性员工占多数的企业,例如电话公司或保险公司,女性还有可能被指派担当活动主管。但是,运动队的教练和经理,一般仍由男性担任。

图 2-11 可口可乐公司女职工篮球队(1936 年)

(图片来源:*Women and Sport*,1994)

在企业女子体育运动蓬勃开展的同时,也有学者提出了这样的质疑:"企业组织和赞助的体育运动将女性特质打入固定的性别模式,同时……那些管理者清楚地明白展示女性的身体线条能带来多大的商业价值。"[1] 以推广产品为目的的性别吸引力成为许多女子运动队赞助商家营销策略的一部分。尽管性感的运动服能吸引更多观众前来观赛,但是哈根(Hagen)认为这种做法损害了女运动员们的形象,因为人们对她们的认可不是来自

---

[1] Hagen, M. A., *Industrial Harmony Through Sports: The Industrial Recreation Movement and Women's Sports*, 1990, p. 178.

于她们的运动技能,而是身材外貌。正如很多媒体在描写这些女子运动队时所强调的,(这样的)穿着无疑凸显了女运动员们的身形曲线。媒体还通过使用这些运动员运动时的照片以及她们作为母亲、妻子或典型女性角色的相片强调了这种女性特质。照片注解中包括"尽职尽责的家庭主妇""火辣又漂亮",以及"美丽动人"等描述性文字。

从对女子企业体育运动队以及联赛的简要介绍中可以得出几个结论。一方面,在女性鲜有机会参与体育运动的时期(20世纪20年代至60年代),企业运动队为其提供了参与竞技的机会。不论她们是优秀的运动员或是体育新手,人人都享有这种机会。企业体育项目具有一定的公平性,为蓝领工人和白领工人都提供了参加比赛的机会。女性不必加入昂贵的乡村俱乐部或体育俱乐部就能够享受运动。另一方面,通过赞助女子体育运动,公司和企业能够保持鲜活强劲的竞争力。老板们将提供赞助视为一种能够促进员工忠臣度、降低离职率、增进员工相互间友谊的商业行为。女子体育运动虽然表面上看似风平浪静,但在工业的赞助下,她们的队伍达到了成千上万,比赛项目不胜枚举。在那个时期工业企业当之无愧是女子体育运动的强大后盾。

### (三) 女性的奥林匹克运动

每隔四年,来自全球的运动员齐聚一堂,参加最具盛名的国际性体育赛事——奥林匹克运动会。这一国家间的竞技源自封建时代,不断演进成为各国展示其政治理念和体育风采的国际平台。女运动员的角色也随着不同时代下的社会政治信条而发生着改变。当今,奥运会已成为女性展示其身体力量的主要舞台。但20世纪女性参与奥运会的路途并不是一帆风顺。意识观念上的三个主要因素影响了女性参与奥运会:(1) 在早期奥运会组织机构的控制下,女性难以获准参赛权;(2) 利用女性参加奥运比赛来宣扬某种政治理念;(3) 对是否应该允许女性参加更为激烈的运动项目的争论。

现代奥运会的革新者皮埃尔德·顾拜旦(Baron Pierre de Coubertin)将奥运会展望为全世界中上层阶级白人青年男子的体育节日。对顾拜旦而言,古希腊人不让女子参与这一盛事的做法是可以接受的,因为他将现代奥运会视为法国男性为参军以及担任政治领袖和商业精英做准备的一种途径。这种观点认为女性和体育比赛是毫不相干的。在他眼中,女人只能是观众,她们参与奥林匹克运动的唯一方式就是为运动场上的男人们喝彩。由于顾拜旦的这种思想,致使女性参与奥运会历经了一段漫长而曲折的道路。然而,女性得以参加奥运会也要间接归功于顾拜旦。在国际奥委会发展的早期阶段，由于缺乏足够的组织技能以及统一的组织结构，难以驾驭比赛项目的选取。因此，1900年和1904年奥运会比赛项目的选取任务分别留给了巴黎组委会和圣路易斯组委会。结果是，比赛项目被"随意地选取"，其中被社会普遍接受的女子项目有1900年的高尔夫球和草地网球，以及1904年的女子箭术表演赛。

在1900年第二届巴黎奥运会上，率先派女子参赛的有法国、英国、美国和波希米亚。东道主法国队率先派出4名女子运动员参赛，接着英国、美国和捷克也相继派出4名女子运动员参赛，加上沙皇俄国派的3名运动员，女选手的人数达11名，参加比赛的项目有高尔夫球和网球。虽然，这次女子参赛未能得到国际奥委会的正式认可，但却是妇女体育史上具有划时代意义的事件，这是女子首次登上世界体育舞台，冲击了自古以来不许女子参加奥运会的禁区。参加1900年巴黎奥运会的7名美国女子是19世纪末名门贵族的后裔。她们加入各类社交俱乐部，学习艺术、音乐、文学和语言，并且通过乡村俱乐部参加了奥运会。罗伯特·邓恩（Robert Dunn）在其文章《乡村俱乐部：表达女性自由的举国之声》中将乡村俱乐部描绘成女性获准参与户外运动的重要渠道："女性在政界毫无地位可言，在商界又被压制在男性之下……但在高尔夫球场、网球场和狩猎场上，她们便能够与男人并驾齐驱。"[1]

在1904年的圣路易斯第三届奥运会上，射箭是唯一的一个女子项目。女子选手的人数也减少到了8人，而且这8名运动员都是美国人。结果美国奥委会宣布这仅为表演赛。1908年伦敦奥运组委会决心结束因为人们对于女子运动观念认识不同而造成的混乱局面，决定允许有女子滑冰、网球、剑术、体操以及游泳这几个项目的表演赛，共有36名女运动员参加了这届奥运会。在1912年斯德哥尔摩第五届奥运会上，女子项目只有游泳（含跳水）、网球。第七届奥运会上共有64名女运动员参加了游泳（含跳水）、网球、帆船、花样滑冰等项目的表演赛。

虽然自第二届奥运会，妇女开始参加比赛，但一直没有得到国际奥委会的正式承认。与此同时，顾拜旦在国际奥委会每月发行的简报上发表大量武断意见，继续暗中反对妇女参赛。他的反对意见主要由于三方面因素而得以强化：（1）他希望尽可能模仿古希腊奥运会的模式；（2）跟欧洲其他国家相比，法国的妇女解放进程更为缓慢，因此她们参与比赛的行为

---

[1] R. Dunn, "The Country Club: A National Expression, Where Woman Is Really Free", *The Outing Magazine*, 1905, Vol. 42, p. 69.

可以被忽略；（3）他认为女性参加耗费体力的活动有损女性魅力。顾拜旦用第三个因素来激起热心体育赛事男士的同感。例如，对女子击剑的首场比赛的回应中，他声称女性的参与会让这一高尚的运动变得女性化。然而，顾拜旦的权威并未凌驾于奥运赛事之上。由于顾拜旦主导的国际奥委会未能制定出相应政策来经营奥运会，因此将比赛项目的选取权交给各届主办方，从而女子比赛项目才能取得一定进展。

经过不断的斗争，在1910年卢森堡会议上，正式批准了妇女参加奥运会的权利，但承认的项目仅为游泳、体操和网球。由于大家都认为田径比赛是奥运会的核心比赛项目，所以女子参加跑步、跳高、跳远以及投掷等项目遭到了强烈反对。1924年，国际奥委会通过了一项由法国克拉瑞伯爵提出的建议，决定"从女子参加奥运会比赛的现状而言，限制其参加的规则应当保持下去"。

妇女参与奥林匹克运动会的理想正在逐步合法化，但她们并没有满足于这狭窄的门缝，为了争取更大的权利，妇女为参与奥林匹克的斗争仍在继续。1912年至1928年间，国际联合会保持了对女性体育竞赛相对积极的态度，并对国际奥委会施加了重要影响。但是随着女性运动员提出请愿要参加传统的男性体育项目，顾拜旦对于女性参加奥运会的反对态度越发明显。1921年10月31日，法国上流社会活动力极强的一个妇女运动俱乐部发展成为国际妇女运动总会（Federation Sportive Feminine Internationale，FSFI），其领袖爱丽丝·米利亚夫人（Alice Miliat）由此提出要创立女子奥林匹克运动会（Women's Olympic Games）的计划。这个运动会主要用来为女性开展国际体育竞赛，从1922年开始每四年举办一次。对于米利亚夫人"大胆"的提议，国际奥委会建议国际联合会应该对女性竞技活动加以控制。奥运竞技比赛的主管部门，国际业余田径联合会（the International Amateur Athletic Federation，IAAF）因此允许女性成为其组织成员，但拒绝给予她们参加1924年比赛的权利。为反对IAAF的这种姿态，在米利亚夫人的带领下女运动员们继续成功地举办了各种比赛。1922年8月30日，国际妇女运动总会成立还不到一年，就在巴黎的一个体育场举行了国际女子田径锦标赛，短跑和跳远选手玛莉·莱恩斯率领的英国队赢得了11个比赛项目中的5个冠军时，全场2万多热情的观众沸腾了。随后又有5000名观众观看了女子国际和不列颠运动会（Women's International and British Games）。女子体育项目的迅速扩展使得IAAF心灰意冷，让它不得不与FSFI达成某种协议，其中包括让女性参加奥运会这一项。

在此论战中，体育竞赛对女性健康产生的影响这一问题反复出现。报纸上有关让女性参加奥运比赛的争论日益激烈。最后IAAF同意了组织女子竞赛，同时推荐了5项1928年奥运会女子比赛项目。强烈反对女性参加奥运比赛的顾拜旦没有出席观看1928年的奥运会。给反对女性参加比赛火上浇油的还有一则不实报道，其中写到参加800米赛跑的女运动员当中有的是蹒跚着跨过终点线的，而有的看上去"脸色苍白""精疲力竭"。《纽约时报》很快指出，女选手身体状况欠佳足够成为禁止她们参加体育比赛的原因。体育史学家琳恩·埃默里（Lynne Emery）对这次由于声称几名决赛选手在比赛中跌倒而引起争议的800米赛跑重新进行了调查，并指出9名选手最终都跑完了全程。因此，她认为奥运官员为此取消这项比赛的做法是有失公正的。这一事件引起的争议盖过了首位获得女子100米短跑金牌、在400米接力赛中跑最后一棒的来自伊利诺伊州河谷市的贝蒂·罗宾逊（Betty Robinson）。女子800米赛跑项目直到1960年才得到恢复。

国际上，各种媒体利用这一事件来谴责举办女子体育竞赛的做法。国际奥委会在其1929年的年会上通过投票取消了女子田径项目。作为对这一结果的回应，美国AAU主席兼IAAF成员古斯塔维斯·科尔比（Gustavius Kirby）向IAAF提议禁止男性运动员参加其1932年的比赛，除非女性被允许参加奥运会。最终，奥林匹克大会1930年在柏林举办的会议上投票通过了给予女性奥运参赛权的决定。

米利亚夫人和FSFI由此信心倍增，要求要在1932年奥运会上让女性参加所有比赛项目。除此之外，还提出如果这个要求未能实现，那么女性将拒绝参加任何项目。然而不幸的是，这个最后通牒却是FSFI末日的开端——IAAF成功地获取了对奥运会女子比赛项目的完全控制。有趣的是，美国全国业余田径基金会（the National Amateur Athletic Foundation）的部分女性继续反对妇女参加奥运会，和FSFI形成直接对抗的局面。它在纽约市召开的会议，主题是"真正适合女性参加的体育比赛"。更重要的是，在360名与会人员当中大多数一致同意埃塞尔·佩林（Ethel Perrin）（NAAF执行委员会女性分部主席）反对妇女参加奥运会的观点，其中的原因包括：（1）只对少数参赛者进行专门训练；（2）压迫运动员为比赛而比赛；（3）过分强调打破比赛纪录。[1] 除此之外，《美国体育教育评论》发表了大量文章来谴责组织女性体育比赛。但总的来说，到1936年，女

---

[1] "Fifth Annual Meeting, Women's Division, National Amateur Athletic Federation", *American Physical Education Review*, 1929, Vol. 34, p. 241.

子体育整体获得了成功，这要归功于FSFI和米利亚夫人，女子奥运比赛已成为进一步实现国家民族的和意识形态方面的目标的平台。

尽管有了一定进展，女运动员在20世纪60年代仍旧面临着重重困难。1966年布加勒斯特冠军赛上IAAF命令所有田径女选手一丝不挂地列队走过女性妇科医生跟前让其检查，不然就取消参赛资格。协会采取这一措施是因为有人举报女子比赛项目中有伪娘浑水摸鱼。托马斯·图科（Thomas Tutko）为此指出："这就像是在说，如果你太擅长体育，那么你就不可能是个女的一样。"[1] 近几十年来的性别测试性质更加恶劣，比如测试头发样本或者口腔内壁的细胞组织等。

自20世纪80年代以来，妇女在奥运会中的地位逐渐提升，这与胡安·安东尼·萨马兰奇（Juan Antonio Samaranch，1980年当选为国际奥委会主席）有着密不可分的关系。萨马兰奇有独到的眼光，将体育视为一种市场营销手段，在商业赞助下，奥运选手可获得金钱上的奖励。这一措施促使运动员再创佳绩，让更多女性参与到更具挑战性的比赛项目中，同时也延长了女运动员的体育生涯。除此之外，在萨马兰奇任职的第一年里，他就鼓励两位妇女代表当选国际奥委会成员，而在当今历史上占有一席之地。1981年在巴登举行的国际奥委会会议上来自芬兰和委内瑞拉的两位女性裴亚朱·海格漫和弗洛·伊萨瓦·凡赛卡当选国际奥委会委员。一年后，英国的艾里森·格林·海格也入选奥委会领导成员。1984年，列支敦士登的诺拉公主又被选入国际奥委会委员，也是首位当选的国家奥委会主席。而当时该国的妇女尚未获得选举权。此后一直到1990年，在国际奥委会的91名领导成员里，已分别有来自英国、美国、加拿大和列支敦士登的5名妇女任职。萨马兰奇主席也邀请了女性在国际奥委会的各个单项委员会任职。虽然，妇女在国际体育运动组织的领导层中基本不占重要位置，但妇女进入奥委会领导机构，这在奥林匹克运动发展史中是一次飞跃。

## 第二节　女性体育在中国的历史演进

古代汉语并不存在"体育"这一词汇。"体育"这一概念，自晚清由日本传入近代中国之后，在跌宕起伏的社会变迁中不断衍生着丰富的

---

[1] Kaplin, J., *Women and Sports*, New York: Geoghegan, 1980.

内涵与外延。一方面，它与个体化的休闲、娱乐、游戏等概念密切相关；另一方面，又和组织化、建制化的竞技比赛相交。鉴于学术界相关"体育"概念的众说纷纭，为了减少歧义，我们试着将体育看作一个概念区间，主轴的一端是娱乐游戏的活动类型，在另一端则是高度建制化的竞技比赛，在这个区间中的身体活动，均存在着体力付出或松或紧的规则和竞争等共同特点。故本章节中的体育活动，将剔除一贯被视为"体育"的棋类和纸牌游戏，因为它们并无明显的体力付出。我们依据古代中国、近代中国和现代中国的分期，将女性体育活动的发展演进分为三个阶段进行论述。

## 一　古代中国女性的体育生活

体育运动的产生，是人类生存和生活需求的产物。原始人类在狩猎、采集、防御和战争中的奔跑、跳跃、投掷乃至搏斗厮杀中，不断增进着对身体运动能力的认识；在祭祀、祈祝以及娱乐活动中对身体表现力的重视，也日益凸显出各种身体素质的重要性。在原始人类发展自我、壮大群体、教育后代的活动中，体育的萌芽开始茁壮成长。母系氏族社会时期，原始社会生产方式由狩猎、采集发展到农业和畜牧业，女性占据着社会生产和生活的主导地位。"望门而居"的社会生活中，女性在自我部族养育子女，传授生活、生产技能，各种身体素质的锻炼与发展是主要内容。神话传说中的"女娲补天"和"精卫填海"的故事，一定程度上反映了这一时期女性的身体素质状况。而1973年青海省孙家寨墓葬出土的"舞蹈纹彩陶盆"上的女子集体舞蹈，则显示出女性对于借由身体活动表达思想和信仰的认知。

随着农业、畜牧业和手工业的发展，尤其部族之间愈发频繁的战争，凭借身体优势，男性逐步取代女性占据了社会主导地位，历史由此进入父系氏族阶段。"一夫一妻多姬妾"的婚姻模式逐步确立和私有财产的出现，标志着女性社会地位的降低。尽管这一时期"男尊女卑"的观念渐趋呈现，女性仍然在社会发展中承担重要角色，如抚育子女后代、发展他们的身体素质，以更好地适应各种生存与社会竞争；如担任巫觋高级职位，运用各类知识以及舞蹈等身体活动以沟通鬼神等。

### （一）先秦时期女性的体育生活

夏商周三代，呈现着浓厚的血亲色彩，也是由父系氏族步入阶级社会的阶段。这一时期，生产力持续进步、封建制逐步确立，战争频仍、部族融合，体育也获得了飞速发展。军队规模的壮大及战争的频繁，使得各类身体素质的锻炼和武器操演的渐趋体系化；社会生活中祭祀与宴乐中的身体运动，如舞蹈和射礼等，也日益建制化；射箭、驾车及舞蹈，也成为官学和私学教育系统中的重要内容。在已经开始"女正位乎内，男正位乎外"的社会分工模式下，男性主导了显著性的身体活动，并成为体育运动的社会主体；女性参与各类体育活动的权利和机会，受到一定程度的抑制。

  商周的封建宗法礼制，对女性在政治、教育和体育权利上的有限制，但对其参与体育活动的束缚并不严重。上层社会的女性尽管受礼乐文明的影响，但各种活动依然十分普及，并与生产、宗教、教育、娱乐、社会参与等密切联系。她们的体育活动也颇有特色。例如，女性仍然被视作通灵的媒介，在商、周的宗教祭祀活动中担当乐师和巫师等角色，以歌舞的仪式娱神通灵、禳灾降福；女性舞蹈还是贵族娱乐的重要方式。舞蹈专业训练队伍很庞大，"昔者桀之时，女乐三万人、晨噪于端门，乐闻于三衢"[1]。此外，女性仍参与领导和进行战争。商王武丁的妾妇本领强大，既能主持祭祀，又可领兵作战。史载："辛巳卜，争贞：今载王登入呼妇好伐土方，受有佑"，"辛巳卜，贞：登妇好三千，登旅万，呼伐羌。"[2] 下层社会女性却因"礼不下庶人"的社会规范，而相当程度上保持了体育活动的自主性。《诗经》中记载："南有乔木，不可休思。汉有游女，不可求思。"显示当时女性游水活动开展得比较普及。起自北方部族山戎的荡秋千活动，"后中国女子学之，乃以彩绳悬木立架，士女炫服坐立其上，推引之"[3]，而逐步得以流行起来。《吴越春秋》载越王勾践请"生于深林之中、长于无人之野"的越女讲解教授剑术的故事。越女提出击剑中的"道、意、阴阳、开闭、内外、形神、呼吸、纵横"等一系列理论范畴，阐明了其中动与静、快与慢、攻与防、虚与实、内与外、逆与顺、呼与吸等矛盾双方的关系。这在一定程度上表明，东周时期战争的频繁使得技击斗剑风行于民间，女子也成为重要的参与者。

---

[1]《管子·轻重甲》。
[2]《库方二氏所藏甲骨卜辞》第256篇，1935年版，第310页。
[3] 陈绍：《中国风俗通史·两周卷》，上海文艺出版社2003年版，第630页。

图 2-12　战国宴乐渔猎攻战铜壶击磬舞女图（局部）

（图片来源：百度图片）

### (二) 秦汉帝国女性的体育生活

自秦以来，中国步入官僚制集权帝国时代。秦汉帝国政治体制的变革，在推动社会经济文化发展的同时，也深刻影响着女性的身体活动。一方面，董氏儒学为政治所吸纳上升为官方意识形态，"男尊女卑""男以强为贵、女以弱为美"① 的社会观念得到强化，进一步抑制了女性参与竞技类的体育活动；另一方面，岁时节令活动的规制化及上层社会女性的非生产化，使得女性更为青睐休闲性的体育游戏，使得女性休闲娱乐活动获得较好的发展。

宫廷及贵族的休闲娱乐活动本来自于民间社会，却又引领着社会的休闲娱乐风尚。这一时期，宫廷及贵族的娱乐活动中的舞蹈开始多元化和复杂化；很多舞蹈技艺高超的宫廷乐人和嫔妃因获得皇帝宠幸而提升地位。姣好的容貌身材和高超的舞艺，成为一些平民女子改变命运的重要资本。这种社会风气促进了女性舞蹈的推广与发展。《史记·货殖列传》记载："山东、中山的士众，多美物，为倡优，女子则鸣琴，蚧屣，游媚富贵，入后宫，遍诸侯今夫赵女、郑姬，设形容，鸣琴，揄长袂，蹑利屣，目挑

---

① 班昭：《女诫》（Kindle 电子书），青苹果数据中心 2012 年版。

心招,出不远千里,不择老少者,奔富厚也。"① 同时,皇帝等政治权威人物的爱好也极大地影响着社会娱乐的选择。在东周时期开始出现的女性相扑、摔跤和蹴鞠,迨至汉朝已流行于宫廷。汉武帝与光武帝均喜欢观赏这一活动,致使"宫廷伎人,拥而佼之"。三国时期东吴末帝孙皓曾"使尚方以金作步摇假髻以千数,命宫人着以相扑,朝成夕败、辄命更作"。② 蹴鞠在东周时期的齐国就很盛行,汉朝初期,刘邦在西京专造蹴鞠设施并招聘人员,以供其父玩耍娱乐。此后的汉武帝、元帝、成帝等皇帝,都喜欢此类身体对抗性的比赛活动,这也引发宫廷及贵族女性进行蹴鞠活动。建于东汉延光二年(123年)河南嵩山上的三阙建筑,其中少室阙和启母阙上绘有大量女子踢足球的壁画,南阳发现的汉画像石中也有三幅女子踢足球的画像,其中描绘的女性云髻高盘,长袖衣,双脚踢动两球,人随球起舞,形态娇娆,轻捷灵巧,造型优美。③

社会中上层家庭中的女性不事生产,亦有更多闲暇时间游戏娱乐,活动多局限于家族庭院或郊外,呈现出自我娱乐及轻快柔和的特点。其中,投壶、秋千、跳绳、蹴鞠和棋类等较为盛行。在岁时节令中,进行的出游、

图 2 – 13 《导引图》

(图片来源:《中国古代体育》中国传统文化资讯摘录)

---

① 《史记·货殖列传》。
② 《古今图书集成·江表传》。
③ 樊六东:《汉代女性体育研究》,《体育文化导刊》2010 年第 11 期。

登山、放风筝活动也很是普及。1974年，湖南马王堆西汉墓中出土帛画《导引图》。该画有44位男女老少在做各种导引动作，通过肢体动作和呼吸配合以增进健康，这表明社会上的女性已经普遍地练习导引动作。

社会下层的女性苦于为生活奔命，除了孩童时的跳绳和踢毽等活动游戏，极少有常规化的、群体性的身体休闲生活。社会下层一些女性为生计所迫成为专职艺人，如舞姬和百戏表演者（倒立、柔术、走索、跳剑、弄丸等），依靠苦练的技艺表演谋生。此外，在男性兵丁匮乏时，女性也被训练征招入军。汉朝边疆不定之时，西北边郡百姓"颇习兵事，妇女犹戴戟操矛，挟弓负矢"。在"白骨露于野、千里无鸡鸣"的东汉末年，曹操也曾令妇女守营，男子设伏破敌。故特殊时期军营服役的女性，也有军事体育训练的内容。

**（三）魏晋唐宋时代女性的体育生活**

魏晋唐宋之际，是中国文化昌盛、经济繁荣的时代。魏晋南北朝的社会动荡在破坏经济的同时促进了民族融合，在瓦解董氏儒学的同时也解放了社会风气。隋唐帝国的经济和文化繁荣、开放的对外政策、相对平等的性别意识，为女性社会生活的丰富提供了重要的基础。两宋时代对南方的开发、民族战争的减少，造就了超过前代的经济水平和城市文化，也为体育的发展创造了极好的条件。在唐宋文明的润泽下，女性体育活动也有了长足的发展和普及。

唐宋时期，蹴鞠发展为民众在节令期间的户外娱乐性活动，而且女性参与群体较为广泛。唐代女性蹴鞠的方式方法多样，例如，几个女性轮流单独踢，以花样多者取胜，这种踢法称为"井轮"；二人或多人对踢，称为"白打"，而"白打"又可分为二人对踢的"打二"、三人互踢的"转花枝"，等等。诸如"寒食内人长白打，库中先散与金钱"，以及"蹴鞠屡过飞鸟上，秋千竞出垂杨里"等描写女性踢球的诗句，徜徉于唐人的普遍见闻中。两宋时代，除了常见于宫廷及贵族庭院的娱乐游戏，蹴鞠活动还以丰富的比赛表演形式流行于市民的生活休闲中，并获得了女性的青睐。在宫廷中，蹴鞠为王朝礼仪的重要内容："春秋三大宴，其节十二，蹴鞠。……册命亲王大臣，教坊月供六十五人，及百戏、蹴鞠、角抵次第迎接。"[①] 在城市蹴鞠表演和比赛中，常有女性的身影。陆游曾作诗曰，

---

① 《宋史·礼制》。

"寒食梁州十万家，秋千蹴鞠尚豪华"[1]。在宋代一些日用器具上，如铜镜、奁盒、陶瓷枕等，常刻绘有女子蹴鞠的图像。中国历史博物馆有一面宋代的蹴鞠纹铜镜，铜镜背面刻绘着一对青年男女对踢足球的图像。[2] 从这些日用生活物品可以看出，两宋时代女性蹴鞠的现象在社会上较为常见。

源自大食（今伊朗）的击鞠（马球）沿丝绸之路传入中国，风行于唐一代。皇家贵族、富商大贾、军中将士等群体中击鞠相当流行，这样影响到其附属女性群体的娱乐爱好。五代时期花蕊夫人"自教宫人学打球，玉鞍初跨柳腰柔"的咏诗，以及和凝"两番供奉打球时，鸾凤分厢锦绣衣。虎骤龙腾宫殿响，骅骝争趁一星飞"的诗句，正反映了宫廷女性击鞠活动的情形。[3] 此外，由于骏马疾驰的危险性，女性更倾向于骑驴击球。两宋时期，击鞠更为流行、开展更为广泛。宋徽宗曾组织成立了技艺高超绝伦是宫廷女子击鞠队，每逢佳节组织比赛观赏。《东京梦华录》对此记载："一朋头（马球队长）用杖击弄球子，如缀球子，方坠地，两朋争占，供与朋头，左朋击球子过门入盂为胜，右朋向前争占，不令入盂，互相追逐，得筹谢恩而退。续有黄院子引出宫监百余，亦如小打者，但加之珠翠装饰，玉带红靴，各跨小马，谓之'大打'。人人乘骑精熟，驰骤如神，雅态轻盈，妖姿绰约，人间但见其图画矣。"[4] 宫廷贵族的击鞠比赛表演，成为女性观赏和参与的重要社会娱乐活动。女性中盛行驴鞠的同时，很多女性倾向于徒步击球的活动，形成唐代的"步打球"。[5] 此类游戏在宫廷、贵族及社会中上层女性中较为流行，在唐末时候演变成为两宋时代极为流行的"捶丸"——一种类似于当今高尔夫球的竞技游戏。

唐代的舞蹈极为兴盛，成为朝野人士生活中的重要娱乐内容。女性舞蹈是宫廷宴乐和各种社交不可或缺的表演项目。上层社会的喜好追捧，加之良好的中外交流和民族融合，都使得舞蹈的类型和风格更为多样化。结合其他民族风格的舞蹈诸如霓裳舞、胡旋舞、剑舞等，在宫廷教坊中获得创新性的发展。在社会上的交流表演和娱乐中，女子剑舞、踏球舞等很风行；唐代诗人杜甫曾专此赋诗歌咏公孙大娘的剑器舞。在商品经济繁荣的两宋时代，宫廷乐舞倾向于叙事性，而民间的歌舞在城市休闲生活中大放异彩，呈现出"西湖歌舞几时休"的境况。

---

[1] 陆游：《春晚感事》。
[2] 林琳：《古代妇女蹴鞠运动》，《零陵学院学报》2001年第1期。
[3] 夏卫东、周庆龙：《女子足球古今谈》，《体育文化导刊》1999年第6期。
[4] 孟元老：《东京梦华录·驾登宝津楼诸军呈百戏》，中国人民大学出版社1993年版。
[5] 苗福盛等：《唐代女子体育试探》，《体育文化导刊》2009年第1期。

图 2-14　唐代马球

（图片来源：Iwms. net）

唐宋发达的商品经济和丰富的市民生活，使得城市的女性体育表演活动十分兴盛。同舞蹈一样，百戏中表演性体育活动的主要参与者也是女性，在宫廷和民间社会进行表演活动。宫廷中有教坊训练蓄养的女伎，民间有以表演谋生的伎班。社会中上层的各类庆典宴会，以及各种民俗节日庙会中，民间百戏团体多会应征进行表演助兴，如马伎、绳伎、戴竿、踢弄、跳丸、飞剑等。[①] 两宋时期的"角抵"（相扑）活动，较之唐代的更为兴盛，两两徒手互搏的技艺在军中及民间更加专业和精湛。在宋代的宫廷及城市瓦肆都有女子相扑表演，涌现出大批以相扑赛演为生的专职女艺人。[②] 除了宫廷女性及社会上以体育表演活动为谋生手段的女艺人，社会中上层女性体育生活中，极少高难度技艺方面的训练以及比赛活动，多为柔和的游戏性身体活动如舞蹈、荡秋千、放风筝、郊游踏青、划船等。而社会下层的女性的体育活动，史料记载则极少，这一方面或因为寻常事情而不值得记述，另一方面或因社会下层女性长期从事繁重的生产和家务活动，并无很多的闲暇时间和金钱进行各类运动技艺的练习和休闲娱乐。尤

---

① 柯昕、赵亮：《唐宋妇女体育分析》，《体育文化导刊》2009 年第 4 期。
② 李季芳：《宋代相扑社及女子相扑之滥觞》，《成都体育学院学报》1979 年第 2 期。

为值得指出的是,南宋中期以降,女性以缠足方式行娉婷的姿态取悦男性的现象开始流行,并渐成社会风气,这严重摧残了女性的身心健康,使得女性渐趋远离了体育活动。

与宋并立的政权如辽、夏、金以及其后 80 余年的蒙元,皆为少数民族所创立。少数民族不仅有重视身体素质和技能的尚武传统,其女性地位也较汉族女子为高,这些都使得女性能够广泛地参与各类体育活动。教育子女、参与狩猎乃至征战,是少数民族女性的重要事务,故女性的骑射活动极为普及,对于身体素质和各类技能的练习也极为寻常。例如,辽国女性拥有的崇高社会地位是其同期宋朝女性所无法比拟的,她们在体育内容、项目数量方面都较同时期其他少数民族和宋朝有了较大进步,体育活动的竞技意识较强、军事色彩浓厚、平等意识强烈以及娱乐性质鲜明。[1] 在与汉族政权及中原文明的折冲中,她们也学习了击鞠、蹴鞠等运动游戏,汉化的女性群体中也逐步流行舞蹈、赛舟、拔河、棋戏等文化娱乐活动。元代载有女性踢球的元曲诗词数量十分多,表明游戏化的蹴鞠已成为女性休闲娱乐的一种极为流行的方式。

### (四) 明、清女性的体育生活

明清两朝,是专制帝国时代的晚期。一方面,愈发强化的中央集权专制在稳定社会的同时,使得作为意识形态的宋明理学更进一步地钳制人们的思想和行为;鼓励贞洁和缠足现象由上层社会蔓延到下层社会,女性受到礼教宗法的严重束缚。另一方面,商品经济的进一步繁荣,推动着城镇的发展和人口流动的增强,城市生活更为丰富多彩;社会对于女性的主流审美观念更偏向于"白面纤腰、妖媚斯文、弱不禁风"。这些因素都使得明清时代的女性体育活动呈现出不同的面向。

这一时代女性们的休闲娱乐活动,并不似唐宋时代那样盛行。因为缠足的普遍存在,女性更是偏向于轻柔型、非竞技化的身体活动。尽管,在清代皇家的狩猎过程中有宫廷嫔妃参与射猎的记录,那也只是满族女性骑射传统的延续,且渐趋式微。以曾经广为流行的球类活动——蹴鞠为例,在宫廷颇为盛行;在民间主要以女性艺人卖艺、富贵家庭女子娱乐和青楼妓女陪客的方式而存在。[2] 元代的郭翼和明末的李渔,都有描写女子踢足球的诗词。明代崇祯皇帝的田皇妃是位"球星",王誉《崇祯宫词》曾描

---

[1] 戴红磊:《辽代女性体育研究》,《吉林体育学院学报》2013 年第 2 期。
[2] 杨向东:《中国体育通史第二卷》,人民体育出版社 2008 年版,第 254 页。

述道:"锦骱平铺界紫庭,裙彩风度压娉婷。天边自结齐云社,一簇彩云飞便停。"但是,缠足的普及已经导致女性身体活动极度受限,具有对抗性的女子蹴鞠活动逐步丧失了其竞技特点,呈现出休闲娱乐的特质。迨至清代,蹴鞠只是妇女、儿童的体育游乐活动,史料记载也颇为少见,后期而渐趋为花样繁多、制作简单的毽子所取代,不为社会所传承。

图2-15 明朝蹴鞠:杜堇《仕女图》局部
(图片来源:Sohu.com)

所以,这一阶段社会中上阶层的女性中较为流行捶丸、踢毽子、荡秋千等活动。这类活动量不大、娱乐性强,是富贵人家闺房小姐和绣楼少妇的运动娱乐项目,并不常见于社会下层的女性生活之中。农村和城市的平民女性,虽然在人际交往与日常活动空间相对开放,但她们面对的是繁重的家务劳作,如照顾幼小、侍奉老人、洗衣做饭、饲养禽畜,以及生产劳动如纺纱、织布、采桑、养蚕、商业售卖等,只有在农闲或岁时节令时,方有群体性的户外体育娱乐活动,如秋千、跳绳、庙会游览、节日郊游等。有研究表明,受商业因素和社会风气的影响,部分女性改变以往深居简出、出门则乘车乘轿的生活,她们大胆地走出闺阁,勇于抛头露面,自由地参与到节日庆典和文化娱乐活动,并出游成习。① 明清时期,商业经济和城镇的规模化发展,以及人口流动的新变化,包括专制高压政策,都使得民间结社、宗教组织以及反政府组织迅速成长。这些组织多吸纳女性参加活动,给予身体素质方面的训练或功夫传授。例如,明代唐赛儿、清代王聪儿领导的反政府武装,均有大批女性参与;而白莲教、红灯照等宗教组织,也有更多女性群体参加武艺练习。同时,民间很多以身体技艺表演为谋生手段的各类社团也持续壮大;他们多招收女性,通过武艺或百戏活动进行商业性演出。

关于古代中国女性的体育生活,历史资料中并无系统的记载。我们只能从浩繁的史料中爬梳勾勒,将有关女性身体运动和休闲娱乐的资料作以归纳总结,得出上述基本认知。从女性史的角度讲,随着父权制度确立,古代中国男性主导了权力和经济以及社会文化导向,女性逐步成为男性的附属;两千多年来专制思想的逐渐强化,更是不断地禁锢着女性的主体意识和自我发展,造就着逆来顺受、委曲求全而又弱不禁风的古代女性形象。所以,古代中国女性的身体与精神,一直都在向"弱化"的方向演变。

从社会生活史的视角去体察古代女性体育运动,可以发现,中上层社会女性不事生产、生活条件较好、闲暇时间很多,以娱乐交际为目的的各种身体活动相对丰富,体育生活也较为多样;而下层社会的女性群体因家务操劳,无暇更无精力和资金进行各类体育活动的练习及娱乐,只有孩童时期的体育游戏玩耍和传统岁时节令中的民俗体育活动。此外,身体素质和体育技能的提高,可以成为古代女性提升社会地位或谋求生活的重要途径。一方面,因为社会风气和权势的喜好,部分女性能够凭其良好身体素质和优秀舞蹈技能而步入中上层社会;另一方面,随着商品经济与城市生活的发展,一些女性可以依靠身体素质训练和运动技能的卓越,而参与表演团体获得生活保障,如宋代的女子角抵社、百戏社等。

从性别文化视角去审视,可以看到,古代中国的意识形态和两性观念,通过社会习俗、家庭伦理深刻影响着女性的心理和行为,进而深入地影响着女性的体育活动参与。古代女性体育多局限于家族庭院,多为家族成员间小规模的竞技游戏,以娱乐放松身心为主,没有高强度的对抗性和竞争性,而常带有活泼、自由轻松的特点。而且古代农业社会的生产生活,主要依照时令与节气的变化而进行,故女性体育活动也多是围绕着岁

---

① 赵崔莉:《明代女性的休闲生活》,《中国社会经济史研究》2009 年第 1 期。

时节令而进行。随着封建父权文化的逐步成熟与稳定，中国女性身体活动受到的限制、规范、禁锢也越强，这成为中国近现代女性运动爆发的源起。

## 二 近代中国女性的体育生活

近代中国，始自1840年清朝与英国的鸦片战争，终于1949年中华人民共和国的建立。在这一时期，先进的资本主义文明强势侵入，农业经济逐渐向工业经济转型，帝国的君主专制体制渐趋解体、民主共和制度艰难建立，传统意识形态趋于崩溃，进步思潮风起云涌；政局不稳、战乱频仍、社会巨变……处于几千年未有之大变局下的中国人，努力开眼看世界、不断学习先进文化。追求个体解放、民族独立和国家富强，成为这一时代的主旋律。在社会变迁的深远影响下，中国女性也逐步改变了传统的身份与社会角色，在传统与现代的变革中挣扎奋斗，在复杂的政治、经济、文化和社会生活中扮演起新的角色，不断推动着社会的发展与进步。

鸦片战争后的中国国门洞开、西风东渐。伴随传教士、洋商、外交官和军人蜂拥而来的，除了战争、殖民、商贸、宗教和科学技术等西方文明，也有着独具特色的体育活动和训练。不同于传统中国的体育活动，这些西方传来的新式体育活动制度化、体系化较强，有着详细而公平的比赛规则，以及鲜明的竞技性和对抗性，对于活动的服装、器材、场地设施等均有明确的要求。这些带着"先进"标签的体育活动，开始不断地被中国政府及不同阶层引入，在军事、教育和社会生活领域中迅速传播，成为一种崭新的社会文化现象。古代中国女性以家庭为活动范畴，以柔弱为性别之本，各类身体锻炼活动极少，体育运动并非女性日常生活之必须。在一系列保种强国、女性解放、体育健美、体育救国、革命事业等近代思潮的影响下，近代开始普通女性与体育运动之间获得了较好的联系。在救亡图存、女性解放的社会呼声中，体育成为女性群体们追求理想和自我价值、获得社会认可的关键领域，也成为社会改变女性群体的重要方式。

### （一）清晚期女性的体育生活（1840—1912年）

鸦片战争之后，外籍人士获得了在华传播宗教、创办医院和学校的权益。一些教会支持男女平等和全面发展的教育理念，并创办女子学校。他们在女子学校逐渐开展课外游戏活动和体育课程，并引导女生们参与各类校内外的体育竞赛和表演。1900年教会调查资料表明，体操、音乐、地理、生理等是在华五所美国教会女塾的公共课。一些女校规定早上出早操，又列体操为正课，下午4点以后有45分钟的游戏。学生也有自己的体育组织——体育会。① 不仅如此，在城市社区和乡村，诸多宗教社团也积极建立组织传播宗教与卫生等公益。基督教青年会在城市中通过组织体育文化活动吸引教众，提倡德智体全面发展以养成完善人格，在近代中国获得极大的成功。他们在大中城市内设置机构吸纳男女青年以传播宗教思想，建立各类体育组织机构以宣传体育运动及卫生知识。而且，他们还广泛教授新式的体育项目、组织不同规模的体育比赛、培训运动员和教练，编写各类体育、医疗类的普及教材，采购器材修建体育场馆设施等，拓展了新式体育运动的影响。教会学校和教会组织的体育活动开展，令很多中国女性大为受益，对中国近代女子体育的兴起与发展起到了重要的引导和示范作用。

国势衰微、列强环伺时局下，晚晴改革派们认为"保国""保种"的根本，在于"鼓民力、开民智、新民德"，认识到"妇学为天下兴亡强弱之大源"，"中国之妇女深居闺阁、足不出户；此风一日不改则中国一日不强"。康有为在戊戌变法期间递呈《请禁妇女缠足折》，历陈缠足之害："令中国两万万女子世世永永传此弱种，于保民非荣，于仁政大伤。"② 梁启超特别强调："合四万万人而不能得一完备之体格。呜呼，其人皆为病夫……'苟体育不讲，则男子不能服兵役，女子不能孕产魁梧雄伟之婴儿。人种不强，国将何赖？'"③ 经元善认为，"我国欲图自强，莫亟于广兴学校，而学校本原之本源，成莫亟于创兴女学"④。这些都明确指出，中国女性的康强与民族的强弱盛衰休戚相关，应该突破传统宗法伦理对于女性的压制和束缚，开放女性教育，在身体、智识与道德方面进行新的塑造。并且，教育革新者们进一步认识到男女平等、发展女性教育以及体育教育对于个体、民族和国家的意义，认为，"故女子之体魄一弱，关乎全国人种之问题……急救目前女子之方法，断自体育始"⑤。他们也在社会中积极组织救亡运动，呼唤女性解放、倡导推动女性体育运动。在时代思潮的影响下，一大批私营新式学校在开埠城市成立，这既是仿学教会和西式学校的结果，也是先进的中国人力图革新教育、改变社会的重要尝试。

---

① 王玉立：《中国近代女子体育的兴起与发展》，《山东体育科技》2004年第2期。
② 康有为：《请禁妇女裹足折》，《康有为诗文选》，人民文学出版社1958年版，第95—99页。
③ 梁启超：《新民说·论尚武》。
④ 章开沅：《经元善集》，华中师范大学出版社1988年版，第215页。
⑤ 张肩任：《急救甲辰年女子之方法》，《女子世界》1906年第6期。

1898年上海出现了近代中国第一所女子学校——经正女塾；1902年"务本女塾"和"爱国女学"又相继在上海创办。此后，江南地区相继成立育德女学、咸贤女学、旅宁第一女学，还有后来的南京金陵女子大学、福州华南女子大学等。这些学校都旨在"发展女子身心健康"，招收女生进行新式教育，设有体操课程以增强学生体质、精神和意志，并适时举行运动会。这些开风气之先的女性教育思想与实践，开近代女性体育教育的先河，对于改变传统的女性活动观念、发展女性体育实践起了极大的推动作用。

图 2-16 1900年浙江温州女子学校学童

（图片来源：www.360doc.com）

同一时期，很多留学青年如秋瑾、许一冰、汤剑娥、蔡元培等，更是努力在媒体上启蒙民众的女权意识、宣扬女性体育活动的益处，并开办专业体育学校推广女性体育、培养女性体育教师，组织各类体育表演和运动会。1902年陈撷芬创办《女学报》，呼吁男女平权，提倡女性参与体育运动。燕斌主编的《中国新女界杂志》以及唐群英主编的《二十世纪之中国女子月刊》，以提倡恢复女权与女子教育、注重改良婚姻道德为宗旨。汤剑娥在1908年创办中国女子体操学校（后更名为中国女子体育师范学校），专招女生入学，除开设各类体操、拳术和军事操等技术课程之外，还包括伦理、国文、数学、音乐、体育学等理论课程；除正常的课程教学活动外，每年还举办学校运动会。《民吁日报》在1909年11月曾对该校运动会进行报道:"初二下午,该校开第二次运动会,男女来宾千余人。会中运动节目计有四大部。……其本校材料之新颖,操演之精确,平时练习之功可见。实为近来女校所罕见。即东方诸国女校,殆有过之而无不及。他日出而教授,于中国女界体育前途,裨益真非浅鲜也。"① 至1937年停止办学,中国女子体操学校共造就1751名毕业女生,她们大多充任各类学校的体育教员,为近代中国女性体育事业做出了杰出的贡献。② 这些针对女性体育运动的讨论和体育培训、办学,在理论和实践上对中国女子体育的发展产生了深远的影响。

在国家局势危厄困顿、社会危机迭现的局面下,不满于改革派"新政"的保守不前,革命派主张武力推翻清朝专制统治、建立民主共和体制,实现民族和国家的富强。他们宣传讲求体育、强健国人体质,激扬国民尚武精神,要求对全体国民进行军事素养的身体训练,以求抵御外侮、救亡图存。而自西方传入的以军事体操为代表的新式体育运动,以及传统中国的技击性的武术,成为他们改造国民身体与精神、实现强民强国的重要手段。蔡锷、蒋百里、邹容、徐锡麟、孙中山、黄兴等革命志士纷纷利用报刊宣扬军国民教育思想,倡导民众进行体育训练、增强身体素质。为了号召更多女性投入革命事业,他们更是积极呼吁解放妇女、破除缠足陋习。在传播革命思想和体育运动价值的同时,他们还组织各种革命社团进行体育操练。例如,自1905年徐锡麟创办绍兴体育会后,江浙地区成立大量的类似体育社团,如杭州体育会、丽水体育会、嘉兴竞争体育会和宁波国民尚武分会等。1907年,谢逸桥等在广东组织了松口体育会,集中革命人士进行军事体育训练。这些革命党人主导的体育社团,不仅重视新式体育活动,如兵式体操、射击、单双杠、哑铃、跳高、木马等,还有中国的传统拳术技击;不仅重视男性会员的培养和体育训练,也招收女性进行体育运动的训练和革命力量的培育。

为了延续帝国的命脉,晚清政府不断地进行各类改革,在教育领域也革新尝试。1901年清政府推行"新政",主张废除科举、兴办新式学校,并于1904年颁布实施《奏定学堂章程》。这是近代中国史上第一部具有现代化特征的学校教育制度,并一直沿用到1911年中华民国建立,它以法定形式将体育定为学校教育的正式内容,使得体育作为培养全面发展人才的一个重要方面而成为社会共识。1907年政府奏颁《女子小学章程》和

---

① 汤剑娥:《女体操校之大运动》,《民吁日报》1909年11月15日。
② 罗时铭:《中国体育通史第三卷》,人民体育出版社2008年版,第274—275页。

《女子师范学堂章程》，将女子教育正式纳入国家学制系统。这承认了女子教育的合法地位，为女性体育教育的发展提供了制度保障。尽管清朝内忧外患，其专制中央集权政府作为一种国家机器，行政组织力量仍然是极为强大的，政令的颁布和推行仍可以贯通整个社会上下层。政府一系列有关体育教育和女性教育制度的颁布，有力地推动了女性体育教育在全国范围内的发展，也刺激了各级各类学校对于体育师资的需求，尤其对于女性体育教师的需求。很多体育师资培训学校纷纷招收女性进行体育专业教育，这些使得新式体育在学校系统中得以飞速地传播。

图 2-17　1910 年北京慕贞女校女学生做哑铃操

（图片来源：www.manzu87.com）

综合而言，清晚期是中国社会的一个重要转折时期，这个时期城市领域内女性体育也有了新变化。但是这些变化仅仅局限于城市中具有入学资质的中上层家庭的女性。绝大多数的城市女性和农村女性的日常生活仍然沿袭着传统的节奏。她们的运动生活，无论是西洋风范的新体育还是传统模式的旧体育，都是极为稀少的。只是受女性解放运动的影响，一些城市女性开始不再缠足；少数城市女童因为加入教会学校的缘故而接受了新式教育，包括体育游戏和训练活动，进而成为新式体育活动的主体。至于农村地区，缠足的传统依然风行，乡村女性依然沿袭着农耕时代传统的体育游戏娱乐；新式体育尚未扩展到乡村山野，更无法体现于农村女性的社会生活中。但是，社会的转型已经开启，革新的力量更是持续地突破、转变传统的社会心态和行为，加速了社会的变革。女性解放的呐喊已经首开社会风气之先，女性的新式体育运动开始为社会所接纳，随着帝国的崩溃和民国的建立、社会经济快速的发展以及文化启蒙运动的进一步蓬勃，女性体育的发展进入另一个阶段。

### （二）中华民国时期女性的体育生活（1912—1949年）

1912年，沿袭2000多年的专制帝国终于崩溃，中华民国蹒跚而立。尽管民国时代军阀割据、战乱不已，但政治制度还是保持着从专制到民主的进路；经济也快速发展，持续着从农耕文明向工业文明转型的趋向；社会文化更是彰显出自由和多元化的蓬勃态势，教育也不断地创新发展，培育出更多优秀的人才。女性在这一时期获得了更为广泛和深度的解放，在职业和生活的选择方面不断突破陈规，获取了更大权利与自由，并在社会发展的各个领域显示着女性的智慧、力量和贡献。而女性的身体与体育生活，在这一时期更是与政治、教育和社会运动密切相关，在剧烈的社会变迁中凸显着不同以往的特色。

图2-18　1919年上海丽则女校的球会会员

（图片来源：《妇女杂志》，1919年9月）

民国时期也是近代体育发展的黄金时代。政府相当重视体育事业的发展，相继在政府、党团和军队内均设立体育管理机构，推进国内赛事筹办和参与国外比赛，建立各项基本的体育制度，陆续颁布实施《国民体育法》、《国民体育实施方案》、《国民体育实施计划大纲》及《战时体育政策》等政令和法律,在教育政策中强调体育的功用和女子参与体育的重要性。这些政府举措对学校体育女性的推动起了极大的作用,同时,也对女性将体育纳入日常生活中的体育参与社会上的体育比赛和纳入起到了鼓励作用。

发轫于 20 世纪早期的新文化运动促进了近代中国女性的解放,也推动着近代女性体育事业的发展。这场社会启蒙运动对于民主、自由的呼喊,对封建礼教的抨击和女性解放的宣扬,将"根植于男权社会压迫中国妇女的种种传统首次进行了全面而彻底的清理,并在理论上阐明了建设新的社会风尚的标准和途径"①。在其影响下的女性解放运动不断发展,使得女性的社会地位和个体权利得到一定程度的改善与提高,传统男尊女卑的两性关系也得到一些纠正。在新思潮的启蒙影响下,近代女性在教育平等与婚姻自由、人格独立和个体权利、职业发展及经济独立等方面,不断地与旧的家庭、家族伦理观念进行着抗争,努力摆脱家庭、家族及传统意识形态的束缚,作为独立的个体进入社会公共领域。知识界对于妇女解放和女权的主张,对于"裹足"与"束胸"传统陋习的批判,既迎合了接受新知识的女性群体们的文化需求,也为女性参加公共领域的体育活动提供了重要舆论认同。一方面,参加体育运动使女性的身体得到解放,塑造形体健康美丽的新女性,成为当时知识界和舆论界的共识;另一方面,女性解放运动对于生活中的传统价值观念、行为准则以及生活方式,也产生了重大影响,使人们逐步接受某些新的事物,公共领域进行的女性体育活动和表演逐步在城市中获得接纳和欢迎。女性体育的发展,由以晚晴时期"强国保种"理论为推展的基础,发展到以"推动女性个体自我觉醒和解放"的启蒙思想为发展基础。

20 世纪 30 年代日本加剧侵华,中华民族危机大爆发,民族主义思潮再次激荡全国。以个人自由主义为基调的妇女解放运动开始注重民族群性,由呼吁女性个体自主转向以唤醒大众政治参与、激发民族责任意识的集体主义。随着"体育救国"思潮的涌起,体育也被寄望担负起救国的重任,中国女性也再次被纳入救亡的社会期待中,女性体育的推动和发展的目标,再次转向拯救民族和国家。

---

① 张文娟:《近代妇女解放思想与五四新文化运动》,《齐鲁学刊》2008 年第 1 期。

图 2 - 19　第六届远东运动会中女子队球（排球）比赛（背对镜头的是中国队）

（图片来源：《妇女杂志》，1923 年 7 月）

在政府重视体育和新文化运动推动女性解放的双重背景下，学校女性体育获得了飞速的发展。1912 年 6 月，留日归国的李莲在广州创办私立广东女子体育学校，以培养小学体育师资为主。该校先后有毕业生 300 余人，其中优秀运动员如余碧霞等人，被选为中华女子排球员参加远东运动会。1914 年教育改革家蔡元培在上海创办"女子爱国体育科"，招收女学员，修业年限为一年半，以培养合格女子体操教员为目标。该科前后共有 12 届毕业生 600 余人。1915 年，美国基督教会的各个支派联合在南京创办金陵女子大学。该校设有 16 个四年级学科，包括中文、英语、历史、社会、音乐、体育、化学、生物、家政以及医学专科等。校方特别重视体育运动对于人的培养功能，在体育课程、课外活动和校队建设方面均取得很好的成就。其中，体育陆续开设有团体操、田径项目、射箭、跳远、击剑、体操、跳高、棒球、篮球、曲棍球、羽毛球、舞剑等项目。在美国获体育学士学位的陈英梅女士，于 1915 年在上海创办女子体育师范学校，传播美国的球类、田径、器械体操等项目。1920 年，广州基督教青年会干事许民辉发明便于女子练习的低网排球，受到官方的重视。广东省教育会和基督教青年会共同制订了《低网排球规则》，并先后在广东女子体育学校、省立女子师范学校、真光学校、培道学校等教育机构中广泛推广。陆礼华于 1922 年在上海创办私立上海两江女子体育师范学校，办学直到 1950 年，共办了 22 届，毕业学生达 1000 多人。这些高质量的女性体育师资教育，为近代中国培养了大量女性体育专业人才，对于在女性中传播近代体育产生了广泛的影响。这一时期，无论是作为救国的重要手段，还是作为个体自我解放的方式，抑或实现育人价值的重要途径，体育运动（不论是新式体育，还是传统的体育）都在公立学校、教会学校、私立教育或培训机构中获得重视，女性体育运动也得到极大的发展。

女性体育活动在学校中获得发展的同时，在社会公共生活中也获得了进一步推广。教育领域中女生广泛参与体育课程和体育课外活动，不仅推动了女性解放和体育救国运动的发展，也为社会上的各类体育竞赛和表演以及城市中的体育活动的进一步开展铺设了基础。1916年，江苏省运动会在扬州市进行，上海爱国女校的篮球队进行了篮球表演赛，女生们的表演引起了轰动的社会效应。1921年，广东举办第8届省运动会，女子低网排球比赛有5支队伍参加，队员都来自大中学校，培道女子中学获得了排球冠军。随着学校中体育运动队的确立和优异成绩的展现，女子体育受到社会更多的关注。1921年第5届远东运动会在上海举行，基督教青年会组织女中学生进行健身操表演，这是中国女子体育首次在国际比赛中露面。1923年基督教女青年会在北京主办第一次女子联合运动会。[①] 1923年中国女排赴日本参加第六届远东运动会，这是中国女性首次走出国门参加国际体育比赛。1924年第3届全国运动会上首次允许女运动员参加比赛，为女运动员设置了篮球、排球和垒球3个项目。此后，在各界全国运动会及省市运动会上，都开始发展女子体育项目。1924年，两江女子体育专科学校成立近代中国首支女子足球队。1931年两江女校篮球队8名队员远征日本，与多支日本女篮进行了10场交锋，获得9胜1平的辉煌战绩。1935年两江女篮又出赛菲律宾、印尼、马来西亚等国，捷报频传。1935年全国运动会召开时，在1649名选手中，女性有636人，参加项目从第4届的4个项目，增加到第6届的7个，涉及田径、游泳、篮球、网球、排球、垒球、国术。[②] 随着体育在近代中国的逐步普及，女性开始成为近代新式体育的重要参与力量。

学校体育的发展不仅促进了部分女性参加社会上的竞技体育，使得女学生在毕业后将新式体育纳入生活内容，也推动了女性对于传统体育的重视和参加。史料记载，新文化运动期间，四川成都少城公园的体育场上出

---

[①] 赵晓阳：《强健之路：基督教青年会对近代中国体育的历史贡献》，《南京体育学院学报》2003年第2期。
[②] 王振亚：《旧中国体育见闻》，人民体育出版社1987年版，第147—149页。

现了女子打网球、皮球的现象；有诗云，"公园啜茗任勾留，男女双方讲自由；体育场中添色彩，网球打罢又皮球"①。因为条件限制，大部分社会女性无法接触新式体育，她们多采用传统体育方式进行身体练习，或为国家政策、社会舆论所动员规训，或借此进行娱乐、寻找认同、呼唤解放，或只是闲暇时对于童年体育游戏的延续。传统体育如武术被尊为"国术"；太极拳、木兰拳、咏春拳等武术活动，在社会中下层女性群体中得到了较快的推广。许多无法聘请专业体育教师的学校，只能采用传统体育活动和游戏作为教学内容；尤其在20世纪30年代关于"土洋体育"的发展道路讨论后，传统体育活动在学校和社会上得到很快的推动与发展。近代精武体育会是民国时代卓越的民间体育组织，盛时会员达40万之众。他们认同男女平等，打破"传男不传女"的约规，认为女性应学习国术进行身体锻炼以肩负民族使命，而学校体操仅为枝节，女子应该学习技击。精武体育会组织了一系列女子习武组织，如女子精武会、精武女子模范团、精武女子精勤团等，招收了大批女性学生，推广传统体育。1928年成立的中央国术馆，"以提倡中国武术，增进全民健康"为宗旨，以"泛学博通"为教学原则，不但招收女生，还于1933年举行的第二届国术考试中增加女子对抗比试，推动和鼓舞了更多女性参与传统体育的继承与发展。1936年赴柏林参加奥运会的代表团中，除了杨秀琼参加女子游泳外，尚有"中央国术馆"选派的刘玉华、傅淑云及翟涟源3名女性进行的武术表演。

  近代学校女性体育的开展，促使部分女性能够积极参加社会体育活动。尽管女性体育在项目和地区方面发展都不平衡，但女性进入竞技比赛领域所获取的成就，使得女性运动员的社会影响力获得提高，也进一步鼓励更多女性参与体育运动。体育运动的不断普及，工商经济的发展和近代城市生活方式的改变，使得社会上层的一些女性将体育休闲活动纳入生活内容。竞技体育表演也逐步吸引着商业和媒体的关注；很多女性体育明星和女子体育表演，成为媒体和观众青睐的对象。这些社会新现象，对改变中国女性文化观念、推广女性体育运动起到了促进作用。

  综上而言，在近代剧烈的社会变迁中，生产方式的进步、社会制度与结构的变化以及思想解放潮流的兴起，促进了女性的解放事业和体育运动的快速发展。在此背景下，越来越多的女性开始获得启蒙，不断觉醒着独立意识和女权思想。一方面，近代体育运动的发展给予中国女性群体的解放，尤其身体的解放以重要的社会展示途径，推动了女性的解放事业；另

---

① 孔翼：《成都竹枝词》，四川人民出版社1987年版，第163页。

一方面，女性解放事业也进一步推动了更多女性参与体育运动。除此之外，近代中国不同政府对于体育教育的重视，有力地推动了女性体育运动的推广与普及。女性的体育生活，主要体现于女性在教育系统中所获得的体育（操）教育和活动。从学校毕业的女性，尤其具有专业体育教育背景的女性，成为社会上新式体育竞赛和表演的主力军。她们在公共领域的出现和媒体上的报道，较为有效地改变了中国传统的女性观念，为更多女性在生活中参与体育运动起到了示范作用。女性体育在教育中和社会上的逐步发展，逐步改变着传统的两性关系，提升着女性的社会地位和自我价值，改变着中国女性的历史，持续推动着近代社会的进步。

但是，也应该看到，体育并没有成为这个时期大部分女性生活中的必需部分，只是出现于城市少数精英女性的教育活动、职业生涯或个体生活之中。即使如此，也有研究发现，"民国期间从事体育活动的大多为女生，当女学生走出校门、嫁人之后很少在运动场上看见她们的身影；即使那些体育健将如杨秀琼、李森等人，在婚后都不再从事体育运动"[1]。在近代中国工业化的进程中，社会中下层的部分女性逐步成为轻工业产业中廉价的劳动力，大部分女性仍然附着在农村小农经济之上。由于基础教育薄弱，政府投入较少，传统思想约束、难以触及开放舆论，背负家庭生产生活沉重压力等因素，大部分女性没有渠道、意识、资本去学习新式体育，更没有时间和精力经常进行传统体育活动。所以，无论是新式体育还是传统体育，都尚未被大多数的近代中国女性纳入日常生活之中；体育仍然作为"保种""解放""健美"或"救国"的工具展现在社会的"宏大叙事"中。

## 三 当代中国女性的体育生活

1949年国民党败退台湾，同年10月中华人民共和国在大陆成立至今，中国进入当代范畴。在当代中国剧烈的社会变迁中，基于政府的积极促动和社会经济文化的发展，女性的社会地位和生活普遍地得到提升。而且，政府极为重视体育功能的开发，以强大的行政力量给予推动和普及。当代的女性体育，不论是学校系统中女生的体育教育，还是社会普通女性生活中的体育活动，抑或是体育职业中女性群体的体育运动，较之近代中国，都在量和质的方面获得了极大提高。受资本主义生产方式与生活方式的影

---

[1] 王浩：《民国时期的女子体育研究（1927—1937年）》，硕士学位论文，华中师范大学，2012年（http://cdmd.cnki.com.cn/Article/CDMD - 10511 - 1012383402.htm）。

响,中国香港、澳门、台湾的女性也在体育运动方面有着显著的提高。

## (一) 改革开放前女性的体育运动(1949—1978年)

1949年中华人民共和国成立后,党和人民政府主导了民族解放运动和妇女解放事业,也极为重视体育运动的"工具化"价值,将体育运动视为保卫红色政权、显示社会主义制度优越性的重要体现。作为妇女解放和体育事业的会合领域,女性体育得到党和政府的大力支持,获得了极大的发展。

早在新中国建立之前,中国共产党即号召打倒家族宗法传统、解放妇女权利。这一革命思想获取了中下层女性群体的强烈认同。被解放的女性在思想和行为上深烙着革命色彩:一方面,她们传承着古代社会中下层女性的坚韧品质,"吃苦耐劳";另一方面,在"党和政府"的组织动员下热情地服务于革命需要,例如发展生产、锻炼身体、保卫红色政权、挽救民族危机,包括之后的"大跃进"及"上山下乡"等宏伟事业。1949年后,女性作为国家人口养育的伟大力量和社会生产的重要劳动力得到进一步重视,在政治、经济文化教育、社会和家庭生活等方面获得了与男性平等的法定权利,在自我发展、政治权利、社会地位、社会参与等方面进一步获得法律与政策的支持与保护。这一时期,逐渐被从男权制下"解放"的女性"走出家庭,走向社会"参加生产劳动,在实现国家任务、推动社会发展方面做出了极大的付出与贡献。

1949年后,中华人民共和国在政治、经济及社会治理方面向苏联学习,以"计划经济"模式努力"赶英超美",在体育方面也极力学习苏联模式,逐步建构起较为完备的体育发展策略。成立中央人民政府体育运动委员会,提出"发展体育运动、增强人民体质"的号召,并推出"结合实际情况开展群众性的体育运动,并逐步地使之普及和经常化"的群众工作方针。[①] 1956年,中国共产党领导下的共产主义青年团中央发出《创新纪录的群众体育竞赛获得的通知》。随后,国家体育运动委员会颁发《劳动卫国体育制度》,以使得体育为"劳动生产和国防建设服务"。同时,提出"普及与提高相结合"的要求,相继组建各个专业的国家队,发展竞技体育运动。在权威号召、政治动员和政府强力推动下,举国上下掀起参与体育运动、达标创纪录的热潮,体育运动获得了超乎异常的发展。有着"吃

---

[①] 国家体委政策研究室:《体育运动文件汇编(1949—1981)》,人民体育出版社1982年版,第12页。

苦耐劳"与"服从权威"传统的中国女性，在体育运动中也积极投入。"由于对于体育的传统偏见，体育还不是一门令人羡慕的职业。但当时社会都提倡为党的事业做出牺牲，强调国家利益高于个人利益。因此，不少年轻女性响应党和国家的号召进入体育院校或运动队。"[1] 女性不仅在竞技体育"为国争光"的过程中凸显自身角色，在大众性体育活动中也成为身体力行者，担当起发展中国体育事业的时代任务。

图 2-20 田野中的赛跑

（图片来源：腾讯体育）

体育工作成为国防建设和国家经济发展计划和国民教育的重要部分。在政府的强力推动下，女性体育运动获得极大的普及。政府对于女性社会地位的重视，使得女性成为社会生产生活的主体力量。城市女性在工矿企业中得到有效组织，被动员参与到生产事业中去；农村妇女则被激励成为"半边天"，成为田间地头劳动生产的重要力量。就女性群体而言，一方面，她们把参与体育运动，尤其参加一些体育比赛并获得成功，看成是自我解放的一部分；另一方面，很多女性希望通过体育活动的成功参与，获得肯定。1954 年，中央人民政府下达了《关于在政府机关中开展工间操和其他体育运动的通知》，自此，各机关团体，后来发展到乡村集体，在工

---

[1] 董进霞：《延续和变迁的中国社会与女子体育》，《体育与科学》2006 年第 2 期。

作休息时做广播体操成为一种制度。在1958年开始的"大跃进"运动中,"体育周""体育月"的活动随处可见。乡镇、学校、企业、工厂和公社,甚至街道都办起来运动学校,运动学校如雨后春笋般涌现。① 这一时期女性的体育运动,不仅是传承自古代中国的传统体育,也不仅是接续民国时代的新式体育,还有结合苏联体育创造的具有浓厚政治意涵的集体舞蹈与体操,如秧歌、忠字舞、农作舞、劳动体操、广播体操、生产操以及集体运动竞赛等,在城乡女性群体中得到很大的普遍推行。而"文化大革命"中,群众体育运动成为神圣革命事业的一部分,很多女性参与体育运动,被视为参与集体生活、投身革命事业的行为。因为频繁的政治运动和逐渐衰落的经济发展,群众体育事业受到极大的限制。较之50年代的女性体育运动,六七十年代的女性体育处于衰落状态。

图2-21 1957年贵州黔东南苗族侗族自治州凯里市,苗族、侗族女子篮球队进行比赛

(图片来源:《中国青年报》中青在线)

---

① 董进霞:《女性与体育——历史的透视》,北京体育大学出版社2005年版,第24页。

在教育领域，因为政府贯彻男女平等的教育权，女童受教育的权利和实践受到重视与保护。而且，政府极为重视体育功能，例如，毛泽东曾做出"体育第一、学习第二"的最高指示，学校女性体育教育获得了很大普及。在学习苏联体育教育的基础上，各种体育教育的机构、规范和要求得到全面建立和推行；体育课的设置、劳卫制与青少年广播体操的全国性推广，以及课余运动竞赛的全面发动，使得学校女生体育运动得到前所未有的发展。政治运动的促进和各种体育教学文件的更新和调整，使得学校女生参加大量的体育活动，运动成绩迅速提高。高校中也产生了大批体育成绩特别优异的女生群体。在1961年北京第24届世界乒乓球锦标赛前后，中国共产党、共产主义青年团和国家体育运动委员会号召女性参加乒乓球运动，使得全国出现女子"乒乓球热"。尽管封闭的政治环境致使国际比赛机会较少，但政府却很重视竞技体育的外交功能，对于发展竞技体育特别重视。专业体育院校也大量招收女生，对她们进行身体素质和竞技运动技能的训练。基于身体条件和体育运动的天赋，一些乡村女性能够借此逃离艰难的农村生活，一些城市女生以此躲避"上山下乡"。女性体育教育的发展，既深受政治动态的影响，也受到经济因素的制约。1959—1961年的"大饥荒"和此后的"文化大革命"，严重破坏了学校体育的正常运作，使得女性体育教育活动受到了严重的影响，以劳动、军事训练取代体育教育的作为被很多学校所接受。

在高水平竞技体育领域，竞技体育担负着提高红色中国国际地位的重要任务，也成为追求"赶英超美"的重要领域。政府借鉴苏联的高水平体育竞技体系，吸纳了大量的女性进行训练，使其与男子一样有参加各种体育训练和国际比赛的机会，以赶超世界竞技水平，显示制度的优越性。女性高水平竞技体育在这一阶段展现出曲折性发展的特征。国家积极鼓励女性参与体育运动。1962年，全国共有282名女性教练员，占教练员总人数的16%。1951年到1958年，共有161名女性运动员在35个项目上打破了全国纪录。20世纪50年代末期，我国女性在速度滑冰、乒乓球、射击、体操乃至篮球等项目上取得突破。1957年郑凤荣以1.77米跳高纪录成为我国第一位打破世界纪录的女运动员。1961年邱钟惠获得乒乓球世界锦标赛的冠军。[1]

---

[1] 董进霞：《女性与体育——历史的透视》，北京体育大学出版社2005年版，第24页。

148　性别、身体、社会

图 2-22　女子乒乓球运动员邱钟惠

（图片来源：新华网）

尽管取到这些成就，应该看到，虚高的政治动员下很多冒进、浮夸、不科学的训练目标和手段和方法被广泛地推广着，导致很多女性因为大负荷、长时间的运动量和医疗的缺乏，出现大量的伤病状况，甚至一些女性运动人才因此夭折。这种现象，不仅在高水平竞技体育中出现，在普通的群众体育和学校体育教育中，也普遍存在。而此后的"文化大革命"期间，政府体育管理体系不能正常运转，各级运动队也被解散。为了满足凝聚内部认同、突破外交困境的政治需求，竞技体育事业在 70 年代得以重新发展，很多运动队和体育院校得以恢复。总体上讲，1959—1976 年，我国女性体育事业虽然遇到众多困难和挫折，但仍有一些收获。而群众体育在没有强力政治的鼓动下，逐渐呈现衰落迹象。在此期间，我国运动员共获得 22 项世界冠军，其中女性占 7 项，占总数的 31.8%；在获得的 43 个世界冠军头衔中，女性有 13 人，占 30.2%。[1]

综上，在党及政府的强力推动下，现代女性得以摆脱传统父权和族权的压制，获得了与男性同等的各种权利。虽然"被解放"的女性获得了很高程度的独立与自主，但她们在自我工作与生活方面，却受到国家政治形

---

[1] 董进霞：《女性与体育——历史的透视》，北京体育大学出版社 2005 年版，第 25 页。

态的深刻影响与规训。此外，国家极其重视体育运动的"工具性"价值，自上而下进行推动，使得普通国民的体育运动和高水平的竞技体育都获得了飞速发展。但是，这种"发展"是外部强力所催化的、非常态的"发展"，而非民众内在地、自发地、自愿性地将体育运动纳入自我生活。这种依靠外部力量催化起来的发展，难以得到稳定长久的持续。[①] 体育事业常态发展的本质，在于国民发自思想意识领悟和意识到体育运动的功能与积极效应，切实地将体育运动纳入日常生活，成为生活中不可或缺的内容。这种状态的呈现，与国民个体的经济状况、闲暇时间、对于体育的理解与认识、社区的体育设施器材、体育文化氛围、政府体育制度政策等因素息息相关。整体而言，这个时代女性群体的体育运动相较之民国时期的女性体育，有了极大的发展。但是，各种政治斗争和社会运动的频繁发生，以及因此导致的社会与经济的凋敝，使得包括女性体育在内的体育事业也遭受到很大的挫折。在政治的需要下，高水平竞技体育被国家持续提供资源予以有效支持，而一度轰轰烈烈的群众体育包括学校体育在内，都呈现出衰退的特征。

**（二）改革开放以来女性的体育运动（1978—2014 年）**

自 1978 年改革开放以来，政府推行的经济体制改革持续深化，政治民主和法治建设稳步前进，个体开始获得更多自由，创造性也得到极大释放，国民财富得到了极大的创造。这一时期，在政治和法律方面，有诸如《妇女权益保障法》等的法规给予女性以保护，官方的全国妇联组织和其他民间社会对女性权益维护以扶持；女性在个体自由和独立方面获得了进一步的解放，在创造社会财富中扮演着重要角色。但是，由于市场经济条件对就业及工作的劳动力要求，与改革开放前的女性相比，女性社会地位在改革开放后在某种程度上呈现下降趋势。[②] 改革开放以来，政府十分强调高水平竞技体育的发展，通过"举国体制"投入巨量的资源给予支持，而给予普通国民体育运动的支持则相对较少。所以相比较而言，女性大众整体的体育运动状况，与女性高水平竞技体育的状况很不平衡。在女性大众体育运动方面，由于城乡二元体制的区隔，城市女性群体的体育活动参

---

① H. Xiong, "Urbanisation, Women's Body Image, and Women's Sports under Chinese Socialism 1949 - 1979: A Historical Review", *Sport History Review*, 2008, Vol. 39, pp. 127 - 151.
② 根据著名社会学学者李银河及何清涟的观点，女性的社会地位呈现下降趋势（http://www.stnn.cc/ed_china/200903/t20090309_992167.htmlhttp://www.douban.com/group/topic/2898445/）。

与,又远远好于农村女性群体的体育参与。尽管如此,在市场经济的推动下,对外开放的影响下,女性自由与独立进一步增强,普通女性的体育运动呈现出前所未有的发展。

改革开放以来,九年义务教育的普及使得女童的受教育权获得了法律保障。在童年和青春期接受国家教育(包括体育教育)的女性数量获得极大的提高,男童和女童在入学率上的差异已基本消除。体育运动被视为学校教育实践的基础工作,在中小学教育系统中,学生每天有固定的课间广播体操,每周有正式的体育课程、课外体育活动以及建制化的学期体育运动会。在职业学校和大专院校系统中,体育课程是学校的必修课,学生被鼓励参加各类体育社团和各种校园体育比赛。学校体育事业在总体上发展的形势下,也呈现一些新的特征。一方面,各种体育教育创新的理论探索和实践,如快乐体育、健康体育等教育思想及各种教学模式在学校中的得以发展;另一方面,学生整体的体质水平却呈现逐步下降的趋势,女生的体质和健康状况也在逐步下滑。根据国民体质监测结果,我国青少年学生体能素质整体下降。2005 年学生肥胖率检出比 2000 年增长近 50%,小学生近视率为 31%,初中生为 58%,高中生为 76%,大学生为 83%。2005 年与 1995 年相比,学生的柔韧性、爆发力、肌力、耐力、肺活量均呈下降趋势。其中,体能素质中的速度素质、力量素质已连续 10 年下降,耐力素质已连续 20 年下降。[①] 据调查,多数学校的体育课满足国家课程标准,但是,中小学生每天运动量远远不够 1 小时。2012 年中国教科院的调查显示,国内高中阶段能达到每天 1 小时体育活动的学校不足 50%,高三阶段学生每天做作业时间超过 4 个小时的达到 70%。据调查,北京市中小学体育课教学在国内较规范,多数学校的学生都能达到每天一小时的体育运动。[②] 较之于普遍活泼好动、喜欢竞争的男学生,相对文静的女生群体在学校系统中的体育参与及活动量,明显低于男学生群体的体育参与及活动量。

面对学生体质下滑趋势和体育教育不被重视的状况,政府也做出相当多的努力。例如,1995 年国务院颁布《全民健身计划纲要》、全国人大常委会通过《中华人民共和国体育法》,2007 年颁发《中共中央国务院关于加强青少年体育增强青少年体质的意见》,教育部、国家体育总局、共青

---

[①] 马北北:《国民体质监测显示我国青少年体能连续 10 年整体下降》(http://zqb.cyol.com/content/2010-03/30/content_ 3158021. htm)。

[②] 缪晨霞:《学生体质下降问责体育课?》,《新京报》2012 年 12 月 17 日 (http://www.bjnews.com.cn/lifestyle/2012/12/17/239597_ 3. html)。

团中央发起《关于开展全国亿万学生阳光体育运动的决定》，2012年教育部颁布《关于进一步加强学校体育工作的若干意见》等。由于各方重视及干预，学生体能素质显现出下降速度减缓甚至部分好转等的趋势。2010年国民体质监测调研结果表明，我国国民体质总体合格率呈持续上升趋势，中小学生身体素质连续25年持续下滑的趋势得到初步遏制，但学生中超重肥胖、视力不良等情况明显增加，大学生的耐力、速度、爆发力、力量素质继续出现下降。[1] 现代化的生活方式致使人类各种身体活动明显减少，对于智识和理论的过分重视导致学生课业繁重、运动时间缺乏，学校因"安全"考量而弱化高强度竞技性和风险性的运动项目，家庭及学校的成年人未能提供体育运动习惯及行为的模范引导，学校、家庭及社区更匮乏运动器材和设施的提供，学生将闲暇时间用在电脑与手机方面等诸多因素的综合作用，导致学生体育运动参与下降、体质下降。由于整体的社会环境未发生改变，这些政府的强力干预，在提高学生参与运动的兴趣与时间、养成体育锻炼的意识和习惯方面，效果并不算明显。除了以上因素影响男女学生的体育参与，就女生而言，还存在体育课程男女合堂上课，体育教学内容、教学方法和评价手段安排缺乏针对女生生理和心理特质的原因，导致很多女学生喜欢体育运动，却不喜欢体育课的教学过程。

在改革开放以来，竞技体育的发展得到了党和政府的全力支持，而群众体育的支持力度则不足，发展处于相对落后的状态。在相对落后的群众体育中，女性又是一个十分薄弱的群体，与竞技体育中女性取得的成就，形成了一个强烈的反差。[2] 学校女生在毕业后步入社会就业、工作并成立家庭，转变为社会女性。据调查统计，社会女性在参与群众体育人数比例不大，形势不容乐观。2000年，我国16岁以上城乡居民中有35%参与过一次以上的体育活动，其中女性占38.26%，占女性调查人口中的30.80%；有69.10%的女性在2000年没有参加过任何的体育活动。体育人口这一概念反映了男女不同性别体育的参与状况。中国体育人口男女性别比为179.17%，和中国现阶段总人口性别比103.34%相比，高出75.83%。[3] 社会学者将其归结于社区体育场地、器材设施匮乏，政府职能

---

[1] 2010国民体质监测结果：大学生体质下降中小学生好转（中国之声：《新闻纵横》，http://china.cnr.cn/yaowen/201109/t20110903_508454238.shtml）。

[2] 潘勤：《中国社会的三次转型与中国女子体育的发展研究》，硕士学位论文，苏州大学，2009年，第24页。

[3] 新浪体育：《中国体育人口年龄性别结构女性比率明显低于男性》，2011年7月16日（http://sports.sina.com.cn/o/2011-07-16/22515661311.shtml）。

部门组织服务不到位，女性在工作成家之后承受家庭和工作的双重压力，无暇进行体育锻炼等诸多原因。整体上讲，女性在学生时代所受到的体育教育和体育活动体验，并没能够很好地融入其日常生活。另一方面也说明，在失去国家权力的强力驱动下，群众体育恢复到其自然成长的本真状态，与改革开放之前那种被动员起来的、轰轰烈烈的群众体育状态反差很大。

应该讲，改革开放以来政府依然强调群众体育的重要性，并试图推动发展。例如，1995 年即启动《全民健身计划纲要》，逐步开启城市社区体育指导员制度，建设城市小区体育活动网点。只是，政府不再像改革开放前那样通过行政和舆论力量去强制性地"繁荣"体育事业，也不像对高水平竞技体育的资源投入那样重视群众体育运动。同一时期，政府单位制下组织和动员的体育运动的能力与意向也愈发弱化。随着改革开放进一步深入，国家经济的飞速发展，城乡人口流动的频繁和城市化进程的加速，国民的生活水平和受教育程度也日益得到提高，女性的闲暇时间整体上增多。女性虽然在就业工作中受到一定程度的歧视，但在经济发展中也获得更多的成功。女性经济的独立，不仅使得女性个体的独立观念增强，更在娱乐、健美方面的消费获得更多的话语权和选择权。同时，对外开放和市场经济的发展更推动着中国体育市场化和商业化的飞速进步，女性逐步成为体育市场重要的消费群体。

城市化进程中的中国女性体育参与调查研究表明，具备较高收入、良好教育背景和开放意识的中产（白领）阶层女性健身意识强，成为引领中国女性体育参与及与此相关的体育消费的先锋。工人（蓝领）阶层女性体育参与率低，参加体育锻炼的意愿最弱，她们倾向于免费或低消费性的体育项目，如散步、打羽毛球、自由活动，以及被社会认可的传统体育活动，如太极拳和广场舞等。而失业（无业）群体女性多通过参与体育活动充实生活、扩大人际交往融入社会，她们多倾向于参加免费的运动。[①] 在城市女性中，离退休老年女性的体育健身活动最为活跃：在体育人口中，她们约占锻炼总数的一半以上。农村女性依然是中国体育事业中最为薄弱的群体。改革开放以来，因为政府长期重城轻乡的歧视性政策，广大农村地区青壮年选择弃地进城谋生。而固化的城乡二元体制及各种政府管制政策，使得妇女和儿童被迫留在农村，传统农村"男耕女织"的生存生活方式被打乱。农村形成以妇女、儿童和老人为主体的庞大留守群体。她们担

---

① 熊欢：《中国城市女性体育参与分层现象的质性研究》，《体育科学》2012 年第 2 期。

负着从家务到种田到经营等繁重的生产劳动,身心劳累、闲暇时间偏少,在失去以前政治强力动员的情况下,极少参与体育活动。她们学生时代的体育内容几乎与其成人之后的日常生活毫无关系,只有在农闲或节庆时节,或有极少数女性参加民俗性的体育项目表演。随着近些年来城市化进程的加速,部分农村女性能够脱离繁重的农业生产,有时间参与广场舞之类的集体性体育活动。

作为展现政绩、凝聚认同、激励体育参与、体现社会主义制度优越性的重要工具,高水平竞技体育一直是官方体育工作的重心所在,并得到"奥运争光计划"及"举国体制"强力的资源支持。改革开放以来,高水平竞技体育获得超常规的迅猛发展,在世界竞技领域取得了辉煌的成就。而女性选手在高水平竞技体育中做出了卓越的贡献,女性撑起了中国高水平竞技体育的"半边天"。从1988年第24届奥运会到2012年第30届奥运会,我国共获得金牌186枚,其中女子获得了107.5枚,约占总数的58%,主要集中在跳水、举重、摔跤、柔道、乒乓球和羽毛球等项目上。从获世界冠军和超创世界纪录来看,1988年以后每年我国女子运动员获世界冠军数和超创世界纪录次数都远远超过了男子运动员。1988年到2005年,我国女子运动员获得世界冠军986个,占这一时期我国获世界冠军总数1638个的60%,打破和超过世界纪录786次,占这一时期我国超创世界纪录总次数967次的81%。[1] 这种女性竞技成就远超男性的状况被称为竞技体育的"阴盛阳衰"。

对此,学者卢玲认为,是由于社会对女性的期望阈值低于男性,传统"男强女弱"的刻板印象造成了"阴盛阳衰"的错觉。[2] 女性们在高水平竞技体育中所获取的成功,的确有效地强化了国民的凝聚力,激发了更多国民投入到体育运动中去。而卓越女运动员在运动比赛、商业包括公益方面的表现,为更多女性树立主体独立意识、摆脱各种传统思想观念束缚、进行自我解放起到了很好的启蒙作用。对于中国女性在高水平竞技体育中获取的卓越成就,很多学者也进行了探讨,主要有以下的共识:第一,政府大力推广男女平等政策和体育运动,动员大量女性参与体育运动,为女性竞技体育崛起打下了扎实基础。第二,改革开放后政府极为重视竞技体

---

[1] 潘勤:《中国社会的三次转型与中国女子体育的发展研究》,硕士学位论文,苏州大学,2009年,第22页。

[2] 卢玲:《我国竞技体育女性参与的研究》,国家体育总局体育社会科学研究项目,项目编号:1296SS08114(http://www.sport.gov.cn/n16/n1152/n2523/n377568/n377613/n377733/16525 80.html)。

育的发展，调动各种资源支持"奥运争光计划"，并提供各种保障使她们全身心地投入训练，"举国体制"使得女性的运动潜质得以发掘。第三，中国女性"吃苦耐劳""服从权威"的性格特点，使得女运动员训练刻苦投入、比赛顽强拼搏，更易于出成绩。

获取优异竞技成绩的女性获得了各种荣誉，并成为官方表彰的模范榜样。她们被官方任命为各类干部，参与到体育管理或其他政府事务去。例如，改革开放初期中国女排在世界体坛上相继获得五次冠军，这些女排选手在退役后都被政府委以各种干部职位。作为享誉世界的"乒乓女皇"，邓亚萍被授予各种政治荣誉，2009年被擢升为共青团北京市委副书记，2010年后调任人民日报社副秘书长。但是，这种竞技体育"举国体制"也颇受社会诟病。例如，以计划经济模式通过大量的人力资源投入选拔出少数精英运动员，致使大量无法获得优异成绩的运动员的职业转型相当困难；"全包干"式的运动员培养体系，忽视个性发展和需求；大量资源被耗费在争夺金牌而非投入民生或发展群众体育等。而从世界冠军邹春兰再就业成为搓澡工，到马拉松冠军艾冬梅摆地摊谋生无奈卖金牌，让人们思考在汗水、泪水凝结的鲜花、掌声和金牌之后，还存着另一种凄苦的人生，体制的弊端也昭然若揭。

综上所述，在当代持续巨大的社会变迁中，女性在党的带领下获得了极大的解放。在改革开放前，苏联的体育教育模式深刻影响着我国女性的体育教育，也影响着专业体育运动的各类管理体制。被解放的女性在政治的动员下投身到革命事业中去，也形成了声势浩大的群众体育运动。尽管这些群众运动的指令性与集体主义色彩相当浓厚，但这也毕竟使得很多妇女开始了解并参与到体育运动中去，并获得参与的益处。但是，这种国家力量驱动起来的群众体育运动，只是一种被动型的参与；体育运动并没有真正地、普遍地融入国民的日常生活中去，未能成为国民不可或缺的一种生活习惯。依照苏联模式发展的中国女性竞技体育，深受频繁政治运动的影响，呈现波动性的发展特征。

1978年改革开放以来，随着社会经济的飞速发展，城市化进程的不断加速，思想解放也不断深入，女性体育事业呈现出与此前迥然不同的特色。第一，义务教育的强制推行让女生普遍能够获得完整的学校体育教育，接受体育活动的女性数量得到前所未有的提高。第二，女性的体育参与由被动转为主动，且数量和质量都在逐步提升。第三，中国女性在高水平竞技体育方面取得了卓越的成就，在国际体育领域"为国争光"，在各类省运会、城运会、全运会方面为地方争光。

然而我们也看到包括学校女生及社会女性在内的普通大众的体育运动状况，仍有待于进一步发展，这里不仅需要政府资金、场地及宣传方面的支持，以及更多社会公民组织的宣传推广，更需要普通女性真切地认识到参与运动的价值，增强锻炼意识，自主地将体育运动纳入自我生活。在高水平竞技体育系统中的女性，需要进一步平衡运动竞技能力和文化素质的提高，进一步增强社会适应能力，以更好的素质接受退役后的各种挑战。

## 四　港澳台地区女性的体育运动

香港地区自1842年鸦片战争战败后为大英帝国所侵占，1997年回归中国后，仍维持其资本主义制度，享有高度自主权。澳门地区为葡萄牙人1553年所占，至1999年回归中国之后，同香港一样实行"一国两制"，享有高度自治权。1895年《马关条约》把台湾岛割让给日本，在经历日本殖民50年后于1945年回归中国。1949年国民党败退台湾后，实行资本主义制度维系其国体。近代以来，由于港澳台是中西不同文化碰撞、交流与荟萃的前沿区域，又深受资本主义制度及其社会治理模式的影响，与社会主义的大陆相比，在政治、经济、文化和社会发展方面呈现出不同的路径，在女性社会角色和体育运动发展方面，也存在不同的发展状况。故本章专辟一节介绍港澳台地区女性体育运动参与的状况。

### （一）香港女性的体育运动

自英国占领香港后，英式体育运动即开始在香港出现，例如足球、板球、游艇等项目，参与人员多限于外国商人、军人和官员，华人较少。教会及私立学校中，设有少量体育课程供女生学习，而官方学校因依照英国的教育体系并没有开设体育课，仅有课外体育游戏活动。1890年，香港地区政府创办第一所女子学校——庇理罗士女校，以富家女子为主，课余时间有游戏活动。自20世纪初开始，基督教青年会及其他教会组织也在宣传推广体育活动。例如，1902年，香港中华基督教青年会成立，他们通过举办体育活动，如足球、羽毛球、田径、游泳和网球等吸引华人认同基督教信仰。1908年南华体育会成立，以"研究体育、养成强健国民，并训练运动员赴远东运动会"为宗旨；其他各类民间体育组织也纷纷成立。1916年，南华体育会、基督教青年会及中华游乐会共同创立"香港中华业余体育协会"，吸纳其他民间体育社团发展本土华人体育运动；该会也照顾到女性群体的体育需求，推动女性体育的普及。

随着新文化运动的兴起、女性解放运动的发展，戒缠足、反蓄婢的舆

156　性别、身体、社会

论扩大。民间体育社团也开始吸收女性成员，香港本土女性体育运动得到初步发展。1928年，南华体育会选手郭彩明参加全港公开女子渡海游泳赛并获得冠军，她在第十一届广东省运会上亦获得女子游泳冠军。1929年，南华体育会女子部成立，有女会员600余人，开展排球、游泳、篮球、绒球、田径等训练活动。该会在近代为中国培养了诸多女性体育精英，例如，其女子排球队球技卓越，曾代表香港地区参加1933年和1935年的第五、第六届全国运动会，部分队员曾入选中国女排代表队，参加1934年的第十届远东运动会。除排球外，该会的杨秀琼被称为"美人鱼"，创造多次中国游泳新纪录。在1931年第二届全港公开国术比赛中，南华体育会郑德志获得女子个人冠军。1947年，公民体育会成立，设有男女篮球、足球、乒乓球、田径、武术、自由搏击等运动项目和队伍。他们非常重视体育人才培养，其女子篮球队1948年应菲律宾华侨邀请，与当地女篮进行多场比赛，其全胜的成绩轰动菲律宾。

图2-23　南华体育会女子部职员合影（1929年）
（图片来源：香港《体育天地》）

20 世纪 60 年代，港英政府认识到对于市民体质健康问题关注不够，转而重视体育运动保健、娱乐和凝聚认同的功能，并采取了一系列措施加强体育事业的支持。政府制定扶持性的社会体育政策，推广普及各类民众的体育活动，资助支持开建各类体育设施，发起运动休闲康乐及比赛活动，扶持资助社区体育俱乐部发展，建立各种有效的奖励机制，鼓励民众体育参与，并对民间各类体育团体予以拨款。这些努力发挥了极大的效果，能够充分调动起民众参与体育运动的积极性，各类团体因受到鼓励，开展的体育活动项目也丰富多彩，活动方式多种多样，有力地促进了社会体育，尤其是社区体育的发展。① 此外，由于 20 世纪 50 年代以来香港经济高速发展，民众的生活水平也迅速提高，发展体育运动一方面具有了经济保障，一方面也成为民众提高生活质量的重要需求。此外，港英政府也开始关注华人女性在社会的权利，支持反纳妾、争取男女同工同酬的呼声；一些女性权益在法律和政府政策方面得到保护和支持。而香港女性积极参与社团组织的各类体育活动，也获益颇多。

1978 年，港府实施九年免费教育，14 岁以下男女孩童必须入学；华人家庭女孩不上学、在工厂做工补贴家用的传统得以改变，女生获得教育平等权。② 因为依照英国的教育制度以及学校匮乏体育场地，香港学校并不强调必修体育课程。直到 20 世纪 80 年代中期，体育课方得到重视，政府要求学生必修体育课，各校每周至少安排两节。在政府的资助与倡导下，各类学界体育组织所牵头运作的课外体育活动相当活跃，全港、区际、校际、社际、班际、兴趣小组等不同级别和规模的比赛十分丰富。没有上级官方的命令、动员与组织，也没有学校提供的教练，学生们自发地参与，利用学校和社会上的体育场地设施进行锻炼、训练或比赛。青年学生还参与社区的体育活动，并注册社会体育社团组织，成为其中的成员。

在普通民众体育繁荣发展的基础上，高水平的竞技体育也逐渐进步。1990 年的亚运会上，齐宝华、陈丹蕾、陈淑媛、郑涛获得乒乓球女子团体亚军。1996 年英国女皇授予陈丹蕾、齐宝华荣誉奖章。在水上帆板运动上，女性运动员李丽珊 1990 年获得该项目冠军、1993 年获世界帆板锦标

---

① 马宣建：《中国体育通史（第 8 卷）》，人民体育出版社 2008 年版，第 27—32 页。
② 黄嫣梨：《女性社会地位——传统与变迁》，香港特别行政区政府教育局 2012 年版，第 9 页。

赛冠军、1996年获奥运会帆板冠军。

1997年,香港脱离英国回归中国。褪去殖民身份保持高度自治的香港依然实行资本主义制度,奉行法治、自由市场和资讯自由流通。近20年来,在经济全球化的形势下,香港自由而公平的经济环境,使其成为世界最活跃的金融中心和最具竞争力的经济体。在取得社会、经济发展的同时,香港女性的社会地位不断提高,在参政、公共事务及就业方面所占比例不断提高。香港女性还成立了众多的妇女团体,或以慈善为目的,进行社会服务和社区教育,或旨在提升女性地位、积极参与政治活动。目前女性团体已日益发展壮大到300多个。她们在提高公众的性别平等意识、向政府争取妇女权益、开拓女性公共领域参与空间等方面做出了巨大贡献。2012年,700多万的香港人口中,女性超过男性30多万;女性平均寿命为86.7岁,位列全球之冠,这主要归功于更好的医疗服务和更强的健康意识及广泛的体育活动参与。

回归以来,香港的体育管理机构变更很多,但政府对于社会民众体育及高水平竞技体育(精英体育)的支持依然强劲。据2012年媒体报道,"特区政府在体育方面的整体经常性开支不断增加,从2007至2008财年到2012至2013财年增加了27%,达到34亿港元。特区政府本财政年度在群众体育方面的经常性开支约为30亿港元,约为精英体育开支的10倍"。政府致力于改善公共体育设施,尤其是室内体育馆、运动场及足球场,为市民提供免费体育运动场地,以推动社区体育参与、普及体育项目和运动队训练比赛。政府经常性地举办全民运动日、体育节等持续时间长的民众活动,鼓励港人参与运动、将体育活动融入日常家庭生活。此外,受益于香港法治及经济发展,在政府逐年递增的资助下,民间体育社团组织更为广泛和庞大,积极开展各类普及或体育培训活动,并参与精英运动员的训练和比赛。在政府与民间机构的支持下,越来越多的香港人有了良好的运动习惯。就女性来讲,年长女性因为经常地参与晨练等体育运动及其他保障因素,平均寿命为世界第一。然而,年轻女性因受时尚审美的误导,以骨感为美,倾向于瘦弱身材。香港大学一项研究发现,香港女性"高又瘦",但却是瘦到影响健康的地步,其中有近四成年龄在20—29岁的女士BMI指数低于警戒线。①

---

① 中国新闻网:《港4成80后女性体重低过警戒线 错误追求"瘦即美"》,2012年3月2日(http://www.chinanews.com/ga/2012/03-02/3712764.shtml)。

图 2-24 2012 年 9 月香港选手余翠怡在伦敦残奥会
轮椅击剑中获得女子个人重剑 A 级冠军

（图片来源：新华网）

除了通过加强体育基础设施建设、投放资源与政策发展普通民众体育，香港政府也一直支持高水平竞技体育，通过香港体育学院和香港体育及协会暨奥委会为运动员提供高水平的培训、比赛以及学习和就业方面的帮助。在坚持"精英体育与群众体育并行发展不偏废"的政策下，香港女性在高水平竞技方面取得很好的成就。香港籍女子自行车选手李慧诗获 2012 年伦敦奥运会季军、2010 年广州亚运会自行车 500 米个人赛冠军，并在澳大利亚举行的多项国际单车赛中连夺 7 面金牌。施幸余、孙嘉儿等人在女子游泳中多次为香港夺得亚运会和东亚运动会的奖牌。2012 年 9 月余翠怡在伦敦残奥会轮椅击剑中获得女子个人重剑 A 级冠军。

（二）澳门女性的体育运动

澳门地处珠江口南侧，与珠海南部一水之隔，地域狭小、仅有陆地面积 30 余平方公里。16 世纪中叶，葡萄牙人逐步侵占澳门并获得居住权，并将南欧的文化带到了该地，欧洲人的体育活动也出现在澳门地区。在葡萄牙人 400 多年的殖民统治中，澳门由一个沿海小渔村发展成为一个融合中葡文化、风貌独特的城市。1999 年，澳门与香港一样实行"一国两制"

的高度自治。

在葡萄牙人的治理下,澳门同附近的香港一样,成为西方文化与贸易输入近代中国的桥头堡。19世纪上半叶,西方的体育项目、体育组织和体育思想开始在澳门传播与发展。骑马、击剑、游泳、划船、舞蹈、拳击、板球等运动项目在生活于澳门的欧美群体中流行起来。葡萄牙裔的女性也参与户外的体育运动,如骑马、划船、自行车、滑旱冰等。1834年,在马礼逊教育会支持下,温施娣在澳门创办我国近代第一所普通教育女子小学。1837年,美国传教士布朗建立马礼逊学堂,此即澳门历史上第一所近代西方教育模式的正规学校。[1]这些学校中初步设有课余的体育游戏活动。19世纪末,澳门各种学校开始快速发展。除了教会的学校和民间的私塾,在澳活动的维新人士及同盟会革命党等个人及团体组织,也先后在澳门创立起一些近代新式学校。他们传播新式教育,宣传男女同校思想,进行国民革命内容的教育。这些学校中,以强健学生体质为目的的体育活动得到开展,女性在学校中可以接受简单的体育训练。

20世纪初,澳门学校得到了较快的增长。新式幼儿园、小学和中学纷纷建立,会计、英语等职业专科学校也在澳门出现,男女同校也逐步开始普遍。官立学校获得澳门政府的资助,得以迅速发展。在学校体育发展方面,各校有专职体育教师,开设课程以篮球、田径、排球、乒乓球和羽毛球较为普遍。1919年,鉴于体育场地明显不足,澳门政府将澳督府花园的一部分借给利宵学校女部学生,作为运动场地使用。[2]1922年,利宵中学的学生会组织了"校际体育活动周",在澳门官立学校中开展校际体育比赛,包括自行车、越野、摔跤、足球和网球项目。这获得澳门政府的大力支持。1923年,澳门政府颁布《教育局体育运动场地规程》,将体育作为教育的重要组成部分给予支持,并重视过度运动造成的副作用。1924年,成立学校场地运动委员会,更好地推动学校体育运动发展。在政府的资助推动下,官立学校体育运动获得很大发展,利宵中学各种体育运动队实力雄厚,曲棍球、足球、击剑的运动队竞技实力很强,成为"生产澳门土生葡人著名运动员的工厂"[3]。与官立的学校相比,华人私立学校无法得到政府很多的资源支持,其财政无法承负规模性的体育运动,故实力较弱。抗

---

[1] 许华剑:《澳门教育现代化之路的回顾与展望》(http://emrc.sysu.edu.cn/zgjyxdhyj/jyxdhyjslt/2007nyjsxz/78787.htm)。
[2] 施白蒂(Beatriz Basto Da Sliva):《澳门编年史:20世纪(1900—1949)》,金国平译,澳门基金会1995年版,第129页。
[3] 汤开建:《民国时期澳门近代体育的形成与发展》,《行政》2005年第68期。

战期间，大批华人避难澳门，推动了华人学校体育事业的发展，很多中小学的女子体育获得较好的普及和推广。

20世纪上半叶，澳门社会大量建立各类体育社团、专业体育协会及球队。澳门体育由比较单一的学校体育走向了全社会的体育运动。不仅很多政府和商业机构筹建体育会、成立球队，连社区街坊都成立了大小不等的体育运动组织。而且，这时候的体育运动主体，从以葡萄牙人和其他外国人为主，转变为华人与洋人共同竞争发展的局面。比赛也由此前的校内比赛，走向港澳、粤澳等城市间及和其他到访的国外球队之间的比赛。澳门的妇女团体有长久的历史和优良的传统，它们在团结妇女、服务社会、推动妇女儿童福利事业及维护妇女合法权益的事务上，做了大量工作。澳门女性也积极参加社会体育组织，一方面增进了人际联系、娱乐身心和健康，另一方面也逐步提高了个体的独立性和主体意识。例如，1930年在澳门成立的华南体育会以乒乓球、足球和游泳队最为厉害，其中女子乒乓球队有梁福娥、邓碧莲、梁藕双、郑静轩等女子选手。圣罗撒女子中学的篮球校队，在澳门历次公开篮球赛中均荣获女子组的冠军。

20世纪50年代到90年代，澳门的体育由此前的社会团体自治转向政府管理。1987年成立的澳门体育总署，逐步强化了政府对民间体育社团的规范和管理。民间的体育活动，依然靠华人社团组织开展，例如澳门的工人公会联合会、街坊总会、中华教育会等。女性也被号召积极参加。70年代大量单项体育总会如田径、足球、篮球、排球等逐渐成立。民间组织在政府的引导下成为发展体育运动的主力。在学校中，体育是必修课程，但并不作为升学必考的内容。体育课程由各校自行安排，并无统一教学大纲。女性学生多学习基本的体育技能，如篮球、排球、乒乓球和羽毛球等。她们也积极参加课外体育活动，初中女学生经常从事的运动项目有田径、羽毛球、篮球和排球，高中女生经常首选田径，排球次之。根据《澳门青少年体质调查综合报告》，大部分学生每周课余体育活动时间只有2小时，加上体育课，有一半学生每周的体育活动仅能达到3小时。为此，澳门教育暨青年局与体育发展局每年利用暑期举办青少年文娱体育活动。一系列活动达50多项，吸引了大量青少年参加。[①] 澳门经常举办国际体育赛事活动，并与旅游活动相结合，例如每年6月举行的国际龙舟节，就有很多女性参与，8月份的世界女子排球大奖赛，以及高尔夫球赛、马拉松

---

① 李旺全、郑威健等：《澳门的学校体育现状及其发展对策研究》，《武汉体育学院学报》2001年第4期。

赛事等也受到社会的欢迎。回归之前,澳门有很多交流赛、业余赛和联赛,得到体育组织、学校和政府部门的广泛参与,但是因地域及人口局限,澳门很难在国际型赛事上获得优异成绩,而武术项目却成为澳门的重要成绩点,武术的女性选手为澳门获得了很多荣耀。

图 2-25　2003 年澳门龙舟赛女队

(图片来源:中国新闻网)

　　1999 年澳门回归中国后,保持其资本主义制度不变,各种社团组织依然保持其自治传统,而民众的体育活动和各种比赛也依然丰富多彩。政府更为重视女性社会地位,在婚姻与生育、公民与政治权利、就业平等及工作安全等方面,给予政策和法规的有力保障。自 2008 年起,澳门妇女委员会每两年进行一次澳门妇女现况调查,并发布相关报告。最近的调查结果表明,澳门特区妇女生存与发展的基本条件高于世界平均水平,男女平等状况亦位居前列,女性占就业人口比例的 49%。而且,政府也加强了对社会团体发展体育事业的支持和资助力度,调整政府机构进行资源整合,以发展体育、关注群体健康。自 2001 年起,进行体质监测并发布报告。这些使得 21 世纪初期的澳门体育事业有了更进一步的发展。

　　为了支持全面健身、大众体育和提高体育竞技水平,政府每年投入达 1 亿澳元,2004 年增至 1.2 亿澳元,其中每年资助各体育总会及体育组织 3000 多万澳元。各体育总会及体育组织运作日益规范,会员发展不断创达，所开展的活动影响亦日渐扩大，从而在传播体育价值、促进体育参与、增进身体健康、培养体育后备力量、提高澳门竞技体育水平等方面，发挥了重要作用。① 当前，澳门共有体育总会57个，除了这些体育总会开展的体育运动，还有其他社会组织，如工联总会体育委员会，街坊总会、澳门中华教育会、妇女联合会、学界联合会等组织，都采取不同形式，展开不同层次、规模的体育活动，为澳门体育的发展和各类人群参与体育创造了更多的机会，也为澳门女性参与体育运动提供了更大的空间。

就学校体育而言，学校体育教师以女性为主，各个学校仍保持体育教学自主性。政府对学生体质关注增强，在体育训练和场地器材上予以支持。在高水平竞技方面发展迅速，特区政府开始着手资助多个单项体育总会开展青少年集训队和优秀运动员培训计划，从国内外聘请专职教练和陪练，选拔和训练本地的优秀运动员。在参加国内、国际赛事方面，澳门女性也开始有所突破。例如，澳门女性运动员黄燕慧2004年在缅甸举行的武术世界锦标赛上，以及2005年在澳门东亚运动会上夺得了武术的女子南拳赛的冠军。此外，举办观赏性的竞技体育成为澳门旅游业中的重要组成部分。各种赛车盛事、龙舟、曲棍球、高尔夫球、马拉松等为澳门带来大量游客。

### （三）台湾女性的体育运动

台湾岛距离东亚大陆最近，与大陆相对隔绝。11世纪时，宋王朝正式驻兵将其纳入版图。此后，台湾历代皆属福建所管辖。因1895年清王朝甲午战争失败，台湾被割让给日本。第二次世界大战后，被日本占据50年的台湾回归。1949年，国民党退守台湾岛。国民党在台湾实行资本主义社会制度，重视传统中国文化，对于推动女性解放和体育事业的发展，也有很多的贡献。

17世纪之前的古代台湾以原住居民为主。17、18世纪后，大量汉族迁入，融合后的台湾文化深受大陆的影响。"男主外、女主内"成为台湾社会的分工模式。家庭是女性的生活重心和最主要的活动空间，她们通过参加生产劳动如耕织、麻纺、采茶灯与社会发生联系，通过宗教祈祝活动和一些民俗节日活动获得游玩的机会，因较少礼教陈规的束缚，女性有相对多的开放自由空间。在清代台湾的体育活动中，以武术、划龙舟、秋千、陀螺、宋江阵、赛风帆车等为盛行，也有颇多女性参与和观赏。

---

① 黄有力：《"一国两制"框架下澳门体育发展战略研究》，博士学位论文，北京体育大学，2009年（http://lib.cnki.net/cdmd/10043-2009127731.html）。

164　性别、身体、社会

日据时代50年，殖民地经济模式下的台湾亦获得了发展，经济进步和社会相对安定，很多新制度、新知识、新观念与新价值得以确立和发展，人民生活条件得到相当程度的改善。台湾人口在50年间呈现了倍增的状态。殖民政府推行政策如"废除缠足"、鼓励女性放足；推行女子教育，同时也兴办女学，设立公立托儿所。[①] 受资本主义生产方式的影响和受教育女性的增加，台湾女性开始进入专业和公共领域，尽管男女同工不同酬，但女性社会地位相比以前已经有了很大提高。在政府开办的义务教育和高等教育中，男女同校，体操为必修科目，每周授课两小时，内容为普通体操、游戏、跑步、球技等。此外，殖民政府也有意识地通过推广、引导本国体育项目来同化、驯化被统治的台湾人，后期体育教学中被加入柔道、剑道、弓道等日本的传统体育项目。女性学生在学校中可以学习很多体育技能，并参与体育游戏和部分比赛。台湾女性大众体育的发展，基本上源自于学校体育教育。殖民政府在台湾也提倡体育运动，建立简单运动场所方便民众进行体育锻炼和比赛，并鼓励台湾与日本进行体育交流。1920年台湾体育协会也成立起来，游泳、水球等现代项目被逐步引入并在社会上流行开来，尤其是由日本引入的棒球运动。部分经济独立的女性能够在闲暇参与体育活动，而殖民政府动员下的社会体育活动也吸引了很多女性。

图2-26　台湾"日治"时期的女子运动会
（图片来源：台湾历史博物馆网站）

---

[①] 张晋芬：《台湾女性入门史——劳动篇》，2009年（http：//www.ios.sinica.edu.tw/ios/people/personal/ccf/P_C_2008.pdf）。

自 1945 年摆脱日本殖民统治归复中国之后,台湾岛内陆续成立各种妇女组织,它们主要传播女权思想、唤醒妇女自觉,开展各项工作和活动,以保护妇女的人格和人权,争取女性的参政权利。1949 年中华民国政府迁台后,在法律上规定男女平权,由国民党和政府领导女性工作,推动成立一系列官方及民间的女性组织,如"妇女联合会""保护养女运动委员会""女童军总会""台湾妇女发展中心""现代妇女基金会"等;这些组织在推动女性权益保护的同时,也充满了政党的规训及党化色彩。1987 年台湾戒严开启民主化进程之后,女性团体组织获得更为多元和迅速的发展,自发性的女性社团大幅增加,活动也更加频繁。在女性主义思潮的影响下,她们不仅关怀女性权益,而且倡导女性参与体育活动,通过运动展现女性自我价值。学校体育在民国政府的治理下获得极大的发展。教育部专设机构管理学校及社会体育,尤为强调学校体育的重要性。

台湾教育由教育部主管,各类学校必修体育课程;公立及私立学校均有体育主管部门,并设立学校体育委员会。幼儿教育以促进儿童身心健全为宗旨,以实施健康教育、生活教育和伦理教育为主,并与家庭教育相配合,达成维护儿童身心健康、养成儿童良好习惯、充实儿童生活经验、增进伦理观念、养成合群习性的目标。体育活动对于这一目标的达成,具有较大促进作用,故在儿童学校中颇得重视。此外,女性教师占幼稚园教师的 98.81% 之多,这对于开展女性体育运动是极好的运作环境。台湾亦实行义务教育及国民教育,以养成德、智、体、美、群五育均衡发展的健全国民为宗旨。学生每周保障有五个学时的体育活动时间,专职体育教师进行体操、游戏、田径、足球、篮球、垒球、跆拳道、舞蹈等项目的教学与活动组织,女生多喜欢修舞蹈、体操等课程。体育课程为大学教育中的学分课程,对于大学生而言,前两年为必修课,后两年为选修课。体育课程主要有田径、体操、舞蹈、武术、羽毛球、篮球、排球、足球、棒球、手球等。体育课程重视学生的个体差异和运动兴趣,女生所修的体育课程受到重点照顾。此外,早操和课间操为学校重视,女性必须参加。除了体育课程及课间、课余体育活动之外,政府还主导各种体育运动会,鼓励学生参与校际或国际上的比赛;其中,大专院校运动会为台湾相当重要的学校体育运动会。[1]

近些年来,台湾学校女性体育教育也出现滑坡,学校女生并不积极参加体育课程,课余竞技性体育活动中女生参与度相当低。有台湾学者就此现象

---

[1] 马宣建:《中国体育通史第八卷(香港澳门台湾体育史)》,人民体育出版社 2008 年版。

分析，认为"男主外女主内、女孩子应像淑女般安静于室"的传统观念，台湾体育系统中诸如领导者、教练、体育记者等职位上女性偏少，大众媒体偏于女性外观和身材而非运动技能和表现方面的报道，以及对于女性温柔、体贴、安静的刻板印象，都构成了阻碍台湾女性参与运动的因素。体育领域决策者应从运动界两性平权的角度去提升台湾的女性体育人口。[1]

台湾大众体育中的女性运动参与，也深受学校体育的影响。国民党迁往台湾初期，很多退伍军人进入学校担任教练，篮球逐步取代排球成为女生最喜欢的运动。女子篮球以强身健体、保卫国家的名义在五六十年代的学校中得到很好的普及。很多学校球队的女生毕业走上社会后，依然会参与自己喜欢的运动。1951年，中学篮球教练蔡孝德将毕业的女生组成碧涛女子篮球队，成为台湾第一支民间自发组建的球队。同年，以"良友队"命名的女子篮球队成立，代表台湾与其他国家华侨进行比赛。1974年，以学校女生为主体组建的佩登斯女子足球队，战胜了香港女子足球队，获得"万寿杯"冠军。此后，在社会及政府的支持下，1975成立"木兰"女子足球队，这支民间队伍曾在1977年获得第2届亚洲杯比赛冠军以及1988年国际女足锦标赛的冠军。六七十年代，棒球扮演了振奋岛内民心、增进政权认同的重要角色。台湾地区的棒球和垒球通过与日本、美国的各种比赛，获得台湾地区居民的普遍热爱。开展棒垒球运动的女性也相当多。普遍而言，普通台湾女性对于体育参与，更多出于兴趣、娱乐和社交需求；而民间的女性业余球队，多受企业赞助，逐步形成健全的赛事体制，开启半职业化的比赛形态。

政府也通过体育协进会推广全民化的体育。他们通过发展计划推进社区体育，积极提倡民众从事休闲运动，以提高健康水平和生活质量。90年代，政府通过推动"走出户外、迎向阳光、展现青春、亲子同乐、带来欢笑"等观念的《阳光健身计划》，各种系列活动和计划实施，调动群众参与健康休闲活动，同时认识到妇女体育被忽视，进而鼓励儿童、女性参与休闲运动，推广轻松活泼的家庭休闲活动。2013年，台湾当局还修正"体育法"，规定每年的9月9日为体育日，国家运动场地设施当免费开放为民众使用，并规定高中以下除了体育课程之外，每周都必须有150分钟以上的体育活动。[2]

---

[1] 徐耀辉：《从运动社会学观点谈台湾女性与运动》，《国民体育季刊》第136期。
[2] 《台湾将9月9日设为"体育日" 公共运动设施免费开放》（http://www.taiwan.cn/xwzx/bwkx/201311/t20131126_ 5265966. htm）。

当前，台湾以棒球、垒球、篮球和游泳最为兴盛。为了保持健康和体型，女性更偏重于形塑身体和维持健康的各种时尚运动，如舞蹈、健美操、韵律操、瑜伽及健身单车等。据台湾当局"主计总处"统计，2012年台湾女性劳动参与率达到50.2%，改变了"男主外、女主内"的传统观念，女性经济地位和独立性获得增强。调查研究表明，随着台湾民众愈来愈注重健康，上班族固定时间进行体育运动的比例渐有提高，尤其是过去不喜欢运动的女性上班族。为了保持窈窕健康的身材，有运动习惯的女性上班族，一周平均花10个小时运动，最常做的运动是去健身房、练习瑜伽和骑单车。[①] 但是，台湾女性参与体育运动的比例仍明显低于男性，女性运动人口明显偏低；尽管女性平均寿命为82.7岁，比男性75.1岁的平均寿命为长，但在健康状态下的寿命却比男性少1.3年。根据"卫生福利部国民健康署"2013年的调查，台湾18岁以上的女性运动不足率高达75%，对照国际经济合作及发展组织（OECD）34个先进国家标准，运动不足率高居第一。职业妇女多以带小孩"没时间"和"太累"为由而疏于参加运动，中老年妇女多有固定运动。[②]

1949年后，出于政治、外交与社会发展等方面的需要，台湾当局非常重视发展体育运动，特别是竞技体育。受西方体育思想影响，台湾体育思想逐步多样化，体育法规法制逐步健全，体育事业取得一定成绩，在世界体坛上有较大影响。[③] 高水平女子竞技体育在台湾地区也获得了较好的发展。台湾地区曾承办过1982年世界女子垒球锦标赛和2011年亚洲女子垒球锦标赛。"中华足协"于1975年成立木兰女子足球队，在1977年、1979年、1981年三夺女足亚洲杯冠军；后木兰女足转战大洋洲，在1986年和1989年两次夺得大洋洲女足锦标赛冠军。在1990年的北京亚运会上，木兰女足获得第4名。而在1991年的女足世界杯上，她们更是历史性地挺进八强。台湾木兰足球联赛已于2014年开踢，成为台湾女子足球最高层级的赛事，有五支社会球队参赛。除此之外，女子甲组足球联赛也一直存在，参赛球队主要为台湾各级校队和业余俱乐部。女子篮球历来是台湾民众普遍关注的运动项目。60—70年代台湾的中华女子篮球队为亚洲强队，在1965—1974年的1—5届亚洲杯篮球锦标赛上均保持前三名的位

---

① 《台湾女性运动比例提升 最爱健身房做瑜伽骑单车》（http://www.chinanews.com/tw/tw-mswx/news/2009/06-18/1739224.shtml）
② 《台湾女性最不爱动！运动不足率高居34个先进国家之冠》（http://www.ettoday.net/news/20130806/251531.htm）。
③ 马宣建：《中国体育通史（第8卷）》，人民体育出版社2008年版，第317页。

置。台湾的华航、国泰、亚东三支女子篮球队在威廉·琼斯杯国际篮球邀请赛中取得很好的成绩。但是,同女足一样,女篮很难获得媒体、赞助商和政府持久的支持,而且受地域和人口的限制,球队后备人才主要来自大专院校,卓越选手较为匮乏。

图 2-27 2008 年苏丽文在北京奥运会跆拳道女子 57 公斤级铜牌争夺战中
(图片来源:新华网)

田径方面,纪政在第 19 届墨西哥奥运会上以 10 秒 4 的成绩获女子 80 米栏铜牌,成为奥运史上第一个获得奖牌的中国女子,她还以 11 秒 5 的成绩获得女子 100 米第 7 名。1969—1970 年,她共破、平世界纪录 8 次。王惠珍曾获 1991 世界大学生运动会及东亚运动会 200 米金牌,并在 1990 年北京亚运会及 1993 年上海东亚运动会上全部获 100 米、200 米双料银牌,在 1994 年广岛亚运会上获 200 米金牌。在 2000 年悉尼奥运会上,黎锋英夺得女子 53 公斤级银牌、郭羿含斩获女子 75 公斤级铜牌。跆拳道自 1970 年代引入台湾后,在台湾相当流行,也成为众多女性学习的重要体育项目。苏丽文在 2002 年、2004 年世界大学生运动会上两次获得跆拳道锦标赛冠军,2005 年获得世界跆拳道锦标赛银牌,2007 年获夏季世界大学生运动会女子跆拳道第五量级金牌。2004年在雅典奥运会上,陈诗欣夺得一枚金牌,为台湾完成"突破零金"的任务。2008年北京奥运会上,陈苇绫获女子48公斤级铜牌、卢映获女子63公斤级铜牌。曾雅妮凭其卓越的球技在2011年成为第6位登上女子高尔夫世界第一宝座的球员,也是华人高尔夫球界的第一位世界第一。

**(四) 港澳台女性体育运动之比较**

香港、澳门和台湾地处大陆东南沿海,自古属于中国政权的管辖区域,在民族、文化、民俗和社会关系方面,与大陆极为相似。近代以来,由于三地处于东西文化冲交流的重要位置,在社会经济与政治制度、官民关系、文化传统、社会习俗、生活方式等方面深受西方文明的洗礼和影响,形成了与大陆相似又相异的社会生态。在此背景下,港、澳、台女性的社会地位和生活方式与大陆女性呈现出一定的不同。此外,资本主义制度下社会团体的自治模式和体育商业运营的特点,也使得港、澳、台体育运动的发展呈现出不同于大陆的地方。

在时代与社会的进程中,港、澳、台地区女性的体育运动主要呈现出以下特点:第一,近代以前的三地的女性体育生活,与大陆女性基本相仿。一样是传统的"男尊女卑","男主外、女主内",女性除了孩童时期的体育游戏,以及成家之后庭院的休闲游戏和节日中的民俗体育活动,极少参与对抗性的体育比赛。第二,进入近代以来,港、澳、台女性在资本主义殖民体系下获得了一定的解放,自主性增强,能够在教育和社会娱乐交际领域进行体育活动,有些女性开始勇于参与到竞技运动中去。首先,在学校教育领域中,港、澳、台的地方政府更重视体育运动促进身体及心理健康、帮助学生更好地融入社会的功能,给予女性学生更多的自由。其次,在社会公共领域,随着资本主义经济与社会文明的快速发展,女性的独立性和自主性越来越强,愿意通过体育运动去进行休闲、娱乐、社交和自我形象的建构。她们对于体育运动的参与,逐步摆脱了以竞技运动为导向的形态,转向休闲娱乐。而女性团体组织更是借助体育运动提高女性的权利意识、发展女性的领导能力,推动女性进一步解放。工商业对于女性体育运动的介入和支持,为女性体育事业发展提供了很好的外部支持。而政府通过创设各种有利条件,在场地设施、机构制度规则、人力组织等方面给予人们参与体育活动以方便。第三,港、澳、台地区的经济与社会发展,已经达到了现代发达国家的水平,两性关系相对平等,个体闲暇时间较多,女性对于生活满意度和健康极为关注,使得女性体育运动参与多元化。而民主制度下的政府具有很高的社会服务理念，它们为了迎合民众的需求和社会健康及地区与国家形象，在大众及竞技体育的发展方面做了相当多的努力，这些进一步推动了女性体育运动的发展。但是，由于快节奏的工作模式，以及现代电子产品对于民众闲暇时间的占用，女性对于体育的参与呈现出了一定程度的弱化迹象。

　　本章回顾了女性体育在中西历史文化中的演进过程，中国女性体育的发展与西方女性体育发展有着相似的路径：首先女性解放运动无疑发挥了重要的作用；其次，教育在女性体育的进程中起到了至关重要的作用。然而，与西方女性体育的自醒性、自觉性相比，中国女性体育的发展似乎更多的是借用外在的"动力"，特别是近代以来，中国女性体育的演进印下了深深的民族主义、国家主义的烙印。因此在中国的政治文化环境下，女性体育并不仅仅是女性主义运动的产物，更是中国时代的产物。女性体育在历史发展进程中的演变过程不仅仅为我们当前的研究提供了丰富的素材，同时其反映了女性体育研究存在与发展的现实要求。

# 第三章 女性体育的理论诠释
## ——反思、批判与重构

理论与方法是社会研究的两大基础,就像人的两只腿脚。人没有腿脚无法站立,社会研究没有理论与方法的支撑也无法自立。社会理论产生于这样一个假设:人类活动创造出来的社会世界,具有某些基本和基础的属性和过程,而理论就是通过抽象的、超越具体经验事实的描述,试图揭示促成事件的潜在动力。① 没有理论的社会研究,仅仅是描述或再现状况。只有在理论的帮助和指引下,我们在思考现象背后的关系、动因、意义时才有坚实的依据,这样才能算是研究而不仅仅是调查。

理论在女性体育研究中占有非常重要的地位。首先,理论是一系列观点的综合并且在实践中被充分验证,可作为解释和分析体育中所呈现出的有关性别问题的依据;其次,理论可开拓女性体育研究的视角,帮助我们提出问题并提供研究框架,给予研究方向性的指引;再次,理论是女性体育研究的目标与归属,它们在研究实践中不断地被充实、重构。任何一个新理论的诞生都是建立在对之前理论的继承、反思与批判的基础上的。换句话说,理论既是女性体育研究的支撑也是其目标。

## 第一节 女性与体育
### ——女性主义理论视角

女性主义理论(Feminist Theory)是社会学理论中一支充满活力、不断自我更新的理论流派。女性主义理论以社会实践中的性别问题为研究核心,其目的在于了解性别不平等的本质,探讨性别权力关系。女性主义存

---

① 特纳:《社会学理论的结构》,邱泽奇、张茂元译,华夏出版社 2007 年版,第 1 页。

在许多支系，根据不同的认识论和目标，分为不同的理论流派。虽然女性主义产生于女性（女权）运动，但它并不是一种简单的"社会运动"或"意识形态"，而是一套完整的、多重的研究范式和理论体系。女性主义理论的贡献不在于提出几个观点或论调，而在于改变了整个观察社会的视角。体育女性主义主要在20世纪70年代崛起，其理论的主要目的是研究体育中的性别关系，批判以男性主导的体育霸权，寻求女性在体育中身体的解放。体育女性主义不仅站在女性主义研究的前沿，它也为体育理论的发展开启了另一扇大门。

## 一 体育女性主义的诞生

体育从传统的眼光来看是一项带有很强性别特征的活动。纵观历史，无论是在西方还是在东方，体育都被视为男性的领域、女性的禁忌；男性的体能通过体育的展现是被赞扬和称颂的，而女性却不以身体的强壮为荣。在这种情况下体育很自然地进入了女性主义者的研究视野。

当我们谈论"女性主义理论与体育"的问题时，我们通常所指的不仅仅是研究体育中所出现的单个的性别问题，而是如何用女性主义的视角去研究体育；女性主义分析是用理论化的分析方法来解释体育作为一项有性别特征的活动。女性主义理论不再局限于"体育中的女性"这个早期的问题，而是独立作为一个理论框架体系来理解体育组织、体育制度、体育文化以及体育意识形态等社会现象和文化实践。女性主义是体育理论流派中非常重要的一支。它对早期体育社会学理论以男性视角为主导的理论框架进行了挑战，在分析体育现象中植入了常被忽视的女性的视角以及价值观，形成了"体育女性主义"（Sport Feminism）理论框架。不仅如此，体育女性主义所体现的政治实践性要求我们不仅要分析性别在体育中的表现，而且还需要探索性别在体育实践过程中的演进、发展、改革等进程以及最终实现男女在体育中平等地位的战略。

体育女性主义是在女性主义运动第二波的冲击下诞生的。其发展经历了三个阶段：第一阶段，早期的以研究体育中的女性地位为中心的非理论化阶段；第二阶段，自1978年女性主义开始寻找并建立研究体育中女性问题的理论框架，这个时期体育女性主义理论初步成形；第三阶段，自20世纪80年代末以来受后现代思潮的影响体育女性主义向更加多元化的方向发展。

在20世纪70年代以前，从世界范围来看，女性对于体育参与无论是在广度、深度还是强度上都处于绝对的弱势。对于这种现状，20世纪70

年代，一批来自北美和欧洲大陆等国家的学者就体育中女性参与不平等问题进行了批判。他们分析的集中在性别与性别角色、特性与动机、角色冲突等心理学问题上，从心理因素去探讨体育中男女不平等的成因。除此之外，一些学者还用男孩子和女孩子在体育社会化以及教育过程中不同的经历，比如男孩子常常被鼓励参与体育活动，而女孩子在教化过程中则遇到相反的态度来解释体育中性别失衡的问题。她们批判道：性别是一个变化的、可分配的类别，而不是通过人类机构和文化活动所形成的关系的集合。她们呼吁给予女性更多的机会参加体育，废除体育政策上对女性不平等的条例，对女性的体育参与给予更多制度上和技术上的支持，消除体育中的性别歧视，制定两性体育机会平等的战略等。但是在这一阶段，大部分研究都没有很强的理论背景，只是就事论事。

  1978 年，卡洛·奥格罗斯比（Carole Oglesby）编著的《体育中的妇女：从神秘到现实》（Women in Sport: From Myth to Reality）和安·赫（Ann Hall）编著的《体育和性别：女性主义视角对体育社会学的论述》（Sport and Gender: a Feminist Perspective on the Sociology of Sport），两本女性主义体育著作的问世标志着女性主义体育研究进入到一个理论化的重要阶段。1980 年在美国丹佛举行了首届"北美体育社会学协会"（NASSS）年会，会议上，安·赫、南希·西博格（Nancy Theberge）、玛丽·伯特里（Mary Boutilier）和森蒂·萨基瓦尼（Cindy SanGiovanni）提交的文章宣告了女性主义体育理论的开端。更重要的是，这次会议为来自各大洲的女性主义学者提供了在一起交流的平台。伯特里和萨基瓦尼发表了重要的研究报告，在这份报告中她们提出了女性主义理论的类型和概念。她们按照艾利森·贾格（Alison Jaggar）和普拉·施瑞（Paula Struhi）对女性主义理论框架的分类，讨论了自由女性主义、激进女性主义、马克思女性主义和社会主义女性主义及其理论在体育研究中的应用。其中的自由女性主义更是主导了 20 世纪 80 年代关于体育的研究。20 世纪 80 年代的 10 年是关于性别与体育研究变化最大的 10 年。这个阶段的女性主义研究是在对第一阶段非理论研究的基础上以女性主义学者自我批判的方式展开的。其中代表性的学者有美国的苏珊·布瑞尔（Susan Birrel），加拿大的安·赫和南希·西博格，还有澳大利亚的罗茨·布莱森（Lois Bryson）等。

  20 世纪 80 年代末，随着批判主义理论的兴起，学术研究已经开始向有关权力关系理论、阶级与种族关系、性别关系等批判主义文化研究领域转移。在这个阶段，现代女性主义理论受到了严重的冲击，取而代之的是各式各样、没有一定陈规的后现代理论以及性别文化研究。除了继续强调在体育研究中女性经验和女性视角的重要性以外，女性主义者开始把目光投向后结构理论、身体理论、福柯的话语权理论、性研究、同性恋研究以及变性文化等。最早引用福柯理论的是珍妮芙·哈格里夫（Jennifer Hargreaves）所写的《何为贞节，何为优雅？对体育中性别关系社会建构的讨论》（"Where's Virtue? Where's Grace? A Discussion of the Social Production of Gender Relations Through Sport"）和玛格丽特·泰伯尔特（Margate Talbot）所写的《对妇女和体育关系的理解：英国女性主义方法对休闲和文化研究的贡献》（"Understanding the Relationship Between Women and Sport: The Contributions of British Feminist Approaches in Leisure and Cultural Studies"）。1993年雪梨·考尔（Cheryl Cole）所发表的《抵制准则：女性主义文化研究、体育和身体的技术》（"Resisting the Canon: Feminist Cultural Studies, Sport, and Technologies of the Body"）一文被认为是后现代女性主义在体育研究领域的重要论文。

## 二　体育女性主义的主要流派

虽然自20世纪70年代以来，西方对体育与女性问题研究种类繁多，但大多都是在女性主义主流学派的理论和方法框架下进行的。女性主义理论不仅为妇女体育研究提供了一个理论的支持，同时在妇女争取体育权力的实践中起到指引的作用。下面我们就分别介绍体育女性主义主要流派以及其研究焦点。

### （一）自由派体育女性主义

自由女性主义在某种程度上是体育女性主义的鼻祖。其研究被认为是对女性问题的原始分析，它也是体育女性主义最流行的一个派别之一。特别是在北美、英国和欧洲，自由女性主义理论在某种意义上主导了体育女性主义的思想和行动。

自由主义传统认为人类本质上具有两重性，即身体与意识。它认为人的意识是凌驾于身体之上的，人的精神可以支配身体，这就是人类和其他动物的基本区别。因此，自由主义者认为人身体的能力和政治理论没有任何关系。而对于自由主义者来说，社会赋予个人自我发展的平等机会是最重要的，这种权利是任何政府、机构和个人都神圣不可侵犯的。同时，自由主义追求保护个人思想自由的社会，以法律限制政府对权力的运用，保障个人的自主权，维护个人的价值观、世界观和道德观。除此之外，自由主义理论还明确得区分了公共空间和私人空间的概念，它认为政府的政策只应该适用于公共空间,而私人空间应该不受公共政策的约束。[1]

早期的自由女性主义者认为,男女平等的基础应该是他们对事物判断的能力而不应该是他们之间身体能力的差异。女性对事物的认知能力并不比男性差,因此女性也应该同男性一样拥有自由的权利。但是她们的生活、经历、获得的机会、对未来的预期则完全与男性不同,这是由于人为设置的种种障碍限制了男女平等参与社会的机会。女性要获得更多的权利就需要消除这些障碍(例如一些国家对大学男生提供体育运动奖学金,对女生则没有设置这类奖学金)。当代的自由女性主义者更进一步地阐明了这样的观点,并且认为女性对自由、平等和公正的获得实际上就是对平等的社会机会的获得。她们认为当代妇女所处的不平等地位是由于立法的缺陷造成的,法律和法规使男性拥有了比女性更多的特权。虽然自由女性主义者也承认文化和习俗也是产生性别歧视的原因,但是她们主要还是把争取女性权利的斗争放到了公共领域,比如要求女性参与一些公共事务,这些事务涉及很多领域,包括政治、工作以及体育活动的参与。自由女性主义者呼吁女性应享有平等教育、平等工作、平等奖励机制、平等参与公共事务以及同工同酬等权利。

对于自由派女性主义者来说,要建立一个性别公正的社会首先需要制定一个"公平的游戏比赛规则",其次要使那些由于制度原因没有参与"游戏比赛"的人员也能得到相应的社会关怀和服务。[2] 但是有一点值得注意的是虽然游戏规则的公平性可以被监督,但是游戏比赛的本质是有输有赢,这是不可改变的,这对于自由主义的理想是一个巨大的挑战。自由女性主义认为公共政策可以改变个人的态度,因此从上层寻求途径,要求政府遵守对全民"自由与公正"的原则,从上至下进行改革,从而使女性享有和男性一样的社会权利。这种理论和实践上的缺陷导致了自由女性主义在寻求男女平等的道路上,挫折重重。因为当权者还是以男性为主,他们不可能完全、彻底地改变以男性为中心的政策和制度来迎合女性主义者的要求。

就体育而言,自由派女性主义者致力于通过立法的方式来消除体育中的性别歧视,同时扫除女性参与体育运动的障碍。早期的自由女性主义运动是成功的。比如美国的《1972年第九条教育法修正案》(*Title IX of the*

---

[1] Jaggar, A. M., *Feminist Politics and Human Nature*, Totowa, NJ: Rowman Allamheld, 1983, p. 83.

[2] Tong, R., *Feminist Thought: A Comprehensive Introduction*, Boulder, CO: Westview Press, 1989.

*Educational Amendments of 1972*）和《平等权利修正案》等，都强调了禁止性别歧视，特别是在分配政府体育经费时，要保证公正和平等的原则。除此之外，自由派女性主义者还倡导在体育训练、设施、服务、比赛参与上都要做到男女平等，这才能保证体育中男女的最终平等关系。比如在1984年洛杉矶运动会上，自由派女性主义者就要求把女子一万米长跑项目加入到田径比赛中。她们认为女子运动员已经在她们的训练中跑出了一万米，为什么在奥运比赛就不设这个项目来展示女性的能力呢？[1] 除此之外，北美各个州的自由派女性主义者也在积极展开活动消除体育政策对女性的歧视。比如加利福尼亚要求各个大学向至少5%的女大学生提供体育奖学金，并且要拿一定的经费来发展妇女体育等。很明显，政策改革是自由女性主义运动的主要措施。除此之外，自由女性主义者还致力于通过教育来改变女性的地位。她们首先提出要多多培养在哲学、法律、心理学、社会学的女性毕业生甚至博士生，通过她们在社会上的地位来改变妇女的现状。比如女性律师或法律工作者会给女性受害者更多法律的支援，甚至影响法律的制定；社会学的毕业生可能在制定公共政策的时候会从女性的角度出发；而体育科学毕业的女大学生则会从更专业更女性化的角度去考察各项运动对女性身体的适用性，以及体育规则的合理性。

从过去的几十年中，我们看到了自由女性主义的努力以及她们所取得的成果：比如美国的《1972年第九条教育法修正案》，还有奥林匹克运动中对妇女体育的重视和发展。这些都是因为自由派女性主义者对体育政策的制定产生了极大的影响。她们的声音能被决策者所听到，她们提出的建议能被采纳也是经过了她们重重努力才获得的。但是，我们也在自由派女性主义者的实践经验中发现了一定的问题。比如，虽然女性参与的机会和获得的体育经费得到了提升，但是从整个体育制度上女性的地位并没有得到很大的改善，比如教练以及体育官员等带有决策性的职位大多都被男性所占据，即使有一些女性体育管理者，她们也没有真正的实权。女性在体育领域还是处于弱势地位。

自由派女性主义者在这些方面的失败归于其思想的局限性。自由派女性主义者主要是针对具体的政策提出意见。她们只要求法律和政策上的改革，而并没有对涉及结构的根本性问题进行批判；仅仅倡导女性与男性平

---

[1] D. M. Toohey, "The Political Components Behind Women's Participation in the Modern Summer Olympic Games", in U. Simri（ed.）, *Sport and Politics*, Netanya, Israel: Wingate Institute, 1984, pp. 95 – 104.

等的参与机会，但没有从社会制度的本源去探究造成男女不平等的根本原因。自由派女性主义者对意识形态问题的关注较少，或者说是对主导社会结构运行方式的研究较少涉及。这些局限使自由女性主义在其后期运动中遇到了其他流派的挑战。

**（二）马克思体育女性主义**

马克思女性主义是在对自由派女性主义的批判过程中产生并成熟起来的。马克思女性主义和自由派女性主义同样产生于资本主义时代，但与自由派女性主义不同，它并不认为在资本主义体育制度下社会成员特别是妇女能被赋予同等的参与权以及其他平等的体育权利。它认为资本主义体育制度掌握在那些有钱、有权的人的手中，而这些人绝对不会白白让出自己的财富和权力给社会的弱势群体。因此它抨击自由女性主义单纯指望当权者进行改革来改变现实的目标是一种妄想，因为这些人在制定政策的时候一定是以自己的最大利益为基础，而不是从处于弱势地位社会成员的利益出发。它认为只有当社会阶级和阶级压迫被消除，一个公平、公正的社会才会出现，而女性作为社会"第二阶级"的地位才会被彻底推翻。

除此之外，它对自由派女性主义者所信奉的身体—意识"两元论"的思想进行了抨击。它不认为身体和意识、体力劳动和脑力劳动、人类的生物性和社会性是截然分开的，相反，它认为是人类的体力劳动，而不是纯理性思维把自然资源转变成为满足人类生存的必需品，因此体力劳动是人类最本质的活动，女性可以而且应该有权利从事体力劳动，这包括从事职业体育运动。

虽然和自由女性主义一样，马克思女性主义也认为自由对个人发展的重要性，但是它们对自由的定性却存在着分歧。自由女性主义认为自由建立在自治之上，所谓自治就是人们能够从道德层面做出决定来满足自我需求，而这种决定不会受到他人或政府的任何干涉，这就是一种自由。而马克思女性主义却认为自由是和生产活动相关联的，其中涉及身体和精神的成分，换句话说，自由就是不受任何压迫的劳动的自由。

马克思女性主义对妇女体育发展的影响和实践主要是在社会主义国家展开的，比如中国、古巴、苏联以及东欧的一些社会主义国家。在这些国家，女性参与体育的权利被认为是参加社会生产权利的一种延伸。因此无论是学校、工厂、单位还是军队，都为妇女提供了体育参与的平等机会，比如组织广播操、培养女性体育教师、组织员工运动会，还有体育达标测试等。这些体育活动都是在男女平等的原则上进行的。

当然，对女性体育的发展，马克思体育女性主义者还有另外的认识。她们认为身体的健康是对社会生产的最大保障。因此要使妇女们更好地参与到社会生产中，就需要通过参与体育活动来锻炼和强壮她们的身体。而这种社会对女性体育参与的要求在某种程度上超过了女性自我对体育的需求。[1]

除了针对大众妇女的体育锻炼，马克思女性主义者还积极倡导女性进入职业体育。一方面，他们认为，体育从传统来看是被男性所主导的，女性职业运动员的诞生是对男性主导权的强大冲击，这不仅为女性提供了更多的职业机会，同时也为女性提供了更多展示自己能力的社会公共空间。从文化来看，女性健壮的体育形象也是对传统的女子柔弱、内敛、贤妻良母形象的一种颠覆。另一方面，其认为女性运动员在体育上所获得的成就是社会主义国家阶级、性别平等的一个最大展示，因此国家不遗余力地支持和发展妇女体育，这也是社会主义国家的女性在国际体育舞台上取得辉煌成绩的主要原因。

马克思体育女性主义对女性体育的发展做出了很大的贡献。很显然，无论是从理论上还是在实践中其都比自由女性主义取得了更大的成果。但是，一些女性主义者也对马克思体育女性主义提出了质疑，特别是针对以国家为主导的女性体育参与方式提出了质疑。一方面，她们认为以保证生产而由单位组织起来的体育锻炼并不能满足妇女自我的需求。女性应该有选择锻炼或不锻炼以及选择不同锻炼方式的自由，但是在这种体制下，女性的体育活动完全变成一种政治任务，虽然从某种程度满足了强健身体的社会需求，但是忽视了女性的独立意志和个人需求。另一方面，针对国家培养女性运动员的方式，一些女性主义者进行了严厉指责。她们认为虽然这种严格、专业、高强度的训练确实有利于女性运动员在比赛中取得良好的成绩，但是为了保证获胜而采用的非常手段比如非科学的训练方式、剥夺运动员其他生活权利等做法其实与女性主义体育理论的目标和原则是相违背的。

### （三）激进派体育女性主义

和自由派女性主义以及马克思女性主义相比，激进派女性主义没有深厚的哲学传统，它的理论体系主要是建立在"事物的成长和发展都要从其

---

[1] Xiong, H., *Urbanisation and Transformation of Chinese Women's Sport Since 1980: Reconstruction, Stratification and Emancipation*, U. K. VDM Verlag Dr. Muller, 2009, pp. 111 – 114.

根源开始"这个认识论之上。它认为社会存在的所有压迫的根源来自于父权制对妇女的压迫。因为父权制几乎存在于每一个社会以及政治经济制度中，体育制度也是父权制的产物。

激进派女性主义的理论视角非常多元化。早期的激进派女性主义相信个人有选择性别角色的权利和自由，因此而提倡中性主义，体育活动被认为是塑造和展现中性气质的最好场所。在后期，激进派学者认识到其实这样的观念更加强化了女性气质和男性气质的固定化模式，而这种性别气质固定模式的强化并不能更好地解释性别角色是如何形成并保持的。因此，她们把研究讨论的焦点放到了生理性别和心理性别的不同之上。激进派女性主义认为，人们虽然出生就决定了性别，但这只是生理上的现象，叫 sex。而在人的社会化过程中所形成的自我性别认定是心理性别（以后又被称为"文化性别"），叫 gender。她们批判体育文化强化了生理性别，而忽视了文化性别的存在。

对于性别差异，激进派女性主义有着不同的观点。本质主义者强调男女之间确实存在着本质的生理差别，但是这并不意味着女性的生理自然性就比男性的差，女性身体也有着特殊的优势，比如柔软、灵活、敏感、协调性好等，而这些特征也可以创造出力量。除了生理的特殊性以外，她们还强调女性在情感、交流、处理人际关系上的优势，而这些都是男性所欠缺以及在他们所建构的"理性"世界中所缺失的一部分。与本质主义者不同，另外一些激进派女性主义认为性别（gender）是社会所建构起来的，而不是自然给予的。比如婴儿出生时是没有性别（gender）的，但是大人们很想当然地给女婴穿粉色，给男婴穿蓝色；给女孩子买裙子，给男孩子买裤子；鼓励女孩玩洋娃娃，而让男孩子玩枪和汽车。是人为的原因使性别的差异出现，而并不是自然的原因。建构主义对女性的生理自然性做出了极大的挑战。她们对孩子的自然性、女性的身体以及性别差异（sex difference）提出了众多的质疑。建构主义的出现直接影响了西方学者们对女性体育研究的视角，并为妇女体育研究提供了非常重要的理论框架。虽然研究的视角有所不同，激进派女性主义的出发点都是为了挑战人类中性的概念。和马克思女性主义相同，激进派女性主义抛弃了自由派女性主义身体—精神两元概念，而是将对身体的论述作为其研究的核心概念。

激进派女性主义认为当代社会是一个父权制的社会，所有的制度和秩序都是以男性为中心建立起来并维护男性的利益和特权的。特别是男性拥有绝对的文化话语权，因此而控制了社会的意识形态，并确定了女性的从属地位。这种性别意识形态对女性作了明确的定义，并给她们划定了界限。就体育领域的现象来看，很多成功的女运动员要么被认为缺乏女人味，要么就被认为是同性恋，这就是性别意识形态对女性身体潜能束缚的一个最佳体现。她们认为女性受压迫的根源在于社会通过意识形态对她们身体的控制。因此女性要得到真正的解放就需要能够完全掌控自己的身体，这包括对生育、喂养小孩、性以及体育活动的决定权。

和自由派女性主义不同，激进派认为变化需要通过根本性的社会变革来实现，不能依靠平等地参与现有的社会体系来实现。因此，她们认为整个社会体系需要在女性的立场上废除与重建，在此之前不能参与由男性主导的社会体系，包括体育体系。激进派体育女性主义首先反对竞技体育，认为竞技体育制度是建立在男性的特性和爱好之上，竞技体育以竞争和获胜为目的的本质阻碍了更多的女性参加体育活动并发现她们在体育上的潜力。其次，她们要求改变现有的体育秩序和结构，因为她们认为现在主导的体育模式是建立在父权制之上并宣扬男性文化霸权的，比如对运动员身体的剥削和滥用、体育暴力、赌博、体育流氓文化等都是父权制下的产物。再次，激进派体育女性主义认为这种父权制度下的体育结构最终会导致一些体育组织包括国际奥委会、世界田径委员会等的自动解体，因为这些组织已经变成了男人们玩弄权力的工具。她们强烈抨击体育的政治化和商业化，认为体育应该是为了提高个人的整体身体素质和技能，创造健康和幸福的生活的，而并不是为个人或群体谋取利益的工具。为了摆脱男性主导的控制，一些激进派女性主义者倡导在传统的父权体系之外建立女性自己独立的空间和实践活动，即"分离主义"。

对"分离主义"的实践最早出现在北美的一些女子学校。在这些女子学校，学生们除了学习外语、数学等传统的科目以外，还开设了体育课，其中包括很多激烈的运动项目。这些女校旨在为年轻的女性创造一个有别于以男性为主导的、独立的教育环境，向女性传授新的道德、知识、思想、艺术和文化。其中体育也是作为打破陈规女子教育的突破口。学校开设了曲棍球、划艇、篮球等以前从未向女学生开放的项目，但是在规则上有所改变，更加适合女性的特点。除此之外，激进派女性主义者还积极地倡导发展女子体育俱乐部和体育联赛，比如女子橄榄球、女子篮球、女子排球、女子足球等体育联赛。健美、有氧运动、花样滑冰、花样游泳等以身体美感为中心的体育运动也被女性主义者大大提倡。她们认为这种新的体育模式和实践才能体现女性的价值观。为了更好地凸显女性在体育中的地位，激进派女性主义要求女性运动员不仅要在运动场表现自己的实力，同时还要进入体育传媒和体育组织机构，用女性的视角来报道体育，以女性的立场来制定体育政策。她们认为,只有各个种族、各个阶层、各个年龄层次的妇女都团结以来,才能建立起一个新的、代表女性利益和价值观的体育秩序。

激进派体育女性主义对妇女体育研究的最突出贡献在于她们提出了体育父权制的概念,并把这种制度作为其解释女性处于体育边缘地位的根本原因。除此之外,她们对女性身体和性进行了文化定义,并把男性化的体育霸权对女性身体的控制和利用作为其抨击的主要对象,这包括体育中的暴力文化、性骚扰、色情文化等。虽然这些新的理论视角和实践为妇女体育研究输入了新鲜的血液,然而很多学者也对激进派女性主义所提出的妇女解放战略的可行性提出了质疑。他们认为,激进派体育女性主义理论泛化了对女性的压迫和对父权制的声讨,并没有考虑到在不同社会历史背景下,妇女的生存情形不同以及体育文化的差异,比如,有色人种和白人妇女的体育经历不同;工人阶层和中产阶层妇女的参与方式不同;还有性取向不同的妇女所受到的社会压力也是不同的。除此之外,体育文化和体育制度在不同国家中的表现也不同,这对女性在体育中的地位和处境是有一定影响的,因此,一味地把妇女在体育中所受到的压迫整体化来看待并不能更深入和更完整地体现女性体育问题的复杂性。同时,一些学者还对激进派女性主义者所倡导的"分离主义"提出了质疑。他们认为,"分离主义"的实践虽然在社会体制之外建立了一个更适合女性价值观和个人发展的环境,并增加了妇女的自信心和集体感,但是这样做,只能使女性更加远离男性为主的体育中心,变得更加边缘化,这种做法同时也大大阻碍了体育父权制度的整体变迁。还有一些批判来自于身体理论。这些批判者认为对女性身体的过分强调会导致另一种歧义,即认为女性是一种性或生育的生物,而忽视了女性作为社会和文化生物的人的本质。一些激进派女性主义认为只有通过体育和锻炼来解放妇女的身体,使女性更加强大和独立,这样的观点看起来非常有力,但是忽视了那些其他领域女性的实际情况。

### (四) 社会主义体育女性主义

社会主义体育女性主义是在对马克思体育女性主义和激进派体育女性主义的批判与继承的基础上产生的,她们认为女性和男性不是以其生物性征而定义的,而是社会建构的产物;体育是建构男女的一个重要途径。它同时强调公域活动(社会生产)和私域活动(生育)对女性解放同等的重要性。她们相信妇女既要有外出工作的权利和自由,也应该有生育的自由，而要获取这两方面的自由改革是不行的，要以革命的方式彻底打破现有的秩序才能实现妇女的真正解放。

对于体育，社会主义体育女性主义认为以前马克思体育女性主义理论下所产生的女性体育参与模式过于强调竞技体育对女性解放的意义和作用，而忽视了女性本身对体育的多元化需求；同时她们也不赞成激进派女性所提倡的"分离主义"模式，这样实际上把女性体育排斥到了以男性为中心的体育文化之外。对于社会主义女性主义来说，女性要真正享受到体育给她们身心所带来的愉悦才能自由地追求在体育中的平等权利。因此她们倡导：一是为那些愿意成为职业运动员的女性建立一个平等的机会，包括平等的体育设施、训练、经费以及服务；二是要创造一个平等的体育文化，使所有的女性可以自由地享受体育运动，而不受任何约束。社会主义女性主义把女性的经历、需求、利益放在了体育参与的首要地位，并始终将妇女在体育中的物质关系作为研究的一个重要方面。对为了政治经济目的而滥用女性运动员的行为进行了强烈的抨击，她们甚至认为，无论是在资本主义制度还是在社会主义制度，竞技体育都避免不了和政治、经济产生关系，如果体育的这种功能被无限地扩大，那么只能导致竞技体育制度的灭亡。

### （五）批判主义与体育女性主义文化研究

从20世纪80年代起，越来越多的体育女性主义研究被引向了批判主义的领域。根据批判主义理论，体育不仅反映社会，更是创造社会与文化的场所。批判理论者认为体育对其参与者有着积极和消极的影响。人们按照自己的生活创造了体育，而体育或许支持主流文化，也可以再创新的文化来反对主流文化。同时，批判理论认为体育是不断改变和发展的，体育的形态和当时的政府、教育、传媒、宗教以及家庭结构有很大的关系。它还特别提及文化的变迁与体育意义的变化，如男性气质与女性气质对体育参与者的规定、种族、年龄、性取向以及身体条件对体育行为的影响。除此之外，运用批判理论的研究者们试图探索体育的结构、组织和意义是如何在不断变化的权力关系中发生变化的。

批判主义体育女性主义集中批判了体育中的性别权力，它不断地在探究性别关系是如何在体育实践中被塑造和改变的；性别权力是如何产生，又在什么情况下可以转移等问题。文化研究是一种渗透着批判主义的综合分析方法，在女性主义的研究中起着非常重要的作用。文化研究最早发源于英国，之后对北美社会学产生了重大的影响。文化研究的基本假设是：

权力在社会的分配是不平等的，这主要体现为不同的阶层、种族和性别所拥有的权力的不平等。但是文化研究者认为，这些权力关系并不是固定的，而是相互竞争的。除此之外，文化研究者认为权力的维护并不是通过强硬的方式来完成的，而更多地是通过对意识形态的主导等更加隐性的方式来实现的。所谓意识形态就是指那些为统治者利益服务并作为形成"大众想法"或共识基础的一系列观念。而体育正是意识形态斗争的公共场所。对于女性主义者来说，体育建构了性别权力关系，并赋予了性别权力的意义。因此，女性批判主义文化研究的课题主要围绕着四个主题：（1）男子气以及男性权力在体育中的形成；（2）媒体对女性在体育中形象的塑造；（3）体格、性和身体是如何定义性别关系的；（4）妇女对以男性为主导的体育模式的抵制与反抗。[1]

体育中的男性权力是女性主义文化研究中最基本也是最传统的一个研究主题。麦斯纳（Mike Messner）的论文《体育和女性主导：女性运动员作为斗争性意识形态》[2]是这一领域具有里程碑式意义的研究。除此之外，文化霸权理论对体育活动进行了理论层面的剖析。在文化霸权主义理论的框架下，女性主义者对这个主题的研究更加深入、更加系统。政治上的霸权主义是指一种不均衡的政治支配状态，某一国家由于其政治、经济实力具有很大优势而占据主导的局面。而文化霸权主义则是指不均衡的意识形态支配状态，是由于某一集团控制意识形态而占据主导的局面。换句话说，"霸权是一个相当完整的意识主导的系统，它是通过与那些被剥夺权力的人一起产生的"[3]。在体育活动中构建男性霸权的一个特别的途径就是媒体。

性别、体育与传媒也是批判主义文化研究的一个主要主题。大众传媒在批判主义视野下是社会的"意识形态"的维持、缔造者，反映着社会生活中的各个方面，也同样再现和维持着社会性别的不平等现象，而体育传媒更加以男性文化视角在塑造着女性在体育中的形象和地位。玛格丽特·邓坎（Margaret Duncan）就媒体塑造女性体育形象的方式进行了大量的卓

---

[1] S. Birrell, "Double Fault: Renee Richards and the Construction and Naturalization of Difference", *Sociology of Sport Journal*, 1990, Vol. 7, pp. 1–21.

[2] M. Messner, "Sports and Male Domination: The Female Athlete as Contested Ideological Terrain", *Sociology of Sport Journal*, 1988, Vol. 5, pp. 197–211.

[3] N. Theberge and S. Birrell, "The Sociological Study of Women and Sport", in D. Costa and S. Guthrie (eds.), *Women and Sport: Interdisciplinary Perspectives*. Champaign, IL: Human Kinetics, 1994, p. 327.

有成效的批判性研究工作。她研究了女性在奥运会中的照片形象,女性在体育杂志中的形象,以及电视荧屏是如何展示女性运动员的。她的论文向我们生动地展示了女性在体育传媒中的形象,并对媒体对女性运动员偏颇地描绘进行了批判。① 她认为媒体对女性运动员的刻画是建立在以男性为中心的性别意识形态之上的,是为了迎合社会文化对女性角色、女性气质的塑造,实际上就是对女性体育潜力的抑制。同时,女性主义者认为正是体育媒体误导了大众对女性体育以及女运动员的看法,同时维护了以男权为中心的体育文化结构。

### (六) 后现代体育女性主义

"后现代主义"这一术语曾非常流行,它不是一个特别的理论,但比其他理论更适合表达后现代社会生活中的困惑与矛盾。后现代时期的生活涌现了一系列与现代主义不同的世界观,其中大多数观点对体育女性主义理论产生了重大影响。

福柯和后结构主义处于女性主义理论变革的中心。后结构主义通过语言和其他有代表性形式来关注"社会组织,社会意义,权力和个体意识等问题的分析"②。这种受后结构主义思想影响的理论与方法论分析策略要求我们关注语言陈述的建构与冲突的意义。对于体育研究来说,福柯的理论常常被用来解释和分析对身体的陈述。福柯关于通过训诫产生权力的理论为我们研究运动员身体提供了新视点。根据福柯的观点,现代体育锻炼是培养驯良的、易控制的身体的重要工具。如果从体育的历史发展来看,我们可以发现传统体育模式宣扬的是对身体自然力量的释放以及身体与身体之间的对话,具体可表现在对裸体运动的崇尚、对运动员的个人体型放任、没有严格的训练规范等。而现代体育则通过各种途径来培养一种"附有纪律性"的身体,比如严格的身体素质训练、技术演练、饮食的控制等。福柯认为现代体育实际上使运动员失去了对自我身体的控制权力。而真正拥有权力的是那些制定这些规则的人或机构。那些所谓的科学训练的模式实际上是现代医学、生理学、心理学等实施其话语权的场所,其目的是为了对身体进行控制。

在福柯关于身体和权力的论述的基础上,女性主义者强调了女性的身

---

① M. C. Duncan, "Beyond Analyses of Sport Media Texts: An Argument For Formal Analysis of Institutional Structures", *Sociology of Sport Journal*, 1993, Vol. 10, pp. 353–372.

② Weedon, C., *Feminist Practice and Poststructuralist Theory*, New York: Basil Blackwell, 1987, p. 21.

体是通过各种话语权建构起来的观点,这包括医学、科学、技术的主导话语权。比如,一些女性主义者认为传统医学过分强调女性身体结构与男性不同,像骨骼较小、肌肉较少、神经系统敏感等生理特征等,这不可避免地使女性在体育中处于劣势。虽然,在西方维多利亚时代,女子的体育教育在医学的支持下是被大力提倡的,但是这也是基于医生们"母健子强"的论证,而并非出于女性自身的利益。因此女性主义者认为是医学的话语权在塑造和控制着女性身体在体育中的表现。同样,在当代社会,女性的身体仍被主流话语权所控制着。比如,科学减肥的观念使很多女性走进了健身房,跳起了健美操。一些女性为了寻求"完美"的身材,不遗余力地对自己身体进行严格的控制,比如一天摄入卡路里应该控制在什么范围,运动应该消耗多少卡路里,减臀部赘肉应该做什么动作,丰胸又应该进行什么锻炼。从福柯的观点来看,这些都是现代科学对女性身体的控制和训诫。而一些女性主义也提出来,男性在体育锻炼中对身体的训诫是为了自我满足,而女性在体育中对身体训诫是为了满足他人的眼光。[1] 总之,福柯主义关于身体和权力的分析模式对后现代女性体育的研究产生了极大的影响。

在后现代主义体育女性主义中,解构主义的传统也起着非常重要的指导作用,对性的解构尤其被关注。朱迪·布特勒(Judith Butler)提出了女性主义性别理论中的一个重要概念,即异性恋矩阵:性、性别与性意愿之间的关系。[2] 自 20 世纪 70 年代以来,人们已经习惯用术语"性"(sex)指一个人的生物学与性别分类:一个人的性别非男即女。"性别"(gender)一词被用来指一个人在文化上的定义以及他/她需要在行为上扮演的男子化/女性化角色。"性趋向/性意愿"(sexuality)指一个人在性伙伴上的选择。性/性别/性趋向三者在非正式情况下并不相关,但在传统的文化假设下我们认为三者是相关的,即三者处于一个完整的组合中:女性,女性化,异性恋倾向。我们想当然地认为可以通过对一个人的某种信息(如她具有女性化特征)的了解来确定对这个人的分类(她是女性,也是异性恋)。

在后现代主义的思维方式下,这种异性恋矩阵是应该可以被解构的。体育研究对于性别的解构发挥了巨大的作用。学者认为体育是一种文化产

---

[1] Hall, A., *Feminism and Sports Bodies: Essays on Theory and Practice*, Champaign, IL: Human Kinetics, 1996.
[2] Butler, J., *Gender Trouble: Feminism and the Subversion of Identity*, New York and London: Routeledge, 1990.

物,它塑造着男性气质和女性气质的差别。比如,那些激烈的、高强度的、高体能的运动通常被认为是男性的领域;而以身体美感为主的运动项目则认为是女性气质的展现舞台,但是当代的体育发展却打破了这种传统的刻板印象。女运动员可以展现男子气概,而男子运动员也会在运动场上展示其灵活、柔美、感性的一面。总而言之,当代体育从某种程度上逐渐地抹去性别文化的界线。

而在过去的几年,性的二元结构与性趋向的二元结构的传统观念也正在受到严重的挑战。要证实一个人有可能具有双重的生理性别是一件非常具有挑战的尝试。然而,体育研究提供了检验这种逻辑的一个特别的切入点,因为体育是那些为数不多的逻辑上以性进行分类的文化活动之一。在体坛事件中,一些女性体育运动员由于身体的特征很男性化而常常被要求进行性测试,这包括网球选手威廉姆斯、南非女田径运动员赛蒙娅等。南非女田径运动员赛蒙娅还被赋予"双性人"的称号,不仅成为大众茶余饭后的话题,也引起了学术界的争议。布瑞尔(S. Birrell)和库尔(C. Cole)对瑞查斯(Renee Richards)由男变女、成为变性女人在法理上争取参加女性网球赛的文化含义进行了分析,[1] 她们想用这个实例来说明生理性别的分类也是文化所建构的,既然是社会建构的,因此可以进行改变,这就更加迎合了"性别是流动的"这一后现代主义的观点。变性人是否能作为自然人参加体育竞赛、他们又会对体育性别文化起到什么样的解构作用,这些问题逐渐成为学术界关注的问题。

传统二元结构中作为第三个概念的性趋向也在被女性主义者重新解析。其他有关性选择的可能性问题,例如双性人以及近期的变性人等现象不仅干扰了传统的二元结构,而且挑战着以性特征进行身份识别的方式。部分学者认为一个人的行为或特别选择可能有性趋向,但是一个人的性身份不会永久不变。因此,"我是一个女同性恋"(身份陈述)已经被"我正处于同性恋关系"(当前选择)所代替。体育与性倾向之间关系是体育女性主义研究的一个热点。一些学者认为体育会改变女性的性倾向,一方面从生理来看,体育运动促进了女性雄性荷尔蒙的分泌;另一方面从文化来看,在女运动员封闭训练的环境下所产生的对同性的依恋。因此,他们认为在女运动员中的同性恋现象更加普遍。但也有研究发现认为,当她们结束运动生涯以后,性倾向也会相应地发生变化。当然这类观点也遭到了

---

[1] S. Birrell and C. Cole, "Double Fault: Renee Richards and The Construction and Naturalization of Difference", *Sociology of Sport Journal*, 1990, Vol. 7, pp. 1–21.

一些学者的批判，他们认为性倾向是一种持续性的现象，而性行为则是一种短暂的现象，体育只不过是创造了一种产生同性行为的境遇或场景，属于假性同性恋。

以后现代主义为核心的异性恋矩阵的解构对现代女性主义理论产生了一定的影响。如果像后现代主义所认为的，如果性、性别和性倾向并不是以真实的、持久的两元分类而存在，也就是说没有男、女之分，那么女性主义理论的核心类别即女性的概念也就不存在了。那么女性主义理论的主题又将是什么？女性主义理论又将如何发展呢？这是女性主义者们所面临的问题。

从传统的自由派女性主义到后现代女性主义对传统理论的解构，体育女性主义理论在实践中不断地发展和完善。目前体育女性主义理论的发展方向包括两大主流趋势：第一种趋势是将有关权力和性别、种族、阶级相互关系建构成一个综合分析的理论框架。第二种趋势是向后现代主义转移，从更加具体的社会现象来分析女性权力的问题。体育女性主义理论已经成为体育理论中不可缺少的部分，它对体育学的贡献不仅仅在于把女性从边缘拉到了研究的中心，更在于它拓展了观察和研究体育制度和体育文化的视角。

## 第二节 体育中的女性与发展
### ——女性主义心理学视角

在上一节我们广泛地了解了女性主义理论流派及其对体育理论的建构。如果说女性主义可以给我们提供一个认识女性与体育关系的宏观理论框架和指导，那么女性主义心理学的视角则从微观层面为我们提供了一个剖析女性个体在体育领域内更为深入和具体的研究框架。

### 一 女性主义对体育心理学的重构

自从 1879 年冯特在莱比锡大学建立了世界上第一个心理学实验室以来，心理学就成为一门实验科学和独立的研究领域。心理学家们开始使用科学方法对心理的各个方面展开研究，但是主流心理学派都忽视了性别这个变量。机能主义心理学家则强调意识的机能活动行为不是意识的内容，他们扩大了心理学的研究范围，被试者不再局限于成年男性，也包括成年女性、儿童，性别差异也被考虑到研究之中，但是机能主义心理学对性别差异的看法仅仅停留在生理层面。除了从生理上寻找性别差异以外,研究者们开始考虑两性在心理上的差异,主要是性别角色上的差异,从而提出了两个全新的概念——男性气质与女性气质,并且把这两种性别气质看成是个体内在的、固定且稳固并对立的特质。这种观点延续了早期心理学家们对性别的看法,即基于生理差别的角度来考察两性差异。同时在这一阶段还有一个普遍的假设:生理性别与心理性别的匹配对于心理健康十分重要。[1]

以上传统的心理学对性别的分析是基于性别主义(sexism),即男性与女性有着显著的差异,而这种差异主要是由生物性所决定的,所以女性"注定"在知觉、智力、运动方面比男性差,这也为男性的支配地位提供了所谓的"科学"依据。

20世纪60年代末的女性运动使女性与性别这一问题成为社会关注的焦点,心理学领域也开始自省在他们对女性的认识中是否存在固守的思维定式和刻板印象。他们开始意识到女性确实被许多研究忽略了,而与女性相关的理论都是以男性为标准建立的,女性行为被解释为男性标准的一种偏离。当女性表现得与男性不同的时候,这种不同往往被归因于生物性差异,而不是社会差异。心理学家们认识到,大部分关于女性和性别的心理学知识是以男性为中心的,于是他们开始反思心理学的概念与方法,着手开创一种新的以女性为学科对象的研究。此外,他们还开始研究一些与女性有关的重要课题,探索解析两性社会关系的方法。心理学也因之开辟了研究女性问题的新思路,拓展了研究方法,开创了治疗与咨询的新途径。[2]其中女性主义者扮演了重要的角色。

女性主义者无论是在理论还是在方法论上都对传统的心理学进行了修正。她们认为研究者在进行研究时应该把人类行为发生的物质场景考虑进去,同时要注意主观经验,意识到研究对社会产生的影响。比如在分析教练与运动员之间互动关系的心理学研究时,应该把权力、权威、时间、金钱等社会资源的分配这些外部因素也考虑进去。除此之外,在研究女性运动员与男性教练之间关系时,除了体育这个背景之外,也应该把性别关系放进去,只有在这种双重背景下才能更加真实地了解女性运动员与男性教练之间的互动关系和行为。对教练员—运动员之间主观经验的记录也很重

---

[1] 方刚:《性别心理学》,安徽教育出版社2010年版,第35页。
[2] [美]玛丽克劳福德·罗林昂格尔:《妇女与性别——一本女性主义心理学著作》,中华书局2009年版,第5页。

要，这为洞察教练、运动员甚至包括研究者自身之间关系的意义提供了更好的途径。而相关人员，如助理教练、运动队的管理员、队医等的主观经验也可以为了解教练员—运动员关系提供不同的视角。让女性运动员的主观经验得以"发声"，有利于重新建构现存运动队研究中所体现的各种关系。体育关系是社会关系的一个小的缩影，因此体育研究也会对社会产生一定的影响。比如在体育中的女同性恋问题的研究，其揭示的并不仅仅是在体育这个场景中发生的现象，它具有更强烈的社会冲击力，是一种挑战和改变压迫的强有力的方式。正如法恩（Fine）和乔顿（Gordon）所指出的，如果是按照传统的方法去研究女性，则只能维持现有的关系和那些隐藏的秘密；只有颠覆这种传统的研究方法和思维才能产生改变的可能性。[1]

在女性心理学领域，一般对女性与朋友、爱人、亲人之间的联系和关系的研究比较感兴趣。在体育领域，常常关心的问题是体育运动或比赛是如何建立、强化或威胁女性朋友间以及女性与其他成员（无论是女性还是男性）间的关系。比如，一些人注意到，在一个女子运动队里面，队员之间的关系比比赛的规定更具优先权。有研究表明在一场比赛或游戏中，如果队员间的争吵会影响队员之间的团结，女性比男性更容易停止比赛，而进行另一种游戏。[2] 男女之间这种行为的差异常常被用来负面地印证女性总是情感超过理智，这是造成她们比男性更难达成目标，获得成功的原因。另一种解释认为"目标"从男性的角度来看就是遵照规定而获取胜利；而从女性的视角来看，人情世故比遵循比赛规则和赢得比赛更加重要。女性间的友情与团结，以及体育运动如何影响（增强或破坏）这些友情成为体育心理学一个新兴的研究领域。

女性主义在体育心理学领域的另一个研究任务就是揭示女性秘密，使那些沉默女性能够发出她们的心声，并公开那些被隐藏的女性经验，即"去沉默化"（desilencing）。比如在竞技体育中，女性运动员的性别认同问题、性倾向问题、性骚扰问题等，这些都是传统体育心理学研究的"禁地"，很多研究都不会涉及或是采取回避的态度，但是这确实是一个真实存在又被掩盖的问题；除此之外，体育中女性的攻击性、药物使用、性别的身体与心理形象等都是禁忌。所谓"去沉默化"，就是要从一定的广度和深度去记录女性体育生活的方方面面、点点滴滴。从广度上讲，研究对

---

[1] M. Fine and S. M. Gordon, "Effacing the Centre and the Margins: Life at the Intersection of Psychology and Feminism", *Feminism and Psychology*, 1991, Vol. 1, pp. 19–27.

[2] J. Lever, "Sex Differences in the Games Children Play", *Social Problems*, 1976, Vol. 23, pp. 479–488.

象除了主流女性的体育运动以外，还应该包括在监狱中女犯人的体育活动、精神病院的女性体育活动、老年中心的女性体育活动、学前教育的女孩体育活动、女同性恋组织的体育活动、少数民族社区的女性体育等，只有把边缘群体归纳到研究范围内，才能真正做到"去沉默化"。从深度上讲，体育女性心理学研究不仅要从个体的经验、行为、心理进行分析，而且还需要考察其发生的历史、文化和社会背景。"去沉默化"必须还原女性在体育发展进程中的历史作用，女性体育的历史和人类学研究则更能反映不同文化、国家和民族的女性的体育生活和经历，而这也是女性心理学研究所需要的。

女性主义体育心理学的另一个目标就是对"自我折射"的批判。所谓"自我折射"是指研究者在研究时常常会受到自我主观经验的影响。早期的女性主义者是以西方白种人中产阶层的女性为主，因此她们所关注和反映的问题，也仅仅限于这个群体内的经验。这个群体对于女性主义的认识和研究可能会使她们与其他那些并不认同她们理论观点的女性群体之间的距离越来越远。这些以白人、中产阶层、异性恋的女性运动员的心理学研究只能反映一个很小团体的情况，因此她们倡导在做女性体育心理学研究时应该把眼光和视角放得更宽，更重要的是让那些还没有被听见的女性体育参与者说出她们的故事。这需要在研究者和被研究者之间建立一个交流畅通的渠道，减少研究者的主观经验对研究的影响；同时也要看到不同理论框架的长处和弱点，这样才能更恰当地应用。

最后，女性主义体育心理学的研究目的在于促进社会的变化。心理学家应该揭示女性压抑其愤怒、反抗的社会条件，探索抵抗女性被压迫地位的途径。因此研究需要有一定的变革性、创新性。女性体育心理学的研究需要记录下如果不改变体育结构和性别意识形态所带来的社会成本；也应该记录下女性由于害怕或害羞而拒绝在晚饭后去其社区进行锻炼的心理成本；还应该了解体育、战争与暴力间的心理关系对女性造成的影响；需要记录下那些年轻的女运动员在竞争和追求胜利时所产生的生理以及心理的伤害；也需要探讨女性把何种体育情形看成是压迫性的、剥削性的、种族主义的、性别主义的，她们又是如何在个人和集体的层面上对这些体育情形进行抵抗的；还应该记录下女性对参加体育活动的愿望与体育给女性带来的集体荣誉感和团结感；最后还应该研究如何使体育活动提升女性身心健康、提升女性的自我认同，为女性的自我发展开辟一条畅通的大道。

## 二 体育中的主体经验研究——女性的声音

女性主义心理学非常强调主体经验（subjective experience）。主体经验让我们思考"谁有权来谈论某件事情应该如何，其真实性又是如何，它又可以如何改变"[1] 等问题。我们生活在一个由科学知识"做主"的时代，根据福柯等人的观点，社会权力就是通过对科学知识合法性的授权而得以产生的。而那些拥有对科学知识解释权威的人往往是一小部分代表男性立场的所谓"专家"。在这种情况下，女性的主体经验是被忽视的，即使有一些女性试图说出她们的经验，这种经验也常常得不到有关"权威"的充分肯定。与之相反，很多理论家倡导首先要从认识论上站在受压迫群体（女性）的立场。女性主义理论学家贾格（Jagger）曾表示女性的视角更能直观地反映出事物的真实性，因此女性的主体经验应该被给予合法地位。比如女秘书就有关于办公室如何运作的发言权；女性运动员则通过身体经验对如何建构体育有特殊的认知。然而现有的关于体育经验的研究模式大多依赖专家们对"身体的科学管理"的制订，比如健身运动常常要遵循健康专家们的建议；竞技体育更是依赖教练、裁判的技术经验以及体育科学工作者，包括心理学家等的科学研究结果，而忽视了参与者本身的主体经验对体育建构可能带来的贡献。在这种模式下，作为体育参与主体的女性的声音当然是听不到的，她们只能作为客体被描述、被研究、被科学化、被表达。就像一位前美国女子体操队员凯瑟（Kathy Rigby）所述："我不可能成长，因为我的教练为我做了一切，他替我思考，替我发言。"而凯瑟长时间以来所遭受的厌食症和饮食紊乱等心理疾病却一直都无人知晓。

女性在叙述其主体经验时不仅仅能说出她们对体育的情感和认知，更能传达她们的信念和价值观。安世尔（Anshel）在1990年所采访的几段关于女性运动员对自我经验的叙述就是一个很好的范例：[2]

"女性非常敏感，总是对教练一些小的批评耿耿于怀。其实我们应该更积极地对待这些评价和批评。"

"其实女性和男性运动员都一样比较感性，只不过男性表达得比

---

[1] M. Duquin, "She Flies Through the Air with the Greatest of Ease: The Contributions of Feminist Psychology", in Costa D. M. and Guthrie S. R. (eds.), *Women and Sport: Interdisciplinary Perspectives*, Champaign, Human Kinetics, 1994, p. 290.

[2] M. Anshel, *Sport psychology: From theory to practice*, Scottsdale, AZ: Gorsuch Scarisbrik, 1990.

较含蓄，而我们的情感表达比较放得开。"

"女教练好像比男教练更加懂运动员的心理。我想因为女性更具同情心。"

"开玩笑对我来说很重要，因为训练和比赛的压力很大，因此需要玩笑话来调剂。教练应该有一些幽默感，这样才能让运动员表现得更出色。"

"月经常常改变我的态度。月经期间，我总是感到沮丧，这使我不能专心地投入比赛。还有我的体重也会增加，这让我的教练很头痛。我认为他应该要懂一些女性的生理、心理知识。"

"教练激励我最坏的方式就是大声骂我，对我喊叫。他真是讨厌极了。我也需要尊重。直接、坦白的交谈才是我想要的方式。"

"我的教练在离开我们队之前，和几个他喜欢的女队员打情骂俏。我觉得这样很不好。"

这些内容看起来很零碎，但是反映了女性运动员最真实的生活状态及她们的想法。而这些珍贵的内容常常被以男性为主的传统研究方法忽视和掩盖。女性主义心理学者认为第一人称的叙述（first-person narratives）是一个能更好地反映活生生的体育经验的途径。女性体育参与者的主体经验应该受到一定的重视，不仅如此，还应该建立以主体经验为核心的新的研究方法——把个人故事以及对个人故事的诠释纳入心理学的研究框架。建立在主体经验上的交流已经成为女性心理治疗的主要方法之一。无论是诉说还是聆听主体经验，都会帮助人们重新理解她们自己、她们的社会环境以及她们与其他事物的联系。同时，相似的主体经验可以创造一种力量，把女性团结起来为改变现状而努力。

然而，有女性主义者也注意到心理学在解释女性主体经验时容易走入本质主义（Essentialism）和简化主义（Reductionism）的误区。本质主义常常把女性的主体经验看作女性生物性或女性本质的反映。因而，当女性陈述她们在体育背景下对竞争、对抗、伤痛、压力等的消极情绪时，心理学的解释常常把其简单地归因于女性天生胆小、无竞争性、被动、娇弱等性别特征。简化主义则把女性主体经验归结为是心理身份认同或性格因素的简单反射。简化主义常常把女性消极的经验看作其个体的问题，比如，当女性运动员无法处理体育训练或比赛所带来的压力时，心理学家们提倡采取针对个人的解决方案。他们把个体释放压力的能力看成是解决问题的主要方法，而不是去寻找是什么样的体育环境造成了对运动员来说无法承受的压力。换句话说，心理学家强调个人如何适应体育环境，而不是相反。除此之外，心理学在强调女性主体经验时也有可能会陷入制造或强化女性刻板印象的陷阱。同时，在他们的分析框架中常常忽视客观的、结构性的问题，比如女性和男性的关系、体育制度等，这样会造成分析的偏颇，不能全面地解释女性在体育中所面临的问题。

女性在体育中的主体经验其实也是其所接受的文化信仰的一种折射，但是要承认的是女性不同的主体经验确实为我们更全面地了解她们在体育实践中的真实情况提供了帮助。不仅如此，从女性的角度来记录体育能够增加我们对体育更多、更全面的理解，同时也会开创另一种（有别于男性为主导的）审视体育运动的新视域。体育心理学强调改变运动员（体育参与者）个人的态度、技术和想法来增强他们在体育中的表现，以服从已经存在的体育结构和体育价值观，很多运动员已经将这种心理学战略内化为自我改变和发展的准则。女性主义者则提倡一种新的体育心理学研究途径——除了记录女性的主体经验，她们还要求考察体育结构的物质现实以及体育中的社会关系对女性主体经验的影响。就像舒特（Shotter）和罗干（Logan）所总结的："女性主义实践可以提供一种对话，使语言的力量可以被用来重新构建、分配、发展人们对他们自我、他们所处的环境，以及他们与其他事物实践—历史关系的认知。"[1] 这是女性主义体育心理学的希望和目标。

## 三 女性主义精神分析法——体育中的另一种声音

女性主义精神分析是女性主义心理学的一个重要流派。它试图从孩童时期在道德范畴内性别的形成过程来说明男女的性别差异。根据女性主义精神分析理论，男性性别身份的确立是在逐渐和母亲产生对立关系的过程中建立起来的。体育运动长期以来被认为是塑造男子气概、获得男性身份认同的一个特殊领域。为了保证其男子气概，男孩们需要走出家门和其他男孩一起参加积极而又多样的体育运动，这样他们才能逐渐摆脱对母亲的依赖。体育运动很早就被认为是男性心理发展的需求空间，在这个空间里有利于男性对抗、竞争、独立、理性等心理特征的形成。女性主义心理学家认为，体育结构与体育规范常常是与女性化价值观相对立的，男性对体

---

[1] J. Shotter, and J. Logan, "The Pervasiveness of Patriarchy: On Finding a Different Voice", in M. M. Gergen (ed.), *Feminist Thought and the Structure of Knowledge*. New York: New York University Press, 1988, p. 82.

育运动的热衷实际上是因为他们内心对女性化的恐惧与反抗。在体育参与的过程中，男性们聚合在一起，通过各种激烈的身体活动，树立了与女性（化）、女性价值观相对立的性格特征，同时完成了其性别身份的认同。

虽然有一些心理学研究探讨了体育运动对男性气质形成的心理机制，但是很少有研究来探讨男性在体育运动中的男性气质聚合力对男女关系的影响。卡瑞（Curry）在1991年的一项研究对此做出了回应。他调查了男生在比赛前后，在换衣间里谈论的关于女性的笑话，这些笑话处处充满对女性的诋毁，对女性身体的客体化。卡瑞认为这种男生间的笑话促成了强奸的发生。[1] 卢锐（Lurie）通过对体育与家庭暴力的关系研究表明有暴力性体育比赛的那天，妻子的情绪也会表现得不安。[2] 男性在体育中的社会化以及体育环境对暴力、厌女态度和行为的催化是心理学系统研究的第一步。随着体育心理学研究揭示的男性体育运动所带来的负面心理问题越来越多，社会影响越来越大，女性主义心理学家认为应该重新把女性因素放入体育心理学的研究领域。巴布（Balbus）就针对男孩子的性别社会化指出："如果男孩子为了成长为男人，被迫压抑他们对母亲和女性的情感，就等于是压迫他们自己的身体。只有在父母共同的养育下，通过内化父亲的性别角色，才能改变与自身身体对抗所产生的男性气质。"[3] 心理学家认为，只有通过父母在孩子年幼时期共同喂养，才能使男孩子在早期学习到与其相同性别的父亲的角色和身份认同，而不是只能通过站在母亲的对立面来形成自我身份。在这种环境下，个人体育运动经验以及参与体育活动的社会心理将发生一定的变化，也会造成体育文化和价值观的逐渐变化。这种思路为体育心理学家、社会学家和哲学家提供了一种跨学科的研究新领域。

比如格里甘（Gilligan）的研究就从精神分析法入手讨论了男、女在同情心和道德方面所产生的心理差异。她认为女性与男性有着不同的道德视角，这导致了他们在作一些道德决定过程中的态度不同。女性在作道德决定时，比男性更加强调维持与其他人的关系、道德产生的环境因素，以及同情心等；而男性则更加倾向强调抽象的、普遍性的原则，对规则的服

---

[1] T. J. Curry, "Fraternal Bonding in the Locker Room: A Profeminist Analysis of Talk about Competition and Women", *Sociology of Sport Journal*, 1991, Vol. 8, pp. 119–135.

[2] R. Lurie, "Unnecessary Roughness", *The Village Voice*, 1991 Vol. 1, p. 123

[3] I. Balbus, "Disciplining Women", in S. Benhabib and D. Cornell (eds.), *Feminism as Critique*, Minneapolis: University of Minnesota Press, 1987, p. 126.

从，以及权利的合法性。① 女性主义对道德行为产生的心理研究触动了男性为中心的理论核心，把道德话语从一种死气沉沉的理性规范变成一种以关系为中心的道德情形，使抽象变得具体，使孤立变得有关联，把对原则的无条件地服从变成更人性化的选择。女性主义理解道德行为心理的方式结合了人的需求、情感、社会关系、责任，以及对特定环境的触觉。她们之所以能对以传统的理性主义为核心的研究方法进行挑战是和女性作为母亲的生活实践密切相关的，母亲的美德包括了照顾、哺育、为他人着想、重情义、考虑周全以及无私的爱。这是在幼儿时期女性所形成的性格特征，而男孩子却需要建立与这些特征相对立的性格，才能顺利完成其性别的社会认同和自我认同。

同样在体育范畴内，研究者们发现面对体育中所产生的道德事件，女性比男性更加敏感。贝德梅尔（Bredemeier）做了一项关于体育与运动员道德发展的研究，她发现一般女性和女性运动员比男性运动员在面对某些涉及道德问题的体育事件时更讲理。她同时发现运动员面对日常生活中的道德问题比面对体育事件中的道德问题显得更理智，更讲道理。因此她推论体育竞争在某种程度上是允许或鼓励这种强势、不讲理的情况出现的，体育运动潜在地会减少人们的道德感。② 杜坤（Duquin）的研究也发现当体育中发生不公正事件时，女性（无论是运动员、教练员，还是一般体育爱好者）比男性更倾向站在对方的角度去作道德批判，她们更容易发现体育中的不公正事件，并认为不公正是一个非常严重的问题。而男性则更倾向从自我（自我利益）的角度对某些体育事件作道德评判，比如，当运动员由于对方犯规而受伤时，男性往往认为是运动员自己没有做好防范措施。同时男性比女性更易于接受那些"可见的不公平"，把争取自我利益看成是合理、正常的行为。③ 女性主义者认为，如果把体育的建构和执行看作对女性化心理特征的消除，那么体育"关怀他人"伦理标准将不复存在。

女性主义心理学家也注意到那些建立在男性价值观基础之上的体育实践从某种程度上看是对自我身体的侵害和违背。体育运动中的身体是一个客体和对象，是被怀疑、改变、束缚的。在体育运动中，运动员需要压

---

① Gilligan, C., *In a Different Voice*, Cambridge, MA: Harvard University Press, 1982.
② B. Bredemeier, "Sport, Gender and Moral Growth", in J. Silva and R. Weinberg (eds.), *Psychological Foundation of Sport*, Champaign, IL: Human Kinetics, 1984, p. 411.
③ M. Duquin, "Power and Authority: Moral Consensus and Conformity in Sport", *International Review of Sport Sociology*, 1984, Vol. 19, pp. 295 – 304.

抑、控制他们的肉体。自我否定和自我克制是运动员的一个重要道德标准，也是体育的价值核心，他们必须把这种标准内化为自己的行为准则。枯燥的训练、严格的饮食控制、为了取得好成绩而牺牲自我的健康和幸福都是运动员内化这种道德标准的最好例证。这些问题成为女性主义心理学家们分析研究并进行批判的起点。她们认为体育的价值核心应该是对生命的保护和维持，促进成长、增进健康、提高幸福感，而这些伦理价值观从精神分析的视角来看主要是在"母性实践"中产生的。母亲或女性的养育经验培养了她们对生命、成长的重视，对他人的关怀，有同情心，愿意帮助他人等性格特点和心理特征，而男性却恰恰相反。女性主义还认为应该重新认识"情感"在道德话语与行为中的重要性，这恰恰是以男性为中心的理性主义道德理论所忽视的问题。他们没有意识到人的感情、同情、热情在提升道德行为中所起到的重要作用。虽然体育运动在某种程度上是一种情感的宣泄，但情感同时也受到了体育结构和系统性的束缚。很多人认为情感会消极地影响比赛，运动员对伤痛的恐惧、对比赛的紧张、对对手的同情都会影响到他们在赛场上的表现，因此运动员必须要控制自己的情绪和情感才能获得成功。这造成运动员或多或少都会有一些心理问题。他们试图掩盖自己对伤痛的恐惧，忽视自己身体的感受，对其他人采取漠然的态度，不愿意跟他人交流。因此，从一定意义上讲，体育（特别是竞技体育）阻碍了人类情感的输出与接收，而情感的交流是在道德层面产生共鸣的基础。针对这个问题，女性主义者认为应该把女性的价值观和性别特征融入体育文化，发展运动员关怀他人的心理技能。

虽然精神分析理论在解释和揭示体育心理学问题中有一定的创新性贡献，但是针对此理论的两元性（女性—男性）以及本质主义，一些女性主义学者提出了批判。她们认为建立在精神分析理论基础上的性别研究制造了一种刻板印象，把男性、女性的心理特征与想法做了严格的分类，并把它们对立起来。这也激发了后结构主义理论在心理学领域的运用。

## 四 后结构主义理论——体育中身份认同的社会建构

后结构主义常常关注社会形式与社会制度通过语言和符号系统（如社会科学、宗媒体、文本、艺术、体育运动）建构社会现实以及自我身份认同的方式，揭示这些符号系统是如何定义在我们的社会生活中什么是真的、假的，正常的、非正常的，好的、坏的。后结构主义理论强调权力：命名权、定义权、赋予社会现实意义的权力。对语言和符号的分析揭示了所有的符号价值都是与一种视角和地位的交流。语言不仅仅定义了某种思维的合法性，也是某种等级地位的反映。因此，社会中的一些人、想法，和事物比其他的更具有价值。比如在体育领域，诸如快、高、强壮等形容词，就比慢、矮、软弱等形容词具有更高的地位；以快速为特征的体育运动比以慢为特征的体育运动地位高；力量型的运动比以技术为主的运动地位高；大球运动比小球运动地位高；男性运动员比女性运动员的地位高。那些创造和控制了符号系统的群体可以利用这些符号系统来维持一种权力关系，从而巩固其自身的权益和地位。后结构主义理论中的权力并不仅仅是那些公开的高压统治的权力，更是那种细微的，对日常事务定义、标准化以及合法化的权力。后结构主义倡导的是一种解构（deconstruction）的思路与方法。解构需要考察社会历史文化在建构社会认同感（social identity）过程中的作用，也需要对心理学规则所制造的心理学文本、技术以及各种主观性（认同感）进行分析与颠覆。解构的思路有利于我们找出那些隐藏在心理学文本中被掩盖的、被压制的意义，同时也能揭示心理学话语所产生的社会控制的形式。通过对心理学文本的分析，我们可以了解我们对于自己作为女性与男性的知识是如何被心理学理论历史性地塑造并成为一种规范的。

在后结构主义的启示下，女性主义心理学逐渐认识到自然知识的社会建构性。正如伯曼（Burman）所说："知识曾被认为是普遍的、永恒的、价值中立的，而我们现在认识到知识其实是一种文化的、历史的、被赋予的社会特定产物。"[1] 曾被认定为客观的心理学知识因此也被后结构主义者质疑。后结构主义倾向于把心理学的学科发展看成一种社会控制的延伸，特别是对性别认同以及性别关系的控制。后结构主义认为心理学通过测试，把人标签化、类别化了，这种标签和分类会影响甚至控制个人的发展。比如，如果一个男孩子通过心理测试，表现出了女性化气质，那么基于传统的心理学，他有可能会被贴上"不正常"的标签。体育运动常常会作为一种"治疗"的手段，使这些行为有"偏差"的男孩重新获得男性化的气质。同样，如果女孩子在体育比赛中表现出极强的竞争力，那么她也会被贴上"有攻击性"的标签。从这些实例中，后结构主义者洞察到，在心理学领域判断行为正常与否的"标准"是一个强大的工具，这种工具和技术使人们产生了对"差异"的恐惧和排斥，从而达到了社会控制的目的。而对那些笃信心理学的个体来说，如果获知自己的某些行为从心理学

---

[1] E. Burman, "Feminism and Discourse in Developmental Psychology: Power, Subjectivity and Interpretation", *Feminism and Psychology*, 1992, Vol. 2, pp. 45 – 59.

角度来看是有偏差的,则会对她/他的整个人生的自我认同和自尊产生巨大的负面影响。为了避免所谓的"心理问题",人们只得顺从规定的标准:男孩子必须有男子汉气质,女孩子则需要温柔。心理学从性别特征、性格的定义实际上也限制了男性与女性对体育运动的选择。

后结构主义这种新的认识对于女性主义心理学研究运动员性别认同感问题产生了重要的影响。后结构主义认为无论从体育心理学文本还是心理学实践,都可以发现运动员的身份认同是深深地根植于男性性别的身体之中的,因此女性主义批判性地认为大部分的体育心理学知识是关于男性的心理学。在大多数体育心理学文本中,运动员都是按照男性的标准来进行讨论和研究的,只由很少部分专门涉及女性运动员的内容。很多体育心理学家在进行研究时并不把性别作为一个重要的变量,他们默认男性在体育中的心理发展就是运动员的心理发展模式。因此,女性运动员在阅读心理学知识时,会自然地把一般(男性的)心理状态与发展模式认为是自己作为一名运动员应该塑造的心理状态。然而,男性的心理是否对女性适用?更重要的是,体育心理学文本帮助创造和维持了男性身份认同与运动员身份认同的重叠,而无法顺利地将女性的性别认同与运动员身份认同融合为一体。研究表明女性运动员的身份认同是多种符号系统共同作用的结果,包括来自家庭、朋友、书籍、电视以及其他传媒的文字、形象。[1] 女性主义心理学的目标就是要为女性在体育参与以及体育经历中能排除其他权力关系的障碍,树立正确的自我身份指明方向。

总而言之,女性主义体育心理学理论为我们从微观层面提供了一个研究系统以及研究思路,让我们能更深入地了解在体育中女性的个体和集体经验及其遭遇到的来自不同层次的压力和阻碍,同时也为我们提供了一个途径去探讨如何使女性充分享受体育给个人带来的乐趣、发展、释放以及身份的认同感,使女性摆脱长期以来"生理限制"观点的束缚,从心理层面战胜以男权主义为核心的体育制度与文化。但是正如戴安尼·吉尔(Diane Gill)所指出的,在人的具体行为过程中,社会因素和心理因素都是综合发生作用的,抛弃社会视角的心理分析,与抛弃心理视角的社会分析都有可能偏失。[2]

---

[1] M. Duquin, "Differential Sex Role Socialization toward Amplitude Appropriation", *Research Quarterly*, 1977, Vol. 48, pp. 288 – 292.
[2] Gill, D. L., *Psychological Dynamics of Sport*, Champaign, IL: Human Kinetics, 1986.

## 第三节　女性、体育与社会
### ——社会学理论视角

与心理学一样,"性别"这项议题曾经在传统社会学理论中缺席,而现在社会性别已经成为社会学理论的一个重要议题。因为社会学倾向于对社会结构、社会冲突、社会互动的探索和研究,而这些内容都可以从女性/性别现象中反映出来。虽然,女性主义批判传统的社会学理论对女性/性别的分析有一定男性的偏见和研究的盲点,[1] 但是不得不承认女性主义以及女性社会学的建构是在社会学对女性/性别的关注下产生并发展起来的,是一种批判性的继承。

从社会学的视角来看女性体育问题也经历了这么一个过程。最早对女性体育的关注只是在医学层面,后来心理学的介入使女性体育从"自然科学"的中解脱出来。心理学从微观层面试图分析个体女性在体育中的表现及其产生这种表现的背景原因。但是随着心理学研究的深入,越来越多的学者发现了只从心理学的视角无法完全了解和解释女性体育现象,因此她们把眼光投向了社会学。女性体育的社会学研究（sociological study of women in sport）从此便成为女性体育研究的主流,女性与性别也成为体育社会学中比较重要的议题。女性体育的社会学研究继承了社会学的传统,并且随着社会学理论的流变在不断地充实、多元化。

### 一　社会学视野下的女性体育——研究的历史回顾

社会学对女性体育的关注源于两大主题：第一,女性被排斥于体育运动之外；第二,由于女性身体的娇弱,因此不太适合运动。第一个主题属于社会事实的范畴,第二个主题属于意识形态的范畴；第一个主题与第二个主题之间又存在着因果关系。最先对女性体育参与情况进行揭示与阐述的是 20 世纪 60 年代的体育老师和教育者们。他们观察到了女孩子在体育运动中的所受到的各种歧视与排斥,并通过他们的笔记录了下来。其中最具有影响力的是埃莉诺·梅森尼（Eleanor Metheny）所著的《体育与舞蹈中运动的内涵》,这本书认为是社会长期所存在的意识形态使女孩和妇女不能更加充分、自由地参加体育活动。但是在这个阶段只有揭示、描述和

---

[1]　王金玲：《女性社会学》,高等教育出版社 2006 年版,第 2 页。

批判，并没有进行比较深入的分析。①

到了70年代，在妇女运动的浪潮下，社会学家与教育学家们才真正地开始分析女性参加体育的处境与条件。受到女性主义思潮的影响，他们认为女性之所以在体育的参与中受到限制，是因为女性在参与所有社会活动中都处于不平等的地位，而这样的事实形成了人们对女性在体育运动的偏见。除此之外，社会角色理论，特别是性别角色理论也被引入分析女性体育所存在的问题。社会学家认为，角色冲突理论可以很好她解释为什么很多女性拒绝参加体育活动。这些早期的研究试图找到女性体育参与的一个比较合理的模式。但是他们更多的是从心理学而不是社会学去建构这些模式，最突出的问题是他们想当然地认为女性并不适合体育运动，并在这个前提下去寻找能把体育与女性结合起来的方式。除此之外，他们认为女性体育参与率低的原因在于女性自己，但是没有从体育制度与社会制度的层面去分析，这是一种局限。但是可以肯定的是，早期的教育学家与社会学家对女性体育有了一定的关注。

真正从社会学的视角来分析女性体育是在20世纪70年代末。这个阶段，社会学家们不仅仅讨论女性体育本身，更加着眼于社会、文化结构赋予女性体育的意义，而他们认为这才是制约女性参与体育的真正原因。其中最受关注的主题是女性的体育社会化（socialization into sport），也就是女性如何通过社会化的过程真正进入到体育的领域；另一个主题是女性通过体育社会化（socialization through sport），也就是探讨体育参与对女性生活方式、态度、价值观等塑造与发展的影响。社会学家们不仅仅讨论女性与体育的关系，他们还试图通过女性在体育中的经历来反映女性在整个社会文化制度中的处境。

20世纪70年代末80年代初，女性体育研究有了显著性的变化。这个变化的产生有两个主要因素，一是体育内部发生的变化，二是体育社会学的兴起。体育制度的变化主要体现在第九法案的影响上。一方面，在学校范围内，越来越多针对女性体育参与的活动与组织。另一方面，在这些女性体育组织快速成长过程中缺失了女性领导权。大部分领导、管理者和教练是男性，除此之外，很多项目把女性参与者归并到了男性体育组织中，这导致了大量女性教练员、教育者还有行政人员等都面临着失业的困境。这种情况导致了这一时期女性研究具有一定的政治化倾向，研究主要是针

---

① Metheny, E., *Connotations of Movement in Sport and Dance: A Collection of Speeches about Sport and Dance as Significant forms of Human Behavior*, W. C. Brown Co, 1965.

对女性在体育中的领导权问题而展开的。

体育社会学在这个时期也开始加速发展,但是研究者意识到传统的社会学视角与方法对女性体育经历的分析显得"力不从心",他们认为女性主义的立场与理论应该代替传统社会学理论,对女性体育进行更加深入的研究和探讨,而要达到这个目标必须实现女性体育研究的理论化。1983年波特里尔(Boutilier)与珊吉凡尼(SanGiovanni)所著的《运动的女性》是一部具有代表性的著作,它结合了女性主义与社会学的视角,探讨了女性、体育与社会其他机构之间的关系[1],对于20世纪80年代后女性体育研究起到了引导作用。她们提出的观点包括:(1)体育是一种父权的体制;(2)性别化的意识形态充斥着体育;(3)社会只要求女性进行改变,但是没有要求体育与男性进行改变;(4)体育社会学被有性别歧视的研究所统治着。

这些观点成为20世纪80年代女性体育研究的出发点,之后逐渐发展成为一种系统性的理论。在这个时期,一些主要的女性主义流派对于女性体育理论的建构产生了很大的影响。首先是自由派女性主义与激进派女性主义之争,到底应该用哪种理论的假设来解释体育中的性别问题,又应该以哪种理论为基础建立女性体育的组织?除此之外,马克思女性主义也对这个时期的女性体育研究产生了影响,它把性别压迫与阶级压迫结合起来,这个视角研究者们用以解释体育商业化过程中女性被继续排斥于体育之外的事实。

女性主义与社会学的结合为女性体育研究的横向与纵向发展提供了一个新的契机。从横向来看,女性体育研究扩展了其研究范畴,它冲破了女性和体育本身束缚,女性体育的参与既是一种社会现象,又可以被看作文化实践,同时也是一种特定的社会制度,折射社会意识形态。在社会学的框架下,女性体育研究的主题得到了扩大,比如体育中性别角色扮演、女性体育参与的分层、女性运动员流动、女性体育组织与网络的建立、体育中性别社会化、女性运动身体符号的互动、女性体育的变迁、性别制度与体育制度的变革等都逐渐进入研究者的视野。从纵向来看,女性主义立场的确定,使研究能更深入、尖锐地揭示与解释女性体育的社会处境以及其中所涉及的性别问题。

---

[1] Boutilier M. and SanGiovanni L., *The Sporting Women*, Champaign, IL: Human Kinetics, 1983.

## 二 结构功能主义理论视角——体育中的性别秩序

### (一) 结构功能主义理论

结构功能主义是社会学最经典的理论派别之一。结构功能主义认为社会具有一定结构或组织化手段的系统,社会的各组成部分以有序的方式相互关联,并对社会整体发挥着必要的功能。"结构"这个概念在社会学及其相关学科中极为核心,但它的使用也比较混乱。这不仅表现在人们可以用不同的词语,如社会系统、强制性合作伙伴、制度、整合和网络等来表征社会结构,而且表现在同样是对社会结构一词进行诠释时,不同的学者也会有不同的侧重点。前一种做法大多散见于先驱们的经典论述中,后一种做法则涉及结构功能主义、结构主义和后结构主义各理论流派的主要观点。

社会结构概念的建构基本依赖生物学的移植与嫁接。孔德(Comte, A.)、斯宾塞(Spencer, H.)和涂尔干(Durkheim, E.)的有关论述,都直接反映了这种自然科学取向的认识方式。

孔德认为,社会是一种有规律的结构,它与生物有机体有极大的相似性,是一个由各种要素组成的整体。这种整体结构同它的部分之间具有一种"普遍的和谐",而普遍和谐的根基在于人性。他相信,人类自然拥有博爱的倾向,扩充这种倾向就可以引导人类迈向秩序与和谐的境地;而他认为,人类博爱倾向的孕育和发展地,首先是家庭,这是"社会真正的要素或称之为社会的细胞";然后是阶级或种族,这是"社会的组织";最后是城市和社区,这是"社会的器官"。可以说,孔德在这里已经在一些观念事实上引出了一个结构解释视角——尝试用整体与部分的关系,用人性、博爱与秩序的联系串接社会结构的概念。①

斯宾塞沿着相同的方向作了更具体化的努力。他提出了宏观结构的总体规模、复杂性和差异性的问题,并在区分结构与功能的基础上,引入功能需求的概念,试图用需求来解释各种社会组织的存在。换言之,以功能体现社会结构现实。对应于生物有机体,他认为,社会是由"支持""分配"和"调节"三大系统组成的结构。② 由此,他具体发展了孔德的整体方法论的结构思想,并预示人们,在这组概念的支持下,可以从一些显性可见的功能中去把握结构的实在。

---

① [美] Turner, J. H.:《社会学理论的结构》,邱泽奇等译,华夏出版社 2001 年版,第 9 页。
② 同上书,第 11 页。

此后，涂尔干将斯宾塞的社会结构观念发挥得更加彻底，这主要表现在他的三个基本假设上：（1）社会是一个实体；（2）社会的各个部分可以满足社会实体的基本需求；（3）功能需求是社会需求。① 同时，他还强调社会整体的优先位置——结构的自主存在问题。与其倡导的方法论一致，他指出社会事实并非个人意愿所能左右，社会对个人具有制约性，人们的思想结构反映着社会结构的秩序，而且在反映的过程中加强和再现了这些秩序。② 涂尔干把社会结构看作社会关系的组合形式，而且他认为，对社会结构的分析是理解一切社会现象的出发点。可以说，涂尔干率先开拓了结构分析的各个方面，当代社会结构概念的许多论证，常常仅是从不同的方面延续了涂尔干的见解。

应该指出，这些早期的经典研究，虽然没有明确提供社会结构的中心概念位置，但它们已经或多或少地让我们触及了结构概念的轮廓：将社会或社会结构看成是多元成分的组合体，这种组合很类似于化学分子晶体的架构，其内部随时需要相互间的协调关系；当某些关系发生变化时，其他成分将作相应调整，并有相应的整合机制维系社会秩序，以恢复平衡。这些观念已经具备最简单的结构分析意识。

第二次世界大战后直至20世纪60年代，在西方社会学界，帕森斯（Parsons，T.）的结构功能主义一直处于主导地位。他的结构功能分析模型，从功能分化的角度，将社会结构概念发展成一种庞大的旨在解释一切人类行动的系统理论。

在帕森斯的最具代表性的著作《社会系统》（1951）一书中，所谓社会结构，在他看来，是具有不同基本功能的、多层面的次系统所形成的一种"总体社会系统"，包含执行"目的达成""适应""整合"和"模式维护"四项基本功能的完整体系。这个完整体系被划分为四个子系统，分别对应四项基本功能："有机体系统"执行适应环境的功能；"人格系统"执行目标达成功能；"社会系统"执行整合功能；"文化系统"执行模式维护功能。帕森斯认为，这是一个整体的、均衡的、自我调解和相互支持的系统，结构内的各部分都对整体发挥作用；同时，通过不断的分化与整合，维持整体的动态的均衡秩序。③ 在这里，结构表现为一种功能。

---

① ［美］Turner, J. H.：《社会学理论的结构》，邱泽奇等译，华夏出版社2001年版，第11—12页。
② 贾春增：《外国社会学史》，中国人民大学出版社2000年版，第129页。
③ ［美］Turner, J. H.：《社会学理论的结构》，邱泽奇译，华夏出版社2001年版，第38—39页。

帕森斯非常强调秩序、行动和共同价值体系在社会结构中的作用。他始终认为，研究社会结构就是研究秩序问题，并且势必涉及秩序中的人的行为，而研究社会秩序和人的行为又脱离不了行动者的思想情感的规范问题，"价值是构成社会秩序的条件。"① 总之，"秩序问题，是社会通过互动协调稳定的本质，秩序在这里所指的，是行动者在某种规范准则下的动机整合问题"。② 帕森斯明确地将秩序作为结构的本质，并认为结构由"行动者在一情景中彼此的互动而组成"。在这里，结构又是一种互动关系模式。

但是，帕森斯的着眼点是社会互动的稳定模式。为解释这一稳定模式，帕森斯用地位—角色作为最基本的分析单位，在他看来："地位—角色是社会体系中，最重要的互动过程所包含的个体之间的关系的结构……也是行动模式化的互动关系中的参与，是最重要的社会体系单位。"③ 显然，地位—角色在帕森斯这里是社会体系之"结构"的组成部分，而不是其他。"地位"为行动者所处的结构位置，"角色"表达社会对这一位置的行为期望，它是社会与个人联系的中介，又是众人分享的象征。这样一来，行动者的互动，就成了一连串具有地位—角色的行动者之间的互动，而互动中的个人不管怎样变化，角色互动作为社会模式化的准则是相对稳定的，而社会结构，就成了一系列相对稳定的、模式化了的成分之间的关系。

这样一种解释模式，无疑为社会结构研究注入了新的内容：（1）当我们把角色预设为社会成员对这一位置的行为期待时，就意味着，一定的角色必定在社会结构中扮演一定的功能。（2）引出了结构稳定即均衡秩序的核心问题：角色行为的规范化、制度化问题。这就将人们有关社会结构的思维引入到了一条新颖别致的道路：结构同时还是一种规范。帕森斯始终认为，总体社会系统中的四个子系统之所以能够充分发挥功能，其关键在于社会拥有那些将其成员整合在一起的共同的价值体系④。所谓共同价值体系，意指由一系列价值模式组成的、并已成为众人认同的规范体系。这些规范作为行为导向、依据和标准，可以约束行动者行为的边界，通过规

---

① 贾春增：《外国社会学史》，中国人民出版社2000年版，第226页。
② ［美］乔治·瑞泽尔，D. J. 古德曼：《现代社会学理论（第6版）》，北京大学出版社2004年版，第97页。
③ 同上书，第98页。
④ Dillon, M., *Introduction to Sociological Theory*, West Sussex, John Wiley & Sons Ltd, 2010, p. 158.

范众人认同的准则，或通过价值内化实现的行动者人格结构的塑造，产生一定的效力，并进一步形成社会性的共识。

帕森斯所描述的结构，体现了三种层次，这三种结构概念的面向被独立地铺陈出来，又被自然地串糅成一体：结构由功能体现；结构是互动关系模式；结构乃规范。同时，这三者是依靠中介变量"地位—角色"作串接的。帕森斯的结构功能主义理论为社会学研究的整体观和系统观奠定了坚实的基础。

### （二）体育中的性别秩序（结构）

结构功能主义的整体观对于早期社会学研究有着深远的影响。虽然女性主义批判结构功能主义的整体观忽视了性别等微观层面的内容，但是早期的女性主义实际上也继承了结构功能主义的"结构"的思维定式，即为"社会结构"注入了新的诠释，提出了"父权制"的概念，并认为社会的性别功能、性别关系、性别规范（这也是一种结构主义的观点）都是建立在以男性为核心的社会系统与制度之上的。社会的运转就是要维持这种以男性为核心的性别秩序。

体育作为一个社会的子系统也承担着维系以男性为中心的社会秩序，或者称为社会结构的功能。从帕森斯的理论来看，首先性别结构（秩序）体现在性别的分工上。"男耕女织""男主外，女主内"的传统社会的性别分工逐渐演变为国家通过建立公私领域来实现性别统治，即布尔迪厄所认为的"国家通过公共父权制来规定私人父系制度的规则，其道德秩序是维持男人对女人、成人对孩子的优先权"[1]。这种公共父权结构所反映出来的功能就是维护男人对女人的统治和管理，从而维持男性国家的稳定与秩序。

首先，从女性主义的观点来看，体育本身就是一个公共的父权系统。[2] 从体育内部来看，它维持着男性对体育的特权——包括对体育规则的制定、对资源的掌握、对体育道德以及价值观的控制。男性在体育运动中的优势地位同样也巩固了他们在大社会中"强势"的形象与统治的地位。体育中性别结构的功能在于通过体育运动对"男强、女弱""男优、女劣"身体形象的塑造与控制，维持了男女不平等的二元对立的结构，从而稳定了男高、女低的社会性别秩序。

---

[1] ［法］皮埃尔·布尔迪厄：《男性统治》，刘辉译，海天出版社2002年版，第21页。

[2] Costa, D. M. and Guthrie, S. R. Women and Sport: Interdisciplinary Perspective, Champaign: Human Kinetics, pp. 246–247.

其次，体育的性别结构（秩序）也可以体现在性别互动模式上，具体通过在体育中男、女的地位—角色这个互动过程实现。根据帕森斯的观点，"地位"是行动者所处的结构位置，在体育中，男性占优势地位，而女性占劣势地位。当然这是从整体看的。"角色"是表达社会对这一位置的行为期望，它是社会与个人联系的中介，又是众人分享的象征。在体育运动中，人们希望或期盼着男性表现得粗野、积极、张扬、智慧、富进攻性；但对女性没有这样的要求，他们更喜欢的是女性在体育运动中表现得柔美、轻盈、灵活、富有韧性。男性扮演冲锋陷阵的英雄角色，而女性扮演助威呐喊的"支持者"角色。这样的角色扮演，把个人与社会联系在了一起。因此，当男性在体育运动中表现出"懦弱"，而女性在体育运动中表现得"强悍"，这样相对稳定的性别秩序就被破坏了。因而我们可以看到对一些在赛场上表现出"英雄气概"的女性员，在场外的报道和采访中，除了艰苦的训练以外，总会"渲染"她的家庭生活，凸显其"女性"的角色。这就是为了很好地平衡地位—角色的互动，恢复被打破的性别秩序。

再次，体育的性别结构（秩序）是由体育的规范、道德与价值观及其潜藏的"性别意识形态"所维系的。正如帕森斯所观察到的，当我们把角色预设为社会成员对这一位置的行为期待时，就意味着，一定的角色必定在社会结构中扮演一定的功能。引出了结构稳定即均衡秩序的核心问题：角色行为的规范化问题。比如很多占主导地位的体育运动形式，其传达和突出的常常是男子气概、力量和坚强。社会赋予并颂扬着男性在体育运动中持久的特权，并以各种形式使这种特权合理化，他们强调根据人们的支配能力来评定人们的地位等级。体育运动通过迎合的男性兴趣（利益）而不是女性兴趣（利益）进一步巩固男性占统治地位的性别秩序，这也正是体育结构功能的核心体现。

### （三）对女性体育的结构性束缚

社会学家常常从结构性的思维出发去分析女性在体育中的束缚。她们发现这种结构性的束缚是多重性的。亨德森等人总结了女性体育（休闲）的主要结构性束缚因素包括：缺乏时间、金钱、活动设施和活动计划。虽然这些因素可能是女性和男性都面临的限制，然而女性对这些束缚与限制的感受与男性是有所不同。[①] 比如，和大多数因工作而缺乏体育参与时间

---

① 卡拉·亨德森等：《女性休闲——女性主义的视角》，云南人民出版社1996年版，第234页。

的男性不同,女性可能会由于同时要应付工作和家务而缺乏时间。因此,缺乏时间对女性来讲更加严重。对于那些要满负荷工作,又要操持家务的女性来说,孩子和家务活是影响她们参加体育活动机会的主要障碍。缺乏经济来源同样也是束缚女性参加体育活动的一个结构性因素。女性相对来说平均的收入水平要比男性低,另外,女性的消费更多的是花在家庭和孩子身上,特别是在低收入家庭中的女性,很少有额外的钱去供自己休闲和锻炼使用。经济上的制约不仅导致了男、女在体育参与上的性别分层,而且导致了女性群体内部体育参与的分层现象。除此之外,亨德森等人认为缺少机会、设施和计划也限制了女性参加体育活动。比如女性就没有什么机会参加传统的"男性体育活动"(如足球、橄榄球等)。另一个与设施有关的限制是当女性想参加某些体育活动时,周围没有什么便利条件使她们能够无"后顾之忧"(主要是指对孩子的照顾)地全身心投入。虽然现在有一些体育休闲场所考虑到了这一点,比如设立临时儿童看护中心等,但是这都是要花钱的。当女性对特定的体育活动不表现出兴趣或需求时,体育的提供者(无论是政府、社会组织还是商业机构)都不会也不愿意去鼓励女性的参与。这也是可以理解的,因为体育的供应者不会提供那些参与率没有保障的活动,这进一步造成了女性对这些活动的"心理障碍"与排斥。这样就成了一个死循环,看似女性对某些体育活动不感兴趣,实际上是从来没有给女性对这种体育活动产生兴趣的机会。[1]

从亨德森等人对女性参与体育结构性影响因素的分析,我们可以总结出对女性体育结构性的束缚主要存在于社会的经济结构、家庭结构以及体育结构之中。社会学家和女性主义者提出了不同的解决方法去改变结构上的束缚。比如自由派女性主义者倾向于将解决的重点放在女性拥有平等的使用体育设施和活动的机会上。她们认为改变体育结构(特别是体育政策及其具体的事实过程)中的性别不平等性是最直接的解决方式。比如在学校、社区中为女子体育运动筹集和男子运动同样的经费;为女性提供更多免费参加体育活动的机会以及设施等。社会主义女性主义者的观点则强调男女不平等的经济结构所带来的束缚,并认为提高女性的经济地位、改变工作环境中男女不平等的状况,是提高女性体育参与的重要途径。激进派女性主义者虽然也承认经济和劳动力市场制度的重要性,但是她们认为以父权为核心的家庭制度所产生的"社交性控制"才是重点所在。家庭制度

---

[1] Xiong, H., *Urbawisation and Trausformation of Chinese Women's Sport Since 1980*, London: Verlag Dr. Müller, 2009, pp. 160 – 165.

把女性牢牢地控制在以家庭为核心的社交圈里,让女性从空间和文化上都从属于"家庭空间",而男人的"天地"则在家庭以外,这为他们自由地进行体育休闲活动提供了合理性。因此除了改变女性的经济状况之外,还要改变女性在家庭中的地位甚至从根本上改变家庭的结构。

如果说结构(制度)因素可以通过社会改革,在短时间内发生转变的话,文化束缚则需要更长时间来改变和培育。文化的束缚,从某种意义上讲就是意识形态的束缚与控制。性别文化(性别意识形态)中固有的结构对于女性在体育领域内的影响更加深远。比如,传统文化对理想女性气质的描述通常是娴静、温柔、秀外慧中,因此女性的休闲活动多以静为主,这也导致了她们对一些比较激烈、竞争性强的体育活动"不感兴趣"。除此之外,由于体育文化本是围绕男性展开,因此它存在一定的性别意识形态,也会在一定程度上坚守固有的性别关系,比如足球宝贝、篮球宝贝的出现就是传媒强化男性为核心的运动主体,同时物化女性的一个代表,也是维持体育内性别意识形态的一个例证。当然,道德规范和社会价值观更是一种内化性的束缚。

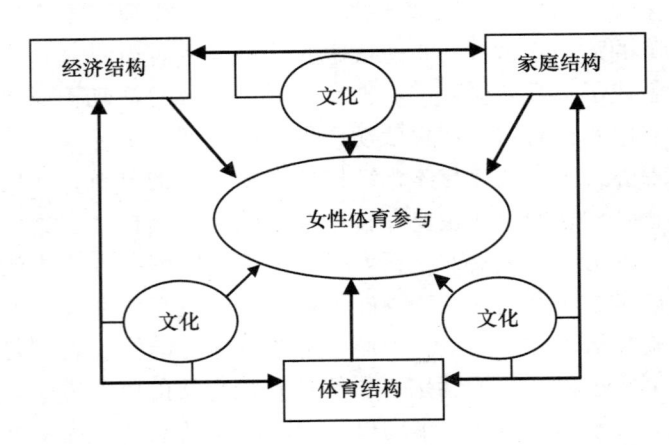

图 3-1 束缚女性体育参与的社会结构性因素示意图

从结构功能主义的视角来看,束缚女性体育的因素是一个整合的、系统性的社会结构。不同的部分发挥着不同"功效",而要解构这种社会结构,则是一个系统性的工程,换句话说,仅一个方面(制度)的改革是不够的,只有从经济、家庭、体育、文化等各个部分去改变才能最终解放女性体育。

## 三 冲突理论视角——体育中性别不平等、歧视与排斥

### (一) 冲突理论

冲突理论 (Conflict Theory) 是西方社会学经典理论之一。如果说功能主义理论强调的是社会价值观的分享与社会秩序的和谐, 冲突理论则认为社会是团体与阶级的分化以及它们之间的冲突。

关于冲突理论的论述, 最初起源于马基雅维利 (Machiavelli)、霍布斯 (Hobbes)。之后, 卡尔·马克思 (Karl Marx) 和马克思·韦伯 (Max Weber) 对冲突理论进行了进一步的阐述。除此之外, 达伦多夫 (Ralf Dahrendorf) 对这一理论的认识发展起到了重要作用, 而第一次使用了"冲突理论"这一术语的是科瑟尔 (L. Coser)。这一系列的努力使冲突理论最终在 20 世纪 50 年代成为一门独立的社会学理论。

马基雅维利和霍布斯奠定了批判现实主义对于人类社会的基本位置。他们认为个人行为是依据人们在威胁和暴力的物质社会中的个人利益或兴趣被分析的。社会秩序建立在有组织的高压政治（强制）之下。在意识形态领域有一种信仰（或者宗教、法律）, 还有隐藏起来的对于权力的斗争, 想法和道德并不是优先于互动, 而是由社会创造的并服务于党派之间的利益冲突。[①]

马克思则认为社会是人类斗争的产物, 更确切地说是阶级斗争的产物, 不同阶级的人为了寻求各自的利益而进行的斗争最终导致社会由一个阶级统治另外一个阶级。导致阶级斗争的根源不是宗教和政治, 而是经济。生产力和生产关系是导致社会不平等的根源。劳动力和资本之间的经济关系促使了社会关系的产生。经济活动是人类为生活和其他社会组织关系提供条件的基础。物质生活的生产方式为经济、政治和精神生活提供条件。当生产力与生产关系之间的矛盾积累到一定程度就会导致社会变迁。马克思认为经济活动是基础, 社会组织是上层关系。

韦伯和马克思一样认为是人类追求他们各自的物质利益尤其是经济利益导致了冲突, 但是韦伯也认为 "价值理性行动 (value rational action)" 是冲突的另外一种方式, 经济利益冲突不是导致社会冲突的唯一根源, 冲突遍布社会生活和人们相互关系的各个角落, 社会生活的行为常常是个人和组织之间冲突的持续。用他自己的例子来说, 即使是在棋类俱乐部也有

---

[①] 熊欢:《身体、社会与体育——西方社会学理论视角下的体育》, 当代中国出版社 2011 年版, 第 77 页。

可能会有小派别的矛盾。韦伯强调了社会冲突来源的多样性，而社会分层精确地描述了人们获得利益的权力的不平等分布。[1]

科瑟尔认为社会结构的不平衡性是导致冲突的根源之一。冲突是人际关系的组成部分，这主要由价值观、信仰及地位、资源和权力的分配引起。处于不同地位和社会阶层的人对于利益和社会整体结构的不同态度是冲突产生的重要原因。科瑟尔认为冲突是一种社会过程，对于社会结构的形成统一和维持起一定作用，并可以激励社会创新，导致社会变迁。[2] 齐美尔（Georg Simmel）认为冲突有维持功能和安全阀制度的意义，冲突并不能由个人独立进行，它被用来解决二元分歧并促进群体结合，使之最终达到和谐。[3]

达伦多夫认为阶级冲突是工业社会变迁的主要动态因素。但是，与马克思和韦伯不同的是，达伦多夫将自己的分析建立在对权力的参与和排斥尤其是在权力中的位置之上，而不是建立在对生产资料的所有权之上。达伦多夫认为社会具有两面性，一面是和谐的而另一面是冲突的，和谐与冲突二者相互抗衡，社会组织并不是寻求平衡的体系但确是必不可少的要素。[4] 对于达伦多夫来说，职权不属于个人，而属于合法权利所处的位置。由于权力分配不均匀而导致的上下级的概念使得达伦多夫进一步发展了社团和利益的概念。在任何一个社团或者组织中，拥有权力的人总会想方设法去维护自己的地位，而处在从属地位的人会争取改变这一现状。[5]

总之，对于冲突理论家来说，纠纷和冲突是不可避免的，它们源自于社会中处于不同地位（position）的人们的权力和势力分配。

### （二）性别分层理论

在所有的社会中，人们被年龄、性别、力量、身高、民族、种族和技能等社会和生物特征分成不同的群体。当这些特征在社会中都有各自不同的价值和社会地位时，社会的不平等和社会分层体系就产生了。既然是分

---

[1] Hughes, J. A., *Understanding Classic Sociology: Marx, Weber, Durkheim*. London: SAGA Publication, 1995, p. 213.
[2] [美] 乔治·瑞泽尔, D. J. 古德曼：《现代社会学理论（第 6 版）》，北京大学出版社 2000 年版，第 71 页。
[3] Edles, L. D. and Appelrouth, S., *Sociological Theory in the Classic Era: Text and Reading*. London: Pine Forge Press, 2010, p. 289.
[4] Dillon, M., *Introduction to Sociological Theory*, West Sussex, John Wiley & Sons Ltd, 2010, p. 217.
[5] Ibid., p. 219.

层，处在不同层次上的人群的地位就会是不平等的。所以分层研究的焦点涉及地位不平等或地位差异等问题。性别既是一种生物特征（sex），也是社会特征（gender）。建立在性别基础上的社会分层与不平等，充斥着各个社会系统，包括体育。

性别分层指的是按性别划分为不同性别群体，其中主要是男女两性群体间的层化现象。有性别分层就有性别差异和不平等。帕里罗等认为"当权力、名望和财产是以性别而不是个人成就为基础进行武断分配时，就产生了性别不平等。性别歧视包括对不同性别分别对待的偏见态度和歧视行为。从性别歧视中衍生出了社会成见、社会期望、带有价值取向的属性、能力的假定、社会分层以及资源和报酬的不平等分配，这些形成了社会结构的两性不平等"[①]。

美国社会学家柯林斯在1971年发表了《性别分层冲突》一文，他用冲突论的观点对性别分层问题做了系统性的分析。在他的理论中，体力与关于物质和符号资源的争夺是关键变量。当两性中的一方控制了强制手段时，这一性别就可以用这一力量来支配另一性别，并建立一个性别不平等的体系。而在历史上，这些性别不平等的基本动态明显地偏向男性，男性具有决定性的强制力优势，并且他们用这一优势控制了经济、政治以及意识形态的资源。

柯林斯首先提出了性别分层的三个基本假设：（1）人类有着性别分层的强烈动机；（2）人类强烈地抵制压迫；（3）男人的性别分层动机通常比女性更大更强烈。关于性别的分层模式，柯林斯认为历史上存在两种分层模式：一是性的占有，是男性具有支配地位的状态，表现为男性对女性具有"所有权"；二是双向的性拥有，这是现代的两人关系，女性有了谈判地位。柯林斯把性作为一种资源或者按照马克思的理论是一种资本。当一种性别获得对性及相关活动的控制后，男女关系就变成了一种财产关系，这时，两性关系就越来越受到规则的约束，属于主导地位的人则通过制定一系列的社会规范来加强自己对社会物质资源的掌控力，而处于从属地位的那一个性别的人逐渐丧失改变不平等的能力。[②]

### （三）体育中性别分层、不平等与冲突

在体育的范畴内，根据性别分层是最基本、最常用的分层方式，因为

---

① 文森特·帕里罗等：《当代社会问题》，周兵等译，华夏出版社2002年版。
② 刘少杰：《当代国外社会学理论》，中国人民出版社2009年版，第467页。

性别是最具生物性和社会性的表征体系，为在多样化的社会情境中讨论不同的态度和行为提供了社会学的分析标准，而这些分析往往又反映了社会的不平等。①

人类被自然地分成了男性和女性。性别分层不仅反映在男女性别在体育表现上的差异，更体现在人们在体育参与上对不同性别的不同态度。在古希腊和古罗马时期，女性被禁止参与任何体育活动。后来，也只有骑马、滑冰和自行车等运动被认为是适合女性参与的。维多利亚时期的女孩子和妇女参加体育运动被认为是有违这一时期对妇女的理想要求的。被动、遵从于丈夫、考虑周全、小心翼翼被认为是女性形象的标准。在中国，三从四德、男尊女卑、笑不露齿、上得厅堂下得厨房等传统观念都说明了对女性形象的要求。实质上，这种反对女性参与体育活动的传统惯性思维代表了一种社会的不平等现象和性别歧视。②现在，虽然越来越多的女性参与到体育活动当中来，但是在参与过程中她们依然遇到挫折甚至是歧视。女性和男性在体育中的不平等地位是在特定的文化和社会实践的结果。虽然，女性在体育参与中的权利在日益改进，但是依然还存在很多问题，比如，不同年龄阶段（尤其是成年阶段）的女性运动员在体育参与过程中所遭遇的角色冲突（role conflict）、发展规划中的资金不足、日益增加的体育暴力问题、参加体育锻炼没有持续性等问题。③

体育中的性别分层将带来三个结果：性别不平等、性别歧视与两性间的冲突。

首先，性别成为社会规范化的标准，这些标准进入到体育这个特定的社会体系中，并进一步分化了男性与女性在体育中所处的不平等的地位。男性与女性在体育中的不平等问题，不仅仅表现在男性与女性体育参与机会的不平等、也不仅仅是体现体育领导和管理层面的性别不平等这些早期的问题，更隐藏在体育中的性别差异与性别特征之中，以及这些性别特征所体现的体育特权、荣誉等。男女性别在体育中的等级就建立在这些特权、荣誉、重要性以及其他一些由这些特征所产生的结果之上。

其次，性别分层带来性别歧视。性别歧视不仅表现在人们的态度上，

---

① Riley Johnson & Foner, *Aging and Society*, Volume 3: *A Sociology of Age Stratification*, New York: Ruessel Saga Foundation, 1972.
② Synder E. And Spreitzer E., *Social Aspect of Sport*, 3rd edition. Prentice Hall, Englewood Cliffs, New Jersey, 1989, p. 193.
③ Loy McPherson and Kenyon, *Sport and Social System*, Addison-Wesley Publishing Company, 1978, p. 357.

更体现在对女性体育方式与体育机会方面的忽视。而对女性体育的歧视与忽视是把女性排斥于体育之外或者排挤到边缘地带的直接因素。但是我们也不得不承认这种歧视不仅存在于男性内部，也存在于女性群体之中，女性对女性体育或者女性运动员的歧视也是显而易见的。因此这种在体育中的性别歧视不是专指男性对女性的歧视，而是指社会对女性以及女性体育的歧视。

再次，性别分层产生了性别冲突。在体育中，由于性别所产生的冲突可能对于由于其他因素如种族、民族、阶层/级等所产生的冲突来说显得比较温和与隐蔽。性别的分层是体育中性别结构的不平等的一种表现，而正像我们前面所说的，这种性别结构的不平等主要由价值观、信仰及地位、资源和权力的分配引起。社会对于男性与女性体育的不同态度是产生冲突的重要原因。比如男性体育所获得的社会支持、关注、资源远远要超过女性体育运动；男性从体育中所获得的利益与地位也远远超过女性。这就产生了冲突。科瑟尔认为冲突是一种社会过程，19世纪女性主义运动以及之后女性争取体育参与权、女性体育解放运动、为合法参加奥林匹克运动会的一系列抗争就是冲突的体现。令人欣喜的是我们看到了冲突所带来的变化，女性以及女性体育从被排斥渐渐被接受、从边缘渐渐走向中心。当然体育中的性别不平等、歧视、排斥与冲突问题和其他社会领域中的性别问题一样不可能瞬间解决，这是一个漫长和曲折的过程。

## 四 社会角色理论视角——体育中的性别角色与分工

### （一）社会角色理论

角色理论是关于人的态度与行为怎样为其在社会中的角色地位及社会角色期望所影响的社会学理论，是试图按照人们所处的地位或身份去解释人的行为并揭示其中规律的研究领域。角色理论的中心概念是角色，角色一词来源于戏剧，原指规定演员行为的脚本。社会学家看到这个概念有助于人们理解人的社会行为和个性，便引入社会学中。他们认为，人在社会关系中的地位规定了人的社会行为，类似于脚本规定了演员的行为。人的社会角色是人在一定社会背景中所处的地位或所起的作用。

首先把角色概念引进社会学的是 G. H. 米德。他是在形成其自我理论和符号相互作用论时提出角色理论的。但他并没有给角色下一个明确的定义，只是用作一种比喻以说明不同的人在类似情境中表现出类似行为这种现象。R. 林顿认为，当个体根据他在社会中所处的地位实现自己的权利和义务时，他就扮演着相应的角色。① J. L. 弗里德曼等人指出，社会角色是关于人们在特定类型的关系中应当如何行动的一套规则。②

米德认为人的社会自我的发展是通过角色采择来实现的。人们由于有了来自外界的经验，才学会把自己设想为一个客体，产生了对自己的情感和态度，从而产生了自我意识。人的自我发展程度决定于人能在多大程度上采纳别人的意见，像他人对待自己那样对待自己。他认为，设想处于他人角色，从他人角色的观点观察自己，是顺利实现人际相互作用的必要条件。这就是米德的角色采择的含义。小孩子就是通过角色采择这种心理活动学习适宜行为的，成人则依据角色采择去提高其交往效率。③

在角色采择之后就要进行角色扮演，也就是个人按照他人期望采取的实际行动。W. 库图区分了两种不同类型的角色扮演：角色扮演（role playing）和扮演角色（playing the role）。前者指个人在生活中实际扮演的角色，后者指暂时扮演某个特定的角色。角色扮演的实现过程是人们在社会化过程中受到角色规则的训练和教育的过程中所实现的，偏离了社会角色规则会受到社会的排斥和制裁。人在一生中学会扮演各种角色，如孩子的角色、学生的角色、男女的角色、职工和领导的角色等。这些角色使人们在不同的情境中以适当的行为方式与他人进行交往。④

一个人可以同时扮演多个角色，并能保持各角色间和谐一致。但有时也会发生角色冲突。例如，一个职业妇女的职业角色和她作为妈妈的角色有时会发生冲突。在角色理论中通常把角色冲突区分为两类：角色间冲突和角色内冲突。前边讲的例子是角色间冲突。角色间冲突往往与对不同角色提出不同的甚至矛盾的要求有关，个人不能同时满足所有这些角色要求。角色内冲突通常与不同群体对同一角色的体现者提出不同的要求有关。比如婆婆对媳妇角色的期望和要求与丈夫对媳妇的角色期望或要求不一定一致。同时也要指出的是角色期望不是一成不变的，是随着时代而变化的。如对男女角色的期望现在与过去相比已发生了很大的变化。

### （二）体育中的性别角色

上面介绍了社会角色是社会群体对于处于某种特定地位上的个人所规

---

① Linton, R., The Study of Man: An Introduction, New York: D. Appleton Century Company, 1936.
② ［美］J. L. 弗里德曼等著：《社会心理学》，黑龙江人民出版社1985年版。
③ 金盛华：《社会心理学》（第2版），高等教育出版社2005年版，第32—35页。
④ Dillon M., *Introduction to Sociological Theory*, London: A Sohn Wiley & Sons Ltd., 2010, p. 266.

定的一套行为模式。男女两性在生理与文化上的差异规定了他们在社会的某些场景下会有一些不同的行为模式，因而导致了他们所扮演的角色有所不同。在体育场景下，男、女的行为模式，更准确地说是人们对男女行为模式的期待是不同的，因此他们在体育中扮演的角色也不同，而这种角色差异是体育这个社会场景所营造出来的。以性别视角为出发点进行研究可以从三个主要视角去考虑：第一，体育对性别角色的塑造（建构）。第二，人们通过体育活动习得性别角色，获得性别身份认同。第三，体育现象中的性别角色冲突。

在早期关于女性体育的研究中，就把性别的社会角色纳入到了分析框架中来。一些来自英国的学者指出19世纪西方女性休闲体育实际上是男性体育运动的附属物。女性的固定角色是生育的工具，女儿、妻子、母亲的角色从更深层次来看，是象征其父亲与丈夫物质水平和地位的文化符号。因此，他们认为那些中产阶层妇女的休闲、体育运动其实不是为了自我满足，而是其父亲或丈夫社会身份的象征。他们提倡，只有把性别的社会角色纳入到讨论的框架中来，才能真正理解体育参与的实际意义。还有一些学者，把体育场景比作社会场景，认为体育场景中的角色分工实际上反映了社会的性别角色与分工。如把一场篮球比赛看作一个表演场景，大家所期待看到的是男性扮演英雄的角色，为自己的团队冲锋陷阵，同时表现出建立在信任基础上的合作关系；大家期待女性作为男人坚强的崇拜者和支持者，为她们的偶像呐喊、助威。这与社会中的性别角色分工是一样的。体育场景不仅是对社会性别角色的反映，同时也强化了性别角色。

体育的一个理念就是通过身体运动去教化人的心灵，培养人的道德观，引导人的行为，从社会学的角度来说，这就是体育社会化的目的和功能。体育对性别社会化——性别角色的塑造与习得，同样会产生一定的影响。比如，男孩子常常被鼓励进行足球、篮球等竞争比较激烈、技术动作比较复杂的体育运动；而女孩子常常被鼓励参加健美操、羽毛球等相对来说比较缓和、不发生身体接触、技能要求相对简单的体育活动。体育教育家们常常持有这样的观点：让男孩子在体育比赛和竞技中获得独立、向上、具有竞争力、超越困难、团队合作以及领导精神以便他们走上社会以后能更加好地适应社会管理员的角色；而对于女孩子来说，体育活动更重要的是培养她们对自我身体和健康的管理，以便她们走上社会以后能持续用学会的体育技能愉悦身心，培养自我情操，同时也有利于她们把这种健康的观念传播给下一代。这种性别不同的体育教育观更强调了男性在社会中（公域）的角色与功能，女性在家庭（私域）中的角色与功能。

体育中的性别角色冲突与转换也是社会学家们关注的问题。这个问题最早是针对女性运动员提出来的。女性运动员，特别是职业女性运动员，常常被人们认为是女强人。因此大众通常会有这么一种想法："她是一个好运动员，但不是一个'真正'的女人。"为了证明她们是"真正的女人"，女运动员以及媒体都在竭尽全力地强调其在比赛、训练之外的角色。比如在很多成功女运动员的人物专访中，会特别关注她们的婚姻、家庭、孩子、做主妇的技能等问题，强调女性运动员作为女儿、妻子和母亲的社会角色。还有的专访特别关注她们运动员角色与家庭角色的冲突与调和，宣扬的是"伟大的运动员也可以是伟大的母亲"这一理念。这其中一个潜在的意思就是运动员角色与女性传统角色之间存在着矛盾。而大众对男性运动员的关注却更多地体现在他的技术以及成就方面，很少强调男性运动员的家庭角色。

## 五 符号互动理论视角——体育中的性别身份与刻板映像

### （一）符号互动理论（Symbolic Interactionism）

互动理论倾向于从微观层面和小规模水平上，如个体间或小团体间的社会互动展开分析，它主要关注的是个人或团体的身份、认知、意义、社会关系以及亚文化现象。它研究人们在日常生活中是如何交往的，他们又是如何使这种交往产生实质性意义的。互动论者认为人们最直接体验到的社会现实是面对面的互动。[1] 例如，大学生所体验到的教育制度不是那种与其他制度具有复杂相互关系的抽象结构，而是与教授、同学、秘书、图书馆员、职员以及行政管理人员的一系列接触和关系。倾向于互动视角的人，有时被称为微观社会学家，因为他们研究个人和小群体而不是大规模的社会结构。

互动理论受到韦伯（Weber）行动理论的影响。韦伯认为社会学就是研究社会行动的广泛的科学。韦伯理论的出发点聚焦于人类的行动与社会环境的互动，以及在互动中人的主体意义。韦伯认为人类有能力思考并且有自我意识，人类的行动不仅仅是对外界环境做出简单的回应，而是个体把自我意义、动机、理解力带入到社会过程中的结果。社会现实是不断地改变与互动的。齐美尔（Simmel）把行动理论发展为互动理论。在他看来，社会并不是存在于人类意识之外的物体。社会是各种具体的互动的综合体，也可以认为是各种社会关系的总和。齐美尔强调互动的形式，他认

---

[1] ［美］D. P. 约翰逊：《社会学理论》，国际文化公司1988年版，第312页。

为，互动是一个非常复杂和活跃的过程。因为人类不是简单地回应他们周围的世界，而是积极地在这个过程中做出决定并影响他们与世界的关系。换句话说，互动理论是强调人类自己在与其他人的互动中创造了社会的标准、角色、关系和结构。它关注主观理解过程中符号的作用、角色扮演的特点与约定俗成的日常沟通规则。

作为一种社会理论，符号互动论基本原理的提出以及符号互动论的创立，应归功于美国早期的社会学家库利（Charles Cooley）、托马斯（W. I. Thomas），尤其是米德（George Mead）的努力。库利认为一个人的自我观念是在与其他人的交往中形成的，一个人对自己的认识是其他人关于自己看法的反映，人们总是在想象别人对自己的评价之中形成自我的观念。这样，每个人都是对方的一面镜子，反映出对方的情况，也就是库利的"镜中我"观点。托马斯提出了情境定义、情境分析的思想。他认为，社会学的任务就在于分析人们的行为，分析人与人、群体与群体在相互调适的过程中出现的那些行为。而人们相互调适的过程是由情境造成的，是个人或群体对于所处的客观环境的反应。托马斯强调主观因素的作用对后来的符号互动论有较大影响。

尽管库利和托马斯是早期符号互动理论流派中的重要人物，但是，在当时这个理论最重要的代表则是美国哲学家、社会心理学家米德。在米德的论述中，符号互动的思想开始形成了比较完整、系统的理论体系。因此，米德也常被视为符号互动论的创立者。米德认为符号是社会生活的基础，人们通过各种符号进行互动，人们可以借助于符号理解他人的行为，也可以借此评估自己的行为对他人的影响。米德的基本思想是个人、自我、社会均产生于持续不断的对话与交往，而人类交往则是通过"有意义的"动作，即有别于非人类行为的自觉的行动实现的。米德对交往的分析是从动作（gesture）这一概念开始的。当动作被赋予了意义，动作就变成了符号（symbol），符号的互动正是人类社会行为的本质特点。米德大胆借用了符号学（semiotics）中对于符号的理解。任何符号本身并没有内在意义，意义只存在于思维中。所以，符号的特定含义都是对于特定的人而言的。[1]

"自我"在米德的思想中占有重要地位。米德认为，自我是对社会客观现实的内化和主观解释，自我的观念是在社会互动中产生的。米德还研究了儿童们自我的形成发展过程，并将这个过程分为两大阶段："嬉戏阶

---

[1] ［美］艾尔·巴比：《社会研究方法》（第十一版），邱泽奇译，华夏出版社2009年版，第378页。

段"和"群体游戏阶段"。总之,米德认为人类个体总是不断地进行着自我反省、反思、自我控制。这种活动之所以能存在,正是由于人们参加到了互动中来,并且掌握了互动中产生的语言等交往工具。

由"自我"概念衍生出来的一个概念就是"认同"(identity)。在斯特赖克看来,认同是对自我进行阐述的一个重要途径。一般而言,自我被看作一套和一系列对特定场景做出反应的认同。于是,"自我"便被看作一系列的"认同"。[①] 自我和认同是个体在不同的社会背景中与所占据位置相连的自我标定的内在化。这样,认同就成了连接个体和社会结构的关键纽带。斯特赖克指出,作为一般原则,当互动情境离析结构规制之外,或者这些结构模棱两可时,个人将对其认同有更多的选择空间,从而他们也就不会在互动时仅仅调用一个认同。相反,如果情境是非常牢固地处于结构之内,其认同的固定性就会强,也就是说,可以很好地预测在与他人互动时,将采用何种认同。换句话说,在互动的过程中,社会结构制约着人们对他们自身和他人的理解。[②]

虽然符号互动理论的基本原理在库利、托马斯、米德时代就已经提出来了,但在当时影响力有限。第二次世界大战以后,符号互动理论才逐渐发展成为一个强大的理论流派。其中赫伯特·布鲁默(Herbert Blumer)、戈夫曼(Erving Goffman)等人扮演着重要角色。1937 年,布鲁默撰写了一篇把米德称作"符号互动论者"的论文。[③] 布鲁默是米德的学生,他综合了米德等人的思想,提出了"符号互动理论"这一名称,并建立了符号互动理论的基本框架。布鲁默的符号互动理论有三个理论前提:个人对于事物采取什么样的行动,取决于他对事物所赋予的定义;这个定义是通过人们之间相互交往得到的;这个定义不是固定的,而是通过解释过程不断加以修正的。

在布鲁默眼中,符号互动理论是通过分析在日常环境中的人们的互动来研究人类群体生活的社会学理论派别,它主要研究的是人们互相发生作用的方式、机制和规律。布鲁默对于符号互动理论的观点可归纳如下:

第一,符号是社会相互作用的中介。人类的互动是以符号的使用、解释、探知另外一个人的行动的意义作为媒介,这个媒介相当于在人类行为

---

① [美] 乔纳·森特纳:《社会学理论的结构》(下),邱泽奇等译,华夏出版社 2001 年版,第 38 页。
② 同上书,第 39 页。
③ H. Blumer, "Social Psychology?" in E. D. Schmidt (ed.), *Man and Society*, New York: Prentice-Hall, 1937, pp. 144 – 198.

中的刺激与反应之间插入一个解释过程。

第二，人们通过对符号的定义与理解进行互动。人类的交往是理解与定义的过程。① 定义就是对待客体的方式；理解就是确定客体的意义。对客体的理解包括希望、愿望、目标以及为实现目标而使用的手段，自己的行动及对他人行动的参与，他关于他自己的形象、特定行动的结果等。个体可以借助符号把一系列不同于他自身所感受的刺激传递给他的伙伴。

第三，符号互动是能动的与可变的过程。布鲁默继承米德的思想，认为"自我"是无止境地进行反思、同自己进行对话的过程；"我"要求能动的活动，而不是简单地对环境做出反应。

第四，符号互动创造、维持与变革社会组织、结构与制度。人们不会呆滞在自己的客体那里，他们自由地停止自己与之有关的活动，并制订出对他们来说是新的行动路线。这一条件给团体的生活带来了新的变化的源泉。

布鲁默所发展的新象征（符号）互动论进一步将原有的米德象征互动论纳入到诠释社会学中，突出了语言符号、意义、诠释和互动在整个象征互动论中的地位。符号互动论发展到他这里时，已经形成了比较全面的理论体系，从基本概念到基本命题以及研究方法都已比较齐备了。

布鲁默的学生戈夫曼的研究兴趣集中在了社会互动上，他不注重从互动中总结出一些类型、区分互动性质等，而是注重分析互动时的状态。他专门研究了人们在日常生活中面对面的互动、互动时的角色扮演、互动中隐含的意义等问题。他的研究涉及人际互动中的许多细节，如问候、寒暄、致贺、道歉等，这与传统社会学著作的主题有很大区别。这既形成了戈夫曼理论的特点，也标志着符号互动论已经走上了对社会上更为微观的具体细节进行研究的道路。他的理论也被称为表演互动论。②

符号互动理论在经过半个多世纪的酝酿、发展和成熟之后，终于发展成为社会学界具有强大声势的一个理论流派。

### （二）体育中的性别身份与刻板印像

身体的运动不仅是一种社会行为，在符号互动论的视野下，它也是一种符号。事实上，身体本身就是一种符号，身体的胖瘦、高矮、强壮或柔

---

① H., Blumer, *Symbolic Interactionism: Perspective and Method*, London: University of California Press, 1998, p. 79.

② 贾春增：《外国社会学史》，中国人民大学出版社1989年版，第333页。

弱，在不同的情境中，都会被赋予一定的社会意义。比如在旧中国，身体肥胖是富裕、权势的象征，瘦削、结实的身材则多代表着贫苦阶层的形象；而在当代的西方国家，身体肥胖往往传达着底层、贫困、懒惰的信号，反而是苗条、结实的身材是中上层阶级的表现与象征。社会历史情境的不同赋予了身体不同的符号象征。

身体的运动更是一种由身体与社会外界互动所产生的符号。换句话说，在身体与外界的互动中，身体运动被赋予了一定的意义并化身为一种符号，成为自我与外界相关联的中介。人们在体育运动中的互动就是由这些运动符号的使用、解释探知另外一个人的行动，并形成对"自我"的认知与反思。

符号互动理论叙述体育中的性别问题时，一个重要的视角就是探讨女性运动员或者体育参与者通过身体的运动及符号，是如何定义"自我"身份，特别是自我的性别身份。同时，通过对女性运动员或者运动参与者性别身份的研究，试图找出她们是如何通过体育运动的实践，与体育环境（人、物、制度等）发生关联的。

在竞技运动中，女性运动员的性别身份认同是一个非常有意思的现象。笔者曾经就围绕"身体形象对女性运动员性别身份的影响"这个问题采访过国家女子举重队的队员。[①] 由于举重运动的特殊需求，女子运动员通常非常的结实、健壮，声音较粗，而且所有女举运动员都剪的是"小男士"的头型，据说这样的装束有利于训练和管理。当问到如何看待自己的形象时，其中一名获得过世界冠军的女运动员说道：

> 如果我是一个正常的女孩子，我可能不喜欢我现在的形象。但我是一名女运动员，为了拿好成绩，我的身体必须炼成这样。我不是一般的女孩，我是一名女运动员。

从这段话中，我们可以看到她把自己的身份定位于女运动员，而在她的概念里面，女运动员是非正常的女人。获得这样的身份认同，是在与外界的互动中逐渐产生的。比如，

> 有很多次，我走进女厕所，那些女的都吓了一跳，我感到非常尴尬，现在不太敢去公共厕所了。

---

① 这项调查是于 2003 年 7 月在北京国家体育训练局进行的。

常常在街上被小孩子们叫叔叔,这样的感觉非常不好。我们虽然外表比较男子气,但是内心还是女孩的。

从这个非典型的实例中,我们可以看到身体印象对个人性别身份的认同会产生多大的影响。在这里还有一个非常有意思的现象:这些女性运动员一致表现出在不同的场域内,对其性别身份的认同是有区别的。在体育运动这个场域内,她们能接受自己的身体形象,肯定了身体形象所带来的身份认同——运动员,并以此为傲。但是在非运动的场域中,她们为自己的身体形象感到尴尬,甚至憎恨,又是对运动员身份的一种暗示性的否定,如:"如果我不是运动员的话,我肯定也不喜欢这样的身体形象,我也想有女人味。"她们对"女人"的性别认同更加强调。身体形象是一种符号,而运动员的身体在于外界的互动中给这些运动员们自我的性别身份认同带来了一种"疑惑"感。

符号互动论者还非常关注在自然环境下的符号互动,一个动作、一个姿势、一种声音都是传达符号的载体。比如,女性运动员在获胜以后,拿着国旗挥舞,绕场一周,这种行为赢得的回应是观众们的欢呼、国人的自豪、国家的赞许与奖励。在这种互动中,女性运动员被符号化为"英雄",而在这个过程中,她们的自我身份往往被国家身份所掩盖,更别说性别身份了。可以说竞技运动中女性性别身份的抹杀是通过国家主义与男权主义的符号互动来实现的。又比如说从大众体育的层面来看,有一些女性非常热衷于肚皮舞,这项运动本身与其他运动一样是没有任何附加意义的,但是扭动的腰部和臀部,性感的衣着淡化了其本身健身的功能与意义,其所产生的符号是女性化、性感、诱惑。女性锻炼者们在参与这项体育运动中通过这些符号的影响,就会产生比较强烈的性别认同。因此,符号互动论的观点认为在不同的体育运动中,由于其运动的方式或者环境不同,所产生的符号会不同,参与者在接受这些符号,并与这些符号的互动过程中,会形成不同的自我身份认同。有些运动会加强人们的性别认同感,有些运动会减少人们的性别认同感。

符号互动理论还常常用来分析和解释体育传媒中的性别刻板印象的问题。社会学中刻板印象(stereotype)是指对社会群体不准确和简单化的见解,致使旁人以此对其有固定的看待。[1] 按照这个定义,性别刻板印象

---

[1] Jary, D. and Jary, J., *Harper Collins Dictionary of Sociology*, Harper Collins Publishing Limited, 1998, p. 673.

(gender stereotype)则可以理解为对男性和女性的一些独有的看法,而这些看法却可能是错误而过于简单化的。比如,男人通常被认为独立、理性、主动、有自信等,女人则拥有依赖、感性、被动、柔弱这些特质。体育在性别刻板印象的建构上,无疑是一个比较有力的元素。体育作为大众文化,本身就有很强的性别区分的意识。比如,男人被要求对体育互动保持兴趣,而女人则没有这个要求。就像对不喜欢体育运动的男人产生歧视一样,那些热衷体育活动的女人也被看作不符合常规。媒体不仅传播而且更加强化了这样的刻板印象。比如图3-2是一个运动品牌的广告画,我们可以从画中看到媒体描述的在体育运动中的性别关系与性别刻板印象:女性是体育运动的旁观者,男性是运动的参与者;女性穿着时尚、性感的礼服和高跟鞋,与体育运动一点也不搭调,男性则裸露着健硕的身材,展示着专业而标准的投篮技术;女性坐在篮筐上,被动地成为投射的目标,男性则保持着主动、积极的进攻姿态。这个广告所刻画出来的男女刻板印象就是由一系列的文化符号:优美—健壮、静态—动态、高跟鞋—运动鞋等在与体育运动这个情景的互动中传递出来的女性气质与男性气质,与此同时强化了男女的互动以及等级关系。

图3-2 广告画

(图片来源:百度图片)

媒体以体育运动为情境来强化男女刻板印象的例子举不胜举。比如另有一则巧克力的广告,场景是一场足球比赛:男生在球场上拼杀,守门员却是"林黛玉",娇弱的身材,无力的守门,导致对方频频进球。这时,

  一名暴躁的球员急了说:"大哥!你敢再虚点儿吗?饿得跟林黛玉似的!"
  虚弱的守门员:要不你来?
  暴躁球员:你说什么!!!!!!你再说一遍!!!!
  体贴球员:饿了吧?吃块×××!怎么样?
  "林黛玉"兴奋变身猛男:来劲了!!!!!

这则广告把"无力"又"无能"的男性守门员刻画为了女性,而且是典型的最具有传统中国女性气质的女人的代表——林黛玉。其传达出来的信息是:女人在体育竞技这个场景中是不适合的、反面的。这既是男性权力在体育这个场域中的宣扬,也是通过体育符号强化男女刻板印象的一种方式。而男女刻板印象通过媒体化为新的符号,影响着人们的性别行为与性别身份。

社会学的视野把女性体育研究从生理学、心理学视野的局限中解脱了出来,通过从社会制度、社会互动、社会角色与组织等对女性体育的作用的论述,揭示了社会对性别以及性别规范的建构,进而从宏观和微观的层面阐释了社会文化力量是如何渗透于体育制度之中,规范女性体育,同时也规定女性在体育中的角色和地位的。从社会学理论的视角,我们也可以看到,女性体育具有社会和个人的双重意义,是反映现实社会性别问题的一面镜子。

## 第四节　身体、性别与权力
### ——身体理论视角

20世纪80年代,身体逐渐进入了社会分析的核心,身体研究成为社会科学的新宠,受到了包括社会学、历史学、人类学、文化研究、运动休闲研究、哲学乃至宗教学的关注。身体理论的兴起也为女性体育研究开辟了一条新的理论视角,女性体育研究在寻求对女性身体解放的同时,也通过在体育中具体的身体体现(embodiment)表达了其社会诉求。

## 一 社会的身体——身体理论

身体不仅是人存在的物质基础，同时也能反映出社会和文化维度上的重要含义，换句话说，身体既是一个微观视角也是一个宏观视角，这使身体这个主题也成为跨学科研究的重要出发点，对传统的社会学理论以及研究范式发起了一定的挑战。

### （一）身体研究的诞生

虽然"身体"研究的渊源在于哲学上的认识论的探讨，但是在西方和东方，它一直都不是社会科学的核心。几乎所有关于身体的综述都会提到笛卡尔、柏拉图的身心二元论，在这种二元分割下，身体是相对于灵魂而存在的肉体，是下等的，被压抑的和被遗忘的，直至尼采、德勒兹等人对身体的重新肯定。这种二元对立留给生物医学、自然与社会科学的是对于身体及其功能的机械化理解与解释，因而造成了身体在社会科学领域中的缺席。[1] 传统的社会科学，无论是从宏观还是微观层面都没有给予身体足够的空间。宏观的社会学理论偏重对大的社会制度变迁的分析，微观的社会学理论主要强调人的理性与自觉，强调人的社会角色。[2]

20世纪80年代，一批围绕身体的社会学论著相继出版，如约翰·奥尼尔（John O'Neill）的《现代社会中的五种身体》（Five Bodies: The Human Shape of Modern Society, 1985）与《交流的身体》（The Communicative Body, 1989）、大卫·阿姆斯特朗（David Armstrong）的《身体的政治解剖学》（The Political Anatomy of the Body, 1983）、唐·约翰逊（Don Johnson）的《身体》（Body, 1983），以及特纳（Bryan S Turner）的《身体与社会》（The Body and Society, 1984），这既是身体研究蓬勃兴起的标志，也直接推动了身体研究成为席卷西方学术界的持续理论热潮。这些著作面世之后，身体研究以其新颖独特的视角、广阔的理论覆盖面和令人惊叹的解释能力吸引了哲学、人类学、社会学、女性主义等领域研究者的注意力。这些学科领域原本就积累了丰富的相关理论资源，因此身体很快变成研究的热点问题或展开研究的出发点。重返"身体"的社会科学把身体从"身—心"的二元对立中解脱出来，注重从身体体验的角度，或者从注重身体的社会意义与象征意义的角度肯定了身体在社会科学中的研究地位。

---

[1] Shilling, C., The Body and Social Theory, London: Sage, 1993.
[2] 黄盈盈：《身体、性、性感》，社会科学文献出版社2008年版，第20页。

从 20 世纪末期至现在，以身体为研究中心的跨学科新领域纷纷出现。1992 年理查德·舒斯特曼（Richard Shusterman）在《实用主义美学》中提出了一门新学科，即把对身体理论的探讨与对身体实践的关怀相结合的"身体美学"（somaesthetics）。1995 年《身体与社会》（Body & Society）的创刊，标志着身体社会学（The Sociology of the Body）作为一个明确的研究领域正式兴起。此外还有身体人类学（The Anthropology of the Body）、身体现象学（The Phenomenology of the Body）、身体女性主义（Corporeal Feminism）、身体学（Somatics）、身体神学（Theology of the Body）、身体本体论（Somatic Ontology）、身体叙事学（Corporeal Narratology）等。2003 年柯里斯·希林（Chris Shilling）在《身体与社会理论》的第二版序言中，以"身体研究"（body studies）来囊括 20 世纪七八十年代以来西方社会学、历史学、人类学、文化研究、运动与休闲研究、哲学、神学与宗教信仰等领域中所有关于身体研究的内容。[①]

### （二）什么是身体

身体研究明确地以身体为主要研究对象，或者从身体这个角度来重新梳理、审视某些问题，批判、重构某些社会理论。在进入对身体研究的辨析之前，我们首先有必要明确什么是"身体（body）"。《牛津英语词典》对身体的定义是，人或者其他动物的物质材料框架或结构，该组织通常被视为一个有机的实体。[②] 这样看来"物质性"仍然是身体的最基本含义，同时"有机性"也是作为活物的身体所衍生的必要特性。英语中其他指称"肉体"的词语往往只侧重身体作为物质实体的某一方面或某一特性。如"flesh"是强调身体由血肉组成，具有欲望属性；"soma"强调由细胞组成的身体的有机属性；"corporeality"或者"corpse"强调人的物质形体。不难理解，这些词语与古希腊以来人们对身体所做的二元划分有密切关系。身体被分割成物质性的肉体与超越性的精神、灵魂两部分之后，后者有了其特定的词语符号。"身体"这一符号也就只指称剩余的血肉之躯了。法语的情形也相类似，"corps"侧重物质性的身体概念，与"精神"相对立；"chair"侧重指"肉感的""饱满的"、充满生机的身体；"incarnation"或"incarné"则主要用于描述宗教信仰中上帝降生为人，以"肉身

---

[①] ［英］克里斯·希林:《身体与社会理论》（第二版），李康译，北京大学出版社 2010 年版。

[②] *Oxford English Dictionary*, Vol. Ⅱ, Oxford: Clarendon Press, 1989, p.354.

化"的身体来到人世。与英语和法语不同，德语中的"肉体"（krper）与"身体"（Leib）是明确区分开来的。"肉体"指外在的肉身躯体，而"身体"是指日常生活中活生生的身体。概括起来，在西方身体具有二元性，它既是群体性的、客观的、物质的、自然的身体，也暗含着个体性的、体验的、社会的身体之意。就在这种二元对立中，前一种含义是后一种含义的基础，也是长期以来人们对身体的基本理解。

随着身体研究的深入，人们越来越认识到身体并不像传统观念所构想的那么简单，而是具有多样化的复杂面貌；另一方面，在当今这个倡导多元化和个性化的社会里，身体已不仅仅是理性和道德束缚之下被动的物体，而是跟着身体快感这一指挥棒可以前所未有地加以个性化改变的身份表征，因而对于什么是身体人们已无法达成共识，[①] 只能试图从不同的视角和途径去理解、认识身体，赋予身体的意义。

从社会学的角度，人有两种身体，它既是一种事物，又是一个符号标志。所以身体不仅仅是个体的生命有机体，被视为身体的东西更是社会阐释的结果。正如特纳指出："在个体层面上，我的身体是被体验的一种极限环境，但是我们的意识也表现我既拥有身体，又是身体。"[②] 社会学将身体分割为外部空间和内部空间。身体的外部性涉及的是社会空间内的身体表现以及对身体的控制和调配。身体的内部性则涉及人格、身份以及自我概念。因此，从社会学的理解来看身体包含有三个部分的关系：社会（society）、身体（body）和自我（self）。这三个部分其实没有明显的界线，但是它们相互支持。社会提供给了身体资源，但同时又规范和雕刻着身体。身体的起源和结束都是以肉体和生理性整体表现出来的。在出生和死亡之间它是"活着的身体"。"活着的身体"与"自我"之间没有非常清楚的区分，但是自我有自我意识的能力，并由身体反映出来。关于身体、社会和自我之间的关系的讨论非常多。一些学者认为社会建构了身体，一种极端的观点认为"根本就没有身体，有的只是社会实践"。另一种极端的观点认为"身体组成了自我，如果你认为自我能够脱离身体而思考，那么你就错了"。身体被认为是活着、能够被反映并且能被述说的，它承载着自我表达的任务并反映了社会的话语权利，身体因此被赋予了更多社会和文化的含义。[③] 这种争论实际上就是本质主义和建构主义之争。对于这

---

[①] Shilling, C., *The Body and Social Theory*, London: SAGE, 2003, p. 3.
[②] ［英］布莱恩·特纳：《身体与社会》，春风文艺出版社2003年版，第124页。
[③] 熊欢：《身体、社会与体育——西方社会学理论视角下的体育》，当代出版社2011年版，第18页。

些争论，特纳认为，身体被看作社会建构的、话语的，还是被看成是现象学或者哲学人类学视野内活生生的身体，从理论上没有强制性，而是一种立场的选择。

简言之，根据社会学对身体的理解，身体是社会实践（行动）的运载工具，人类的身体是在每一天的社会生活中不断地、系统地被制造、维持和表达着。因此身体是反映社会制度和社会行动最好的媒介。在这个基础上社会学家认为只有通过以下三个途径才能真正地认识身体：

（1）身体只能放在每一天的社会实践中才能被真正地理解；
（2）身体是一个承载着社会意义和社会符号的标志系统和社会比喻；
（3）身体不仅是符号系统，而且还反映了社会的权力关系。

概以言之，社会中的身体是一种社会实践（体验），身体是一种社会符号，身体是一种权力关系。身体总是由社会形成并且由社会定位。

### （三）身体理论

在身体研究者们看来，身体是社会文化首要的分类系统，通过这种系统社会与人类生活才能重新得到表达和安排，同时身体也是人类在世存在的基础与凭证。但是对于身体的现有理论，特纳认为仍然存在局限，就是没有能超越文化表现和社会建构的观念，没有达成对于社会交互性的真正理解。基于此，特纳从以下几个方面对身体理论分析框架进行了整合：

（1）深入理解有关身体体现（embodiment）的基本概念，利用这一方法，可以从身体的肉体性、感官性和客观性出发，系统地探索身体的复杂性；

（2）有关社会行动的理论中一种体现身体的社会行动观念，全面把握身体形象在社会空间中如何发挥功能；

（3）评价各种社会身体在长时间内的交互作用，也就是说达成对身体体现着集体性的理解；

（4）以一种历史感来认识身体及其文化形态；

（5）从政治的角度理解身体与治理的关系，比如国家立法在生育技术、流产、收养、抚养等方面对身体实施的性调控与监控。[1]

这个整体的分析框架是一种有秩序和层次的框架，从涉及社会存在状态问题的身体体现，到社会行动的性质，到交换和交互性的社会层面和政

---

[1] ［英］布莱恩·特纳：《社会理论指南》（第2版），上海人民出版社2003年版，第584页。

治层面，再到最整体性的历史形态、文化形态层面。① 从这个框架延伸出来，身体理论主要涉及以下几方面的内容：

1. "身体体现"（embodiment）

Embodiment 是身体研究以及身体理论中最常用的一个词语，来源于"embody"，在英汉词典中被翻译为：使（主意、观念等）得以体现，具体化；或（事物或人）具体体现（某种想法），成为化身。但是在身体研究这个特定领域，它更代表了"使（某某）身体化"，旨在凸显身体视角，突出身体的重要性。Embodiment 在中文中很难找到相对应的词汇，曾被直译为"具身性""涉身性""具身体现"等，② 比较晦涩难懂。在特定的场景下，也有学者把它意译为"身体实践"，即个人在与其身体互动，以及身体与周围世界进行的互动过程中，使身体得以具体实现。③ 本书用"身体体现"一词，主要凸显"身体视角"，同时也突出身体的存在性、主动性以及动态过程。

身体理论最大的创新之处及其理论的生命力就在于，它颠覆了西方历史上传承已久的唯物主义（materialism）与逻各斯中心主义的身体二元论，把身体从精神和灵魂的压制下解放出来，传统客体性的、工具性的身体被还原为主动的、活着的身体。这主要体现在现象学家梅洛—庞蒂的身体思想中。梅洛—庞蒂批评传统神经生理学和心理学的身体机械论思想，汲取了海德格尔存在论的在关系中研究存在（身体）的思想，把人的存在进一步明确为身体性的在世存在。梅洛—庞蒂从主体与世界的接触点及落脚点——身体——来研究身心及主客体统一的可能性及途径，强调在世存在是一种身体性的存在（embodiment）。对他来说，人不是理性的动物，心灵和身体并不存在清楚的区分。身体不仅是物质性的肉体，也是心灵与身体合一的身体，是与世界共生共存的"世界之肉"（chair du monde 或 flesh of the world）。我们就是我们的身体，我们不可能脱离身体仅靠心灵或思想存在，身体赋予了我们经验的世界的意义。以笛卡尔为代表的西方主流哲学家们一直都奉行把身体从认识自我与世界的过程中清除出去的做法，而梅洛—庞蒂不仅把身体从精神的压抑下解放出来，还认为它才是人类存在于世界的根基以及朝向并融入世界的动力与源头，这对西方传统哲学无疑

---

① 刘少杰：《当代国外社会学理论》，人民大学出版社 2009 年版，第 140 页。
② ［英］克里斯·希林：《身体与社会理论》（第二版），李康译，北京大学出版社 2010 年版，第 5 页。
③ 熊欢：《身体、社会与体育——西方社会学理论视角下的体育》，当代出版社 2011 年版，第 21 页。

是一次巨大的冲击。在此背景下，1997 年克里·尼克森（Kelly Nicholson）的《身体与灵魂》提出，尽管不能从理论基础上确定在物质现象之后还存在着另一种现实，但对身体的理解还是要摆脱唯物主义的影响，因为它实际上从根本上清除了人们日常生活的身体体验与感受。① 马克·约翰逊（Mark Johnson）的《心智中的身体》② 与萧·伽勒赫（Shaun Gallagher）的《身体如何影响心智》，则注重理性、想象与意义中的身体基础，认为身体体现（embodiment）在认知过程中起着关键作用，身体决定了认知的视角和可能的限度："因为我有身体，所以我必须从一个受到限制的空间视野、在特定情感立场与情绪，以及看似杂乱的框架中来观察理解事物。"③ 伽勒赫汲取了现象学、认知语言学、神经生理学与哲学等领域的研究成果，论证身体及其建构人类经验的方式如何影响了关于自我的体验。身体体现理论的产生不仅突破了二元论的西方身体观、开辟了人文研究新领域的关键，还影响了后来的身体研究的基本思路和方法。例如托马斯·乔尔达什（Thomas J. Csordas）就提出身体研究的方法要从对身体的结构主义式分类分析转换为"身体体现（embodiment）"的研究方式，从符号学与文本分析转移到来源于现象学的"在世界中存在"的分析模式。④ "身体体现"理论强调了身体在社会实践中存在并产生意义的观点。

2. 身体再现（representation）

身体再现理论主要致力于探究身体作为社会关系的隐喻所表示的意义。代表作有人类学家玛丽·道格拉斯（Mary Douglas）的《纯洁与危险》。⑤ 在《纯洁与危险》中，作者认为身体是社会文化意蕴譬如神圣与亵渎、纯洁与危险的有力标志，也即身体是文化语境的载体与各种力量互相作用的产物，并且认为身体在不同文化背景下代表了不同的文化意义。身体是社会语境的产物及其表征，这一思想早在法国社会学家涂尔干那里已略显端倪。他在《宗教生活的基本形式》中指出人是两面的，并将人的

---

① Nicholson, K., *Body and Soul: the Transcendence of Materialism*, Cumnor Hill: Westview Press, 1997.
② Johnson, M., *The Body in the Mind: The Bodily Basis of Meaning, Imagination, and Reason*, Chicago and London: The University of Chicago Press, 1987.
③ Gallagher, S., *How the Body Shapes the Mind*, New York: Oxford University Press, 2005, p. 2.
④ T. J. Csordas, "Introduction: The body as Representation and Being – in – the world", in Thomas J. Csordas (ed.), *Embodiment and Experience: The Existential Ground of Culture and Self*, Cambridge and New York: Cambridge University Press, 1994.
⑤ Douglas, M., *Purity and Danger: An Analysis of Concepts of Pollution and Taboo*, London: Routledge & K. Paul, 1966.

身体分为"生理性身体"及"较高层次的道德化社会化的身体",挑明了身体与社会文化的关联。① 法国人类学家马塞尔·莫斯在此基础上指出身体如何被打上了社会的烙印,他在《社会学与人类学》中提出了一个很重要的概念,即"身体技术"。② 其意思是,身体的行为表现都是学习而来的,人类透过身体创造了社会秩序。无论是仪式上或日常生活中,身体的表现都与社会文化中时间、空间的概念密切相关。莫斯还指出了学习与训练对掌握身体技术的重要作用,这对后来福柯的思想也产生了直接影响。另外,赫兹(Robert Hertz)对右手的研究也表明,人们一般认为右手具有生理上的优势,但实际上这种优势是由文化精心建构的。③ 在此思想传统的影响下,道格拉斯在《自然象征》中,更进一步阐明任何所谓"自然"的表达都是文化决定的,身体是社会结构与社会秩序的再现,也是个人经验与外在世界沟通的管道。

3. 身体的表达(expression)与欲望(desire)

这部分理论侧重于揭示当代消费社会中的身体、欲望与自我的关系。传统社会学关注的是社会结构和功能,以及人类行为与意识的本质,这样不可避免地会涉及对人类身体的研究,然而它并没有足够关注人类身体所表现出来的全部含义,它只是从自我与个人能动性或者社会结构与功能的角度来考察自我,把身体作为一个自然的、生物的对象而非社会的现象来对待。这一状况在20世纪中后期的社会学领域有了很大改观。诺伯特·埃利亚斯(Norbert Elias)的《文明的进程》以文明的身体(the civilized body)的历史形成为例,指出社会结构的变迁往往伴随着自我心理结构和身体外形及行为的改变;文明发展与社会人形成的过程,也就是人们限制身体本能和非理性冲动、矫正并规范身体的过程。④ 20世纪六七十年代戈夫曼(Erving Goffman)出版的一系列专著也有力地阐述了文化规范如何作用于日常生活中自我的表达,以及人们表演出来的自我怎样通过对身体的适当安排得以实现。⑤ 在日常生活中,我们塑造、规划着自己的身体:我们会考虑穿什么衣服,做个怎样的发型,化个什么样的妆,去美容院修个

---

① [法]爱弥尔·涂尔干:《宗教生活的基本形式》,渠东、汲喆译,上海人民出版社1999年版,第303—304页。
② [法]马塞尔·莫斯:《社会学与人类学》,佘碧平译,上海译文出版社2003年版,第301—317页。
③ Hertz, R., *Death and the Right Hand*, London: Cohen and West, 1960.
④ [德]诺伯特·埃利亚斯:《文明的进程》(第一卷),王佩莉译,生活·读书·新知三联书店1998年版。
⑤ Goffman, E., *The Presentation of Self in Everyday Life*, Harmondsworth: Penguin, 1969.

眉毛、做个 SPA，在健身房挥汗如雨地进行减肥、塑身运动，甚至越来越多的人通过整容来改变自己的容貌和身体。按照身体社会学的观点，这一系列的活动都是人类在通过身体进行的"自我表达"。

随着消费成为当今社会左右人们思维与行为的主导力量，理性主义所标榜的"我思故我在"被改写成了"我消费，我存在"（I consume, therefore I am），同时身体及借助身体表现出来的自我差异性被前所未有地凸显出来，整个社会无处不弥漫着对身体及其快感的宣扬。人们对身体、自我、欲望的考察很快与对消费社会的思考结合起来。让·波德里亚（Jean Baudrillard）分析了消费文化工业借助符号的力量，永无休止地激发源自身体的消费需求，使身体成为生产符号和差异的场所。他指出，当代社会身体的本质是身体的符号化，身体被编织进符号的网络，进入与物体领域相迭合的交换世界，符号性成为身体的主要特点。在《消费社会》中，波德里亚又进一步分析了身体在形成消费符号体系中的作用。消费符号之所以能形成体系，主要体现在消费符号基本的构成规则是对青春、美丽、健康、性感等身体形象神话的个性化与时间性表达，虽然这种个性化与时间性表达具有同质性。同质的身体形象神话是使符号凝聚成一个体系的关键，但同时符号的个性化与时间性表现又使得符号之间具有区分。[①] 迈克·费瑟斯通（Mike Featherstone）则探究了当代消费文化中身体为何及如何作为自我的一部分被体验并改造的。他认为当代消费社会的文化工业已经形成一个有关身体的产业群，它们强调身体作为自我身体的体现，是未完成的，也是需要不断修饰、改变或变形的。与传统道德规训身体快感不同的是，消费文化打着享乐主义和满足身体需要的口号，实施了对身体新的规训方式。这种新的操纵身体的方式是不断刺激欲望并把欲望进行符码化与美学化处理，因而更为隐蔽也更具诱惑力。[②]

4. 身体与性别（gender）

身体理论另一个重要的组成部分是对性别身体（gendered bodies）的讨论。在男性中心主义主导的世界中，女性与其身体具有天然的同盟性与同一性，女人或者被等同于身体，或者就是女性性别的符号表征。自女性主义理论里程碑著作《第二性》面世之后，身体与性别成为一个长盛不衰的话题。20 世纪六七十年代，女性主义对身体性别建构性特征进行了揭

---

[①] ［法］让·波德里亚：《消费社会》，刘成富、全志刚译，南京大学出版社 2001 年版。
[②] M. Featherstone, "The Body in Consumer Culture", in Mike Featherstone, Mike Hepworth and Bryan S. Turner, eds., The Body: Social Process and Cultural Theory, London: SAGE Publications Ltd., 1991.

示;80年代以来"酷儿理论"对性别的流动性与个体性进行了宣扬;近几年学术界掀起了对男性及男性气质的研究。在这个过程中,"身体"一直是女性主义批判男性逻各斯中心主义、构建新的理论的核心和强大武器。总体上看,女性主义者一直在思考女性身体为何被社会与文化构建,以及以何种方式建构。这方面的代表人物有朱迪思·巴特勒(Judith Butler)、斯皮瓦克(Gayatri Chakravorty Spivak)、露思·伊利格瑞(Luce Irigaray)、埃莱娜·西苏(Hèléne Cixous)与伊丽莎白·格罗斯(Elizabeth Grosz)等。其中,格罗斯较极端地认为,身体与社会话语的关系如此密切,以至于我们不能把它们截然分开。她也指出,在"主体"这个问题上,主体与性征明确的身体有紧密关联,但是主体同时也是无法确定的,因为它是不断变化的社会话语与身体相汇合之处。因此对她来说,身体与主体就不是一个静态的混合物,而是动态的过程,而且还具有含混性与模糊性。①

5. 身体政治(politics of bodies)

身体政治即身体的约束与规训(regulation and restraint)。这里的身体政治是指权力以话语或知识的形式对身体进行操控和规训,并参与身体微观层面的活动与实践,这方面的研究主要得益于福柯的身体思想。早在1957年,恩斯特·康特洛维茨(Ernst H. Kantorowicz)的《国王的两种身体》就分析了身体在社会文化与权力系统中的象征性含义是如何维持并巩固权力的运作的。他以国王的身体为例,指出国王有现实性的身体和抽象的神圣身体,神圣身体具有象征性,象征着国王永不衰弱的统治权力。正是永恒的象征性身体保证了国家权力的延续性,尽管个体性的国王身体不可避免地会死亡。由于国王身体的这一象征性,任何对国王身体的攻击都被视为是对国家权力的攻击。② 后来福柯在《规训与惩罚》中,开篇就详细描述了对威胁国家权力的弑君者的身体惩罚。但是福柯的这部著作重在论述现代性过程中作用于身体的社会力量的变化,即如何从直接的、公开的身体惩罚转变为从空间上控制身体并规训身体行为的隐蔽模式,极富洞察力地阐明了身体政治的问题。福柯指出,现代政治和权力的运作必然会产生被动的、驯良的身体(docile bodies),被政治体制与知识权力安排是个人身体无法回避的选择,权力的规训和监控必然大量生产出驯服的身

---

① Grosz, E., *Volatile Bodies: Toward a Corporeal Feminism*, St Leonards: Allen and Unwin, 1994.
② Kantorowicz, E. H., *The King's Two Bodies*, Princeton: Princeton University Press, 1957.

体,因此现代社会也就是后来特纳在此基础上提出的"肉体社会"(somatic society)①,即现代社会体系中的身体已成为政治与文化活动的基本领域。福柯的身体政治思想影响了其后一大批身体研究者,他的理论与梅洛—庞蒂的身体在世存在理论共同构成了身体理论的基石。

6. 身体与叙事学(corporeal narratology)

弗洛伊德曾指出身体及欲望是艺术生产与美感产生的源泉,但是他并未对此作详细而具体的分析。其他身体研究者也只是关心身体与文化、社会及意识形态的互动关系,这对于发现和阐释艺术文本的内涵有很大帮助,但是对于身体与艺术形式的问题则无暇顾及。针对这些问题,丹尼尔·庞德(Daniel Punday)在《叙事的身体》中正式提出身体叙事学。② 这本书指出经典叙事学忽视了身体在叙事中的重要作用。他论述了身体观念在形成叙事观念这一过程中的作用,并力图从身体与叙事技巧和形式的关系等方面勾勒出身体与叙事关系的轮廓。其实在1984年,彼得·布鲁克斯(Peter Brooks)已经在《解读情节:叙事中的设计与意图》中,运用精神分析方法描述了激发、推动叙事的身体欲望的动力学。③ 2003年他在《身体活:现代叙事中的欲望对象》中又深化了身体与叙事关系的理论。他认为现代的小说与绘画等艺术形式中推动叙事展开的动力是身体,叙事的过程就是某种身体的符号化过程,而身体也是意义的根源和核心。④ 这本书把论述的焦点指向了欲望的对象即身体而非欲望本身,指出它们既是文本叙事逻辑的焦点,也是引发写作的迫切动机与文本叙述的推动力。

虽然以上主要理论和研究流派对身体讨论的角度和侧重不同,大多数的身体研究学者都对身体持一种"社会文化建构说",反对从基因优劣及男女荷尔蒙的差别解释不同种族、地域的身体差别。但是近几年人们也开始理性地思考身体生理特性其实也是造成自我差异性的不可忽视的原因,例如女性主义者就已经着手研究女性与男性生理特征的差异性所造成的身体差异,以重新思考并复原男性与女性的自我,促进两性的和谐共处。总

---

① [英]布莱恩·特纳:《身体与社会》,马海良、赵国新译,春风文艺出版社2000年版,第1页。
② Punday, D., *Narrative Bodies: Toward A Corporeal Narratology*, New York: PALGRAVE MACMILLAN [TM], 2003.
③ Brooks, P., *Reading For the Plot: Design and Intention in Narrative*, Oxford: Clarendon Press, 1984.
④ [美]彼得·布鲁克斯:《身体活:现代叙述中的欲望对象》,朱生坚译,新星出版社2005年版。

之，社会理论下的身体是一种"社会文化的产物"，身体理论不仅为我们提供了一些新兴的观念，掀起了一股社会思潮，它更是为我们研究社会问题开辟了一个新的视角和思路，即从微观的、日常的、个体经验的视角去观察社会，思考问题。

## 二 运动的身体

体育运动是人类身体和社会结合的最佳桥梁。[①] 当"劳动的身体变为欲望身体"（工业化到后现代化）之际，体育成为学者们探索"在身体中产生并表达"的社会秩序与社会权力的新平台。身体是构成体育活动的物质核心，是体育运动的源泉，也是表达体育精神的最好载体。[②] 体育活动一向被看成源于人的基本需要，是人身体的表达和创造，也有学者把体育活动解读为展示人的本性。但有些学者也充分地指出在现代化的过程中运动的身体在受到理性化、国家（民族）主义、媒体广告、技术与实验等方面的影响后逐渐异化的过程。此时的身体已经不仅是一个独立的、个体的实体，而是一个包罗万象的、抽象的综合体系。克里斯就认为在现代社会，身体就是整个体育制度结构的定位场所，[③] 不同人群在体育运动这个结构中定位着自身和他人。因此，身体与体育结构之间是相互作用的关系。

### （一）身体是体育运动的源泉

虽然很多社会学家在强调体育的社会建构性，但从体育运动的发源与进化来看，我们不能忽略身体是构成体育活动和体育制度的源泉。早在体育运动产生之时，它就蕴含了与人的生存斗争相关的进化和发展。历史之所以会出现体育运动，就是因为它有助于人们创造、操练、重演维持其生存的手段和技能。运动有助于人们"通过让人与困难阻碍，或与其他人的对抗，主导自己的身体"[④]，准备迎接更严峻的挑战。但是一旦维持生存变

---

[①] Xiong, H., *Urbanisation and the Transformation of Chinese Women's Sport Since 1980s*, London: VDM publishing, 2009, p. 51.

[②] Hargreaves, J., "The Body, Sport and Power Relations", in J. Horne, D. Jary and A. Tomlinson (eds.), *Sport, Leisure and Social Relations*, London: Routledge & Kegan Paul, 1987, pp. 139 – 159.

[③] ［英］克里斯·西林：《文化、技术与社会中的身体》，李康译，北京大学出版社2011年版，第108页。

[④] Birley, D., *Sport and the Making of Britain*, Manchester: Manchester University Press, 1993, p. 2.

得不再那么艰难，人们更能掌控自己的生存时，人的能量在一定程度上从确保生存基本条件的必要行动中解放出来，体育运动原始的维持身体生存的功能和目的不得不发生变化，它逐步演化成为维系身体具有社会性和游戏性的能力。[1] 赫伊津哈（Huizinga）在他的《游戏的人》一书中就提出，我们身体性（embodied）的游戏潜能构成了运动之源，而由于它会创造出各种规范和规则，也成为更广泛的社会层面上诸种形式的创造性因素。游戏让我们从特定的角度看待生命，塑造关系，对生活中的变化做出反应，进行预见。[2] 因而，身体是构成体育运动源泉的主要方式。

### （二）体育运动对身体的表达与释放

随着时代的发展，体育运动也承载了身体的释放与表达的功能。在伊利亚斯《文明的进程》中，阐述了人类文明化的过程与人身体原始暴力"被压抑"的过程的统一性。在这个过程中，原始的身体暴力与表达逐渐被规范，这使人们无法再控制自己的身体，身体是社会的产物而不是自我的表现。在这种背景下，体育被认为是一种"社会性的""合理性的""规范性的"表达身体原始欲望与暴力、寻求刺激的最好场所。人们可以在体育这一空间维系活力（快乐）、社交和模仿。[3] 它提供了一种理性化地摆脱理性化社会的方式。冲浪运动可以给人带来超越自我的"身心体验"；在危险的极限运动中，可以为身体带来刺激、愉悦和快感；在足球场上，人们模仿"战争"，体会着身体碰撞时带来的"存在感"；在拳击场上，可以任意挥动拳头，发泄被压抑的情感。无论是对于参与者还是观看者，运动都可以作为被压抑和理性的"工作身体"的一种解脱方式，使其尽情地表达自我。

在消费时代，身体的欲望与表达被无限制地扩大。在当今的消费社会，运动的身体也被看成是一种消费符号，永无休止地激发源自身体的消费需求。运动的身体毅然成为生产符号和差异的场所。运动的身体所传达的符号基本的构成规则是对青春、美丽、健康、活力、性感等身体形象神话的个性化。这也成为吸引更多人"消费体育"的动力。

---

[1] ［英］克里斯·西林：《文化、技术与社会中的身体》，李康译，北京大学出版社2011年版，第110页。
[2] Huizinga, J., *Homo Ludens: A Study of the Play Element in Culture*, London: Temple Smith, 1970.
[3] Dunning, E., *Sports Matters*, London: Routeledge, 1999.

### (三) 体育运动对身体的规训

在现代社会，体育领域经历了一个理性化的进程，体育运动成为一种社会制度而不仅仅是个体活动。当它成为社会制度，则会对在其中的个体形成一定的管理与束缚。体育运动的理性化也使得运动的身体受到了来自知识、科技、政治、商业的侵入和影响，体育运动不再只是一种身体的表达，更是对身体的规训和戒律。现代知识的增长和身体戒律之间存在着权力消涨的关系。首先，一些学者认为体育以现代科技的形式作为一种纪律机器对身体控制并施加威力。他们认为"体育制造并规范了所谓的运动员身体"①。运动员身体被认为是特殊的身体，它象征着健康、强壮、富有纪律性以及生产力强等特点。但是体育也可以被理解为一个控制与规范身体的生产器械以及展示单纯形体与其意志能力的场所。比如，很多运动员为了控制体重，严格地进行节食、保持高强度的运动，这需要运动员有很强的自制力和意志力，否则成绩就会受到影响，甚至不得不退出运动员的生涯。因此，体育被认为是现代纪律权力的一种代表。其次，一些学者抨击了人的身体在后现代消费资本主义下被技术化和政治化的过程。他们解释了人体医学知识是如何影响生产领域，并最终通过实践传播到体育活动，体育教育，体育比赛，锻炼和健康等专业领域的。他们认为正是人体医学对人类身体生物性的表述使正常的体育活动、锻炼和身体成了现代科技话语体系的附属品，从而变为一种受压迫的客体了。② 其中语言的描述（话语）都反映了科学对身体的规范、限制和控制。再次，政治因素对运动身体的异化也是学者们抨击的对象，特别是国家主义（nationalism）对运动身体的影响。在国家主义的影响下，身体不再是运动员自己的，而是国家的身体；个体从事体育运动不再是参与一般的比赛，而是投入某种形式的政治活动，在生理身体之外，裹上了一层社会身体的议程。③ 但是，也有学者指出在全球化的过程中，国家主义不再是影响运动身体的唯一结构，④ 跨国资本、商业力量对运动的身体的影响日益加剧，广告代言无处不在，

---

① C. L. Cole and M. Orlie, "Hybrid Athletes, Monstrous Addicts, and Cyborg Natures", *Journal of Sport History*, 1995, Vol. 22, p. 229.
② B. Pronger, "Rendering the Body: the Implicit Lessons of Gross Anatomy", *Quest*, 1995, Vol. 47, p. 435.
③ J. Wilson, *Playing by the Rules: Sport, Society and the State*, Detroit: Wayne State University Press, 1994, p. 37.
④ Blake, A., *The Body Language: The Meaning of Modern Sport*, London: Lawrence and Wishart, 1996.

商品成为运动空间中重要的表征,而运动的身体本身也"以符号封装",裹在赞助方挑选的"第二皮肤"(the second skin)中,① 运动的身体也变为商品化的身体。总之,在后结构主义的假设中,身体是无力的、被动的、受压制的,虽然身体被看作权力的载体,但同时它们也认为社会力量(知识、科技、政治、商业等)在操纵着通过身体所表达出来的权力。

**(四) 体育运动对身体的损害**

在现代体育的理性化过程中,"绩效原则"不仅是一种政治目标也是商业运作的动力。而只有把运动的身体刻画为成功的化身时,才能表征绩效的本质。② 在追求"绩效"时,身体避免不了都会付出一定的代价,正如卡西摩尔(Cashmore)所评论的,体育上的成功就蕴含着"让身体彻底臣属于理性心智的意志"③,要尝试将身体工具化,几乎总会给身体留下印记。

体育运动不总是给身体带来健康,在某种程度上,体育运动,特别是竞技体育对身体所造成的伤害是无法想象的。运动员总是在探求身体的极限,为此使身体处于"非自然状态",甚至是崩溃的边缘。人们常常看到男女运动员将身体运用到超出自己所承受的限度,导致了一系列的生理、心理问题,比如内分泌失调、抵抗力下降、各种肌肉和关节的损伤、情绪不稳定、失眠甚至抑郁的情况。除此之外,为了达到身体的极致,他们的饮食起居都会受到严格的规定,这种生活就像被关在监狱里。如果说韦伯把机器化了的资本主义称作一座"牢笼",那么现代体育制度就是一座"监狱",把身体监管囚禁起来。在不少情况下,运动员是从孩童时期就开始投入到体育训练中,其受到的伤害更大。和以身体娱乐为目的的体育活动相比,以竞技为目的的体育训练在"绩效原则"下,会扰乱其成长过程,导致身体的永久性损伤。④ 针对这一现象,美国就发明了"受虐的少年运动员"(battered child athlete)来描述那些由于接受这类训练而使其身心受到伤害的孩子。⑤

---

① Baudrillard, J., *Symbolic Exchange and Death*, London: Sage, 1993, pp. 105 – 107.
② [英]克里斯·西林:《文化、技术与社会中的身体》,李康译,北京大学出版社 2011 年版,第 117 页。
③ E. Cashmore, "Between the Mind and Muscle"(Review Article), *Body and Society*, 1998, Vol. 4, pp. 83 – 90.
④ H. Russell, "Competition and the Growing Child", in G. Gleeson(ed.), *The Growing Child in Competitive Sport*, London: Hodder and Stoughton, 1986.
⑤ Hargreaves, J., *Sporting Female*, Longdon: Routeledge, 1994, p. 225.

运动的身体在受到损伤的同时，也接受着"化学药品"的侵害。在我们现代生活，改变身体以求超越其自然局限的现象已经司空见惯。为了提高运动成绩而服用药物和滋补品的历史悠久，但是身体自然的局限性仍然不可避免。化学药品在改变身体的自然承受能力的同时也对身体造成了巨大的伤害。德国女子七项全能运动员比吉特·德雷泽尔于1987年去世，生前其队医给她注射了400次数十种药物。高强度的训练加上服用药物，严重摧残了她的身体，也是导致她过早去世的原因。我们也很难确定运动员个人究竟在多大程度上是自愿接受药物的，然而，运动员在不知情的状况下接受药物治疗，身体不仅被损害，而且被客体化。还有一种观点认为，化学药物已经使身体外表变得"不可信赖"，运动的身体不再是真实与自然的产物。兴奋剂就是一个"化学假肢"，运动身体因此成为汇集科学技术的非自然性的人为创造。[1]

正如克里斯指出的，虽然吉登斯认为现代性已经"将自然殖民化""绩效无极限"的梦想仍然可能支撑着政治和经济上对体育的投入，[2]可身体依然是一种必朽的、有限的现象。但现实是无论是制度/机构还是个体，都越来越把身体当成机器，但身体根本不可能长久经受机器所承载的那些压力和负荷。运动员会不顾伤痛坚持训练（有时，这种行为还被大肆鼓励和宣扬），这样往往会加重伤病；在市场机制下，一些体育商业组织或机构会安排运动队在不合适的时间和地点进行比赛，使队员们更加疲劳。而促成这些状况的并不是那些热心推广体育事业，致力于使体育为个体全面发展或缔造独特人格的"体育精神"，而是以绩效原则为基础的现代逻辑。在这种情形下，身体不得不被转化成为工具，以应对现代体育环境的要求。

### 三　女性主义视角下的运动身体理论

在女性主义体育研究中，身体是一个核心概念。女性主义者强调了身体以及身体形象的重要性。在《第二性》中就有这样的描述："如果一个人的身体表现得缺乏自信，她的自我就缺乏自信……看那些女性运动员，热衷于自己的比赛，（在比赛中）她们确实是感受着自我，而不是与她们

---

[1] Cole, C. L., "Addiction, Exercise and Cyborgs: Technologies of Deviant Bodies", in G. Rail (ed.), *Sport and Postmodern Times*, New York: State University of New York Press, 1998, p. 256.

[2] ［英］克里斯·西林：《文化、技术与社会中的身体》，李康译，北京大学出版社2011年版，第118页。

相对应的男性……让她们去游泳、攀登高峰、做飞行员；让她们去探险、战斗、冒险，她们不再会觉得世界像以前那样让人胆怯。"确实，无论从理论还是实践，女性主义者都试图围绕着身体去挖掘体育运动给女性处境所带来的改变。

女性主义的分析研究是为了找出女性受压迫的根源，同时找出抵抗和赋权（empowerment）的方法和途径。从身体入手，体育女性主义主要围绕以下主要三个问题：（1）揭示女性运动身体的社会建构；（2）探讨如何实现女性在体育运动中的身体体现（embodiment），使女性身体在体育运动中完全释放、表达、解放，从而树立女性的自我身份认同；（3）揭示和批判体育领域以性别为核心所建立起来的身体政治。

### （一）女性运动身体的社会建构

女性主义者一直在思考女性身体为何被社会与文化构建，以及以何种方式建构，如何才能重构。性（sexuality）这项身体实践可能是女性主义者寻求这些答案的最原始的起点。除此之外，一些学者把目光转向了另一个比较明显的身体实践——体育运动。

借用福柯的理论，女性主义首先认为是父权制通过话语和观念使女性身体（生理上）"残疾"。从把女性排斥于体育运动之外的事实，我们可以从以下的观念看出，女性的身体及其体育实践是如何被父权所建构的：

- 女性的身体条件先天比男性的差，因为女性比男性遭遇更多的生理活动，比如月经、怀孕、生产、更年期等；
- 女性身体更加柔软、弱小，更容易受到伤害，因此更需要保护；
- 只有当运动对女性的健康和生育功能有帮助时，运动对于女性才是一件有用的事情；
- 女性身体不太适合从事比较强烈的、竞争性并有身体接触的体育运动；
- 从事运动的那些女性通常看起来很男子气，不像真正的女人。

女性主义者认为父权制话语和观念把女性身体描绘为"非正常身体""弱势的身体""无能的身体"，并且试图通过他们（男性）控制的科学、医学、保健机构使之得到不断验证与强化。女性生理上的弱势被广泛地用来规范女性的体育活动。很多人甚至认为体育活动使女性变得男子气，同时助长了女同性恋的增加。

其次,女性主义认为,对女性运动身体的社会建构是通过对性别气质刻板印象的规定所发生的。自17世纪以来,男性气质与女性气质就成为个人身份认同的最重要的标准,换句话说,男性气质和女性气质成为一个人自我认定最首要考虑的问题。根据福柯的理论,性别气质的建构是通过话语产生的。比如对女性身体美的话语(discourse of feminine body beauty)规定了女性身体特定的高矮胖瘦,同时也规定了女性的身体姿态及其行为。女性气质要求女性温柔、优雅、内敛,因此女性进行以表现形体美为主的体育活动是被鼓励的,而进行竞争性强、攻击性强的体育活动则被认为是有违女性的本质,女性过于强壮的身体形象并不为大家所接受。相反,对男性身体的力量和暴力要求成为男性气质重要的一部分,体育运动更加强化了以暴力、竞争、力量、技术、理性为核心的男性气质,因此男性强壮的运动身体是被社会接受并大肆鼓励的。

再次,女性主义认为性别气质的刻板印象同时也是性别角色和不平等的两性关系的一个真实反映。从女性的社会角色和身体运动之间的关系,她们进一步讨论了女性运动身体形象的社会建构。她们认为女性的固定角色就是生育的工具。结婚就是丈夫从妻子的父亲那里得到使用其身体来满足性需求以及生育小孩的一种许可。从某种意义上说,女性的角色就是女儿、妻子和母亲,更深一层来看,是象征其父亲和丈夫物质水平与地位的文化符号。因此,一些女性主义者认为在西方19世纪出现的一些白人中产阶层妇女的休闲、体育运动其实不是为了自我的满足,而是其父亲或丈夫的社会身份的象征。[①] 在这种情况下,女性身体不是运动的主体,而总是处于一个被支配的、配角的地位。

总之,在女性主义的思维下,女性运动的身体并不是自然的产物,而是社会的建构。既然是一种社会建构,则会随着社会文化的变迁而发生变化。女性身体如何能在体育运动制度和文化中摆脱被动的地位,成为体育女性主义者们所孜孜追求的目标。

### (二) 运动的女性身体体现(embodiment)与身体解放

虽然女性主义者肯定女性运动的身体是一种社会的建构,但是也认为

---

[①] J. Hargreaves, "Victorian Familism and the Formative Years of Female Sport", in J. A. Mangan and R. J. Park (eds.), *From 'Fair Sex' to Feminism: Sport and Socialization of Women in the Industial and Post-Industrial Era*, London: Frank Cass and Company Limited, 1987, p. 132.

它并不是一成不变的，而是一种多样、变化的建构。她们相信自我导向社会变迁的可能性，并试图寻求一种理论框架打破女性身体的社会建构，从而提升女性的身体形象和自我观念。梅洛—庞蒂的身体理论正提供了这种可能性。在梅洛—庞蒂的理论框架中，身体是结合了物理层面以及意识层面的综合体。与福柯不同，梅洛—庞蒂的身体不是完全被动的、被压抑的、被建构的客体，而是意识的体现（embodiment of consciousness），因此身体也是主体。梅洛—庞蒂认为人类存在的一大特征是人类身体是可移动（mobility）的，这是身体一种最关键的经验，也是生命发展的方式。如果人要进入到一个空间，他们必须把自己的身体放入那个空间。移动需要使身体向目标靠近，同时与目标互动，在这个过程中就会产生一种新的身体现实（embodied reality），也是在这个过程中身体会建立起自己的身份认同。

  对于女性来说，身体的运动（movement）包括了身体内部空间的经验，比如月经、怀孕、生育、哺乳。但是这些内部身体运动的经验阻碍和限制了女性身体在包括体育、工作、政治等公共场所（身体的外部空间）的运动经验。因为女性身体从传统的观念来看仍然被定为"再生产"领域。女性主义者强调女性身体外部空间的运动同样很重要。她们引用庞蒂的观点，认为移动（或运动）是身体参与外界的一个最好方式，身体运动应该成为女性解放的一项战略。女性主义认为要创造一种解放的女性身体形象，最重要的是要赋权（empower）女性身体形象和自我概念，这是引领女性地位在经济、政治和社会领域变迁的最重要的一步。

  体育运动作为改变女性身体形象的身体实践，即实现"身体体现"的一种途径，因此被女性主义者们大为倡导。她们认为通过体育活动不仅在生理层面能使女性拥有强大的身体；在心理层面能使女性通过身体的存在感受到自我存在，找到自我身份认同（self-identity）；在文化上也可以改变女性身体柔弱的形象，并且打破男、女身体形象的界限；最终，使女性得到和男性平等的社会地位。[1] 因此她们强烈地倡导应该让女性参加更广泛、更积极的体育活动，使她们的身体在体育运动中，获取不同的身体经验，打破身体在私域、公域间的界限，开拓新的生活空间。

  但是她们也同时注意到，在体育实践中女性一方面得到了一种身体的解放，但同时也是在服从和强化固有的女性身体形象。比如，马库拉

---

[1] Harris, D., *Involvement in Sport: A Somatopsychic Rationale for Physical Activity*, Philadephia: Lea and Febiger, 1973.

（Markula）认为女性们钟爱健身操运动，一方面是为了保持良好的身材来满足和服从社会对女性身体形象的要求，另一方面，女性们确实在参与过程获得了一种满足感。[1] 还比如安·赫（Ann Hall）等人考察了健美运动，认为一方面女性通过健美运动改变了原来女性柔弱的形象，肌肉所变现出来的是女性身体的强大，但这个过程同时带给女性的是一种对自我身体的控制和训诫。[2] 因此如何在体育实践中真正实现对身体的解放，是女性主义者们不断讨论和探究的课题。

### （三）身体政治与体育运动中的性别权力

身体政治是女性主义身体理论一个重要的部分，主要是受福柯主义和后结构主义思潮的影响。身体政治指的"对于身体，不管是个体的身体还是集体的身体的管理、监督与控制。它可以发生在生殖领域、性领域，也可以发生在工作、休闲领域，也可以发生在疾病以及其他形式的反常领域"[3]。女性主义在福柯理论的基础上，认为女性在体育中受压迫的地位来源于男性主义体育制度/文化对于女性身体的控制，而这种控制主要反映在男性体育话语权对女性身体的解释与要求。

首先针对医学对女性运动身体的诠释，她们提出了抨击。根据医学，女性在生理上是要弱于男性的，比如骨骼较小、肌肉较少、神经系统比较脆弱等都成为医学对女性在体育参与中的弱势地位进行的"合理"解释。女性主义则认为这是以男性为主导的医学权威对女性身体运动制约最初的一种形式。达尔文主义的"国民效能"（national efficiency）和"民族健康"观点在19世纪盛行，主张女人有责任保持健康的身体，这样宜于生产哺育。很多教育学家提倡女性参加体育活动，但是从参加的形式、内容和目的上仍然受到了医学固有的意识形态对女性身体的控制。一方面，女性需要培养出活泼有力的运动的身体；另一方面又会违背其生物学上的特征。在这种情况下，针对女性发展起来的锻炼体系就是有限的，主要目的在于增强其生命活力，"矫正女性形貌，提供适当的身体规训，让女性更

---

[1] P. Marlula, "Looking Good, Feeling Good: Strenthening Mind and Body in Aerobics", in L. Laine (ed.), *On the Fringe of Sport*, St Augustin, Germany: Academia, 1993, pp. 93–99.

[2] Hall, M. A., *Feminism and Sporting Bodies: Essays on Theory and Practice*, U.S.A.: Human Kinetics, 1996.

[3] Lock, M., *Knowledge, Power and Practice in Medicine and Everyday Life*, Berkeley, CA: California University Press, 1978, p. 8.

适宜于分担家庭的事情"①。然而体育教育学家以"健康的母亲——健康的子女"为宗旨的体育活动的推广在女性主义看来实际上也是对女性身体的另外一种文化束缚。这种规范合理地把女性排除出"精英体育"（竞技体育）之外。比如现代奥林匹克创始人就曾宣称女人的运动有悖于"自然法则"，女性参与竞争性强的活动往往被视为不守妇道。虽然经过女性主义的努力，女性终于可以合法地参与大多数竞技体育项目，这对女性身体解放意义重大。女性参加竞技体育一方面激发了体育内部的一些变革，同时也诱发了一系列的恐慌，一些人担心女性过分运动会导致生育健康；有些学者提出女性参加竞技体育会导致雄性激素的过多分泌，从而导致其性倾向混乱等问题。在女性主义看来，这些都是男性权力对女性身体有目的的控制与束缚，用语言和知识上的恐吓来使女性远离（充满竞争性的）体育活动。

其次，女性主义者还揭示和批判了国家主义对女性运动身体的控制。女性主义认为女性身体历来都是服务于男人们的工具。在和平年代，女性身体被规训于家庭之中，为男人提供性以及生育的服务；而在战争年代，女性被迫走出家门，填补了工厂中此前由男性担当的角色，服务于男人们统治的国家，这也促使了她们参与到运动领域。这样的体育运动也被挂上了"爱国主义"的旗帜。比如，在第二次世界大战期间，英国军需厂里的女工组建了足球队，1921年，全英国就有150家这类的女子体育俱乐部；②在美国，20世纪20年代，产业资助的女性体育运动也非常流行，包括保龄球、棒球和篮球等都向女性开放；同样，在战争年代的中国，"强国强种"的体育观一直都是女性体育发起与发展的内在逻辑，女性体育运动承载"爱国主义"与"民族主义"的重担，无论是从教育领域还是从经济政治领域，女性体育受到了一定的关注。从一方面来看，这种角色填补消解了那种女性是需要男人保护的纤弱的形象，但是从另一方面来看，她们的身体却也成为"国家主义"之附属品，因为这种女性体育的参与动力主要是外力，而非女性自发的内力，这必然导致女性体育运动的客体化和工具化。虽然，现在战争的硝烟已经散尽，但是冷战的思维仍然充斥着体育领域，在民族主义、国家主义的旗号下，女性身体不仅附属于她们的男人，

---

① P. Vetinsky, "Women, Sport and Exercises in the Nineteenth Century", in D. M. Costa and S. R. Guthrie (eds.), *Women and Sport: Interdisciplinary Perspectives*, Champaign, II: Human Kinetics, 1994, pp. 65 – 66.
② Hargreaves, J., *Sporting Females: Critical Issues in the History and Sociology of Women's Sports*, London: Routledge, 1994, p. 70.

也附属于她们的国家。从具体实践上来看，女性运动员的身体一方面要受到以男性为核心的体育训练技术、知识的规训，一些女性主义者就认为，现在多数教练与体育管理者都为男性，他们是站在男性的立场、以男性的经验在规训着女性的运动身体，把女性身体纳入男性经验框架中；一方面女性身体要受到国家主义的规训，在"一切为了国家的利益"的旗号下，女性运动员的身体并不受自我掌控，代表自我的意志，一切的身体努力都是为了国家赢得荣誉，因此女性身体还受到国家机器和行政机构的控制。借用福柯的观点，通过（男性）体育知识体系以及体育行政设备女性运动身体的生物权（bio-power）受到了控制、规范和支配，她们的身体因此是驯服的身体（docile body），成功的女性运动的身体因此也成为国家荣誉的象征符号。①

再次，女性主义者还从有关女性身体局限的刻板印象和意识形态批判了消费主义对女性运动身体的规训。在消费时代，身体受到了无比的关注。如果说福柯时代的身体是被惩罚的、驯服的身体，那么消费时代，身体则是受到赞美、欣赏和享受的身体。但是同样它不可自制地会陷入消费主义的陷阱。消费主义重视对身体的维护和保养，更重视身体的外观和审美。它基本有两个范畴：外在的身体和内在的身体。内在身体是指对于健康身体功能的关注，它要求在面对疾病和衰老的过程中对身体的维护和保养；外在身体是指外表以及在社会空间中身体的运动和对身体的控制。消费文化和时尚文化特别重视外在的身体，女性运动的身体因此成为产生（消费）符号和差异的场所。消费符号基本的构成规则是对青春、美丽、健康、性感等身体形象的表达和欲望。在这个时代，人们追求身体外观美丽的欲望远远超过对身体内在健康的追求。在欧美，身体外形的美丽健康与否甚至成为其阶层地位的重要象征。身材苗条、面容姣好的女性一定出身于中产阶层以上，因为她有钱、时间和精力去管理自己的饮食，管理自己的身体；而那些身材臃肿的女性则多出身于工人阶层，她们吃的是便宜的"垃圾"食品，也没有时间和钱去锻炼。在竞技运动以外的女性健身运动主要是为了追求有型有款、苗条、性感、活力、健康的身体。而为了追求"有型（fitness）的外表"，很多女性不惜牺牲身体内在的健康，她们变成"厌食的女性"，她们的身体也经历着节制、规训、努力锻炼、物理和化学性的改造。虽然在消费主义下，男女对"完美身材"的需求和欲望是

---

① Brownell, S., *Training the Body for China: Sports in the Moral Order of the People's Republic*, Chicago: University of Chicago Press, 1995.

相同的，即摆脱多余的脂肪和赘肉的身体、遵循选择出来的规范性的性别化的身体（即男子气概、淑女气质），对男人和女性的作用是不相上下的，但是也存在着不同：男性的运动健身更倾向于为了自我欣赏；而女性的运动身体更倾向于为了取悦别人（男性）。[1] 比如，男性健康杂志会举办"全球最性感的体育女星"评选活动、"性感足球宝贝"评选活动等，充斥着身穿内衣的竞争选手：纤细的腰、挺翘的臀、高耸的双峰、修长的腿、撩人的姿态。这些形象满足了男人对女人身体的审美欲望，但是对于绝大多数女性来说，这样的身体往往是不可及的。为了达到这种男人所臆想出的女性形象，很多女性采取了减肥、丰胸、塑臀运动，坚持自律性的饮食和运动，有的还做各种手术，对自然的身体进行人工改造。塑造这样的运动的身体也被女性主义者视为是男性维护其统治权力的方式之一：限制女性身体的自由发展，巩固其顺从的形态以及作为性欲（生育）工具的角色。从这个意义上讲，女性身体不仅是一个消费品，也是满足男性欲望和实施权力的工具。总而言之，体育中的知识、国家主义以及消费主义三个方面构成了对女性运动身体的监督、管理和控制，即身体政治。女性运动的身体成为"他者"，而要打破这种局面，一定要进行体育中身体文化的重构，把女性身体经验和身体文化纳入其中。

女性主义身体理论是批判理论的一个分支，它深受后结构主义和女性主义的影响。它既是一个综合性理论，又注重从细节和日常生活入手分析问题的模式。身体理论告诉我们性别不是一种单纯的"知识"，它同时也是一种"政治"。从身体出发来思考性别及其带来的社会问题，为我们的女性体育研究提供了一个批判性的思维模式，为我们洞察、分析、揭示女性与身体、体育运动和社会制度之间的互动关系以及权力关系的转移提供了很好的分析框架。

---

[1] 熊欢：《城市中产阶级女性体育参与研究》，《北京体育大学学报》2008年第3期。

# 第四章 女性体育的研究方法
## ——聆听女性的心声

方法（论）对于社会研究来说非常重要，特别是在当今"科学"崇拜的时代，方法不仅仅是一个获得知识的工具和手段，更是衡量所获知识可靠性、真实性、正确性的标准。选择不同的研究方法、研究路径，可能会得出不同的结论。对于女性体育研究来说，长期以来方法（论）就是一个比较有争议的话题。一方面在传统社会研究方法的范式下，女性体育研究无法冲破"传统"的藩篱；另一方面，女性体育研究也在不断探索，试图建立一套全新的、符合女性立场和利益的研究方法与范式。这也是进入21世纪以来，女性体育研究所面临的一个新的挑战与课题。本章以女性主义的方法论为起点讨论了女性体育研究的建构与路径。希望不仅能为读者深入地了解女性体育研究提供理论与方法的积累，同时也希望能为女性体育研究者提供一个指引性的框架。

女性/性别研究在各个社会科学领域所取得的巨大成就，不仅仅体现在其理论所带来的对主流社会科学理论的补充、批判与重构，更是体现在其在认识论、方法论层面给传统社会科学带来的冲击。对于体育科学来说，社会性别不仅成为解释各类体育现象与社会事实的重要关键词之一，而且促进了体育科学研究方法的发展。对于任何一个学科领域的发展来说，研究方法都占据了重要地位。所谓研究方法，简而言之，指的是搜集并分析研究资料的一种手段和途径。但是我们需要认识到的是一项研究方法的选择与采用并不是我们拍脑子就决定的，而是跟研究者的价值观、研究对象的本质与特点、研究外在环境、研究自身所要达到的目标等相关联，这些因素决定了我们研究的出发点是什么（认识论问题），又如何进行研究（方法论问题）。因此我们不能仅仅把方法局限在资料的收集与分析层面，而是要拓展到认识论与方法论层面。方法论，简单地说就是关于研究如何进行的理论。认识论是指关于知识的完善性与验证策略问题。① 方法、方法论、认识论这三者总是交织在一起，是一个复杂的问题。然而目前中国体育社会科学领域的研究中"方法"经常被用来指代研究的这三个方面，即与方法论、认识论相混淆。然而，在社会科学领域，认识论、方法论与方法是紧紧相连的整体。认识论决定了方法论，而方法论决定了具体方法的选择与运用。因此我们在这一章，不仅仅要介绍适合女性体育研究的方法，更是要从认识论、方法论、研究范式等方面去介绍如何进行女性体育研究。

## 第一节 女性主义认识论

在女性体育研究进入到20世纪90年代之际，西方的女性主义体育理论家们就开始找寻一个有别于传统体育社会科学的研究方法与研究途径。著名女性主义体育学家安·赫（Ann Hall）在其著作《女性主义与运动的身体——理论与实践》中，就开始讨论，对女性体育的认识与研究要脱离传统社会科学以及实证主义的束缚。女性体育知识不仅是关于"什么知识"而是"为谁的知识"，这应该成为女性体育研究的出发点与目的。进而她讨论了什么叫作"女性主义研究"，到底是否存在女性主义研究方法论，女性主义认识论、方法论和具体的研究方法是如何联系起来并形成女性主义研究的基本原则的，女性主义体育研究方法对于传统的体育社会科学研究方法做出了什么样的挑战。②

女性主义一直在追问"我们是如何存在于这个世界，我们又是如何知道我们现在所知道的"的问题。③ 这看似是一个本体论的问题，即关于"我们了解事物本质和真理"的哲学研究，同时也是一个认识论的问题，即对知识起源、本质、方法、局限的研究。认识论是我们进行研究的基点，也是研究的指针。女性主义研究的出发点就是需要对"谁将成为研究的主体？知识的合法性来自哪里？我们可以认识主观的真理吗？客观性的本质是什么？研究过程中研究者与被研究者之间的恰当关系是什么？知识诉求的目的是什么"④ 等一系列问题给出答案。

---

① 孙中欣、张莉莉：《女性主义研究方法》，复旦大学出版社2007年版，第19页。
② Hall, A., *Feminism and Sporting Bodies: Essays on Theory and Practice*, Human Kinetics, 1996, pp. 69–86.
③ Ibid., p. 69.
④ 郑丹丹：《女性主义研究方法解析》，社会科学文献出版社2011年版，第7页。

社会科学范畴中主要有两大经典且相互对立的认识论：实证主义认识论与解释主义认识论。女性主义认识论主要是建立在对传统实证主义认识论批判的基础上的，与解释主义认识论有相似之处，但也存在着细节性的差异。

## 一 对实证主义认识论的批判

自17世纪以来，在西方知识界占统治地位的是启蒙主义认识论或者叫基础主义（foundationalism）。从基础主义发展出来两个主要的认识论。实证主义认识论（有时也被称为经验主义或客观主义）认为社会科学与自然科学一样是研究客观存在的事物，因此，要采用自然科学的方法来认识社会现象。与其相反的是解释主义认识论（有时也被称为现象逻辑主义），认为社会科学和自然科学有相似之处，然而社会科学的目标是理解而不是解释。法国哲学家孔德，也是社会学的鼻祖，认为对现实之认识只有靠特定科学及对寻常事物的观察才能获得，这也是19世纪以来社会科学所遵守的一个认识论的原则，实证主义社会科学研究方法的诞生也于此。女性主义研究则正是建立在这种实证主义科学知识及其知识建构的批判之上的。她们开始反思"谁可以拥有知识？"（who is knower），"知识是什么？"（what can be known），"什么可以称为知识？"（what constitutes and validates knowledge）等问题。[1] 在体育学界，女性主义者同样也质疑了传统的体育研究和体育知识的所谓"科学"性和"客观"性，这种质疑甚至引起了体育学界在方法论上的一次"大反思"。比如格兰汉姆·麦克菲（Graham Mcfee）就提出体育研究是关于人的研究，因为是关于人的研究，则更应该把体育参与者看为"主体"而不是"客体"。[2]

首先，女性主义对实证主义认识论的男性中心主义进行了反思与批判。女性主义者指出，实证主义的认识论假设一直受到等级文化的塑造和渗透，特别是二元论的影响，并且努力在维持那些嵌入日常生活的等级制度，比如父权制、精英主义等，因此实证主义实际在维护不平等的权力关系，而这种权力关系是以男性为中心的，从研究的主体和客体两方面同时排斥了女性的涉入。[3] 女性主义者认为自然科学和社会科学中以男性为中

---

[1] L. Stanley and S. Wise, "Method, Methodology and Epistemology in Feminist Research Process", in L. Stanley (ed.), *Feminist Praxis*, London and New York: Routledge, 1990, pp. 20 – 59.

[2] Mcfee, G., *Ethics, Knowledge and Truth in Sports Research: An Epistemology of Sport*, London: Routeledge, 2010, p. 4.

[3] 郑丹丹：《女性主义研究方法解析》，社会科学文献出版社2011年版，第8页。

心的偏见在研究问题的过程中及其相应"答案"里遗漏了女性的经验和体验。比如，早期的医学和心理学等对女性体育运动的解释基本上都是站在男性的主体经验之上的，"他们通过'数据'努力证明过度的运动会给女性生殖系统带来负面影响"，因此他们所提供的关于女性体育运动的知识具有很强的男性中心主义。

其次，女性主义认为社会科学中女性和女性的经验无形化，并不是说研究对象和主题上的简单疏漏，而是因为社会科学从价值取向上看就是男性中心主义。比如在传统的体育社会学研究中，也把女性作为一个类别进行研究，但是他们多选择量化性的研究，把女性体育经验数字化。研究的假设和前提并没有把女性作为主体，而是作为研究的客体。换句话说，实证主义通常把女性看作和自然物体一样是没有思想、没有主动性的"物体"在进行研究。其勾画出来的恰恰是男人眼中被歪曲了的女性的体育经验。男人和女人所处的两个世界以及作为知识构成的两种经验之间并不具有同等地位。男人在用他们所建立的体育知识体系解释着女性的体育经验。因此女性主义体育学家认为要真正认识女性体育，得到全面的体育知识，必须要使女性经验浮出"知识"的表面。

再次，女性主义对实证主义的真理观进行了批判。实证主义强调存在无条件的"客观真实"。女性主义认为人们的视角总是被设定的，从任何特定立场出发所创造的知识都只是"部分的真实"。比如在等级社会中，人们所处的地位不同，视角的差异决定了他们认识的世界会有差异，因此社会科学所做的研究只有参与者获得的部分的、情境性的真理，而没有"绝对"的真理。她们认为女性主义认识论所承担且追求的是"部分"知识，比那些原本部分却要冒充普遍的知识更为可信。她们强调女性主义者只是致力于发现部分真理，而无意追求自身知识的普遍化，从而避免扭曲他人的经验。女性主义者认为真理可能会有不同的版本，而并不是像实证主义所强调的非此即彼的二元对立。如果将研究者与研究对象对立起来，只会使研究过程充满偏见。

在对实证主义认识论进行批判的同时，女性主义也在积极建构自己的认识论。

## 二　女性主义研究认识论

什么是女性主义研究？有没有所谓的女性主义研究方法？这都是长期困扰女性主义者的问题，也由此产生了很多争论。虽然对于这样的问题很难给出一个清晰的答案,① 但是可以确定的是"女性有其自己感知世界、获取知识的方式和途径"②。然而,女性认识世界的方式和途径并不是单一的,而是多种多样的。因此女性主义并不是一种专门的研究方法,而是指在认识论和方法论层面上所具有的一些特点和倾向。哈丁(Sandra Harding)将女性主义认识论分为三种形式:女性主义经验论(feminist empericism)、女性主义立场论(feminist standpoint)、后现代女性主义(feminist postmodernism)。③

女性主义经验论在批判传统经验主义认识论时强调倾听女性话语的重要性,并赋予女性经验在认知中的重要地位,主张借助女性的参与,通过严格遵守理想的认识论范式,建立反映自然和社会真实面貌的、客观的、无偏见的认识论。加拿大社会学家玛格丽特·艾奇勒(Margrit Eichler)在她的书中就强调了要坚持无性别偏见的研究方法,她揭示了传统认识论中的男性中心主义、过度强调一般性原则、对性别没有敏感度、双重标准、家庭主义以及性别二元论等都是构成传统研究性别主义(sexism)的主要成分。④ 女性主义认识论试图从各个学科的研究领域中把男性中心主义偏见进行曝光,并"创造"以女性真实生活和经验为基础的知识。女性主义经验论也为体育领域关于女性的地位提供了重要的知识和认识论基础。同时,女性主义经验论也常常成为分析体育行为的重要起点。

女性主义立场论者对传统认识论所主张的价值中立的客观原则持批判态度,强调认知过程的社会性和主体性,坚持女性立场和经验的价值取向的重要性,明确提出要寻找一种具有反思性的独特的女性主义方法论规则。该观点认为女性主义研究之所以更加优越在于它们本身源自于女性的生活经验,而这种经验为产生更加完整和更少歪曲的知识提供了基础。女性主义立场论的前提是"经验来源于女性的日常活动,通过对女性主义理论的理解,为提供更完整的知识,而不仅仅是以男性经验为主体的知识,建立了起点"⑤。加拿大社会学家多罗西·斯密斯(Dorothy Smith)就批判道女性活动中所获得的经验在男性宏大叙事的框架中通常是不被理解和不

---

① 孙中欣、张丽丽:《女性主义研究方法》,复旦大学出版社2007年版,第19页。
② Hall, A., *Feminism and Sporting Bodies: Essays on Theory and Practice*, Human Kinetics, 1996, p. 74.
③ S. Harding, "Conclusion: Epistemological Questions", in Sandra Harding ed., *Feminism and Methodology: Social Science Issues*, Indiana University Press, 1987.
④ Eicher, M., *Nonsexist Research Methods: A Practical Guide*, Boston: Allen and Unwin, 1986.
⑤ S. Harting, "Feminism, Science, and the Anti-enlightenment Critiques", in L. J. Nichoson (ed), *Feminism/Postmodernism*, New York and London: Cornell University Press, 1990, p. 95.

被表达的。① 比如，对于全职家庭妇女来说，工作和不工作没有明确的界限。如果说把家务劳动和照顾小孩看成是对社会有贡献、有价值的工作的话，那么传统研究框架中"工作—休闲"二元对立的假设对于这些女性来说没有任何适用性。因为，对家庭妇女来说很难分出什么是工作、什么是休闲，如果把女性休闲研究放入男性的概念框架中，显然是不合适的。

后现代女性主义比经验主义、立场论都更加彻底地对已存知识产生了怀疑。一些女性主义加入到了后现代主义和后结构主义反启蒙思想的运动中，她们认为，从某种意义上看，女性主义和后现代主义在很多观点上都很相似，应该成为联盟。比如，她们都对所谓的客观性和知识性的政治权力进行了批判；她们都批判启蒙思想所推崇的"宏大叙事"，认为应该让不同种族、阶级、文化的不同女性讲述自己的故事，让她们所拥有的不同经验和不同需求得到呈现。后现代女性主义最强调的是知识的"情境化"，她们认为没有不含偏见的知识，也不存在压倒一切占绝对优势的知识形式，在她们的世界观中，知识与性别都被还原为一种权力话语，并在文化的建构中相互融合。

女性主义认识论作为一个哲学议题，从20世纪80年代就开始有增长之势，虽然有很多争论，但是总结起来关于女性主义认识论有几个关键点：

（1）女性主义认识论是建立在对传统知识论的批判基础上的。女性主义认识论既有批判性也有建设性，但是女性主义认识论并不是要建构一个完全不同的理论体系，而是要打破启蒙理性的神话。

（2）女性主义认识论的一个关键性主题是知识主体及其身份认同问题。谁可以成为认识知识、获得知识的人呢？女性主义强调女性在知识上的重要性及其特定的优势，同时她们也强调应该考虑性别、种族、民族、阶级、性取向等处于社会边缘地位的人群加入到知识的主体中来的可能性。

（3）客观性与女性主义立场论。女性主义认识论反对将实证主义作为获得知识的必要条件和充分条件的观点，认为知识具有主观性和观察事物的立场，也就说不同的立场所观察到的事物、思考的事物、认识到的事物是不同的。女性主义研究提倡要站在女性的立场来认识世界。

（4）女性内部的差异。女性主义认识论提倡在研究女性问题时，还要

---

① D. E. A. Smith, " Sociology for Women", in J. A. Sherman & E. T. Beck (eds.), *The Prim of Sex*, Madison: University of Wisconsin Press, 1979, pp. 135 – 187.

注意到女性内部的差异，比如阶层、种族、文化、地域等。不能以"主流"（有知识、白领、有话语权）经验去概括甚至掩盖其他女性的经验和认识。

在形成女性主义认识论的同时，一些女性主义研究者也提出了如何把女性主义认识论运用到实际的研究中来指导我们的研究方法、提供具体的研究技术的问题。是否有另一种女性主义研究，把关于现实生活的思考、理论在方法论层面得以实现并转化为方法。下面的部分将围绕方法论进行讨论。

## 第二节 女性主义方法论及其在体育研究中的应用

方法论是指人们认识世界、改造世界的一般方法，是人们用什么样的方式、方法来观察事物和处理问题。为了确立自己的学术地位，女性主义学者在对女性主义认识论进行了辩护之后，还需要说明女性研究应该如何进行，这就涉及方法论的问题。

正如我们在前面提到的，女性主义研究是一个多学科、跨学科的研究领域。女性主义研究实践要求研究的多样性，因此不可能只追求一种女性主义研究方法。正如雷恩哈慈（Shulamit Reinharz）提出的观点：女性主义提供的仅仅是一个理论视角，各个学科提供了研究方法。[1] 换句话说，母学科在女性主义研究中扮演着重要的作用。就女性体育研究来说，体育学的研究方法应该成为女性体育研究的重要参考。那么如何来区别女性主义研究实践和传统的研究实践呢？虽然到目前为止，很多学者仍然坚持没有所谓特定的女性主义研究方法（论），但是我们仍然需要强调女性主义研究在方法论层面上的特点与倾向。因为目前很多研究都只是贴上"女性主义"的标签，然而在实际的研究过程中仍然坚守传统的社会研究范式，把女性群体当作一个人口学的分类来进行研究，而这些研究显然不能划为女性主义研究的范畴。目前在中国体育学领域大部分关于女性体育的研究都存在这样的特点。如何进行真正意义上的女性主义体育研究，除了要有女性主义理论的指导以外，还需要运用体现女性主义的方法论和研究过程。

---

[1] Reinharz, S., *Feminist Research Methods in Social Research*, New York: Oxford University Press, 1992.

## 一 对研究主客体分离的批判

女性主义方法论的确立首先依赖对学术传统的反思和批判，而批判首先集中于传统实证主义研究方法以研究主客体的二元分离为前提、以价值观中立及和情境独立为保障的客观性原则的批判上。这种客观性原则强调研究者与研究对象的疏离，强调研究者的超脱、客观性和价值中立，认为存在一种中立的观察、中性的语言，把知识视为独立于社会进程和具体情境无关的、既存（out there）事实或世界的抽象理解。[①]

首先，女性主义认为实证主义者所推崇的"科学"研究，实际上包括设问（所阐述的研究问题是什么）和验证（研究如何开展、方法如何应用）两个阶段，其中设问本身就牵扯到研究者的个人偏好和背景知识，并在研究者的文献回顾中得以反映和印证。换言之，实证主义是在"主观"提出问题的限定范围内，"客观"地验证问题。这显然与实证主义所提出的客观性、价值中立与研究者的超脱是有矛盾的。针对这点，女性主义研究接受并承认研究者的主观性、情感和社会立场。有些女性主义者甚至强调，在研究方法论中应该真诚地展现研究者的个体经验，这样才能让读者更充分地感受到研究者的立场与价值观，是研究中重要的一部分。比如我们在进行女性休闲体育活动的研究时，作为女性研究者自己在休闲时间的安排、所遇到的障碍、个人的内心感受、与其他女性交流的内容都是研究选题的来源和最原始的参考。女性主义研究方法论要求应该把这些内容真实地反映出来，表达出研究的动机和立场。

其次，女性主义研究强调研究者在研究过程中的角色，肯定研究中采取局内人（insider）立场的做法。她们认为传统理论所称道的研究者的超脱，实际上都是以男性中心立场为标准的。女性主义者要求用自己的声音展示自己的研究，与主流强调的第三人称书写不同，她们多采用第一人称写作，以展示她们作为内部人所获得的独特经验。比如布兰登·斯通（Brendan Stone）2009 年进行的一项关于青少年厌食症、过度运动与心理失调问题的研究就是始于作者本人在其青少年阶段经历过这样的问题。在这项研究中，作者以传记的方式，把现在作为研究者的自己与当时处于问题之中的自己进行了对话式的研究，从现在研究者（客体）的视角来解释、分析当时自己的处境（主体）。这种研究方法论挑战了传统的主客体分离的模式，用自己的声音来阐释了厌食症、过度运动的内在联系及其给

---

[①] 郑丹丹：《女性主义研究方法解析》，社会科学文献出版社 2011 年版，第 16 页。

个体心理带来的创伤。

再次，要说明的是虽然女性主义者推崇主观性，但她们无意把主观与客观对立起来，而是倡导一种与实证主义所谓"绝对超然的客观"不同的客观性。在女性主义者看来，知识的本质和真理都是部分的、情境化的、主观的，并且渗透着权力关系。女性主义者主张的客观性不过是一种简单的、情境性的知识，这改变了主观与客观之间的二元对立。她们认为承认自己的视角，并不代表放弃客观性。换句话说，个人经验可以成为一种必要的或者说合法的资源，只是女性主义研究者在评估自我经验时，要清楚自身经验并不等于其他女性的经验或者标准。比如在女性主义研究者进行身体文化的研究时，白人知识女性的身体经验就与有色人种的身体经验有所不同，早期的女性主义研究者没有强调这点，但是在当代女性主义研究中，很强调研究对象的差异性以及研究者本身的局限性。

最后，女性主义研究强调研究对象的主体性要得到体现。传统的社会学研究通常把研究对象看作客体，认为研究者与研究对象应该是独立存在的。女性主义者认为这样的方法论实际上是让被研究者处于被剥削和被压迫的地位，因为她们真实的声音得不到体现，所呈现的结果只是研究者的带有自我主观意识的诠释。比如研究在蛙泳中女运动员手和胳臂的动作时，一般实证主义研究只是把运动员的手和胳膊作为"自然客体"当作研究的焦点，但女性主义研究则提倡要把女运动员本身对其手、胳膊、蛙泳等的认识纳入到分析的框架中来，因为女运动员对其身体以及运动的认识会影响到她的动作。女性主义研究方法论倡导要把被研究者纳入到研究体系中来，还要体现研究者和研究对象之间的有力联系，这种联系在研究过程中形成、发展，并在研究结束后继续存在。比如一些研究者研究自己的朋友、队友、教练或者队员。很多女性主义者认为这种建立良好关系的方式，可以确保她们以非剥削的视角看待被研究者。但是也有学者认为，在被研究者毫不卷入和深度卷入之间要把握好度，因为研究者与被研究者对问题的认识会有一定的分歧。

## 二 对量化研究范式的反思

女性主义对传统社会学研究方法的批判还集中在对量化研究范式的反思与批判上。而对量化研究的批判主要反映在两个层面：一是对量化研究中性别偏见的批判，二是对量化研究本身方法论特点的批判。

女性主义认为量化研究范式中女性的经验和声音经常是缺失的，研究样本中或者根本忽视了性别的差异，或者所提出的问题根本不适合于女性，或者把男性当作标准，把女性当作异类，把在男性样本和理论假设的基础上得出的结论强加在女性头上，从而形成对女性经验的扭曲理解。还有统计方法的运动过程中，概念或变量的选择、数据的收集、统计过程的运用、统计类别的呈现等都给性别偏见留下了可乘之机。

女性主义还批判量化研究通常只通过问卷或其他文字记录为中介与被访者交流，而问卷封闭性的答案，并不能完全代表被研究者的视角；数字也不能描绘出被研究者的经验和真实想法，因此主体与客体之间的距离由于定量技巧的运用而不断地扩大。分析的概念和解释框架被研究者先验地决定，而这些都来自于男性的标准和立场，这样就使研究可能成为父权制意识形态的表达。同时，研究者还会干扰被研究者的理解力，研究者与被研究者之间实际是一种控制和统治的关系。[1]

在此基础上，很多女性主义者认为质性研究更适合女性研究的目标。在质性研究范式中，首先，可以让女性发声，她们坚信语言比数字更能揭示女性经验与女性真实的想法；其次，质性研究鼓励研究者与被研究者之间建立平等、合作、互动的关系，这样被研究的女性群体（或是其他处于弱势地位的群体）可以积极地而不是被动地参与到研究中来，真正成为研究的主体；再次，质性研究方法还强调特殊性比普遍性重要，特别强调挖掘研究的深度而不仅仅是研究的广度，这有助于纠正实证主义所主张的无根基、无差异、脱离具体情境的抽象观点。

对于质性研究方法论，一些女性主义者也指出了它的局限性。比如，她们认为那些非结构的或开放的访谈更容易受到研究者的偏见和观念的侵蚀，质性研究在某种程度上还依赖于被访者的语言表述能力，也容易导致研究者的误解；质性研究数据在后期整理、分析和检验阶段比较困难等等。同时女性主义者也注意到了，研究者与被访者之间如果形成了亲密而复杂的人身依附关系之后，在这种关系体系中，研究者对于被研究者会产生一定的影响，或者是干涉。而研究者从这种关系体系中抽离出来比被研究者容易得多，这样就会不可避免地出现不平等问题。因此在质性研究策略中也会存在权力关系。[2]

正如我们上面提到的，女性主义提倡多样化的研究策略，因此关于质性研究与量化研究之争或取舍就是一种无意义的虚假的两极之争。因为任

---

[1] M. Mies, "Towards a Methodology for Feminist Research", in M. Hannersley (ed.), *Social Research: Philosophy, Politics and Practice*, London: Sage, 1993.

[2] J. Stacey, "Can There be a Feminist Ethnography?", *Women's Studies International Forum*, 1988, p. 11.

何方法都可以以性别主义或非性别主义的方式得到应用,关键不在于研究者运用的是定量还是定性方法,而在于以何种方式运用它们。

### 三 女性主义方法论的主要特点及其在体育研究中的应用

虽然我们说女性主义倡导多样化的研究方法,尊重不同的研究方法的特色,但是女性主义在进行研究时,在方法论层面还是有其独特的观察事物和分析事物的视角。女性主义研究在方法论层面区别于传统研究主要表现在以下特点:

1. 新的经验来源和理论来源——女性的经验。传统研究只从男性的经验出发,只关注男性所关注的那些社会问题,而女性主义研究提倡要从女性经验的视点出发去界定需要研究的问题,并把它作为衡量现实世界的一个重要指标。这种女性经验是多样化的,来自不同阶层、种族和文化的女性的日常生活经验,而这些支离破碎的身份是女性主义知识的来源。拉斯雷特(Laslette)和宋尼(Thorne)认为女性的生活经验可以从多方面拓展女性主义研究的视野。首先,女性个体的经验能让研究者把个人与政治的事务,私人的与公共的领域结合起来;其次,个体的经验能够揭示那些被传统科学研究实践所掩盖的意义;再次,个人经历可以展现女性在商业与全球化的社会中所处的尴尬、矛盾的境地。[①] 女性主义认为女性的经验与男性的经验是不同的,然而现实总是通过男性的眼睛被建构起来,而关于女性自身的知识也是通过这种"棱镜"被扭曲地建构而成。因此,女性经验应该成为女性主义研究最基本的出发点。

同样,在体育学领域,大部分知识和理论都来自于男性的经验,女性主义者认为男性的经验与女性的经验是不同的,因此要创造符合女性的体育知识体系和认识途径,而不是以男性的身体体验与知识标准去衡量女性在体育中的表现与感知。比如,我们在做体育锻炼参与的问卷调查时,常常会有一个调查内容,就是锻炼的频率和强度,通常设计的答案是:一周锻炼1次、2次、3次、4次、0次;每次少于30分钟、1个小时、1.5个小时等。而对于"经常锻炼"的假设是每周3次每次不少于30分钟。这个答案的设计显然就是以男性先验论来进行的。女性体育锻炼的频率不能用规律的锻炼次数和时间长度来反映,特别是对那些已婚的孩子未成年的

---

[①] B. Laslett and B. Thorne, "Life History of a Movement: An Introduction", in B. Laslett nad B. Thorne (eds.), *Feminist Sociology*: *Life Histories of a Movement*. New Brunswick, HJ: Rutgers University Press, 1997, pp. 1 – 27.

女性来说，她们可能并不能做到每周都固定锻炼多少次，也不能保证在锻炼期间不被别的事情打扰到，保证不了锻炼的持续性。那么一周3次每次30分钟的"经常锻炼"这个标准显然很多女性达不到，由此得出的"女性体育锻炼参与度不高、兴趣不大"这样的结论显然是不妥的。除此之外，我们说不同阶层、不同民族、不同地域甚至在不同季节中的女性，其体育锻炼的形式都不同。因此，女性主义研究强调一定要把女性体育经验纳入到研究框架中来。女性个人的体育经验是女性主义体育研究的源泉，通过揭示女性的体育经验，才可以了解到体育运动对个体女性的不同意义，同时也才能揭示这些意义是如何在社会权力关系之中形成的。

2. 新的社会研究目的：为女性。哈丁认为女性研究的目标就是为女性提供她们所需要的社会现象的解释。传统的社会研究一直是为男性提供他们所需要的解释，往往是关注如何从整体、系统、抽象的层面维护代表男性利益的社会秩序。而这些研究显然不能解决女性的困惑。新的"为女性"的研究目是在传统研究以普适性掩盖"男性目的"的基础上的重要补充。

体育科学研究常常以"整体""普适"为原则，特别是在"战略发展"的框架中，掩盖了女性群体的特殊需求以及她们对体育的认识和理解。比如目前很多关于体育政策、战略、文化的研究，这些研究的立场很清楚，都是站在"统治者"或者管理者的制高点，目的是为了满足和维护以男性为核心（或国家整体利益）的体育秩序、促进体育事业的发展。女性主义体育研究应该摆脱这样整体观的研究视角，强调体育中不同群体的差异性需求，体现体育中女性的价值观，同时也要争取对体育现象解释的话语权。

3. 新的研究主体：在女性研究中，研究者的阶层、种族、文化、性别、信念和行为等必须置于她或他所描绘的框架中去，这样一来，研究者对于我们来说就不是以一个无形的、匿名的、权威的声音出现，而是表现为一个具有具体的、特定的欲望和利益的、真实的、历史的个体。[1]

传统的关于女性体育的研究，总是在强调研究者的中立性与局外性，但实际上研究者不可能在她主导的研究中保持绝对的价值中立。目前，在女性主义体育研究中争论比较激烈的问题就是："研究者在书写自己的经验时，是否会感到不自在？"的确，很多女性研究者在进行研究时，仍倾

---

[1] S. Harding, "Introduction: Is There a Feminist Method?", in Sandra Harding (ed.), *Feminism and Methodology: Social Science Issues*, Indiana University Press, 1987, p. 9.

向于把自己的经验和主观感受藏起来，而以客观者和局外者的身份，并在理论的框架中对女性在体育运动中的压迫和抵抗进行分析。为什么女性主义研究者自己会被排斥在研究文本之外呢？普拉宾（Elspeth Probyn）认为很多女性主义学者之所以会有这种倾向，是因为她们害怕自己的情感会影响调查结果。然而普拉宾指出，对于女性主义研究者来说，情感其实是女性经验重要的部分，但是从传统的学术研究范式来看，情感不是严肃、正式的资料来源，因此为了获得学术上的认可，很多女性主义研究者不得不掩藏自己的经验与情感因素，而是采用"科学"的范式以及"学术化"的写作模式。[1] 这是目前女性者所面临的困境：一方面，她们渴望打破传统的研究模式；另一方面，却不得不受到男权主导的学术传统的束缚与影响。要重建女性主义研究范式，需要打破这种"客观"研究和书写的方式，把女性情感层面对现实的认识与感受展示出来，并且说明研究者自身的情感与经验在研究过程中所起到的作用，这样才能摆脱现有理论的束缚，进而创造更加丰富多元化的女性主义理论知识。因此我们在进行女性体育研究时，不要惧怕暴露研究者的身份，而更应该把研究者身份真实地摆出来，作为其研究的一部分。

4. 新的研究内容：探索日常世界。从研究主题来看，女性主义主张从日常琐事出发，去反映女性的地位和现状。日常生活是社会问题的来源，比起抽象的社会规则和秩序，日常生活更加具体、真实。除此之外，女性问题总是与"琐碎"的事物相关，只有从这些传统社会科学所忽视的琐碎的日常生活中，才能够真实地了解女性自己。同时，她们倡导女性主义研究应该具有独特的思维方法和叙述文本的方法，能够将人们的经验和行动的具体情境与关于社会运行组织和统治关系的说明联系起来。

就体育研究来说，我们也应该遵循这个理念。体育运动本身就是我们的一种生活方式或者说是习惯。研究体育中的人与研究人体的一部分比如大腿上的肌肉，是不同的。研究人在体育中的行为必须与他们身处的体育情境相关联，比如比赛的规则、体育行为发生的环境、体育行为所带来的结果等。体育运动不仅仅是其本身的身体活动，还折射出种种社会关系、行为、文化等。比如我们在研究女性大众体育参与的时候，要关注的不仅仅是她们参与体育的动机、频率、形式、效果等问题，还应该更细致地去描绘整个参加体育锻炼前前后后的故事（为什么参加体育锻炼、在其中遇到的困惑、挫折或是兴奋与满足等），并把它叙述出来。又比如，青少年

---

[1] Probyn, E., *Sexing the Self: Gendered Positions in Cultural Studies*, London: Routledge, 1993.

的体质下降与学校体育的问题,这是一个很大的问题,目前的研究都是战略性、政策性层面的。但是如果我们从一个"琐碎"的事件,如女学生在生理期的体育课表现入手,可能会得到很多真实存在的而又被宏大叙事所掩盖的学校体育教育问题。

## 第三节  女性主义研究方法及其在体育研究中的应用

### 一  女性主义研究方法的偏好

一般而言,女性主义者认为不存在独特的所谓女性主义研究方法,只存在独特的女性主义认识论与方法论。就具体方法的使用来说,女性主义倡导研究方法的多元性和开放性。但是不得不承认,女性主义在研究方法上有一定的取舍和偏好:

1. 更加倾向于解释性的、定性的研究方法。比如多萝西取材于人类学中广泛应用的民族志方法,吸取了田野工作的近距离考察特点以及擅长研究边缘群体的传统,运用所谓"制度民族志"(institutional ethnography)的方法来帮助女性从自己的位置出发去理解她们所处的社会世界。

2. 女性主义研究方法还注重对具体情境的考察。比如在研究女性做出一个行为时,一定要先把这个女性的背景、她发出这个行为的场景进行考察和描述。比如在研究女性运动员的职业生涯时,我们首先要了解她们出生、教育、家庭、民族、阶层、文化等的背景,然后去考察她们参加的体育项目的身体特点与文化特征,再去考察是在什么动力机制下,促使她们走上了职业体育的道路。很显然,网球运动员与铅球运动员所处的社会情境是不一样的,她们走上职业道路的动机也大相径庭。如果把具体情境抛开去进行调查,则会失真。

3. 女性主义非常强调研究方法中语言的作用。受常人方法学的影响,女性主义认为女人之间的"闲话"(women-to-women talk)包含着值得发现的意义,而这些意义非常容易被忽视,因此对语言的关注应该成为女性主义研究计划的核心。比如笔者曾经在研究女性休闲体育活动与被访者"闲聊"的过程中,还原了被访者的"唠叨"和"抱怨",并从中发现了丈夫的态度和行为对妻子休闲体育活动的参与影响非常大,比如时间的安排、项目的选择、花费等,而妻子在丈夫的休闲活动中几乎没有什么影响力。女性主义研究方法要求被研究者群体的声音能被听见。

4. 女性主义学者大多关注制度的关联，关注各种活动场所之间的关系。比如在研究女性体育时，不仅要把女性放入体育制度中去考察，同时要考虑到体育制度与教育、工作、家庭、健康保护等在体育之外的制度的关联中加以研究。女性主义者的经典口号"个人的即政治的"也是这种关注制度关联的最佳阐释：看上去是自由的、独立的个体，实际上产生于并始终存在于各种制度关联之中，而且必须在这种制度链接中方能得到准确的理解。

5. 虽然女性主义倾向质性研究方法，但是对于量化研究方法也不是一味地排斥，而是倡导要改造传统的量化方法。因为量化研究的数据结果可以对政府的政策制定形成一定压力，个体问题不足以引起国家的重视，而大量统计数据所显示的结果则会迫使国家考虑相关问题。比如在美国，统计数据显示性骚扰案件大幅上升，就直接促成了性骚扰委员会的成立。女性主义者也认识到量化研究方法的优势，但是她们认为需要进行不同的设计，避免调查问卷中所设计问题时的"男性中心主义"。比如在群众体育问卷调查中，常常会有参加体育运动的动机这么一项调查，其中"健身"（fitness）是一个选项，但是在中国文化的背景下，男女对"健身"的理解有所偏差，男性可能更倾向外形的健壮、女性更倾向外形的苗条。虽然，很多女性会毫不犹豫地选"健身"，但是其真实的动机是"减肥"。延续这个思路，老人关于健身的理解与年轻人关于健身的理解也不同，老人更看重身体机能的正常运转，年轻人可能更关注的是身体外部的康健。因此，女性主义研究方法认为，在设计问卷的时候要考虑"他回答的问题是否适合她回答的问题"，同时要重视不同被访者对所涉及的问题在理解上存在的差异。

6. 女性主义也对传统的质性研究方法的应用进行了反思。传统的质性研究，为了尽量将质性研究纳入"科学"的范畴，常常强调访谈者要精心设计具有一致性的访谈问卷，从而增进研究结果的可比性；然而在整个访谈中，研究者不要有任何情感的卷入，保持中立身份，对被访者的回答不抑不扬，如果被访者的回答问题距离问卷题目越来越远，则要适时打断，并将被访者带回原来设计的访谈框架中。女性主义则对这种质性研究的具体操作形式进行了反思，她们认为访问会因为访谈对象的类型不同而不同。在访谈中建立的访谈者与被访者的关系本身就是嵌入某种特定文化实践中的。比如，在有些文化中你可以问的问题，但是在另一种文化中是忌讳问的。在中国调研，一开始就会问被访者的生活背景，比如收入、婚姻状况、年龄等；在西方，这些问题被认为是比较私人和敏感的话题，如果一开始问,则可能会影响被访者与访问者的友好关系,甚至使访谈无法继续,因此研究过程的情境性是非常重要的。自20世纪70年代以来,许多研究者都指出,访谈应该更像是日常的聊天,这一点特别适用于女性受访者,有时甚至需要访谈者与访谈对象分享情感和经验。比如在访谈女性的性观念时,很多女性在"公共"的、"正式"的场合对于这个话题比较难开口,访问者如果是以聊天的方式,以经验分享的形式,而不是以研究者的窥探的形式来对被访者进行引导,也就是与被访者进行互动,不仅能打开僵局,也能挖掘到很多较深入的问题。

综上所述,女性主义提倡的研究方法不是某种单一模式,而是主张瓦解二元分化,主张不同学科的融会贯通。女性主义学术研究是跨学科性的,而其方法论也具有跨学科的特点。女性主义体育研究(人文社科方向)本身也具有很强的跨学科性,它可能会涉及经济学、社会学、心理学、教育学、历史学、政治学、法学、伦理学等,因此在研究的学科背景下,我们还需要采用最适合研究主题、最能达到研究目的的研究方法。下面将列举几个比较典型的女性主义社会研究方法,来反映女性主义是如何在其认识论与方法论的基础上对这些研究方法进行应用、批判与修正的。

## 二 女性主义访谈法

访谈法,特别是半结构式访谈(semi-structured interview)是女性主义研究者最为青睐的一种具体的研究方法。半结构式访谈或者非结构式访谈是重视参与者的自由交谈,是一种质性的收集方法。它既有别于民族志调查方法,因为研究者不必长期参与被访者生活中的活动;又有别于问卷调查或结构式访谈,因为它能捕捉到访谈中研究者和被访者之间的互动。区分访谈调查与问卷调查的标志之一在于是否给予被访者详细阐明问题或者讨论的机会。开放式的访谈要探究的是人们对现实的看法,并允许研究者提出自己的理论。从这个角度来说,访谈法是对以定量为主导、旨在验证假设封闭式访谈研究的一种补充。比如,在研究女性休闲体育参与中所遇到的障碍时,有大量关于对"没有时间、没有精力"的数据统计以及推断,但是这些数据很难让我们真正理解为什么这些妇女们没有时间进行休闲体育活动,她们的时间和精力用在了哪里,她们如何看待体育活动在其日常生活中的作用和地位。因此需要用访谈的方式获取其个人的资料:其个体与群体生活的真实写真、其言谈观点——这些都是她们日常生活的基本内容,要关注的不仅仅是女性的休闲体育活动的经历,更是要从其整体的生活规律、日常安排、对家庭工作以及生活的态度等去挖掘"没有时间和精力"背后的真正原因。

女性主义研究者更偏好访谈研究法,还在于访谈方式向研究者们提供了让访谈对象用自己的语言而不是研究者的语言来讲述自己的想法、观点以及回忆往事的途径。就这一点来说,对妇女研究尤其重要,因为以这种方式去了解妇女可以矫正几个世纪以来对女性的种种想法的完全忽视,或一味让男人作为妇女代言人的做法。特别是在涉及女性对事物的认知、身份转换以及道德观念等的情况时,访谈法显得尤为重要,只有倾听妇女的心声和想法,才有可能听到那些从未被人听到和想到的声音。一般来说,访谈一般会以回顾往事来开场,比如"对你来说,近几年中什么是你觉得最重要的事情"等问题,然后逐步过渡到以调查对象自己的生活足迹来提出一些相关的问题,比如形象、人际关系、教育与学习、现实生活中的决定、道德问题上的疑惑或两难境地、个人的变化和成长方面的叙述、感受到的促使变化产生的因素及阻碍成长的因素、对未来的看法等。但是要注意的是在提问时尽量使问题范围广阔,能被各个层次的对象所了解,使所有的访问对象,包括文化程度较低或反应较慢的女性都能用自己的话作答而不会感到问答问题力不从心。[1] 新西兰社会学家詹姆斯(Bev James)还提出,访谈时仅使用语言是不够的,除了用语言,还应该以非语言交流,因为有一些较低阶层的妇女,其痛苦和不满常常不能通过语言清楚地表达,而可能从身体语言、表情等初级方式来表达。[2]

很多主题都可以进行女性主义访谈,从广泛的社会学领域,比如家务、母亲角色、暴力经历、性虐待、堕胎/流产、情感经历、育儿方式;在体育研究的范畴内,女性体育锻炼体验、女性运动员生涯、女性在训练中所遭遇的困境、女生对体育课的感受、女性体育参与者的形象与身份等。由此可看见,女性主义访谈的多样化显而易见。访谈的具体细节也大不同。对于每一项访谈,访谈者都必须考虑到访谈的时间长度、次数、问题的个数和序列、访谈是否要标准化、被访者是否有机会向访问者提问,以及一些具体的道德尺度。还有一些细节,比如访谈要在何处进行、由谁主导、用什么方式记录(笔记、录音、录像);谈话是面对面进行还是通过电话或者网络视频;是对单个人的访问还是对一群人进行访问;访问对象如何选择;访谈之前是否要让访问者和被访者相互认识;是否能给被访

---

[1] Belenky, M., *Women's Way of Knowing: The Development of Self, Voice and Mind*, New York: Basic Books, 1986, p. 11.

[2] B. James, "Taking Gender into Account: Feminist and Sociological Issues in Social Research", *New Zealand Sociology*, 1986, Vol. 1, pp. 18 – 33.

者看研究结果并对其表述加以修改等。对于这些操作性问题,不同的调查者根据不同的研究目的、任务都会有自己的选择。女性主义访谈法不是一定要以某种模式束缚研究者,比如强调一定要以研究者为主导,或是必须要为访谈录音,而是展现方法和途径的多样性和差异性。

女性主义访谈法区别于主流的访谈方式除了其倡导的多样性与差异性之外,还有几个有争议的问题:

首先,是研究者在研究中是以被访者朋友的面目出现有益还是以陌生人的面貌出现有益。传统的访谈法认为访谈对象最好是陌生人,这样一是可以避免访问者对被访问者的个人影响,同时也能避免因为是熟人而无法真实、毫无顾忌地表达看法的情况。女性主义研究者则更看重熟悉感的优势,熟悉感有便于研究者去接近她想研究的女性,还能消除女性被访者对陌生人的戒心与不安。和男性相比,女性的安全感意识更强,但是一旦建立了信任关系,她则能滔滔不绝地说出她的真心话。比如有一个关于女性拳击手的研究调查,研究者首先加入到了一个拳击俱乐部,在训练的过程中和女队员以及教练打交道,成为其中的一员,并取得了大家的认可。之后,她向队友说明了自己要做的一项关于女拳击运动员的研究,需要跟她们进行访谈,访谈进行得很顺利,就在互倾心声之间取得了非常难得的一手资料。还有学者提出了"认识的陌生人"的状态,即访谈者既要与被采访群体熟悉,但又要努力避免把自己的经历去当作对方的经历,避免问对方质疑的问题。

其次,是否完全相信被访者,对于"完全相信受访者"这个看法,人们是有争议的,这是因为社会交往中的典型的互动反应包括一定的欺骗性,又因为科学是以怀疑为基础的,因此传统的访问法常常会对被访者所陈述的内容产生质疑:他们的话是不是言不由衷,是不是代表其真实情况和想法,可信度高不高。这就会造成一方面要求客观性的"科学的"访谈,一方面要求坦率直言、全身心投入及建立一种潜在的长期关系,这两者之间存在矛盾。女性主义者提倡一种新型的女性主义访谈方式,这种方式就是提倡"承诺与平等",也就是要超越研究者与研究对象之间的角色分工的科学伦理,换句话说,不能"仅仅把接受访问的女性看作数据的提供者",尽管这种客观化是科学所要求的,但是还是应该"被女性主义者放弃……因为它破坏了主观性在社会经验描画过程中及其重要的意义"[1]。相信受访者的首要前提是研究者要让被访者产生信任感,有时候因为被访

---

[1] Oakley, A., *The Sociology of Housework*, Oxford: Basil Blackwell, 1985, p. xi.

者对访问者的身份（如官员、专职人员、媒体）有顾忌，而在访谈内容上有所隐瞒。因此，作为研究者首先要淡化自己的专业身份，为了促进信任的建立，一些女性主义研究者把自己说成来学习的、来倾听的，而不是来"研究"的，比如降低自己研究项目的学术层次，以便以更平等的姿态去接受受访者。还有一些女性主义访问者在对方社会地位较低时，会试图通过缩小双方的地位差别的做法来取得对方的信任。而当被访者地位比她们高时，她们又必须设法提高自己的地位和荣誉，赢得被访者的尊重。

再次，研究者在访谈中是否需要流露自己的想法或分享自己的经验。传统的访谈研究对这个问题存在质疑，其主要的担忧是研究者的态度或想法会影响被访者对事物的判断。这种担忧是存在的，但是在女性主义研究者看来，自我流露可以减少被访者对一些敏感问题的隐藏。比如，有一项关于女性对衰老看法的研究，在研究者表达自己对衰老有一定恐惧心理之前，大部分的被访妇女都不否认害怕衰老。还有一项关于女性节食减肥的研究，研究者自我披露也曾有过过度节食减肥的经历，这使受访妇女放松了下来，开始分享自己的减肥心得。这就是女性主义访谈法倡导采取的"真正的对话"而不是"单方面的询问"这种新模式。

女性主义访谈研究旨在通过倾听女性的声音，理解妇女在一个特定社会体系中的成员身份，并建立只有通过敏感的访谈才能获得的各种现象的分类，女性主义访谈研究者揭示了在此之前被人们忽视或者误解的社会现实。访谈法要求研究者们细致准确地描述访谈过程，对访谈记录进行整理、分析、展现。女性主义访谈法研究也被看作重新认识世界的重要视角和途径。

## 三　女性主义实验法

实验研究从某种意义上讲，更符合传统意义上的"科学研究"范式，是较典型的量化研究范式的一种研究途径。实验法是大部分心理学研究常用的方法，也是自然科学和临床医学的惯用方法。正如我们前面提到的女性主义研究最早关注的问题更多的是在心理学层面上的问题，如著名女性主义心理学家桑德拉·贝姆（Sandra Lipsitz Bem）的"雌雄同体"（androgyny）概念以及我们熟悉的贝姆性别气质量表也是在实验研究的基础上发展起来的。同样，实验研究在体育学研究领域被视为占有统治地位、受重视的研究方法，并被看作"主流"研究。女性主义体育研究的开端也正是起源于一些女性学者开始跨越"生理"的局限，试图从心理层面瓦解"女性劣势论"的观点。之后，女性主义学者还致力于把性别变量与体育运动中的动机、性格、成就感、性别气质等变量建立关联关系。实验研究在这个过程中扮演了非常重要的角色。但是由于资金和权利的问题，西方第一代能展开实验研究的女性心理学家寥寥可数。例如心理学家玛丽·克金斯（Mary Calkins）从1887年开始在威斯利学院工作，主持了证明女性和男性智力相同的实验；海伦·伍雷（Helen Wooley）于1903年在实验研究的基础上完成了她的博士论文《智力的性别特点：一项对男女常态新知的实验研究》，她分析了男女在多种行为变量的分布曲线中的差异，发现两者是重合的。她的研究预示了当代女性主义心理学家将对过分强调性别差异而相对漠视男女之间相似性这样一种研究取向提出批判。

还有一位女性主义心理学家雷塔·霍林伍兹（Leta Hollingworth），她在一项测量咖啡因对智力和肌肉运动能力影响的实验中利用她丈夫没有用的实验数据进行了研究，发现妇女在月经期的表现并非像她们丈夫所担心的那样会带来影响。雷塔表现出女性主义者一个最突出的特点，即对那些被忽略的有关妇女的信息特别感兴趣。雷塔丈夫没有在这些数据中看到什么特别有用的信息，但是雷塔却认为它们很重要。传统医学和心理学都认为妇女在月经期间要经受阶段性的能力不足感，在这个实验基础上，雷塔开始了她博士研究《功能性周期：妇女在经期阶段的心智与运动能力的实验研究》。在实验中，雷塔让24位女性被试者在经期和非经期完成不同的任务。这些任务包括：在一个短暂的时间内尽可能多次重复敲打一个铜盘、将一根棍子插入一个洞并使棍子不触及洞壁、说出一系列颜色的同时尽快地举出其反义词以及学习打字。她得到的数据表明，与非经期相比，女性在经期不存在任何行为能力上的下降。早期女性主义心理学家用实验驳斥了男性优势的论调，至少在传统的"科学主义观"下，这些研究结果具有一定的可靠性。

可见，实验法在早期的女性主义心理学研究中发挥了一定的作用，但是实验法同时也遭到了女性主义者自己的反思与批判。女性主义者对实验法批评的焦点在于她们认为严格控制和操纵变量以及施加控制的研究风格是一种男性化的、非女性化的合作模式。女性主义心理学家沃克（Beverly Walker）甚至认为以实验为基础的心理并不客观，其学科本身及从业者在理论和实践中都造成了对女性的压制。[1] 女性主义还指出在实验的各个阶

---

[1] Walker, B., "Psychology and Feminism—if you Can't Beat Them, Join Them", in Dale Spender (ed.), *Men's Studies Modified: The Impact of Feminism on the Academic Disciplines*, New York: Pergamon, 1981, pp. 111–124.

段，从发现或提出问题到整理文献、研究设计、选择被试、收集数据、最后分析、解释和报道结果都会受到性别偏见的影响，特别是对被试者的选择进行了强烈的抨击，她们质疑从动物身上得到的试验结果来推断男人和女人的行为，这实际上延续了男性为核心价值的研究传统。

除此之外，对于实验室的中立社会环境，女性主义者也提出了质疑。一般来说，实验通常在实验室进行是因为人们认为实验室是一个"中立的社会环境"，在这样的环境中实验者可以最大化地控制被试、最大化地控制变量。实验研究的批评者则认为实验室并非"中立"的，而是一个带来自身影响效应的特殊社会环境。心理学家伏特尔（Reesa Vaughter）认为在分析女性行为时，实验不应该孤立于现实而存在，相反，实验应该和情境的描述联系在一起，比如在一个单独的实验情境中，不仅要测量行为的某种模式（如获得奖牌）、认知的某种模式（如成功期望），而且要描述和分析情景与环境（比如，在这个运动队男、女运动员的比例、教练员的性别等）。她把这种情境描述为"生态学"，并认为生态学方法可以提高我们对女性行为发展模式的理解。[1]

从这个思路延续下去，心理学家伊格里（Alice Eagly）指出历史情景也会对实验研究的结果产生重大的影响。她认为社会影响研究中的性别差异是由于实验情景的背景特点造成的，文化环境的不同会造成实验结果的差异。[2] 与伏特尔与伊格里的观点相同，心理学家帕里（Mary Parlee）指出了实验和女性主义心理学之间存在的固有的矛盾，因为实验剔除了情景的影响，因而将政治问题简化为个体问题。她认为女性主义研究并不是仅仅出于学术的兴趣，而是要揭示本质问题并且采取社会行动。而传统的实验法则着重于个人经验却掩盖了个人经验与社会角色和团体间的联系。[3] 从某种意义上来说，女性主义心理学家是受到了社会学思维的影响认为个体行为不仅仅代表个体，而是与其身处的环境相关联的。在社会学领域运用实验研究的主要是女性主义人种学方法以及民族志方法学研究。

实验法虽然受到女性主义者的批判，但是"由于公众普遍认为实验是客观的"，为了引起人们对实验研究结果的注意，以便形成一种新的态度

---

[1] R. Vaughter, "Psychology", *Signs: Journal of Women in Culture and Society*, 1976, Vol. 2, pp. 120 – 146.

[2] A. Eagly, "Sex Differences in Influenceability", *Psychological Bulletin*, 1978, Vol. 1, pp. 86 – 116.

[3] M. Parlee, "Psychology and Women", *Signs: Journal of Women in Culture and Society*, 1979, Vol. 5, pp. 121 – 133.

从而使社会发生变化，一些女性主义者也在致力于实验研究。特别是早期的女性主义心理学家通过实验研究为女性研究作出的贡献是不可磨灭的。

## 四 女性主义民族志法

民族志研究（也被称为实地调查或田野调查）是受到女性主义研究者青睐的一种社会调查方法。民族志研究涉及多种方法，通常包括观察、参与生活、文献分析以及深入访谈等，是一种综合性的质性研究方法，从而兼具每种具体方法的优点和不足。民族志研究的特点在于它通常并不采用大范围的调查，而是在小范围内进行深度的、多方位的、长期的跟踪性调查。

在本章开始介绍了女性主义在方法论领域对传统社会科学的批判来自于对实证主义方法论的质疑，她们认为实证主义的方法用一种以男性为中心或向导的方式歪曲了知识，因此倡导替代性的或者称为非实证主义的方法。开放式的深度访谈以及民族志方法被认为是非实证主义研究范式的一个代表，因而在女性主义研究中占据了主导的地位。民族志研究主要以解释为中心，通过研究者侵入现实社会环境的方式，期望获得研究者和被研究者之间的互相理解。同时民族志法瓦解了社会学研究把科学家与所研究对象割裂的研究传统，承认现实是由研究者们解释与限定的。民族志法在重新建构社会科学和重新定义关于女性的概念等方面扮演了特殊的角色，在这些实地调查的基础上，产生了一些基础概念，而这些概念将会促成新的理论的生成。

女性主义民族志研究有三个目标：首先用资料反映女性的生活和活动；其次从女性自身的观点理解她们的经历；再次把女性行为定义为一种社会背景的体现。女性主义者指出，对于观察者来说，女性在很多情况下只是"存在于那里"而已，因为他们没有看到女性是怎样在所处的社会环境中扮演重要的角色。女性主义民族志研究要求观察者把女性作为社会、经济和政治生活中的正式成员，把女性群体放在社会框架下去观察，然后运用访谈法了解个体女性的观点，收集到反映女性生活的真实材料。除此之外，女性主义者认为要从女性自己的观点、视角去理解她们的经历，这种认识纠正了存在于非女性主义立场下的参与式观察的一个主要偏见，即把女性的活动和思想平凡化，或者以社会中一般男性或者男性研究者的立场去解释女性的经历。她们认为理解女性经历的方式之一是把女性当作关键的信息提供者，而不是通过那些已经被他人"解释"过的第二手资料以及无生命的统计数据。女性主义民族志研究者还试图阐释女性的行为是在一定的社会背景下形成的。这个背景包括她们所处的文化环境、阶层、婚姻家庭状况等，要在具体的背景下去理解女性。

女性主义民族志法对体育社会学领域也具有重要的意义。大多数关于体育运动中的性别社会化问题，或者是参与运动给男女带来的不同的社会心理影响方面的研究都倾向用实证主义方法，比如问卷调查、实验法等。但是这样的研究只能是描述一些表象，在父权制的假设框架中并不能完全揭示体育运动领域中的性别权力关系和女性真实体育经验。通过民族志法，"能够使我们弄清楚哪些女性，在哪种条件下，参与哪种形式的体育活动，通过什么过程，发展和增强了何种品质"[1]。体育女性主义研究的先锋学者南希·泰尔伯格（Nancy Theberge）在20世纪90年代对加拿大女子冰球进行了民族志的研究。正如她自己所述，虽然她早在70年代就开始研究女性与体育，其中包括女性志愿者在大众体育中的地位、女性教练员、女性与体育传媒等，但是关于女子冰球的民族志研究把她带入了全新的研究世界。[2] 她在1992年开始这项研究，从1992年到1994年，从更衣室到练冰场，她几乎参与了女子冰球队的所有比赛、训练和会议。除此之外，还参加了冰球队参与的其他社会和慈善活动，全面观察了女运动员们的训练、比赛表现、相处之道，在这个过程中对冰球这项运动和各个组织有了全面的了解，由于常常出现在这些有关冰球运动的场所，与冰球圈子的人逐渐熟悉了起来，在此基础上，她开始接触个人——运动员、教练员、行政管理员等，对他们进行深度的访谈，收集资料。通过田野调查，她一方面了解了女子冰球运动的整体情况，另一方面收集到了女子冰球运动员们个人的经历和故事。泰尔伯格在描述自己的研究经历时还提到了自己作为研究者在"田野"中扮演的角色。这是民族志法中比较重要的一部分。她在冰球队中，基本上不首先提问或者打断训练，只是在旁边静静观察。但是如果队员们要求她帮助或者询问她意见时，她也会积极配合，比如传个消息、帮助拿个器具之类的活。用她自己的话说，她在队里进行观察研究时尽量会把握一个尺度，既不要让队员或教练认为她是妨碍正常秩序的"局外人"，又不能使自己完全成为运动队的"助理"或者"跑腿的"。同时她也保持一种意识，既要拉近与队员的距离，使她们对自己信

---

[1] J. DiIorio, "Feminism, Gender and the Ethnographic Study of Sport", *Arena: The Institute for Sport and Social Analysis*, 1989, Vol. 13, pp. 49 – 60.

[2] N. Theberge, "Doing Feminist Ethnography: A report from the Rink", in P. Markula (ed.), *Feminist Sport Studies: Sharing Experiences of Joy and Pain*, New York: State University Press of New York Press, 2005, p. 83.

任，同时也要与她们保持一定的距离，这样才能用批判的洞察力去对她们的行为和态度进行分析。

女性主义研究者在运用民族志法时还比较关注研究场景。因为民族志法旨在一个特定的场所（也称作田野）进行长期的调查，因此场所的选择非常关键。传统较经典的社会学/体育民族志研究者更加关注的是男性的场景，比如球场、俱乐部、酒吧等，因为他们研究的焦点是男性。而要了解女性行为，则要选择有女性参与的研究场景。一般来说，包括纯女性的实地场所以及混合性别的实地场所。像女生宿舍、女子更衣室、女子集训队、女校等就是较典型的纯女性实地场所，这些场所对于女性民族志研究者比较容易进入，而男性民族志研究者则难以接近。还有些学者把家庭也作为一个女性场所，虽然家庭本身没有性别之分，但是如果把它作为女性的工作环境来研究的话，那么就可以算一个纯女性的实地场所。除此之外，还有学者指出，一些性别符号性特别强的用品比如卫生巾、胸罩、化妆品也可以算作纯女性实地研究场所的衍生物。纯女性研究场景有利于抛开男性的影响，真正了解到女性对她们自己而言是什么样的。虽然如此，更多的女性民族志研究者会选择混合性别实地场所，主要是为了揭示女性的角色以及性别关系。有学者认为对于混合性别实地场景而言，女性研究者比男性研究者碰到的困难少，因为对于被研究者来说，女性研究者的攻击性和危险性较小，无论是对于被研究女性还是男性来说，女性研究者更容易和他们建立良好的关系。然而，任何事物都具有两面性，女性研究者在混合性别研究场景也会面临一系列的特殊障碍，比如一些场所对女性是禁止的或者有限制。很多研究者常年可能在较"危险"的调查环境下工作，比如贫民区、红灯区、自然条件恶劣的边远地区等，民族志研究者们需要在这些调查环境中来应对可能受到的伤害、病痛、心理和情感性的冲击等。一些女性研究者还会遇到性骚扰，在遇到这种情况时，通常有两种方式：一是先放弃工作；二是做出互动式的调整，当然这需要非常大的智慧、勇气和技巧。为了减少被性骚扰的可能性，一些女性研究者在特殊的研究环境下还可以成立研究小组，结伴的情况下危险会少一点。

女性主义民族志研究方法还存在一些争论与困境，比如信任问题、亲疏问题、完全观察者与完全参与者角色的困境。建立研究者与被研究者之间的信任是质性研究方法都存在的一个问题。对于民族志研究者来说，尽管女性主义者尽量站在女性的立场来研究女性，而且她们也比较容易进入女性生活环境，但是她们研究的那些女性并不完全信任她们，特别是当她们的社会阶层、种族、兴趣向等存在不同时尤为如此。在进行体育社会学研究时，也有学者会遇到这样的问题，特别是对没有体育运动背景的女性研究者，那些女性运动员或者教练员可能会认为她们是"外行人"，从而不对其产生信任和尊重。就以泰尔伯格所进行的民族志调查来看，她作为冰球运动的"外行"，开始并没有急于表露自己研究者的角色，而是频繁地参加她们的活动，先在被研究环境中"混个脸熟"，这是一个战略性的铺垫。然后在与运动员交往、聊天的过程中慢慢地赢得她们的信任。有些女性主义民族志学者在总结自己的研究时还提到赢得信任需要建立一种"姐妹般"的和谐关系，克服经济地位、生活方式、性别认同、婚姻状况以及更多方面存在的差异，当然这并不是一件容易的事情，以至于一些女性主义学者提出质疑：一个女性研究者究竟能在何种程度上理解与自己不同的女性，而一些民族志研究的实践中也常常会存在由于差异所产生的对研究者不信任的情况。

　　研究者与被研究者的亲疏关系也是民族志方法中常常被争论而且比较难把握的问题。一种提倡研究者与被研究者之间要亲密接触，另一种提倡保持一段距离。前者认为亲密接触可以增强理解；后者认为保持一定距离可以避免研究者被研究群体/环境同化的危险，保持研究者的客观以及独立性。大部分的女性主义民族志研究者则更倾向于保持亲近的关系从而更好地理解被研究者。这一部分是由女性研究者自身的性别特点所决定的，女性更容易扮演照顾人的角色，更容易产生同情心。女性在研究女性时，会有一种"照顾"的冲动，而对方也会给予积极的回应。另一个原因与女性主义的认识论和方法论有关，女性主义者不认为有绝对的客观与中立，她们强调要站在女性的立场来理解女性，因此在方法论上也毫不掩饰与被研究者的亲密关系及其带来的同情和理解。然而女性主义者也指出亲密关系不应该和表面的友善相混淆，同时也不能把亲密关系变成一种压制性的命令关系。除此之外，关系的亲疏还得由研究环境来决定，有些研究环境要求建立亲密关系，有些环境则不能建立亲密关系，比如被研究者需要匿名。女性主义者认为只要研究结果是根据实地环境中所存在的特定关系类型进行分析的，那么任何立场都可以接受，这也符合解释主义的认识论范畴。

　　除了上面提到的亲疏二分法以外，关于实地调查的方法论还存在"完全的观察者"与"完全的参与者"角色的争论。大部分女性主义者认为完全观察者并不能真正地沉浸于研究的环境中，从而理解被研究群体的行为和想法。只有参与其中，才能有所收获。很多女性主义者也因此，在"完全参与"后，变成了研究群体中的一员。还有些学者，采用"半参与式"

的方法，比如在避难所的实地研究中，可以参与到避难所的工作人员的角色对避难所生活的方方面面进行观察。泰尔伯格进行的女子冰球运动的民族志研究也是采用了这种参与方式，她并没有也不可能成为一名冰球运动员，但是在实地，她扮演了"助理"的角色，虽然她仍在平衡"助理"这个角色与研究者角色之间的关系，但是不可否认，助力角色确实帮助她获得了更多的途径去了解这些女子冰球运动员。

民族志研究虽然是女性主义研究者所提倡的研究方法之一，但是在现实情况下，也面临了很多实际的问题，比如费时、难以获得经费、难以进入研究现场、暂时搁下个人和工作的任务、有时会有一定危险性等，但是更主要的原因是社会科学领域一些权威集团仍然对非定量研究采取一种贬抑的态度。许多女性研究的动力来自于作为女性她们在自己的文化中处处感到疑惑或者不舒服。如果是实地调查研究的现实要求阻止了一些女性研究者进入这个领域，那么我们可以从我们身边的实地研究做起。

## 五 女性主义跨文化研究法

女性主义跨文化研究不算是一种具体的研究方法，在这里要特别提到是由于跨文化研究已经是女性主义研究的一个重要的研究趋势。跨文化研究是人类学及其姐妹科学（社会学、心理学、经济学、政治学）用不同社会的实地调查资料来检视人类行为在不同文化环境表现的研究方式，并检视关于人类行为与文化的假设。女性主义跨文化研究的目的在于比较和评价社会政策，说明这些社会中所共有的现象，并发展具有普遍意义的女性主义理论。女性主义者对跨文化研究之所以感兴趣有几个假设的支持：（1）女性主义认为文化特征对于女性研究来说占有重要地位；（2）深入研究女性群体需要进行跨文化的比较；（3）不同文化中女性的处境具有一定的共同性。

首先，文化特征对理解女性的重要性常常被女性主义者提到，这也是女性主义理论发展到一定阶段自我审视的结果。因为早期的女性主义研究常常以资本主义国家中的白人女性为研究对象，但第三世界女性主义者认为，这些研究的结果以及产生的理论并不一定能代表各个国家、文化、地区女性的情况，以白人中心主义的女性研究受到了严肃的批判。女性主义的认识论是建立在"性别是文化的建构"这个假设基础之上的，因此她们强化了不同的文化可能会产生不同性别关系，从而导致女性的不同经历这么一个观点，跨文化研究也是这个观点在实际应用中所要求的。

其次，女性主义者也认为要深入研究女性问题，需要进行跨文化的研究。女性主义研究者认为在谈论关于妇女的问题之前，必须深入透彻研究女性，而要深入透彻地研究女性需要探究女性和她们所处的文化背景之间的关系。比如，关于女性在体育运动中处于从属地位的研究，如果在一般意义上来谈论这个话题是没有多大意义的，女性在体育中的从属地位是一个普遍现象，从本质主义的观点来看，女性在体育中的从属地位是由于其生理构成原因造成的，这使得女性在体育运动中的表现不及男性。而女性跨文化研究建立的基础在于她们认为并不仅仅是生理因素决定了女性在体育运动中的从属地位，文化也是产生了巨大的影响。女性主义跨文化研究就是要证明这些文化因素的重要作用，并揭示女性在不同体育文化下处于从属地位的性质和程度是不同的，通过比较发现哪些是制约女性体育运动行为的不同的文化因素、哪些是相似的。

再次，女性跨文化研究的最终目的是要探索在看似不同的社会中女性生活在哪些方面有着相同之处，换句话说，就是要找到一个普遍的规律。跨文化研究者不仅仅是要停留在把不同文化环境的女性的生活状况描述出来的层面上，还需要通过比较与总结的方式把其规律性的东西揭示出来，并找到相应的对策。比如女性的休闲方式与活动可能在不同的文化区域形式与表现都不同，但是相同点在于不同阶层、不同工作方式、不同种族的女性都感到在休闲活动方面受到了一定的阻碍，跨文化研究的目的就是要从不同文化圈女性休闲经历中揭示那些相似的阻碍。

总之，对于女性体育研究来说，跨文化的研究路径不仅能克服种族中心主义的研究视角，涵盖多种的身体文化，而且可以更好地理解和拓展体育、性别、社会之间的联系。跨文化的研究可以帮助我们探索：

（1）文化之间的相互影响（种族、价值观、制度等）以及世界范围内性别等级制度的普遍存在；

（2）性别制度与体育组织及实践之间的关系；

（3）不同文化下女性体育结构特征以及女性参与甚至改变这些结构的机会；

（4）社会化与教育在个体参与体育中所扮演的不同角色；

（5）文化实践的作用和价值以及它们的功效与限制；

（6）不同体育政策对体育组织者和人们参与体育的影响。[1]

但是在跨文化研究中也有一些问题一直存在着争议。首先是在操作层

---

[1] Hartmann – Tews, I. and Pfister, G., *Sport and Women: Social Issues in International Perspective*, London: Routledge, 2003, p. 5.

面上，如何进行；其次，是在认识论层面，如何克服民族中心主义。目前来说，无论是在一般的女性主义研究领域还是女性主义体育研究领域，跨文化研究都比较少，主要原因是各种实际的困难，比如语言、资助、时间、旅行消耗，以及当地政府或妇女的支持与合作。比如关于体育中的性骚扰问题，西方学者试图进行跨文化的研究，但结果主要还是以北美、欧洲为主。因为进行全球性规模的研究实际可能性很小，除了语言、资金、时间等的障碍以外，政治因素也是一个大问题，很多文化区域内的政府并不太支持这种比较敏感的研究，也不愿意揭示出他们所管辖区内的真实信息。这样就使得研究者要获得一手、真实的资料变得异常困难。除了政治因素以外，还有就是方法论方面的原因。除此之外，文化研究与社会研究一样都要求有统一的研究宗旨、理论和方法，用一种研究模式对不同的文化区域内的现象进行调查研究，但是一些学者也注意到这种"套用"型的跨文化研究会遇到一个关键的问题：一种研究模式在一个文化区域内可能比较合适，但是换到另一个文化领域就不一定合适了，因此也有的跨文化研究采用不同的研究方法或者研究范式在不同的文化区域内针对同样的主题进行研究。然而，这也会遇到另一个新问题，由于方法不同所引起的研究结果的可比性降低。

从认识论上来说，女性主义讨论比较多的是"立场"问题，特别是对于西方学者所持有的"民族中心主义"研究立场批判得较多。这些民族中心主义的行为和态度表现在过度依赖英语，对其他国家（特别是发展中国家）的国情不了解或者是不能理解其他人持有的观念等。艾华·欧恩（Aihwa Ong）就批判道西方女性主义是一种对立的亚文化，它创造一个与之相对的他者（非西方化的），也是女性主义者无意之中造成的一种权力关系形势。在欧恩看来，西方女性主义者在作跨文化研究时也没有摆脱这种殖民史的束缚。西方女性主义者在研究其他社会时，呈现出的是她们自己的经验，而不是根据当地的情况来理解当地社会。[1] 比如穆斯林女子戴面纱，西方女性主义者认为面纱的意义是男性统治的一个表现，但是当地的女性自己可能认为这是道德和美德、端庄和荣誉的一种表述，她们自愿这样做，并且对于她们来说，这并不代表男性权力的施加。[2] 玛拉·鲍尔

---

[1] A. Ong, "Colonialism and Modernity: Feminist Representations of Women in Non-Western Societies", *Inscriptions*, *Special Issues*: *Feminism and the Critique of Colonial Discourse*, 1988, Vol. 3, pp. 78-93.

[2] Abu-Lughod, L., *Veiled Sentiments*: *Honor and Poetry in a Bedouin Society*, Berkeley, CA: University of California Press, 1986.

斯（Marla Powers）就指出当一个女性主义者在一个不属于她所在社会中作研究的时候，她们无意识中都在作跨文化研究，这是因为研究者不可避免地要用她自己的社会作比较。① 要解决这个问题，就需要跨文化研究的区域性合作，有资源的女性主义研究者应该邀请其他国家或者文化区域内的女性主义研究者来一起作研究，在加强本土化研究的基础上和其他国家或文化地区的研究进行比较。

虽然现在女性主义研究作品中具有跨文化视角的作品数量还比较少，而真正能跳出民族主义倾向的学术作品也不多，但是女性主义跨文化研究是以后女性主义研究要更深、更远发展的一个方向。而作为研究者需要进行的是从实践中不断总结出女性主义跨文化研究所面临的困境，寻求解决方法，在研究经验的基础上，推动跨文化研究在女性主义研究中的进展。

最后还要指出女性主义研究方法并不是专门的一种社会研究方法，而是各种具体研究方法的综合。女性主义研究方法突出的是在认识论层面与方法论层面上的女性主义意识、立场与视角，把这种意识、立场与视角带入到研究过程中，对传统的社会学研究方法进行反思、改良或重造。在我国女性主义体育研究领域，女性主义方法、女性主义立场还比较缺乏，很多研究也都是"在男性研究框架中进行的"。这导致了这些关于女性体育的研究只停留在表面，更甚是对女性的体育经验的曲解，从而很难做出与女性自身利益密切相关的、真正为女性的研究成果。

本章从认识论、方法论以及具体研究方法三个程序上说明了什么是女性主义研究方法论，提出了要建立真正符合女性自身特点与利益的女性体育研究需要从认识论、方法论、理论方面进行重新构建：（1）从认识论来看，女性主义体育研究要求回答的不是"什么是体育知识"而是"为谁的体育知识"，这应该成为女性体育研究的出发点与目的；（2）从方法论来看，女性主义体育研究要求从女性立场出发，以女性自我经验为基础，结合具体情境，采取多元（而非传统的二元对立）的研究方法从女性在体育运动中细微的、具体的、日常琐事的、真实的经历与感受来揭示体育中的性别权力关系；（3）从理论来看，要避免以"男性主义"为核心的体育理论知识体系和视角来观察、解释关于女性体育的现象与意义，更需要从研究实践中发掘并产生关于女性体育的新的理论，这应该成为女性体育研究的一个重要发展方向，也是推动我国女性体育研究发展的动力。

---

① Powers, M., *Oglala Women: Myth, Ritual and Reality*, Chicago: University of Chicago Press, 1986, pp. 6 – 7.

女性主义研究方法是多元的，这也是女性主义所倡导的，从不同的途径去揭示女性在体育中的地位、经验、角色、权力，女性主义方法的应用不仅能繁荣女性体育领域的研究，还能为女性体育的发展以及女性在体育中的自我发展提供切实的指引。

# 第五章 抵抗、平等与超越
## ——女性主义的奥林匹克运动

女性在体育运动中为抵抗父权，争取平等、独立地位的全球范围内的社会行动与实践莫过于参与奥林匹克运动的历程了。一个多世纪以来，世界妇女为平等地参与奥林匹克盛会做出了艰苦卓绝的努力。妇女参与现代奥林匹克运动的进程也不可避免地融入现代妇女争取自身解放、平等、独立运动的历史洪流中。可以说，妇女参加现代奥林匹克运动的历史就是一部鲜活的女性主义运动史：抵抗男权制度、争取平等权利、超越传统，串起了整个女性主义奥林匹克运动波澜壮阔的历史篇章。

## 第一节 妇女参与奥林匹克的历程

公元前776年，集宗教与体育竞技为一体的古代奥林匹克运动会成立了。其规模发展得越来越大并且持续了1200多年。但是在这一伟大的人类活动中却看不到妇女的身影。因为在古希腊的历史上，奥林匹克运动只允许男子参加。古希腊奥运会的重要功能在于显示男性的力量和伟大，因为古希腊人认为，只有男性才能代表人类无限的体能、技能和美。由此，在古希腊近1200年的奥林匹克运动史上，女子是被禁止参与奥运会比赛的，否则，她会遭到上断头台的严厉处罚。观看和参与体育盛会被看作男人们的特权，甚至在日常体育锻炼中，这一观念也根深蒂固。

1896年，在顾拜旦的积极倡导下现代奥林匹克运动诞生了。奥林匹克思想体系得到重建。其中奥林匹克主义是"增强体质、意志和精神并使之全面均衡发展的一种生活哲学，它谋求体育运动和文化相结合，创造一种以奋斗为乐、发挥良好榜样的教育作用并尊重基本公德原则为基础的生活方式"。奥林匹克的宗旨则是"使体育运动为人的和谐发展服务，以促进建立一个维护人的尊严的和平社会"。但是奥林匹克思想并没有把女性作为独立的人包括在奥林匹克运动中。现代奥林匹克运动从一开始也被男权主义所笼罩，顾拜旦固执地认为，女人的荣耀来自她生"孩子的数量和质量，在体育方面，她最大的贡献是鼓励她的儿子创造佳绩，而不是自己去破纪录"[1]。在他眼中，女人只能是观众，她们参与奥林匹克运动的唯一方式就是为运动场上的男人们喝彩。由于顾拜旦的这种思想，致使女性参与奥运会历经了一段漫长而曲折的道路。

## 一 初步发展阶段（1900—1924 年）

在奥林匹克运动会初创时期，在顾拜旦的奥运会是男性体育精神展示的思想指导下，第一届现代奥林匹克运动会成了男人的盛会。占世界人口一半的女性被排除在奥运会之外。面对如此不公平的待遇，引起女性世界的强烈反对和奋起抗争，一场争取奥运会参与权的斗争拉开了帷幕。

经过地方组织的努力，在 1900 年的第二届巴黎奥运会上，第一次邀请了女子参加比赛，突破了古代奥运会和现代第一届奥运会不许女子参加的禁令。这次率先派女子参赛的法国、英国、美国和波希米亚。东道主法国队率先派出 4 名女性运动员参赛，接着英国、美国和捷克也相继派出 4 名女性运动员参赛，加上沙皇俄国派了 3 名运动员，使女选手的人数达 11 名。参加比赛的项目有高尔夫球和网球。虽然，这次女子参赛未能得到国际奥委会的正式认可，但却是妇女体育史上具有划时代意义的事件，这是女子首次登上世界体育舞台，冲击了自古以来不许女子参加奥运会的禁区。

在 1904 年的圣路易斯第三届奥运会上，射箭是唯一的一个女子项目。女子选手的人数也减少到了 8 名，而且这 8 名运动员都是美国人。在 1908 年的伦敦第四届奥运会上，女子比赛项目恢复了第一届中的高尔夫球和网球比赛，增加了单人和双人花样滑冰（有资料说还有女子帆船项目），加上射箭，女子奥运比赛项目增加到了 5 项，共有 36 名女运动员参加了这届奥运会。在 1912 年斯德哥尔摩第五届奥运会上，女子项目只有游泳（含跳水）、网球。第七届奥运会上共有 64 名女运动员参加了游泳（含跳水）、网球、帆船、花样滑冰等项目的比赛。

虽然自第二届奥运会妇女开始参加比赛，但一直没有得到国际奥委会的正式承认，经过妇女不断的斗争，在 1910 年的卢森堡会议上，正式批

---

[1] 郭云鹏：《抗争·成就·挑战——妇女与奥林匹克》，《体育文史》2001 年第 1 期。

准了妇女参加奥运会的权利，但承认的项目仅为游泳、体操和网球。由于大家都认为田径比赛是奥运会的核心比赛项目，所以女子参加跑步、跳高、跳远以及投掷等项目遭到了强烈反对。1924年，国际奥委会通过了一项由法国克拉瑞伯爵提出的建议，决定"从女子参加奥运会比赛的现状而言，限制其参加的规则应当保持下去"。

妇女参与奥林匹克运动会的理想正在逐步合法化，但妇女并没有满足于这狭窄的门缝，为了争取更大的权利，妇女为参与奥林匹克的斗争仍在继续。1921年，地中海的君主制小国摩纳哥赞助了一届国际泛女子运动会，一些女运动员参加了比赛。1922年，女子运动会再次举行，包括了篮球和田径项目，并取得了极大的成功。当年，一位杰出的法国女性艾丽丝·米莉艾特认为，女子运动会应当完全由女性自己来决定。1921年10月31日，在艾丽丝的领导下，法国上流社会活动力极强的一个妇女运动俱乐部发展成为国际妇女运动总会。1922年8月30日，国际妇女运动总会成立还不到一年，就在巴黎举行了国际女子田径锦标赛，短跑和跳远选手玛莉·莱恩斯率领的英国队赢得了11个比赛项目中的5个冠军时，全场2万多热情的观众沸腾了。但美国体育学者们仍强烈反对除了大学校内女子运动比赛之外的所有比赛，而且长期阻止女子参加奥运会。

## 二 缓慢发展阶段（1928—1976年）

尽管妇女们为争取平等进入奥运会经过了长期卓有成效的斗争，但女性进入奥运会的进程却是缓慢而又艰难的。一方面需要女性在体育运动中以卓越的成就来证实自己的运动才能，以赢得男性世界的尊重和理解；另一方面也需要国际女权运动斗争胜利的有力支持。在这一历史阶段，女性进入奥运会虽经过了缓慢的历程，但妇女在体育运动中却显示出了非凡的天赋能力与运动才能，使得人们再也不能忽视妇女在奥林匹克运动中的地位与作用。1936年，德国首先提出了国际田联不应再对妇女采取排斥态度，而应承担组织女子比赛的责任，于是组织女子田径比赛被正式纳入国际田联的工作范畴。国际田联领导人许诺增加妇女参赛人数，支持各个水平的妇女田径运动。但这种许诺的履行，却显得苍白无力和十分的缓慢。在第九届奥运会上，妇女首次被批准参加奥运会的核心——田径运动的比赛——虽然只有5个项目，但也是妇女参与奥林匹克运动历史上的一个里程碑。

从第九届奥运会开始有女运动员参加田径比赛以来，妇女参与奥运会比赛的项目逐步增加，项目设置也逐步走向规范化。传统的高尔夫球、网球、体操、跳水、游泳、射箭等项目一直是以后奥运会的参赛项目，而新增加的比赛项目一旦确定也很少有变化，表现出比赛项目的稳定性、规范化。第十届奥运会新增加了标枪。第十一届奥运会中新增加了80米栏的比赛项目。第十四届增加了皮划艇。1500米赛是在第二十届奥运会上首次列入的女子长跑项目。第二十一届奥运会首次列入女子篮球比赛。

在女性参与奥林匹克运动会的过程中，女运动员的运动成绩也在不断地提高。优秀的女性运动员层出不穷。例如，"荷兰女飞人"弗兰西纳·布兰克尔斯·科恩；获铅球、铁饼、跳高两块金牌和一块铜牌的法国女钢琴家米·奥斯特迈尔；在女子100米自由泳和4×100米自由泳接力比赛中获两块金牌的就是后来以坚强意志闻名于世的丹麦运动员格雷特·安德森；有"黑羚羊"之称，年仅20岁的美国黑人短跑选手维玛·鲁道夫等。

中国女运动员出现在奥运会上始于1936年，当时参与第十一届奥运会的69名运动员中只包括两名女选手。中国妇女参与奥林匹克运动的历史，从一个侧面反映了中国妇女解放的历程。在几千年的封建社会中，中国妇女曾经有过受压迫、受屈辱的悲惨历史。她们长期被压在社会的最底层，完全被排斥在社会政治生活之外，没有独立的经济来源，没有独立的人格和意志。[①] 封建社会的畸形审美观还迫使妇女从小缠足，使她们丧失了参加任何体育活动的能力。20世纪早期，当奥林匹克运动伴随着西方文化浪潮的冲击传入中国时，少数大城市中的年轻妇女开始涉足体育活动。1937年，中国女子田径选手郑凤荣以1.77米的成绩刷新了女子跳高世界纪录，成为中国第一个打破世界纪录的女运动员。但是直至20世纪中期以前，参加奥运会的中国女运动员寥寥无几。新中国的成立，宣告了中国妇女在政治、经济、文化、社会和家庭生活等各方面均享有与男子平等的权利，开创了妇女解放的新时代。中国妇女参与了国家建设的各个领域，包括体育。中国政府积极支持和鼓励妇女参与体育运动，开始有越来越多的中国妇女投身到奥林匹克中来。

## 三 飞速发展阶段（1980年至今）

在经过一个世纪的社会发展和妇女的权力斗争后，妇女获得了广泛地参与体育比赛的权利，但在国际奥委会领导机构中，却还没有一个席位。妇女进入管理机构、获得参与决策领导的权利成为决定妇女在奥林匹克运动发展进程中最关键的因素。因为这对创造参与机会以及决定体育比赛章

---

① Fan, H., *Footbiding, Feminism and Freedom: The Liberation of Women's Bodies in Modern China*, Londond: Frank CASS, 1997.

程和规则是至关重要的。这一现状在第七任国际奥委会主席萨马兰奇任职期间得到了改变。在其任职的第一年里，他就鼓励两位妇女代表竞选国际奥委会成员，而在当今历史上占有一席之地。1981年在巴登举行的国际奥委会会议上来自芬兰和委内瑞拉的两位女性裴亚朱·海格漫和弗洛·伊萨瓦·凡赛卡当选国际奥委会委员。一年后，英国的艾里森·格林·海格也入选奥委会领导成员。1984年，列支敦士登的诺拉公主又被选入国际奥委会委员，也是首位当选的国家奥委会主席。而当时该国的妇女尚未获得选举权。此后一直到1990年，在国际奥委会91名领导成员里，已分别有来自英国、美国、加拿大和列支敦士登的5名妇女任职。萨马兰奇主席也邀请了女性在国际奥委会的各个单项委员会中任职。虽然，妇女在国际体育运动组织的领导层中基本不占重要位置，但妇女进入奥委会领导机构，是妇女在奥林匹克运动发展中的一次飞跃。自此，妇女在奥林匹克运动中的地位越来越重要。妇女参与奥林匹克运动也进入了飞速发展的阶段：

首先妇女参赛人数以及所占比例逐步增大（见表5-1）。从1900年占运动员比例1.91%的19名妇女参加的高尔夫球和网球的表演赛到2012年伦敦奥运会上参赛妇女总人数达到4696人次，占运动员总数40.81%，妇女的参赛人数增加了近250倍。

表5-1　　　历届现代夏季奥运会女子运动员参赛情况[①]

| 届次<br>内容 | 1 | 2 | 3 | 4 | 5 | 6 | 7 | 8 | 9 | 10 | 11 | 14 | 15 | 16 | 17 |
|---|---|---|---|---|---|---|---|---|---|---|---|---|---|---|---|
| 运动员总数 | 311 | 997 | 651 | 2008 | 2407 | 2628 | 3089 | 2889 | 1332 | 3963 | 4104 | 4988 | 3314 | 5338 |
| 女运动员总数 | 0 | 19 | 6 | 36 | 57 | 77 | 136 | 290 | 127 | 328 | 385 | 518 | 384 | 610 |
| 百分比（%） | 0 | 1.91 | 0.92 | 1.79 | 2.37 | 2.93 | 4.40 | 10.04 | 11.22 | 8.28 | 9.38 | 10.45 | 11.59 | 11.43 |

| 届次<br>内容 | 18 | 19 | 20 | 21 | 22 | 23 | 24 | 25 | 26 | 27 | 28 | 29 | 30 |
|---|---|---|---|---|---|---|---|---|---|---|---|---|---|
| 运动员总数 | 5151 | 5516 | 7134 | 6084 | 5179 | 6829 | 8391 | 9356 | 10318 | 10651 | 11099 | 11438 | 11507 |
| 女运动员总数 | 683 | 781 | 1058 | 1247 | 1125 | 1567 | 2186 | 2708 | 3626 | 4063 | 4524 | 4652 | 4696 |
| 百分比（%） | 13.26 | 14.16 | 14.83 | 20.50 | 21.72 | 24.92 | 26.05 | 28.94 | 38.15 | 40.76 | 40.76 | 40.67 | 40.81 |

资料来源：http://www.olympic.org/。

---

[①] 李莉：《从女权运动视角探析夏季奥运会》，女性·体育·中国梦——第四届北京大学人文体育高层论坛，论文宣读，2013年10月31日。

其次表现为女子项目的递增。女子运动员正式参加现代夏季奥运会的比赛是从1900年的第二届奥运会开始，参加了网球与高尔夫球的比赛，从这一届奥运会开始接下来的每一届奥运会几乎都有女子项目的增加，表面上看女子参加的大项与个人单项都有了快速的发展，但是20世纪的前半叶奥运会中所设置的大部分女子项目还并没有完全摆脱男子设项的影响，可以说是以衡量男人的男性气质的标准去对待女子项目的设置。直到1964年奥运会女子排球、1976年奥运会女子篮球等大球类项目对女性敞开大门，1984年洛杉矶奥运会设立只允许女性参加的花样游泳、艺术体操项目，以及一些挑战人类体能极限的重竞技项目（铁人三项、举重等），高强度对抗项目（摔跤、柔道等）为女子设项，基本实现了男、女运动员参赛项目的性别平等；到2012年女子拳击成为伦敦奥运会的正式比赛项目，至此女性运动项目设置与男性"并行"，彻底打破了奥运会设项中男子项目与女子项目的"不平等"。从图5-1与图5-2历届现代夏季奥运会大项与各单项的发展变化中，可以清晰地看到女性运动员参与的比赛项目呈逐步上升趋势，到1976年蒙特利尔的第二十一届奥运会时，大项总数与女子大项总数的比例首次超过50%；而到2012伦敦的第三十届奥运会时，女子大项的设置第一次达到了与男子大项同等的数量。

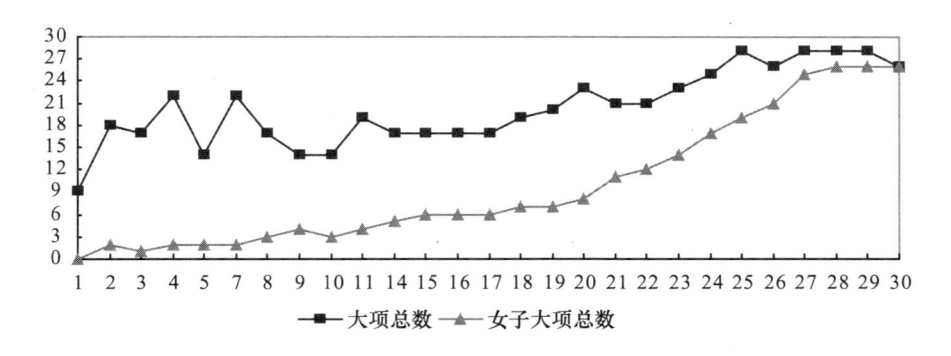

**图5-1 历届现代夏季奥运会大项发展变化**[1]

注：所列项目数包含夏季奥运会确定的表演项目，亦包含男女混合项目。
资料来源：http://www.olympic.org/。

---

[1] 李莉：《从女权运动视角探析夏季奥运会》，女性·体育·中国梦——第四届北京大学人文体育高层论坛，论文宣读，2013年10月31日。

282　性别、身体、社会

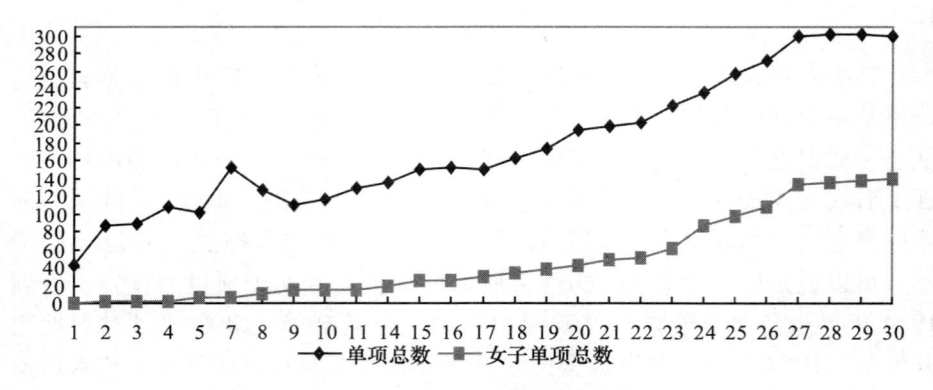

图 5-2　历届现代夏季奥运会单项发展变化

注：所列项目数包含夏季奥运会确定的表演项目，亦包含男女混合项目。

资料来源：http://www.olympic.org/。

　　1979年以后，中国奥林匹克委员会在国际奥林匹克委员会的合法席位得到恢复，这大大促进了奥林匹克事业在中国的发展。在这30余年间，有越来越多的女运动员出现在奥运赛场上。1984年，参加第二十三届奥运会的225名中国运动员中有87位女选手，占中国运动员总数39%，高于其他国家女运动员的参赛比例。到1996年第二十六届奥运会时，参赛的309名中国运动员中，女选手为199名，占64%；2012年伦敦奥运会，参赛运动员396人，女运动员225人，占56%，持续高于男运动员。中国妇女不仅积极参与奥运会，而且在奥运赛场上取得了突出的运动成绩。据统计，从第二十三至第三十届奥运会上，中国共获得201枚金牌，其中女运动员共获得111枚金牌，占55.2%。

　　不仅中国优秀女运动员在世界体坛上崭露头角，一些杰出的中国妇女也开始走进奥林匹克运动的领导机构。1993年，中国体育官员吕圣荣被选为国际羽联成立59年来的第一位女主席，这是第一个由中国妇女担任主席的奥林匹克项目的国际单项体育联合会。1996年，她又当选为国际奥委会委员。同年，优秀的女乒乓球运动员邓亚萍被选为国际奥委会运动员委员会委员。中国奥委会也积极鼓励妇女参与奥林匹克运动。2000年1月，中国奥委会正式将"积极推动和发展妇女体育"列入中国奥委会章程，使妇女参与体育的权利有了法律依据。中国奥委会还积极培养妇女体育干部。现在中国奥委会执委会中的妇女任职情况已达到国际奥委会规定的要求（不少于10%）。在国家体育总局及直属单位中女职工达到2153人，占总人数的38.6%；司级领导干部中女干部达到20人，占总人数的12%。

妇女参与奥林匹克运动经历了一个艰苦卓绝的历史阶段。由于妇女的参与，奥林匹克运动才得到了延伸，奥林匹克精神才得到普及。也正是在妇女争取平等参与奥林匹克的过程中，对奥林匹克进行了社会性的重塑。

## 第二节 女性对奥林匹克的"超越"与"重塑"

体育社会家哈特曼—图尔斯（Hartmann – Tews）认为，体育的本质是身体的表达和阐释，性别和体育是一对相伴相生的概念。① 在奥林匹克全球化的图景中，一方面，奥林匹克逐步性别化，奥林匹克项目被贴上了性别的标签；另一方面，妇女参加奥林匹克项目的偏好受到性别化的社会规范、社会价值和社会期望的影响。性别化的奥林匹克具有很强的时空延展性，从奥林匹克的精神理念到奥林匹克的项目设置到奥林匹克的管理制度都被打上性别的烙印，并随着历史的变迁而改变；而性别也在不断地"解构"和"重建"奥林匹克，女子健美和女子拳击等项目极大地冲击了传统的奥林匹克观。历史地看，妇女参与奥林匹克对奥林匹克的推动作用是巨大的。

### 一 升华奥林匹克的理念与精神

奥林匹克宪章中对奥林匹克宗旨的描述，牢固地树立了平等的理念："奥林匹克运动的宗旨是，通过开展没有任何形式的歧视并按照奥林匹克精神——以互相理解、友谊、团结和公平比赛精神的体育活动来教育青年，从而建立一个和平而更美好的世界做出贡献。"宪章还指出："从事体育运动是人的权利，每一个人都应有按照自己的需要从事体育活动的可能性。"②

妇女参与奥林匹克运动，是对奥林匹克宗旨提出反对歧视、平等参与理念的最好注解。妇女在奥运会上取得的卓越成绩，是对古希腊奥运会和现代奥运会早期"剥夺女性参加权利"思想的最好回应。女性参与奥林匹克充分体现了奥林匹克宪章所规定的平等理念。1996年，在国际奥委会组织的第一届世界妇女与体育大会上通过的决议明确指出："只有妇女在奥

---

① Hartmann – Tews, I. and Pfister, G., *Sport and Women-Social Issues in International Perspective*, London & NewYork: Routledge, 2003.
② 《国际奥林匹克委员会：奥林匹克宪章》（第四版），奥林匹克出版社2001年版。

林匹克运动中获得平等，奥林匹克理想才能真正实现。号召国际奥委会、国际单项体育联合会、国家奥委会在制定所有的政策和计划时，考虑性别平等因素，使妇女在体育运动中起到更加完美和积极的作用。"

从平等参与竞争、获取体育权利的角度看，妇女参与奥林匹克使奥林匹克宪章的精神理念进一步完整和深化，这也是奥林匹克精神理念能够深入人心的一个重要原因，在平等竞争的基础上参与和接受奥林匹克运动，妇女才会获取自身应得的权利，和男性享有平等的竞争机会，而奥林匹克运动也必然会在竞争中实现自身系统的维持和更新。

## 二 将奥林匹克的影响推向纵深

女性参与奥林匹克运动，不仅促进了竞技体育水平的提高，并在更大意义上传播并弘扬了奥林匹克精神。由于妇女在家庭教育中的独特地位，使得奥林匹克教育在家庭层面得以延伸和传递；学校、运动队和新闻媒介等多种渠道形成了传播奥林匹克价值的合力，使得奥林匹克项目得以扩大影响力和参与度，奥林匹克精神在整个社会群体价值观体系中占据重要位置。

由于宗教、民族和体育的交互作用力，女子参与奥林匹克对奥林匹克的影响呈现复杂性、多样性的特点，这也是女子对奥林匹克的推动力具有纵深性的原因：奥林匹克的普及和影响力提高不仅具有人群特点，还具有民族、宗教特点。比如，一些阿拉伯文化信仰禁止妇女公开向男人裸露身体的任何部位，妇女无法获得体育运动资源，2000年，阿富汗因为禁止女运动员参加比赛而被取消了参加悉尼奥运会的资格。在塔利班政权被推翻之后，阿富汗重返奥运会。在2004年雅典奥运会上，阿富汗第一次派女选手利马参加，并在开幕式上担当代表团的旗手。穿着长袍的利马虽最终没能取得好名次，但这对于她的国家已经是一个历史性突破了。不可忽视的是，现在世界上仍有伊朗、沙特阿拉伯等少数国家的女选手不能参加奥运会。但全部由男运动员组成的代表团的数量正在下降，亚特兰大奥运会上，这样的"男团"有26个，到了悉尼奥运会时已经减少到了9个。女子参与奥林匹克，使得这些宗教、民族习惯上排斥妇女参加体育等社会活动的国家打开坚冰，极大地推动了奥林匹克运动在这些国家和地区的推广和普及，男女平等参与奥林匹克的理念在这些国家本土化和民族化。

就地域而言，女子参与奥林匹克，使得奥林匹克运动的地位在一些妇女地位较为落后、男权意识比较强烈的地区逐步得以承认。奥林匹克运动在亚洲的普及提供了历史的证明。大多数亚洲国家属于发展中国家,受落后的政治、经济及文化的制约,加之宗教的影响,在20世纪70年代之前亚洲妇女参与体育运动的水平较低。以亚运会为例,1954年在马尼拉举行的第2届亚运会上,在914名参赛运动员中,共有98名女性,仅占当届亚运会运动员总人数的10.7%。在参赛项目上,共有72个运动小项,其中女子参赛的小项为17项,占小项总数的23.6%。①

随着社会的发展与进步,全世界妇女的地位逐渐提高。在全世界争取男女平等的潮流中,以中国为代表的亚洲妇女的奥林匹克参与和成就呈现出令人欣喜的景象。1984年,参加第二十三届奥运会的女选手占中国运动员总数的39%,高于当届奥运会所有参赛国家女运动占运动员总数23%的比例。到了2000年奥运会,中国女选手有188人,占运动员总数的66%。地处东亚的日本和韩国女运动员也在奥运会上取得了优异成绩,在第二十七届奥运会上,日本女选手夺得的金牌数占日本金牌总数的40%。在2000年的悉尼奥运会上,印度的卡曼女士和斯里兰卡的贾拉辛格女士分别在女子69公斤级举重和女子200米跑比赛中为她们的祖国夺得在当届奥运会上唯一的一枚铜牌。②

一百余年来,妇女参与奥林匹克的过程,便是奥林匹克根植于妇女群体的过程,在世界多元文化的格局中,不同的文化因子(民族、宗教、地域)大都为奥林匹克的传播和发扬(奥林匹克全球化过程)做出了积极的贡献。女性参与奥林匹克的跨文化性为奥林匹克影响力向社会纵深扩展提供了前所未有的机遇和挑战。

## 三 重塑奥林匹克的完整魅力

奥林匹克魅力的本质是运动之美。运动美中充溢着身体艺术和意蕴的情感,体现了一种自然的美,而体育运动又是人的一种意识、有目的、有行为,表现了各种文化意蕴和社会意义,体现了某种精神和道德风尚、心理意志,因此奥林匹克的魅力是体育自然美和社会美的综合。奥林匹克赛场上所展现的性别分野和交融基点上的文化现象,充分说明了奥林匹克魅力的自然性和社会性、历史性和现实性。妇女参与奥林匹克,不仅挑战了过去男性主导的"一极"奥林匹克魅力观,促使人们在二元框架中思考性别和体育项目的交互关系,而且由于地域性、社会性、民族性、道德观以

---

① 吕圣荣、孙葆丽:《奥林匹克运动与妇女》,大众文艺出版社2000年版。
② 吕圣荣:《亚洲妇女体育概况》,中国奥委会网,2004年4月29日。

及价值观等社会因素的加入，使得奥林匹克的魅力呈现多元的景象。妇女参与奥林匹克促使人们对奥林匹克的魅力展开历史性的想象：女性的性别之美是否可以成为赛场上独特的看点？女性是否可以在男子项目中展示出同样的"肌肉感"？

　　古希腊的伊壁鸠鲁派思想家瓦拉，在把人体美区分为男性美和女性美时，就以刚性美与柔性美在快感上的最大满足为依据，并把这两种类型的美所引起的快感归结为人体美的最高理想。在体育活动中，我们一般会把男性、刚毅、强壮、雄健、豪放、壮丽、剧烈运动的美，都视为阳刚之美；而把女性、柔和、优雅纤巧、缠绵、秀丽平缓活动的美，都视为阴柔之美。① 在追求"更快、更高、更强"的奥林匹克竞赛中，男子运动所展现的阳刚之美占据了主导的位置。这种现象的假设基础是：真正的运动包含着很多"男子气概"的行为和意识，展现自我身体的侵略性和对他人身体的控制性便是最明显的表现，如果运动不包含这些，而包含优雅、平衡和协调，那么运动就会被贬低。在按竞技能力分类的奥运项目中，展现"男子气概"的项目占据了重要位置，而纯粹的女子项目——艺术体操和花样游泳被分在了"以表现肢体美为形式"的技能主导类中。虽然只是奥运项目中的"弱势群体"，但是这些女子项目的出现和流行使得人们改变了传统的奥运项目观和审美观，比如在美国家庭中，人们最热衷观看的体育比赛是女子体操、花样滑冰等表演性、竞技性同时拥有的比赛。在大众传媒和流行文化的共同作用下，奥林匹克的魅力从单一走向二元，人们开始学会接受和欣赏奥运会中阴柔美的一面。

　　这些女子项目具有共同的魅力：女运动员的身体和音乐、服饰甚至是器械、灯光完美的结合，展现女子灵敏、柔韧、协调等身体优势，给人以特殊的感官刺激和审美享受，花样游泳更是被人们称为"水中芭蕾"。如果说奥林匹克的魅力因为女子项目的出现而更加丰富和完整，那么女子逐步进入男子统治的奥运项目领域则说明奥林匹克的魅力变得多元和复杂。

　　现代奥运会早期，以田径为主的，展现男子肌肉力量、速度的项目绝对是女子的"禁区"。因为当时的男性坚信：女性不适合参与激烈的运动，即使要运动也就在室内做些轻微活动。这些看法强调女性的生理结构、体能及心理都比男性低一等，如果像男性那样去进行激烈运动，就会影响身体，如认为女性摔跤会影响月经，过度运动会导致"骨盆部位失调"，严

---

① 胡小明：《体育美学》，四川教育出版社1987年版。

重到直至不能生儿育女。① 1949 年，布伦戴奇因看到新增设的女子铅球项目中一位"肌肉发达"的女选手，觉得这太缺乏女性美了，于是他写下了这样一段话："我想，奥运会中女子应该只参加适合她们的运动，如游泳、网球、击剑和花样滑冰等，但绝不该是铅球。"所以，父权制文化实际是在向人们传达这样一个理念：运动是男性的，而非女性的。

但是，女子在这些项目里取得了非凡的成就，从运动记录、赛场影响力到观众反响，女子运动员以此来证明自己同样可以体现"更快、更高、更强"的奥运理念，也改变了人们对这些项目的看法，尤其是一大批女子运动明星，如"三冠王"弗雷泽、"女飞人"乔伊纳、"女欧文斯"科恩、"马拉松奇人"莫塔等"女汉子们"的出现使得奥林匹克的魅力变得丰富。当奥运女子选手风一样冲过终点时，镁光灯对准了女运动员胜利者的笑容，也对准了她们肌肉感极强的双腿。同样，一些传统的女子项目也在逐渐向男人们敞开大门，比如说花样游泳，尽管国际泳联还没有正式接纳男性选手，但是在一些地方或国家队已经有了男性选手的参与，比如德国小伙克拉斯·斯托佩尔成为德国唯一一位有资格参加花样游泳比赛的男性，日本电影《水男孩》则是以日本唯一的一支由卡戈亚男子学校的学生组成的男子花样游泳队为原型改编而成的，在影片中讲述了 5 个男孩为了花样游泳的梦想克服重重困难的故事。随着时代的发展与进步，女子体育运动的蓬勃展开，人们对奥运项目性别观念开始松动和模糊，这也是打破奥运"男性"核心文化的突破口。

## 四 推动奥林匹克的变革

奥林匹克的变革是国际奥委会主导，各单项协会、国家奥委会积极参与，并在和其他国际社会活动互动中，不断发展、壮大、成熟的过程。妇女参与奥林匹克给奥林匹克的变革带来历史性的影响，奥林匹克运动的精神、组织体系在妇女争取奥林匹克参与权的过程中不断调整和完善。

妇女争取参与奥林匹克运动权利的主要途径有两条：第一条途径是妇女超出奥运会比赛的框架系统，组织自己的运动会。为了与国际奥委会的政策抗衡，最直接的实践者就是艾丽斯·米莉艾特，她勇敢地成立了国际女子体育联合会（FSFI），并于 1922 年组织了首届"妇女奥运会"。在更名为"世界妇女运动会"之后，她们于 1926 年、1930 年和 1934 年又分别

---

① Costa D. M. and Guthrie, S. R., *Women and Sport: Interdisciplinary Perspectives*, Champaign, IL: Human Kinetics, 1994.

举行了属于她们自己的奥运会。这些比赛取得了意想不到的成功,参赛人数和观众都是一届比一届多。参加比赛的选手们来自西欧、英联邦国家和北美,从而确立了妇女在田径运动中的地位。面对世界大多数体育机构的反对,妇女们终于依靠自己的力量使一项她们认定自己可以发展的体育项目成为一种现实。第二条途径在于积极获取参加奥运会比赛的机会,妇女通过在奥运会比赛中的优异表现来挑战传统的基于生理、心理逻辑,由社会文化最终建构的体育文化逻辑。[①] 不管哪一条途径,都表明了妇女对自身参与奥林匹克现状的不满,和对未来在奥林匹克运动中所应享有权利的争取和努力。历史证明,妇女参与奥林匹克并积极改变奥林匹克运动中男女性别歧视和不平等现象成为奥林匹克运动改革和完善的重要推动力,促使奥林匹克运动不断实行组织修正、功能完善、架构健全,也使奥林匹克肌体能够经历百年风雨而更加丰满和健壮。

妇女参与促使奥林匹克变革的最明显方面是:妇女参加奥林匹克的人数和项目数量呈现历史性的上升趋势。国际奥委会对妇女参加奥运会的态度逐步缓和,经历了从坚决拒绝到适度准入再到全面开放的转变过程。特别是第二次世界大战以后,由于国际奥委会对待妇女参加奥运会的态度和思想发生巨大的变化,由消极抵制到积极支持,这使得女子项目数大幅度增加。奥林匹克运动项目的变革开始进入一个以男女平等为标准的时代,几乎每届奥运会都有新增的女子参赛小项。1996年国际奥委会组织的第一届世界妇女与体育大会的决议指出:"国际奥委会将继续为在奥林匹克项目上达到男女平等的目标而努力。"到2012年伦敦奥运会时,女子大项设置与男子项目持平。国际奥委会还规定,凡要进入奥运会的体育项目,首先必须包括有女子项目才能被考虑。国际奥委会还按照女性特有的生理、心理特点增设了艺术体操、花样游泳等只有女子参加的项目,"这说明男女平等的原则在奥林匹克运动中有了更加深刻的理解"[②]。

妇女参加奥林匹克推动后者变革的最重要方面是奥林匹克管理层男女平等的趋势开始出现,并逐步深入。虽然妇女已经在奥运会赛场上获得了平等的权利,但是要想实现体育领域的真正平等,起决定作用的是妇女要实现管理机构的领导权。这将直接决定妇女在体育公共政策和体育资源调配中处于平等的位置。奥林匹克此方面的变革早已开始:1968年国际奥委

---

[①] [美]杰·科克利:《体育社会学——议题与争议》(第六版),清华大学出版社2003年版。

[②] 吕圣荣、孙葆丽:《奥林匹克运动与妇女》,大众文艺出版社2000年版。

会第一位专职秘书由法国妇女贝利乌担任,这位前游泳运动员在奥林匹克管理层中的杰出表现为更多的妇女参加管理管理工作起到了表率和榜样作用,也使得国际奥委会对待女性管理者的态度有所改变。1994 年 12 月在美国亚特兰大举行的国际奥委会和各国奥委会联席会议上,前任国际奥委会主席萨马兰奇先生提出:"国际奥委会必须努力支持妇女体育的发展和它的组织,我们的任务是使妇女在世界和各国的体育组织中享有更多的担任领导职务的机会。"美国副总统戈尔在随后的发言中也提醒人们:"我们必须给妇女平等的训练机会,保证妇女在体育资金中的分配方面享有平等的权利,并在世界性的体育组织和协会更多地吸收妇女在担任领导职务。即使资金增加了,训练机会增加了,而真正的平等则意味着把妇女包括到制定决策的过程中。"[1]

## 第三节  奥林匹克对女性主义运动的影响

作为体育活动的现代奥林匹克自从妇女参与之日起便起到了建构妇女性别角色的社会化作用。在"区别对待"的性别角色社会化机制中,父母通常允许和赞同男孩子更多地从事和体育有关的游戏活动,而女孩子则拥有更多的和洋娃娃一起玩耍的机会;在角色模式认同的社会化机制中,父母自身的示范和媒体对体育运动性别差异和宣传使得孩子们加强了自己应该从事何项体育活动的准则和域限。[2] 多年来,男女天生不同的观念和性别角色期待不同的观念交互影响,共同用来证明拒绝妇女参与奥运会某些或所有项目的合法性。但是从妇女解放的历史潮流来看,奥运赛场成为妇女解放运动的战场之一。奥林匹克运动推动了妇女的社会地位变革和人性的解放。妇女参与奥林匹克改变了参与者的经济、政治和社会地位,也使体育活动成为妇女余暇时间的活动方式之一。

### 一  奥林匹克是妇女解放运动的重要内容和推动力

妇女解放运动的基调是要消除两性的差别,因为在我们的现实生活中两性的差别往往被"合理化"为女性附属于男性的基础。参加奥林匹克运

---

[1] 周京、张秀萍:《妇女与奥林匹克运动》(上),中国奥委会网 2004 年 4 月 23 日(http://www.olympic.cn/news/topic/2004 - 03 - 07/100791.html)。

[2] Figler, S. K., *Gail Whitaker: Sport and Play in American Life*, BrownBenchmark Publishers, 1995.

动是女性主义消除"两性差别"的一个重要"战场",而妇女参与奥林匹克运动及取得的举世瞩目的成就,一直发挥着正面的、鼓舞人心的作用,女性个人和群体都由此获得了更强的支持力量。

女性主义者介入体育领域始于19世纪70年代,逐步融入妇女解放运动的第一次浪潮。女性主义者致力于帮助女运动员识别和抵制歧视,争取获得与男子平等的机会。她们认为体育运动是一种内容丰富而又过程艰苦的经历,具有使妇女获得身体的自信、娱乐和满足感等多方面作用,因而主张动员妇女参与体育运动。[1] 这一点不仅仅表现在19世纪末的妇女群体中的大众体育参与意识和行为得到进一步发展,也表现在妇女争取奥林匹克参与权的斗争之中。在第一次女性解放的大潮中,1900年,一位名叫梅尔波门尼的希腊女子就要求给予妇女平等机会而发出参加奥运会的第一声呐喊。艾丽斯·米莉艾特1921年创立了国际女子体育联合会,并举办了几届妇女奥林匹克运动会,使得妇女依靠自身的力量在体育界确立了一定的地位,扩大了妇女体育的影响。

妇女争取奥林匹克参与权的事迹,也为当时正在争取选举权的女性主义运动所引用,对批判传统观念、清除对女性的歧视起了重要作用。越来越多的女性认识到,参与体育运动不仅可以使自己更加健壮、自信,也可以适时打破男性对运动领域的垄断——这实际上是一种权力垄断。将之推广到社会的其他领域,男性一统天下的地位便开始动摇了。从20世纪60—70年代开始的第二次妇女解放运动和第二次世界大战后妇女在更广泛的领域参与奥林匹克的历史过程是同步的。第二次妇女解放运动的基调是消除两性差别,并把这种差别视为女性对男性从属地位的基础。这一时期的妇女运动要求各个公众领域(包括体育领域)对妇女完全开放,缩小男人和女人的差别使两性趋同。

第二次世界大战以后,妇女的奥林匹克参与在纵深的道路上前进,表现为:妇女参与奥运会项目的幅度达到顶峰,发展中国家妇女运动员在奥运赛场取得瞩目成就,妇女争取奥林匹克管理权迈出第一步。妇女的奥林匹克参与成为这一时期妇女解放运动的重要组成部分,推动了妇女在更广泛的领域争取平等权,推动人们更深层地思考男女平等问题。人们最终发现,妇女在各项体育项目中的表现都相当突出,也能为国家、为民族争光,与男运动员不相上下,有时甚至更为优秀。如一些女运动员成功挑战

---

[1] Costa D. M. and Guthrie, S. R., *Women and Sport: Interdisciplinary Perspectives*, Champaign, IL: Human Kinetics, 1994.

了长期为男性专有的马拉松项目，改变了妇女无法完成这一长距离赛跑的陈腐看法，并且在较短的时间内将马拉松成绩大幅度提高，显示了女性在长跑项目中的巨大潜力，奥运会最终也将之列入了正式的女子比赛项目。这些都促使人们重新思考什么是"女性气质"、什么是"适合"女性的活动领域。因此，女性主义者指出，所谓的"女性气质"和"女人味"，实际上反映的还是父权制文化对女性的规定与塑造，目的是使女性成为符合父权制要求的、安于从属地位的"第二性"，以维护和巩固其统治。

妇女参与奥林匹克和其他类型的体育活动也为女性主义者研究体育领域的性别不平等诸问题提供了实践背景。70年代以后，妇女体育成为女性主义者的一个关注点。主要背景是美国政府在1972年通过了著名的IX法案即《教育法补充条例》第九条。IX法案的颁布为体育女权主义的出现提供了历史性的重大事件背景，体育女权主义的研究领域开始扩展到代表高水平竞技的奥林匹克赛场外，逐步涉及妇女参加体育活动的类型、阻碍妇女参加体育的心理因素和影响体育、性别的意识心态和文化影响力等方面。[1] 同时期的女性主义研究指出，从生理、心理的角度阻止女性参与运动的"科学"旗号，仍充满着对女性的偏见，其实质还是父权制文化企图维持对女性传统角色的定位，即力图宣扬"真正的女性"不应是自立、自信、自强和喜欢参与竞争的，她们应当放弃、漠视自己的权利，保持被动、柔弱，听凭男性的控制，心甘情愿处于"次一等"的位置。从这一角度说，妇女参与现代奥林匹克运动，特别是参与传统上属于男性的运动项目，就是直接冲击并变革社会文化和社会观念的过程。

## 二 奥林匹克改变妇女的社会地位

妇女的社会地位指的是妇女在社会中确定的社会位置，"妇女"本身便是一种先天拥有的被指定的、不能被改变的社会地位，可以称之为先赋地位；但是妇女选择作为职业运动员还是职业运动队的教练等地位则是妇女的生命历程中作为个人努力与否的结果而获得的地位，被称为自致地位。在社会分层日益丰富、社会流动日益经常的现代社会，妇女的社会地位具有更具体的含义：妇女在一个社会等级体系或分层系统中的等级位置。如何衡量群体在社会上地位的高低、群体在社会等级和分层中的位置，社会学界存在很多争议，德国社会学家马克思·韦伯的"三分法"是

---

[1] 董进霞：《当代美国女权主义和妇女体育》，《体育与科学》1995年第3期。

受到认同较多的一种方法。① 马克思·韦伯确定了社会分层和社会地位高低的三个关键纬度：财富和收入、权力、声望。根据韦伯的三分法，妇女因为参加奥林匹克活动获得的财富和收入会改变妇女的经济地位。同时，妇女在奥林匹克管理层、决策层、执行层等方面获得权力的大小会影响妇女的政治地位。而妇女因参加奥林匹克而获得公众的接受与名誉、尊重与敬佩程度直接影响妇女的社会声望。奥林匹克能够改变妇女的社会地位和角色具体表现在以下两个方面：

首先，参与奥林匹克改变了妇女的社会经济地位。体育社会学家洛伊在研究运动参与造成的社会流动时，谈到了运动会在几个方面改变参与者的社会经济地位：运动是运动员进入职业体育圈谋生的跳板；运动能够提高运动员的教育参与热情和机会，为今后选择其他职业打下基础；高水平运动员可能会带来商业赞助和合同。② 但是作为高水平的竞技体育活动，奥林匹克改变女子运动员的社会经济地位具有跨文化的性质，在社会主义国家中国，能够参加奥运会的国家队选手享有的资源非其他级别队队员，特别是80年代前，她们的身份基本是国有企业的员工，一旦拥有了国家队的"身份证"，能够在奥运等国际大赛中亮相的时候，她们也就拥有了"铁饭碗"，工资、城市户口、奖金等各种利益的获取也会激发更多的女运动员争取加入国家队的机会。西方发达资本主义国家的奥运选手多为业余性质，并不会把参加奥运会获取经济利益设定为工作和成就目标的重心。随着经济社会改革和体育体制改革，中国的奥运会优秀选手在享受国家队队员身份所带来的福利时，也不断注重自身商业价值的开发和发掘，以"广告代言人"的形式出现的奥运选手尤其是优秀选手频频出现于各种媒体的视界。有些奥运明星成为商家追逐的对象。2004年雅典奥运会后，福布斯杂志中文版公布的中国运动员年度收入榜中，前十名中女运动员占据五席，其中郭晶晶广告收入总额已超过千万元。③ 总之，作为职业队员的中国奥运女选手因奥运会的存在获得了更多的社会经济利益，在社会流动的方向上以向上流动为主，这也会使得她们的社会角色发生积极的改变。

其次，奥林匹克参与改变了妇女整个群体的政治地位和声望。例如，女子体育在奥运会的成功让中国妇女有机会赢得主流意识形态的关注，从

---

① ［美］戴维·波谱诺：《社会学》（第十版），李强等译，中国人民大学出版社1999年版。
② Dong, J., *Women, Sport and Society in Modern China – Holding Up More than Half the Sky*, London & Portland：CASS, 2003.
③ 沈在群：《中国体坛"男女平等"另解》，（http：//www.rednet.com.cn）2004年3月14日。

而产生权力和资源更大倾斜的可能性，奥运会的成功也让中国妇女赢得了大众的广泛尊重，从而提高社会地位。从1988年汉城到1992年巴塞罗那再到1996年亚特兰大，在连续三届奥运会中，中国共夺得37枚金牌，其中，男选手获得13枚，只占近三分之一。而在已经连续举办了21年的中国十佳运动员评选中，17届都是女选手占优势。1998年的男女获奖比例更是达到了创纪录的1∶9。当选次数最多的也是女选手，其中邓亚萍7次、郎平6次。整体上看，中国女将在世界竞技赛场拥有全面而强大的竞争力，男选手则在很多项目上还只处于"学习、锻炼"的阶段。由于女排、女足等标志性女子运动队和男子运动队的反差，人们对中国妇女是否具有更多的优良品质给出肯定的答案。但值得注意的是，中国妇女在奥运赛场取得的优异成绩与社会主义的平等观念相符合，赢得了更多的政治支持和社会尊重，却与实际的经济地位呈现出巨大的反差。

### 三 奥林匹克对妇女问题新的争论

将性别作为社会地位的一个变量是大多数社会学家的做法，而社会学家洛博（Lorber）则认为性别并非一个实体而是多重要素的组合：性别地位、性别劳动分工、性别个性、性别模式、性别意识形态和性别形象。[1] 从洛博的性别要素理论来看，高水平的奥林匹克竞赛对两性观念既有强化也有弱化作用；在工业社会中，劳动分工是性别秩序的基础，作为职业选手和业余选手的妇女在参与奥林匹克的方式和价值观念上存在跨文化差异；奥林匹克在不断挑战传统的妇女角色的同时又在某些项目中女运动员性感的着装和打扮上传达性别信息。

国际奥委会主席萨马兰奇在2000年"妇女与体育"世界大会开幕式上说，妇女体育运动取得的巨大成就并不意味着在奥林匹克运动中女子同男子已经平等，事实上，男女还存在着很大距离。随着媒体和商业的介入，奥林匹克领域内的男女平等问题出现复杂化的趋势，许多新的问题似乎在摧毁妇女和体育女权主义者的努力，如在媒体超强渲染的攻势配合下，过分暴露的服装是不是让奥运会女子运动员的身体被商品化，成为愉悦大众、产生利润的工具？参与"肌肉型"奥运项目的女子运动员是否必须用兴奋剂来维持状态？并且失去女子应有的健康与美的表达？在探讨奥

---

[1] G. Pfister and I. Hartmann–Tews, "Women and Sport in Comparative and International Perspectives", in Ilse Hartmann–Tews and Gertrud Pfister (eds.), *Sport and Women–Social Issues in International Perspective*, London & NewYork: Routledge, 2003, p. 9.

林匹克的男女平等问题时,也存在着理论上的分歧,功能主义者认为,男女之间的不平等是历史性的产物,奥林匹克传统的大男子传统是最有效率和最适用的制度安排;而冲突论则认为妇女必须打破奥运会中男子阶级统治和压迫的局面。① 总之,妇女参与奥林匹克和奥林匹克对妇女建构要想形成良性互动局面,需要一个很漫长的过程。

## 四 妇女在未来奥林匹克运动发展中的前景展望

进入 21 世纪以来,广大女性在社会、经济、政治、文化等层面上全方位的发展,使她们日益成为一个重要的社会资源而得到世界广泛的认同。奥林匹克运动历经百年,由于妇女的参与才使得其内涵更加丰富、体系更加完善,也由于它接纳了妇女,才使其成为当今世界规模最为宏大、影响最为深远的文化盛典。妇女参与奥林匹克运动,使其自身获得了解放和更加全面地发展。但是,妇女参与奥林匹克运动又不可避免地遇到种种困难与挫折,需要社会给予她们更多的关注和支持,也要求妇女自身不懈地奋斗。

妇女在奥林匹克历史上的地位与社会发展是密切相关的。社会的发展和进步是妇女在奥林匹克中发展的客观动力。而妇女参与体育运动的比例和成绩又会从侧面反映出其社会的文明程度、经济发展水平以及综合的民族素质。

第一,全球化将加快妇女参与奥林匹克运动。全球化是现代社会发展的历史趋势,在全球化过程中,人们的思维方式、行为方式也会产生重大的变革。美国社会学者戴维·赫尔德在《全球化与反全球化》一书中说:"全球化简单来说就是指社会交往的跨洲际流动和模式在规模上的扩大、在广度上的增加、在速度上的递增,以及影响力的深入,它体现了人类组织在规模上的变革,这些组织把相距遥远的社会联系在一起,扩大了权力在世界各地区和各大洲的影响。"在全球化过程中出现了三种社会趋势,即社会经济组织的传统模式的转变、地方性原则的转变和权力的转变。在这个过程中,女性也必将重新定位全球化社会中自己的社会角色、所承担的社会责任以及自身的价值意义。在全球化影响下,社会制度相应发生变迁,社会结构开始变革,这些都给女性带来难得的机遇,它可以促使广大女性跳出传统的国家界

---

① A. Dewar, "Sexual Oppression in Sport: Past, Present, and Future Alternatives", in Alan G. Ingham & John W. Loy (eds.), *Sport in Social Development*. Human Kinetics Publishers, 1993.

限、传统文化的束缚和传统思维的禁锢,在更大程度上参与社会事务,提高自身社会地位。在全球化浪潮席卷下,奥林匹克运动也加入到全球化过程中,不可避免地受全球化同化,增加女性参与奥林匹克运动的机会,在全世界范围内形成妇女参与奥林匹克运动的新浪潮。

在全球化思维指导下,世界妇女可以形成一个规模庞大的群体,为求得自身权利的实现而共同奋斗。全球化给妇女带来最明显的改变就是多边机构和多边组织的迅速出现和多边全球政治模式的建立,包括政府、政府间组织、国际非政府组织。这些组织既改变了国家也改变了市民社会的形式和力量。在体育领域,全球化的体育组织将控制体育的权力由国家向社会组织转移,多元化的调控体系日渐形成。在这个转变中,国际妇女联合组织、妇女体育组织等纷纷成立,并且在实际工作中发挥了重要的作用,随着这些国际妇女体育组织力量的增强,也会在很大程度上帮助女性参与奥林匹克运动。

第二,奥林匹克文化的传播将有力地推动妇女参与。《布莱顿妇女与体育宣言》明确提出,"体育运动是平等公正开展的文化活动","是每个国家文化不可分割的一部分"[1]。奥林匹克运动不仅是人类体育史上规模最大的体育活动,而且也是人类文明史上一个宏大的社会文化现象,是一个庞大的文化体系,在社会的经济、政治、文化、教育、伦理道德、哲学、美学等领域产生广泛的影响。但是,无论是古代奥林匹克运动还是当代的奥林匹克运动,其文化本质是一种男性强势文化,这是由人类的发展历史所决定的,因为在人类历史发展过程中,绝大部分时间是以男性为本位的社会意识形态。

基因决定了生理性别(sex),但是文化却决定了社会性别(gender)。如果让女性操纵历史发展的话,人类的运动历史将会完全变化,奥林匹克运动也会变成女性强势文化。作为人类体育文明的共同缔造者,女性所创造的体育文明有自身独特的魅力,它不同于男性体育文化,是人类体育文化的不可或缺的组成部分。例如1984年第二十三届洛杉矶奥运会,奥运会首次设立了只允许女运动员参加、展示女性柔美气质的项目:艺术体操和花样游泳。这一设项的新举措是"男女平等"的要求首次在奥运会上的深层次体现,成为女性解放的真正契机,妇女们开始摆脱以男人为模板的束缚,终于转向了以自己为目标的解放。从盲目追随男性转向肯定女性自身价值展示了女性的性别优势。

---

[1] 谢丽娜:《"布赖顿妇女与体育宣言"和妇女体育》,《体育文化导刊》2002年第1期。

第三，妇女研究视角将有助于奥林匹克研究的深入发展。对奥林匹克运动本身发展规律的研究是有效推动妇女参与奥林匹克的重要方式之一。长期以来，我们对奥林匹克运动的研究大都是站在男性的立场上开展的，对女性参与有一种内在的排斥。随着女性广泛地参与奥林匹克运动，这种内在的排斥与外在的社会现实之间产生了一系列的矛盾，如何解决妇女在参与奥林匹克运动过程中遇到的种种问题就对现代奥林匹克研究提出了新的研究内容。在对这些问题进行研究时，如果我们仍旧站在男性立场，以男性本位视角研究，不可避免会产生视角偏差，不利于深入研究和产生正确结论，这就需要我们转换研究视角。女性的经验、价值和态度能丰富和促进体育的发展，从女性自身角度来研究奥林匹克运动，以女性视角探索奥林匹克运动发展规律可以在很大程度上弥补纯男性视角所造成的误差，全面考察奥林匹克运动，以便促进奥林匹克运动均衡、健康发展。

第四，女性参与奥林匹克运动的机会平等化趋势。机会均等是现代社会的重要特征，这也是广大女性千百年来的愿望。参与奥林匹克运动的均等机会意味着从参赛项目、参赛人数到组织管理、参与决策等女性参与奥林匹克运动的平等机会类型反映了在文化中占主导地位的女性定义。与男性相比，女性在过去一段时间内参与机会平等程度已经得到很大发展。尤其现在，越来越多的项目向女性开放、越来越多的禁区被打破。

无论是从参赛人数还是参赛项目来看，女性和男性之间的距离在拉近。而且随着现代训练的科学化程度的不断提高，女性竞技能力已经得到很大提高，在奥运会上取得的成绩也越来越好。由于女性特有的生理结构和机能，女性在灵敏、协调、平衡及有氧耐力等多方面都有自身的优势，有利于她们在这些项目上取得优异成绩。而且随着现代科学的不断发展，女性在速度、爆发力、力量等具有男性化的指标方面也有显著提高，有学者研究指出：在许多项目上，女运动员与男运动员的成绩差距也在不断地缩小。

现代奥林匹克运动中女性参与奥林匹克管理的机会也大大增多。国际奥委会也通过一系列的措施来保证女性委员的人数和比例。2000年国际奥委会在巴黎召开第二届"妇女与体育大会"，提出"体育领导层的男女比例明显失调"，而且通过努力要"在国家奥委会和国际单项体育组织中要使担任领导职务的女性比例到2000年年底至少达到5%，到2005年至少达到20%"①，建议国际各单项体育联合会和国家奥委会成立专门委员会

---

① 古德伦·多尔泰帕尔：《妇女与体育大会讲话》，2000年3月6日（http：//www.chinasfa.net/gjzx/gjhy/fnyty.htm）。

或妇女工作组，以便制定和完成妇女体育的发展计划，专门处理妇女体育事务。同时建议各国家奥委会成立包括妇女在内的运动员委员会，作为培养妇女体育领导者的一种方式。国际奥委会也将继续为在奥林匹克项目达到男女平等的目标而努力。

第五，女性职业体育的兴起将有力地促进女性参与奥林匹克运动。第二次世界大战以后，随着奥林匹克运动大门向职业运动员的敞开，许多女性职业运动员也由此进入奥运会赛场。20世纪80年代以后，许多国家体育价值观念开始转变，女性职业体育赛事范围也逐渐扩大，逐步改变以前那种"只允许女子参加那些只有女子参加的项目或是隔网对抗、防止身体直接接触对抗类的运动项目"的传统观念，增加了女性职业体育赛事数量。近年来由于世界体育产业的迅速发展，同男子职业体育赛事一样，女性职业体育赛事也不断发展，规模也越来越大，其影响也越来越大，引起了国际社会的广泛关注。现在全世界女子职业体育赛事几乎遍布各种项目，竞技水平提高速度很快，对观众的吸引力越来越大，创造了巨大的经济价值和社会价值。通过女子职业体育赛事这一个平台，极大地提高了女性体育活动的社会影响力，也吸引了越来越多的女性参与体育活动。

马克思主义哲学理论指出：作为自觉的能动的创造价值的社会主体，人在本质上是追求自由的存在物，自由是人类整个价值体系的最高价值。人的活动受到三个方面的束缚：一是受自然条件束缚，二是受社会条件束缚，三是受自身条件束缚。人的自由和解放就是在这三个领域中解除束缚、克服限制，使人在社会中获得自由和解放。进入21世纪，人类跨入了新的发展纪元。新世纪已经来临，一个全新的发展观正在形成。现代社会的发展，必须有一个健全的社会形态，这包括两性间的和谐发展，而和谐发展只能在社会个体充分自由发展的基础上实现。人类社会由男女所组成，两性不仅是人类繁衍生殖所必需的生物实体，而且也是精神、人格的社会实体，是互为基础、互相依存的关系。全世界女性也以全新的面貌在世界发展中发挥更重要的作用。全球市场经济的进一步建立和发展，从客观上为女性提供了平等竞争的机会，提供了新的机会和多元的选择，强化了女性的竞争观念、效益观念、商品经济观念以及自我意识、自身价值等现代观念，促进女性勇敢参与社会竞争。

21世纪的奥林匹克运动必将跨越国界、语言、肤色、性别的差异，以"更干净、更团结、更人性"的体育精神，以奥林匹克运动会为手段将世界人民紧密联系在一起，正以前所未有的速度快速发展，也以比以往更加宽阔的胸怀接纳一切有利因素不断丰富和完善自己。因此，对于广大女性来说，虽然前途充满坎坷，但是奥林匹克的大门已经为她们敞开，她们将是一支伟大的社会力量，在奥林匹克运动中"开拓"出一条女性解放的新路径。正是由于妇女的参与，才使得奥林匹克运动真正成为现代最有影响力的国际社会文化活动，才使得奥林匹克运动美好、纯洁的精神理想深入人心，使得新世纪的奥林匹克运动在价值多元与共享的发展道路上越走越远。

# 第六章 女性、体育与社会变迁
## ——城市化进程中女性大众体育的崛起

女性地位在社会变迁过程中的变化是女性主义研究一个非常重要的主题，而女性体育的发展可以说是女性地位变化的一面镜子。上一章，以奥林匹克运动为出发点，我们探讨了那些"精英"女性走向竞技和职业体育的艰辛路程和胜利果实，对于大众女性的体育运动参与的研究发现，又会折射出什么样的女性生活图景呢？

本章以城市化作为切入口，城市化不仅仅是社会整体变迁的浓缩，也是引起社会成员个体生活变化的一个重要情境，改变着中国城市居民的生活模式、行为意识和思想观念。除此之外，城市化是中国当代社会发展的一个重要标志，它促成了中国由农业社会向工业社会、由封闭社会向开放社会、由一元社会向多元社会的转变。体育活动作为一种生活方式和文化观念，在城市化的过程中正经历着划时代的变革，其中一个突出的现象就是女性大众体育运动的兴起。本章以2013—2014年所进行的城市女性大众体育调查数据为基础，[①] 一方面呈现当前我国女性大众体育的发展状况，另一方面试图探讨在城市化过程中女性大众体育兴起的社会动力机制，并对城市化发展过程中女性大众体育发展战略进行了思考。本章认为女性大众体育的兴起不仅仅是社会变迁的产物，同时也为女性在城市化、现代化的社会进程中寻求自我发展提供了一种新的途径。

## 第一节 城市化、女性与大众体育

### 一 城市化进程中女性地位的变迁

城市化是20世纪以来在全球范围内最为显著的社会变迁。城市化也

---

[①] 数据来自国家体育总局社科课题"多维视角下女性大众体育的发展战略研究"（1912SS13073），2014年。

有学者称之为城镇化、都市化，是由农业为主的传统乡村社会向以工业和服务业为主的现代城市社会逐渐转变的历史过程，具体包括人口职业的转变、产业结构的转变、土地及地域空间的变化。从宏观来看，城市化创造了以空间、政府与法律、生产与消费、社区、社会阶层、民族群体、志愿组织、交通网路、传媒交流、公共行为和价值体系等要素组成的一个有机系统。[1] 而对于个人来说，城市化创造了城市生活，不仅改变了人们的生活环境（在哪儿生活），也改变了人们的生活方式（如何生活）。

"城市化"在现代社会中包含两种层面的变迁过程：一是从农村到城市的过渡；一是城市的再发展。[2] 而本章主要立足于后者。本章建立的观点是：虽然中国很早就有地理概念范畴下的"城市"，但是在很长时期内，并没有一种真正意义上的城市生活与城市精神。直到20世纪80年代，中国在经济改革的推动下，才出现了真正意义上的城市化进程。此时的城市化的发展不仅反映在人口的增加、城市区域的扩大、城市规划与市政设施的完善，更凸显为城市制度的引进以及城市生活方式的普及。生活方式的变迁势必会带来新的社会秩序与格局的产生。作为社会子系统的性别和体育在城市化的过程中也必然会经历一场前所未有的变革。

中国长期以来以农耕为主的生产模式造就了"男耕女织""男主外、女主内"的性别分工。这种性别分工建立并维护了男性的主导地位、女性的从属地位。女性的从属地位可体现在三个方面：首先，女性在经济上得不到独立；其次，政治和社会权利得不到保障；最后，在文化上受到束缚和压制。因此，女性的主体性得不到认识，她们只能贴上男性社会成员的附属物（某某的女儿、妻子、母亲）的标签。1949年中华人民共和国成立，国家以自上而下的行政手段打破了这种性别秩序。首先从法律上确认了女性的主体地位；其次让女性进入到社会大生产中；再次建立社会公共服务（如食堂、幼儿园）来减轻女性的家庭负担；最后从意识形态上打破男、女之间的疆界，抹杀性别意识。[3] 不可否认，这种以行政手段为主导的"女性解放运动"确实提升了女性的地位，为进入男女平等的社会迈出了坚实的一步。但是这种自上而下的、以外力为主要动力的女性运动并没有真正地从更广泛的角度唤起女性内在的性别意识，"男女平等"不等同

---

[1] Riess, S. A., *City Games: The Evolution of American Urban Society and the Rise of Sports*, Champaign: University of Illinois Press, 1989.

[2] 熊欢：《城市化与市民体育的兴起——美中城市体育发展之比较》，《体育科学》2008年第1期。

[3] Croll, E., *Chinese Women since Mao*, London: Zed Book Ltd., 1983.

于"男女相同",这种对性别的抹杀,更确切地说是对女性性别特征的抹杀,实际上阻碍了女性集体意识的形成与发展。[1]

社会制度的变迁是随着社会环境的改变而发生的。女性地位的变迁也一样。城市化为女性的发展提供了外部和内在的动因。从外部来看,城市化为妇女发展提供了广阔的现实空间。首先,城市化进程中产生的聚集效应,使教育文化、就业创业、公共服务等资源大幅度增加,为所有的人包括女性的发展奠定了丰富的基础。其次,城市化进程中凸显的公平效应,使女性和男性在"城市"这一崭新的再造自然里拥有同样的参与、竞争和发展的机会。再次,城市化进程中衍生的创新效应,诸如新的观念、新的生活方式、新的交往方式、新的组织制度等为妇女创造了更多的公共空间,使女性参与公共事务的途径不断增多,为女性提供了新的成长舞台。[2] 从内部来看,城市化促进了女性自我意识的觉醒。多元、开放的城市文化不仅为西方现代文化的流入打开了大门,同时为新兴思潮的孕育提供了土壤和养料,在这种环境下,女性的自我意识被唤醒,女性所受的文化束缚得到了一定释放,具体表现在各种实践活动中对于传统父权秩序的质疑与抵抗,如女性文学的崛起、以女性为主的自愿组织的出现、以女性视角为主体的电影、电视剧的热播,以及女性研究学科的建立等。

从另一方面,城市化对女性生存与发展也产生了制约与负面的影响。这些负面影响从经济领域集中体现在女性就业难、就业水平较低、城市女性贫困人口相对较大等方面;从政治领域体现在女性领导阶层的薄弱以及女性政治话语权的缺失;从社会领域体现在社会竞争机制和社会资源的分配对男性的倾斜,这导致了男、女发展机会的不平等;而从文化领域来看,城市化所带来的多元文化环境比以前单一的文化模式更为复杂,在社会对个人选择的包容度提升的同时,它对女性角色的期待也变得多样化,很多女性对自己的身份认定产生了疑惑:是回归家庭扮演"贤妻良母"的角色,还是奋战在职场里做独立的现代女性。总之,城市化对于女性的自我发展与社会地位的提升既是一个机会,也是一种挑战。

## 二 城市化进程中大众体育的发展

城市和体育有着密切的联系。现代体育的形成与发展,城市化运动比

---

[1] Yang, M. M., *Space of Their Own: Women's Public Sphere in Transitional China*, London: University of Minnesota Press, 1999.
[2] 张丽丽:《张丽丽主席在妇女与城市发展暨纪念第四次世界妇女大会十五周年论坛"女性与城市化进程"分论坛上的讲话》,2011年9月17日。

任何其他因素都发挥了更重要的影响。[①] 而对于大众体育来说，城市的发展起到了更加至关重要的作用。

"大众体育"在英文中被称为"sport for all"（全民体育），在一些英文文本中所提到的"physical activities"（体育活动）、"physical exercises"（体育锻炼）也属于大众体育的范畴，与"elite sport"（精英体育、竞技体育）和"physical education"（体育教育）相区分。在中国，大众体育，早期被称为"群众体育"（mass sport），20世纪90年代末以后又称为"社会体育"（social sport），是与学校体育、竞技体育对应的概念，由企事业单位职工，以及城镇居民与农民，为达到健身、健心、健美、娱乐、医疗等目的而进行的内容丰富、形式多样的身体锻炼活动。具体来说，大众体育是指在工作、学习之余展开的、以社会全体成员为对象，以增强体质、丰富余暇生活、调节社会情感为目的，形式多样的群众体育运动。它作为休闲生活的重要组成部分，可以不拘形式地通过参加各种身体活动，在充满欢悦和谐的气氛中，达到增强体质、促进健康、恢复体力、调节心理、陶冶情操、激发生活热情、培养高尚品格、满足精神追求及享受人生乐趣等目的。

大众体育在中国的发展路径可以大致分为两个比较明显的阶段：在改革开放前大众体育（群众体育）的发起与发展是一种自上而下的路径，国家和政府在倡导与发展大众体育的过程中扮演着主导的角色，无论是从目标的制定、组织、宣传、管理、经费投入，还是从个人参与的形式、途径、活动的内容等都是由政府主导的；而在改革开放以后，由于从计划经济到市场经济的转变，大众体育被推向了社会与市场，政府在大众体育的组织、管理、经费投入以及参与形式上所起到的作用越来越小，也逐渐退出了主导角色。然而，大众体育并没有就此而衰落，而是出现了新兴的气象。由此，自上而下的发展路径被自下而上的"草根"力量所逐渐代替，成为大众体育发展的新生动力，而这种草根力量的激发与现代城市化的发展有着密不可分的联系。换句话说，是在城市化的过程中，城市经济的高速发展和城市文化生活的繁荣催生了大众体育再兴起：首先城市化为大众体育提供了物质基础；其次提供了制度基础；再次提供了文化基础。

从物质基础来看，城市化首先使大量的人口聚集在一起，这为体育活动的参与提供了人口基础；其次在城市化的过程中，随着分工的完善、效

---

[①] 熊欢：《城市化与市民体育的兴起——美中城市体育发展之比较》，《体育科学》2008年第1期。

率的增加、家庭结构的变化、公共服务的发展，人们的余暇时间不断地增加，这为参与体育活动提供了时间保证；再次，城市化过程中，专门的休闲广场、公园以及体育场馆的建立为人们参加体育活动提供了空间条件；最后，城市化使人们的物质生活大大改善，这不仅为人们参与体育活动提供了经济基础，同时也促发了人们对精神生活的追求。

从制度基础来看，在城市化过程中，社会组织结构和制度发生了相应的变化。最明显的是以生产单位为主体的社会组织制度向以生活社区为主体的社会服务体系的变迁。在改革开放以前，中国社会是一个由极其独特的两极结构所组成的社会：一极是权力高度集中的国家和政府；另一极则是大量相对分散和相对封闭的一个个的单位组织。单位是中国社会中的一个高度整合和低度分化的基本组织形态。在城市中，社会成员总是隶属于一定的"单位"（如学校、工厂、机关、街道）。由于资源主要由单位垄断分配的机制，人们从摇篮到墓地，生生死死都离不开单位。在这里，单位社会的生活成为人们社会生活的常态，而私人空间和个人活动随之被单位生活覆盖。与此同时，单位现象使得全部社会生活呈政治化、行政化趋向。人们的体育活动也多为自上而下，通过行政手段由单位组织起来的，最简单的例子就是广播体操在各个单位的全面推广。对于社会成员来说，这种体育是一种强制性、具有政治意义的活动，而人们只有以服从作为代价才能换取资源，进而获得社会身份、自由和权力。[1] 因此，在这种相对封闭、高度整合的社会结构和制度环境下，以自由选择、自由时间、自由感为核心的休闲体育活动不可能得到生存的土壤。改革开放后，中国城市的发展不仅仅表现在其飞速的经济增长上，更体现在原有的城市社会结构——单位制度的逐渐松动与瓦解上。这为体育活动在制度上提供了新契机。首先在市场化和效率优先的原则下，很多单位无法承担多元的社会职能，一些比较不重要的职能，如休闲、娱乐与体育等被首先推向了个人和市场。其次，城市化逐渐把生产区域与居住区域的分离，这导致了"公域"和"私域"的分离，人们在工作之外的活动很难再受单位的管制，有了更大的自主性，体育活动也因此才能成为个人的自由选择。除此之外，社区服务体系逐渐取代了单位的主要社会功能。社区服务体系与单位制度不同，其主要目的不是控制社会成员，而是有效满足社区居民个性化、多元化服务的需求。

---

[1] Simmel, G., *Soziologie: Untersuchungen ueber die Formen der Vergesellschaftung*, Berlin, 1968.

同时，社区服务体系所带来的居民自治和非政府组织的出现为休闲体育规模化、制度化发展提供了组织基础。

从文化基础来看：一方面，在城市化过程中，人们的生活方式和价值观发生了变化。人们对精神、娱乐、身体文化的追求逐渐代替了对基本温饱的追求，这是大众体育发展的根本动力。现代城市生活紧张、节奏快、压力大，因此，在余暇时间他们需要寻求精神上的释放。身体运动是释放压力、增强体质、寓教于乐的很好途径，越来越受到城市居民的推崇。除此之外，人们对身体文化越发关注，很多人希望通过体育健身来达到完美的身形、符合当下的潮流。另一方面，城市化所带来的开放、包容的文化环境使体育活动向多元方向发展，不管是传统体育活动还是西方传来的体育类型，不管是以健身、医疗、减肥为目的还是以冒险、娱乐、社交为目的的体育活动，不管是消费型的还是非消费型的休闲体育活动，都受到不同群体的追捧，促进了大众体育活动繁荣。

综上所述，在中国近30年的城市化的发展过程中，人们对体育活动的需求逐渐凸显出来，这和城市物质、制度和文化环境的变迁几乎是同步发生的，大众体育的发展是社会进步的标志，而城市是大众体育孕育的一个重要基地。

## 三 城市化进程中女性大众体育崛起的动力机制

在中国的城市化进程中，我们看到了女性地位的变化以及大众体育的发展。这是当今女性体育休闲活动兴起的社会背景和动力基础，城市政策、观念、组织（制度）构成了促进女性体育活动兴起的直接动力。

### （一）政策：全民健身运动的发起与深化

体育是文明生活重要的组成部分，它来源于人们的生活，和人们的自然需求以及社会需求息息相关。正如体育社会学家柯克莱所论述的那样，"体育在不同的时代、不同的环境有着不同的形式和不同的意义；由于体育是一种文化的建构，因此随着时代和环境的变迁，体育的形式及其对个人和社会意义也会随之发生变化"[1]。自20世纪80年代改革开放以来，为了适应城市文化和人们社会实践的变化，中国体育政策调整了自己的战略目标，并积极地为创造更美、更和谐的城市生活出台了一系列的具体可行的政策法规。

---

[1] Coakley, J., *Sport in Society: Issues and Controversies*, New York: Mcgraw - Hill, 2001, p. 3.

回顾中国体育政策的发展，自新中国成立以来直到20世纪80年代末，中国体育政策基本上一直延续着20世纪60年代"缩短战线，确保重点"的核心方针，特别是在80年代初明确提出"到奥运会去为国争光，就是一项政治任务"的口号，这进一步确定了以竞技体育为先导的战略思想。在国家政策将工作重点转向抓提高运动成绩、竞技体育快速发展的同时，群众体育发展则出现相对滞后的局面，即出现"一手软，一手硬"的问题。随着经济改革和社会发展的越发深入，这种不平衡的发展模式在80年代末引起了一场大争论：体育的功能是为了实现国家的政治目标，还是为了提高人们生活质量及创造和谐社会。这场争论成为中国体育政策从"一手软，一手硬"到"两手都要硬"的拐点。

90年代，为了适应从计划经济体制到市场经济体制的社会转型的趋势，以全民健身为核心的大众体育逐渐被提上了国家议事日程。群众体育的发展战略是通过厘清政府、社会、职能部门的事权责任，在行政干预的同时，提倡通过资源配置、利益驱动，打破所有制局限，促进群体活动目标多元化，旨在建立国家调控、依托社会、服务群众的充满生机和发展活力群众体育管理体制和运行机制，创建群众体育发展的新模式。遵循这一总思路，国家体委通过制定政策规划、建立相应制度、提供物质基础、确定工作重点对象等，采取了一系列相关措施来落实群众体育的发展。经过十多年的实践，形成了一个计划——《全民健身计划纲要》；两块基石——国民体质监测与群众体育现状调查；三项保障——全民健身路径、中华体育健身方法、社会体育指导员制度；四项内容——四个"一二一"、全民健身活动周、五个亿万工程、全民健身先进表彰；五个重点群体——青少年、农民、妇女、残障人、老年人，初步形成了一整套推动群众体育发展的措施体系。

2008年北京奥运会的圆满成功，在充分展示中国体育辉煌成就的同时，也进一步激发了广大人民群众的体育热情和健身意识。胡锦涛总书记在北京奥运会、残奥会总结表彰大会上提出："要坚持以增强人民体质、提高全民族身体素质和生活质量为目标，高度重视并充分发挥体育在促进人的全面发展、促进经济社会发展中的重要作用，实现竞技体育和群众体育协调发展，进一步推动我国由体育大国向体育强国迈进。"[1] 这不但确立了大众体育在国

---

[1] 胡锦涛：《中共中央总书记、国家主席、中央军委主席胡锦涛同志在北京奥运会、残奥会总结表彰大会上发表重要讲话》[N/OL]，新华网，2008年9月29日（http：//2008.people.com.cn/GB/128533/135285/8124065.html）。

家政策中的重要地位，同时为体育的发展提出了更高的要求。

2009年9月7日国务院总理温家宝签署第560号国务院令，公布《全民健身条例》。这是一部专门针对全民健身工作的系统、全面的立法。《全民健身条例》在立法思路上主要体现了以下几点："一是在组织方面，坚持政府统一领导、部门各负其责、社会共同支持、全民积极参与，组织公众从日常工作中抽出部分时间投身全民健身运动。二是在管理方面，要求政府加大对农村地区和城市社区等基层公共体育设施建设的投入，明确管理责任，扩大现有公共体育设施的开放范围，促进全民健身事业均衡、协调发展。三是在安全方面，加强对高危险性体育项目经营活动的监管，加强社会体育指导人员队伍建设，确保公众参加健身活动的安全。"[1] 这部条例的颁布进一步丰富和完善了全民健身的法规体系，是全民健身工作日益法制化、规范化的重要标志。

从《全民健身计划纲要》制定到《全民健身条例》的颁布标志着中国体育政策划时代的进步，它不仅实现了政府以群众的利益为先，大力发展群众体育的承诺，而且赋予并保证了社会各个成员平等参加体育活动的权利。女性作为社会的弱势群体，受到了十分的关注。在《全民健身计划纲要》中，政府就明确提出女性是全民健身运动工作的重点，而且特别指出女性的体育运动要以女性自我的身心健康、生活康乐为核心。这与改革以前政府所倡导的"为生产、生育、军事防卫"而进行锻炼的女性体育发展战略截然不同，其对女性休闲体育参与的影响具体表现在：一是从法律上确立女性在体育参与中的重要地位，保证了女性休闲体育活动的权利；二是要求地方政府、企业、社会组织为女性提供参与体育活动的渠道；三是为女性体育活动提供社会指导和安全监管；四是组织开展各式各样的活动，倡导科学、健康、文明的女性生活方式。

国家的政策导向对于人们的生活实践有着相当重要的影响，我们不能否认这种自上而下的（政策）推动力对女性休闲体育的发展起到了至关重要的作用。但同时，我们也不难发现，当今女性休闲体育的兴起与城市化过程中女性城市生活的改变有着更加直接的关联。从某种程度上来看，这种自下而上的驱动力（社会力量）比自上而下的动力（政府力量）更为强劲。因此要了解中国女性休闲体育兴起背后的动因，我们还要从她们所经历的具体的城市生活变迁来探究。

---

[1] 刘鹏：《刘鹏在〈全民健身条例〉新闻发布会上的讲话》[N/OL]，体育总局网站，2009年9月10日（http://www.chinasfa.net/lr.aspx?id=5589）。

### (二) 价值观念：城市生活的变迁与女性大众体育需求的增长

自改革开放以来，中国的经济持续快速地发展，这不仅为人们生活水平的提高提供了物质基础，同时也逐渐改变着人们的生活方式，从封闭、单调、高度统一的生活方式变得开放、多元、相对自由，这些变化深刻地影响着女性对体育的态度。其中变化最突出的是女性健康、休闲和消费观念的改变，这些观念的改变构成了女性对体育运动需求的内在动力。

首先是健康观念的形成。随着城市经济的增长与物质生活的丰富，人们的生活变得越来越方便、快捷，伴随而来的是传统健康生活方式的丢失。比如快餐的出现为快节奏的城市生活提供了便利的同时也改变着人们传统的健康饮食习惯；方便快捷的公共交通、私人汽车的拥有在提高了人们出行的速度的同时也渐渐减少了人们走路或骑自行车的机会；从电视进入中国家庭到电脑、网络的广泛使用，人们的娱乐空间渐渐被锁定在室内，户外运动大大缩减。这种现代生活方式大大地影响了人们的身体健康状况。随着高血压、肥胖症、心血管疾病等"城市富贵病"的高发，人们开始逐渐意识身体健康的重要性，健康也逐渐成为女性生活的主要话题之一。通过适当的体育运动来提高自己身体的健康水平是很多女性利用休闲时间进行体育活动的内在动力。调查显示85%的妇女参与体育活动是出于健康原因。[1] 除此之外，女性的健康观念也在逐渐的演变。随着现代女性工作、家庭、生活环境等压力的增加，所谓健康也不仅仅停留在身体上。现代女性健康观是生理、心理、社会三位一体化的科学健康观。WHO（世界卫生组织）提出的"健康的四大块基石——合理营养、适量运动、戒烟限酒、心理平衡"，如今已成为普及的健康促进指南。"体育锻炼"介入新世纪女性的生活方式已成为一种较为普遍的现象。

其次是休闲观念的形成。改革开放以来，随着物质生活的提升，城市女性对休闲从无知到认识，对休闲的态度从冷漠到追求。今天休闲已经成为女性城市生活的重要组成部分。首先，女性余暇时间的增加。一方面是公共假期的增加，工作时间的缩短；另一方面是新科技以及家政服务的出现减少了女性在家务劳动上的时间。根据一项对上海、天津、哈尔滨等城市的调查结果显示，职业女性工作日的平均余暇时间为288.41分钟，休息日的余暇时间为287.87分钟，在正常休息日，80%以上的女性被访者

---

[1] 中国群众体育现状调查课题组：《中国群众体育现状调查与研究》，北京体育大学出版社2005年版。

日余暇时间在 3 小时以上，工作日，也有近 70% 的女性余暇时间在 1 小时以上。① 随着余暇时间出现，她们开始考虑如何利用这些时间，追求个人生活价值的实现。同时，我们也看到女性休闲方式越来越多元化。看电视、购物、读书、与家人旅行等活动已经不再是女性单一的选择。休闲体育，如健身、户外运动、美体等逐渐成为女性追捧的休闲活动。这种休闲行为的变化充分反映了女性休闲观念以及休闲动机的改变。2011 年中国休闲发展报告指出城市女性休闲已不局限于与家人、朋友间进行感情联络，也不再一味跟风于某种休闲方式，而是更加注重个人的身心调节和精神追求。在休闲动机的调查中，有 81.5% 的女性被访者将"放松身心"作为其主要的休闲目的，另 80% 为"愉悦精神"、46.2% 为"锻炼身体"。② 而体育活动正好满足了女性的综合需求，这也是女性大众体育目前发展的驱动力之一。

再次是消费观念的形成。城市化进程在中国掀起了一场"消费革命"：1989 年以前属于供给式消费向温饱型消费发展的模式，1989 年以后则是由温饱型消费向小康型消费的发展过程。对女性来说，随着城市家庭收入的增加，她们的消费能力也相应增加了，消费结构也变得复杂多样。根据 2006 年城市女性消费状况报告，城市女性家庭消费最大支出是孩子的教育，占 24.1%；其次是买房或房贷，占 21.3%；再次是旅游度假，占 11.2%；接下来为家电产品（9.3%）、投资（5.1%）、购车或保养（5.8%）、数码产品（3.8%）、赡养老人（3.5%），休闲文化（1.7%）等。而"美丽消费"成为女性个人消费的首选。③ 所谓美丽消费就是以女性追求某种美为目标，围绕身体全部和局部所进行的美容美发、瘦身健体、保健调养等消费活动。除此之外，女性休闲文化消费也呈上升趋势。这种消费趋势促进了一部分女性体育消费观的形成。随着体育产业的发展以及体育市场的出现，多种多样的针对女性锻炼健身的商业场所如雨后春笋般地出现。健美操、肚皮舞、瑜伽、舍宾、水上芭蕾，各式各样的健身项目瞄准了女性的钱包。同时在媒体的影响下，"花钱锻炼买健康"的观念也开始传播开来。再加上女性自身对美丽的追求，体育消费逐渐成为一部分城市女性生活消费的一部分。很多女性表示在经济能力允许的范围内，她们愿意花钱参加体育健身运动，以消费者的身份参与休闲体育活动

---

① 王雅林等：《城市休闲》，社会科学文献出版社 2003 年版。
② 刘德谦等：《2011 年中国休闲发展报告》，社会科学文献出版社 2011 年版，第 233 页。
③ 韩湘景：《中国女性生活状况报告》，社会科学文献出版社 2007 年版，第 127—129 页。

可以说是女性休闲体育发展的一个趋势。这种趋势反映出女性对物质生活的追求与对精神生活追求同样。

健康观、休闲观、消费观的变化构成了女性参与体育活动的内部动因。她们对健康、美丽、娱乐和消费的追求也反映了女性在身体、心理、经济、社会以及文化上自我提升的诉求和提高生活质量的愿望，这是当代女性大众体育的核心价值，也是其继续发展的根本动力。

**（三）组织结构：城市制度结构的转型与女性大众体育的多样化**

女性对高品质的城市生活的追求是她们参与休闲体育活动的内在动力。但是没有一定制度环境的支持，这种美好的愿望是无法达成的。在以前单位制的背景下，没有明确的私人空间，人们生活的各个方面都被政治化了。本应该是个人选择的体育锻炼活动都是由政府组织、监督和评估的。这严重地打击了社会成员，特别是女性参与体育活动的自觉性和美好愿望。一是由于政府组织的体育活动单调且不一定符合女性的特点；二是女性没有自主选择（参与的时间、地点、方式）的机会；三是体育活动的参与并不能满足女性个人的实际需求与利益。因此在这种体制下，女性休闲体育活动不可能有健康的发展环境。

城市化过程中中国城市制度结构发生了巨大的变化。从宏观来讲就是"国家""经济""社会"（"第三域"）三大领域的逐渐分离，具体表现为单位制度的退位、社区服务体系的出现。社区服务体系的主要目的不是控制社会成员，而是满足社区居民个性化、多元化服务的需求，同时也为女性体育的选择提供了一个自主的空间。这为女性大众体育的发展以及女性在参与体育过程中充分实现自我追求的愿望提供了最根本的条件。

当国家干涉逐步减少、社会力量逐渐壮大时，女性在体育中的自主权就会得到充分的发挥。她们有选择参与体育或不参与体育的自由，也有选择何时、何地参与的自由，更有选择如何进行体育活动的自由。批判主义认为体育的意义随着文化和社会生活的变迁而不断迁移。如果说改革前，体育对女性来说是一种规范、控制的途径，那么当今的休闲体育对于女性来说则是一种身心释放的途径。制度压力一旦释放，女性更易于表达出以前被压抑的欲望与追求，这也点燃了她们对体育的热情。最突出的表现为各式各样以女性为主体的体育活动的出现：从扭秧歌到跳迪斯科；从打太极到练瑜伽；从瘦身运动到健美运动；从陆上健身操到水上芭蕾；从传统运动到极限运动都成为女性休闲时间所喜欢从事的活动。除了体育活动的多样化之外，女性体育参与的形式也出现了多元化的趋势。有的喜欢一个人锻炼，有的喜欢和朋友一起锻炼，有的喜欢和家庭成员一起参与体育活动，有的喜欢参加集体体育活动，有的喜欢有专业的指导，有的喜欢随性的自我创造。

随着城市化的深入，市民社会力量的增强，社团组织孕育而生。体育社团的出现将为女性大众体育的深入发展创造更好的条件。体育社团是社会成员为实现共同的体育目的、参与同一体育社会活动而自愿组织起来的宽松的社会群体。[1] 它的本质在于组织性、民间性、非营利性、自治性以及自愿性。[2] 这些特性为女性大众体育的普及化、规范化、自主化、规模化发展提供了条件。首先，女性体育社团是以女性的利益优先，以自愿为原则，有利于体育在女性群体中的被接受与普及。其次，女性体育社团有一定的规章制度，这有利于解决女性休闲体育一盘散沙的现状，向规范化、规模化发展。再次，非营利性使各个阶层的女性都能平等地参与到体育活动中来。最后，可以发挥女性的自主性，使她们成为真正的主体而实现自我身份的确立。

总之，城市制度结构和组织的变迁把女性体育从政治的束缚中解放出来，以自主、自愿、自由的方式进行体育活动是当代中国女性的主要选择，这也促成了大众体育的多样性与多元化。

## 第二节 城市化进程中女性大众体育的特征

女性在城市化进程中地位的变迁从某种程度上可以从女性大众体育的兴起和发展中折射出来，大众体育参与一方面是女性日常生活中的一项实质内容，另一方面也是女性生活观、价值观的精神体现。现阶段女性大众体育参与的情况如何，又有什么新的特征？本节以2013—2014年国家体育总局课题"多维视角下女性大众体育的发展战略研究"所收集的数据为基础，通过问卷调查，结合深度访谈和个案研究，归纳、总结、探讨了当前我国城市女性大众体育参与的特征。

### 一 调查对象的总体情况

此次问卷调查的对象主要集中在18岁以上的女性，总体样本为800

---

[1] 许仲槐：《体育社团实体化初论》，广东高等教育出版社2003年版。
[2] 黄亚玲：《论中国体育社团》，北京体育大学出版社2004年版，第30页。

份，具体呈以下分布情况：

表6-1 年龄分布情况

| 年龄 | 18—25岁 | 26—35岁 | 36—45岁 | 46—55岁 | 56—65岁 | 65岁以上 |
|---|---|---|---|---|---|---|
| 人数（人） | 303 | 215 | 119 | 83 | 62 | 18 |
| 百分比（%） | 37.9 | 26.9 | 14.9 | 10.4 | 7.8 | 2.1 |

表6-2 婚姻状况

| 婚姻状况 | 未婚 | 已婚 | 离婚 | 丧偶 |
|---|---|---|---|---|
| 人数（人） | 327 | 443 | 19 | 11 |
| 百分比（%） | 40.9 | 55.4 | 2.4 | 1.3 |

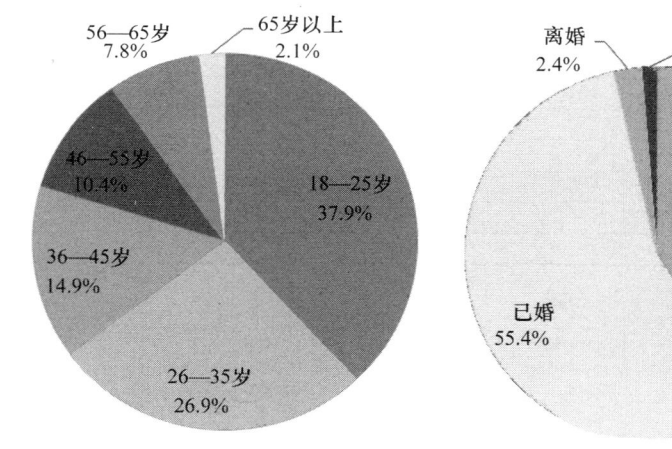

图6-1 年龄分布情况　　图6-2 婚姻状况

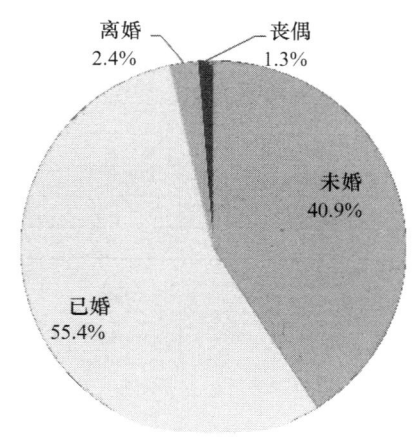

表6-3 文化程度分布情况

| 文化程度 | 小学及以下 | 初中 | 高中（或中专） | 大学（含大专） | 研究生及以上 |
|---|---|---|---|---|---|
| 人数（人） | 38 | 109 | 201 | 380 | 71 |
| 百分比（%） | 4.8 | 13.6 | 25.2 | 47.5 | 8.9 |

312　性别、身体、社会

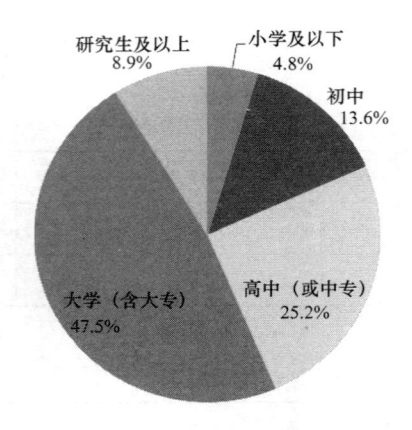

图6-3　文化程度分布情况

表6-4　职业分布

| 职业 | 人数（人） | 百分比（%） |
| --- | --- | --- |
| 工人 | 49 | 6.1 |
| 服务人员 | 122 | 15.3 |
| 管理人员 | 109 | 13.5 |
| 科教文工作者 | 153 | 19.1 |
| 个体经营者 | 59 | 7.4 |
| （暂时）无业 | 50 | 6.3 |
| 学生 | 177 | 22.1 |
| 退休 | 59 | 7.4 |
| 其他 | 22 | 2.8 |

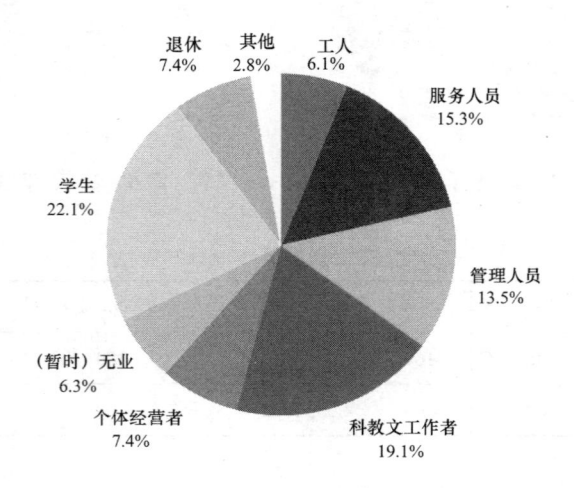

图6-4　职业分布

## 二 女性大众体育参与的人口学特征

通过问卷调查，我们发现，绝大多数城市女性偶尔参加体育活动，占调查人数的62.3%，有大约1/4的城市女性经常参加体育活动，而从不参加体育活动的城市女性相对较少，占12.2%（如表6-5、图6-5所示）。这说明体育活动已经或多或少地进入了城市（镇）女性的日常生活，然而把体育活动当作一种日常的生活习惯，能坚持经常参与的女性仍然不多。

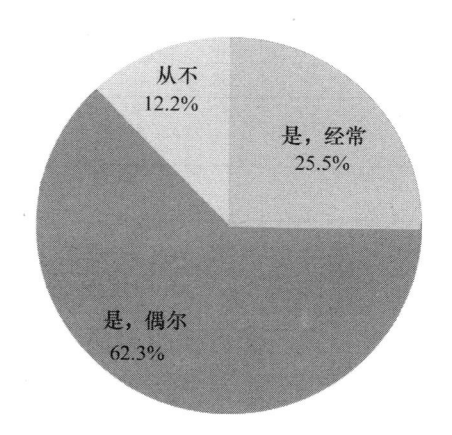

表6-5　　　　　　　　　　是否参加体育活动

| 是否参加体育活动 | 人数（人） | 百分比（%） |
| --- | --- | --- |
| 是，经常 | 203 | 25.5 |
| 是，偶尔 | 499 | 62.3 |
| 从不 | 98 | 12.2 |

图6-5　是否参加体育活动

从年龄上来看，在18—55岁的群体中，绝大多数女性只是偶尔参加体育活动，而56岁以上的城市女性经常参加体育活动的人数相对较多；从不参与体育活动的年龄段主要集中在46—55岁（30.1%）、65岁以上（33.3%）（如表6-6所示）。这个结果也显示了体育参与频度的年龄特征是与女性的生命/生活周期紧密相连的。年轻女性有一定的机会参与体育活动，但是体育活动并不是她们唯一或者是主要的休闲方式，特别是在文化多元的今天，体育活动只是休闲、娱乐、锻炼、交友的方式之一；相比之下，退休（老年）妇女参与体育活动的频率高，一方面是出于她们对健康的需求较高；另一方面也反映了，在日新月异的社会变迁过程中，老年人的娱乐生活相对单一，体育活动是她们主要的休闲、娱乐方式。而经常参加锻炼频率最低，65岁以上妇女的体育活动参与呈两极分化的形式，这与她们的身体状况有很大的相关性，身体健康状况较好的老年妇女参与体育活动的频率较高，那些多病的老年妇女身体条件制约了她们的体育参与。

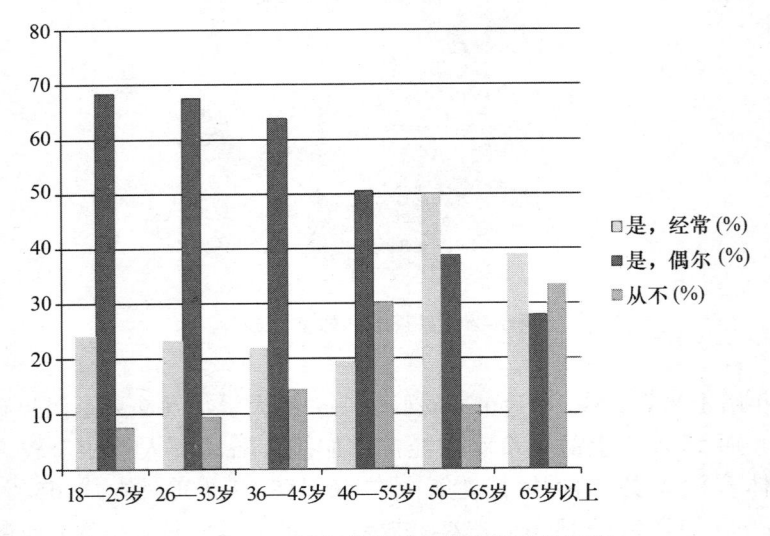

表6-6　　　　　　　　不同年龄段参与体育活动的频率

| 年龄 | 是否参与体育活动 ||||||
|---|---|---|---|---|---|---|
| | 是，经常 || 是，偶尔 || 从不 ||
| | 人数（人） | 百分比（%） | 人数（人） | 百分比（%） | 人数（人） | 百分比（%） |
| 18—25岁 | 73 | 24.1 | 207 | 68.3 | 23 | 7.6 |
| 26—35岁 | 50 | 23.3 | 145 | 67.4 | 20 | 9.3 |
| 36—45岁 | 26 | 21.8 | 76 | 63.9 | 17 | 14.3 |
| 46—55岁 | 16 | 19.3 | 42 | 50.6 | 25 | 30.1 |
| 56—65岁 | 31 | 50 | 24 | 38.7 | 7 | 11.3 |
| 65岁以上 | 7 | 38.9 | 5 | 27.8 | 6 | 33.3 |

图6-6　不同年龄段参与体育活动的频率

从女性所从事的职业和她们参加体育活动的频率来看，退休女性参与体育活动的频率最高（经常参加的占49.2%；偶尔参加的占35.6%），这进一步说明了退休后的女性有相对多的时间、精力和个人需求来进行体育活动。从其他职业分类来看，工人、管理人员、科教文工作者、个体经营者、无业、学生群体在参与频率（经常参与、偶尔参与）上没有很显著的区别；但是"从不参与"的情况却有明显的区别：工人、服务人员、无业人员从不参与体育的人数比例较高，分别为20.4%、22.9%、26.0%；学生群体从不参与体育活动的比例最低占3.9%，其次是管理人员和科教文工作者，分别为5.5%和7.8%，说明职业中低层女性群体接触体育活动的途径、机会相对于职业中高层女性群体来说要少，学生群体接触体育的机会最多。

表6-7　　　　　　　　　不同职业参与体育活动的频率

| 年龄 | 是否参与体育活动 ||||||
|---|---|---|---|---|---|---|
|  | 是，经常 || 是，偶尔 || 从不 ||
|  | 人数（人） | 百分比（%） | 人数（人） | 百分比（%） | 人数（人） | 百分比（%） |
| 工人 | 12 | 24.5 | 27 | 55.1 | 10 | 20.4 |
| 服务人员 | 15 | 12.3 | 79 | 64.8 | 28 | 22.9 |
| 管理人员 | 30 | 27.5 | 73 | 67.0 | 6 | 5.5 |
| 科教文工作者 | 38 | 24.8 | 103 | 67.4 | 12 | 7.8 |
| 个体经营者 | 15 | 25.4 | 34 | 57.6 | 10 | 17.0 |
| （暂时）无业 | 12 | 24.0 | 25 | 50.0 | 13 | 26.0 |
| 学生 | 47 | 26.6 | 123 | 69.5 | 7 | 3.9 |
| 退休 | 29 | 49.2 | 21 | 35.6 | 9 | 15.2 |
| 其他 | 5 | 22.7 | 14 | 63.6 | 3 | 13.7 |

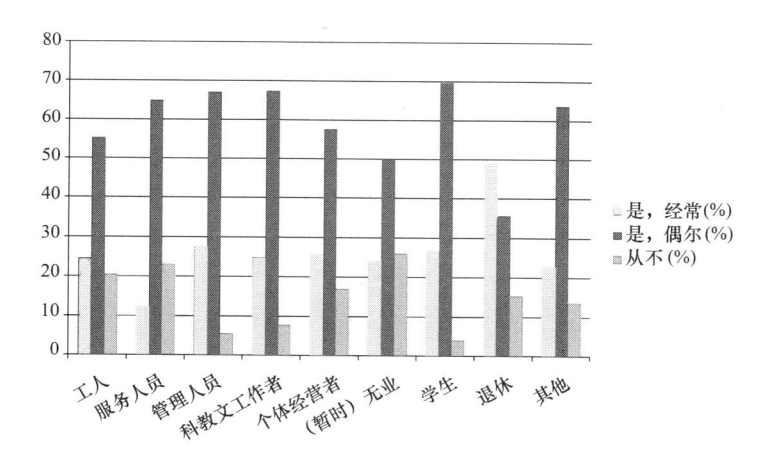

图6-7　不同职业参与体育活动的频率

文化程度与体育参与活动频率的关系与职业和参与体育活动的频率有着相似之处，这是因为文化程度与职业层次是相关联的，女性文化程度的差异对体育参与的影响主要体现在"从不参与"这一栏中。如表6－8显示，从不参与体育活动的人数比例随着学历的增高呈递减的趋势。说明教育对增加女性接触体育的机会有一定的积极作用，但是这并不一定说明了文化程度越高的女性参与体育活动的频率越高。例如，大学文化程度的女性群体经常参加体育活动的人数比例为24.7%，少于小学及以下文化水平的女性群体26.3%，而偶尔参加体育活动的人数比例相对来说更大，占66.6%，超过了小学及以下文化水平女性群体的44.7%。这些结果只说明了文化程度越高的女性有更多的途径去接触体育，但其参与体育活动的频率却在其他变量的影响下与文化程度并不成明显的正相关关系。

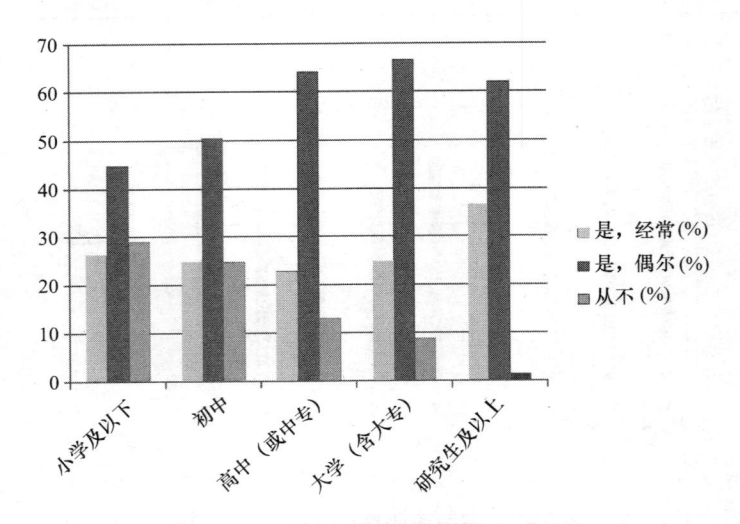

表6－8　　　　　　不同文化程度群体参与体育活动的频率

| 文化程度 | 是，经常 人数（人） | 是，经常 百分比（%） | 是，偶尔 人数（人） | 是，偶尔 百分比（%） | 从不 人数（人） | 从不 百分比（%） |
|---|---|---|---|---|---|---|
| 小学及以下 | 10 | 26.3 | 17 | 44.7 | 11 | 29.0 |
| 初中 | 27 | 24.8 | 55 | 50.5 | 27 | 24.7 |
| 高中（或中专） | 46 | 22.9 | 129 | 64.2 | 26 | 12.9 |
| 大学（含大专） | 94 | 24.7 | 253 | 66.6 | 33 | 8.7 |
| 研究生及以上 | 26 | 36.6 | 44 | 62.0 | 1 | 1.4 |

图6－8　不同文化程度群体参与体育活动的频率

## 三 女性大众体育参与的心理特征

从女性参与体育锻炼的心理倾向上看（见表6-9、图6-9），超过半数的人对体育锻炼抱有积极的态度，只有极少一部分人对体育锻炼无所谓（6.3%）和不喜欢（4.9%）。但是我们也可以从下表中看到，女性对体育的喜欢程度主要还是集中在"喜欢"（37.1%）和"一般"（35.8%）上，这在一定程度上也反映出女性对体育活动持比较保守、中立的心理倾向和态度。

表6-9　　　　　　　　　　对体育锻炼的喜好程度

| 是否喜欢体育锻炼 | 人数（人） | 百分比（%） |
| --- | --- | --- |
| 很喜欢 | 120 | 15.0 |
| 喜欢 | 297 | 37.1 |
| 一般 | 286 | 35.8 |
| 不喜欢 | 39 | 4.9 |
| 无所谓 | 50 | 6.3 |
| 其他 | 8 | 0.9 |

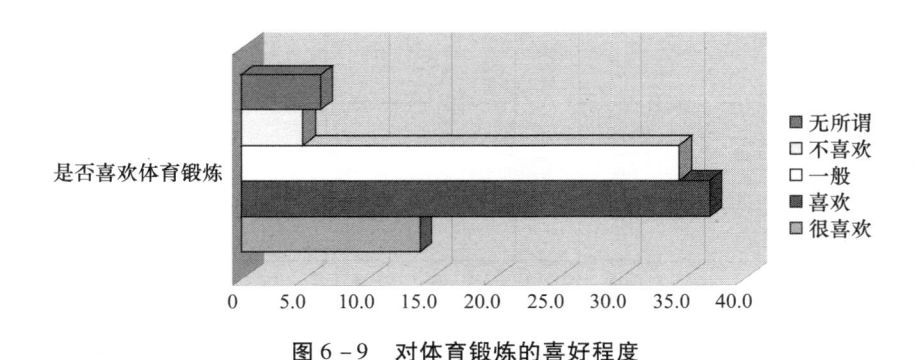

图6-9　对体育锻炼的喜好程度

女性参与体育活动的目的和动机具有多样性，"强身健体""调节情绪、改善心情""减肥健美"等"工具性"目的所占比例较高，分别占23.8%、18.9%、17.6%；而以兴趣爱好为动机的比例只占到15.3%；以社会交往、改善生活质量以及学习保健知识为目的的比例相对更小，分别为6.0%、6.4%和2.5%（见表6-10、图6-10）。强身健体、减肥健美、调节情绪改善心情这类目的主要是以"身体需求"为主;而社会交往、改善生活质量、学习体育卫生保健知识等目的则主要是围绕个体的"社会需求"。调查结果反映出目前我国女性群体想通过体育活动来满足"社会需求"的程度要远小于获得"身体需求"的程度。从另一方面也反映出,目前中国女性对体育运动意义和价值的认识仍然围绕着体育对身体的工具性价值,而对体育的社会价值还没有深刻地体会和认识。

表 6-10　　　　　　　　　　参加体育锻炼的动机

| 为何参加体育锻炼 | 百分比(%) |
| --- | --- |
| 强身健体 | 23.8 |
| 兴趣爱好 | 15.3 |
| 治病保健 | 9.3 |
| 减肥健美 | 17.6 |
| 调节情绪、改善心情 | 18.9 |
| 改善生活质量 | 6.4 |
| 结交朋友等社会交往 | 6.0 |
| 学习体育卫生保健知识 | 2.5 |
| 其他 | 0.2 |

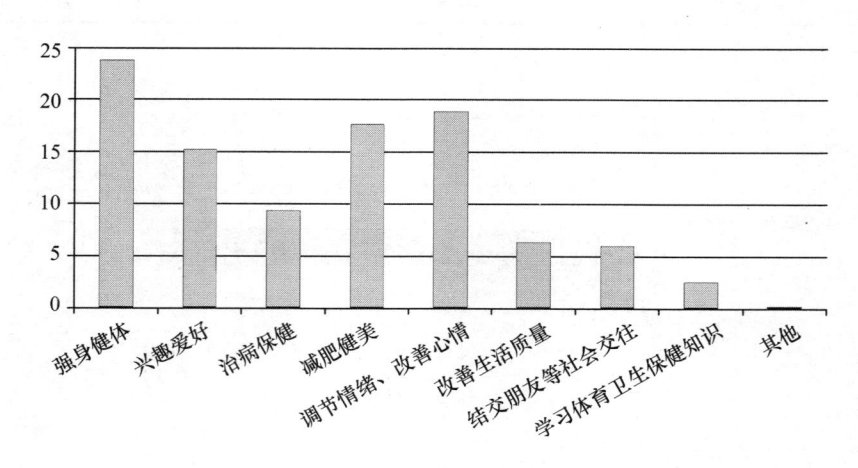

图 6-10　参加体育锻炼的动机

## 四　女性大众体育参与形式与行为的特征

调查发现,当前城市女性体育活动的形式基本上是自发形成的;选择的体育活动多以安全性高、技术难度不大，比较适合女性心理、生理、文化特征的项目为主；公园、广场、小区空地是大多数女性体育活动的场所；其参与形式具有灵活性、时间不固定、活动内容不固定等特点；女性群体的体育消费无论是从消费指数还是从消费结构来说都还处于比较低的水平；家人与朋友对女性体育运动参与的影响最大。

从参与形式来看，绝大多数城市女性通过自发形成群体参加体育锻炼，比例占到了64.7%；参加有专人负责的和单位组织活动的比例次之，分别为14.8%和11.0%；调查结果显示参加体育社团和请私人教练进行体育锻炼的女性有一定数量，但是所占比例相对来说仍然较小（如表6-11、图6-11所示）。

表6-11　　　　　城市女性参与体育活动的形式

| 通常参与活动的形式 | 人数（人） | 百分比（%） |
| --- | --- | --- |
| 在自发形成的群体中进行 | 454 | 64.7 |
| 参加有专人负责的锻炼组织 | 104 | 14.8 |
| 参加单位组织的体育活动 | 77 | 11.0 |
| 参加体育社团 | 27 | 3.9 |
| 请私人教练 | 21 | 2.9 |
| 其他 | 19 | 2.7 |

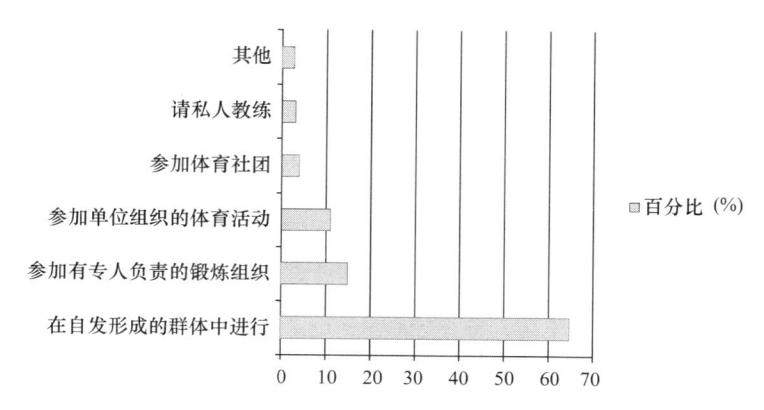

图6-11　城市女性参与体育活动的形式

除了直接参与体育活动，我们发现她们还会通过电视节目、体育比赛、网上的体育信息等形式间接参与体育活动（如表6-12所示），电视节目仍然是女性间接参与体育活动的一个主要途径。

表 6-12　　间接参与体育活动的方式

| 通过哪种方式间接参与体育活动 | 人数（人） | 百分比（%） |
| --- | --- | --- |
| 看体育频道电视节目 | 503 | 38.3 |
| 看体育报刊网上体育信息 | 261 | 19.9 |
| 陪孩子（家人）参加体育兴趣班 | 230 | 17.5 |
| 看体育比赛 | 262 | 20.0 |
| 参与体育博彩 | 29 | 2.2 |
| 其他 | 28 | 2.1 |

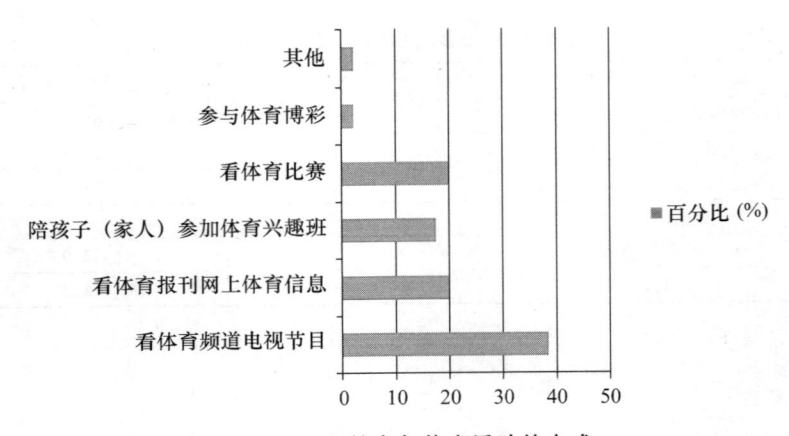

图 6-12　间接参与体育活动的方式

从参加体育活动的城市女性对锻炼伙伴的选择上来看，大部分女性倾向于和朋友、同事一起锻炼（52.9%）；一部分女性喜欢与家庭人员一起锻炼（25.2%）；只有一部分女性喜欢独自锻炼（21.5%）（如表 6-13、图 6-13 所示）。用女性体育参与者自己的话来说，和朋友、同伴一起锻炼有一定的氛围，还可以互相督促，自己锻炼通常比较无聊，且坚持不下来，而和家人一起运动锻炼，达不到自我锻炼的效果，因为主要精力都会放在陪伴和照顾家人上面。

表 6-13　　　　　　　　参加锻炼的伙伴选择

| 与何人一起锻炼 | 人数（人） | 百分比（%） |
| --- | --- | --- |
| 个人独自锻炼 | 151 | 21.5 |
| 与家人一起锻炼 | 177 | 25.2 |
| 与朋友、同事一起锻炼 | 371 | 52.9 |
| 其他 | 3 | 0.4 |

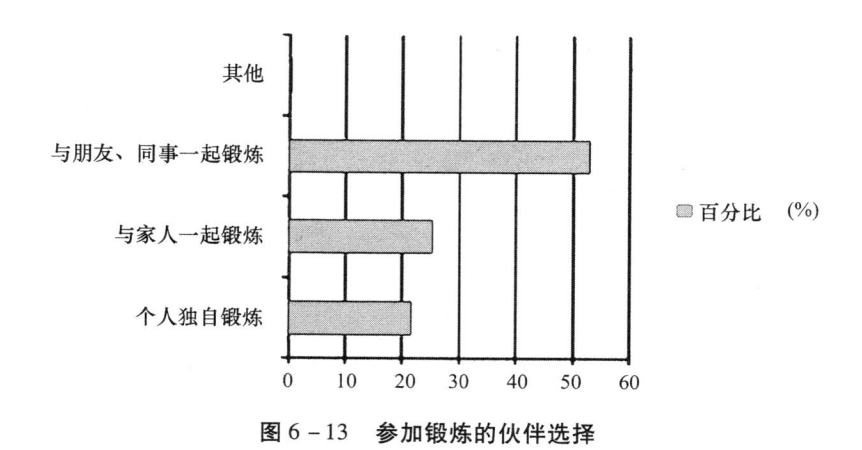

图 6-13　参加锻炼的伙伴选择

从女性参与度较高的活动种类来看，跑步、散步、羽毛球、乒乓球、健身操、爬山等项目是城市女性最喜欢参加的体育活动（如表 6-14、图 6-14 所示），这类活动具有安全性较高、技术难度不大等特点，比较适合女性的心理、生理和文化特征；而三大球类（篮球、排球、足球）、网球、高尔夫球、游泳、瑜伽等活动的参与率并不是很高。

表 6-14　　　　　　　城市女性体育活动项目的选择情况

| 选择哪项体育活动 | 人数（人） | 百分比（%） |
| --- | --- | --- |
| 跑步/散步 | 503 | 35.4 |
| 羽毛球/乒乓球 | 332 | 23.3 |
| 登山 | 137 | 9.6 |
| 太极拳、剑 | 63 | 4.4 |
| 篮球/排球/足球 | 76 | 5.3 |
| 瑜伽 | 69 | 4.9 |
| 游泳 | 63 | 4.4 |

## 322 性别、身体、社会

续表

| 选择哪项体育活动 | 人数（人） | 百分比（%） |
| --- | --- | --- |
| 高尔夫 | 8 | 0.6 |
| 网球 | 31 | 2.2 |
| 舞蹈健美操 | 128 | 9.0 |
| 其他 | 13 | 0.9 |

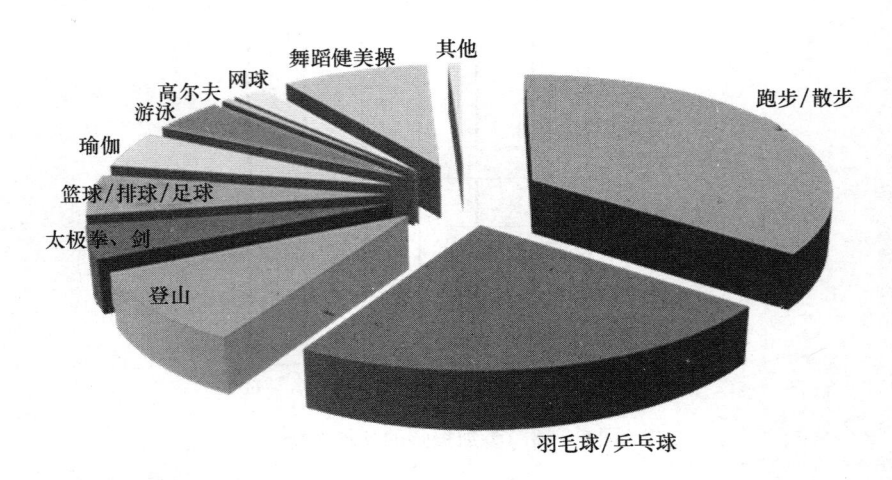

图 6-14　城市女性体育活动项目的选择情况

　　女性群体对体育项目的选择一方面是受文化的影响，另一方面是受经济的影响。足球、篮球等运动虽然在竞技体育领域已经向女性敞开，且女性在这些传统的男性体育领域表现得相当不错，说明女性是有能力（生理、心理和社会技能等）进行这些体育活动的，但是在大众体育领域，女性参加这些体育运动仍然显得"困难重重"，用女性主义的视角来看，这些障碍并不是自然的原因，而更多的是文化的限制因素。在访谈中，很多女性表示不喜欢这类运动的原因是因为没有一个文化氛围，大部分女性都不从事这样的体育运动，而那些少数踢足球、打篮球的女性都比较"中性"；还有一些女性表示比较害怕参与这类竞争性的、冲撞性的体育运动，怕会受伤。而网球、高尔夫球对大众女性的开放程度就更低了，主要原因是经济门槛较高，即使在男性群体中，高尔夫球等体育运动也是一项较奢侈的运动，大部分时间是一种社交、工作的方式。除此之外，中国女性害怕这类室外运动会晒黑自己的皮肤而不愿进行，这也是性别文化影响的表现之一。游泳与瑜伽这类体育运动应该算是比较适合女性的运动锻炼项目，但是调查中显示，女性的参与度仍然比较低（分别为 4.4% 和 4.9%），分析其原因，一方面是由于这类运动相比散步、跑步、健身操等需要更多的运动技能和专业知识，一般的女性在没有专业的培训和指导下不能自己开展；另一方面是由于这类运动目前在中国还主要以商业的模式在进行运作，专业一点的瑜伽馆和游泳馆的"入场费"并不廉价，而那些社区性质的公共游泳池、健身中心严重缺乏。就像几位被访者所说的："廉价的公共游泳池人满为患，根本就起不到锻炼的作用；而那些比较好的室内恒温游泳池要不是会员费太贵，要不就是不对外开放，根本进不去。"在这些综合因素的影响下，游泳、瑜伽这类运动还没有成为中国女性体育锻炼的主流。

从体育活动地点和空间的选择来看，公园广场是城市女性选择参与体育活动的最佳场所（31.7%），其次是单位体育场所（18.6%），再次是小区空地（17.6%）和家里（16.4%），只有少数女性（8.0%）选择在健身俱乐部参与体育锻炼（如表 6-15、图 6-15 所示）。

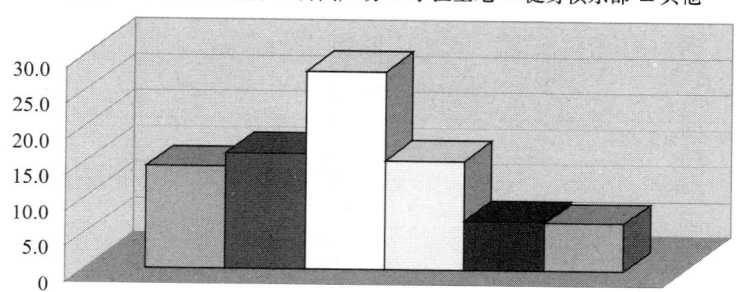

表 6-15　　　　　　　　　　参与体育活动的场所

| 参与体育活动的场所 | 人数（人） | 百分比（%） |
| --- | --- | --- |
| 家里 | 115 | 16.4 |
| 单位体育场所 | 130 | 18.6 |
| 公园广场 | 222 | 31.7 |
| 小区空地 | 123 | 17.6 |
| 健身俱乐部 | 56 | 8.0 |
| 其他 | 54 | 7.7 |

图 6-15　参与体育活动的场所

公园广场的优势在于，首先从地理位置看，大部分公园广场在女性的生活圈内，比较方便；其次从经济层面来看，大部分公园和广场是免费的或者门票很便宜，大部分女性群体能够承担；再次从社会和心理层面来看，公园广场作为城市的公共空间可以满足女性参加公共事务、重拾自我身份、建立社会关系等社会需求，同时，也是女性为获得美、健康、社交、自我发展创造的一个"看得见的"舞台。单位体育场所的提供实际上是对在职妇女群体的一种福利，一般来说单位体育场所管理较规范、设施也比较齐全，培训的价格相对便宜或者免费，对于本单位的女性群体来说，以单位为主的体育活动不仅可以增强她们的身体健康，也是与同事之间沟通的一个很好途径。然而单位体育场所一般是对内开放，因此能享受此"福利"的女性群体并不多。小区空地也是女性群体比较常选择的锻炼场所，它满足了女性空间方便、低（或无）消费、安全感以及交流的需求，很多女性表示在小区内进行体育锻炼不仅方便还是一种对小区空间使用权利的体现："我们买房子，也是在买小区的环境和设施，作为业主我们有使用小区空间进行锻炼身体的权利。"目前来说，选择健身俱乐部进行锻炼的女性群体还占少数，这说明，一方面女性群体的体育消费能力还较低；另一方面，女性对体育专业培训的意识还不足。

在调查中，我们还发现城市中大多女性参与体育活动的时间不固定，表现在她们每周参加体育活动的时间不固定（占59.2%）、次数不固定（占45.3%），每次参加体育活动的时间长度也不固定（占19.6%）（如表6-16、表6-17、表6-18所示）。除此之外，工作日参加体育活动的女性人数极少（占8.1%）；主要集中在周末和节假日（32.0%）。能保证一周3次以上锻炼的女性人数不多，但每次参与锻炼的时间能够保证在0.5小时以上的女性占大多数（如表6-18所示）。

表6-16　　　　　　　　　　参加体育活动的时间

| 参加体育活动的时间 | 人数（人） | 百分比（%） |
| --- | --- | --- |
| 工作日 | 57 | 8.1 |
| 周末或节假日 | 225 | 32.0 |
| 时间不固定 | 415 | 59.2 |
| 其他 | 5 | 0.7 |

表6-17　　　　　　　　　　每周参与体育活动的次数

| 每周参与体育活动的次数 | 人数（人） | 百分比（%） |
| --- | --- | --- |
| 1次 | 56 | 7.9 |
| 2次 | 146 | 20.8 |
| 3次 | 78 | 11.2 |
| 3次以上 | 104 | 14.8 |
| 不固定，有时多有时少 | 318 | 45.3 |

表6-18　　　　　　　　　每次参与体育活动的持续时间

| 每次参与体育活动的持续时间 | 人数（人） | 百分比（%） |
| --- | --- | --- |
| <0.5小时 | 58 | 8.3 |
| 0.5—1小时 | 274 | 39.0 |
| 1—2小时 | 192 | 27.4 |
| >2小时 | 40 | 5.7 |
| 不固定，有时多有时少 | 138 | 19.6 |

女性体育参与时间不固定是一个非常普遍的现象，因为女性生活的琐碎性，她们的体育休闲生活常常被其他的"突发性"事件所挤占。在访问一个单位的女性体育跳操社团时，我们从组织者那里得知，虽然这个社团每周有固定的培训和锻炼的时间，但是每次参加的人员却都不同，这次是这几个人缺席，下次是那几个人缺席，在某种程度上会影响培训的进度。但组织者也反映这是没有办法的事情，因为成员个人有自己的生活和安排，她们常常因为家庭里的一些琐事而不能每次都出席，而像这类自愿性的组织也不可能强迫成员。这种有组织的活动都具有不固定性，那些个体性质的体育参与活动的固定性、持续性就更没法保证了。在访谈中，大部分女性受访者也反映，她们通常是有时间才参加体育活动，没有时间就算了，体育锻炼可有可无的情况较多，这与问卷调查的情况较一致。

从体育消费情况来看，大部分女性群体体育消费还是处于较低的水平，一年消费人民币在500元以内的占大部分，而在现今物价飞涨的时代，消费水平相对来说较低。而从消费的结构来看，女性群体的体育消费主要集中在体育服装、购买器材等实物性消费；缴纳培训费、会员费、参加比赛等参与性体育消费比较少；以观看比赛、买体育期刊等为主的观赏性体育消费比例也不大。

表 6 – 19　　　　　　　　　　　体育消费的额度

| 消费额度（人民币元）/年 | 人数（人） | 百分比（%） |
| --- | --- | --- |
| 100 及以下 | 324 | 46.3 |
| 100—500 | 259 | 37.0 |
| 501—1000 | 81 | 11.6 |
| 1000 以上 | 36 | 5.1 |

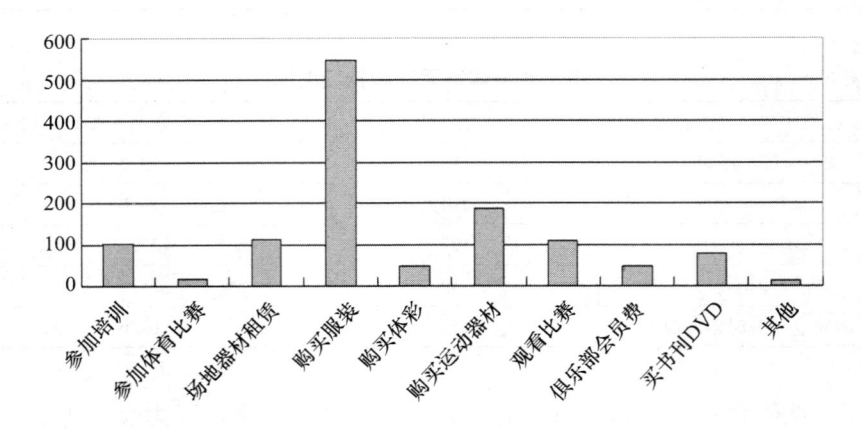

图 6 – 16　体育消费的种类

通过调查发现，影响女性体育参与的因素主要来源于家人、朋友，其次是学校教育和电视节目的影响，名人效应、书刊报纸以及单位活动的影响相对来说较小（如表 6 – 20 所示）。这个现象与女性生活方式有着很大的关系，女性的生活圈主要是围绕着家人、亲戚朋友，因此她们的体育行为、体育意识也最容易被家庭和朋友所影响；看电视是女性休闲的一个主要内容，也是她们获得社会信息最直接的途径，电视所传递的有关体育和健康的信息也容易被女性接触到和接受；学校是传授体育知识和技能最系统且最有效的场所，女性在学校中所养成的体育习惯和获得的经验对她们的一生都会产生潜在的影响。名人效应、体育期刊报纸以及单位活动等对女性体育参与影响较小也是跟我们现在的主流体育文化的宣传密切相关的，体育报纸、名人效应的宣传，以及单位的一些体育活动主要针对的对象和消费群体是男性，这也造成女性对这类以文化形态出现的体育事物并不"感兴趣"，因此受其影响较小。

表 6-20　　　　　　影响城市女性参与体育锻炼的因素

| 影响城市女性参与体育锻炼的因素 | 人数（人） | 百分比（%） |
| --- | --- | --- |
| 家人朋友影响 | 477 | 34.8 |
| 电视节目的影响 | 234 | 17.1 |
| 名人影响 | 113 | 8.2 |
| 上学期间形成的习惯 | 245 | 17.9 |
| 参加单位组织的活动 | 139 | 10.1 |
| 相关书刊报纸杂志 | 132 | 9.6 |
| 其他 | 32 | 2.3 |

## 五　女性大众体育设施与服务的特征

从设施、服务特征来看，社区（或单位）的体育场所、器材能够基本满足城市女性的锻炼需求，但不能有效地利用好这些设施有组织地开展体育活动，退休女性在体育锻炼方面的需求受到的关注和支持较少。当前社会对体育运动缺乏比较有效的宣传、引导和体育建设知识的普及，女性群体体育锻炼存在一定的误区。

根据调查，当前社区（或单位）的体育场所、器材基本能够满足城市女性体育锻炼的需求（如表6-21、图6-17所示），但仍有1/3以上的女性认为体育场地和器材不够用甚至非常缺乏。一方面，一些设施比较好的场地费用太高，或者不对外开放；另一方面，公共的（免费）场地和器材只能满足女性体育运动和锻炼的基本需求，但无法提供她们进一步体育锻炼的需求，这也是限制女性体育项目选择的一个重要的客观因素。在访谈中，我们也发现，很多女性之所以选择跳广场舞，就是因为广场舞不太受场地的限制，随便一块空地就可以进行。在访谈中，一位广场舞的自愿教练（兼组织者）反映，她也想带着女性朋友练一下瑜伽，但是由于场地的问题，一直没能实施。还有的女性锻炼者表示，"社区里的健身路径不够用，只能碰运气，看着空了，可以上去练练，大部分时间都被其他人占着"。但也有被访者表示，"健身路径的使用率并不高，主要是因为维修跟不上，很多设施都没办法用"。场地、器材是保证体育运动实施的主要条件，而在对女性大众体育参与的调查过程中，研究发现，其突出的矛盾也是集中在场地的"谈判"与"争夺"之中。在对某大学女工跳操锻炼小组进行调查时，发现其之所以能够持续20多年，首先是因为有一个固定的志愿教练，此教练也是本学校的老师；第二个因素就是有一个较专业的体育馆作为固定的锻炼场所，这也是女工们向学校"争取"来的。然而这期间也经历了很多"谈判"，比如要不要交场地费，而且如果学校要用体育馆进行其他活动或者比赛时，那么女工的体育锻炼活动就只能被终止。

表6-21　　　所在社区（或单位）的体育场地、器材对城市女性体育锻炼的满足度

| 体育场地、器材满足你锻炼的程度 | 人数（人） | 百分比（%） |
| --- | --- | --- |
| 很充足 | 53 | 6.6 |
| 较充足 | 162 | 20.3 |
| 基本满足 | 315 | 39.4 |
| 不够用 | 186 | 23.2 |
| 非常缺乏 | 84 | 10.5 |

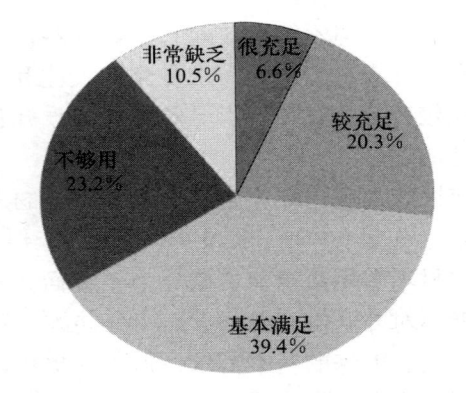

图6-17　所在社区（或单位）的体育场所、器材对城市女性体育锻炼的满足度

在进一步分析场地与设施的满意度之后，研究还发现不同年龄段对体育场所、器材的满意度是不同的。18—25岁年龄段的城市女性在体育场所和器材上的满足度较高，56岁以上年龄层的妇女普遍对体育场地和器材满意度不是很高，特别是65岁以上的人群认为体育场所和设施缺乏的比例很高（如表6-22、图6-18所示），这一方面说明我们现在的体育场地和设施的提供没有考虑到年龄的差异，对老年人的体育锻炼的需求关注较少，另一方面也说明老年人群体在"体育资源"分配（无论是市场分配还是公共分配）中处于较弱势的地位。

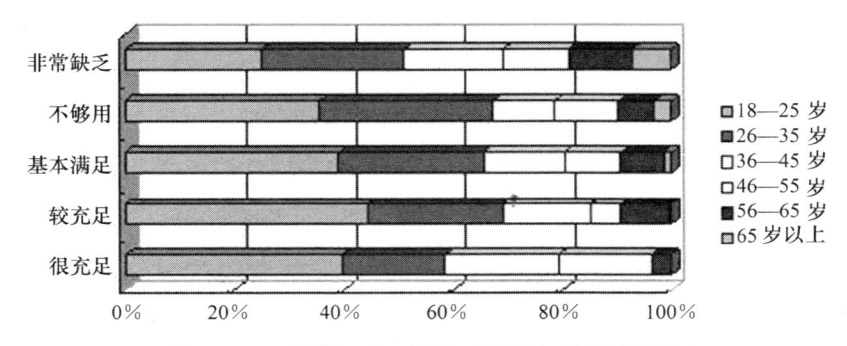

图 6-18 体育场所、器材对不同年龄段的满足度

表 6-22　　不同年龄段对体育场地、器材的满足度

| 年龄段 | 很充足 人数（人） | 很充足 百分比（%） | 较充足 人数（人） | 较充足 百分比（%） | 基本满足 人数（人） | 基本满足 百分比（%） | 不够用 人数（人） | 不够用 百分比（%） | 非常缺乏 人数（人） | 非常缺乏 百分比（%） |
| --- | --- | --- | --- | --- | --- | --- | --- | --- | --- | --- |
| 18—25 岁 | 21 | 6.9 | 72 | 23.8 | 123 | 40.6 | 66 | 21.8 | 21 | 6.9 |
| 26—35 岁 | 10 | 4.6 | 40 | 18.6 | 84 | 39.1 | 59 | 27.5 | 22 | 10.2 |
| 36—45 岁 | 11 | 9.2 | 26 | 21.9 | 46 | 38.7 | 21 | 17.6 | 15 | 12.6 |
| 46—55 岁 | 9 | 10.8 | 9 | 10.8 | 33 | 39.8 | 22 | 26.5 | 10 | 12.1 |
| 56—65 岁 | 2 | 3.2 | 14 | 22.6 | 24 | 38.7 | 12 | 19.4 | 10 | 16.1 |
| 65 岁以上 | 0 | 0 | 1 | 5.6 | 5 | 27.8 | 6 | 33.3 | 6 | 33.3 |

从公共服务上，调查发现由社区（或单位）为主体组织进行的女性体育活动的次数比较少，通常只是在一些节庆期间会组织体育活动（如表 6-23、图 6-19 所示）；女性群体平时的体育活动主要还是通过自发的群体或者个人进行的。单位和社区主要提供一些硬件性的服务，比如场地、设施等。有些单位这些硬件服务作为对女工的福利免费提供，而在一些单位会收取相应的费用。

表 6-23　　所在社区（或单位）组织女性体育活动的次数

| 所在社区（或单位）组织女性体育活动的次数 | 次数（次） | 百分比（%） |
| --- | --- | --- |
| 非常多 | 33 | 4.1 |
| 比较多 | 104 | 13.0 |
| 一般 | 261 | 32.6 |
| 比较少 | 225 | 28.1 |
| 基本没有 | 177 | 22.1 |

330 性别、身体、社会

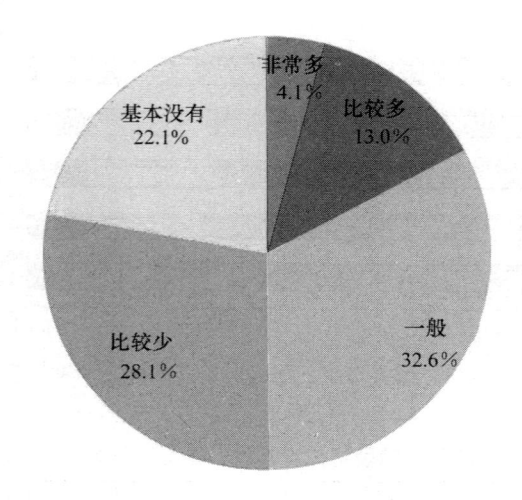

图6-19 所在社区（或单位）组织女性体育活动的次数

在体育法规、体育知识的宣传方面，也没有做到位。比如，在调查中发现，对《全民健身计划纲要》中的"一二一"工程，超过一半（58.5%）的女性表示不知道，14.0%的有印象、22%的女性知道但不清楚具体内容、只有5.5%的女性知道且清楚具体的内容（如表6-24所示）。这一方面说明体育法规、知识的宣传等还没有很到位，另一方面也反映出女性对体育法规知识、自身体育权利的关注不够，主动性不强。

表6-24 是否听说过"一二一"工程

| 是否听说过一二一工程 | 人数（人） | 百分比（%） |
| --- | --- | --- |
| 知道且清楚具体内容 | 44 | 5.5 |
| 知道但不清楚具体内容 | 176 | 22.0 |
| 有印象 | 112 | 14.0 |
| 不知道 | 468 | 58.5 |

## 六 女性大众体育的文化特征

中国女性大众体育有着很强的文化色彩，与竞技体育不同，用当今的话说大众体育是一种最"接地气"的体育形式，女性大众体育文化从另一个侧面也是中国社会文化的一个最佳体现。

首先，女性大众体育具有很强的"大众文化"特色，比如世俗性、娱乐性、商业性、流动性等。与精英体育文化所要求的追求更高、更快、更强不同，也与中国传统文化所提倡的修身文化不同，当前我国女性大众体育文化是一种"世俗"文化，比如目前在女性群体中最流行的"广场舞"，就是这种世俗文化的代表。广场舞之所以受到广大女性的青睐，通过访谈发现，就是因为它接近女性的生活，很容易学会，和其他运动相比，它是一种最"平易近人"的锻炼方式，下到 5 岁的小孩，上到 70 岁以上的老人，都可以随着节奏"摇摆"，不需要顾及动作是否准确、技术是否娴熟。

当前中国女性大众体育文化具有很强的"自娱自乐"性，和西方女性大众体育文化相比，中国女性参加体育活动不是以自我约束、自我身体管理的理念为基础，她们更强调娱乐精神，因此总能把一些好玩的、传统的娱乐方式，以及个人的爱好与体育锻炼相结合，比如太极拳和舞蹈结合、踢毽子、柔力球、写大字、肚皮舞等各式各样的体育锻炼形式层出不穷。

中国女性大众体育文化的商业性在不断地提升和加强，这与改革开放前女性大众体育差别较大。商业是刺激大众文化发展的因素之一，大众文化的繁荣需要有人卖、有人买。目前铺天盖地的健身广告、女子会所等，一方面冲击着传统的女性大众体育文化，一方面也在塑造着新兴的体育锻炼行为和习惯，以及女性身体文化。

女性大众体育文化也具有很强的时代性和流动性，在不同的年代、不同的时期，在受到不同社会流行文化的影响下，它的表现形式都不相同。比如在 20 世纪 90 年代，扭秧歌、健身操比较盛行，21 世纪，广场舞又成为主流，在年轻人群体中跳 hip - pop、跑酷成为一种新时尚。

其次，中国女性大众体育具有很强的"性别文化"色彩。大部分女性选择的体育项目和体育活动都是比较符合社会赋予女性的性别特征，比如舞蹈、瑜伽、散步、慢跑等。除此之外，女性体育锻炼更倾向于与女性同伴一起形成一种女性体育文化圈，与男性大众体育文化相对"隔离"。比如，在公共的或者社区的篮球场上基本上都是男性在进行运动锻炼，而跳广场舞的成员基本是女性。在健身俱乐部里，也可以看到，机械区（特别是为锻炼肌肉的）基本上以男性为主，而在跳操房里的基本上是女性。这种男女的性别隔离并不是有意为之，而是一种自然的分离，这与性别文化的影响是密切相关的。

## 第三节　城市、女性与发展：女性大众体育的发展战略

### 一　女性大众体育发展存在的矛盾与局限

虽然城市化推动了女性大众体育的发展，但是由于处于变革和转型时期，女性大众体育的发展也存在一定的障碍和局限。这些障碍具体表现在女性在运动时间、运动设备（场地）、技术指导、专业知识上的缺乏，而产生这些障碍的根源主要是体育制度的内在矛盾：

（1）首先是供需矛盾。目前我国女性大众体育主要还是以无偿型的体育活动为主，因此体育公共产品的供给就显得特别重要。随着居民生活水平的提升、生活方式的改变，人们对体育公共产品的需求不仅在增大，而且有新的变化，而老的、传统的体育公共资源配给方式与新的需求产生了矛盾，主要体现在体育场地（空间）、设施等硬件环境，以及组织服务、体育知识等软性服务产品的供需矛盾。体育锻炼场地（空间）、设施的供需矛盾尤为尖锐，促发了一系列影响恶劣的居民矛盾和冲突；女性体育组织的缺失导致了女性大众体育发展的无序化；而对体育技能知识、健康知识的供给不足造成了女性大众体育仍然处于一个较低水平。

（2）另一个突出的问题就是女性在运动项目上选择的局限性。跑步/散步、羽毛球/乒乓球、健身操（广场舞）、爬山等项目是女性参加较多的体育活动，而其他的体育项目在女性群体中的普及率较小。女性体育活动选择的局限性来自主观和客观两个方面的原因。除了受到性别秩序的影响以外，缺乏正确的引导和制度性的保障也是女性大众体育在项目上发展很难有突破的重要原因。

（3）社会力量的崛起与支持系统缺乏的矛盾是目前我国女性大众体育发展遇到的一个瓶颈。在30多年的发展过程中，我们看到了女性大众体育的社会力量在不断聚集、壮大，然而这种社会力量的崛起却没有获得整合、关注、引导和支持，还处于一种"自生自灭"的状态。社会力量发展到一定程度一定会有集体诉求，这就是组织、社团诞生的原始动力。然而在现阶段，真正意义上的妇女自治的体育组织和社团少之又少，这导致了女性大众体育社会力量与支持系统缺乏之间的矛盾，而支持系统的缺乏主要表现在政策制度与人文环境两个方面，由于这两大元素的缺乏，致使女性大众体育组织建设在经历了一个比较快速的启动和发展阶段后，出现了

在低水平上重复的停滞现象。

（4）女性大众体育发展在公共、商业和社会部门的发展非常不均衡，主要表现为在社会领域的力量壮大，而在商业领域和公共领域相对来说发展相对缓慢。女性大众体育在社会、公共领域以及商业部门的不均衡发展可能导致很多问题，最主要的问题是体育资源的分配不均：高收入、工作单位好的女性群体所获得的体育资源更多，在体育项目和体育服务产品上有更多选择；而那些较低收入的群体所获得的体育资源较少，在体育运动和锻炼的方式、内容上选择更单一。

（5）女性大众体育文化仍处于主流体育文化之外，特别是女性锻炼、健身文化的价值还没有被纳入"真正体育运动"的范畴之内。这造成了社会对女性大众体育价值的忽视、歪曲和偏见。

目前我国女性大众体育发展所存在的局限性体现在：

（1）政策上的局限性。虽然《全民健身计划纲要》以及《全民健身条例》指出了女性体育参与的重要性，并提供了法制保证，但是缺乏一个专门为女性体育参与设立的文件。因此女性参与体育、休闲活动的一些特殊性和特殊权益并不能得到充分的认识和保证，特别是在经费和公共设施上没有达到理想的标准。这一方面是由于体育工作中女性决策层（女性领导）的弱势，另一方面是由于政府层面的女性组织对妇女体育、休闲活动重视不够。

（2）从文化观念上来看，女性家庭角色仍然是女性的主要社会角色，以家庭为重的观念依然影响着一部分女性参加体育活动的积极性。另外，媒体对女性健康、瘦身、体形过度的宣传，在某种程度上起到了诱导作用，限制了女性对体育更深、更广地投入，对体育活动更自由地享受。

（3）从组织形式来看，以体育休闲娱乐为目的的女性自愿组织还不完善。一方面是大部分女性还是喜欢个人参与的形式，因为比较自由；另一方面，中国社团本身发展还不完善，还存在很多问题，比如缺乏规范、松散、受政府的影响较大等。对于女性体育自愿组织来讲，问题主要来自于：①没有固定的场地；②没有足够的资金；③松散，缺乏规范；④活动单一。社团应该是城市体育、休闲、娱乐组织的一个发展方向。目前女性体育社团还处于起步阶段，政府需要给予一定的启动经费和指导。

（4）从城市体育空间的分布来看，出现了阶层性的分化。城市空间的阶层性分化或极化是城市化的一个必然产物，比如高档住宅区与棚户区的分化；高、中、低等购物商业区的分化；高新技术区、学院区、新移民区、农民工区、蚁族区等的出现。这种空间阶层性的分化在女性休闲活动空间的选择上也充分地体现了出来。不同年龄、不同收入、不同教育、不同婚姻状况、不同工作状态的女性可能会选择不同休闲锻炼空间，白领喜欢去健身会所，退休的可能选择区公园广场，双职工、较低收入女性可能就近小区里锻炼，而女企业家、职场精英可能选择开车去郊区的健身会所，享受更加自然和舒适的休闲环境，但这种选择往往不是主动地选择，而是在一定经济和社会条件约束下的选择，这会造成体育参与资源不平等现象的出现，阻碍女性大众体育整体的发展。

## 二 多维视野下中国女性大众体育发展战略的建构

针对这些矛盾与问题，要制定符合女性利益和体育事业发展趋势的女性大众体育发展战略，需要从女性发展、体育事业的协同发展、中国新时期社会特点和需求三个维度去考虑。

### （一）从女性主义性别视角看女性大众体育的发展战略

1. 以女性个体全面发展需求为本

女性主义认识论的起点在于树立"女性立场"。女性主义立场论强调认知过程的社会性和主体性，坚持女性立场和价值取向的重要性。大众体育和竞技、职业体育不同，它是在业余时间进行的，以增强体质、丰富余暇生活、调节社会情感为目的所进行的形式多样的休闲体育运动。大众体育对女性来说不仅仅有"放松"与"娱乐"的意义，"个人发展"对女性大众体育来说，意义更为突出。和男性休闲体验不同，女性休闲体验更为复杂。对男性来说，休闲可能是较单纯的放松和娱乐，因为工作场域可以承担他们追求成功、社会交往、自我发展、自我价值、生活意义的任务，休闲主要是用来释放工作带来的压力。而对于大部分女性来说，受到社会制度和文化的影响，她们的工作（无论是有偿工作还是无偿家务工作）并不能完全为女性带来对心理、社会交往、自我价值、生活意义的需求和满足感，而休闲活动正好能弥补这一种缺失。大众体育作为女性休闲活动的一个重要内容，其发展目标应围绕"促进女性个体发展"的核心价值，满足女性身体、心理、社会交往的发展以及文化诉求，而这种文化诉求不仅仅在于提供女性同样的参与机会这么一个早期"自由主义女性学派"所提出的问题，而更倾向于如何在父权文化的统治下，如何让女性文化也获得同等的社会承认和发展空间。大众体育的发展应该为女性文化的展现提供一个更加广阔的平台，而不是强行地将女性体育参与行为、方式用男性所创造的现代体育文化标准来衡量和评价，只有冲破了这种评价体系，女性大众体育才能持续发展下去，女性也才能通过体育运动真正完成自我的发展。

2. 促进女性大众体育集体凝聚力的增长，从"边缘"走进"中心"

女性主义强调"个人的即政治的"，这个政治口号一方面反映了女性个体在日常生活中所遇到的问题实际上是与社会环境相联系的，需要将其提升到社会制度层面来考虑；另一方面也暗示了女性个体问题需要集体、制度的力量来解决。女性大众体育的参与不仅仅是女性个体实现体育权利、健康权利、社会事务参与权利的途径，它也是促进女性集体主体意识觉醒的方式。在实际的调查中，我们发现女性大众体育的社会力量在不断地发展、壮大，然而这种社会力量的崛起却没有获得很好的整合、引导和支持，还处于一种相对"分散"和"自生自灭"的状态：大家"各玩各的""互不交流"，有时还成为"竞争对手"。这样，社会力量就会分散，从而不利于女性大众体育整体和长远的发展。

和男性体育相比，女性体育的物质资源、社会资源、人力资源相对来说比较缺乏，由是，集体力量的聚集与培养就显得更为重要了。首先需要整合各种女性体育自发组织的力量，使其组织化、规模化、制度化、合法化；其次需要凝聚女性大众体育在三大领域（社会领域、商业领域和公共领域）的社会资源和力量，在平衡发展的同时，互相合作、相互支持；除此之外，还要培养并整合女性体育文化产品、女性体育文化项目、女性体育文化作品等方面的创造力，使女性大众体育文化更为多元、凸显和普及。在制度、资源和文化范畴内集体凝聚力的培养是女性大众体育从边缘走向中心的重要途径。

3. 培养女性体育管理与领导人才，增加在体育发展中的话语权

女性主义在揭示体育中男女差异的问题时，首先把矛头指向了体育制度中性别权力分配的不平等，文化研究认为这种不平等权力的产生是通过对社会意识形态的主导来实现的，也就是话语权归谁的问题：谁在影响政策的制定、政策的制定又符合谁的利益。女性主义在早期争取体育参与平等权利的时期，就注意到了这个问题，特别是从20世纪90年代开始，西方体育女性主义持续强调领导权对于女性在体育中地位的重要性，她们认为女性在管理和决策中的弱势地位造成了在体育资源分配、政策制定以及实施过程中的性别偏见与不平等现象，而要改变这种现象，要对女性体育领导人进行培养，争取体育发展中的话语权。

我国女性大众体育的发展也需要从女性群体内部培养体育管理和领导人才，增加女性在体育发展中的话语权，从女性的经验出发充分考虑女性

个体、群体的特殊性和特殊要求,在体育资源配置、体育文化活动组织、体育文化市场协调等方面向女性倾斜。而要做到这样,不仅需要有一定体育管理经验与能力的女性领导,同时还需要培养女性领导的性别意识和主体意识,使她们能真正地站在女性的立场为女性体育事业做出努力、为女性的体育权益发声,而不仅仅是实现男性统治体育的工具。

**(二) 从体育发展视角看女性大众体育的发展战略**

1. 从"强身育人"的发展观确立女性大众体育对下一代体育发展的突出价值

女性大众体育发展的意义不仅仅在于它对女性个体的发展有着积极的促进作用,它也对整个民族后代的健康有着至关重要的作用。在近代中国,一些有志之士就意识到了女性体育运动的重要性,提出了"强国强种"发展观。进入到新的时代,女性大众体育发展的战略意义将超越"强国强种"的传统的意识形态和理念,而提升为"强身育人"。强国强种的概念主要还是从人身体运动的自然性出发,强调了女性健康的体质通过生育对下一代的影响。大家相信只要母体健康、强硕,孩子的体质也会一样的健康。但是当我们发现体育运动的功能不仅仅在于锻炼"强壮的身体",而有更多的教化作用时,女性在体育教育中所发挥的作用则应该被肯定,这也是女性大众体育发展的社会价值和意义所在。孩子的体育行为和习惯与家庭的体育行为和习惯是息息相关的,特别是在早期以家庭为主的教育过程中所形成的对身体运动的感知。母亲在家庭教育中所扮演的重要角色使她们有可能成为孩子体育运动的启蒙者。母亲的体育习惯、对体育运动的态度不仅会潜移默化地传给孩子,母亲所具有的体育运动技能和知识也会对孩子的体育活动产生影响。更重要的是女性在体育运动中所表现的自我突破、勇敢、坚持、探索等体育精神会深刻地影响到孩子的价值观、世界观、道德观的形成。在现代社会,很多时候父亲角色是缺失的,母亲所扮演的生育、模范和教化角色也确立了女性大众体育的发展新的社会价值与意义:对下一代人强壮体质的"投资"和对体育意识、体育行为习惯的培养。

2. 从"女性竞技体育带动群众体育发展"思路转变为"女性大众体育的发展带动女性竞技运动的社会化"思路,从而实现提高中国女性体育整体水平的目标

体育事业长期、可持续的、健康的发展需要坚实的社会基础和人的基础,特别是在一个相对稳定的社会和时期,体育的整体发展会遵循这个规

律，换句话说竞技体育和大众体育的发展应该是一致的、相符的。女性大众体育应该成为女子竞技体育的基础和土壤：首先女性大众体育发展可以吸引更多社会资源对女性体育事业的关注和投入，增强女性体育发展的外在力量，改善其发展环境，特别是为女性职业运动员的培养创造机会；其次，女性大众体育发展有利于增强女性群体自身的体育运动意识以及对体育的积极态度，使更多女性自愿地投入到体育事业中，为女性运动员的人才培养积累人力资源；再次，女性大众体育的发展有利于女性竞技运动的社会化和普及化，打破竞技体育体制和大众体育体制的严格界限。虽然竞技体育和大众体育的目的不同，但是在运作方式上可以互相借鉴，特别是在资源的投入以及社会产出（社会效应）上，逐渐形成统一化，促进女性体育事业整体发展。

3. 继续发扬女性大众体育生活化、普及化、产业化的特点，加强科学化、组织化和法制化的建设

改革开放以来，女性大众体育发展都是以社会力量为主体的，以女性自发的体育锻炼活动为主要内容，其特点之一就是与女性的生活、个体经验很接近，其生活化的特点不仅表现在体育活动的形式与内容上，还表现在体育活动展开的时间和空间上，除此之外，生活化的特点还表现为其参与的动机和目的基本上是围绕着日常生活的内容展开的。这种生活化的特点也使得女性大众体育活动有很强的普及性，比较容易在女性大众群体中进行传播。女性大众体育的发展应该继续保持生活化和普及化的特点，才能充分体现体育运动的社会功能。除此之外，随着市场经济的深度发展，女性大众体育的产业化特点也将日趋突出。虽然目前来看，女性消费主要还是围绕实物性的体育产品，但是针对女性群体的体育服务也在市场经济的浸润下，也开始向规模化、专业化方面发展。女性大众体育的产业化不仅可以给女性的体育活动带来更多、更丰富的选择，对于整个体育产业的发展也起到了重要的作用。

在继续发扬女性大众体育本身所具有的优势以外，还要加强其不足的方面。首先就是女性大众体育知识性和科学性不足。一方面女性大众体育运动和健身需要针对女性身心的特点研发一些运动项目和体育服务；另一方面，在体育知识和技能的传播上要做到科学化和实事求是。现在很多女性体育锻炼和运动的误区实际上是由于不正确的传媒导向所造成的。还有些媒体或者商业广告为了达到盈利目的，而无限制地扩大某些体育项目（活动）的益处，但对于其负面影响只字不提，这也会给女性消费者和体育锻炼者带来对某些体育锻炼的误读。因此我们应该在"生产"和"传

播"两个方面加强科学性，这样才能够让女性正确地、科学地从事体育运动。

其次，女性大众体育发展到一定程度，特别是当参与人口越来越多、参与活动种类越来越丰富时，组织化是一个必然的过程。从目前来看，女性大众体育的组织化程度还不是很高，而女性体育参与确实有组织化的需求，正确地引导和积极地投入女性大众体育组织化建设不仅对保障女性体育参与权有利，也有利于女性大众体育的管理。与此同时，还要加强法治化的建设，虽然现有体育法规在大方向上为体育事业的发展提供了法律依据，但是在具体的法规上还有很多可以完善的地方。女性大众体育的发展以及女性体育运动的权利必须有法律法规的护航。

4. 鼓励女性大众体育多元化的发展，在尊重差异的同时要兼顾不同女性群体间的公平原则

体育事业发展至今越来越多地呈现出多元化的色彩，这不仅仅是针对个人体育运动选择的多样化、多元化，也是针对整个体育制度和文化的发展，其发展目标、路径和方式也变得多元化和具有包容性。我国女性大众体育目前的一个很大特点就是多样化地发展。中国地域宽广、民族众多，改革开放给女性带来了更多丰富地生活经历和选择的机会；女性自身教育、家庭、经济、年龄、民族、文化背景会导致她们的生活方式和生活理念不同，这些都是造成她们体育参与行为和态度等不同的原因，也是造成女性大众体育多元发展的根本动力。

多元化的发展模式对女性大众体育的整体和长远的繁荣来说有益的。它不仅能满足不同女性的需求，同时也能促进体育事业的全面发展、丰富社会文化。女性主义提倡要尊重差异，多元化发展模式也有利于体现对女性内部差异的尊重。然而差异不代表着差别、等级、不公、权力和剥削，特别是在资源分配上，我们在鼓励多元发展的前提下也要充分考虑到公平的原则：农村女性和城市女性大众体育健身资源分配的合理；在城市里，女性农民工、单位女职员以及公司白领群体的体育健身要获得政府和社会的同样关注；在进行宣传和知识普及时要特别注意老年群体、中年群体、青年和青少年群体不同的身心条件和需求。尊重差异、体现公平还表现为，不能以某些主流群体的体育运动价值观去衡量其他女性群体的体育习惯、活动和方式，例如对一些少数民族地区或者边缘山区女性体育活动的歧视与偏见等。总之，在鼓励大众体育形式多样化发展的同时也要兼顾不同女性群体间的公平原则。

**(三) 从中国转型时期的社会发展看女性大众体育的发展战略**

1. 促进女性大众体育在人类生活"三域"中的均衡发展

人类社会生活基本上是三大领域，即家庭生活、社会公共生活和职业生活，这是人类社会运行的基本支撑，不管人类社会如何变迁，人们的生活还是围绕着这三个领域进行的。女性大众体育作为女性社会生活的一部分，在社会转型时期也需要在这三大领域中均衡的发展。

家庭作为社会的基本单位，对人类生存和社会发展起了非常重要的作用，特别是在全球化的背景和大国崛起的历史使命面前，家庭在积累人力资本、提升国家竞争力中的作用日渐突出。从国家和社会层面来看，稳定、和谐、功能正常的家庭，是社会稳定的根本，也是增强国家竞争力的基石；从个人生活层面来看，幸福、和谐的家庭生活是个人成长和发展的保证。有研究表明，很多女性的体育活动是以家庭为中心。这种以家庭为中心的体育活动有利于家庭成员间的相互沟通、情感的交流、形成共同的感情基础，从而增加家庭的和睦与稳定。女性大众体育既应该作为家庭生活的一部分，也是维护家庭健康、和谐的工具和手段。

女性大众体育还需要在社会公共生活中得以体现。公共生活，是人们在公共空间里发生相互联系、相互影响的共同生活。与家庭生活比较，公共生活的领域更加广阔，内容更加丰富，表现更加精彩纷呈。公共生活对人类的自我认知以及建立广阔的社会关系起到了重要的作用。女性大众体育发展除了要以家庭为核心价值以外，还需要超越"私域"的范畴，成为女性公共生活的一部分。调研中，我们发现中国女性大众体育活动的公共色彩较浓厚，参加体育活动也逐渐成为某些女性参与公共生活的一种方式。然而，公共生活需要有公共秩序，是因为在公共生活中，人们为了维护共同利益，提高生活质量，需要按照一定的规范有序地生活。女性大众体育活动作为一种公共生活，也需要一定的规范和秩序。目前在缺乏管理和监督的情况下，由女性体育活动所引起的社会矛盾也频频出现。因此，要保障女性大众体育在公共生活中的健康、顺利发展需要对其进行规范、管理，使其有序地运行和发展。

职业生活对于女性来说也是一种公共生活，其区别在于职业单位和社会团体相比起来，有更强的制约力。女性大众体育在改革开放之前的运行模式就是以职业单位为主导而组织起来的，比如集体广播体操、企业间的联赛、职工运动会等，这些以工作单位为主导的群众体育活动在当时计划经济体制下对体育锻炼在女性群体中的普及起到了重要的作用。改革开放后，在市场经济体制下，很多单位和企业都不再承担这类职能，由单位组织和发起的体育活动越来越少。从人力资源理论来看，员工的健康是一个重要的人力资本，也是一个企业和单位发展的基本要素，因此需要投入员工体育活动，这不仅仅能增强他们的身体素质，同时也可以营造积极的工作氛围。从个体来看，在职业生活中，通过体育和休闲活动可以更好地与工作伙伴交流，也会促进自己在工作中的人际关系，从而为繁重的职业生活（关系）减压。女性大众体育的发展也需要进入到女性的职业生活领域，使大众体育活动的开展成为一种员工的福利，也是推广女性健康教育和体育运动的一种途径。

2. 发挥女性大众体育的经济价值，确保各类女性大众体育产品在市场环境下的均衡发展

以经济建设为中心是改革开放后我国重要的发展战略，体育本身所蕴含的巨大经济功能与价值越来越被人们认同。当体育从一种"生产活动"变为一种"消费活动"，女性作为一群重要的消费者，对体育产业的推动起着不可忽视的影响。女性大众体育的市场化、产业化是在中国社会转型以及全球化时代背景下一种不可逆转的趋势。然而在市场的环境下也需要保持体育资源分配的公平原则。女性大众体育市场的合理发展因此不仅仅要满足那些高收入、高消费群体的需求，也需要考虑开发一些适合中低消费的女性群体的体育服务和体育产品，满足更多女性对体育消费的需求。

3. 发挥女性大众体育的社会价值，提升其促进社会平等、稳定、和谐的功能

中国社会在转型期间积累了不少的社会矛盾和社会问题，消除社会矛盾、解决社会问题、创建和谐社会是中国社会发展的重要战略目标。女性大众体育的发展战略也要围绕这个核心任务，最大限度地发挥其积极的社会价值和系统维持功能，促进社会的公平、稳定、和谐。

首先，女性大众体育的社会价值在于其利于创建健康、有活力的社会。和谐的社会需要充满活力，社会要充满活力，首先其社会成员要充满活力。在现代人生活、工作节奏加快、压力加大的时代，保持健康、有活力的生活方式与生活态度尤为关键。女性大众体育最基本的发展目标就是要增强女性的体质、创造健康生活方式、提升女性的活力、丰富女性的生活，这不仅仅是女性自我的需求，也是女性能充分发挥其社会功能和价值的基本条件。

其次，女性大众体育的发展有利于公平、民主法治社会的建立。体育是人类社会活动中最能体现公正公平原则的领域之一，"公平、公正、公

开"始终是体育赛场的永恒主题。通过体育运动的开展,参与者能体会到平等与竞争的结合,从而增强社会公众公正、公平意识。对于女性来说,能够同男性一样积极地参与到体育活动中来,参与竞争、遵守规则、表现自我就是一种体验公平的重要过程,也是社会性别平等的重要表现。

再次,女性大众体育的开展有利于创建安定、有序、和谐友爱的社区环境。和男性相比,女性更重视体育活动中交往的质量而非参加体育活动的时间数量。如果说男性体育是为了体现个人的能力与竞争精神,女子体育,特别是以娱乐休闲为目的的体育活动,则更体现了体育合作、互信的精神以及社交的功能,因此发展女性大众体育有利于创造和谐的人际关系,这也是维持一个社区以及社会稳定的基本要素之一。

4. 发扬女性大众体育文化传承、交流和融合的文化价值

中国社会在转型时期的另一个重要议题是如何在现代化、全球化的"侵袭下"保持我国五千年的传统文化。前面我们分析了中国女性大众体育的文化特征,无论是对传统文化的传承、体育文化的传播,还是对性别文化的交流,女性大众体育都有重要的价值。

女性大众体育活动的一个重要文化特征就是世俗性、流行性,很多体育活动的内容都与百姓的生活非常接近。和竞技体育多以西方现代竞技运动为主不同,我国大众体育活动有着独特的民族文化特色,对于传统文化来说是一个继承和发扬的最佳场所:比如 20 世纪 90 年代在女性群体中流行的扭秧歌,又比如太极拳、太极剑,还比如具有民族特色的广场舞、健身操的出现,这都是对传统中国文化的继承的一个表现。女性大众体育的发展也需要继续发扬其民族特色,把我国传统优秀的体育文化、身体文化、养生文化继承下来。

与此同时,在全球化的背景下,文化的交流和融合是不可避免的趋势。女性大众体育不仅仅是文化交流的一个场所,也充分地体现了文化的包容性和互生性:印度的瑜伽、中国的太极、欧美的健美操(Aerobics)、目前正流行的"国际性时尚健身运动"——排舞,无论是来源于哪儿,都成为女性热衷的体育运动和健身的活动,各国的文化也伴随着体育运动的传播相互冲击、碰撞、交融,发展出很多新形式的体育健身活动。在这一过程中,不同的体育文化、身体文化、性别文化也在互相影响。总之,女性大众体育应该成为不同文化交流融合的载体。女性大众体育的发展需要继续发扬其文化功能,为创造多元的体育文化和性别文化而发挥作用。

综上所述,城市化解放了人们的体育生活,增强了体育为社会成员个人服务的功能,这推动了中国体育体制的改革,也是大众体育发展的基

础。同时城市化改变了中国的性别制度，这不仅表现为女性地位的提升，同时也表现为女性文化在城市的回归与流行，为女性体育活动的参与创造了很好的性别基础。在体育制度与性别制度这两大社会系统的支持下，城市化为女性休闲体育创造了政策法规、物质（时间、空间、经济条件等）、文化（体育文化、休闲文化、女性文化等）、组织制度（社区服务系统、自愿组织等）要素，这些要素通过互动形成了对女性大众体育发展的综合推动力，并使它朝着自发性、多样性、多元化、商业化、（自愿）组织化的方向发展。大众体育对于城市女性来说，不仅仅在功能层面能满足她们对生活质量提高的要求，在意义层面也能满足她们对传统束缚的挣脱，对自由、对自我身体的掌控，以及对社会地位的诉求。虽然女性在大众体育领域有了一些积极的变化，但是其进一步发展，还存在着政策、制度、文化、社会性的局限与困境。要打破这种局限，需要建立一个网络支持体系，把政府、民间女性团体、休闲体育社团、公益组织、媒体的力量整合，为所有女性成员能真实、平等、自由地享受体育运动而进行努力。

# 第七章 女性、体育与空间权力
## ——体育对女性社会空间的建构及困境

"空间"一词一直被看作一个客观描述性的和中性的词汇,直到20世纪六七十年代,随着各种社会理论流派对空间研究的广泛介入,空间不再作为简单的物质存在,而被赋予了阶级性、民族性、种族性、文化性等更多的社会内涵,使得空间成为一种复杂的社会存在或社会结构的综合体。女性主义理论在对空间的社会性改造的浪潮中扮演了重要的角色,她们提出了空间的性别差异思想。西方女性主义者认为,传统的社会分工一直将性别关系定义为:男性在"公共的"(public)领域,而女性在"私人的"(private)领域。这种性别分工最终导致了空间性别关系的出现,即女性被束缚在家庭这一单一的狭窄空间,而男性成为其他社会空间发展的主导力量。根据马克思主义女性主义的观点,女性受到压迫以及地位低下的原因在于其长时间被制约在家庭这一私人空间内,因而失去了参与公共事务、与外界交往、开阔视野的途径。因此只有女性拥有一定的社会公共空间,才有持续发展的环境。

女性社会空间的建构对于女性的自我发展非常重要。回顾中国女性的解放历程,实际上见证了女性社会空间的一步步扩大的过程。在旧社会,中国女性在长期的封建主义的统治下,没有任何的公共生活和公共空间,"家"是唯一能看到她们的地方。新中国成立后,开展了以社会主义生产为中心的妇女运动,女性全面地进入了以前男性占统治地位的生产领域,从家庭妇女到劳动妇女的转变使她们不再禁锢于家庭空间,而参与到了围绕"工作"而展开的公共生活中来。而在当代城市化的大潮下,女性空间活动进入了最积极的时代。女性社会空间的建构不仅仅只能通过"参加社会大生产"来实现,还会通过社会生活的各个领域来完成,体育休闲作为一种生活方式,一直被视为男性占主导的空间,如今也活跃着越来越多的女性的身影。女性体育的兴起不仅是为了强身、健体,它更深层次地体现了女性拓展社会空间的生理、心理以及社会性的诉求,与此同时,有利于建立"公共"与"私人"空间沟通的平台,成为打破空间性别权力关系的突破口。

## 第一节　女性主义社会空间的理论研究

### 一　女性主义空间研究

"空间"一词来源于地理学和天文学,是具体事物的组成部分,是运动的表现形式,是人们从具体事物中分解和抽象出来的认识对象。在20世纪70年代以前,"空间"一直以来被看作一个客观描述性的和中性的词汇。通过"马德堡半球实验",学者们普遍认同空间的本质是空无的,空间可独立于物质、意识之外而存在,它既不是物质,也不是意识。空间因而具有不变性、不受干涉性、永恒性、可分性、连续性、无限性。通过对其性质的分析,空间由此被定义为能够包容所有物理实体和物理现象的场所,是与其他社会系统相平行的独立的系统,具有自身的运行发展规律,这就是空间的真实性、客观性和非物质性。中心地理论、功能分区与结构理论等许多经典的学说都是建立在这一认识论的基础之上的。

随着社会学、政治学、城市学对空间研究的介入,70年代以后,空间的客观性受到了广泛的质疑:空间是独立的吗?空间是客观的吗?空间是中性的吗?诸如此类的问题对空间存在的基础发起了挑战。列斐伏尔(Henri Lefebvre)在其《空间的生产》一书中将空间看作社会行为的发源地,指出:"空间既是一种先决条件,又是媒介和资本主义社会关系的产物。对于空间的征服和整合,已经成为消费主义赖以生存的主要手段。"[1]列斐伏尔的论述引起了一系列关于空间性质的讨论。福柯也曾发表言论批判了西方思想史中空间被看成是"死亡的、固定的、非辩证的、静止的……是与时间对立的"概念。通过批判与争论,在20世纪70年代末,社会学家们对空间的本质有了新的认识:

首先,空间并不是独立的物质存在,而是特定时间、特定关联、特定内容、特定行为构成的统一整体,其发展受到政治、经济、社会、文化和历史等多方面因素的制约。因此,空间、时间和社会存在是一个相联的统

---

[1] Lefebvre, H., *The Production of Space*, London: Wiley – Blackwell, 1994, p. 4.

一整体。

其次,空间并非客观存在,而是生产出来的,是生产力和生产关系的体现;而社会空间更是由消费形成的,是社会关系和社会文化的体现。因此,没有纯粹的空间,任何空间都承载着特定的社会关系,或者说任何空间都是一个社会空间。

最后,空间发展不存在规律性,不同的个体或群体对空间有不同的理解,因此空间差异性是绝对的,而规律性是相对的。

空间认识论的巨大转变,使得学者们能从更广泛的基础来重新理解和构建空间,脱离空间的表象来发掘空间产生的真正动因,这为解决很多城市问题打开了一扇大门。随着空间认识论的转变,研究空间的方法论也有了变化:

首先,它从一个自然科学的研究方法向社会科学研究方法转化。随着社会理论广泛地介入到空间研究,学者们认为传统的用数字描述的空间看似客观,实际却掩盖了空间的真实性和多样性,他们强调"语言的力量"来揭示不同个体在空间的体验。

其次,从规律性研究向差异性研究转变。随着后现代主义、消费主义的发展,人们更多关注差异而不是寻找规律。那种试图用一种模型或原则来解释所有问题的方法,已经无法解释很多现实问题,女性主义、行为学、人文主义等都主张对空间存在的社会基础差异进行研究,分析建立在不同群体、文化、时期和地方特征基础上的空间差异性。

最后,从原则型研究向问题型研究转变。传统的研究方法希望通过建构一个合理并完整的空间体系来解决城市问题,但现在很多城市研究都是根植于现实的城市问题,以解决问题为目标来制定相应的空间政策,因此空间研究的针对性和可操作性增强。[1]

总的来说,空间不再是一个地理的、客观的概念,而拓展为一个社会学研究问题,是社会关系与权力的表现。空间研究从认识论到方法论的转变一方面是受到社会学理论的影响,从另一方面也拓展人们认识、建构、解构空间的途径。空间认识论的转变为女性主义空间研究提供了一种新的途径。

20世纪60年代,随着女性主义理论的发展,西方地理学家们开始注意到大多数关于空间的问题都与男性有关,男性作为家庭的核心,也是娱乐、交通和居住等空间需求的核心。海福德(Hayford)曾批判道:女性不

---

[1] 黄春晓:《城市女性社会空间研究》,东南大学出版社2008年版,第3—4页。

仅被历史淹没，同样也被地理淹没，女性似乎在空间中不存在。[1] 从 20 世纪 80 年代才开始出现大量的研究关注女性的空间行为，其发展经历了两个阶段：第一个阶段主要是把性别作为社会分异和社会不平等的重要方面，立足于地理学的空间角度来分析性别问题，又可以称作地理学中的性别研究（Geography and Gender）。第二个阶段，随着研究的深入，最初与女性相关联的各种社会问题变得更为复杂，女性主义地理学（Feminist geography）超越了女性与地理的概念发展为独立的理论体系。它不仅强调分析女性角色需求和心理需求，更强调建构一个新的以性别观念为基础的地理思想体系，从而建立真正的平等的社会关系和空间关系。

女性主义空间理论主要有三个视角：（1）强调空间的权力关系；（2）强调空间的角色关系；（3）强调空间的差异关系。20 世纪 70 年代末，女性主义认为传统的分工模式一直将性别关系定义为男性在"公共的"领域而女性在"私人的"领域。这种分工模式最终导致了空间性别关系的出现，即女性被束缚在家庭这一单一的狭窄空间，而男性则成为空间发展的主宰。这种空间的性别关系实际上是一种权力关系。激进派女性主义认为要打破这种空间权力关系必须改变生育方式，进而改变社会的再生产方式，使女性从家（生养小孩）的空间解放出来。马克思主义女性主义认为女性在家庭空间的劳动是一种"被看不见"的劳动，是被剥削的劳动，而男性在公共空间的劳动才有价值的体现。这种空间权力关系实际上是一种经济不平等的表现，因此要通过改善空间结构、改革社会机构等使她们在经济上与男性平等，从而使女性的价值能在被看到。80 年代以角色分工为前提，女性主义者不再一味强调权力和平等，而转向采用人文学和行为学的方法分析如何满足女性日常生活的需要。她们认为"公共"和"私人"空间的分离意味着经济、政治、就业等社会活动与家庭、家务劳动的分离，并使女性处于孤立状态。[2] 因为传统的城市发展和规划都是与政府行为、公共领域相关的，而与私人空间关系很少，也很少考虑到女性的需求。以性别角色理论为基础的空间研究者认为应该看到性别的心理和行为特征以及空间的性别属性，应当建立以女性为特征和服务对象的城市经济、社会和空间系统。90 年代随着后结构主义学派对女性主义的影响，男女二元结构的性别模式受到了巨大的冲击。她们认为无论是以男性为原则

---

[1] Peet, R., *Modern Geographical Thought*, London: Wiley – Blackwell, 1998, p. 71.
[2] Women and Geography Study Group of the IBG, *Geography and Gender: An Introduction to Feminist Geography*, London: Hutchinson, 1984.

还是以女性为原则,都不能代表空间特征,因为差异是永恒的、始终存在的。而差异不仅仅存在于男性与女性之间,也存在于女性内部。因此要实现真正的空间平等,必须研究女性内部的差异。

总的来说,女性主义空间研究的主要特点在于:第一,女性主义认为,使女性在空间"可见"是不够的,女性主义的目的不是把女性加入到男性的空间,而是必须研究性别差异,建立女性的空间。第二,女性主义提倡研究日常生活。长期以来,以男性为主的空间研究总是关注经济、社会、历史、环境等人类重大的问题,但是忽视了对人们日常生活的研究。女性主义提倡从研究日常行为来分析空间现象。比如"公厕运动"的发起就是一个典型的女性主义从点滴日常小事来分析、批判和争取公共空间的案例。第三,寻求差异,女性主义认为除了性别差异之外,还存在阶级、阶层、民族、种族、收入、年龄、文化、地域等各种差异,因此空间研究不存在绝对的规律,而是对差异的无限研究。①

## 二 体育活动对女性空间建构的推论

女性主义空间理论为本研究提供了理论依据以及研究视角。从休闲体育活动为出发点来看女性社会空间的建构。休闲体育是指在工作、学习之余开展的群众性体育活动。它作为休闲生活的重要组成部分,可以不拘形式地通过参加各种身体活动,在充满欢悦和谐的气氛中,达到增强体质、促进健康、恢复体力、调节心理、陶冶情操、激发生活热情、培养高尚品格、满足精神追求及享受人生乐趣等目的。② 休闲体育活动作为一种日常生活、文化消费、身体的展现对于女性追寻公平、自由以及差异有着重要的意义。与竞技体育相比,休闲体育活动可以包含广泛的女性群体,同时也能体现出女性群体内部的差异性。对于休闲体育活动对女性空间的社会建构,推论主要体现在以下几方面:

首先,休闲体育活动承载着一种性别权力关系,既可以成为维持现状的工具,也可以成为女性打破权力关系的突破。休闲体育空间一直都被认为是男人的领地。从传统观念来看,一直存在这种假设,因为男性外出工作挣钱很累,所以他们有权力享受休闲生活以恢复体力和精力重新投入生产。而女性在家,本身就是一种"休息",因此她们不需要任何休闲活动的调节。当然这种假设早已在女性主义运动中被颠覆,但是在休闲中性别

---

① 黄春晓:《城市女性社会空间研究》,东南大学出版社 2008 年版,第 26 页。
② 卢锋:《休闲体育学》,人民体育出版社 2005 年版,第 93 页。

不平等的权力关系依然存在。除此之外，因为体育活动是以身体为媒介，而传统文化对女性身体的束缚（如缠足），不仅限制了其身体自然发展，更限制了其身体的活动空间。体育活动对于女性身体的解放及社会活动空间的拓展有着积极的作用，这在理论和实践中得到了充分的论证。因此休闲体育活动虽然蕴含性别权力关系，但同时也是抵抗这种权力关系的突破口。

其次，休闲体育活动是一种生活方式和日常行为，与经济、政治生活不同，它是以追求健康、恢复体力、调节心理、陶冶情操、激发生活热情、培养高尚品格、满足精神追求及享受人生乐趣等为目的的活动。同时它是一种"自由选择"和自主性的生活与行为，更能反映女性特殊的心理、生理、社会需求。因此（建立）休闲体育空间有利于满足女性的各方面的需要，体现了女性主义空间理论的主旨。

再次，休闲体育活动所创造的空间介于"私域"和"公域"之间，因此可以打破"公共"和"私人"空间的分界线，建立"公共"与"私人"空间交汇的平台，使女性不再被隔离在"私人"空间之内。这也为她们争取更多的社会生存空间、获得更多的社会关注提供了一个重要的途径。

最后，休闲体育活动具有差异性，这种差异不仅在性别上反映出来，同时也在女性群体内部充分地表现，受到生理、文化、经济、年龄等的影响，不同的女性会有不同的体育休闲方式，因此她们对城市休闲空间的建构也会出现不同的要求，甚至出现相互竞争的局面。因此从休闲体育入手去研究女性社会空间会在很大程度上反映出差异。

综上所述，休闲体育活动已经成为现代人日常生活的内容之一，并对城市空间的演变产生显著的影响。如何在体育休闲参与的过程中拓展女性的社会空间，满足女性特征与需求，改变性别权力关系，拓展女性生存空间并体现差异性，成为一个对女性自我发展来说具有重要意义的课题。

## 第二节　体育运动对女性城市社会空间的建构

### 一　体育运动对当代中国城市女性社会空间的建构

为了了解体育运动是否可以拓展城市女性社会空间、在何种程度上、又是如何进行的等问题，本研究在女性体育锻炼群体中进行了深度访谈，从质性研究的框架出发，用"语言的力量"来揭示不同女性个体在空间的体验，从而捕捉女性在参与休闲体育过程中对城市空间的要求，以及休闲空间中存在的性别问题。本研究在大城市北京、中等城市绵阳（四川）随机采访了60位女性体育参与者，就她们的休闲体育行为与观念进行了深度访谈。采访地点包括健身俱乐部、公园和广场、居民小区等，其中在北京健身俱乐部的女性被访者10名、公园广场10名、居民小区10名；绵阳健身俱乐部被访者10名、公园广场10名、居民小区10名。这些访谈的内容是研究的主要数据来源。除了对女性参与者本身，本研究还采访了管理层人员，包括国家体育总局群体司工作人员、社区（北京龙潭湖社区、绵阳涪城区）体育管理处主任以及两所体育健身俱乐部的经理，这些访谈从整体和宏观层面来对个体访谈进行了补充和验证。除此之外，本研究还采用了投入观察法，通过自身经历，观察被研究者如何感知、感受与行为，以便全盘而通透地理解女性在休闲体育参与中的感知、感觉与行为。同时这些由观察得来的数据对于访问数据的采集也起到了补充作用。本研究在一所大城市和一所中等城市进行，也试图反映不同地区和不同城市规模女性休闲体育空间的差异性。虽然受样本的限制，其研究结果并不能完全代表全国各个城市女性状况，但能反映一些具有同质性的现象以及规律。

## （一）女性社会空间在居民小区内的建构

在单位制度解体以后，人们的衣食住行都依附于工作单位的形式也随之解体。同一个单位的人居住在同一个区域的情况在住房商品化的潮流中成为历史，城市居民区也渐渐集中起来并且随着公共交通的发达逐渐向城市外围发展。当工作空间和生活空间彻底分开后，人们才有可能享受更自由的私人生活，城市休闲空间在这个条件下才逐渐形成。在20世纪90年代，城市居民居住区（小区）又有了新的发展趋势，就是小区服务的建设，即在小区内建设便民的设施，如杂货商店、饭店、邮局、理发店、洗衣店等。除了这些必备的生活设施，小区里还建设了街心花园、体育路径等供人们在茶余饭后休闲娱乐以及锻炼的场地。一些比较高档的住宅区甚至还有自己的健身中心。娱乐、健身设施的完善也成为衡量一个小区优良的标准。

女性的休闲体育活动倾向在室外进行。一项调查显示，虽然家庭仍然是重要的休闲空间，但女性比男性更加倾向于家庭之外的休闲活动。42.5%的女性选择在家以外的户外进行休闲活动；22.7%的女性选择在家以外的户内进行；34.8% 的女性选择在家休闲。① 女性更喜欢在开放性的公共场所活动，而男性更倾向比较独立、专业的环境进行休闲体育活动。访谈调查也恰恰反映了这个特点，女性比男性更喜欢在自己居住小区里参加运动锻炼，一是因为方便，二是因为省钱，三是为了通过社区锻炼增进邻居之间的情感交流。② 这种选择也反映出女性休闲活动的空间特点。

首先，女性的家庭角色以及承担的家务劳动可能限制了她们去更远的地方。在采访中，大部分有工作的已婚女性都反映了这种特点。"方便"是现代城市生活对空间安排最直接、最基本的要求。但是"方便"的对象或利益群体并不一定是全体人民，而是有选择性的。女性主义认为，城市的空间规划主要是以男性为核心的，因此方便是一种性别权力的体现。对于某些女性而言，对空间"方便性"的首要需求更反映了她们在实际生活中的各种牵绊。

其次，在小区内的体育设施基本上是免费，或是相对来说成本较低，女性更易于接受。一位被访者认为：

> 小区内的健身、休闲设施都是免费的，虽然有的都已经老化了，但是还能用，而且功能跟健身房的差不多。休闲锻炼的最终目的达到了就行，不需要去追求那种形式，不必要非花那么多的钱去健身房锻炼。钱可以用在其他更需要的地方。

当然，我们也承认不同经济条件的女性，休闲消费观有很大的不同，这也反映女性内部的差异性。但是同男性整体来比，女性整体在体育活动上的花费相对来说是比较低的，她们比男性更加倾向选择那些免费的体育项目。小区内的公共绿地或免费的健身设施满足了她们这一需求。

再次，女性比较倾向和自己熟悉的人，在熟悉的环境下进行体育活动，一是安全感会增加，二是为了交流。一位被访者叙述道：

> 在小区里，有保安，治安比较安全，进行休闲活动见到的都是熟悉的人，熟悉的环境。我以前也去过"公园"，但是觉得人太杂了，

---

① 刘德谦等：《2011 年中国休闲发展报告》，社会科学文献出版社 2011 年版，第 233 页。
② Xiong, H., "Urbanisation and the Transformation of Chinese Women's Sport in Post – Mao Era." *Doctoral thesis*, De Montford University, UK, 2006.

感觉不太安全。

确实"安全性"是一个在以男性为主体的空间建构中很容易被忽视的问题。女性对于空间，特别是公共空间安全感的需求，因此常被忽略。居住小区的空间环境相对来说比较熟悉，熟悉感能给女性带来一定安全感，使她们能真正放松心情投入到休闲、体育活动中来，解除对陌生环境不安全的心理和社会性障碍。除此之外，交流是体育活动的一项重要功能，而女性通过体育达到交流的需求比男性要强烈。根据一项统计，女性休闲时间用来聊天的比率占其休闲时间的21%，比男性要高。[①] 在采访中，很多女性都表示在体育锻炼过程中与人聊天最自然、最放松。一位被访者说道：

> 现在和以前不一样，住在高楼里，串门不太方便，而且好像大家也不太习惯随便到别人家里去玩，打扰别人。就是到了傍晚这个时候，大部分人都出来锻炼了，才有机会见到熟人，聊聊天，交流交流，感觉没有负担，而且很自然。我们几个好邻居都很有默契，如果没有特殊的事情，基本上这段时间，大家都会出来。

这段文字从另一方面也反映出在城市化过程中，人际交往方式的转变和交往空间的转移。聊天这种以前比较私人的、传统的女性休闲活动，从室内走到了室外。体育活动成为这种交流方式空间转移的良好载体，拓展了女性的社会交往空间。

总的来说，居住小区确实满足女性在从事休闲体育活动时所需要的方便性、低（或无）消费性、安全感以及交流的需求。居民小区可以被看成一种家的延伸。与工作空间、政治空间不同，家主要以女性为主体，比其他任何空间都能体现女性需求、女性的价值以及女性文化。但是局限在家里的休闲活动，并不能完全地满足女性的心理和社会需求。体育活动成了一个很好的工具，把女性休闲空间从家拓展到了小区，建构了女性在室外活动、交流的社会空间，而又不失"家"的温暖，给女性更多的方便与安全感。在居住小区内所建构的女性休闲体育空间的主要特征体现在它是从私域到公域的过渡，因此也可以成为"女性—家庭"这一同一性结构改造的入手点。

---

[①] 黄春晓：《城市女性社会空间研究》，东南大学出版社2008年版，第128页。

### (二) 女性社会空间在公园广场的建构

如果说居民小区仍然是私域与公域的交接，那么城市里的公园和广场则应该说是名副其实的公共空间（public sphere）。公共空间，狭义是指那些供城市居民日常生活和社会生活公共使用的室外空间。它包括街道、广场、公园、体育场地等。广义是指公共空间不仅是个地理的概念，更重要的是进入空间的人们，以及展现在空间之上的广泛参与、交流与互动。这些活动大致包括公众自发的日常文化休闲活动，和自上而下的宏大政治集会。

在城市化过程中，创造公共的休闲娱乐空间是政府的一项重要工作。自20世纪90年代以来，各城市政府积极推行"公园运动"，以公园为中心建立公共休闲娱乐区。和西方的公园运动所不同的是，中国的公园大多坐落在城市中心，或是离居民区近的区域，原因有三个，第一，中国很多公园都是历史文化遗产，没有办法搬离市区；第二，公园在市中心有利于大众的参与；第三，公园在某种程度上是一个城市的印章，也是一个城市向心力的表现，因此在市中心更加有代表性。[①]

公园广场也是女性乐意选择的休闲体育锻炼的场所：一是公园自然环境好，活动地方广；二是花费很便宜；三是交通很方便。但研究也同时发现，受时间和空间的限制，去公园广场进行休闲体育活动的女性群体大部分是退休或无业。对于这部分女性来说，除了以上几个原因吸引她们去公园广场进行休闲体育活动以外，另一个重要原因是公园广场的公域性满足了这部分女性重拾自我身份、社会关系等社会需求。一位50多岁退休的女性锻炼者陈述道：

> 我工作了一辈子，退休以后，觉得生活少了什么，有种失落感。孩子在外地上学，老公还在上班。我一个人在家里，非常孤单。以前上班，忙忙碌碌地，和同事们在一起，时间过得特别快，现在觉得时间特别慢。我以前属于职业女性，喜欢和人打交道。在家里看电视很憋闷，而且因为活动少，常常失眠。后来我每天都到公园里来锻炼，每天走这么一趟，换一下环境，觉得身心完全不同了。

---

[①] 熊欢：《城市化与市民体育的兴起——美中城市体育发展之比较》，《体育科学》2008年第1期。

还有一位女性谈道：

> 我不工作以后，生活圈子慢慢地变小了，以前的同事、朋友因为她们还在工作的原因，也不可能常常来往。自从我到公园里来练太极，我交了一些朋友，都是退休的。除了到公园锻炼，我们有时还常常约在一起，野游、爬山、吃饭、逛商店。还一起参加社区组织的表演和比赛。社会活动比工作时还多了。

公园、广场具有公域性特点。公域是一种特定的社会结构，对人类的自我认知以及建立广阔的社会关系起到了重要的作用。公共领域中的活动包括生产活动（工作）、政治活动（选举）、宗教活动（去教堂）以及休闲活动。在中国，大部分人在公域中的生活（或公共生活）是通过工作而实现的，政治活动基本上依附于工作，而宗教活动也不是主流。因此失去工作会使她们的公域生活缺失，从而使她们感到其社会地位的动摇。[1] 唯有休闲活动对此有一定的弥补。很多女性在回答为什么选择公园、广场进行体育锻炼时，表示通过去公园广场参加体育休闲活动可以真正走出家门，走进公共空间。她们一方面可以达到休闲和健身的目的；同时有机会相互认识、了解和交流，通过这种方式重新融入社会。

女性通过参与体育活动在公园广场对其自身社会空间的拓展，不仅表现在地理上建构，也表现在其社会关系的建构上。通过观察研究，和居民小区的休闲体育锻炼随意、松散相比，在公园广场进行的休闲体育锻炼具有一定的规模性、群体性、规范性。比如一个练太极的群体，她们基本上有固定参加的成员，根据参加时间长短，成员之间存在一定的"等级"，有些骨干成员还担任一定的角色，比如指导、组织、协助、器材等。活动时间一般从早上7点到9点之间，但可以迟到早退。也有一个固定的地点，其他团体基本上不会来占领。她们也会参加由社区组织的文化表演以及比赛等活动。这一个小群体就是一个小的社会结构，承担着一定的社会的功能，在成员的互动中产生了一定的社会关系，同样在这种社会关系中，女性可以找到自己的位置，也可以获得社会身份的认同。总而言之，体育活动的参与为女性在城市里创造了另一个公共空间展现她们对美、对健康、对社交、对自我发展的追求。

---

[1] Kelvin, P., "Work as a Source of Identity: The Implications of Unemployment", *British Journal of Guidance and Counseling*, 1981, Vol. 9, pp. 2–11.

### (三) 女性社会空间在商务休闲区的建构

商业区的出现,是中国城市化过程中最突出的特点。休闲体育空间变化的另一个趋势就是在城市中心商务区高档室内休闲、健身中心的出现。随着城市化的发展,市中心的住宅区、商业区越来越拥挤,人们户外的休闲娱乐空间越来越少,在商业化的驱动下,一些以营利为目的的休闲、健身场所如雨后春笋般出现在一些高档的商务区。这些休闲健身俱乐部大多设施齐备、服务专业、交通方便、价格昂贵。这些健身俱乐部为女性休闲体育空间的创建提供了一个新的选择。

随着时代的变迁,中国社会逐渐进入了一个"消费"时代,成为消费社会。社会成员除了扮演"生产者"的角色,同时更多扮演着"消费者"的角色。因此,由过去职业和生产关系来确定的个人身份和地位,如今可以由其消费方式和消费行为来决定。在物质如此丰盛的年代,物质主义成为主流的大众文化。对于女性而言,消费文化和物质主义对性别关系发生了巨大的影响。消费文化使女性摆脱了长期以来构建在生产关系和生产方式基础上的社会从属地位,成为消费文化的一个重要组成部分。女性不仅是消费的主体,同时还是消费的象征,通过女性身体语言,使女性与物质主义联系在一起。因此商业空间处处都充斥着女性文化。一项调查表明商业区的人流以女性居多;女性商品,以及专属女性的购物空间比男性多。[1]

在商业区内,休闲体育空间的拓展也具有一定"女性化"的趋势。一家体育健身俱乐部的经理在谈及他们俱乐部的空间布置的转变上说道:

> 我们这家俱乐部在 90 年代中就开始了,但是那时候,主要是以器械区为主,还有一些健身操项目为补充。但我们逐渐发现,在器械区锻炼的主要是男性,女性会员一般只参加健身操。后来调查了解到,女性和男性在一起从事器械活动,感觉不太方便,为了鼓励和发展更多的女性会员,我们开辟了一块地方,专门是女性器械区。虽然在空间上有了隔离,但是并没有吸引更多的女性。因此我们又转变策略,开设了一些适合女性的活动项目,缩小了器械区,而增加了健身操馆、瑜伽馆。这样女性会员才逐渐地多起来了。现在我们这儿的瑜伽、搏击操都特别火。

---

[1] 黄春晓:《城市女性社会空间研究》,东南大学出版社 2008 年版,第 135 页。

从以上叙述中，我们可以看到，在商业模式下，女性不再是单纯的人类学的概念，而是新的生产体系中的一个要素、新的流通体系中的一个环节、新的文化体系中的一个符号。以女性为主要消费对象的休闲、体育产品层出不穷，眼花缭乱，一位女性在描述自己的健身体验时说：

> 我也是刚办了一张健身卡。本来在纠结HS还是BZ，最后还是选择了BZ，因为是纯女子健身，这点很吸引我。不论健身、舞蹈还是桑拿都不用顾忌男生在的尴尬。舞蹈课程相对一般的健身俱乐部也多很多，卡是通用，会有课程表给你，到时候看你想学什么课程还可以去相应的有课时的馆上课。像我刚好是上班的地方和家里附近都有这家连锁店，我可以按课时选择分馆。另外她们家还有美容美甲，环境也还不错，也提供无线上网，真的是想在里面耗一天都可以。刚入馆的时候会给你做体能测试和脂肪测试，量身体尺寸，隔一个月再给你量一次，看你的健身情况如何。

从以上描述来看，女性对专业女性健身空间的自我体验是积极的。专业女性健身、休闲会所越来越受到女性的追捧，成为一部分女性追求时尚、情调、健康、美丽、自我提升的另一个"战场"。女性休闲体育的商业化空间的扩张，一方面为一部分女性带来了更加丰富的生活，她们通过消费休闲体育产品改变了自己的社会地位，建构了自我发展空间；另一方面，它也具有分化与排斥的功能。那些承担不起消费的女性被排斥到这个空间之外。

## 二 体育空间与女性权利：限制与争议

从女性的自我经验来看，参与休闲体育活动是拓展女性社会空间的一种重要方式和途径。但女性参与休闲体育活动是否就一定能促使女性体育休闲空间的形成，从而拓展女性社会空间呢？正如我们上面讨论的空间是生产资料、消费对象、政治工具和社会关系的集合，其发展受到政治、经济、社会、文化和历史等多方面因素的制约。女性社会空间的形成根本上也取决于社会经济结构，是宏观空间体系中的一部分，但与男性相比，影响因素更加复杂，它不仅受生产力和生产关系影响，与性别制度与文化制度之间也存在着紧密的联系，并且与女性个体性和差异性等社会特征相关联。除此之外男女在社会空间资源上的分配不平等，以及女性在获取社会空间权力的弱势地位，使她们在建构体育运动空间时遭到了重重的阻碍，置身尴尬处境。

## （一）社会结构的限制

社会结构是一个宏观概念，影响女性通过体育活动建构社会空间的结构因素包括经济结构、家庭结构以及休闲体育结构。从经济结构来看，经济收入是女性在选择和建构休闲体育空间时的直接影响因素。总体来说，女性群体的收入相对于男性群体来说较低，这是由社会分工和劳动力市场性别结构不平衡所造成。女性经济收入在很大程度上限制了她们生活空间的增长。很多女性更愿意选择在附近进行体育活动，是因为花费比较小，特别是在交通上花费小。而男性的体育休闲活动的空间越来越有向郊区扩张的趋势。一些高级的高尔夫会所、户外体育场都是以男性为主。根据一家高尔夫会所的调查，男女会员比例大约是10∶1。造成这种性别比例悬殊的直接经济因素是：一是在郊区的体育休闲场馆本身的花费巨大，二是因为交通成本也比较高，需要开私家车。这在一定程度上限制了处于经济劣势的女性的参与。从女性群体内部来看，其经济条件的差异也导致了她们对休闲空间的不同选择，如白领阶层比较倾向选择健身房，而工人阶层则比较倾向在免费的公共场所进行休闲活动，从而产生休闲体育活动空间的分化甚至极化的现象。

从家庭结构来看，家庭结构的变化一方面为女性寻求在家以外的社会空间的可能性。在中国城市化过程中，家庭结构逐渐从大家族变为核心家庭，女性所承担的家务活动和责任相对来说减少。除此之外，新科技的发展以及家政服务业的出现在一定程度上把女性从家务劳动中解脱出来，使她们有更多的时间去从事休闲、健身等活动。另一方面"男主外、女主内"的传统家庭角色分工仍然是主流，虽然职业女性也外出工作，但女性价值的体现通常是通过对家庭的经营来实现的，而男性的价值通常是以工作（事业）来实现的。这造成了女性更多地把自己的活动空间与家庭绑在一起，限制了她们向更广领域的拓展，这种现象也从女性多选择离家近、方便的休闲体育场所进行体育活动的事实反映出来。

从休闲体育制度本身来说，虽然有全民健身计划等政策性的指导，但是在实际执行中，设施、指导、计划的缺乏仍然是影响女性体育向更广、更多元方向发展的制约因素。大多数女性没有什么机会参加传统的"男性活动"，比如在公共篮球场、足球场、网球场很少看到女性的身影，她们主要集中在设施比较简陋，或是根本就没有体育设施的空地上进行技术含量相对来说较低的项目，比如散步、广场舞，体育活动内容限制了她们体育空间的拓展，同时也造成了男女在享有公共专业性体育空间的不平等现状。

不可否认,由结构性因素所产生的对金钱、时间、设施(机会)的缺乏对于男性、女性的体育休闲空间都是一种限制,然而女性对这些限制因素的感受可能与男性有所不同,这是因为在结构下面还有文化因素的影响,而文化对女性的作用更强于男性。如果说结构(制度)因素可以通过社会改革,在短时间内发生转变的话,文化因素则需要更长时间来改变和培育。文化对于女性在休闲体育领域内的社会空间的建构影响更加深远。

**(二)社会文化的限制**

文化结构,特别是性别文化结构仍然是影响当前女性社会空间活动的重要因素。所谓文化结构,是指文化的架构,包含两个方面的意义:一是不同的文化元素或文化丛之间具有一定秩序的关系;二是文化结构由文化特质、文化丛、文化区、文化模式等概念构成。性别文化结构规定了对男性、女性及其相互关系的观点和看法,以及与之适应的性别规范和组织结构。中国文化对理想女性气质的描述通常是娴静、温柔、秀外慧中,因此女性的休闲活动多以静为主,这也导致了她们在从事体育活动时常常选择不太激烈的项目来进行,比如太极、瑜伽、散步等,这些活动一不激烈,二没有竞争,三以修身养性为目标,四没有太强的空间要求,符合社会对女性行为的期望。大部分女性会把这种社会期望内化为自己的标准,只在传统文化规定内的空间里游走,还有少部分女性可能会想冲破传统牢笼,挣脱文化的束缚,开辟新的社会空间,例如健美运动以强健的外形突破了女性"小鸟依人"的传统身体形象,攀岩运动增强了女性的自信心与征服感,踢足球展现女性的团队合作与拼搏精神等。

性别关系也是社会文化的一部分,是女性在这个男性为主的世界中获得空间拓展的最直接影响因素,两性的平等程度直接影响女性和男性在社会空间领域的发展。休闲体育活动可以作为建立性别平等的工具,也可以成为用来维持现有性别关系的工具。女性从事休闲体育活动相对于从事生产活动、政治活动等传统的公共活动所受到的社会制约和障碍较小,因此也最容易实现男女平等。在前面,我们分析了,休闲体育活动是一种跨越"私域"与"公域"的活动,因此在女性从事休闲体育活动时不会像她们要进入到其他公共领域那样受到重重阻力,相反社会还鼓励女性参加以社区、家庭为单位的休闲体育活动:一是减少"社会矛盾与冲突";二是刺激"休闲产业的发展";三是有利于以家庭为核心的价值观的重塑。当然,由于休闲体育文化本是围绕男性展开,因此它存在一定的性别意识形态,也会在一定程度上坚守固有的性别关系，比如女性很少去篮球场、足球场、高尔夫球场等体育活动空间进行锻炼。

道德规范和社会价值观对于女性生活方式、行为规范会产生极大的作用，对女性社会空间的影响更为深远。比如在调查中，很多已婚女性表示，如果自己有多余的时间，更希望陪伴孩子和丈夫，而不是独自去进行休闲活动。把孩子和丈夫抛到一边，自己找乐子，很多女性都表示在道德上不能接受。因此很多女性选择家庭型或陪伴小孩的休闲活动；还有一些女性表示是在安顿好家庭以后，才会自己进行休闲体育活动，这充分体现了道德规范的影响。但也不否认，在当代多元文化的城市社会中，社会价值观对女性也有了更多的包容性，评价女性的价值体系也从"相夫教子"的一元指标，拓展为以"独立、自主、自信、追求自我"等多元指标。由于女性个体所受教育程度不同，其文化价值取向也呈现出多元的特点。比如一些年轻女性，教育程度较高，自我意识较强，喜欢刺激和挑战，她们的社会空间活动也更为活跃，突破了原有的局限，赛车、登山、高空滑翔等活动中都能看到她们的身影。

总而言之，文化因素对于女性社会空间的建构起着重要的作用，而通过休闲体育运动所产生的女性社会空间正处在一个传统与开放、固守与突破、公共与私人、风格与细节所交织的社会文化体系当中，不断地组合、分离。

### （三）女性群体内部差异的限制

我们在本章前面谈到女性主义研究除了要考察女性作为一个群体在社会空间建构时的特征以外，还要考虑到女性个体的差异性。由于女性从群体上处于弱势，个体的特征反倒得以强化，例如个人的年龄、健康、生活环境、经历、性格、容貌等，都会对女性的空间行为产生重要的影响。与男性相比，这些个性化的特征对女性显得更为重要。

年龄是一个比较重要的客观因素，虽然年龄的界限可以从文化上打破，但是生理方面的问题很难克服，这限制了不同年龄人的活动空间，比如，老年人就不太能参加滑雪、攀岩等比较激烈的活动。健康与否也是一个客观因素。身体健康的女性，她们的活动空间就比那些身体不健康的女性要大。

生活（成长）环境对于个人的社会化有很重要的影响。比如体育世家的孩子，从事体育运动的几率就要比一般的家庭高，因为"潜移默化""耳濡目染"，而另一些生活在没有休闲体育氛围环境下的女性，可能就对体育活动没有什么兴趣。因此成长环境的不同，女性对体育活动的兴趣也会存在着差异。

个人经历也会影响她们之后的休闲体育活动的选择，如果一个女性曾经溺过水，那么之后她可能就不会选择去海滩游泳，而是去爬山。而那些有恐高症的女性，则不会选择爬山，可能去打保龄球。因此她们的空间经历是不同的，体育空间的选择与体验也会不一样。

个人性格会影响休闲爱好的形成。性格内向的女孩子，可能喜欢在封闭的空间单独进行的休闲活动；而性格外向的女性则多选择开放的交际型的体育空间进行活动；有些较敏感的女性，可能对需要展现身体的运动有所顾忌，比如游泳、健身操都需要穿比较紧身的衣服，这使她们感到不自在，而另一些相对自信的女性愿意展现自己的身体，她们则愿意进行能展现体形的运动，比如国标舞、健身运动等。

总之，和其他因素相比，个体因素的影响更为复杂、多样，难以寻找到一个固定的规律，这造成了女性社会空间的差异性与多样化。

### （四）对女性体育空间权利/力的争议

在城市化的大潮下，女性社会空间从"看不见"的附属性空间到不断扩张的多元化空间转变，体育休闲活动起到了重要的建构作用。无论是在居民小区、公园广场还是商业区，女性的空间需求在她们从事体育休闲活动中得到了充分的体现。居住小区满足了女性空间方便、低（或无）消费、安全感以及交流的需求。与工作空间、政治空间不同，它是一种家庭空间的延伸，比其他任何空间都能体现女性的价值以及女性文化。公园广场作为城市公共空间则满足女性参加公共事务、重拾自我身份、建立社会关系等社会需求，同时，也是女性为获得美、健康、社交、自我发展创造了一个"看得见的"舞台。商业区的休闲体育空间满足了当代女性对物质、精神以及社会地位的全方位需求，它为女性带来了更加丰富的生活。除此之外，通过消费，女性成为主体，改变了从属地位，有利于其社会空间的发展。通过休闲体育活动的参与，女性逐渐创造了自我的社会空间，同时也体现了她们对拥有社会空间权利的需求。

首先，女性的休闲体育活动有利于打破空间的性别权力关系，它不仅解构了"公域"和"私域"二元对立的关系，而且在某种程度上冲击了"男性气质"与"女性气质"刻板印象的疆界，为女性的社会空间的建构与拓展提供了基本条件。

其次，女性休闲体育活动作为一项日常生活，是女性社会空间演化的外部驱动力。与男性不同,女性更关心与日常生活需要有关的内容,这些日常行为经常发生,甚至天天发生。方便、便宜、安全等反映出女性对社会空间特殊的生理、心理和社会需求。通过参与休闲体育活动,女性的这些需求被显现出来,并不断得到关注,无论是从公共政策还是从商业策略来看,城市规划与休闲空间的建造越来越多地考虑到了女性因素,使她们从社会空间的"边缘"逐渐走向"中心"。

再次,女性休闲体育活动的差异性在她们的空间选择上充分地体现了出来,这些差别建立在经济、年龄、生长环境、婚育情况等因素之上。差异性有利于女性社会空间的多元化、多层次发展,也有利于冲破以男性为中心的单一空间建构传统。

虽然休闲体育活动对女性社会空间的建构起到了积极的作用,但是在实践过程中,却又遇到了尴尬与争议。早在20世纪90年代,北京在立交桥下秧歌队的大妈们就遭到了驱赶;近年来因为大妈们在社区跳"广场舞"扰民问题出了不少新闻。成都一小区内楼上住户因难忍广场舞音乐的困扰,一气之下向跳舞人群扔水弹,受到水弹袭击后,楼下的人又向楼上扔弹者甩中指;武汉有人从楼上向跳舞的大妈泼粪便;北京有居民朝天鸣猎枪还放出三条藏獒驱散跳舞的人;苏州某小区内,一位业主不满楼下跳广场舞的声音,下楼与跳舞的阿姨发生冲突,打伤跳舞者,随后,业主还在楼下广场铺满碎玻璃和砖石;温州市区新国光商住广场的住户们下了血本,他们花26万元买来"高音炮",和广场舞音乐同时播放,以示抵制。

这种矛盾冲突是空间权利之争的典型反映。居民们想要一个安静的环境与生活空间,这无可厚非;而跳舞的妇女也有获得健身空间的诉求,对于公共空间的使用,谁说了算?谁来管?特别是像居民小区这样的地方,就像我们前面提到的,它是一个特殊的公域与私域的结合地,正如物业管理人员的尴尬回应:"都是业主,她们买了房子也应该享有小区的配套环境,我们也不好驱赶。"而在这些"大妈"建立起自己的体育锻炼的社会空间时,却也造成了对他人空间权利的侵害。如何来解决这样的空间矛盾与空间权利之争?这是值得我们深思的问题。

如果从性别的视角来看,为什么男性的锻炼健身没有遇到这样尴尬的处境?因为他们掌握了更多的社会资源以及空间资源,可以在"合理""专门"的空间范围内进行锻炼与健身运动,比如有偿的健身俱乐部、免费的单位健身场地;而女性的运动健身活动却受到结构与文化的双重束缚而无法进入这些"合理"的运动空间,因此只能被挤压到城市空间的"夹缝中"来寻求自我的空间。大妈广场舞扰民现象从一个角度反映了女性体育空间的缺失，它更加折射出了当前中国社会性别化的体育空间权利——男性拥有"合法化"的体育空间使用权利与掌控权力，而女性却只能"游走"在主流体育空间的边缘。

综上所述，体育活动对女性社会空间的建构起到了积极的作用，然而女性通过体育活动来建构社会空间也会受到各种因素的影响，这些因素包括了结构性因素、文化因素以及个人因素。除了这些主观因素制约着女性通过体育积极建立自我社会空间以外，在体育空间的"男性霸权"，却也为女性积极的体育空间体验造成了重重阻碍。这些因素既可以对社会空间秩序的重构起到积极的推动作用，也可以起到维持原来空间秩序的消极作用。因此为了释放其积极性、抑制其消极影响：首先，在结构上，要性别分工平等，男、女不仅在生产领域要分工平等，而且在家庭劳动上也要分工平等，这样才能保证女性（通过休闲体育活动而进行）空间建构的经济基础以及时间基础；其次，在文化上，要创造多元文化的发展趋势，只有在文化上的多元发展中，男性文化和女性文化并存的现象才会显现出来，女性文化的特征才会被关注，男性为主导的文化模式才会被质疑，而这样才有利于女性文化空间的建构。再次，要创造女性群体自我服务体系——女性休闲、体育社团。虽然女性社会空间发展快，但仍处于从属地位，并未完全摆脱男性主导文化的影响，因此，只有通过女性自我服务和调节机能，在积极的引导和群体效应下通过休闲体育活动建构女性的社会空间，同时在"集体行动"的效应下也才能形成一股"政治力量"，为争取合理、合法的女性群体体育运动空间而努力。

# 第八章 塑造与控制
## ——体育传媒中的性别与性别气质

现代生活已经和媒体产生了密不可分的关系，我们的周围充斥着各种各样的电视节目、广播、电影、广告、杂志、报纸、互联网和录像节目等。人们从各种各样的媒体中获得大量的信息和知识。如果没有这些媒体的存在，我们的生活将会是另一番模样。媒体起着收集信息、播出信息、接收回馈的作用，从另一个角度可以这样认为，现代媒体决定了我们所能够接触到的信息量以及它的真实程度，继而影响人们的看法和想法。

现代媒体几乎涉及了人类生活的方方面面，体育运动已经成为媒体的宠儿。无论是报纸杂志，还是电视广播，或是互联网，体育运动已经成为其中重要的内容组成部分。通过媒体的作用，全世界不同地区的人们可以一起欣赏同一场体育比赛，那些获得冠军的运动员受到了全世界人们的关注。但是，我们也会发现一些这样的现象，在许多报纸、杂志抑或电视节目中，我们看到、听到的关于男性运动的信息总是多于女性的，我们所熟悉的运动员的名字同样是男性多于女性。如果这是一种普遍现象，媒体又在其中充当了怎样的角色呢？媒体是如何书写、再现、传播体育以及体育中的性别与性别气质呢？这章我们将围绕这些主题进行讨论。

## 第一节 体育、传媒与性别
### ——理论之探讨

### 一 社会学视野中的大众传媒

媒体，包括报纸、杂志、书、电影、广播、电视、录像节目和网络，已经渗透在人们生活的各个方面。从广义上说，媒体给我们提供了三种东西：信息、事件和娱乐。如果把媒体提供的东西看作一种类似生产产品的过程时，那么这一过程就是由三个主要的因素构成：信息、传送者、接受者。由专业的媒体人去采集有关的信息，经过制作加工成为节目再通过电视、广播或者网络等形式输送到我们的面前，而作为观众的我们就是这些信息的接受者。社会学家认为，大众传媒既是社会信息传播的工具，同时也是社会结构与系统的组成部分，① 大众传媒一方面用信息向大众建构起整个社会，另一方面也必然会受到社会的制约。

当然，不同社会学派的学者都在传媒对社会所带来的影响上有着不同的解读。社会学对大众传媒的解读，最初的理论视角是功能论。功能论首先是将社会看成是一个相互协调发展的系统，社会可以分成各个不同的子系统，各个系统发挥不同的作用最终促进社会的良性发展。而大众传媒作为社会的子系统之一，同样发挥着促进社会发展的作用。根据传播学家拉斯威尔的学说，可以将传媒的功能分为：侦察功能，协调功能，传播、延续经验功能，② 认为大众传媒的各个功能对社会生活的各个领域的发展都起到了正面的促进作用。而另一位传播学的集大成者施拉姆在拉斯威尔的基础上将大众传播的功能进一步划分为五种：守望者功能、决策功能、社会化功能、娱乐功能和商业功能。③ 功能论的理论视角为我们理解大众传媒在社会发展中所起到的积极作用提供了清晰的思路，但是近年来这种视角受到了来自其他理论的批判，认为这种理论视角并没有看到媒体的本质。

社会学理论中的批判主义对大众传媒进行了深入的研究，批判主义认为现代大众传媒是与社会意识形态、权力、经济、政治等广泛结合的，大众传媒已经无法独立的、真实的报道现实，而成为霸权阶层维护其统治的工具。而对大众传媒的进行批判的主要来自两派：一派来自政治经济学，他们将传媒看作一门工业，而这门工业被那些传媒巨头所掌握，传媒的所有权只是属于少数人。并且还认为，随着传媒与经济的结合，由于利益的驱使，那些没有经济力量的声音就被排除在了传媒之外。这样来自媒体的声音只是代表了少数人或者集团的利益，并不是公众的代表。另一派是法兰克福学派对大众传媒的抨击，他们深入研究了其所称的"文化工业"就是指电影、电视、音乐、报纸等这样的工业，他们认为文化的生产已经被

---

① 周庆山：《传播学概论》，北京大学出版社2004年版，第247页。
② 李岩：《传播与文化》，浙江大学出版社2009年版，第63页。
③ 同上书，第63—64页。

标准化，受着追逐利润的欲望的主宰，就像其他工业一样。这种由传媒制造一系列所谓的工业化的文化占用了人们的休闲时间，这种工业化的文化逐渐替代了个人进行批判思维、独立创造的能力，艺术已经逐渐消亡。①"娱乐化"成为大众传媒的首要特征。

## 二 传媒视野中的体育

在现代社会，我们对体育的认知很多都来自于媒体，体育已经不再仅仅是一种身体活动或者说是社会活动，它的意义已经被媒体扩展开来了，格雷姆·伯顿（Greame Burton）把媒体所体现的"体育"定义为这样几个方面：（1）体育是国家的，体现在像奥运会这样的大型赛事；（2）体育就是体育明星，我们关注那些名人运动员生活的各个方面；（3）体育是一种时尚，体育明星为各种各样的时尚品牌代言；（4）体育甚至是一种战争，媒体在报道赛事时通常都会使用各种的军事战术词语来形容比赛；（5）体育是一种商品，这体现在有关转会费、合同费、赛事转播费等方面等。②从社会学的角度看，体育是一种社会文化实践活动，是人类在发展过程中逐渐形成的有关身体活动规则化的方式。现代传媒科技兴起之后，体育逐渐成为大众传媒的重要组成内容，人们越来越多地开始通过大众传媒来参与体育。在传媒的作用下，我们接触到的体育是一场场体育比赛和各种各样的体育明星。而对于传媒来说，体育带来了极高的经济效应。因为很多比赛都有一定的时长，这样在制作的过程中就可以安排好插播广告的时间，还可以通过解说和各种慢镜头来对比赛进行重放，以此来满足观众的需求和提高自身的收视率。因此，在高度商业化的体育运动中，媒体的力量不可忽视，也可以这样认为，体育与媒体是在经济力量刺激下的共生关系。③

体育运动和传媒不仅由经济链条相连接，同样也是由社会意识形态相关联。有研究表明，美国体育传媒很强调动作、竞争、最终成绩、核心运动员、赛事、运动员情感等，④媒体通过语言与画面的修饰与剪接，将体

---

① ［英］安东尼·吉登斯：《社会学》（第五版），李康译，北京大学出版2009年版，第491—492页。
② ［英］格雷姆·伯顿：《媒体与社会——批判的视角》，史安斌主译，清华大学出版社2007年版，第341页。
③ ［美］杰·科克利：《体育社会学——议题与争议》（第六版），管兵、刘穗琴等译，清华大学出版社2003年版，第477页。
④ 同上书，第481页。

育运动描述为充满竞争、敌意的比赛和事件，同时，通过对优秀运动员的记录与赞扬，宣扬个人主义和英雄主义，个人的力量在团队中得到了无限的扩大化，这与美国社会的意识形态是密不可分的。而在中国，体育运动在媒体的渲染下更多地传达着集体主义、牺牲奉献精神、爱国情怀，被"媒体化"了的体育能更加好地被社会接受，并受到推崇与追逐。

## 三 批判主义视野中的性别与传媒

大众传媒作为社会的一种"经济实践"和"意识形态"的维持、缔造者，反映着社会生活中的各个方面，同样也再现和维持着社会性别的不平等，这种不平等主要集中体现在传媒文化中的性别刻板印象以及传媒制度的男性中心主义。

斯图尔特·霍尔（Stuart Hall）认为刻板印象是一种意指实践（signifing practices），是维持社会与符号秩序的组成部分，它把"差异"加以简化、提炼，并使"差异"本质化和固化。① 大众传媒通过有条件地选择事件和场景、策略性地组织语言、差异化地对男女进行相关报道，或显性或隐性地呈现和塑造着男女两性包括社会角色、发展空间、性格特点、等级关系、能力素质等两极化关系，例如传媒塑造的典型正面的"男性特质"：坚强刚毅、精明能干、深沉稳重、豪爽乐观、勇于挑战、积极奋进，是社会的创造者和领导者，是公共领域的主角，是生活的主导者；而将女性划归为私人领域的被动服从、奉献、牺牲者，具有与男性相对立的弱势特质：软弱幼稚、温柔贤惠、感情用事、多嘴多舌、缺乏主见，是男性的从属者。斯图尔特认为这种性别刻板印象的塑造实际上是一种"权力/知识"游戏，其根据某一标准把人进行分类和隔离，并把被排斥者作为"他者"构造出来，因此刻板印象往往是权力等级的体现。

传媒制度中的男性中心主义也是批判主义抨击的对象。批判主义学者认为传媒常常从男权中心视角出发，根据男性的欣赏习惯、心理需求和欲望而有选择的表现、刻画出符合男性理想标准的女性形象，将女性异化为男性的附属物和欲望客体。② 因此，传媒的性别表现是一种僵化、落后、片面的刻板印象，其表现的实质是以男性霸权为中心的传媒制度。用福柯的理论来说，媒介通过话语权和知识的传播再生产了社会性别的不平等，

---

① Hall, S., *Representation: Cultural Representations and Signifying Practices*, London Thousand Oaks, 1997.
② 戴婷婷：《解析大众传媒对性别的刻板印象化表现——从广告中的性别表现谈起》，硕士论文，郑州大学，2005年。

并维持了父权制的意识形态。

## 四 女性主义视野下的传媒研究

女性主义一直是性别与传媒研究的主要力量之一，随着研究的深入，女性主义已经不再局限于对传媒中的女性不平等问题的揭示，而是试图构建性别与传媒研究的理论，从而深刻地把握这一命题。女性主义对性别与传媒批判研究的理论研究路径可以分为三种类型分别描述：

首先是女性主义三大流派对传媒与性别的批判研究，不同女性主义的理论流派对传媒与性别研究的侧重点也会有所不同。自由主义女性主义流派关注的是大众传媒中的女性权力平等问题，倡导在传媒领域实行男女平等政策，一方面她们认为在大众传媒领域女性在大众传媒的管理与领导层面的人数低于男性，另一方面认为媒介文本所表现出的女性的地位也是低于男性的，在各种媒介文本中，宣传的是以男性为主导的价值取向，而女性则是依附男性而存在的。马克思主义女性主义关注的是现存的体制对女性形象塑造的影响。该理论流派认为女性作为一个群体是在一个外在于她们的、更大的政治经济关系的控制、操纵下生存的①，女性与其他社会组织机构的关系是由这种关系设计与确认的。大众传媒首先被认为是一个被政治、经济力量操控的组织机构，女性在其中是作为"消费品"出现的，而这种消费品的购买者则是男性，这是造成女性在传媒中不平等地位的原因。而作为女性主义主要流派之一的激进主义女性主义，则是对现有大众传媒中的父权制度进行了批判，认为现有的媒介文本中强调了女性与男性之间的性别差异，而造成这种性别差异的原因就是父权制度，这使得媒介中的女性的特质遭到了扭曲，女性处于男性的从属地位。

其次是后现代主义的女性主义立场。持后现代女性主义立场的女性主义学者没有经典的女性主义流派明确的研究视角和方法，她们是以对权力、知识、话语的解构，以语言、符号等隐喻的研究来揭示性别不平等问题，这其中又包含了种族、民族、国家、阶级的概念。她们认为在传播的过程中，符号和语言的隐喻扮演了重要的角色，并且深刻地探讨了在传媒之中的符号和语言对于性别的隐含的选择，这样的选择涵盖的是主流的意识价值观念对于性别的打压，特别是对于同性恋者的排斥作用，这些都反映的是传统的父权制的霸权性别意识。这些理论流派试图建立起以批判媒介中的话语、权力、种族、阶级的关系来揭示性别不平等现象的原因的性

---

① 李岩：《媒介批评：立场、范畴、命题、方式》，浙江大学出版社2005年版，第115页。

别与媒介研究理论，这些理论可以用来指导人们现实中的社会改革，因而更加具有行动的意义。

最后，女性主义与传播政治经济学的联合。该研究路径对传媒领域内经济、权利的性别不平等进行了理论的构建。大量的研究已经证明了在传媒业内女性的受歧视地位，在研究中发现女性在无论是在数量上还是在地位上都远远不如男性，如果从传播政治经济学的角度来改变这种性别不平等关系，就是要求产生改变媒介组织的使用权、控制权和资金中的社会性别关系的策略，提倡以实际行动来挑战不断垄断集中的媒介产业。[1] 而女性主义传播学大量的研究致力于分析媒介文本中的语言和符号的不平等，很少关注在市场化的条件下传媒中的权力资源占有的不平等地位，传播政治经济学为女性主义的传媒研究提供了要关注这些话语不平等形成的政治经济结构基础制度的研究思路，直面当代社会资源分配不均的问题。这样的理论构建对于解决传媒所带来的社会问题具有更加积极的意义。

对传媒与性别领域的理论探讨，让我们深刻地认识到传媒中的性别问题，那么，在日益发达的体育传媒中，性别是怎样被构建的，人们又选择了怎样的体育性别取向，体育观众又是如何接受和理解体育中的性别问题的，这些都已经成为体育传媒中热点问题之一。

## 第二节　体育传媒中的性别与性别气质
——实证之研究

### 一　体育报纸对于性别的呈现

体育传媒作为大众传媒的重要组成部分，会通过各种途径和方式向人们传达出有关性别文化的信息。众多研究表明体育传媒在进行体育报道时常常会有性别偏见，比如传媒在对男性体育新闻进行报道的时候，通常会选择那些充满力量的、对抗性的、表现速度的运动项目，例如篮球、足球、棒球、拳击等这些传统意义上更适合男性的运动项目，而在对女性体育新闻进行报道的时候，往往选择那些强调身体规律运动的、体态优美的、平衡感强的运动项目，例如体操、花样游泳、花样滑冰、

---

[1] 曹晋：《媒介与社会性别研究：理论与实例》，上海三联书店2008年版，第33页。

体育舞蹈等这些更加符合传统女性柔弱纤美形象的体育运动项目。[①] 换句话说，在对体育信息进行传播的同时，体育运动中的性别秩序与观念同样会体现在体育传媒之中，这些信息会传向大众，大众在接收体育信息的同时也接收了体育运动中的性别秩序与观念。到底体育传媒是如何刻画性别，如何对性别气质进行塑造的，我们将通过一项实证研究来进行描述、分析和揭示。

该研究的研究对象是体育报纸中运动员的性别与性别气质。在传媒中，纸质媒体中的信息具有可保留性，因此本研究选择了体育报纸作为研究的文本资料。体育报纸中对运动员的报道主要就是图片和文字，而对于性别与性别气质的研究来说，图片比文字更加具有直观性与客观性。已有的研究表明，对性别与性别气质的研究多集中在性别形象研究上，形象分析关注的是视觉符号，最典型的例子就是摄影图片。因此，该研究通过对《中国体育报》和《体坛周报》头版中运动员图片各项指标的收集与分析，来探讨体育传媒中性别和性别气质的呈现。所选取的调查范围是2010年9月至2014年9月《中国体育报》和《体坛周报》头版中出现的运动员的图片（该研究中的运动员指的是专业运动员）。

研究从以下六项指标进行数据收集与分析：（1）不同性别运动员图片报道数量；（2）图片中不同性别运动员所处的状态（运动中或生活中）；（3）图片中不同性别运动员所处位置（运动场所或运动场外）；（4）图片中不同性别运动员的着装（运动装或生活装）；（5）图片中不同性别运动员所从事的体育项目类型（团体或个体）；（6）图片中不同性别运动员从事的具体的运动项目。

### （一）男、女运动员图片数量的呈现

2010年9月至2014年9月的《中国体育报》头版中共出现1273张运动员的图片，《体坛周报》头版中共出现886张运动员的图片。统计表明（见表8-1），两份报纸头版图片中男运动员出现的频率均高于女运动员，其中在《中国体育报》中男、女运动员的比例为1.33∶1；在《体坛周报》中男、女比例为9.55∶1。《体坛周报》作为商业性报纸比官方报纸《中国体育报》更加倾向于对男运动员的报道。

---

① ［美］杰·科克利：《体育社会学——议题与争议》（第六版），管兵、刘穗琴等译，清华大学出版社2003年版，第477页。

表8-1　　　　　　　头版图片对男、女运动员报道的数量

| 性别 | 《中国体育报》 ||| 《体坛周报》 |||
|---|---|---|---|---|---|---|
| | 人数（人） | 百分比（%） | 男女比例 | 人数（人） | 百分比（%） | 男女比例 |
| 男运动员 | 727 | 57.1 | | 802 | 90.5 | |
| 女运动员 | 546 | 42.9 | 1.33:1 | 84 | 9.5 | 9.55:1 |
| 合计 | 1273 | 100.0 | | 886 | 100.0 | |

### （二）男、女运动员状态的呈现

从运动员所处状态来看，《中国体育报》头版的运动员图片中，男、女运动员在着装、状态以及所处位置的比例并没有明显的差别（如表8-2所示）。而在《体坛周报》中，在穿着上，男运动员穿运动装的比例（85.4%）明显高于女性运动员的（71.4%）；在所处状态上，男运动员在运动状态中的比例（23.4%）高于女运动员的（17.9%）；在所处位置上，男运动员处于运动场内的比例是82.3%，运动场外的是17.7%，而女运动员分别是75.0%和25.0%（如表8-3所示）。这个统计结果表明，体育报纸对男女运动员的状态的呈现是有差异的，体育报纸倾向把男运动员置放于专业化的体育场景内，而把女运动员置放于非体育运动的状态。当然，研究结果也表明不同类型的体育报纸对于男、女运动员状态的呈现差异大小不同。《体坛周报》作为商业运作的体育传媒更加倾向于迎合市场对男、女两性性别形象的定位。

表8-2　　　　　　《中国体育报》头版图片中的运动员所处状态

| 性别 | 着装 || 状态 ||| 所处位置 ||
|---|---|---|---|---|---|---|---|
| | 运动装（张）（%） | 普通装（张）（%） | 运动中（张）（%） | 生活中（张）（%） | 其他（张）（%） | 运动场内（张）（%） | 运动场外（张）（%） |
| 男运动员 | 572（78.7） | 155（21.3） | 419（57.6） | 7（1.0） | 301（41.4） | 612（84.2） | 115（15.8） |
| 女运动员 | 438（80.2） | 108（19.8） | 312（57.1） | 0（0） | 234（42.9） | 462（84.6） | 84（15.4） |
| 合计 | 1010（79.3） | 263（20.7） | 731（57.4） | 7（0.5） | 535（42.0） | 1078（84.4） | 199（15.6） |

表 8-3　　　　　《体坛周报》头版图片中的运动员所处状态

| 性别 | 着装 运动装（张）（%） | 着装 普通装（张）（%） | 状态 运动中（张）（%） | 状态 生活中（张）（%） | 状态 其他（张）（%） | 所处位置 运动场内（张）（%） | 所处位置 运动场外（张）（%） |
|---|---|---|---|---|---|---|---|
| 男运动员 | 685（85.4） | 117（14.6） | 188（23.4） | 14（1.7） | 600（74.8） | 660（82.3） | 142（17.7） |
| 女运动员 | 60（71.4） | 24（28.6） | 15（17.9） | 2（2.4） | 67（79.8） | 63（75.0） | 21（25.0） |
| 合计 | 745（84.1） | 141（15.9） | 203（22.9） | 16（1.8） | 667（75.3） | 723（81.6） | 163（18.4） |

### （三）男、女运动员从事运动项目的呈现

从项目类型来看，无论是《中国体育报》还是《体坛周报》报道男性从事团体类型项目的图片要大大超过女性从事团体项目的图片（如表 8-4 所示），相反，女性从事个人项目的图片比例相对较男性高。从客观来看，一方面是由于男性团体项目比女性团体项目对大众更有吸引力，因此体育传媒会更倾向报道男性团体项目；另一方面团体项目竞争更加激烈、更能体现组织、合作、协调、领导力等的体育特性，而这些特征是与传统的男性气质相符合的。

表 8-4　　　　　　　运动员从事的运动项目类型

| 项目类型 | 《中国体育报》 男运动员（张）（%） | 《中国体育报》 女运动员（张）（%） | 《中国体育报》 总计（张）（%） | 《体坛周报》 男运动员（张）（%） | 《体坛周报》 女运动员（张）（%） | 《体坛周报》 总计（张）（%） |
|---|---|---|---|---|---|---|
| 个人 | 471（64.8） | 423（77.5） | 894（70.2） | 108（13.5） | 69（82.1） | 177（20.0） |
| 团体 | 256（35.2） | 123（22.5） | 379（29.8） | 694（86.5） | 15（17.9） | 709（80.0） |

性别气质特征的表现在男、女运动员从事的具体体育项目中表现更为突出。《中国体育报》头版图片报道的男运动员从事的运动项目集中在足球、篮球、田径、羽毛球、乒乓球，分别是 17.9%、13.7%、9.3%、8.9%、8.6%（如表 8-5 所示），而头版图片报道的女运动员从事的运动

项目占比例较高的有网球、滑冰及花样滑冰、游泳及花样游泳、乒乓球、排球、羽毛球，分别是13.9%、13%、9.8%、8.9%、8.7%、5.6%（如表8-5所示）。《体坛周报》的情况与《中国体育报》相似（见表8-6），男运动员在头版图片中的运动项目占比例最高的同样是足球（67.7%），其次是篮球（18.5%），其他的运动项目中占比例较高的是田径（4.1%）、游泳（3.1%）；女运动员在头版图片中的运动项目中占比例较高的是网球（41.6%）、滑冰及花样滑冰（10.7%）、游泳及花样游泳（9.5%）、排球（8.3%）。

表8-5　　　　　　《中国体育报》头版图片运动项目分布

| 项目 | 男运动员 数量（张） | 百分比（%） | 女运动员 数量（张） | 百分比（%） | 总计 数量（张） | 百分比（%） |
| --- | --- | --- | --- | --- | --- | --- |
| 足球 | 131 | 17.9 | 15 | 2.7 | 146 | 11.5 |
| 篮球 | 100 | 13.7 | 22 | 4.0 | 122 | 9.6 |
| 排球 | 19 | 2.6 | 48 | 8.7 | 67 | 5.3 |
| 田径 | 68 | 9.3 | 17 | 3.1 | 85 | 3.1 |
| 举重 | 14 | 1.9 | 15 | 2.7 | 29 | 2.3 |
| 拳击、散打、柔道、摔跤 | 36 | 4.9 | 12 | 2.1 | 48 | 3.8 |
| 体操 | 17 | 2.3 | 23 | 4.2 | 40 | 3.1 |
| 沙排 | 1 | 0.1 | 14 | 2.5 | 15 | 1.2 |
| 滑冰及花样滑冰 | 13 | 1.7 | 71 | 13.0 | 84 | 6.6 |
| 游泳及花样游泳 | 46 | 6.3 | 54 | 9.8 | 100 | 7.9 |
| 跳水 | 12 | 1.6 | 14 | 2.6 | 26 | 2.0 |
| 网球 | 19 | 2.6 | 76 | 13.9 | 95 | 7.5 |
| 乒乓球 | 63 | 8.6 | 49 | 8.9 | 112 | 8.8 |
| 羽毛球 | 65 | 8.9 | 31 | 5.6 | 96 | 7.5 |
| 其他 | 125 | 17.1 | 85 | 15.5 | 210 | 16.5 |

表 8-6　　　　　《体坛周报》头版图片运动项目分布

| 项目 | 男运动员 数量（张） | 男运动员 百分比（%） | 女运动员 数量（张） | 女运动员 百分比(%) | 总计 数量（张） | 总计 百分比(%) |
|---|---|---|---|---|---|---|
| 足球 | 543 | 67.7 | 3 | 3.5 | 546 | 61.6 |
| 篮球 | 149 | 18.5 | 3 | 3.5 | 152 | 17.2 |
| 排球 | 2 | 2.7 | 7 | 8.3 | 9 | 1.0 |
| 田径 | 33 | 4.1 | 1 | 1.1 | 34 | 3.8 |
| 举重 | 3 | 0.3 | 2 | 2.3 | 5 | 0.6 |
| 拳击、散打、柔道、摔跤 | 3 | 0.3 | 1 | 1.1 | 4 | 0.5 |
| 体操 | 6 | 0.7 | 3 | 3.5 | 9 | 1.0 |
| 沙排 | 0 | 0 | 1 | 1.1 | 1 | 0.1 |
| 滑冰及花样滑冰 | 1 | 0.1 | 9 | 10.7 | 10 | 1.1 |
| 游泳及花样游泳 | 25 | 3.1 | 8 | 9.5 | 33 | 3.7 |
| 跳水 | 2 | 0.2 | 1 | 1.1 | 3 | 0.3 |
| 网球 | 7 | 0.8 | 35 | 41.6 | 42 | 4.7 |
| 乒乓球 | 2 | 0.2 | 2 | 2.3 | 4 | 0.5 |
| 羽毛球 | 7 | 0.8 | 1 | 1.1 | 8 | 0.9 |
| 其他 | 19 | 2.3 | 7 | 8.3 | 26 | 2.9 |

以上数据表明体育报纸在选择报道男、女运动项目时是有差异的。对于男运动员来说，从事足球、篮球、田径的运动员出现的频率要高于其他的运动项目，而女运动员出现频率较高的运动项目有网球、滑冰、游泳和排球。这种现象一方面是由于男女运动员在这些项目上取得的成绩不一样，在运动赛场上，男运动员在足球、篮球的取得成就要大于女运动员，而女运动员则更加容易在网球、滑冰、游泳等这些项目上取得好的成绩；另一方面也与这些运动项目所需要的主要的身体素质有关，一般认为男性先天地在速度、爆发力上要优于女性，而女性在平衡和技巧方面则要好于男性，这就导致了男性与女性所擅长的运动项目出现了差异，这些差异通过体育传媒差异化的报道得到了强化。

## 二　体育报纸中的性别偏见

对《中国体育报》和《体坛周报》头版出现的运动员图片的统计结果显示，体育报纸在对男女运动员图片呈现时无论是在数量还是在运动员的身体状态以及运动员从事的运动项目上都存在着差异,这种差异化的结果显示了不同性别的运动员在体育传媒中的性别形象是不同的。通过分析研究,体育报纸中存在着以下的性别偏见:

(1) 体育报纸中女性的地位低于男性。大众传媒理论认为传媒具有"议程设置功能",即在特定的一系列问题上,得到媒体关注度较高的问题将会逐渐被人们熟悉和认可,而其他得到关注较少的问题的重要性将会逐渐降低。[①] 换句话说,大众传媒通过对某些问题高强度的报道,提高大众对于该问题的认知程度,从而影响公众的思想行为,达到对公众的规范与控制。这种议题的设置功能,最直接的体现就是新闻的报道量。在研究中我们发现,体育报纸对于男性运动员的图片呈现量明显高于女性,这就说明体育报纸在进行新闻选择时男性运动员受到体育报纸的关注度高于女性运动员。在这样长期的报道影响下,读者将会逐渐遵从这样的观点,即男性运动员的重要性高于女性运动员,女性运动员在体育中的地位低于男性,这对于女性体育的进一步发展将会产生严重的影响。

(2) 体育报纸对女性运动员的专业能力不够重视。某种意义上,体育是通过运动员的身体来展现的,运动员的身体通过不断地训练和测试,最终在比赛中胜出,体育的价值才能得以体现。[②] 媒体通过对这些运动员身体的呈现,完成了运动员与观众的区分。换句话说,观众通过媒体对运动员的身体加以辨别,通过对媒体中正穿着专业的运动服装、在赛场上进行比赛的身体的观看,来定义体育运动员的专业化的价值。而体育媒体通过展现运动员的身体来吸引观众,获得观众的认同感,从而获得收益。体育报纸对运动员身体的展示主要是通过图片来完成的,我们发现在两份报纸中,图片中男性运动员的身体无论是在穿着专业的比赛服装、在比赛场地内,还是正在运动的比例都要高于女性运动员,这种情况在《体坛周报》中表现得尤为明显,如《体坛周报》2010年1月15日第2123期头版中的运动员图片报道(图8-1),对NBA的报道和对网球名将莎娃玛丽亚·莎拉波娃的报道形成了鲜明的对比,图中男性运动员处在比赛中,而莎娃则是身穿时装站在聚光灯下,女性运动员的专业能力并没有得到展现。这样的报道一方面满足了体育报纸的读者对于体育专业化的需求,另一方面在无形中向读者传达了男性运动员的专业程度高于女性运动员,而女性运动

---

① 周庆山:《传播学概论》,北京大学出版社2004年版,第224页。
② [英]格雷姆·伯顿:《媒体与社会——批判的视角》,史安斌主译,清华大学出版社2007年版,第346页。

员在体育运动中的专业能力则是不重要的,长此以往,女性运动员的专业能力不仅得不到媒体的重视,整个社会也将会不重视女性运动员的专业能力,这将不利于女性体育的进一步发展。

图 8-1　男、女运动员身体状态比较

注:图为《体坛周报》2010 年 1 月 15 日第 2123 期头版图片。

　　(3) 体育报纸中女性远离主流运动项目。大众传媒是社会主流意识观念的再现,大众通过媒体所建构的知识与影响来认知世界。① 也就是说,大众传媒在展现社会的同时又在建构着社会。体育传媒也是如此,体育传媒在传播体育新闻的同时,又对体育新闻进行重新选择与编排,大众接收到的体育信息既是真实的又是虚假的,但是不可否认的是大众通过体育传媒定义与认识体育。在研究中,我们发现在两份报纸图片报道中占比例较高的运动项目中男性运动员出现的比例高于女性运动员,在团体运动项目中男性的比例高于女性;这一方面体现了在现实的体育运动中,体育报纸中主流的运动项目中男性运动员的成绩要好于女性运动员,团体运动项目中男性取得的成就要高于女性;另一方面又向社会传递了这样的信息,女性运动员不适合团体项目(而团体项目的含金量是要远远高于个人项目的),从而阻碍了女性体育整体的发展。

---

① 刘利群:《社会性别与媒介传播》,中国传媒大学出版社 2004 年版,第 176 页。

(4) 体育报纸固化了女性的"刻板印象"。性别的刻板印象指的是社会生活中为人们广泛接受的对男性和女性性别属性的相对固定的看法与观念,认为男性是充满阳刚之气的、勇猛的、具有爆发力的、独立的、理智的,而女性则是温柔的、柔弱的、情感的、主观的、依赖性强的。在体育中,传统上认为男性比女性更适合体育,男性参与的运动项目大多是充满力量的、对抗性的、速度性的体育运动,而女性参与的大多则是那些讲究动作优美的、平衡感强的运动项目。在对体育报纸的图片报道研究中证实了这样的观点,研究发现图片中男性运动员从事的运动项目多是足球、篮球、田径这些需要身体对抗的、力量与速度的项目,而女性运动员从事的则是像游泳、滑冰、网球、体操等这样的运动项目。体育报纸仍是将女性固定在了身体是柔弱与纤细的、具有依赖性的传统的性别印象之中,不难想象,读者通过报纸接受这样的信息并形成观念。女性不但没有通过体育来挑战传统的性别印象,反而在媒体的传播中进一步固化了原有的"刻板印象"。

综上所述,男女运动员在体育报纸中的性别与性别气质出现了差异化的现象,体育报纸通过对男女运动员图片报道的数量、图片中运动员身体的呈现以及运动员从事的运动项目的报道,实现了这种差异化。在体育报纸中,男性的地位高于女性,男性以专业化的运动形象出现在体育报纸的主流报道项目中,男性运动员在体育中体现出了专业化、主流性与阳刚性的性别气质,而女性运动员则是不受重视的、不够专业的、边缘性与柔美的性别气质。

### 三 体育报纸对于性别气质的塑造与控制

斯图亚特·霍尔曾指出,现代传媒的首要的文化功能,就是选择建构社会知识和社会影响。[①] 现代大众传媒作为文化的一部分,起到对文化的传播、扩散的作用,当然,大众传媒本身也是主流文化的一部分,是符合社会主流的文化价值取向,体现的是社会主流的意识形态。这其中既有主流的价值观与世界观,也包含了社会制度、性别制度等。体育传媒作为大众传媒不可分割的一部分,也在向社会传播体育中的主流的意识形态,而这种意识形态是社会主流意识形态的延伸与扩展。根据福柯的话语权理论,一个社会中占主导地位的意识形态是由占主导地位的权力关系所构建的,现代社会的意识形态是男性占主导地位的,反映的是男性对女性实行

---

① 刘利群:《社会性别与媒介传播》,中国传媒大学出版社 2004 年版,第 176 页。

控制的权力分配模式。研究表明，在体育传媒中，占主导地位的是男性的话语权，女性的地位低于男性的。

在研究中，我们发现体育报纸在指标量化上对不同性别呈现的差异性导致了体育报纸中不同性别的性别气质的呈现出现了差异，女性的性别气质仍是在迎合传统的性别气质，但也不得不承认这些量化的差异并非全是体育报纸的作用，这其中既有不同性别在运动中的现实差异也有来自政治、经济等其他社会因素的影响。那么体育报纸中所反映的性别气质是否真的是传统社会对于不同性别的气质认同，就不那么值得相信了，因此，就需要进一步地考察体育报纸中男女性别气质差异的构成，或者说体育报纸通过怎样的方式来塑造运动员的性别气质。

## （一）体育报纸对运动员的性别形象的塑造

对图片中的形象的分析可以从三个层面进行：视角，即照相机所处的位置，这直接影响到观众是处在怎样的位置来观察图片中的对象的；处理方式，通常指的是摄影的技巧即形象是如何被制造出来的；内容，就是图片中的形象所代表的意义，当然不同的人对这种意义的理解是不同的，但通常一些形象所包含的意义是可以被社会大众一致接纳或认同的。

**图 8-2 冬季奥运会花样滑冰冰舞冠军**

注：图为《中国体育报》2014 年 2 月 19 日总第 11712 期中对冬季奥运会花样滑冰冰舞冠军美国运动员的图片报道。

第八章 塑造与控制 377

**图 8-3 中国选手在世界花样滑冰锦标赛双人项目上的比赛**

注：图为《中国体育报》2014 年 3 月 18 日总第 11745 期头版中的图片报道，这是中国选手在世界花样滑冰锦标赛双人项目上的比赛图片。

图 8-2 和图 8-3 是对男、女运动员在运动中的形象表达，诠释了体育报纸对男女运动关系的呈现，对上面两幅图中的形象进行分析发现，首先，上面两幅图都是采用俯视的角度拍摄的，这就使运动员对于读者来说是处在被观看的角度；其次，在这两幅图片中展现了男、女运动员在冰上优美的身体姿态，同时更传达出男、女的性别关系，无论是第一张图中女运动员被男运动员托举在肩上做出高难度的舞蹈动作，还是第二张图表现出男运动员对女运动员进行保护都是在强化男性支撑女性、女性依赖男性、女性需要男性的保护等这样一种男强女弱的状态。体育报纸通过图片向大众传达了体育中男强女弱的性别秩序，而这种性别秩序既符合社会对男女性别的定位和期待，同样也是父权制体育传媒制度控制下的结果。

378　性别、身体、社会

**图 8-4　全国艺术体操锦标赛场上的运动员**

注：图为《中国体育报》2014 年 9 月 10 日总第 11882 期头版对全国艺术体操锦标赛场上山西运动员张豆豆的图片报道。

**图 8-5　中国田径 110 米栏运动员**

注：图为《中国体育报》2014 年 5 月 22 日总第 11788 期头版中对中国选手谢文骏（右）在 2014 年国际田联世界田径挑战赛北京站比赛的报道。

在考察体育报纸单独对男、女运动员呈现时，我们列举了一张对女性艺术体操运动员和一张对男性田径运动员在比赛中的形象呈现（见图8-4、图8-5），首先，女性艺术体操运动员照片的拍摄角度都是俯视，这样的角度蕴含着拍摄内容处在被观看位置，而男性田径运动员的照片拍摄角度则是直视，这是对男性运动尊重的体现；其次，两幅图片都聚焦于运动员的身体上，第一张照片中的女运动员身体姿态优美，运动员的甜美笑容十分吸引人；而第二张照片中的男性运动员呈现出的身体则是正在肌肉爆发的、进行有力跨栏的动作的身体。在这样的两幅图中女运动员更像是在进行身体姿态表演，而非比赛，她们运动员的身份和运动态的身体被忽视了，而男性运动员的运动化的身体则得到了充分的表达。这体现了体育传媒在对女性运动员进行报道时更加关注女性的优美的身体姿态与动作，而不是运动成就。[1] 这是社会性别观念对女性身体柔美的强调而对其身体力量忽视的体现，这样的性别观念在体育运动中同样得到认可并通过传媒得以再现和传播。

除此之外，体育报纸在通过对不同性别运动获奖后的图片报道也在传递着性别差异（见图8-6、图8-7），在这两幅图片中表现的都是运动员在获得冠军后向观众示意的图片报道。在第一幅图中的男性运动员是被直视的，抬着头，表情庄重，伸出一根代表胜利的手指向观众示意，这样的图片给人的感觉是这位运动员是值得尊重和骄傲的；而第二幅图中的女性运动员则是被俯视的，面带微笑在向观众招手致意，这样的场景会让人们联想到舞台上的演员，她们在向观众表示感谢。图片向我们展示了女性运动员在通过自己的努力赢得比赛的同时，还要获得观众的肯定，而不是观众对她们表达赞扬。这样的两幅图片隐含着在体育运动中男性的骄傲，而女性在体育运动需要获得其他人（男性）的肯定，而不是自己的，女性在体育中的价值是通过获得社会和他人的肯定得以实现的。这样的内涵弱化了女性所取得的运动成绩，也暗示了女性在体育中不受重视的地位与观念。

体育报纸对运动员性别形象呈现的差异在图片中清晰地体现了出来，这些图片中的形象反映了社会或者体育中的性别意识形态。体育报纸通过对不同性别运动中或者其他状态的性别形象的选择呈现塑造了男女运动员不同的性别气质，而这种性别气质则是传统社会性别观念的体现。

---

[1] Eoin J. Trolan, "The Impact of the Media on Gender Inequality within Sport", *Procedia—Social and Behavioral Science*, 2013, Vol. 91, pp. 215-227.

图 8-6 中国体操运动员陈一冰
注：图为《体坛周报》2010 年 10 月 22 日总第 2256 期头版对中国体操运动员在国际体操世锦赛中的报道。

图 8-7 俄罗斯艺术体操运动员
注：图为《中国体育报》2014 年 8 月 28 日总第 11872 期头版对青奥会中艺术体操冠军队伍俄罗斯队的图片报道。

## （二）体育报纸对性别气质的语言控制

在传媒的世界里，文本中的语言是与社会意识形态紧密相连的，表现了社会上是使用怎样的语言符码来描述某个具体的对象，而这样的话语反映的社会占主导地位的信念或者价值观，具有普遍的意义。例如，社会通常会使用"温柔的""美丽的""可爱的"等这些字眼来形容女性，也会将焦点放在女性的身体或面部表情上，这样的方式就产生了选择性的意义，从而影响社会大众对于女性的认知。在对运动员的图片报道中，体育报纸除了通过图片中的运动员形象传递传统社会性别观念之外，图片下的文字报道也是如此。有学者在研究中发现，体育传媒在对女性运动员进行解说或者报道时，常常会提到运动员的外貌、家庭、教练等，而对男性运动员的报道则较少地涉及这些方面的内容。[①] 在本研究中，我们同样发现

---

① A. H. Jones, "Visual and Verbal Gender Cues in the Televised Coverage of the 2010 Winter Olympics", *The International Journal of Interdisciplinary Social Science*, 2011, Vol. 6（http://www.SocialSciences-Journal.com）.

了这样的现象，在 2011 年《体坛周报》头版对李娜参加法网比赛的图片报道中，记者在图片下的文字报道中就表现得十分明显。

又是李娜第一次

  记者张奔斗报道

  一位网球运动员能够以 29 岁的年龄享受到职业生涯的又一个"第一次"，着实不易，但李娜做到了。在周一的女单第四轮中反败为胜三盘逆转夺冠热门科维托娃之后，李娜首次在罗兰·加洛斯打入 8 强。

  对已举办 120 年的法网赛来说，这何尝不也同样是一个"第一次"——这是这片神奇的红土首次在单打 8 强的名单中见证到一位中国人的名字。

  说来有趣，这项最早在中国转播的大满贯赛事，曾在 2004 年迎来过首位闯入女单第四轮的中国人郑洁，而再进一步打入 8 强，又用了 7 年。

在各种场地类型中，中国球员最不擅长慢速红土，在法网赛上的过往战绩也在四大满贯赛事中相对最弱。就连首次在这里连闯四关的李娜也承认："我并不喜欢红土，我正努力让自己打出比澳网赛时更高的水准。"当李娜年初墨尔本获得亚军后在连续四项赛事中一轮游时，甚至冒出她将退役的传言。

当然，这离不开李娜的主动求变。与丹麦人莫滕森合作的三项赛事中，她先是在马德里和罗马连续打入4强，随后又在法网取得突破。如今，姜山从教练降为陪练，李娜解释："过去三年，他是老公也是教练，我们天天24小时在一起，我觉得需要一些空间。所有的改变都是因为我重视网球，也重视我们的婚姻。"一席话，也击碎了不久前曾流传的两人婚姻亮红灯的流言。

完美的婚姻，就在于两人都知道什么时候该"黏糊"在一起，什么时候该暂时分开。这场和科维托娃的焦点战，李娜在2比6先失一盘的情况下6比1横扫逆转一盘，不料决胜盘上来就以0比3落后。此时，姜山起身离开球场；而此后，李娜连下六局锁定胜局。"也许，正是因为他离场了，我才能够连下6局吧！"李娜赛后哈哈大笑，随即深情表白："我永远也不会炒掉他。"欧美记者喜欢李娜，因为她总能奉献出爆笑的发布会，让他们也能写出有趣的文章——尽管，姜山每每不幸成为调笑的对象；但谁都能听出来，这调笑中充满着爱。法新社干脆起了这样的标题——《李的丈夫不会被炒鱿鱼》；而美联社报道的导语更只有一句话："也许，李娜的丈夫下一次应该离开得早一点。"下一次？李娜在周三的八强赛对手，将是本次赛事四场胜利仅丢17局的白俄罗斯猛女阿扎伦卡。在赛事前三号种子全部早早出局后，这位四号种子已成为夺冠最大热门。

科维托娃和阿扎伦卡都比李娜人高马大，但李娜的心中装着更大的责任感。谈到逆转取胜的心路历程，李娜说："输掉第一盘后我对自己说——如果你再这么继续打下去，会是又一场一边倒的失利；这是在中央球场，比赛在中国直播，如果孩子们看到我这么无精打采地输球，他们会对网球失去兴趣。"

李娜的这番话，让美国《网球》杂志高级编辑皮特·伯度感慨："没错，科维托娃的大力发球是很重，但李娜的心中，却想着更重要的事情——中国的孩子以及中国网球的未来。"

在记者的报道中，除了对李娜的比赛结果、状态进行报道，还用大量的笔墨描写了李娜的老公、婚姻以及李娜对于孩子的榜样作用。记者在这样大型的比赛中却对李娜比赛之外的状况进行了报道，这样的报道会让读者更加全面地了解李娜，但却将女性运动生活化，正如社会性别观念所认为的那样，女性在成为运动员之前首先要成为一名"女人"。即使女性展现了她所具有的运动能力与天赋，在运动场之外，她仍然应关心女人应该关注的事情，例如家庭、婚姻和孩子。在《体坛周报》接着对李娜对莎拉波娃的图片报道时，记者在图片下的文字报道中，对比赛的情况一方面进行了详细的介绍，同时又对比赛中莎拉波娃的"叫声""穿着"甚至是现场观众的加油都进行了报道，这样的报道将女性运动员的比赛变成了一场充满声音与色彩的比赛。女性运动员比赛的专业性在记者的报道下变得不那么重要，而这正是传统社会性别意识形态将女性排除在了专业运动之外的表现，女性参与运动是业余和生活的。

而对于男性运动员的文字报道，通常涉及的都是运动员比赛的结果、运动状态以及未来训练等这些跟体育竞赛本身密切相关的话题，比如在《中国体育报》对南京青奥会中中国田径110米栏的报道中，记者在图片下的文字报道中详细地介绍了本届青奥会上运动员的表现、取得好成绩的原因以及未来训练的方向等。这样的文字报道方式将使读者对男性运动员的意义定位在体育赛场与训练上，男性运动员专业化的运动能力得到加强。这样的报道与对女性运动员的报道无形中出现了鲜明的对比，体育报纸通过这种文字报道向社会传递着体育中的性别观念与秩序。

通过对体育报纸图片报道中的形象与语言分析，展现了体育报纸不仅通过图片指标量化上的结果表现不同的性别气质，而是每一张图片和文字报道的背后都隐含着社会性别意识形态。体育报纸通过图片中的形象和语言建构起了男女性运动员的性别气质，这种性别气质既迎合了传统的社会性别意识形态，又强化了在体育中男强女弱的性别秩序。

在当今社会体育传媒对性别的呈现依然存在着偏见，女性在体育中并没有受到应有的重视与肯定。在体育传媒的主流运动项目中，女性仍然受到排斥。体育传媒塑造和强化着现有性别秩序，既维持了男性为核心的体育制度和体育文化，也是父权制传媒文化的体现。即使在女性体育已经全面发展的今天，女性在体育传媒中仍表现着传统的性别形象与气质，这其中既有传统的体育属于男性的性别观念的影响，又有着经济、政治等力量的束缚与控制。

# 第九章 身体的自由与解放？
## ——论体育对女性休闲困境的消解

从 20 世纪女权运动开展以来，女性地位在社会各个领域都有了一定改变。休闲活动作为社会生活和文化实践的一部分也成为女性抗争男性霸权的一个舞台。女性主义者提倡让女性同男性一样拥有自由选择、把握自己生活的权利。而休闲活动的核心也正是自由和自主。女性主义与休闲都旨在鼓励自由选择，而非限制。从这个层面上来看，休闲有助于女性获得自我成长、解放和地位改变。但是在实践中，我们却常常发现休闲并不能使女性完全获得自由、解放和发展，相反有时候更表现为一种束缚：一方面来自于外部性别秩序的限制；一方面来自于休闲活动本身的约束。而传统的休闲理论基本上是以男性休闲经验为基础而建立起来的，因此女性休闲发展到今天一直面临着在实践与理论层面的困境。本章以身体为切入点，从理论和实践层面来探讨休闲体育对女性休闲困境消解的途径与意义，从而为女性休闲理论的完善进行常识性的探索。

## 第一节 女性休闲的双重含义

休闲与女性日常生活是紧密交织在一起的。迪姆（Deem）认为，很多女性之所以在社会中处于服从地位，与她们缺乏自由选择的机会有着密切的关系。[1] 休闲是人类行为中最能满足人自由选择的一个方面，通过休闲，人们能自由选择做什么，同时通过放松、沉思、消遣活动，让人体验到自由、选择、乐趣或愉快的感觉。正如达沃森（Dawson）所说，休闲是一种自由和自我的表达，它是一种潜在革命性力量。[2] 然而在现实中，休闲对

---

[1] R. Deem, "Women, Leisure and Inequality", *Leisure Studies*, 1982, Vol. 1, pp. 29–46.
[2] D. Dawson, "Leisure and Social Class: Some Neglected Theoretical Consideration", *Leisure Sciences*, 1986, Vol. 8, pp. 47–61.

女性来说却不总是自由、赋权与发展,也可能成为束缚女性和强化性别成见的锁链。

## 一 女性休闲的积极含义——"自由"与"发展"

休闲概念本身具有一定的复杂性和流动性。从时间的角度,我们可以把休闲描述为一种工作之余的自由时间;从心理状态角度可以把休闲描述为一种心理自由自在的状态;① 从社会活动的角度,休闲可以被描述为一系列在尽到职业、家庭与社会责任之后,让自由意志得以尽情发挥的事情——它可以是休息,也可以是娱乐,可以是非功利性的增长知识、提高技能,也可以是社团活动。② 不管人们定义休闲、理解休闲的视角与重点有何差别,休闲一词的内涵离不开四个核心方面:第一,它是一种相对自由的状态,也就是休闲离不开自由的选择、个人的意愿;第二,它是一种内心的体验,"感受到自由、快乐"是休闲的必要条件;第三,它是一种活动方式,休闲总是需要以一定的活动为依托;第四,它是生命的一种存在状态,是人类发展的需求。毋庸置疑,现代社会,休闲在人们的生活和社会经济中占有越来越重要的地位。然而女性休闲却常常是一个被忽视的领域,因为人们假定女性的休闲就是家庭的休闲。在家庭的掩盖下,女性作为独立个体感受自由、快乐,追求释放与发展成为一种"奢望"。直至20世纪80年代末,女性个体的休闲问题才逐渐走进了公众的视线。这无外得益于女性主义者的卓越贡献,她们不仅揭示了女性休闲被隐藏的事实,同时也看到了休闲对改变女性生活的特殊意义:一是自由与赋权;二是个体发展。

### (一) 自由与赋权——女性休闲的核心

尽管休闲有多种含义,但是其核心离不开"自由"。罗杰克指出选择、自由和自愿性是休闲行为的基本叙述;③ 戈比把休闲描述为"一种没有外在压力的、自由的生活"④;亨德森认为"自由选择是休闲的前提"⑤。当

---

① [美] 杰佛瑞·戈比:《你生命中的休闲》,康筝译,云南人民出版社1999年版,第1—14页。
② Richard, G. K., *Recreation & Leisure in Modern Society*, Boston, MA: Jones and Bartlett Publishers, 1997, pp. 37 – 46.
③ [英] 罗杰克:《休闲理论原理与实践》,张凌云译,中国旅游出版社2010年版,第13页。
④ [美] 杰弗瑞·戈比:《21世纪的休闲与休闲服务》,张春波译,云南人民出版社2000年版。
⑤ [美] 卡拉·亨德森等:《女性休闲——女性主义的视角》,刘耳等译,云南人民出版社2000年版,第24页。

然还有学者把休闲的自由上升到了精神和文化层面，认为休闲是一种追求自由的精神。由是，休闲所包含的几个层面的自由：首先是自由的时间；其次是自主的选择与能力；再次是没有外在目的压力下决定的自由活动；最后是自由或者自由选择的感觉。总而言之，自由，至少是某种形式的自由是休闲中最基本的体验，也是核心要素。

女性在日常生活中比较缺少自由，无论是时间、选择、活动还是心理感受，女性所体会到的自由度都比男性要少。女性休闲的核心意义就是让女性享有自由的感觉，并使她们能真正地体验自由选择的过程和权利。女性主义认为，女性之所以处于从属地位，是因为她们与男性相比更缺乏自主选择生活的机会和条件，因而缺少自由的精神。虽然，从20世纪60—70年代，妇女解放运动开展以来，其核心就是要让女性从各个层面的桎梏中解放出来，让她们也获得同男性平等的自由的权利，然而，在这个阶段，工作与家庭还是女性问题论战的主要战场。一是因为在工作与家庭场域中，女性所受到的压迫、不公、歧视最为突出。二是因为这个时期，休闲理论虽然已经有了较成熟的发展，但是没有确切地把女性纳入其中，因为人们假设女性的休闲就是家庭的休闲，一个全职主妇整天都是休闲时间。直到20世纪80年代末，人们才逐渐意识到女性休闲对女性的特殊意义。原因之一，女性在工作等领域获得了与男性平等的权利，在一定程度上，她们有了选择工作与不工作的自由。由于女性在自己的生活中获得了更多的权利和自由选择的机会，随之，也产生了一种意识，认为自己也有权享有休闲。原因之二，虽然女性在工作领域取得了一定平等的权利，但是在家庭领域，仍然没有摆脱生理、心理、社会角色以及文化的束缚，这些束缚继续成为影响其获得平等休闲权利的隐性原因。

随着女性家庭责任对其休闲权利的掩盖逐渐被揭示出来，人们开始重新认识女性休闲及其意义。女性主义学者们强调，由于女性与男性的生活现实与生活方式之间是有差别的，休闲对于两性生活中的意义则也有一定的区别。比如，一位父亲下班回家后，和孩子们一起玩耍，享受家庭的欢乐，这项活动对于这位父亲来说是一种没有压力的休闲时光；但是母亲整天都围着孩子转，陪他们玩耍、学习，这对于母亲来说，不是休闲，而是有压力的工作。同样的活动，它对两性的意义不同：一个是休闲，一个是工作；一个是放松，一个是紧张；一个是自由选择，一个是"不得不"的责任。女性主义强调，女性要获得真正的解放就是要对自己的生活具有掌控性。如果在工作领域，女性已经取得了一定的成果，那么在休闲领域，女性同样应该有自由选择，在没有外在目的压力下决定自己的休闲活动，感受休闲时光的自由,释放自己在生活中所积压的情绪,在休闲的过程中表达自我。她们认为休闲不仅能使女性感到一种个人的认同感,从而获得自信和自尊,还能对女性自身的生活做出有益的改变,帮助女性缓解由扮演社会角色所产生的压力。由于休闲活动的特点是自由选择,从而女性能从中获得一种独立、自主和赋权的感觉,而这正是女性走向真正解放的一个途径。

### (二) 个人发展——女性休闲的意义

法国社会学家约弗尔·杜马泽蒂尔(Joffre Dumazedier)指出休闲包括三个密不可分的部分:放松(relaxation)、娱乐(entertainment)和个人发展(personal development)。放松乃休闲之始,因为人需要克服疲劳;娱乐使我们身心愉悦,超然忘我;而个人发展是休闲最为持久的组成部分,也是休闲最高等的追求。

"放松"与"娱乐"的意义虽然不能忽视,但是"个人发展"对女性休闲来说,意义更为突出。和男性休闲体验不同,女性休闲体验更具复杂性。对男性来说,休闲可能是较单纯的放松和娱乐,因为工作场域可以承担他们追求成功、社会交往、自我发展、自我价值、生活意义的任务。换句话说,男人们在工作的场域内可以完成自我发展的目标,休闲主要是用来释放工作带来的压力。而对于大部分女性来说,受到社会制度和文化的影响,她们的工作(无论是有偿工作还是无偿家务工作)并不能完全为女性带来对心理、社会交往、自我价值、生活意义的需求和满足感,而休闲活动正好能弥补这一种缺失。首先,休闲活动中有一定社交功能,女性通过休闲能感到有一定的自决以及对自我生活的掌控感;同时很多女性在休闲活动和交往中能找到存在感。其次,休闲活动有助于女性自我认同感的萌生。一般来说,女性在工作领域,无论是带薪的(外面的工作),还是无偿的(家里的劳动),其价值相对来说较低。休闲能提供给她们在生活的其他方面无法得到的报偿,并能使女性感到有一种个人的认同感。[1] 在这些休闲活动中,她们不仅能找到自己新的角色,还可以从这些新角色的扮演中获得自信与尊重。再次,瑞典哲学家皮鲁尔在《休闲:文化的基础》一书中指出休闲是人的一种思想和精神态度,休闲不仅是寻找快乐,

---

[1] L. M. Haggard and D. R. Williams, "Self-identity Benefits of Leisure Activities", in B. Driver, G. Peterson, & T. Brown (eds.), *Benefits of Leisure*, Venture Publishing, 1991, pp. 103–120.

也是在寻找生命的意义。休闲有助于女性摆脱功利或实用主义的束缚，通过阅读、旅行、交谈，或仅仅是独自沉思，获得新信息，启发新的思想，深化情感，借此发现真我，使个体得以发展，使生活更有意义。

## 二　女性休闲的消极含义——"失范"与"异化"

虽然从理论层面来看，休闲对于女性来说有着积极的意义，但是在实践中，休闲却不总能为女性带来积极的体验。这个原因除了来自外部社会性别因素（包括制度与文化）的限制以外，来自休闲本身的限制显得更为隐晦、深刻。休闲有可能成为女性成长过程中一种隐性的束缚、一个华丽的陷阱：它可能带给女性消极的自由；同时也可能成为维持性别秩序的工具，强化性别气质的砝码，从而阻碍女性个体的完全释放与发展。

### （一）消极的自由——女性休闲的"失范"

在前文中已经阐述了"自由"或自由选择是女性休闲的核心意义。然而社会生活中的自由并非是一个绝对的概念，自由与限制像一对双生子。有的休闲活动看起来是一种个人的自由选择，但实际上却受到社会意识形态的限制，这种意识形态的限制很可能会造成女性休闲的"失范"。

"失范的休闲"（anomic leisure）的概念就是在对"自由"与"限制"问题的讨论基础上产生的，它描述的是一种消极的自由，即缺乏正面意义的自由。[1] 从社会心理学角度来看，由于活动参与者的意义系统极为重要，在一些情境中，人们说自己有自由选择或者自己没有受任何限制，但是自己并不感到愉快或者有意义。比如有些人觉得"手头的时间太多""无所事事""消磨时光"，感到"无聊"甚至"压抑"。休闲理论认为这些情景不能算是休闲，而是一种"失范"的休闲体验，只有当人们感觉到有积极意义上的自由，即自由加上积极的享受时，其体验才算是休闲。从"失范休闲"理论出发，女性休闲可能会产生两种层面的"消极自由"：第一层表现在休闲时间上的消极体验；第二层面表现在休闲内容上的限制。

从时间层面来看，休闲在很大程度上被描述为在"工作之余"时间内的自由安排，而从传统社会性别分工来看，女性主要承担没有薪资的家务劳动，一般认为女性不参与社会劳动的情况使得她们看起来相对自由安排

---

[1] B. Gunter, and N. Gunter, "Leisure Styles: A Conceptual Framework for Modern Leisure", *The Sociological Quarterly*, 1980, Vol. 21, pp. 361 – 374.

的时间比男性要多。但是这些"多余"的时间是否能产生出对女性来说有积极意义的自由呢？西方的一项研究发现，有工作的女性尽管在时间上受到的限制比全职主妇要多，但是她们却有着更多积极的休闲活动，也有更多的休闲机会。[1] 女性都会有这样的共识：上班的时候相对来说还有一些休闲的时间，比如茶歇、同事聚餐、上网看新闻等；但是在家里反倒没有更多的休息时间，从早忙到晚，围着孩子、丈夫、公婆转。除此之外，在很多的调查研究中，证明了女性很多的自由时间并不能带来积极的生活享受。比如，调查研究发现女性下岗变为全职主妇后，都会产生一些莫名的失落感和空虚，用她们自己话说"就在家里，很闲，没有冲劲，待懒了，什么都不想做"[2]。但我们也要意识到不同阶层、不同经历的女性对休闲时间自由度的体验不同的，由于经济、教育、生活处境的原因，有些女性拥有较充实的休闲时间，且能较充分地安排；而另一些女性可能更缺乏自由时间，也可能无法自主掌控时间。

女性休闲的内容也可以折射出一种被限制的自由。比如很多传统的女性休闲活动，如逛街、聊天、看电视、看书、家庭娱乐活动等，虽然我们并不能否认这些休闲活动能为女性带来一定程度上的身心愉悦、社会交往的满足感以及自我意义的体现，但是这些休闲活动并不能完全满足女性作为完整人对生活享受的积极体验，因为它们是与女性特定的、传统的社会性别角色紧密相连的，女性在进行这些休闲活动时，是在强化自己的传统角色和性别气质，而没有通过休闲获得超越原有生活范围的人生意义的体验。从活动空间来看，这些传统的女性休闲活动发生主要是在私人领域，这也造成女性休闲在很大程度上被限制为在"私域"内自由的选择。

### (二) 性别秩序的维持——女性休闲的"异化"

女性休闲除了有可能陷入"失范休闲"的范畴以外，它还可能成为维持和巩固现有性别秩序的政治工具。从女性主义的理论视角来看，女性受压迫是父权制性别秩序建构的一种方式，它深入日常生活的每个方面，也包括休闲。肖恩（Shaw）认为一定的休闲行动、经验、满意度、选择和活

---

[1] S. M. Shaw, "Leisure in the Contemporary Family: The Effect of Female Employment on the Leisure of Canadian Wives and Husbands", *International Review of Modern Sociology*, 1988, Vol. 18, pp. 1 – 15.

[2] 熊欢：《中国城市女性体育参与分层现象的质性研究》，《体育科学》2012 年第 2 期。

动是与社会的权力和权力关系相联系的,① 在这种情境下,女性休闲则不仅仅是一种个人体验,而是一种政治实践。

女性休闲的类型选择、意识与愿望等都有可能成为维持男性主导权的政治途径。从休闲类型来看,女性休闲更倾向于静的休闲活动,比如看书、看电视、聊天,这符合传统文化对女性的期待,维持了性别气质的刻板印象。现代社会,女性休闲也出现了很多新的形式,比如逛街、去美容院、做 SPA、参加女子养生会馆等。这些新兴的女性休闲活动主要是围绕塑造女性良好的外形而展开的,虽然女性通过自我形象的提升可以获得一种满足感,然而从女性主义的视角来看这些休闲活动实际上是女性身体物化的衍生活动,因为在这类休闲活动中,女性身体并不是行为实施的主体,而是活动实施的客体、被改造的对象,而身体的美化也是为了服从社会文化对女性形象和气质的期待。

女性休闲也常常参与家庭活动联系在一起的休闲活动,比如购物、带孩子去公园玩、作为配角参加以伴侣为主导的各种活动等,在这些活动中,女性继续提供照顾他人的服务,扮演了休闲服务者的角色,而不是休闲的主体,从而强化了女性在休闲领域的从属地位,保持着传统父权制性别的秩序。女性休闲的空间同样也是传统性别秩序的延伸。调查中发现,很多女性聚会地点的选择首先会考虑其离家的远近;而男性聚会考虑更多的是聚会地本身的环境、设施以及服务,而这些环境、服务比较好的休闲场所基本上是在离城市较远的郊区。② 男性的休闲活动从地理空间来看,比女性的要广得多。从休闲的消费上来看,女性更倾向选择免费或者低消费的休闲场所和活动,比如在公园、广场、小区空地等喝茶、聊天、锻炼;而男性更倾向选择消费性的休闲场所,比如 KTV、酒吧、休闲俱乐部,一些高级的休闲会所只针对男性会员开放。休闲消费支出男高女低的差异不仅反映了休闲社会资源仍然是男性占主导优势,还折射出男女休闲意识的建构不同。

女性自我的休闲意识比较弱。比如,不少已婚女性认为家里休闲活动的支出主要还是围绕孩子和丈夫,为自己花钱进行休闲活动有些舍不得。有些女性会为抛下孩子和丈夫自己去玩儿而感到内疚;多数的情况是在丈

---

① S. M. Shaw, "Leisure in the Contemporary Family: The Effect of Female Employment on the Leisure of Canadian Wives and Husbands", *International Review of Modern Sociology*, 1988, Vol. 18, pp. 1 – 15.

② Xiong, H., *Urbanisation and the Transformation of Chinese Women's Sport Since 1980s*, London: Verg Publisher, 2009, p. 165.

夫和孩子不在的时候,才能腾出时间和心情自己进行一些休闲活动。① 女性考虑的多是他人的休闲需要,而不是自己的,比如一些女性可以很容易地列举家里人的休闲兴趣,但是却感到很难列举出自己的休闲兴趣和爱好,显然,女性比较少关注自己的休闲需求。而这种对自身需求关注的缺乏从男权社会伦理道德来看是受到赞扬和鼓励的,为家人和他人的"自我牺牲"被定义为好女人的基本品质。然而,女性主义认为女性这种被压制的休闲意识实际上强化了现存的性别伦理道德秩序。传统上要求女性牺牲自我以完善家庭、相夫教子这些观点即使在休闲这种相对自由的时间里,也避免不了。

从以上的分析可以看出,女性休闲本身对身体形象、家庭角色、伦理道德的重视使得女性休闲不再是让女性获得自由、发展的平台,而异化为维持现有父权秩序的工具。通过休闲领域,女性"他者"的身份更加确定。男权社会编织成一张"美丽"的网,在"休闲"的名义下,把女性们困在男性建造的性别秩序中。

## 第二节 体育运动对女性休闲困境的消解

一方面休闲活动有助于女性生活状况的改变;另一方面也可能变为一种强化女性固有的性别角色的工具;还有可能在"休闲"的名义下,限制女性在其他生活领域,如政治生活、经济生活、职场等的发展空间,这些问题使得女性休闲发展陷入一种僵局。如何打破这种僵局仍然是一个充满争议的课题。体育运动是以身体为媒介的休闲活动的一种方式,但是从长期以来体育运动都不是女性休闲选择的主流内容,直到进入工业社会,体育运动才逐渐向女性敞开大门,女性在她们业余时间可以骑自行车、游泳、慢跑、骑马、滑冰、打板羽球等。与传统的以静态为主的女性休闲活动相比,以体育运动为主的休闲活动有其特殊性。女性在休闲中的"身体实践"又会为她们的休闲方式带来什么样的突破,为女性生活带来什么样的意义呢?下面将从女性主义身体理论、女性主义空间理论以及性别秩序的视野去阐析体育运动对女性休闲局限性消解的途径与意义。

---

① 方英:《女性类型与城市性别秩序》,社会科学文献出版社2011年版,第240页。

## 一 身体实践与赋权（empowerment）

女性主义者认为，男、女在身体上的区别（虽然是文化建构的产物）是导致其社会地位不平等的主要原因，而通过身体实践，女性身体可以摆脱由于生物原因所带来的被压制的经历，使女性身体形象、自我意识真正强大起来。[1] 体育活动（主要是指体育健身活动）是一种改变女性身体形象的最有力的身体实践，体育活动可以使女性拥有健康、强壮的体魄，同时也可以唤醒女性对自我身体和权益的关注，从社会文化层面，还可以改变女性身体柔弱、消极的形象，挣脱文化束缚，使她们真正能从休闲活动中体验到自由和赋权。

### （一）强健身体

体育运动有强身健体的功能已经成为人们的共识。无论是在西方社会还是东方社会，在休闲时间进行体育健身成为很多人的一种生活方式。而对于女性来说，把体育健身作为休闲活动，更能体现休闲对个人发展的积极意义。首先，体育健身活动是为了个人保持自身机体能力的良好状态，促进身体健康地生长，使个人体质水平得以增强和发展。从休闲发展观点来看，体育活动是一种个人在休闲时间中从事的塑造自身并努力使自己成为更好的人（human）的活动。良好的身体状态也是良好心理状态和精神状态的基础，是成为更完善的社会人（person）的条件。女性也需要通过体育运动使自己的身体更健康、强大、积极，只有强健的身体，才有发展的本钱，成为一个健康的社会成员，这也是女性休闲追求的目标。

除此之外，女性相对于男性来说，在身体素质上的先天弱势是客观事实，然而在我们现有的社会背景下，身体上的弱势却成为女性在社会其他方面处于弱势地位的"合理"解释。比如很多部门在选拔干部的时候多选择男性，其隐含的偏见在于女性可能在身体、心理上承受不了很大工作压力。传统的女性休闲活动，比如琴、棋、书、画等只会增加女性柔弱的形象，束缚她们运动的能力与活动的范围，让她们在身体素质上与男性的差距越来越大。体育运动正好克服了传统女性休闲活动对身体、健康发展的不关注，首先让女性的身体素质得到加强和锻炼，从而更好地面对工作和生活。

---

[1] 熊欢：《女性主义视角下的运动身体理论》，《北京体育大学学报》2013 年第 7 期。

## （二）自我关注

我们在前面讨论过，女性休闲的一个重要特征是缺乏"自我关注"，很多女性休闲活动都是依附于家庭活动，在活动中总是扮演照顾者的角色，而无法成为休闲真正的主体，从而获得休闲所带来的愉悦、释放、发展的体验。

以体育运动为核心的休闲运动会增加女性对自我健康、形象、需求、社会交往等的关注，从"照顾别人"的责任中解脱出来，认真地"照顾自己"。研究发现女性在参与运动锻炼的过程中最容易摆脱日常生活和社会角色的束缚。用她们自己的话说："只有在运动锻炼的时候，才能暂时忘掉孩子、丈夫、做饭、洗衣这些日常琐事，完全投入自我的世界。"自我关注的表现之一，在于对自我健康的重视；表现之二，对自我形象的关注；表现之三，对自我投入与收获的强调。在体育参与的过程中，就是对自我身体健康关注的过程，换句话说，体育锻炼的目的是为自己，而不是他人，因而女性在休闲活动中的主体性才能得以体现。

除此之外，休闲体育运动还有自主选择的特点，也就是说女性可以掌控自己所进行的活动。从客观上讲，体育运动跟其他休闲活动相比，它的形式、内容、环境更灵活、多元，可以是激烈的、竞争性、集体性的运动，也可以是舒缓的、自在的、个人的身体享受，这为女性提供了更多的机会去体验丰富的活动和感受；从主观来看，女性可以根据自我身体的状况、兴趣爱好、个体需求，选择不同的运动方式与手段，这满足了休闲"自由""自主"的原则。

## （三）身体的赋权

休闲中的体育运动也是女性身体"赋权"一个重要途径。身体的"赋权"在这里有两个含义：一是赋权（empower）女性身体形象和自我概念；二是赋予女性对自我身体的掌控权。赋权女性身体（empower women's body）是女性主义理论的一个核心观点，她们认为人们对身体的感觉和处置的方式既是个人的权利又是隐秘存在的互动性的权力关系，对身体的控制可以实现对关系的控制。[①] 男性对女性的权力关系就是通过对女性身体的控制来实现的。因而，要使女性从男性的控制中解脱出来，必须先获得对自我身体的掌控力。

---

① 佟新：《社会性别研究导论》，北京大学出版社2011年版，第106页。

在女性主义看来，女性的身体是一种被压抑的身体，是男性实施其权力的场所，在很多传统的休闲活动中，女性的身体大多是一种静止的、被动的、无力的、琐碎的形象。体育活动是对这种形象的颠覆：女性身体在体育活动中可以传达积极的、主动的、有力的、表现力强的形象。体育活动不仅改变了女性被压抑的身体形象，还可以在心理层面使女性通过身体实践感受到自我存在，找到自我身份认同（self-identity）。除此之外，体育健身运动是一项有"回报"的活动，即可从身体活动中获得愉悦、释放、成就、正能量等"收获"，而这些综合性的收获并不是能轻易地从女性日常生活中产生的。正像玛格尔（Maguire）所提出的："打扫房间也是一种身体活动，可以燃烧脂肪，达到锻炼身体的效果，然而，这种身体实践并不能为女性提供有效、积极、愉悦的身体体验；看电影或许能提供愉悦，但是缺乏挥汗如雨后的身体的满足感。"[1] 女性主义者还指出，女性的体育运动的意义并不仅仅是为了控制体重或者是增加活力，而是给予女性一种特殊的经历，满足她们对自我身体愉悦感、真实性与掌控度的欲望。"赋权"因此并不仅仅是指女性在身体体验中获得愉悦的权利，而是对自我身体控制而产生的权利。女性主义者认为，能对自我身体、健康有效掌控是女性把握自己命运的基础，也是解除男性权力的重要突破口。

## 二 打破性别的二元空间

体育运动不仅是一种身体的实践也是一种空间的体验。人类性别的差异往往会导致他们在空间体验上的不同。传统的社会分工一直将性别关系定义为：男性在"公共的"（public）领域，而女性在"私人的"（private）领域。这种性别分工最终导致了空间性别关系的出现，即女性被束缚在家庭这一单一的狭窄空间，而男性成为其他社会空间发展的主导力量。"公共"和"私人"的分离意味着经济、政治、就业等社会活动与家庭、家务劳动的分离，并使女性处于孤立状态。[2] 这种空间的性别分离模式也折射在休闲领域，比如，男性从事的休闲活动通常发生在家庭之外的空间，而女性从事的休闲活动常常被限制在家庭之内，阻碍了女性在休闲领域获得真正的自由与发展。体育活动从两个方面可以打破休闲空间性别的差异：

---

[1] J. S. Maguire, "Exercising Control: Empowerment and the Fitness Discourse", in L. K. Fuller (ed.) *Sport, Rhetoric and Gender: Historical Perspectives and Media Representations*, Palgrave, 2006, p. 124.

[2] "Women and Geography Study Group of the IBG", *Geography and Gender: An Introduction to Feminist Geography*, London: Hutchinson, 1984.

首先,体育活动有利于女性休闲走出"私域",走进公共的视野,公园、广场、游泳池、网球场以及商业化、专业化的体育场所,这些场域都为女性的活动空间进行了拓展。调查显示,其实女性更喜欢在开放性的公共场所进行体育活动,而男性更倾向在比较独立、专业的环境中进行休闲体育活动。女性休闲体育活动的这些特征决定了她们对公共空间需求的特点,同时在进行这些休闲体育活动的过程中,她们逐渐摆脱了"私域"空间的束缚。用女性自己话说"通过打球、爬山、旅游这些活动,自己的行动更自由了,不像以前那样一定要和老公一起才觉得有依靠,自己出去也可以结交朋友,生活圈子更大了"。

其次,休闲体育活动也可以成为一种跨越"私域"与"公域"的活动,它既可以是私域中个人行为,也可以是公域中集体行动;它既可以是个人的身体锻炼,也可以成为一种公众的表演。比如现在在女性群体中流行的广场舞,对个人有健身、娱乐的意义,但它也可以看作女性群体在公众前的集体自我展现。还有一些空间,比如居民小区空地、健身路径等实际上就是私域与公域的结合,它既可以看作"家庭""私域"空间的延伸,也可以看作社区成员集会的场所。女性从事休闲体育活动时不会像她们要进入到其他公共领域(如经济、政治领域)那样受到外界的重重阻力,或者内部的心理不适,如恐惧、焦虑。换句话说,女性在体育参与的过程中既可以有公域生活的体验,又不会因此而付出太多的代价。从这个意义上来说,体育运动有利于打破"公共"和"私人"空间的分界线,建立"公共"与"私人"空间交汇的平台,使女性不再被隔离在"私人"空间之内。这也为她们争取更多的社会生存空间、获得更多的社会关注提供了一个重要的途径。

## 三 抵制性别秩序

前面我们提到女性休闲之所以呈现出消极性是由于受到了传统的父权制性别秩序的影响。从吉登斯的结构化理论来看,社会结构虽然会影响人们的行为,但是个体有能力"改变"既定的事态或事件的进程。其理论假设与涂尔干的结构主义不同,他认为结构是具体体现在社会各种实践中、"内在于"人的活动,而不像涂尔干所说的结构是"外在"的、稳定不变的。① 因此,性别秩序作为一种社会结构既是女性休闲这种实践行动的中

---

① [美]乔纳森·特纳:《社会学理论的结构》,邱泽奇、张茂元等译,华夏出版社2006年版,第451—462页。

介,又是这种实践行动的结果。作为行动的中介,性别秩序对女性休闲产生各种制约;作为行动结果的,性别秩序在女性休闲中再产生出来,因此从理论上来看女性休闲实践可以成为抵制传统父权制性别秩序的途径。在这个过程中,体育运动将发挥重要的作用。女性参加体育运动不仅是对社会传统性别秩序的抵制,也是改变休闲体育内部以男性为主的性别文化秩序的力量。

首先,体育运动有利于抵制社会传统性别秩序对女性性别角色和性别气质的要求。体育运动原本为男性为主导的休闲方式,其所倡导的是在参与过程中,不仅由外而内地塑造男子气概,而且让男性气质得以尽情地释放。女性参与体育运动这一男性为主导的休闲活动,本身就是一种行动上对传统性别秩序的抵制和突破。从行动的结果来看,体育运动中的女性摆脱了柔弱、被动的状态,而体现了一种力量、健康、自我肯定的形象,这是对传统性别秩序中男强女弱、男好动女好静、男性主动女性被动等一系列观念的颠覆。

其次,女性参加体育运动也可以作为抵制或改变体育子系统中男性为主导的性别秩序和文化。随着更多女性加入到体育中来,她们开始影响到以男性文化为中心的体育氛围。在休闲体育中,女性钟爱的瑜伽、体育舞蹈等有氧运动在男性群体也越来越流行。这些运动给人们传递这样的信息——体育运动不一定必须是攻击性、对抗性的、体现力量与速度的,它也可以是平和的、优雅的、和谐的。另外,女性观众对体育热爱程度的加深也会直接或间接影响体育文化。男性体育迷在为自己喜欢的队伍呐喊时,常常使用粗话或者脏话,这被体育社会学家们看作一种体育的宣泄和释放。女性体育观众(迷)的加油方式则相对比较温和和积极,她们通常在服装、表演上传达自己对体育的喜爱;比如女子啦啦队,以积极向上的表演、高昂的口号鼓舞本队的士气。体育迷以前那种"暴力"的形象也在这种"文明"的形式下被渐渐地淡化,这也逐渐改变了以男性气质为核心的体育文化特征以及男高女低的性别秩序。

综上所述,与传统的女性休闲活动不同,以体育运动为主的休闲活动无论是从身体实践、角色转换、空间延展、自由的体验、个人的发展上,还是对性别秩序与性别文化的抵制上,都可以成为消解女性休闲局限性的途径,从而达到休闲"自由、自主、赋权和自我发展"的目标,对女性从身体到心灵再到社会的解放赋予更加特殊的意义。

让女性拥有休闲权利,使她们可以通过休闲获得自由选择和身心的解放是我们面临的一个问题。在本文中讨论的女性、休闲、体育之间的良性互动无疑是解决这个问题的途径：体育会促发女性休闲的变革，而女性休闲的变革会带来女性生活的变化，女性生活的变化会引发女性的自我觉醒，女性的自我觉醒会使她们采取行动进行变革。然而，在实践中，我们也不得不承认女性休闲的变革并不是那么容易，要完全颠覆过去的模式、创造新的方式会受到重重的阻力，这包括休闲时间、空间、家庭、工作等客观的阻力，也包括政策、法规、组织等制度的阻力，还有文化、价值观等文化的阻力。换句话说，虽然体育从个体和微观的层面有消解女性休闲局限性的作用，为女性带来选择的自由与身体的解放，但是没有体制环境从宏观层面的保障与支持，这个作用也无法得以实现。从历史发展来看，女性休闲的变革一定是和社会的变迁息息相关的，也就是说女性休闲的变革应该是女性生活中个人和社会两个层面的变化共同作用的结果。这不仅仅需要女性自我的努力，还需要社会给她们提供更加平等、自由的制度与文化环境，这样才能真正衍生出有利于女性的休闲，也才能实现休闲对女性的积极含义。

# 第十章 时空、人际与身心

## ——运动中女性身体体验的文化差异

身体社会学认为"身体"不仅仅是人存在的物质基础,更是人进行自我表达的途径。[①] 正如我们在理论篇里讨论过的对于女性运动的身体,一些学者认为是政治的、被监控的、被压迫的,而另一些学者则认为,女性运动的身体可以作为挑战刻板性别印象和性别规范的方式,是一种自我表达、抵抗和追求身体解放的途径。[②] 近些年西方一些实证研究更全面地展示女性运动者的感受,比如在健美运动这项被认为是男性传统的锻炼方式中,女性健美运动员不仅仅从她们"违背常规"的行为中得到满足,而且从多方面的身体经历中获得自我认同,如塑造结实的肌肉、举起沉重的哑铃、有毅力的节食、与其他健美者的交流。然而,介入"男性运动"只是很小部分女性的选择,大部分女性仍选择非男性化的运动,如自行车、游泳、长跑等。由上述例子可见女性运动中的身体在女性体育研究中的多样化的争论。本章以留英中国女学生体育运动为例,尝试用质性研究的范式以梅洛—庞蒂的身体现象学视角与女性主义身体观为框架,通过对参与者在体育运动中的感官体验、时空体验、人际关系和身心关系的体验来展示多样的身体经验。

## 第一节 身体体现与身体经验的理论化

### 一 梅洛—庞蒂的身体现象学

身体体现(embodiment)和身体经验(embodied experiences)是本研

---

[①] Richardson, N. and Lockes, A., *Body Studies: The Basics*, Routledge, 2014, p. ix.

[②] 熊欢:《女性主义视角下的运动身体理论》,《北京体育大学学报》2013 年第 7 期。

究的关键概念，分别是指通过我们的肉体传达出抽象的概念和意义，以及通过我们的身体，如各种感官（如视、听、触、味和嗅觉）获取直接的当下的感受。然而研究身体体现和身体经验并不只是研究肉体本身，也是为了理解文化和身体之间的互动。因为身体经验是在具体情境中产生的，如果这情境是人类社会，则可能出现不同社会环境中不同的身体体现。身体经验和身体体现还挑战着西方传统哲学中的二分法，诸如心/身（mind/body）、西方/东方、男/女、男性气质/女性气质、客观/主观和自我/他者的分裂，甚至是前者对后者处于的支配统治地位。

梅洛—庞蒂的身体现象学为身体体现和身体经验提供了理论依据。施皮格尔贝格（Spiegelberg）在评价梅洛—庞蒂的现象学时说，在他之前"没人使用身体来定义人类的存在，这使得人类存在肉身化"。首先，梅洛—庞蒂认为现象学不仅是将身体看作肉体，同时也将世界肉身化，不同的身体给我们带来不同的生活在这世界上的感受。继海德格尔之后，梅洛—庞蒂使用术语"在世"，来表达人的存在和世界的不可分离性。"在世"需要通过主动性的身心合一的身体去实现，主动的身体既不是盲目的客体对象，也不是一个空洞的心灵。因此梅洛—庞蒂的身体学说倡导"我能"，而不是"我思"。其次，对于感官体验，梅洛—庞蒂认为，人类的各个感官不是独立运作的，一个能被感知的事物唤起不止一种感觉，而是调动起整个身体作为一个认知系统而工作。再次，梅洛—庞蒂在《可见的与不可见的》中介绍了"肉身"（flesh）的概念。肉身可以在"感受"与"被感受"（sensible and sentient）之间转化，解释这一概念时梅洛—庞蒂多用触觉来举例，如当左右手相互触摸时，手上同时有触摸和被触摸的感觉。将此概念引申开，肉身可以在理智/情感，有形/无形，以及主体/客体之间转换。最后，梅洛—庞蒂认为身体带来对空间和时间的理解。我们的身体有意识、有目的投入到环境当中，在身体周遭创造出活生生的时间感和空间感。

## 二 女性主义对梅洛—庞蒂身体现象学的批判与继承

虽然梅洛—庞蒂的身体现象学为身体体现与身体经验研究提供了理论依据，然而，从女性身体视觉出发，梅洛—庞蒂却没有考虑到社会性别差异。为此，在批判和继承的基础上，女性主义，特别是后现代女性主义给出了她们对身体的解读和诠释。德·波伏娃（De Beauvoir）和伊利格瑞（Irigaray）作为运用女性视角解读梅洛—庞蒂的先驱，反思了梅洛—庞蒂"处境中的主体"（situated subject），并用来分析女性身体体现和存在。随后有更多的女性主义研究者从不同角度提供了对梅洛—庞蒂所提概念的批判性解读,如在世(being - in - the - world)、主动身体(the lived body)、感官(senses)、与他人的关系(relations with others)和空间—时间(temporality - spatiality)。艾丽丝·杨(Iris Young)在她著名的文章"像女孩那样投球"中运用梅洛—庞蒂现象学分析并得出女性肢体与物体发生接触时在空间中表现为不确定性、胆怯和犹豫。① 格里姆肖(Grimshaw)虽然同意女性往往抑制自己的肢体活动,但她批评艾丽丝·杨不应将男性身体运动理想化和标准化,忽视了男性空间的排他性和男性通常占据比女性更大的空间的事实。② 欧克萨拉(Oksala)认为女性的主动性身体既局限于历史也有主动的生成性。③

对于感官体验的讨论,克罗斯利(Crossley)指出梅洛—庞蒂对感官知觉的讨论大多数都集中在视觉上。④ 巴特基(Bartky)批判视觉至上主义歌颂重男轻女的父权制度,因为女性在男权社会中不是个积极活跃的观察者,她们往往将视线移开或投向地面,有意回避旁人的视觉和自己对视觉的运用。⑤ 卡莱森(Classen)进一步指出在西方社会的价值观中,视力和听力被归类为远距离的感官,同时也属男性的感官;而嗅觉、味觉和触觉是近距离感官和属女性的;这种分类意味着男性比女性更适合"远距离的活动,如旅行和治理社会生活,而女性适于留在家中"⑥。在后面的数据分析中,本研究将对不同感官体验都给予探索分析,意在挑战人类感官体验中暗含的性别歧视。

女性主义还批判认为梅洛—庞蒂理论框架中的"身体"威胁了个体身体独特性的存在,终将会使女性身体被同化进男性身体中。然而,巴特勒(Butler)指出梅洛—庞蒂承认"触碰"与"被触碰"这两种感觉是有区别的,是在能达成一致的同时保留各自的独特性,但这对立并不是指不能

---

① Young, I. M., *Throwing Like a Girl and Other Essays in Feminist Philosophy and Social Theory*, Bloomington, IN: Indiana University Press, 1990.
② J. Grimshaw, "Working out with Merleau - Ponty", in J. Arthurs & J. Grimshaw (eds.), *Women's Bodies: Discipline and Transgression*, London, England: Cassell, 1999, pp. 91 - 116.
③ J. Oksala, "Female Freedom: Can the Lived Body be Emancipated?", in D. Olkowski and G. Weiss (eds.), *Feminist Interpretations of Maurice Merleau - Ponty*, University Park, PA: Pennsylvania State University Press, 2006, pp. 209 - 228.
④ Crossley, N., *Intersubjectivity: The Fabric of Social Becoming*, London, England: Sage, 1996.
⑤ Bartky, S. L., *Femininity and Domination: Studies in the Phenomenology of Oppression*, New York, NY: Routledge, 1990.
⑥ C. Classen, "Engendering Perception: Gender Ideologies and Sensory Hierarchies in Western History", *Body & Society*, 1997, Vol. 3, pp. 1 - 19.

交流。① 格罗兹（Grosz）的"莫比乌斯环"比喻或许能帮我们进一步理解这个既能感受也能被感受的身体，② 鼓励我们重新思考主体的"内""外"关系，以及"身""心"合一。

## 第二节 运动中女性身体体验及文化差异

研究采用的理论框架为后现代女性主义身体观和梅洛—庞蒂身体现象学的结合（如图 10-1）。从感官体验、时间和空间的体验、和他人相处的体验以及对体育中身—心关系的感受这四个方面来解读留英中国女学生在体育运动中的身体体验。因为在中英不同体育文化环境中，她们的身体体现和经验也揭示了两种文化和身体文化的异同。

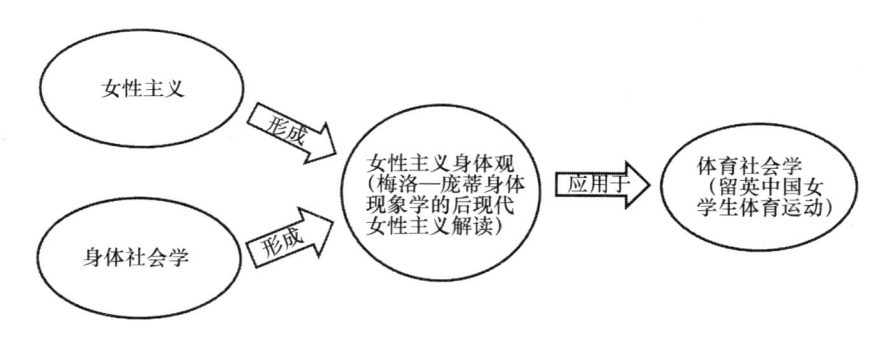

**图 10-1 梅洛—庞蒂身体现象学的后现代女性主义解读、形成及应用**

本研究具体采用民族志方法（ethnographic approach）和女性立场，探索文化和人类经验的多样性。研究者以在此大学留学的有运动习惯的中国女学生（10人）为对象，通过参与观察和一对一半结构式访谈，收集了她们在英国参与不同体育活动的身体体验，同时也请她们回忆了在中国参与同类运动时的身体体验。其中一名研究者作为参与观察者（participant observer）记录了自己与参与者一起运动时的体验，作为第一手数据。除了文字数据，还收集了图片素材，是研究者拍摄或受访者主动提供的（注：

---

① J. Bulter, "Sexual Difference as a Question of Ethics: Alterities of the Flesh in Lrigaray and Merleau-Ponty", in D. Olkowski & G. Weiss (eds.), *Feminist Interpretations of Maurice Merleau-Ponty*, University Park, PA: Pennsylvania State University Press, 2006, pp. 107-125.

② Grosze, E., *Volatile Bodies: Towards a Corporeal Feminism*, London: Routledge, 1994.

考虑到保护参与者的身份，文章中展示的照片经过模糊处理）。在访谈时，我们积极聆听，并将自己的理解与她们交流。运用主题分析（thematic analysis），提取出四个主题，用以揭示运动体验中的文化因素：（1）感官体验（视、听、触和嗅觉）；（2）时间—空间的体验；（3）与他人共处的体验；（4）其他一些具身经验。在写作上，遵循现象学的描述传统。[1] 虽然梅洛—庞蒂倡导对经验的直接描写，避免通过分析和因果逻辑，但同时梅洛—庞蒂也承认人是会思想的主体，因此本研究的写作会注意平衡参与者的感受和研究者的解读。

表 10 - 1　　　　　　　　　参与者信息[2]

| 参与者（化名） | 年龄 | 运动项目 | 级别 |
| --- | --- | --- | --- |
| 研究者 | 24 | 多种 | 业余 |
| Shen | 20 | 乒乓球 | 专业（省队） |
| Ada | 23 | 游泳和慢跑 | 高水平业余 |
| Wang | 23 | 游泳 | 专业（省队） |
| Lan | 31 | 健身操 | 健身操教练 |
| Tin | 24 | 健身操 | 业余 |
| Wen | 21 | 瑜伽 | 瑜伽教练 |
| Yin | 25 | 自由式搏击 | 高水平业余 |
| Gao | 23 | 篮球 | 业余 |
| Hao | 24 | 网球 | 专业（校队） |

## 一　感官体验

此研究收集了参与者体育运动中的视觉、听觉、触觉和嗅觉体验。在不同运动中，参与者所着重依赖的感官是不同的。

在与长期参与瑜伽运动的 Wen 接触时，有一次长达两个小时的访问是在她的卧室进行的。这间大概七八平米的卧室也是她的练功房，Wen 每日都在卧室练习一个多小时的瑜伽。研究者问："你觉得视觉或者观察力对于练瑜伽的人来说重要吗？"对于这个问题，Wen 觉得口头描述她的视觉

---

[1] J. Allen-collinson, "Sporting Embodiment: Sports Studies and the (Continuing) Promise of Phenomenology", *Qualitative Research in Sport and Exercise*, 2009, Vol. 1, pp. 279 - 296.

[2] 有些参与者提供的信息并不丰富，所以没有被文章引用。

经验不能充分帮助研究者理解。她便当场展示了一个瑜伽姿势，同时同意对她进行拍照。之后我们一起回看这张照片时，Wen 指出：

> 我做瑜伽时特意把穿衣镜放到瑜伽垫边上，只有这样我才看不见镜子，因为我不需要它。那镜子只是穿衣服时用的……我做瑜伽时我会盯着我的手指尖看，或我手所指向的地方……我需要时刻感觉到我的身体，我时刻与我的身体在一起。但是光靠盯着身子看，不能帮我达到这个效果。要靠感觉，一种全身心的感觉吧。我感觉到肌肉的绷紧和放松、关节的收缩。还有空气被吸入和排出。胸腔里肋骨的变化。这些肉眼都看不到。

图 10-2　Wen 在房间中练习瑜伽（研究者拍摄）

在瑜伽经验丰富的 Wen 口中，平日生活中不可或缺的视觉变得无足轻重。她有意限制自己的视线，不从中获得多余的信息。她在健身房练瑜伽时也尽量不去看别人的动作，也不透过四壁的镜子看自己。Wen 对自己视觉的限制不像巴特基（Bartky）批判的女性在男权社会生活中往往是被动的，有意在回避旁人的视觉也不主动运用自己的视觉。Wen 不是被动地不敢看，而是主动地选择不看，同时调动身体其他感官，达到对身体更全面的体悟。

然而在问到为什么喜欢瑜伽时，Wen 表示瑜伽能带来身心满足，她将练过瑜伽的身型与美好的气质和品味联系到一起。她说："优美、柔软又挺拔的瑜伽体型让我想到意志力、优雅的品位、上流社会和高品质生活。"对于 Wen，瑜伽是解放，是挑战身、心二分，提高对自我的控制，是作为女性赋权于自身的过程。而另一方面，Wen 偏好的瑜伽身型似乎也暗示着在父权和异性恋话语占主导的社会中，女性对纤细、柔软以及肌肉紧致身型的执着[1]，将男性价值观内化，用"纤细""柔弱"和"性感"这些标准规训身体动作和塑造形体。[2] 与 Wen 的另一段关于体育中身体触碰的对话似乎更能揭示女性自觉或不自觉地迎合刻板的性别规范。

> 研究者："有那么多种体育锻炼的项目，为什么选择瑜伽？"
> Wen："我不喜欢球类运动，感觉是男生玩的。我初中练过跆拳道，练到蓝带。我记得有一天练习劈板，板子没劈开，倒是把脚趾甲削下来一大半。吓死我了。于是我觉得跆拳道是挺危险、暴力的运动，不适合女生。那次事故后，我就转投瑜伽了。"

Wen 对什么样的身体触碰是符合女性的，似乎有着不假思索的判断，这论调也与男权社会中主流声音对女性身体和行为的规范要求一致。另一位参与者，Gao 表示出与 Wen 类似的苦恼。Gao 说："我喜欢打篮球，但我又不愿意把指甲剪短。有一次比赛完，我发现一个指头上新做的美甲被球打断了，太心疼了。"我们能感受到 Wen 和 Gao 对体育运动的热爱，同时又苦恼体育给身体带来的影响。Wen 的运动身体既主动又被动，主动在于她自信的选择不看，将自己从视觉中解放，听任身体作为一个整体，把通感放大；而她坚持的"瑜伽体型"和避讳的"暴力运动"却似乎是主动迎合父权视角下的女性气质和女性化的身体，对自己的身体的评论并不带有思辨性。从 Wen 和 Gao 的运动感观体验中，体育从多大程度上改观了女性对自己身体的认识，在之后的内容中我们将继续探讨。

---

[1] M. C. Duncan, "The Politics of Women's Body Images and Practices: Foucault, the Panopticon, and Shape Magazine", *Journal of Sport & Social Issues*, 1994, Vol. 18, pp. 48–65.

[2] A. P. Markula, "The Technologies of the Self: Sport, Feminism and Foucaul", *Sociology of Sport Journal*, 2003, Vol. 20, pp. 87–107.

## 二　时间和空间的体验

运动中身体的每一个动作都是一种时空的流动。① 身体是时间的指标。自然衰老的身体在每分每秒内不易察觉其改变，通过岁月的跨度，我们才意识到时间如何改变着身体。而运动的身体在一个相对较短的时间内，可能就感受到以身体作为基础的时间变化。从比赛开始到结束，运动员可能会经历身体从充满活力和轻松，逐步转向疲惫和痛苦的过程。

在与 Wen 讨论她如何感受时间的变化时，有了下面一段对话的内容：

> 研究者问："通常你能保持一个瑜伽姿势多久？"
> Wen 回答："我从来没计算过。都是凭感觉。"
> 研究者："能具体说一下是什么样的感觉吗？"
> Wen："我一般一个动作保持五次或六次呼吸。这是我比较能接受的一个长度，保持起来不会太勉强。"
> 研究者："五轮呼吸大概是多久呢？"
> Wen 于是摆出一个姿势，在她开始时我用手表计时。当她五轮呼吸结束时，时间大约经过了 40 秒。

从这段对话中，研究者追问 Wen 一个能被数字量化的时间，认为时间是一个确切的能在表盘上读到的数字。而 Wen 的描述不断强调时间是一种身体感觉，用呼吸次数来形容时间长短，通过身体的呼吸运动去感受无形的时间。研究者在对时间的单一又僵化的认知中，先入为主地将时间量化，将运动的身体具体化成一个在完成任务的身体，因为这样的身体才需要把时间像数字一样精确地把握，研究者的这种观念也正印证了布罗姆（Brohm）所批判的"体育是时间的囚徒"②。然而，Wen 的时间体验表明她的身体不是被囚禁在钟表中的"他者"。她专注于身体的感受，在觉得适当的时候终止一个瑜伽姿势，时间可长可短。通过她的呼吸，她将无形的时间延伸融入身体当中，用她拉伸绷紧的肢体测量着时间流逝。这个对于瑜伽练习者和受到东方身体观影响的人来说并不陌生，这再平常不过的呼吸是源自东方的瑜伽运动中让人回归身心合一的重要途径。而对于并不

---

① Sheets-Johnstone, M., *The Phenomenology of Dance*, 2nd ed., London: Dance Books, 1979.
② Brohm, J. M., *Sport: A Prison of Measured Time: Essays*, (I. Fraser, Trans.), London: Ink Links, 1978.

406　性别、身体、社会

熟悉瑜伽的研究者来说从自身身体体验出发的世界观，哪怕有对身体现象学理论的阅读，仍然是陌生又具有挑战性的。

　　运动身体占据空间也营造空间。研究中涉及的体育运动大多是在相对封闭的环境内进行的，如瑜伽、乒乓球、游泳和自由式搏击。然而，在这些固定几何面积和体积内所产生的体验并不是封闭的或一成不变的。运动的身体在感受空间时也在积极勾勒营造围绕它的空间。在与受访者探讨她们对运动空间的感受时，Shen 对国内和英国的乒乓球场地的不同深有体会，她提供了国内训练场（图 10 - 3）和国外比赛的图片（图 10 - 4）。

图 10 - 3　国内乒乓球训练馆（Shen 拍摄）

　　Shen 提供的这张照片拍摄于国内某乒乓球训练基地。图中右后方的墙壁上，并排印着五星红旗和奥林匹克五环，下方有"祖国的荣誉高于一切"的标语。这似乎是国内运动馆常见的内饰，浓缩了国家对奥运会的高度重视。墙上的图案和符号帮助营造具有中国竞技体育特色的运动环境。作为曾经处在这种环境中的运动员，Shen 表示时刻会感受到压力和竞争，而在英国，这种压力丝毫都不存在。乒乓球虽起源于英国，但从图 10 - 4 中也可感受到这一项目在中国的意义远超于其发源地。中国体育环境中的国家集体荣誉感已经淡化和取代英国体育传统——性格培养（character cultivation）、公平竞争（fair play）、运动员精神（sports manship）和强健派基督教（muscular Christianity）。① 徐寅生曾要求中国女子乒乓球运动员"带着为祖国争取荣誉的心去练球",做到"身在球场,心怀祖国"②。当然这番话代表着一个特定的历史时期,放在今天可能不合时宜,但多少说明女性运动员对自己的身体、自己的运动生涯缺乏自主权。Shen 曾身处的乒乓球运动空间也是一个政治空间,"政治因素对运动身体的异化,特别是在国家主义（nationalism）的影响下,身体不再是运动员自己的,而是国家的身体"③。因此学者们认为中国女运动员的身体是被具有男权霸权特征的政府所利用,用来服务民族国家利益,彰显国家主义和民族主义。④

图 10-4　国外乒乓球比赛场地（Shen 拍摄）

① S. Brownell, "Why Should an Anthropologist Study Sports in China?", in N. Dyck (ed.), *Games, Sports and Cultures*, Oxford, England: Berg, 2000, pp. 43-63.
② 徐寅生:《关于如何打乒乓球——徐寅生1964年对中国女子乒乓球运动员的讲话》,1964（http://www.xici.net/d192059811.htm）。
③ 熊欢:《女性主义视角下的运动身体理论》,北京体育大学学报2013年版,第30—35页。
④ 孙睿诒、陶双宾:《身体的征用——一项关于体育与现代性的研究》,《社会学研究》2012年第6期。

Shen 在描述参加英国俱乐部比赛的经历时说："乒乓球在英国没什么人气。比赛现场观众很少，我们时常连教练都没有，队友之间相互提醒帮忙。不像在国内，不管什么小比赛，边上都会围着好多看球的。"即使世界不同地区的体育场馆和设施已经出现"麦当劳化"的现象，在相对规范的标准化的体育场所内，运动员仍然能感受到大量不同的意义甚至微妙差异，而身在此外的人则可能难以察觉。从 Shen 另外一段话中，我们更能感受到运动空间的差异：

> 我来英国之前只和自己年龄相近的人打球（20 岁左右）。在这边（英国）的地方联赛，我和队友和对手的年龄差异都太大了，我经常和中年的甚至是老年的打，全国联赛还能碰上些年轻人。我来了快半年了，一点归属感都没有，太难遇到能给自己技术带来提高的人。但这里有一点我很喜欢，大家特别尊重你的个人时间和隐私。在国内球馆里，经常有中年的男的，看你打球像是专业小球员，他们就叫你过去陪他们打球，练习什么的。我挺讨厌这样的。这种事在这边就很少发生。

空旷和拥挤的空间感不是绝对的，大空间不让人感觉空旷，而饱和的空间也不一定让人觉得拥挤。在中国，虽然乒乓球的空间高度饱和，有大量的参与者、竞争者和观众，但这都让乒乓球这块舞台越做越大。然而，在英国较少的年轻球员和零星的观众，让 Shen 感到孤独和冷清，让她觉得自己处在一个不受欢迎的运动空间内，在这个自己从六岁就开始从事的项目中没有了"归属感"。

Shen 的描述中也体现了中国的体育环境中有关年龄和性别的等级制度，如 Shen 由于在年龄和性别上都处于所谓的"弱势"，虽然是专业球手，她也难以拒绝中年男性业余球手提出的陪练要求。Shen 体验到的中英不同的乒乓球运动空间，很大程度上是一种人气的差异。对一个地方的感受，与其说仅仅是因为这个地方本身，不如说是由与此地的人相处的经历所导致。[1] 下面将着重探讨体育中感受到的人际关系。

### 三　与他人共处的体验

与 Lan、Tin 和 Wen 的交谈中，她们都提到一个典型的女性体育空间，

---

[1] Bale, J., *Landscapes of Modern Sport*, Leicester: Leicester University Press, 1994.

即家。在家中练习瑜伽和健身操,看似是在一个封闭的只允许有限身体活动的空间内,但家却给人们提供了身体主体与世界接触而产生最初意义的场所。一个属于自己的房间(a room of one's own)能让女人充分和自由地调动她的身体。研究者分别与 Lan 和 Tin 在她们的家中练习健身操一个月后,建立了亲密的友谊,谈话交流也从最初的关于如何改善体型和减肥等话题,慢慢变成日常,比如去超市喜欢买什么牌子的麦片,用什么护肤品和化妆品,甚至开始涉及私人生活,比如是否有交往对象和对家庭、未来的规划。"交流是休闲体育活动的一项重要功能,而女性通过体育达到交流的需求比男性要强烈。"[1] 对于中国女留学生来说,去以西方白人为主的健身俱乐部做锻炼,不如在家中与其他华人女生一起更自在。

然而,即使在私人空间内,有时研究者和参加者也感受到潜在的男性入侵,比如当男性室友在场时,Tin 绝不会跳健身操,她坚持男生离开后再开始锻炼。女性不仅对男性的观看感到威胁,还怕她的空间被侵犯。一次 Tin 尝试邀请一位男室友一起做健身操,但他回绝了,理由是"这是女孩子才做的"运动,显然他将健美操等同于女性化。

在体育中,运动员与他人的关系可能发生在与队友、教练、裁判和观众之间。Wang 在回忆早年游泳经历时时常提起自己的教练:

> 刚学游泳时,我非常怕水,一直不敢下泳池。教练可没那么耐心一直等着我,他直接把我扔到水里……还有一次,我的上嘴唇在泳池壁上磕破了,流血了,很疼。我就上岸了,不想游了。可突然我听见教练喊我,我也不知道自己怎么了,哪来那么大的勇气,忍着疼忍着眼泪,立马跳回水里继续游。

Wang 没有直接评论自己与教练的关系,但她与 Shen 在国内乒乓球环境中的经历相似,即屈从于年长男性权威。在中国传统中,处理人际关系时要充分考虑长幼、男女、上下级这些关系。Wang 和 Shen 作为年轻女性运动员对年长男性教练权威的服从似乎也印证着男性主导的中国社会和中国体育环境,即使中国女运动员在竞技体育中已取得好于男性的成绩。然而教练对运动员的严厉态度,并不是中国体育独有,西方教练时常对女运动员的伤病漠不关心、没有同情心,也不支持她们对康复治疗的需求。

---

[1] 熊欢:《论休闲体育对城市女性社会空间的建构与影响因素》,《北京体育大学学报》2012年第8期。

Yin 认为英国大学中的性别观比国内大学灵活,这让她有机会去选择在国内不太容易作为体育爱好的项目,比如自由式搏击。在访问中,Yin 一直对自己的选择充满自信,她质疑大多数中国女留学生通过体育去塑造适应男性审美下女性气质的做法。Yin 有意地挑战世俗对女性身体在体育运动中的偏见,时而引来周围人的不解,Yin 说她班里一个中国男生知道她在练自由搏击时笑话她:"你怎么对这运动感兴趣,这是男生玩得啊,太不淑女了。"Yin 回应道:

> 我一点都不在乎,由他说去。在英国,好多中国女生还是选择保守的运动方式,瑜伽、健美操、游泳啊,这在中国你也能做,只是为了保持身材。而我想体验一些不一样的。我选择自由式搏击就是因为国内很少有女生把它当成业余爱好去练。我想与别人不同,我很骄傲自己这点,我知道自己精神上和身体上都很强壮。

在与 Lan、Tin 和 Wen 的交谈中,她们都很明确地表示练健美操和瑜伽是为了保持身材或减肥。因此我们不确定体育给她们的身体观带来多大的解放,而 Yin 的言论表示她能主动地将自身从二元对立的社会性别观念中剥离,用身体行动去挑战体育中对女性身体的偏见和束缚。Wen 和 Gao 所避讳的运动时的碰撞,相反给 Yin 带来了力量感和自我认同感。看到 Yin 的经历,我们可能会联想到故事中的花木兰。然而花木兰仍旧是为了父权统治下的家族和国家的利益而牺牲自己的典型中国女性。此时,如果我们借助 Yin 的话语来继续思考体育能从多大程度上解放女性身体,我们认为女性对自己的身体是否有批判性的认识是至关重要的。这也是劳埃德女性主义在解读福柯的自我技术后指出的,积极的批判态度和自我风格化的行为是女性身体真正发生改变的关键。[1]

## 四 对体育中身—心关系的感受

两位参与者 Wen 和 Yin 对在体育文化中的身心合一和身心两分颇有感触。Wen 在英国练习瑜伽时发现,西方人更注重锻炼肌肉力量。被问到在中国和英国练习瑜伽的不同感受时,Wen 指出:

---

[1] M. A. LLoyd, "Feminist Mapping of Foucauldian Politics", in S. J. Hekman (ed.), *Feminist interpretations of Michel Foucault*, University Park, PA: Pennsylvania State University Press, 1996, pp. 241 – 264.

> 这边（英国）一节瑜伽课大部分时间练习姿势，仅仅为加强肌肉力量。而用来呼吸和冥想的时间很少。在国内，呼吸和冥想的时间与练姿势的时间是一半一半的。本身"yoga"的意思就是和谐、统一和结合，只练肌肉力量不能达到身心统一的效果。……教室里，白人练习者普遍肩膀宽厚、四肢很有肌肉，看着浑身就很有劲。但中国学生比他们柔韧性好，更灵活。

虽然如今西方社会也流行身心平衡的健身方式，因此瑜伽、普拉提和太极变得受追捧。但如 Wen 观察到的，这些源自东方的运动在西方健身房中往往留存于表面形式，其中的东方文化精髓被剔除，而后被改装进西方以现代运动科学理论为支撑的健身产业中。与这一现象相呼应的是，我们在第二个主题中讨论的中国用民族主义和爱国主义精神填充了起源于英国的现代体育传统。同时还应注意到，这些中西合璧的新型健身方式的出现在一定程度上受到全球消费文化的影响，在其影响下体育运动对女性身体是释放抑或束缚；女性消费这些健身活动时又在多大程度上加强刻板的社会性别规范，以及巩固大众传媒话语中的"女性完美身材"？再看 Yin 如何比较她在国内练武术和在英国练自由搏击的经历。Yin 说：

> 武术受中国道家思想影响，这一运动本身带着哲学思辨。中国人讲长寿，而武术能帮助人强身健体，延年益寿。心志和身体在武术中同等重要，练武人的心身是一起练习一起长进的。再说自由式搏击、散打和拳击这些西方人的身体对抗项目，只把人的体能和肉体发展到极致。武术以健身为主，虽然也有比赛，但有时候武术比赛是单人表演的形式，即使你要去对打，也不是硬碰硬的对抗。而我参加的搏击比赛，赛场音响和灯光把气氛渲染得很火爆，上了拳台人就很兴奋，做一些挑衅对手的动作很正常，站在拳台上就要让对方知道我是来干什么的，就是把她打倒在地。

Yin 批判性地指出了中国武术和西方搏击之间的不同，这差异很大程度上受到中西不同身体观的影响。何振梁指出这类传统的体育运动更强调"平衡和和谐，注重过程甚于结果，承载起一个民族的文明"[①]。即便在西

---

① Brownell, S., *Beijing's Games: What the Olympics Mean to China*, Lanham, MD: Rowman & Littlefield, 2008, p. 38.

方的搏击运动中，Yin 也不是只强调锻炼肌肉而忽视精神层面的发展，从她之前的采访中可以看出，她说："我知道自己精神上和身体上都是强壮的。"马库拉（Markula）认为任何形式的体育都有带来解放的可能，但女性对她们身体的重新塑造必须有自我批判性的意识的伴随，能质疑自身所处的现状。Yin 所做的努力是在对女性身体和体育运动有着批判性的思考下进行的，因此体育在她身上体现出积极的解放意义。

## 五 身体运动经验与文化差异

参与者的身体体现（embodiment）和身体经验（embodied experiences）反映着她们所处的社会环境与文化环境的差异，在本研究中两个比较突出的文化差异体现为体育运动中的地域文化和性别文化。

### （一）体育运动中的地域文化差异

Wen 和 Yin 分别在瑜伽和武术中感受到的身心统一和在西方运动环境中感受的身心二分是对中西身体文化差异的一种总结性的体验。在中国传统身体观中，身体有三层含义：身—气—体。身指的是有主体性的身心合一的身体；体更强调物质层面的被动的肉体；气是能量，游走在身与体之间。中医认为保持气的充盈和畅通是保持身体健康的关键，传统体育锻炼，如气功和武术，能帮助人们提升这种生命能量，然而无论气功或武术大师多为男性。在中医里，充满活力的流动的气属阳性，而缺少活力的血属阴性，后者时常还被认为是肮脏的污染物。中国传统中对身体组成的理解也引申出传统的两性关系，即男尊女卑。

中国的哲学也被认为是身体化的哲学，因为以身体作为出发点勾画着世界观。相比之下，西方的身体观受到自 17 世纪以来的古典二分法的影响。在身心二分思维下，西方偏重将身体视为肉体性或物质性的，因此运动员般的身型从各类肉体身型中脱颖而出，成为布迪厄理论中积累"身体资本"（physical capital）的最高形式。[1] 在当代西方社会中，"身体好似机器"这种比喻越来越普遍，这意味着身体部位如同机器中的零件，需要维修、保养甚至更换，以确保身体的良好运作，不至于发生故障、中断或停止工作的现象。[2] 在体育中，身体则被看成是高性能的机器，其机能可以

---

[1] Howe, P. D., *The Cultural Politics of the Paralympic Movement: Through an Anthropological Lens*, London: Routledge, 2008.

[2] Helman, C., *Culture, Health and Illness: An Introduction for Health Professionals* (2nd ed.), London, England: Wright, 1990.

通过训练科学和生物医学来提升；对体育中伤病的治疗也像修理损坏的车一样。

中国传统身体在西方思想的影响下，也发生了变化。传统中的"身—气—体"三重身体逐渐让位于健康强壮的"体"。在1970年前后，运动身体被高度军事化和标准化，如不分年龄、性别和民族的大范围推广广播体操，每一个参与者都练就着一样的身体技能。中国的女性体育也是在这种"强国强种"的国家主义和民族主义的逻辑中发展起来的。联系到本文，这些当代留英女学生们的身体诉求并不被国家主义左右，选择参加什么样的体育出于自愿。在当今全球经济、消费文化和全球同步的商业广告影响下，中西方女性体育参与者难免有对身型相似的审美和追求。此时体育本身成了一种生活方式，因为参加某种体育塑造出的身体外观也一定程度上暗示了参与者的社会地位。[1]

### （二）体育运动中的性别文化差异

大多数体育运动带有阳刚之气、进攻性、竞争性、忍耐力和冒险精神，但这些品质并不能提升异性恋霸权社会中的女性气质，所以一些参与者放弃或苦恼于她们曾经参与的项目（如跆拳道和篮球），转而选择更"符合女性气质"的运动方式（如瑜伽）。虽然Yin指出英国社会的性别观更多元，而中国男生对她参与搏击运动的评论似乎反映了中国社会对女性体育和女性运动身体所折射出的性别气质的刻板认识。这种情况也会发生在西方。加拿大和英国学者的研究表明，当女性具有"运动员般"的身材时，她们身边重要的人，如男朋友、父母或兄弟姊妹会认为她们是"异端"，她们的行为没有"女人味"或从某种程度上讲"很可疑"。由此可见，对女性运动身体的偏见无论在中西体育文化中都是女性主义研究者长期要面对的挑战。

在所有参与者当中，Wen和Yin各自对女性身体的观点形成鲜明对比。如Wen所举例的触觉就与Yin对女性身体和女性体育的反思形成较大反差。然而，Yin的反思帮助我们形成这样的看法，即体育能从多大程度上解放女性身体，取决于女性对自己的身体是否有批判性的认识。另外，Yin和Wen在访问中道出对自己社会性别和女性气质的考虑，也促使研究者在未来进一步思考中国女性的身体和女性气质的关系：中国女性的女性气质如何形成？在体育当中，中国女性如何构建女性气质？为回答这些问

---

[1] Horne, J., *Sport in Consumer Culture*, Basingstoke: Palgrave Macmillan, 2006.

题，我们更应该注重在特定文化中考虑女性的运动身体，同时多聆听中国女性体育参与者自己的声音。

　　研究还发现女学生（如 Shen）即便参与同一种运动，因为环境不同，也会感受到自己情绪上的不同，对自我身份认识的不同，与周围环境互动时的不同，与人相处时的不同，运动中的自由度不同和处理身心问题时的差异。这些差异进一步表明了我们的身体不仅仅是一种客观的存在，而是社会的建构，即便是在自我感受身体的时候，这种感受也是外界环境"雕塑"下的产物。看似女性自愿选择的运动，在多大程度上受到社会经济、政治、文化等因素的影响？她们的身体活动如何揭示权利运作？为什么某种身体类型会受到歧视和压迫？这些将是我们继续探索的问题。

　　每一个女性对自己的身体有着不同的理解、塑造和展示方式，在这些过程中女性又不免受到自身种族、民族、文化背景、年龄、经济状况、身体能力和性取向这些相互交织、相互作用的因素的影响。这个研究展示的是在国内受过高等教育、家境良好、身无残疾、二十多岁留学英国的中国大陆女性在体育运动中的身体体验，具体为：感官体验、时间和空间体验、与他人共处和身—心关系。在运用女性主义身体现象学的视角对她们的这些体验进行批判分析后，我们看到在她们这个群体内部显示出的对于体育、运动身体和性别的复杂认识。她们表达了在体育这个依然以男性为主导的社会环境中对身体的复杂认识，这其中杂糅着对主流性别观的接受、质疑和反抗。接受比如不加批判的按照刻板性别观将体育分为所谓"女性运动"和"男性运动"，对苗条柔软的身体的追求和对剧烈肢体对抗的运动的排斥。质疑和反抗，比如思辨地对刻板的女性气质提出批评和自信地投入传统上以男性为主的体育运动。借助这个研究抛砖引玉，我们希望有越来越多的女性体育运动身体的研究出现，借助不同的理论更加细腻地勾画出体育锻炼中的多元的女性身体和性别价值观。

# 第十一章 制度化的排斥与性别角色的"回归"
## ——退役女运动员再就业研究

举重冠军邹春兰退役后生活陷入艰难境地的新闻一经报道,退役运动员特别是女性退役运动员再就业问题就一度成为社会议论的焦点。越来越多的人开始关注这一问题形成的社会背景与具体原因。女性退役运动员再就业不仅仅体现了劳动力就业市场内男女分工与男女所占有的社会资源的不平等,也体现了社会文化对男女性别角色的不同期待所产生的就业影响。那么,女运动员所特有的体育运动经历是否能改变女性运动员的自我发展轨迹、冲破社会传统对女性角色的束缚呢?本章在质性研究的框架下,通过对16名退役女运动员的深度访谈,挖掘中国女性运动员退役后再就业的经历、遇到的障碍以及个人感悟,并从社会制度的宏观层面和个体性别角色的微观视角对这些问题展开分析与讨论。

## 第一节 中国退役女运动员再就业的制度因素

### 一 运动员再就业政策的变迁

中国退役运动员再就业是伴随着竞技体育的举国体制,随着社会经济的发展变化而经历了半个世纪的变化过程。退役运动员安置实际上是人力资源配置的一种方式,它的制度基础是劳动人事制度,发展背景是社会经济体制。退役运动员再就业制度的变迁历程,可以按照不同的经济背景将再就业安置的方式分为计划性安置阶段、过渡性安置阶段及市场化安置阶段。"计划性安置"的提法是针对人事调动权力的集中而言的,它能反映出计划经济体制下人事分配制度的强制性和国家对退役运动员安置的"包办性"。"市场化安置"是针对人事调动权力由集中向分化的转变而言的,安置方式由单一的"计划分配"向"多渠道分流"的方式转化。"多渠道分流"的方式主要包括：自主择业、升学和政府扶持下的竞聘。这三种方式的共同点是退役运动员的再就业都要通过"劳动力市场"实现。

### （一）计划性安置阶段（1986年前）

在计划经济体制下，退役运动员再就业是以国家体育政府部门为主要责任主体，国有企事业部门共同承担并实施的。在这种制度安排下，国家直接承担着统一制定安置政策和组织实施有关安置事务的责任，劳动、人事部门负责协调分配，各国有部门和学校负责接收退役运动员的任务。

根据"从哪里来，回哪里去"的原则，退役运动员所属体委将退役运动员的名单、人事档案转往各市劳动部门，并提出安置意向；各市人事劳动部门接到材料后一般在6个月内安置完毕。人事、劳动、公安、体育等部门要密切配合，共同做好安置工作。对奥运前八名、世界大赛前六名、亚运会冠军、全运会前三名（团体、集体项目的主力队员）的退役运动员，各省体育局一般会在体育系统内安置。

20世纪90年代以前，按指令性安置安置就业的退役运动员数以十万计，大部分运动员都顺利地进入了新的工作岗位。"据统计，1977—1989年运动员总数为15000—19000人，年均安置率为15.0% ± 3.6%。仅1977年到1989年的13年间，共安置了32225名运动员，按15%的退役率计算，基本上完成了所有退役运动员的安置。[①] 由此可见，90年代前大量退役运动员通过指令性安置制度得到了妥善安置。这不能不说是安置制度的巨大作用，正是这一制度的建立在很大程度上化解了因退役而带给运动员的社会风险。

### （二）过渡性安置阶段（1987—2001年）

1986年中国开始实行的第七个五年计划对企业劳动用工制度等进行了重大的改革，确立了新的企业用工制度——劳动合同制，从根本上动摇了指令性安置制度的基础和赖以支撑的行政、组织体系。企事业单位逐渐推行了聘任制和合同制，各级政府也实行了考核录用、竞争上岗制度，用人成为用人单位的权利，竞争择业成为劳动者就业的主要特征，政府逐渐退出对劳动力资源的直接管理，对企事业的直接控制力也逐渐

---

[①] 田麦久：《我国优秀运动员退役安置情况及改进对策》，《北京体育学院学报》1993年第1期。

缩小。中国从 1993 年开始实行市场经济，并于 1994 年由中国国务院颁布《全民所有制工业企业转换经营机制条例》，将企业享有劳动用工权的规定以行政法规的形式予以明确。用工权的转变从根本上改变了由政府按计划强制安排退役运动员就业的制度基础。企业在人力资源的调配上以市场为导向，以利益最大化为追求目标，而指令性退役运动员安置制度则以计划为基础，以保障运动员安置权利为追求目标。因此，当劳动用工权由政府转向企业以后，政府无权再对退役运动员再就业实行指令性安置，退役运动员计划性安置制度必须随着经济体制的改革及时做出相应调整。1986 年后，中国退役运动员再就业安置开始从计划性安置逐渐转向市场化安置。在这一过渡时期，原有的计划性安置政策被逐渐废除而退出历史舞台，然而既符合时代要求、又能合理安置运动员的退役再就业政策并没能及时出台推行。因此，在这一过渡时期，我国的退役运动员再就业遇到了前所未有的瓶颈。

由于竞技运动员的教育水平较低，缺乏一些非体育岗位所需要的普通技能和专项技能，因此他们只能进入没有什么技术专长的次级劳动力市场。遇到下岗分流的情况，更是首当其冲。由于体育系统内部岗位有限，能够留在运动队进行执教的运动员更是屈指可数。因此运动员待安置率逐年上升，待安置年限不断延长。大量的运动员长期滞留在队中，严重影响了优秀运动队的稳定和发展。据统计，1981 年全国待安置退役运动员 2432 人，1988 年上升到 5212 人，1983—1993 年我国优秀运动员队伍的年淘汰率为 17.1%，其中 1988 年达到 28.4%，同期平均安置率仅为 41.5%，即每年都有 2000 多名退役运动员得不到妥善安置。待安置时间短的一般为 2—5 年，最长的接近 20 年。①

在计划性安置时期，湖南省共有 25 名女性运动员未得到安置，但到 2000 年湖南省有近 60 名女性运动员滞留在队，未安置率高达 80%。黑龙江省退役运动员再就业率 1999—2002 年也呈逐年大幅度递减趋势，2002 年退役再就业率仅为 3.99%，2001 年和 2002 年的两年间，仅有 5 名运动员通过组织分配实现了再就业。这一数字的变化基本等同于各地总体再就业下滑趋势。② 由上可知，中国退役运动员再就业安置情况在 20 世纪 90 年代特别是 90 年代末这一过渡时期变得异常严峻。

---

① 任海等：《我国体育资源配置中存在问题及其原因探讨》，《天津体育学院学报》2001 年第 3 期。
② 叶乔波：《退役运动员生存与发展理论实践研究》，博士论文，中共中央党校，2007 年。

### （三）市场化安置阶段（2002年至今）

2002年9月，国家体育总局、中央编制办公室、教育部、财政部、人事部、劳动保障部联合颁布《关于进一步做好退役运动员就业安置的意见》，[①] 这一政策首次提出了"退役运动员通过市场自主择业"并且改善了原有的退役运动员补助办法，这一政策的颁布标志着退役运动员市场化安置的确立。对于自主择业的退役运动员，政府发给一次性经济补偿费。经济补偿费根据运动员参加运动队的年限、取得的成绩和本人退役前的工资待遇等，由各地人事、财政和体育行政部门根据当地实际情况共同研究确定，由当地体育行政主管部门一次性发给。经济补偿费由基础安置费、运龄补偿费和成绩奖励三部分组成。这种自主择业的经济补偿可以视作一种对运动员退役再就业的货币化安置方法，是市场化安置阶段主要的安置途径。除此之外，还有安排运动员进入高校再教育方式和在一些工作岗位对退役运动员进行扶持性安置方式等。此外，政府计划性安置退役运动员的传统方式虽然在有些地区仍然存在，但安置比例大大减少，通常仅针对那些世界冠军、亚洲冠军和全国冠军等金字塔尖上的运动员。

在市场化安置阶段，政府推出的安置政策不断完善，相继出台了退役运动员再就业培训政策和运动员退役前的职业转换期政策，为即将退役的运动员再就业进行技能培训，并给予再就业时间上的缓冲，从而使退役运动员在技能上和心理上为职业转换做好准备。

在市场化安置阶段，大量的运动员接受了自主择业的货币化安置方式，比如四川省在2006年有326名退役运动员接受了退役补偿进行自主择业，占退役运动员再就业总数的80%。在全体退役运动员中，85%的运动员对安置方式比较满意，9%非常满意，6%不满意；福建体育局在2005年到2009年间共安置了507名退役运动员，其中有414名运动员接受了退役货币补偿进行自主择业。总之，在市场化安置阶段，安置政策逐渐完善与多样化，为退役运动员再就业创造了较为合理的经济与政策条件。

运动员再就业制度从宏观层面影响了女性运动员再就业的路径与方式：从计划性安置阶段到过渡性安置阶段，再到市场化安置阶段；女性运动员的整体再就业经历了由国家分配工作到自主择业的过程。然而在市场化阶段，女性运动员的再就业除了制度性的支持与保障外，还与其自身的

---

[①] 国家体育总局、中央编办、教育部、财政部、人事部、劳动保障部：《关于进一步做好退役运动员就业安置工作的意见》，体人字〔2002〕411号，2002年9月29日。

"人力资本"息息相关。

## 二 举国体制下女性运动员的人力资本

在经济学研究领域，资本的含义在早期使用时是有限的。20世纪60年代，经济学家舒尔兹（Schultz）提出了人力资本的概念。[①] 他认为人们的健康条件、受教育程度以及工作经验是主要的人力资本，以这三方面为主进行投资会使得劳动力增值最终得到相应的经济回报。同时，人力资本与个人的就业与职业发展也有着密不可分的关系。那些身体健康、受教育程度高并且有着工作经验、丰富技能的劳动力会在劳动力就业市场上处于优势地位，容易获得更好的职业发展。与物质资本相比，人力资本具有资本的特征：投资、增值和回报。同时它又有所不同，人力资本是依附于"人"而存在的。

退役女性运动员具备怎样的人力资本？这种人力资本是如何形成的？具有什么样的特征？在劳动力市场，女性运动员所拥有的人力资本在就业竞争中是否有优势？下面就以这三个问题为核心，讨论一下中国女性退役运动员的人力资本中最主要的健康、文化教育与技能三方面。

### （一）健康

人力资本中的健康因素在劳动力市场中主要是与工作时间相联系的。劳动力的身体健康程度直接影响到他可以在劳动中所能投入的劳动时间。雇主们都希望雇用那些身体健康、能够长期提供稳定劳动时间的劳动力而不是那些常常因病痛而告假的工作者。有研究指出，那些有着全职工作的女性比兼职工作的女性身体更健康；有工作的女性与失业女性相比，身体健康程度要更好一些。[②]

不同的工作种类对健康条件有着各自的标准和要求。女性运动员在从事专业体育运动期间，必须将自己的身体健康状态保持在最佳的水平，因为任何一点微小的不适对常人来说可能无关紧要，但这些却有可能影响到训练状态和比赛成绩，有些甚至因为伤病而不得不结束运动生涯。在我国90%的运动员在儿童时期就进入了业余体校进行半专业训练。在体校训练几年后，他们中约12%的运动员将有机会进入专业队进行更强化、更系统

---

[①] T. Schultz, "Capital Formation by Education", *The Journal of Political Economy*, 1960.
[②] Danziger, Kaliland & Anderson, "Human Capital, Physical Health, and Mental Health of Welfare Recipients: Co-occurrence and Correlates", *Journal of Social Issues*, 2000.

的训练。在笔者所进行的运动员再就业研究中,所调查的运动员最小的4岁就开始进行体育训练了。其中一名女子跳水运动员从9岁进入专业队起,便开始接受与成人运动员一样强度的专业训练。如果遇到大型比赛,训练强度还要加大,有时一天的训练时间会超过10小时。另一名艺术体操运动员在谈到她的伤病时说:

> 现在的训练非常累,我快坚持不下来了,很想退役。平时每天下午成套动作差不多20多套,一个成套就像跑一个800米。有时候上午20成套,下午20成套。一个成套2分半。此外还有综合素质训练。我的脚有严重的伤病,骨头严重变形,训练时间久劳损所致。前几天脚扭伤,只能打封闭坚持训练。现在没有想过动手术,以后再说吧。

这些女性运动员长期在大运动量、高负荷的训练下,发生运动损伤是在所难免的。而这些伤病或多或少地影响到运动员今后的再就业过程。例如,技巧世界冠军刘菲由于长年坚持刻苦训练,导致身体健康出现了问题。1998年,她肩上长了皮下脂肪瘤,这是因为三人技巧项目中,她在最下面,训练时,上面两个运动员踩在肩头,常常一踩就是几个小时。在训练中刘菲骶髂关节曾出现脱位,一到阴天下雨就开始疼,平时走路多了,干活累点都疼得不得了。由于这样的健康条件,刘菲始终难以找到一份合适的工作,退役后的生活陷入艰难境地。前自行车运动员、全国冠军徐翠娟,从1995年到2003年进行山地自行车训练。她曾代表深圳队连续三年拿了全国山地车比赛第一名。退役后的徐翠娟找到了一份在业余高尔夫球队担任体能教练的工作。工作四年多来,因为担心失去工作,她从未请过病假,有一次病得厉害,只请了几天无薪假期。从以上案例可以看出人力资本中的健康因素在劳动力市场中占有重要的位置。一些女性运动员由于参加体育运动而造成的身体健康问题,对她们退役后的再就业与生活产生了不同程度的负面影响。

### (二) 文化教育

人力资本理论认为,教育是人力资本中最重要的因素,它不仅影响着个人的经济收入和生活水平,还与个人就业有着紧密的联系。[1] 在对人力

---

[1] Schultz, T., *Investing in People: The Economics of Population Quality*, Los Angeles: University of California Press, 1981.

资本进行投资的项目中,教育的回报率也是最高的,达到了7%—9%。教育包括正式的学校教育、职业教育和其他形式的家庭教育和社会教育等。教育可以提高劳动力在经济状况遇到变化时的应变能力,在进行职业培训中,那些教育基础好的劳动力更容易掌握职业所需的特殊技能、更容易获得一份稳定的工作。因此,在劳动力市场中,受教育的水平与失业率呈反比。[1]

中国竞技运动员从小便在业余体校中接受半专业的训练,他们的生活、学习与训练全部都在体校完成,这种环境相对普通学校的来说较为封闭。学生的学习时间、学习科目也无法与普通学校相比。在对一些运动员进行调查时了解到,在很多地区体育学校的教学形势是非常严峻的。例如一名击剑运动员说:

> 我从小学六年级开始进入××体校,每天要训练4—5小时。上午学习文化课,下午训练,但基本还是以体育为主。如果遇到比赛,就全天训练,比如当年有省运会,我们半年至一年不用上文化课。落下的课程也不用补。进入国家队后,每天上、下午都要训练,没有文化课。我们队最小的队员十六岁,也不用上课。不过每周四晚上我们要上一节英语课,就在教练的办公室里上。

对其他运动员的调查结果也大致如此。从这些叙述中可以看出,从业余体校到专业竞技运动队,运动员的文化学习处于一种非常不规范的状态中。学习的时间和内容都不能保证,这就导致了许多运动员在文化教育方面的缺失。在他们的体育生涯中,由于一切都有运动队包办,虽然学习成绩不好,但只要运动成绩优秀就可以享受到运动成绩所来的利益。然而总有一天他们要离开队伍进入社会,面临退役后的再次就业,而这时,他们所要面对的是社会及劳动力市场对人力资本统一的就业标准与要求,与他们一同竞争的是从小接受过系统教育的竞争者,这些竞争者中不乏受过高等教育的大学生,相比之下运动员所具有的较低的文化教育水平将使他们在就业竞争中处于劣势。

### (三) 职业技能

诺贝尔经济学奖得主贝克尔指出,技能培训可以分为普通培训和专项

---

[1] Mincer, J., *Studies in Human Capital.* England:Edward Elgar, 1993.

培训，人们通过不同类型的培训可以掌握相关的技能。① 经过专业培训后所获得的特殊技能往往只适用于相关的专业领域，与普通技能所属的广泛雇主相比，掌握特殊技能的劳动力在劳动力就业市场中仅拥有个别的潜在的雇用者。因此，史蒂芬（Stevens）提出，劳动力应当同时拥有普通技能和特殊技能。普通技能可以帮助劳动力更容易地在不同的工作中进行转换，而经过特殊培训后所获得的特殊技能有利于劳动力在一份工作中得到更长远的职业发展。②

中国竞技体育运动员经过长期的专业训练最终在竞技体育领域获得了高水平的专业技能，这种技能在体育以外的相关产业中缺乏广泛的市场需求。此外，由于竞技运动员在接受专业训练时大多处于封闭训练的状态，基本与外界没来交流与往来。即使在训练队，运动员的大部分时间也都用来进行专项训练，并未掌握其他再就业所需要的普通技能。这样一来，在运动员退役时，由于他们所拥有的普通技能不够全面，专项技能又并不广泛适用于劳动力市场，长时间的与外界隔离也使他们产生了社交障碍，这诸多因素造成了运动员再就业时遇到了很多困难。一名女子举重运动员谈道：

> 我十五岁进入山东省举重队，每天要训练三次。当时我们在一起都不用学习。我们天天在队里，不让外出，也不让接触外面的同性或者异性的朋友。这是为了防止运动员分散精力，不让我们想过多的训练以外的事情。天天只能想训练，拿好成绩。后来我到了北体，刚来的时候感觉有点目不暇接，在省队我们很少外出，来了北京我站在马路上不敢过去。我觉得我与社会接触的能力不够。整天只和队里的人接触，遇到社会上的人不会沟通，听他们说话感觉有距离，听不懂。我今年大三，为了早点接触社会，为以后再就业做准备，我找了一份卖报纸的工作，一开始我很不好意思开口和别人说话，后来渐渐好了。

从以上叙述可以看出运动员的大量的时间和精力都用来训练以提高专项技能，在这种单一的培训模式下，普通劳动技能并没能得到全面良好的

---

① Becker, J., *Human Capital*, Chicago: The University of Chicago Press, Ltd., 1993.
② M. Stevens, "Human Capital Theory and UK Vocational Training Policy", *Oxford review of Economic Policy*, 1999.

发展。这使得在运动员退役再就业时,人力资本中的技能因素成了一块短板。

无论是从就业制度还是从人力资本,我们都可以看到,女性退役运动员在就业市场上处于不利的处境。从就业制度来看,女性退役运动员不再得到国家与政府的安置,被抛向了市场;而在市场上,她们却没有从以前的体育生涯中积累足够的人力资本,在竞争激励的就业市场中身处边缘。

## 第二节 女性退役运动员再就业中的性别角色

上一节我们从制度和人力资本方面分析了女性退役运动员再就业过程中的障碍与阻力,这一节从性别角色出发,探究性别分工与性别角色如何影响女性退役运动员在其职业、个人发展中的选择;女性运动生涯的经历是否能够帮助她们冲破和超越固有的女性性别角色所衍生出来的性别意识形态的束缚。

### 一 劳动性别分工与两性职业发展

我国竞技运动员在专业队进行训练期间可视作首次就业。在这段特殊的职业生涯中,运动员付出的训练时间和汗水是他们的劳动方式,运动场馆是劳动地点,最终取得的成绩是劳动产品,得到的报酬是每月政府发放的定额津贴和比赛所获得的奖金等。在这些运动员的运动生涯结束时,他们将离开运动队面临二次就业。在第二次就业时,大多数运动员不得不离开熟悉的体育环境,来到劳动力就业市场进行重新选择并接受劳动分工。劳动分工是社会根据个人、群体或组织间的差异分配劳动的方式。在劳动分工中,劳动性别分工是人类最早的分工形式之一,是社会依据性别差异分配劳动的方式,是人类有效的组织社会生活的重要方法。人类学家乔治·默多克在对200多个社会群体的跨文化研究后发现,所有文化中都存在劳动性别分工,女性大多专注于家务劳动和家庭责任,男性则在外工作,这种分工既现实又最便利。[①]

#### (一) 等级化劳动性别分工

在当代社会里,女性的生育能力使人们认为劳动性别分工是自然合理

---

① Murdock, G. P., *Social Structure*, New York: Macmillan, 1949.

的。这已经形成一种共识，社会按照性别把社会成员分配到不同工作场所获得相应社会地位。然而这种意识形态将两性劳动赋予了不同的价值，它将男性置于有更多机会和更具有优势的位置上。这是一种父权制的意识形态，它导致了等级化的劳动性别分工，即在劳动价值上女性始终低于男性。

我国的劳动性别分工与西方国家有所不同。在就业方面，社会主义制度体现在男女共同参与社会劳动方面，女性在许多行业中成为重要的劳动力。1949年，中国女性从业人员占职工队伍的比例为7.5%，1978年女职工达到3128万多人，占职工总数的32.7%，比1953年增长了14.66倍。到1997年，女性从业人员约3.3亿人，占从业人员总数的47%，比世界平均水平高出11%，成为世界上女性就业率最高的国家之一。

在这种形式下，我国女性劳动者便承担了在工作和家务中的双重角色。对于多数女性来说，她们家务劳动的负担比职业角色的负担重。据调查，女性每天用于无酬家务劳动的时间为3小时54分，比男性多2小时24分。男性无酬家务劳动的参与率为65%，而女性为92%。[1] 2000年中国妇女社会地位调查显示，53.9%的男性和50.4%的女性同意"男性以社会为重，女性以家庭为重"的说法。[2]

**（二）职业发展与性别**

现代社会，有一份体面的工作是国际劳工组织倡导的社会目标，无论男女，获得一份体面的工作都是一个人过上独立生活的先决条件。可以说，职业在现代社会已经成为个人社会地位的重要标志。

职业中存在性别刻板印象和性别歧视。人们会认为女性因为生育和养育的责任而会将精力投入家庭，无法全力投身于工作。这种刻板印象对女性的职业发展的影响是消极和负面的。而这种影响可能会产生性别歧视。例如，承认女性是有工作能力和野心的，但却认为那些有野心的女性有过度的控制欲。当女性以自信和远大抱负进入职场时，其主动精神常被视为自大的，有领导欲的，其工作权威就会受到挑战。另外一种性别歧视是充满善意的，认为女性是弱者，应当受到男性保护，应在工作上受到更多的关照，并把女性作为妻子和母亲关爱他人的美德进行高度赞扬。

---

[1] 佟新：《社会性别研究导论》，北京大学出版社2011年版，第196页。
[2] 国家统计局人口和社会科技统计司编：《中国社会中的女人和男人——事实和数据（2004）》，中国统计出版社2004年版，第104页。

影响女性职业发展的因素之一是女性劳动力所预设的职业期望，它直接影响女性劳动力对自我职业发展的定位。职业期望包括人们对事业与家庭之间关系的选择和对工作价值等问题的看法。事实上，从职业与家庭的关系来看，二者孰轻孰重是可以商榷的。因此不同的行为取向将影响两性在职业发展道路上的方向。通常人们会期待男性在事业上发展，女性则承担更多的家庭责任。女性在社会化的过程中，由于长期接受这种话语氛围而形成了固化的性别气质，最终树立了与男性不同的家庭理念和工作理念，也塑造了不同的成就目标。多数女性更期待家庭的和谐与完美。

影响女性职业发展的另一个因素是职场中父权制意识形态下的性别歧视。社会化过程中女性所形成的固定化的性别气质使雇主们习惯性地认为女性是柔弱、被动并缺乏能力的，她们不像男人那样有抱负、果断和自信。在这种偏见之下，女性很难或者无法进入竞争晋升的行列。

**（三）中国女性职业发展**

进入工业社会以后，男女都具有通过职业得到发展的可能，从性别角度看，我国两性职业发展与西方国家有所不同。新中国成立以来，女性作为新生的生产力都被充分纳入到中国工业化的建设中。在20世纪50年代中国女性更是广泛地被动员进生产领域。到1997年，中国女性从业人员约3.3亿人，占从业人员总数的47%，高出世界平均水平11%。[1] 在这种情况的背景下所引申出的意义是，女性的身份被工人身份所取代，女性成为工人阶级的一部分，即使在工作中存在性别身份，其工人阶级的身份也是第一位的，因此女性的身份在一定程度上"被去性别化"了。

在新中国，女性运动员在"妇女能顶半边天""男女平等""巾帼英雄"的话语氛围中长大。争金夺银、为国争光成了两性竞技运动员在运动生涯中的最高职业发展目标。在这种特殊的职业场所中，女性运动员在竞技场上所竞争的对象是其他同性，而非普通职场中男女共同合作且处于同一竞争平台。女性运动员竞赛所取得的运动成绩与男性运动员一样具有相同的劳动价值和社会影响，有时甚至取得了比男性运动员更优秀的成绩，为国家与社会做出了更多的贡献，一度出现了"阴盛阳衰"的局面。据统计，1956—2005年，中国共获世界冠军1537次，其中女子获世界冠军1035次，占总次数的67.34%；中国破世界纪录共1038次，其中女子破世界纪录共801次，占总次数的73.96%。纵观历届奥运会，从1984年洛

---

[1] 佟新：《社会性别研究导论》，北京大学出版社2011年版，第222页。

杉矶奥运会到 2004 年雅典奥运会连续六届奥运会中,中国共夺得 112 枚金牌,其中女子夺得 65 枚,占所获奖牌数的 58.04%。这使得女性运动员在去性别化的同时也从职业身份而非其他身份中找到自己在社会中的位置。它让女性运动员在心理上像男性运动员一样的自信。

但是,在这些女性运动员退役后,重新回到普通劳动力市场进行再就业时,不得不面对其中所存在的性别歧视和职业性别隔离等因素。2003 年的一项对北京 14 所大学本科应届毕业生的调查显示,女生在校学习成绩略好于男生,但是由于是女性,在择业过程中会比男生遇到更多的挫折。一位女子羽毛球退役运动员在被问到女性角色是否对她再就业有影响时说:

> 当时我考公务员,很多职位只要男性,招聘男性明显多过女性。到很多单位应聘,也只要男性。这在社会上很普遍,男女不平等。招工倾向于男性,认为女性没有事业心,结婚后还要生孩子,影响工作。如果两个人条件一样,学历、技术,这种情况下肯定要男性。

由此可见,尽管中国的劳动法禁止雇佣中的性别歧视,但在社会组织和人际权力中的性别歧视却无法消除。

## 二 退役女性运动员再就业中社会性别角色的回归与超越

社会性别角色是社会依照人们的生理性别将某些社会责任和权利分给男性和女性,形成一系列的制度安排,如家庭制度中母亲角色和父亲角色分别承担了不同的社会责任和权利。女性运动员在体育训练期间的性别角色是否会因为她们的特殊职业有所不同?在她们退出运动生涯,回归到"普通人"的生活中,性别角色是否又会有所变化呢?

### (一) 女性运动员退役前性别角色

人类的性别具有生物属性和社会属性,社会性别是指人们由语言、交流、符号和教育等文化因素构成的判断性别的社会标准,一整套有关男人应该怎样行为和女人应该怎样行为的观念和规范。除了生物学意义上第一和第二性征,人还具有第三和第四性征,分别是社会性别气质和去性征化。

社会性别气质是以两性的生物属性为基础,一整套固化的强调两性对立的心理特征和行为举止。男性气质所具有的固化的内容通常包括地位、坚强和非女性化。而女性气质是指女性具有同情心、令人亲切，对他人关心等亲和取向的一系列性格和心理特别，其固化的内容通常包括：与家庭或关系相关的一切，温柔、爱整洁、依赖男性以及与一切与男性气质相对立的特征。因此女人味总与羞涩、腼腆、胆小、温柔相联系。第四性征也被称作"去性征化"，是指男女性别气质没有明显分化，互相取长补短，兼具男性气质与女性气质的情理特征。

在竞技体育中，有些项目会要求女性运动员展现出男性的性别气质类型，比如坚强、勇敢和通过取得优异成绩在运动队内和社会上赢得地位与尊重等。有些男性气质有利于女性运动员获得与普通女性运动员所相异的技能，从而在竞技比赛中获胜。比如柔道、乒乓球等项目常常使用男性运动员作陪练，以锻炼女性运动员果敢、坚毅的品质及独特的运动技能。在乒乓球项目发展中，原国家体委副主任徐寅生指出："应当从小培养抢、拼、夺的意识，希望若干年以后的中国女孩儿打乒乓球的风格男性化，也培养一批不讲道理的打法，就是增加大力发力打死意识和能力，要比邓亚萍还凶才能超越邓亚萍。"[①] 这一番话对我国女子乒乓球技术的发展方向提出了明确的要求。最典型的例子就是女子乒乓球世界冠军郭跃，由于她的男性化打法的特殊性及个人的刻苦训练与努力，使她在15岁就获得了人生的第一个世界冠军。而且从外形上看，郭跃与王楠、张怡宁等名将相比也更趋向于男性化。

性别社会化是社会化的重要部分，贯穿人的一生。人们通过家庭、学校、同辈群体、外界媒体和社会组织经历早期社会化、继续社会化和重新社会化。在生命周期的不同阶段，性别社会化有不同的侧重，通常在青春期后性别分化明显，两性通过教化，学习到性别角色和性别规范。在这一时期，女性的月经到来表明女孩已经具有了生育的可能，确定了生物性的女性化的标志。女孩子被社会要求要有女人味、温柔，具备贤妻良母的品质。未来的社会角色也在这一时期被确定下来——妻子与母亲。进入成人期的女性被社会赋予了与生育和养育的母亲身份相关的社会性别角色的期望。

对于普通人来说，家庭和学校教育在女性性别社会化的过程中扮演了重要的角色。青春期后的女孩子会知道打扮自己，喜欢购买和穿戴在同辈间流行的服饰，父母亲与师长在此时会给予相应的引导。然而对于女性运动员来说，她们从小离开家庭，很少与父母在一起，她们一年只放几天

---

① 麦乐乐：《乒乓球女子运动员技术男性化发展趋势剖析》，《体育时空》2012年第9期。

假、几年回一次家的大有人在。因此在性别社会化的过程中，这些女性运动员很难得到来自家庭的影响。在专业运动队，女性运动员接受的是封闭式训练，很多运动员被禁止接触外面社会中的人和事。例如一位花样游泳运动员说：

> 我们每周要训练6天，非常累。来了例假也不让我们休息，非常不人性化。我们从小不让跟男生说话，晚上不能外出，不能和外面的人交朋友。电视只能看新闻，不让用手机。教练希望我们越简单越好。

由此可见，外界媒体和一些社会组织对这些女性运动员的性别气质也未能产生较深的影响。在这种情况下，女性运动员青春期后性别分化大多受到同辈队友与教练员的影响。然而另一名女子摔跤运动员说：

> 由于项目特别，我们都留着短发，否则在训练比赛中很容易受伤，所以我以前一直都是短发，我们队友也都是。我是退役后才开始留长发。

还有一名艺术体操运动员说：

> 虽然我们是女子项目，但是教练在平时生活中不让我们戴头饰，也不让我们戴其他的饰品，有的队的女孩子就能戴耳环什么的，我们就不行。

由此看来，有些女性运动员在项目要求或者教练员引导下，逐渐形成了与一般青春期女孩子所不同的外在气质。长期的训练过程最终使她们形成的坚强、勇敢的内在气质和干练、利落的外形特征，这在女性运动员性别社会化的过程中是一个"去性别"的时期。

另外，由于有些教练员在成绩和利益的驱动下，给运动员服食了违禁药物，导致个别运动员在生理上也出现了男性化的特征。例如前举重冠军邹春兰，在她早期6年的训练时间里，一共有2000多粒药物吃进了体内。医生对她检查后的诊断为：男性生物体征出现17年，乳房扁平，喉结增大，体毛明显，声音粗重。违禁药物虽然让这名女性运动员增强了肌肉力量，但使得内脏器官严重受损，影响了她的生育功能。以上现象说明了在体育训练中存在对某些女性运动员在生理上去性别化的现象。

从以上论述可以看出,在女性运动员退役前,她们的性别气质中的女性气质同普通女性相比较为薄弱,而男性气质较强。虽然有些运动项目如花样游泳、艺术体操等属于女子项目,表演时展现出了浓郁的女性特有的美,但在长期高强度的训练中,这些女性运动员也渐渐拥有了坚强、勇敢、拼搏等男性气质。这些"去性征化"的女性运动员不乏泼辣、豪爽、刚烈和强干,她们没有严格意义上的性别角色的限制,因此能够更加灵活、有效地应对各种情景,在性格上也更加独立自强。

**(二) 女性退役运动员再就业中性别角色的变化**

在现实生活中,男性与女性的性别气质并非一成不变地对立。无论是从生理角度还是从社会角度,一个人所拥有的往往是不固定的、多样化的、相互冲突的和不断变化的性别气质。个人参与到对自身性别气质的建构过程中,因为人们自身的气质是不断冲突着、变化着的场域,人们会发现复合的、多样的充满挑战和变化的自我。

女性运动员在训练期间所表现出的男性气质多数是由于训练及环境所造成的,在她们结束运动生涯、离开体育环境回归到普通社会后,这些曾经在运动场上英姿飒爽的巾帼英雄们的性别气质也将会随着环境的改变而经历一次新的性别社会化的过程。受到社会对性别角色期望的影响,女性运动员会在外在形象与内在气质上逐渐回归到本属的女性气质。在从前的运动场上,她们多数时间只能穿性别特征不太明显的运动装,而退役后,裙子、高跟鞋等这些体现女性身体美的元素开始逐渐进入她们的日常生活。

作为女性,社会对这些运动员除了有温柔、有女人味等性别气质的要求外,还对她们的性别角色有所期待,即贤妻与良母。人们常常夸赞母爱的伟大,这其实是对母爱牺牲精神的歌颂,它强调了操持家务、照顾孩子是母亲的天职。另外,母亲作为天生教育家的作用也被不断强调。母亲的形象成了自我牺牲、善良、恬静、温柔的代名词。在这种社会影响下,许多女性运动员在退役后选择了回归家庭,回到最初的劳动性别分工状态。这种回归有些是主动的,也有些是被动的。例如,著名女子跳水奥运冠军付明霞和郭晶晶,在运动生涯结束后选择了全职家庭主妇的角色,承担起了操持家务、相夫教子的中国传统女性角色。这种女性角色的主动回归是建立在家庭良好的经济基础上的,在这样的家庭中,女性不需要承担外出工作挣得报酬以减轻家庭经济负担的任务。

另一位女子跳水运动员在谈到她退役后的就业与家庭生活时说：

> 我退役后在一所名牌大学上学，通过自己的努力四年后顺利毕业了。但在找工作的时候觉得社会上的人对我们带有一种不理解、偏见。因此后来我都不敢说自己曾经是运动员。我找过很多工作，广告公司、旅游公司等，还被骗过钱。我当时离开运动队的时候心里很受伤，自己在那里训练十几年，最后却被扫地出门。所以我不相信自己离开他们会生活得不好，因此一直坚持着。愿意放下自己的自尊，从零开始。后来我又在餐厅找到工作，逐渐从员工做到领班，收入也越来越高。后来政府给我安排了一个在高校工作的机会，我便放弃了之前的高薪工作。因为学校里虽然工资低，但是工作稳定，有假期，我可以有大量的时间来照顾孩子和家庭。

从这位运动员的陈述中可以看出她在就业时遇到的几个问题：首先是女性运动员在就业时遇到的社会对她们的歧视，人们通常认为运动员教育水平低，除了运动什么都不会，这种刻板印象对女性运动员的职业发展的影响是消极和负面的。另外从她找的工作类型可以看出这些工作多属于次级劳动力市场，这是一种劳动力就业市场中的性别隔离。然而这位运动员在训练期间所形成的坚毅、要强和勇敢的男性气质使得她灵活应对就业时遇到的困难，逐渐从次级劳动力市场进入到高级劳动力市场中。尽管如此，在性别角色分工的传统观念和思维方式的影响下，她在面临选择时将自己生活的重心放在了照顾家庭与孩子上，最终回归到了社会所期望的母亲与妻子的角色上。

还有一种女性角色的被动回归。一位女子举重运动员讲道：

> 当年一起在市体校训练的年龄相仿的有10多人，当时只有一两个进省队，继续训练的只有我一个人。大部分运动员退役后找不到工作，有的女孩子找不到工作就嫁人生孩子了，当起了家庭主妇。

这种情况说明有些女性运动员在就业遇到困难时，回归家庭也成了一种选择。

以上几个案例证明了劳动性别分工与家庭有着紧密的联系。通常在家庭内的劳动性别分工表现为女性负担生育和养育的责任，并担负大部分关怀家人情感需要的责任。有些女性运动员退役后从去性别化的运动员角色化转移到了以女性气质为主的妻子与母亲的角色上,她们将精力集中于丈夫、孩子、家务和亲属关系上。男性则负担家庭生活开支的责任,并担负家人在社会中的地位等家庭荣誉的事情。

与上面几位退役后回归家庭的女性运动员相比,还有少数女性运动员,将运动训练期间的性别气质与退役后的女性气质相结合,实现了一种性别角色的超越。人们在把性别气质与其社会角色和社会成就相关联后进行研究发现,同时具备男性气质和女性气质是最佳的人格模式,男性气质次之,女性气质再次之。例如奥运冠军邓亚萍,在退役后进入清华大学学习,后又进入英国诺丁汉大学攻读硕士学位。在英国读书期间,虽然得到了许多人的帮助,但邓亚萍仍须投入大量的时间和精力来学习和提高语言。一位曾经指导过她论文的教授评价她是"一个非常有恒心的人,非常能吃苦"。她自己也曾说:"写论文一定要静下心来,要有面壁的精神。"这对从前整天运动的邓亚萍来说,不得不算是一次气质与性格上的历练与超越。最终邓在学业上更进一步,相继获得了硕士与博士学位,并在仕途上发展平顺。这位昔日的体坛名将在事业成功的同时,也实现了社会对女性角色的期望,在家庭中承担了母亲与妻子的角色。她的丈夫在被问到妻子是否在家很强势的时候说:"才不是那样的呢,在赛场上的表现不能代表在生活上的表现,她在赛场上、工作中很好强,其实私下她是个很随和的人。在赛场上只想打赢就可以了,但这绝不是生活中的状态。"[1] 由此看来邓亚萍是一个将男性气质与女性气质结合得很好的成功案例,这种结合已经超越了社会大众对女性或者男性的单一的性别角色的期望与要求。

中国女性退役运动员再就业问题的影响因素是多方面的,在宏观层面上因不同时期再就业制度的调整而不断变化。在市场化安置阶段,退役运动员再就业以自主择业为主要途径,这时个体的人力资本便成为女性运动员在劳动力市场中就业的主要因素之一。但父权制和社会性别角色的刻板印象等因素使得在劳动力市场中始终存在性别隔离与性别歧视的现象,因而导致了女性运动员在等级化的劳动力市场中通常处于次级劳动力市场的不平等地位,缺少了公平竞争的职业发展机会。然而,在长期的艰苦训练中女性运动员所形成的坚强、勇敢等男性的社会性别气质反而有利于她们在再就业中克服困难、不断进取,在个人职业发展中实现新的突破与超越。但是大多数女性运动员在退役后的再次性别社会化中,逐渐回归到妻

---

[1] http://www.huizhou.cn/news/sz/xw_hzms/200811/t20081115_177334.htm(检索日期:2014-04-09)。

子与母亲的女性角色,而这种回归也是被大力鼓励和赞扬的。由此说明了女性退役运动员的再就业的困境并不仅仅是制度的原因,还有文化的原因,而文化因素的制约与影响更加顽固而深远。

# 第十二章  失范、暴力与性别权力
## ——体育运动中的性骚扰

"性骚扰"是一个隐蔽性强、影响力大的社会问题,它既是一种失范行为,又是不平等的性别权力之体现。其实从古至今,性骚扰的现象都存在,但是"性骚扰"这个词汇却在20世纪70年代才出现在西方的报刊和广播中。因为长期以来,女子是男子的玩物与工具,因而"骚扰"下并不是什么大事,拈花惹草还会被视为"风流雅事"。随着女性主义运动的深入开展,"性骚扰"这个比较隐蔽的问题逐渐浮出水面,特别是在职场、公共领域、教育领域等,性骚扰问题逐渐受到了关注和讨论。虽然性骚扰不仅仅是针对女性的一种侵犯行为,但是其主要对象还是女性,这不仅仅与女性在生理层面处于弱势地位有关,更因为她们的社会以及文化地位处于下风,而性骚扰的实质就是一种"身体政治",是一种强势权力对弱势群体的剥削与压制。然而,在体育运动这个场域中,人们(运动员、教练员、体育管理者、组织者、教育者等)对这个问题仍然保持着缄默。由于体育运动其特殊的性质、特点,"性骚扰"显得更加难以界定、把握与处理,但是,这不表明这个问题不存在或者不重要。近几年,西方学者对体育运动中的性骚扰进行了一系列的实证与理论上的探究,从实践层面来看,性骚扰确实在体育运动领域中普遍存在并且对个体有着深刻的生理、心理、社会影响;从理论层面来看,性骚扰问题也突出了体育领域中的性别权力关系与性别文化霸权。学者们对这一问题的染指,也是对体育中男性霸权的揭示、批判、抵制与重建。

## 第一节  体育运动中的性骚扰:现状、危害与影响

### 一  体育中"性骚扰"的范畴与现状

性骚扰(sexual harassment)指以性欲为出发点的骚扰,以带性暗示的言

语或动作针对被骚扰对象，引起对方的不悦感，通常是加害者肢体碰触受害者性别特征部位，妨碍受害者行为自由并引发受害者抗拒反应。在体育背景下，由于很多运动员或体育参与者是儿童或者青少年，他们常常成为受害者，因此性骚扰与性侵犯（sexual abuse）常常放在一起讨论，简称为 SHA（sexual harassment and abuse）。体育中的 SHA 表现出各种形式，包括性骚扰（sexual harassment），性侵犯（sexual abuse），性别骚扰或侮辱（gender harassment and hazing），同性恋恐惧症（homophobia）。性骚扰（sexual harassment）是指带有性色彩的语言、非语言行为或身体行为，其形式多样，可以是故意或者是无意的，可在合法范围内，也可能构成非法行为。目前学界判定性骚扰的关键在于这种行为"是受害者认定的（加害者）违背受害者意愿，对其权力和信任的滥用的情况下发生的行为"。性侵犯（sexual abuse）则有狭义与广义的定义。从狭义上讲，性侵犯主要针对长辈对儿童/青少年"引诱或强迫实施的性或者跟生殖器官相关的行为"。性侵犯也可以泛指"一切与性相关且违反他人（任何年龄的人）意愿或没有经过同意，采取激烈、压榨的、操纵的或者是威胁的态度对他人实施与性/生殖器有关的行为"。在体育运动中，性侵犯常常是针对运动员的操控和诱使。性别[1]骚扰（gender harassment）主要是指"对另一性别全面地、不断地进行贬损性的对待，但并不一定有实质性行为"。性别侮辱（gender hazing）是指"任何侮辱、贬低、侵犯或者使被害者处于危险境地的性活动"[2]。同性恋恐惧症是指"由于偏见与歧视所引发的对于同性恋、双性恋、变性者（LGBT）的被动性的厌恶或者主动性的攻击"[3]。

一般来说，SHA 的表现形式主要有以下几种：（1）口头方式：如以下流语言挑逗对方，向其讲述个人的性经历、黄色笑话或色情文艺内容；（2）行动方式：故意触摸、碰撞、亲吻对方脸部、乳房、腿部、臀部、阴部等性敏感部位；（3）设置环境方式：在工作场所周围布置淫秽图片、广告等，使对方感到难堪。这些形式都围绕着性本身，然而在体育中的性骚扰包括更多形式，过度训练、语言或者情绪上的攻击、威胁、欺压、身体暴力、体罚等都可成为 SHA 的表现形式。

目前，从性骚扰的生理、心理、社会动机出发，可把性骚扰分为以下几种类型：（1）补偿型性骚扰：由于长期性匮乏或性饥渴导致的一时冲动势必

---

[1] 性别（gender），这里更确切的是指"社会性别"，而不仅仅是生理性别（sex）。
[2] S. L. Kirby and G. Wintrup, "Hazing and Initiation: Sexual Harassment and Abuse Issues", *Journal of Sexual Aggression*, 2002, Vol. 8, pp. 41-60.
[3] International Olympic Committee, "Consensus Statement on 'Sexual Harassment and Abuse in Sport'", 2007, http://multimedia.olympic.org/pdf/en_report_1125.pdf, p. 1.

使他对女性做出非礼的冒犯举动。此种人的骚扰行径多是出于不同程度的亏损心理,骚扰的目的与其说是想占有女人不如说是想占便宜。(2)游戏型性骚扰:多是有过性经验的男人,懂得女性的弱点,把女性视作玩物,对女人的非礼和不敬出于有意的游戏心态。这类男人一般是"猎物能手"或花花公子。骚扰的目的一半是为了猎奇,也为印证自己的男性"势能"和"本事"。(3)权力型性骚扰:多发生在老板对雇员或上司对下属,尤以女秘书居多。骚扰者大都受过较好的教育,骚扰时虽然也多出于游戏心态,却比一般游戏者的表现要"高级"且"彬彬有礼"。此种骚扰者大都把女性视为"消费品",且因为明显的利益关系,他甚至认为女人喜欢这种骚扰,并把这种骚扰当作自己的"专利"。(4)攻击型性骚扰:此种男人多半在早年和女人有过不愉快的关系史,对女人怀有较大的恶感和仇恨,把女人视为低等动物或敌人。他的骚扰有蓄意的伤害性或攻击性,骚扰者有时并不想占有那个女人,不过是满足和平衡他对女人的蔑视和仇恨。(5)病理型性骚扰:这是带有明显病态表现的性骚扰,如所谓的窥淫癖和露阴癖。此种男性骚扰者大都是真正的性功能失调者。骚扰本身能给他带来强烈的性冲动和性幻想,却无法"治愈"他,反倒会加深他的病症。从性骚扰所发生的场景来分,可以分为两种类型:一种是补偿型,即以某些补偿(利益、特权等)作为性骚扰的回报;另一种是敌意型,即骚扰者是在一种消极的、强迫性的、使人无力的环境下实施的。以上都是对性骚扰问题的一般说明、解释和研究。

近20年,西方体育界对 SHA 十分关注,大量的研究表明 SHA 现象在各种水平的各项体育项目活动中都有发生,不仅是在竞技体育领域,在学校体育、社团体育、儿童和青少年体育组织中都有。虽然我们还不能确切地给出 SHA 在全球体育中发生的比率,但是各国家的局部性调查反映了其发生率还是相当高的。挪威一项调查表明45%的女性运动员遭受过来自男性的性骚扰,15%的女运动员遭受了女性的性骚扰;[1] 一项希腊的调查结果反映出大约71.5%的希腊女性体育参与者遭受过不同形式和程度的来自男性的性骚扰行为;[2] 在加拿大,大约有57%的运动员受到过性骚扰;[3]

---

[1] K. Fasting, "Experiences of Sexual Harassment and Abuse Amongst Norwegian Elite Female Athletes and Non-athletes", *Research Quarterly for Exercise and Sport*, 2003, Vol. 74, pp. 84–97.

[2] S. Chroni, and K. Fasting, "Prevalence of Male Sexual Harassment among Female Sports Participants in Greece", *Inquiries in Sport and Physical Education*, 2009, Vol. 7, pp. 288–296.

[3] Holman, M., *Female and Male Athletes' Accounts and Meanings of Sexual Harassment in Canadian Interuniversity Athletics*, Unpublished doctoral thesis, University of Windsor, Ontario, 1995.

澳大利亚有27%的女性运动员、2%的男性运动员遭受过不同程度的性骚扰;[1] 在东欧国家捷克,79%的体育专业的女学生受到过性骚扰。[2] 虽然在不同程度的体育运动中都会有性骚扰的问题,然而研究也表明SHA在运动员培训与选拔过程中的发生频率要大大高于那些已经处于高水平层次的运动员,换句话说,越是年轻的、运动水平较低的运动员越容易受到性骚扰和性剥削的危害。[3]

体育场所中性骚扰的实施者通常是具有权力地位的教练或者是其他随从人员。[4] 当然,也有一些研究表明并不只有教练容易对运动员进行性骚扰,实际上一些年龄大的运动员更容易也更频繁地对小运动员进行性骚扰。[5] 在性别上,男性更容易成为性骚扰者,女性通常是被骚扰者。然而在最近相关的研究中也发现,在体育领域内来自女性的性骚扰也存在,在一项欧洲三国的抽样调查表明34%的女性运动员受到了来自男性的性骚扰,也有12%的女性运动员受到了来自女性的性骚扰。[6]

体育中性骚扰的发生与体育运动的类型、项目有着一定的关联,[7] 比如有研究表明那些参加男性特征较强的体育项目的女运动员比其他体育项目的女运动员更容易受到性骚扰;性骚扰发生的比率也与体育项目的服装有着一定的关联,穿着越少衣服的体育项目,越容易发生性骚扰问题;性骚扰发生率还与体育项目所需的身体接触多少有关系,越是需要较多直接身体接触的体育项目,越容易发生性骚扰行为。当然,还有一些导致性骚

---

[1] T. Leahy, "Feminism, Sport and Psychology", Paper Resented at the 10ᵗʰ World Congress in Sport Psychology, Skiathos, Greece, 2001, Vol. 6.

[2] S. E. Hervik, and K. Fasting, "The Experiences of Sexual Harassment Among Czech and Norwegian Female Sport Students", Paper Presented at the Pre – Olympic Conference, Thessaloniki, Greece, 2004, Vol. 8.

[3] T. Leahy, G. Pretty, G. Tenenbaum, "Perpetrator Methodology as a Predictor of Traumatic Symptomatology in Adult Survivors of Childhood Sexual Abuse". *J Interpers Violence* 2004, Vol. 19, pp. 521 – 540.

[4] K. Volkwein – Caplan, F. Schnell and D. Sherwood, "Sexual Harassment of Women in Athletics Vs Academia", *Journal of sexual Aggression*, 2002, Vol. 8, pp. 69 – 82.

[5] K. Fasting, C. H. Brikenridge and J. Sundgot – Borgen, "Experiences of Sexual Harassment and Abuse Amongst Norwegian elite Female Athletes and Non – athletes", *Res A Exerc Sport*, 2003, Vol. 74, pp. 84 – 97.

[6] K. Fasting, S. Chroni, and S. E. Hervik, "Sexual Harassment in Sport Toward Females in Three European Countries", *International Review of Sociology of Sport*, 2011, Vol. 46, pp. 76 – 89.

[7] K. Fasting, C. H. Brikenridg, J. Sundgot – Borgen, "Prevalence of Sexual Harassment Among Norwegian Female Elite Athletes in Relation to Sport Type", *International Review of Sociology of Sport* 2004, Vol. 39, pp. 373 – 86.

扰的因素还没有被揭示或研究证明,包括场地、环境、情境等,比如更衣室、教练员的车或家、比赛时入住的宾馆等场所;而发生的场景可能是在训练之中,也可能是在训练之外,比如庆祝胜利的聚会中、去参加比赛的旅行中或是在单独"训话"时。

性骚扰的发生除了这些外部因素之外,还与运动员的主观因素有一定关联。比如,有研究表明,那些越是与父母和家庭疏远的运动员越容易受到性骚扰。而且运动员的年龄、外貌、自尊心、性格、对成功的期待、对教练的忠诚度等都可能是影响性骚扰发生的主要因素。从教练员来看,教练员的资历、年龄、运动员与家长对其的信任度是重要因素。

从目前来看,虽然体育运动中广泛地存在着性骚扰问题,却很少被报道出来。一些学者认为除了和体育以外的性骚扰案例一样,人们总是认为这是一种羞于启齿的事情之外,体育实践的特殊性也隐蔽了许多性骚扰的事实。比如说身体接触是体育运动必然发生的一个过程,教练员对运动员以及运动员之间所发生的性骚扰可能被"体育运动需要身体接触"的特点合法化了,甚至有时候连运动员自己也弄不清楚,某些让其感到不快的身体接触是教练员对其"正常"的技术动作纠正,还是性骚扰。除此之外,教练员与运动员之间并不完全像老板与下属的支配关系,因为很多运动员从小就跟教练员在一起,因此他们之间会建立起一种非同寻常的"亲密关系",而这种亲密关系很容易使教练员介入到运动员的私生活中,在这种"亲密关系"的掩饰下,家长、领导、其他人员很难确认是否存在性骚扰行为。

## 二 性骚扰的主要危害和影响

虽然在体育界性骚扰还是一个非常有争议的话题,然而性骚扰和性侵犯对运动员所带来的危害和影响却已得到了研究的证实与阐明。研究表明SHA对受害者在身心上都会带来消极的结果,从而导致工作效率降低,学习成绩下降甚至辍学。性骚扰对被害者生理上影响相对明显,比如头疼、失眠、体重的变化、身体素质下降等。研究表明性骚扰或侵犯会对被害者(特别是孩童)的身体健康带来长期和持续的负面影响,特别容易出现肠胃病、妇科病、心肺功能问题、肥胖症等。[①]

虽然相对于生理上的疾病来说,心理上的疾病更加难以发现,然而很

---

① L. Irish, I. Kobayashi and D. L. Delahanty, "Long – term Physical Health Consequences of Childhood Sexual Abuse: A Metal – analytic Review", *Journal Pediatrics Psychology*, 2010, Vol. 35, pp. 450 – 461.

多由于被性骚扰而导致的心理问题也可以通过一些比较明显的反常的身体状态、行为以及态度的反常状况表现出来：体重突然下降、尿床、容易疲劳；反常行为包括自残或伤害别人、人际关系变差、对人或对自己缺乏信心、恐婚症等。还有一些研究表明遭受过 SHA 的人容易得抑郁症、焦虑症、强迫症、过度警觉、常做噩梦等心理疾病。除此之外，SHA 还会对被害者的自尊心、自我意识、自我形象等产生负面影响。

性骚扰对运动员或体育参与者所带来的危害和影响，除了上的症状之外，还有一些特定的表现。比如受到过 SHA 的运动员容易表现出自我强迫性的超负荷的训练，或在比赛中不听教练指挥进行过度冒险的动作，也可能会有一些自我伤害的行为从而导致受伤、饮食失调等问题。还有一些运动员在受到 SHA 之后训练和比赛常常会注意力不集中，竞技水平突降，还会持续地对自己的竞技能力失去信心，甚至提早退役。除了心理以外，一些运动员在受到 SHA 之后，与他人的关系也会发生微妙的变化。由于体育运动的特点，运动员与教练以及其他队员和相关人员的关系是建立在互相信任的关系之上的，一旦这种信任关系被打破，其社会交往方式就会受到极大的影响，而这种负面影响不仅表现在她们对体育人的消极看法上，也会表现在其与体育圈外人相处的不适。在一定时期实证研究与文献研究的基础上，西方学者们分类列出了 SHA 对运动员/体育参与者所产生的危害所表现出的一系列症状（见表 12 – 1）。

表 12 – 1　　　　　体育运动中 SHA 所造成的危害与影响①

| 分类 | 症状 |
| --- | --- |
| 生理、心理问题 | 减重/增胖、尿床、疲劳/精力不足、受伤、生殖感染 |
| 自我伤害行为 | 过度节食/暴饮暴食、抓头发、割划皮肤 |
| 伤害他人行为 | 伤害宠物、欺负队里小队员、欺负同学或者邻居、伤害家人 |
| 自杀或杀人行为 | 有自杀的想法、企图自杀、实施自杀、有杀人的想法、企图杀人、实施杀人 |
| 临床忧郁症 | 心情（悲伤、易怒）、对事物失去兴趣、饮食习惯改变、睡眠习惯改变、注意力不集中、感到自责、无希望、无助、无性欲、无力、有自杀想法或企图自杀 |
| 焦虑症 | 全身紧张、噩梦、强迫症、急性和慢性创伤后应激障碍、高度警觉 |

---

① S. Marks, M. Mountjoy and M. Marcus, " Sexual Harassment and Abuse in Sport: The Role of the Team Doctor", *British Journal of Sports Medicine*, 2012, Vol. 46, pp. 905 – 908.

当然，除了上表里列出来的心理症状之外，还有很多情况等待着研究者去发掘。SHA 对被害者的影响与危害与其所受的性骚扰本身的形式、程度、时间长短等也有着密切的关系，也与运动员自身对性骚扰的反映有着直接的关系。

## 三 国际体坛对性骚扰的应对与防范

预防性骚扰不仅可以保护运动员，也能积极保护教练员，因为在一些性骚扰案例中，教练有被冤枉和误解的情况发生。在相关学者、组织以及受害者的强烈呼吁与倡议下，国际体坛、各国相关机构也对这一问题开始关注，发布了相关的声明指南、政策法规对这一问题进行应对与防范。以美国为例，各州、各运动协会根据运动项目、场地设施人员等实际情况，纷纷颁布了体育课、训练、比赛过程中防范性骚扰的指南与规定，包括具体的肢体接触部位与程度、异性共处一室的情形、教师教练穿着情况等（笔者在美留学期间的一位女性同学在教学实习中由于授课对象为中学男生，曾因穿着的运动短裤太短而被停课）；联合国教科文组织也曾委托"国际妇女体育联合会"（WSI）进行相关研究，最后发布了预防性骚扰的指南。

2007 年 5 月国际奥委会为了保障运动员权利，增进运动员的身心健康，出台了一项关于 SHA 的声明书，对体育运动中性骚扰进行了界定，指出了性骚扰和性侵犯对运动员的危害，同时也提供了避免此类事情发生的方法和纲要。[1] 其目的是通过颁布政策法规有效防止 SHA 发生，同时也为了增强体育从业人员对此问题的意识。此声明是由来自全球的体育心理学家、体育社会学家、精神病医生、体育政策研究学者、运动员、教练员代表等共同达成的协议与共识，其中国际奥委会医学委员会[2]扮演了重要的角色。

国际奥委会对体育运动中 SHA 的声明包括了六个部分。

第一部分特别指出 SHA 不仅是一项违反人权的行为，同样对个人健康和体育组织的正常运转造成了极大的危害，影响了体育竞技水平，违背了体育道德和精神。导言深刻地指出与体育运动相关的所有人员都应该有责任认识到 SHA 的严重性，并且防止其发生，为创造一个安全、有尊严的运

---

[1] International Olympic Committee, "Consensus Statement on 'Sexual Harassment and Abuse in Sport'", 2007, http://multimedia.olympic.org/pdf/en_report_1125.pdf.

[2] 21 世纪初国际奥委会医学委员会的主要职能从处理反兴奋剂逐渐转变为广泛提升运动员健康水平，防止对运动员的性骚扰和性侵犯是其一项重要的工作。

动文化氛围而努力。体育组织，特别是负责安全的人员和部门应该起到带头作用，杜绝这类事情的发生，为运动员提供一个健康的体育运动制度与环境。

第二部分是对体育运动中 SHA 问题的界定。首先声明就明确指出 SHA 本质是（拥有权力者）对权力的滥用，体现了体育中的权力关系。其次，对 SHA 进行了界定。声明定义性骚扰是指建立在对权力和信任的滥用之上，无论是故意或者是无意的，在合法范围或者是非法的，被受害人认为是一种强迫或者引诱下发生的带有性色彩的语言、非语言行为或身体行为。性侵犯则是指不管是否获得同意，通过操纵和诱使的手段对运动员实施的性活动。声明中还明确表示，SHA 所包括的范畴除了性骚扰和性侵犯以外还包括针对运动员性别的骚扰、危害和歧视（"恐同症"）。

第三部分则总结性地陈述了 SHA 问题在体育运动中的主要表现和一般规律。声明指出 SHA 在体育运动中普遍存在，对运动员生理与心理健康造成了严重危害。运动员的随从人员，特别是那些有一定权力和权威的人员易成为侵犯者，一些老运动员也有性侵或性骚扰年轻运动员的现象，男性性侵者比女性更多。受害运动员通常对性骚扰或者性侵犯保持沉默，越是弱小的运动员越容易受到侵害。声明着重强调当局者对 SHA 的漠视、消极的态度以及无所作为，不仅对受到 SHA 的运动员造成了二次伤害，更助长了此类事情的发生。

第四部分则着重谈到了体育运动中特殊的人际关系是滋生 SHA 的一个重要因素。声明指出在竞技体育中的人际关系都是围绕运动员而展开的，比如教练、陪练、队医、领队以及其他人员，这些关系之间存在着权力的消长，如果对权力运用不好就会导致性骚扰和性侵犯行为，特别是会形成一种对运动员具有剥削性的性关系。除此之外，从环境来看，竞技体育运动员与其他相关人员之间会有更多情感上的牵连，而且单独相处时间较多，这也为 SHA 的发生提供了外部的条件。因此，各类相关人员都应该有一个明确的角色定位，弄清自己的职责，同时也应该与运动员的关系划一个明确的界限，不能在任何情况下越界。

第五部分则提出了防止 SHA 的战略与措施，特别指出需要制定相关行为准则和法规，建立畅通有效的上诉、评价与支持体系。政策的制定需要体现保护运动员权利、健康与福祉的原则，要促使相关组织能有效、公正地处理 SHA 事件。行为准则的制定需要具体化，这样才能在执行时做到有据可依，特别是对某些行为要有一个标准化的规定，哪些行为是可以接受的，而哪些行为不能被接受，这样才能使 SHA 发生的几率最小化。声明还在其附件中有一个比较具体的参考标准为各个体育组织法规的设立提供了参考。

第六部分就是具体的建议，建议所有的体育组织都要制定防止性骚扰和性侵犯行为的相关的政策；要监控这些政策的执行，并且评估其效果；同时也要加强对相关人员的教育与培训，特别要培养一个公平、公正、有道德感和责任感的领导班子；还需要与家长或者监护人建立一个良好的合作关系来防止SHA的发生；最后要加强对体育运动中性骚扰与性侵犯行为的科学研究，只有更加深入地了解了，才能更准确地找出杜绝此类事件发生的方案。

2007年奥委会的这项声明是在多年的研究和实践的基础上制定的，为各个体育组织在处理SHA的问题时提供了重要的依据。

## 第二节　失范、沉默与反抗：女性主义视野下体育运动中的性骚扰

上一节主要介绍了体育中的SHA问题的表现、影响以及国际体育组织针对此问题的回应。可以看出对体育中SHA的关注还是集中于揭示性骚扰和性侵犯对运动员所造成的身心健康，以及如何从实践层面防止此类问题对运动水平的影响等问题，换句话说对性骚扰和性侵犯的讨论更多停留在身体、心理层面的危害。社会学家更倾向从权力、地位、关系等去分析此类问题的存在根源；女性主义学者在讨论SHA问题时则更富有批判性，认为体育中的性骚扰问题本质上是体育中男性权力的延伸，是体育组织以及体育文化所建构起来的权力的表现形式。女性主义对体育中SHA的研究不仅为论证体育中男性霸权提供了又一例证，也为从根源上消除体育中的SHA提供了理论依据。

### 一　理论探究：运动的身体与性别权力

对于性骚扰和性侵犯行为根源的追究与解释，最传统的观点出自于"生理决定论"，这种观点认为男人好色是由生理因素决定。男性的性冲动与暴力的冲动都是一种生理现象，从本质上来看是人类的本能和自然的属性。这种观点认为在男女一起工作的环境中，男性性冲动的萌发是一种不可避免的结果，就像达尔文所描述的动物世界一样，强壮的雄性动物对弱小的雌性动物发起攻击并占为己有是自然界的普遍规律。而在体育的环境

中，这种暴力、攻击、侵犯行为，以及性冲动显得更加明显，身体暴力本来就是体育运动的一个特征，在很多情况下，这种暴力是被默许的，甚至被鼓励；同样，性冲动也被认为和体育运动有着密切的关系，传统的观点认为运动所分泌的雄性激素比在平常状态下要多，且体育运动常常会有身体接触，在这种生理刺激的基础上，会导致SHA行为的出现。性骚扰与性侵犯虽然是建立在性、身体暴力/侵犯的基础上，然而仅仅用生物学的视角去解释显然是偏颇的甚至是一种误导。

第二种解释框架建立在社会学对体育运动的文化特质与属性的理解基础之上。体育社会学中一直存在着这样的观点，认为体育运动特别是竞技运动是一个特殊场域，在这个场域内，那些在平常社会秩序中的失范行为，比如暴力、身体对抗被合理化、扩大化了。除此之外，性文化与体育文化在大众传媒的催化下融为一体，酒精、暴力、性、比赛这些词汇常常同时出现在传媒的文本之中，很多西方的国家"运动"（Sport）甚至成为色情的代名词。社会学家认为骚扰、侵犯、攻击这些行为是人们在其后天环境中经历过的或学习到的，而体育运动提供了效仿这些失范行为的环境。一些社会学学者认为运动的身体与我们平常的身体是不一样的，体育运动本身就含有身体暴力、侵犯等成分，人们在参与体育运动过程中、在体育文化的熏陶过程中学习并内化这些行为。这导致了很多人对体育中的侵犯和骚扰行为并没有很强的敏感度，或者想当然地认为这是体育运动的附属物，这也是很多体育界的教育者、管理者、工作人员等对此类问题保持沉默的一个客观原因。

第三种理论框架是从组织权力关系出发，认为SHA不仅仅是一种生理与心理的问题，也不仅仅是个别人的困扰，而是社会权力运作机制下的社会问题。这种观点认为侵犯与骚扰行为是权力控制的表现，同时也反映出组织中的等级关系与等级制度。韦伯的组织理论认为，任何组织都必须以某种形式的权力作为基础，没有某种形式的权力，任何组织都不能达到自己的目标。个体是达成组织目标的方式，而不是目标本身。组织的结构是一层层控制的体系，在组织内，按照地位的高低规定成员间命令与服从的关系。虽然这个理论并不能构成侵犯、骚扰的合理因素，但是"个体只是达成组织目标的方式"这一论断为那些掌握组织权力的人滥用其权力进行了开脱，或者说在达成"组织目标"的掩饰下，对个人权利的侵犯被合理化了。女性主义者认为在体育组织中，通常是男性掌控了这种权力，这些权力包括选拔运动员、奖励或惩罚、管理和监督等，在这样的环境中，那些无权的女性在遭受有权男性的性骚扰或侵犯时只能成为"沉默的羔羊"。

女性主义学者对体育中的 SHA 的讨论和批判多建立在文化女性主义的视野之上,认为性骚扰与性侵犯行为是体育中男性霸权文化的象征同时也是其教化的结果。她们认为体育文化本身就是一种男性文化的代表,体育运动教导男性刚强、有力、富有攻击性;而女性在体育运动中却被描绘成无力、懦小、服从的角色。因此男性对女性的侵犯和攻击被看作一种典型的"男人就应该成为男人"的行为。女性主义认为 SHA 不仅是体育中男性暴力文化的延伸,也是以身体为核心的男性性别权力的表现,她们指出女性在体育中受压迫的地位来源于男性主义体育制度/文化对于女性身体的控制,而这种控制不仅反映为男性体育话语权对女性身体的解释与要求,也反映在体育运动的具体实践中:女性运动员的身体一方面要受到以男性为核心的体育训练技术、知识的规训,一方面要受到组织的规训。组织的代表、教练与体育管理者多为男性,他们是站在男性的立场,以男性的经验在规训着女性的身体,把女性身体归纳入男性经验框架中,这之中就会存在 SHA 潜在的危险。因此,女性运动员的身体并不受自我掌控,代表自我的意志。借用福柯的观点,通过(男性)体育知识体系以及体育行政机器,女性运动身体的生物权(bio-power)受到了控制、规范和支配,性骚扰和性侵犯行为也就成为"驯服"她们身体的一种方式与途径。因此女性主义认为,要从根本上消除体育中的性骚扰和性侵犯行为,需要从制度、文化上解构体育的男性中心主义。

对 SHA 的理论探究除了从医学、心理、社会学、女性主义文化研究出发以外,还有学者在哲学范畴,即从道德本体论对体育中的 SHA 的实践进行批判性的考察,认为性骚扰并不仅仅是一种生理性的怪癖,也不仅仅是霸权的社会建构,或者是韦伯提出的组织等级制度的产物,它是一个道德本体论的问题,换句话说,是关系到人类本质以及如何对待人的问题。[1]从哲学的视角来看,性骚扰是违背人的本性的,它既不能使快乐最大化,也与人的基本自然权力相违背,它既不能反映人类世界的普适性原则,也不能回应人文关怀。然而道德行为准则自身并不能消除性骚扰问题,这需要通过组织、教育以及监控等手段使正确的道德观被广泛地接受并理解。换句话说,需要培养体育人正确的道德观,使他们知道什么是公正、合理的待人处事的方式。当然这种培养除了对可能存在的骚扰者以外,还应该针对潜在的被骚扰人群。正像柏拉图所说的"不公正是因为忽视了它",

---

[1] D. C. Malloy and D. H. Zakus, "Harassment Issues in Sport Organisations: Utilitarian, Justice, Kantian, and Existential Approaches to Moral Ontology", *Quest*, 2004, Vol. 56, pp. 321–336.

只有人们从道德的高度重视此问题，才能有意识去挑战和改变，从而达到公正。

从医学到心理学，从社会学到文化批判理论，最后到哲学，学者们对 SHA 的理论探讨跨越了多个学科，这也为实证研究提供了一定的框架和指引。

## 二 女性主义质性调查

除了理论探究以外，还有大量的女性主义学者对体育运动中的 SHA 进行了实证研究。第一阶段的研究主要停留在量化研究上，比如 SHA 在体育运动中的整体情况、发生率等。实证研究的进行是为了用数据和事实来引起有关当局的关注；第二阶段集中在性骚扰与性侵犯对运动员所造成的身心影响研究上。女性主义对 SHA 研究的介入与关注，为我们对 SHA 的进一步地了解提供了更加深入、鲜活的资料，这为全面揭示体育中 SHA 的产生、SHA 对运动员的影响，以及制定防止措施奠定了基础。

女性主义对 SHA 的研究更加倾向于用质性的研究方法探究女性运动员在受到 SHA 前后的经历。女性主义学者认为，传统的关于 SHA 的研究常常忽略被害者的经历和她们自己的应对措施，这使很多真相都被埋藏在那些宏观的数据之下了。因此，女性主义学者采用了深度访谈、口述的方式记录下了这些不同的经历、感受以及背后的"故事"。这些研究让我们知道了对于相同或者相似的性骚扰经历，每个人的反应是不同的。虽然，很多人认为与一般女性相比，女运动员的身体更加强壮，性格也相对坚毅，身心的强大可能使她们不太容易受到外界的侵犯，或者是在面对性骚扰时能更加自信、从容、有力地应对。然而，在深度研究之后，发现在面对强势权力的骚扰和侵犯时，女运动员和其他女性一样也是很脆弱的，在体育中的特殊关系链中甚至显得更加无助。

当女运动员遭遇到性骚扰时，有几种典型的情绪反映：一种是觉得恶心和反感，比如有的男教练会时常拍女运动员屁股表示鼓励或是惩罚，会使人感到不快；一种是感到害怕和恐惧，特别是对于那些突然发生的性骚扰，或者具有恐吓性质的性骚扰行为；还有一种就是生气和恼怒，这是比较直接的情绪爆发。除了这几种情绪反应以外，还有自责感，比如有的女运动员会想"为什么别人都没有受到这种'惩罚'，而仅仅是自己，一定是自己有什么不对的地方"，而这几种典型的情绪中，大部分都是一种自我压制的情绪。当然，情绪的反应与性骚扰的形式和程度相关，也与女运动员的年龄相关。

更为明显的是行为上的反应。行为上的反应也有几种比较典型的类型：被动型、回避型、直接反抗型、迂回反抗型。被动型是比较多的一种行为回应方式，一般女运动员在遭受到性骚扰时，不会报告领导，或者跟家长说，自己默默承受；当性骚扰行为特别频繁，或者得知其他队员也有这样的经历时，有的会跟队友们"分享"。很多女运动员表示，虽然心里不能接受教练的性骚扰行为，但是也没有办法，一方面，从各个方面要依赖教练；另一方面，长期以来建立起的对教练的忠诚感，也使她们不忍心因为这类"小事情"破坏与教练之间的感情。回避型也是一种消极的应对，有的女运动员在有过被性骚扰的经历之后，会与骚扰者特意保持一定距离，或者找借口避免单独相处和身体上的直接接触，希望久而久之，其骚扰的目标转移。直接的反抗是一种更为积极的应对方法，然而在现实中，很少女运动员采用这种方法。更多女运动员，特别是年龄较大的女运动员会以开玩笑的方式，把这种紧张度化解掉，既让骚扰者不尴尬，也警告了对方对其行为的不满，当然这种反应不是所有时候都能奏效。

还有一种观点认为，一些女运动员其实自己对性骚扰问题都没有很明确的认识，甚至体育运动的经历改变了她们对性别、性的观念。这种观点在实证调查中也得到了印证。一些女运动员表示，从小就跟男孩子/男人一起训练、比赛、吃、住在一起，长期与男性相处，使她们在男性面前没有什么避讳，比如当着男教练换衣服，和男队友搂搂抱抱称兄道弟，对身体某些敏感部位的接触也不觉得有什么不妥。换句话说，她们的性别意识逐渐淡漠，对一些具有性导向的行为没有很强的敏感度，在运动生涯中对性骚扰的行为"习以为常"或"不以为然"。当然这种解释并不能成为性骚扰存在的合理化的借口。

女性运动员之所以大多采取消极、回避、否认、接受等态度与行为，关键是没有一个畅通的渠道去反映问题，并有效地得到解决。早在20世纪90年代，固特科（Gutek）与科斯（Koss）就指出，对于性骚扰的回应可以有四种情况（见图12—1），可惜的是在现实中，大部分受到性骚扰的女运动员都是"孤军奋战"，采取个体的消极回应与回避，不敢正面对抗。这种结果反映出的不是女运动员的胆小、懦弱、无奈，而是整个体育系统中女性所处的弱势、被压制的地位。

尽管目前有关体育运动中的性骚扰问题在中国的关注度不高，但是从国外的经验和研究成果来看，体育运动中的性骚扰绝不是一种个别现象，或者在个别国家发生的事情，而是一种政治权力和地位的体现。只要有两性权力关系的存在，它就会有滋生的土壤，在很多情况下性骚扰被性别权

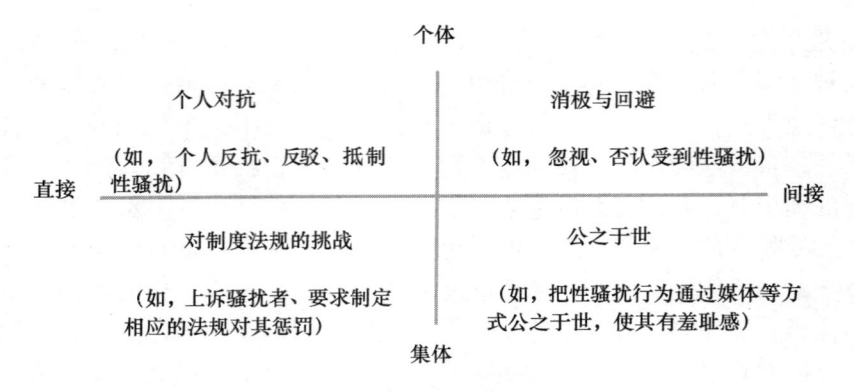

```
                          个体
         个人对抗                    消极与回避
      (如，个人反抗、反驳、抵制     (如，忽视、否认受到性骚扰)
直接   性骚扰)                                          间接
      ─────────────────────────────────────────
         对制度法规的挑战              公之于世
      (如，上诉骚扰者、要求制定    (如，把性骚扰行为通过媒体等方
       相应的法规对其惩罚)         式公之于世，使其有羞耻感)
                          集体
```

图 12-1 对性骚扰回应方式示意图

力关系所"遮掩"了，变为一种潜在的危害。体育中的性骚扰不仅仅会对被骚扰者身心造成很大的负面影响和伤害，也严重干扰和破坏了体育事业的健康发展，是体育事业健康发展的"绊脚石"。首先从道德层面看，性骚扰违背了体育的"人文"精神；其次，性骚扰会妨碍个体正常的体育参与以及体育组织的正常运转；再次，性骚扰会引发并加深体育运动中的剥削、压迫以及滥用权力等社会矛盾和问题。因此我们应该对体育中的性骚扰问题予以相应的关注，防止此类事情的发生。

女性主义者认为体育运动中的性骚扰不是一种个别事件，而是一种政治权力和地位的体现，因此需要集体的行动。也许个人采取回避或者迂回反抗的方式，使骚扰者不再对其进行骚扰，但是也防止不了骚扰者利用其权力和资源骚扰其他的运动员。而集体行动从更有效的结果来看，直接与间接的方式同样重要，在法规与制度上要创造一个畅通的渠道让受害的运动员能够汇报并得到一定的支持，对伤害能得到及时的治疗。同时，也需要一个完善的法规制度对这种行为进行及时的制裁和惩罚。除了这种直接的方式，也可以采用间接的方式，使性骚扰行为得到公众舆论的谴责、批判和制裁，从道德上树立正义的风气，才能抵挡住从文化内部滋生出的"歪风邪气"。教育同样重要，运动员、教练员、体育工作人员和管理者都应该增强意识，划清界限。当然，这些都只是为了避免性骚扰行为的发生，要根除体育实践中的性骚扰问题，则不仅需要采取相应的行动，更需要从体育制度与体育文化内部去改造长久以来以男性为核心的权力结构、权力关系、等级制度，这样才能从根源上创造体育中真正的正义。

# 第十三章 尴尬、恐惧与挑战
## ——酷儿理论与体育中的同性恋亚文化

同性恋作为一种边缘亚文化，常常独立、游离于主流文化；同性恋者作为一个亚文化群体，具有独特的规范与行为方式。因此，作为一种独特的文化现象，同性恋一直是性别研究的一个重要领域。在体育社会文化研究里，同性恋也一直都是女性主义所关注的一个问题。这不仅仅是因为在体育实践中，同性恋群体确实因为她们的性倾向"与众不同"（而不是个人能力）的原因遭受到了不同程度的歧视、质疑和不公正的对待，也不仅仅是因为主流文化从性别刻板印象出发常常把女运动员与同性恋联系在一起而使大众对一些女运动员或者女子运动产生了敌意性的恐惧与歧视，更是因为从理论层面，同性恋问题能引起我们对体育运动文化制度的进一步反思，同时也是女性主义、后现代主义挑战主流体育性别制度、性别权力的有力"武器"。酷儿理论的孕育而生正是这种思潮下的产物，并对体育中性别问题的研究产生了巨大的影响，同时也成为后现代主义体育研究的先锋力量，成为当代体育文化研究向纵深发展的一股新兴动力。

## 第一节 同性恋、酷儿、酷儿理论

"同性恋这一性取向是指以同性为对象的性爱倾向与行为，同性恋者则是以同性为性爱对象的个人（男人或女人）。"[①] 同性恋现象外延清楚、内涵独特；作为一种边缘亚文化，它常常独立、游离于主流文化；同性恋者作为一个亚文化群体，具有独特的规范与行为方式。因此，作为一种独

---

① 李银河：《同性恋亚文化》，中国友谊出版公司2002年版，第1页。

特的文化现象,同性恋一直是性别研究的理想课题。

伴随着20世纪60年代西方同性恋解放运动和关于同性恋现象的讨论,同性恋在人们心目中的形象逐步得到改变,在同性恋群体与同性恋研究者中出现了一种新的特征:从辩护姿态转变为出击姿态,从破坏传统转变为建设新秩序,从对少数边缘群体的研究转变为关注同性恋关系对整个人类社会发展的启示。于是,酷儿、酷儿理论便应运而生。

## 一 酷儿、酷儿理论的沿革

酷儿(Queer)原来是西方主流文化对同性恋者的贬义称呼,有"怪异"之意,后来被性激进学派借用来概括他们的理论,逐步指向在文化中所有非常态的表达方式:"这一范畴包括男同性恋(Gay)、女同性恋(Lesbian)和双性恋(Bisexual)的立场,也包括所有潜在的、难以归类的非常态立场"[1],这种方式将整个"性异常"的群体更好地团结了起来。在此基础上,美国著名女权主义者罗丽蒂斯(Teresade Lauretis)于1991年提出了"酷儿理论"。虽然酷儿理论起源于同性恋运动,但是,很快便超越了仅仅对同性恋的关注,成为为所有性少数人群"正名"的理论,进而,成为一种质疑和颠覆性与性别的两分模式,是后现代主义在性学研究上的典型表现。

酷儿理论的前身是一系列与同性恋有关的理论。罗丽蒂斯认为,同性恋如今已不再被视为一种游离于主流的固定的性形式之外的边缘现象,不再被视为旧式病理模式所谓的正常性欲的变异,也不再被视为北美多元主义所谓的对生活方式的另一种选择,男女同性恋已被重新定义为他们自身权利的性与文化的形式,即使它还没有定型,还不得不依赖现存的话语形式。[2] 酷儿理论的主张比20世纪70年代兴起的"同志解放运动(gay Liberation)"的主张更进了一步,同志解放运动在欧洲和美国,为性少数群体应有的生存空间而战,而酷儿理论则主张更多权利,以高亢的声调肯定自我的存在价值,拒绝被主流社会所同化。它的目标是从根本上动摇"正常""性(sexuality)",以及"异性恋""同性恋"这些传统概念,因为这些概念人为地区分了所谓的不同群体,并作为工具迫害与一夫一妻异性婚姻制度不符的行为模式。简单说,酷儿学者们不认为传统的性与非"正

---

[1] 汪民安:《身体的文化政治学》,河南大学出版社2004年版,第101页。

[2] T. Lauretis and D. Allen, "Queer Theory: Lesbian and Gay Sexualities", Special Issue of *Differences: A Journal of Feminist Cultural Studies*, 1991, Vol. 3.

统"的性之间有什么不同,他们试图摧毁旧的概念,重新界定什么是"正常"、什么是"性别"、什么是"性"、什么是"家庭",并在此基础上,给人们以自由,重新界定自己的身份或性别,影响所及不仅止于同性恋者,而强调各种边缘弱势者的正当性。

酷儿理论最初见于1991年《差异》杂志的一期"女同性恋与男同性恋的性"专号。然而,对于酷儿这一用语的使用罗丽蒂斯也有非常纠结的立场。这位女同性恋女权主义者的观点是:用酷儿理论取代女同性恋和男同性恋的提法有一个问题,即掩盖了二者之间的区别,违背了她提出的强调男女同性恋各自的特殊性的初衷。她还担心,在酷儿理论以其自身实践与女权主义理论相区别时,妇女问题,特别是女同性恋问题,会遭到被强制性边缘化的命运。她认为酷儿一词的使用实际上将"差异中性化了",这一点的确违背她创造酷儿理论这一用语的初衷,她创造这个词的本义是希望用它来取代无差别的单一形容词男同性恋和女同性恋,以便将性的多重性放在它们各自的历史、物质和语境中去理解。然而,罗丽蒂斯也意识到并承认"酷儿理论"具有性别中立和种族中立的性质,酷儿表达了"欢迎和赞赏性与社会多样性以及差异性"的立场。

酷儿理论与女性主义一样不仅仅是一种理论主张,同样也是一种社会运动,可以被解释为对当代世界中一种主体形成模式的反叛,是对权力的挑战,是对个人定义方式、把个人定义为某种特殊身份、固定在某种社会地位上这种做法的挑战,学者们称之为"酷儿政治"(queer politics)。酷儿政治在20世纪90年代在北美及世界其他地方同性恋中产生并蔓延开来,它以"酷儿"的名义形成一种新的政治力量,反对同性恋的同化,也反对异性恋的压迫,同样酷儿包容了所有被权力边缘化的人们。酷儿政治通过将许多互不相通的成分结合在一起,建造出一种新文化。他们运用旧有和新式的成分建造出他们自己的身份——他们从大众文化、有色人种社区、嬉皮士、反艾滋病活跃分子、反核运动、音乐电视、女权主义和早期同性恋解放运动中借用风格和策略。他们的新文化是奇妙的、敏锐的、无政府的、反叛的、反讽的。酷儿政治之所以是一个重要的现象,不仅因为它说了什么或做了什么,而且因为它提醒人们,性政治这一整体在不断地发明创新,从而走向存在的不同方式。[①]

---

① Weeks, J., *Against Nature: Essays on History, Sexuality and Identity*, London: Rivers Oram Press, 1991.

## 二 酷儿理论的主要内容与观点

酷儿理论从其诞生以来就有很强的针对性与策略性，它的内容主要包括以下几个部分：

第一，酷儿理论的第一个重要内容是向异性恋和同性恋的两分结构挑战，向社会的"常态"挑战。所谓常态主要指的是异性恋制度和异性恋霸权，也包括那种仅仅把婚内的性关系和以生殖为目的的性行为当作正常的、符合规范的性关系和性行为的观点。对于学术界和解放运动活跃分子来说，把自己定义为"酷儿"，就是为了向所有的常态挑战，其批判锋芒直指异性恋霸权。除了对性倾向的两分结构进行抨击以外，酷儿理论还向男性和女性的性别两分结构挑战，向一切严格的分类挑战，它的主要批判目标是西方占统治地位的思维方法，即两分思维方法。有些思想家把这种两分的思维方式称作"两分监狱"，认为它是压抑人的自由选择的囹圄。

第二，酷儿理论还是对传统的同性恋文化的挑战。酷儿理论不仅要颠覆异性恋的霸权，而且要颠覆以往的同性恋正统观念。酷儿理论提供了一种表达欲望的方式，它将彻底粉碎性别身份和性身份，既包括异性恋身份，也包括同性恋身份。酷儿理论向男女同性恋身份本身质疑，批评静态的身份观念，提出一种流动和变化的观念。换句话说，酷儿理论不把男女同性恋身份视为具有固定不变的内容的东西，而将身份视为弥散的、局部的和变化的。对于一些人来说，身份是表演性的，是由互动关系和角色变换创造出来的。

第三，酷儿理论具有重大的策略意义，它的出现造成了使所有的边缘群体能够联合起来采取共同行动的态势。酷儿理论相信民主原则在个人和个性的发展中也同样适用。酷儿政治建立了一种政治的联盟，它包括双性恋者、异性者、女同性恋者和男同性恋者，以及一切拒绝占统治地位的生理性别、社会性别和性体制的人。酷儿政治接受所有认同这一新政治的人，不论他们过去有着何种性身份、性倾向或性活动。严格地说，一个人既不能成为一个同性恋者，也不能是或不是一个同性恋者。但是一个人可以使自己边缘化，可以改变自己，可以成为一个酷儿。

第四，酷儿理论与后现代理论紧密结合。酷儿理论出现于后现代思想盛行之时，与后者有着千丝万缕的联系。酷儿理论的哲学背景是后结构主义和后现代理论。后现代理论是遇到最多误解的理论，例如，它常常被人们误解为要取消一切实际行动和现实斗争。因为它解构了所有的"宏大话语"，解构了所有的分类和身份，因而取消了所有现实斗争的可能性。其实，酷儿理论具有强大的革命性，它的最终目标是创造新的人际关系格局，创造人类新的生活方式，它的做法是向所有的传统价值挑战。

酷儿理论是一种具有很强颠覆性的理论。它将会彻底改造人们思考问题的方式，使所有排他的少数群体显得狭隘，使人们获得彻底摆脱一切传统观念的武器和力量。酷儿理论有哪些主要具体的观点和主张呢？

### （一）性的本质主义 VS 建构主义

酷儿理论首先回应了人们对同性恋身份是源于自然的、本质主义的还是社会建构的争论。本质主义者认为同性恋是由于人体的生物原因造成的，它认为"同性恋"基因是同性恋行为的先决条件，而后天文化对同性恋的影响很有限。换句话说，同性恋是天生的，也是无法改变的事实。相反，社会建构主义认为任何社会事实都是人们通过其行为在他们的知识范围和诠释下再生的。同性恋也是，威客（Week）认为，人们的性倾向的身份认同（sexual identities）不是由于所谓的"性力""欲望"所决定的，也不是所谓的性格原因或者是自然造成的结果，而是社会文化以及社会关系作用的结果。身份认同不是出生就带来的，也不是天生就被赋予的，它是在个体不断地与社会文化的斗争、抗衡、谈判、妥协中逐渐形成的。[①]

建构主义与后现代主义具有不谋而合的立场和观点，在后现代主义的催生下，性倾向的自然性、稳定性、本质性遭到了来自人文社会科学各个领域的批判。性倾向的身份认同被认为是流动的、不稳定、可变的，这也是酷儿理论的一个核心观点。

### （二）对性别身份的解构

我们前面介绍了酷儿理论向男性和女性的两分结构挑战，在此基础上酷儿理论自觉地跨越了性别类型的尊卑顺序、解构了两分结构，即对性别身份非此即彼的划分。"酷儿"这个概念本就是对性别的解构，酷儿并不是一个新的固定"性别主体"的标签，而是提供了一个本体论的类型，它与现代主义话语中的两分核心相对立。它抛开了单一的、永久的和连续性的"自我"，以这样一种自我的概念取而代之：它是表演性的，可变的，不连续的和过程性的，是由不断的重复和不断为它赋予新形式的行为建构而成的。

---

① Weeks, J., *Against Nature: Essay on History, Sexuality and Identity*, London: Rivers Oram Press, 1991.

在反对性别的两分结构（男性与女性）的问题上，巴特勒也是最有权威的理论家。跟随福柯的理论脉络，她向固定的女性身份的必要性提出质疑，探索一种批判各种身份分类的激进政治的可能性。她向性别的内在能力、本质或身份的概念提出质疑，认为它们不过是一种重复的实践，通过这种反复的实践，"某种表象被沉淀、被凝固下来，它们就被当成某种内在本质或自然存在的表象"。"欲望的异性恋化需要'女性气质'与'男性气质'的对立，并且把这种对立加以制度化，把它们理解为'男性'和'女性'的本质。"

在酷儿理论对各种身份分类的挑战中，跨性别（transgender）具有特殊的重要性。所谓超性别包括异装和易性，还包括既不异装也不易性但是喜欢像另一个性别的人那样生活的人。巴特勒认为，男女两性的界限是不清楚的，生理学统计表明，世界上有6%—10%的人天生就处在两性之间，他们的生理性别是不确定的。两性界限不清和有越来越模糊趋势的表现在当今世界随处可见，正在形成一种新的社会时尚。美国的迈克·杰克逊是猫王以后最著名的歌星，是彼得·潘以来最著名的男女同体的民间英雄。他的存在是对男女两分观念的威胁。除性行为外，异装行为也是超性别潮流中一个重要的形态。异装行为的一个最重要的意义在于，它是对两分的简单概念的挑战，是对男性和女性这种分类法的质疑。

跨越性别角色这一社会潮流中的另一个重要形式是男角的女同性恋者和女角的男同性恋者，他们的存在使生理性别、社会性别和性倾向的全部定义都成了问题。这两种人的自我社会性别认同与生理性别不符，他们的生理性别是男性或女性，而他们的社会性别认同是另一种性别。他们的性倾向也与生理性别不符：在心理上是异性恋的，而在生理上却是同性恋的。这进一步说明简单地男、女性别身份的二分法已经无法概括这些"特殊"群体身份。

对于超性别现象的重视，使得双性恋倾向在酷儿理论中拥有了特殊的重要性。酷儿理论认为，自由解放的新版本就是取消同性恋和异性恋的区别；如果实现了这一变化，所有的人将不得不承认他们自己的双性恋潜力。双性恋之所以有着特别的重要性正是因为，双性恋者的存在本就是对"正常人"、女同性恋者和男同性恋者的区分质疑，双性恋的形象就是一个重要的越轨的（transgressive）形象。双性恋能够解构社会性别与性的两分结构的原因在于：首先，因为双性恋占据了一个在各种身份之间暧昧不清的位置，所以它能够昭示出所有身份之间存在的缺陷和矛盾，表明了某种身份内部的差异。其次，因为身份不定，双性恋揭示出所有政治化的性身份的特殊性质：一方面是个人性行为和情感选择随时间不同的巨大不连续性；另一方面是个人政治身份的不连续性。

**（三）性的操演理论**

在传统的性和性别观念中，异性恋机制的最强有力的基础在于生理性别（sex）、社会性别（gender）和性（sexuality）这三者之间的关系，一个人的生理性别就决定了他的社会性别特征和异性恋的欲望。换句话说，性欲的表达是由社会性别身份决定的，而社会性别身份又是由生理性别决定的。

在对生理性别、社会性别和性倾向的严格分类的挑战中，巴特勒（Butler）的"操演"（performativity）理论有着特殊的重要性。她认为，人们的同性恋、异性恋或双性恋的行为都不是来自某种固定身份，而是像演员一样，是一种不断变换的表演。在巴特勒看来，没有一种社会性别是"真正的"社会性别，而是不断重复的操演行为的产物与基础。社会性别也不是一种天生的性身份的表现。异性恋本身是被人为地"天生化""自然化"的，用以当作人类性行为的基础。性身份的两分模式（彼或此，异性恋或同性恋）从遗传上就是不稳定的，这种截然的两分是循环定义的结果，每一方都必须以另一方为参照系：同性恋就是"非"异性恋，异性恋就是"非"同性恋。因为对"操演"理论的强调，巴特勒的思想被人称作激进的福柯主义，它被认为是一种新的哲学行为论，其中没有实存（being），只有行为（doing）。

对于巴特勒来说，根本不存在"恰当的"或"正确的"社会性别，即适合于某一生理性别或另一生理性别的社会性别，也根本不存在什么生理性别的文化属性。她认为，与其说有一种恰当的社会性别形式，不如说存在着一种"连续性的幻觉"（illustonsofcontinuity），而它正是异性恋将其自身在生理性别、社会性别和欲望之间天生化和自然化的结果。在异性恋中，这一幻觉靠的是这样一种假设，即"先有一个生理性别，它通过社会性别表现出来，然后通过性表现出来"。巴特勒反其道而行之，她认为，异性恋的性统治是生理性别强迫性的表现。

社会性别操演在下列意义上是强迫性的，即一旦偏离社会性别规范，就会导致社会的排斥、惩罚和暴力。更不必说由这些禁忌所产生的越轨的快感，它会带来更严重的惩戒。这一表演带有紧迫性和强迫性，这一点由相应的社会惩戒反映出来。为了建构异性恋的身份，异性恋要求一种社会性别的连续性表演。①

在巴特勒看来，生理性别、社会性别和欲望这三者之间的联系建构了异性恋，而它必定是强迫性的和脆弱的。弗洛伊德所发明的"俄狄浦斯情结"是对同性之爱的原初否定。俄狄浦斯情结是借用古希腊神话中一位王子杀父奸母的故事来说明，所有的人都有异性恋的乱伦冲动。巴特勒认为，"原初的禁忌并不是异性恋的乱伦，而是同性恋。异性间的乱伦禁忌不是原因，而是禁止同性性欲望的结果。异性乱伦禁忌所禁止的是欲望的对象，而同性恋禁忌禁止的是欲望本身"②。换言之，对同性恋的禁忌不仅丧失了欲望的对象，而且欲望也被彻底否定。

通过铲除异性恋以外的一切欲望，扼杀掉一切其他选择的可能性，异性恋霸权的社会建构了一种性欲与性感的主体。社会性别的操演将身体的一部分器官性感化了，仅仅承认它们是快乐的来源。在异性恋倾向的建构过程中，人们认为只有身体的这些部位是用来制造性快感的，社会性别的操演和性活动连在一起：一个"具有女性气质"的女人要通过阴道被插入而获得快感，而一个"具有男性气质"的男人则通过阴茎的插入体验快感。易性者陷入两难境地，他以为如果自己没有相应的性感器官，就不可能拥有某种社会性别身份。异性者通过植入或切除某些器官以表达他或她的身份，这不是一种颠覆性的行为，而恰恰反映出生理性别、社会性别和欲望已经被"天生化"和"自然化"到了何等程度。在这一过程中，人们的注意力全集中在适当的性别表演上，而不是性感的性活动上。

这一表演就是"社会性别"关于男性气质和女性气质的表演。这种表演使人理解了什么是生理性别和社会性别的两分体系。因此，一个男扮女装的表演并不是对原初形态的模仿，用巴特勒的一句名言来说，它是"一个对模仿的模仿，是一个没有原件的复制品"。当一个男孩想穿女孩衣服或像女孩那样生活时，是什么力量逼着他非要去对自己的身体下那样的毒手呢？为什么他不能够穿裙子，为什么他不能够简简单单地过他想过的女孩的生活呢？这就是因为他生活在异性恋霸权的淫威之下，一种无形的暴力在规范着他该穿什么衣服、有什么样的做派举止。这是一种多么强大又是多么可怕的力量。它能逼着人残害自己的肢体。我们简直不再能把它当成一种无形的力量，它简直是有形到可以看得见、摸得着的程度了。以性

---

① Butler, J., *The Psychi Life of Power: Theories in Subjection*, Stanford, CA: Stanford University press, 1997, pp. 19–24.

② Butler, J., *Bodies that Matter: On the Discursive Limits of Sex*, New York: Routledge, 1993.

身份和性欲的对象来划分个人的类型就会变得毫无意义。酷儿理论倾向于接受虐恋和其他角色表演实践,将其违反性规范的越轨行为定义为反禁制的性。把酷儿的性建立在一个不断改变的表演的系列之上,就是对异性恋霸权的挑战。一言以蔽之,酷儿理论造成了以性倾向或性欲为基础的性身份概念的巨大变化,它是对于社会性别身份与性欲之间关系的严重挑战。

综上所述,酷儿理论鼓励所有被权力和主流文化边缘化的人们向一切严格的分类提出挑战,"提供了一种表达欲望的方式,将彻底粉碎性别身份"[1]。作为建构主义、女权主义浸润已久的产物,酷儿理论和酷儿政治对既存权力结构和权力话语的挑战是后现代理论付诸实践的一个范例,成为20世纪90年代最重要的文化思潮之一。

## 第二节 体育与同性恋亚文化的论域

在酷儿理论的指引下,同性恋研究风起云涌,而体育领域内的同性恋研究却是一个长期被忽视的盲区。除了体育领域"异性恋意识形态"建立的权力结构、知识体制以及女权主义风潮吸引更多的眼球外,还因为"体育与性非常个人化和高度敏感化的关系常与性别取向、同性恋歧视紧密相连,容易产生诸多争议与复杂性"[2]等因素。然而,如福柯所言:"知识分子的工作不是去塑造他人的政治意志,而是通过他在自己研究领域的分析,对那些自说自话的规则质疑,去打扰人们的精神习惯,去重新检验那些规则和体制。"[3]

杰尼·卡迪薇(Jayne Caudwell)是英国布莱顿大学体育学院的一名高级讲师,长期从事体育与性、性别关系的教学研究工作。2004年,卡迪薇等学者齐聚英国女性主义研究大本营——布莱顿大学切尔西分校,就体育与同性恋的关系开展了一次研讨会,虽然大家以不同的视角和在不同的领域理解酷儿理论,但都认识到酷儿与酷儿理论在体育研究中的批判意义。历经两年的打磨,作为 Routledge 公司出版的"体育批判研究丛书"中的

---

[1] Parker, R. G. and Gagnon, J. H., *Conceiving Sexuality, Approaches to Sex Research in Postmodern World*, New York and London: Routledge, 1995, p. 49.

[2] M. G. McDonald, "Queering Whiteness: The Peculiar Case of the Women's National Basketball Association", *Sociological Perspective*, 2001, Vol. 45, p. 379.

[3] Foucault, M., *Politics, Philosophy, Culture, Interviews and Other Writings, 1977–1984*, New York and London: Routledge, 1988, p. 265.

一本，学术界首部直面同性恋与体育的批判社会学作品——《体育、性别与酷儿理论》终于面试。卡迪薇等编委秉承福柯式的学术品性，直面人们习以为常的异性恋意识形态，对体育研究中旧有的性、性别思维范式进行了强力的批判，开启了酷儿、酷儿理论在体育领域研究的广泛议题。[1]

## 一 酷儿理论与体育研究

酷儿理论与体育研究的结合需要一个理论的连接基础。这为体育研究者更加全面和自如地应用酷儿理论去分析体育现象提供了思路。学者海瑟·赛克斯（Heather Sykes）全面回顾了过去20年间酷儿理论的发展脉络。本质主义与建构主义的争论是理论溯源的中心话题，众多酷儿理论学家的学术贡献与成就，包括巴特勒的性别操演理论、福柯的权力知识理论等均呈现在读者面前。赛克斯认为虽然很难给酷儿理论下一个简单的定义，但并不妨碍从"知识考古"的角度对该理论的议题与争议进行完整细致的总结。她指出，酷儿理论指导下的体育研究可以改变我们认识性、欲望与身体的观念，这种研究往往基于建构主义的理论假设，重新考量人文主义、认同、社会科学与文化实践等时代命题。这些研究往往以福柯的权力、知识理论为向导，不再追究男性、女性体育参与中无意识的、生理学的差别，而是研究参与主体的性别认同，同性恋参与体育被认为是同性恋主体释放被刻板印象束缚的欲望与快乐的过程。

玛丽·麦克唐纳（Mary G. McDonald）则强调酷儿理论对体育研究的启示就是要打破同性恋研究中白人经验与白人作者话语权的垄断与控制。她对目前北美体育社会学者研究文本的批判性反思，为我们打开了认识学术研究中性别身份制的视野。她指出，对性的认同不过是一种人为的叙事，并提醒人们，不要低估白人身份在同性恋研究中的强大功能，要不断地质疑酷儿身份的预先假设。对麦克唐纳而言，身体早已被白人身份与异性恋意识形态的话语所常模化。她用酷儿理论家José Muñoz 的"反身份认同（Disidentification）"概念来瓦解这些常模化的叙事："同性恋的反身份认同仅仅是摧毁异性恋伦理的第一步，它还要用这种新的伦理法则为那些被异性恋统治文化所压抑与边缘化的政治实体或个人正名。"[2]

赛克斯与麦克唐纳均提供了在抽象的酷儿理论文本与具体的体育实践

---

[1] Caudwell, J., *Sport, Sexualities and Queer Theory*, New York and London: Routledge, 2006, p. 1.

[2] José Muñoz, *Dissidentifications: Queers of Color and the Performance of Politics*, Minneapolis: University of Minnesota, 1999, p. 31.

之间建立紧密联系的重要理论嵌入,有助于人们认识酷儿与酷儿理论如何成为研究体育的新范式。

## 二 体育实践:瓦解的异性恋意识形态?

体育实践是测试酷儿理论、观察性霸权本质的窗口,同时也是瓦解异性恋意识形态的一个突破口。海迪·恩格(Heidi Eng)比较了挪威的男、女同性恋运动员在各自的运动情境中所展示的不同性倾向。此外,她研究特定的体育活动、体育的社会空间以及运动员的"更衣室文化"。她认为,一般来说人们把更衣室分为男更衣室与女更衣室是为了消除在性方面(性行为、性骚扰、性欲望)的顾虑,但是这种想法完全是基于"异性恋"的基础和思维模式,而同性(恋)却完全没有被考虑到,这进一步验证了异性恋的话语模式的主导和压制性,同性恋处于完全的"失声"状态。除此之外,恩格还指出,很多人都认为体育领域是一个性别严格分界的地方,每一个项目、比赛都有男、女的区分,而训练也常常是男队、女队分别训练,这种男女性别隔离的方式也会给人一种印象:从事体育活动的人都是异性恋者,而事实上在体育领域有相当一部分同性恋群体,而他们只能在隐匿的状况下存在。总之,恩格认为性意味着性行为、欲望与性认同,她将具体的访谈资料与酷儿、酷儿化的理论概念紧密结合起来,并参照福柯的理论进行研究。在研究中,她重视同性恋运动员群体中潜在的行为规则与习惯,希望从中找出方法论与酷儿理论的实际关联。这实际是对赛克斯与麦克唐纳提出酷儿与酷儿化的话题延伸,并将持不同性观念的运动员经历置于研究的中心舞台。

以巴特勒的行为操演理论为指导,伊恩·维勒德(Ian Wellard)考察了英国南部同性恋网球俱乐部的创立过程。这种同性恋者创立的俱乐部为异性恋排斥的性少数群体提供了一个避风港。维勒德强调同性恋网球运动员的某些行为已经挑战了体育参与中占主导地位的价值观,然而,如同前面几位研究者认识到的那样,仅有的极少数同性恋的参与并不能改变一个客观现实:人们几乎认识不到这些网球俱乐部在性别上具有的特殊意义,于是,维勒德目睹了俱乐部中的某些成员主动追求与主流文化吸纳同化的努力,这种努力表现了体育中的同性恋力量直接影响着同性恋者们的感受。

世界同性恋运动会(Gay Games)以及与之相关的文化活动,可以说是酷儿理论以及酷儿政治的绝好实践。朱迪·戴维森(Judy Davidson)对同性恋运动会及其创始人Thomas Waddell博士进行了文献资料式的解读,并回顾了同性恋运动会的起源过程。戴维森认识到男同性恋者们为这一新兴事物所感到的骄傲与自豪，但指出，男、女同性恋对发明同性恋运动会感到无比的自豪，却完全忘却了这一群体曾经的自卑与羞辱，甚至忘记了当初被国际奥委会拒绝的尴尬。这种心理学的分析方式有助于人们理解异性恋意识形态是如何催生男同性恋自豪感的。

## 三 酷儿通过体育寻求身体与认同的可能性

体育的特殊性在于其对身体的关注，而身体与性以及自我认同又是息息相关的。学者不断地追问，酷儿能否通过体育寻求到身体与自我认同的可能性呢？卡罗琳·西蒙（Caroline Symons）与戴尼斯·赫姆菲尔（Dennis Hemphill）对1994年纽约、1998年阿姆斯特丹、2002年悉尼的三届同性恋运动会进行了反思。运动会中变性人运动员被单独拿出来进行讨论。在性别二分系统的背景下，文章首先展示了性感的身体如何在体育比赛中被自然化与常模化，而变性人参与同性恋运动会的实践极大地挑战了这种根深蒂固的绝对二元的划分。从纽约同性恋运动会首次接纳变性人运动员到阿姆斯特丹的局部开放，再到悉尼的全面提高，作者希望人们理解体育话语中变性人激进主义者的行为及其对主流性、性别文化的反抗。

卡迪薇旨在探究女同性恋与女性气质的细微差别，并分析了酷儿女性气质的潜在可能性。通过研究伦敦的一支女同性恋橄榄球队，她展示了集体认同的价值与断定同性恋单一气质的徒劳。很明显，这支球队试图在异性恋常态统治之外找寻打橄榄球的安全地带，而球员的思想、同性恋倾向与同性恋身体三者之间复杂的联系却再一次揭示了异性恋的多样性与普遍存在。卡迪薇认为女同性恋运动员加强了这种规范文化的价值、信仰与地位，她突出了女同性恋运动员如何在橄榄球比赛时被误解为必须拥有柔弱的身体，强调了对女同性恋气质的重读是瓦解异性恋常模的潜在能量。

瑞贝卡·洛克（Rebecca Lock）揭示了女子冰球运动员遭受伤病与女性化气质的关系与矛盾，她特别批判性地分析了女性在强奸、分娩尤其是运动伤病时遭受痛苦的具体语境，并提出这种关系和矛盾是被社会力量建构的结果。洛克展示了性别观念如何规训着冰球运动中的异性恋女性气质，在这项运动中，男性的勇猛与强猛是必然的条件，如果女性需要从事这项运动，就必须适应激烈的对抗，因此女性的受伤往往被认为是不可避免的。当然在洛克看来，这种论调完全是男性对女性气质的习惯性认识，通过修改规则完全可以避免女运动员遭受更多的伤害，从而改变人们对女性柔弱身体的固有观念。

## 四 体育与同性恋亚文化的研究价值与特色

### (一) 开放的性学视角

同性恋文化现象是在人类历史中、在各个文化当中普遍存在的一种行为模式,柏拉图甚至认为,神圣之爱只存在于男人之间,只有男子之间的爱情才是情感的真正贵族与骑士形式。无论是在高度发达的工业社会还是在茹毛饮血的原始部落,无论是 21 世纪的今天还是在远古时代,同性恋现象均不同程度地发生与出现,凯查多里在《人类性行为基础》一书中指出:"同性恋存在于各个种族、各个阶级、各个民族和各种宗教信仰的人们当中。"[1] 然而,长期以来各个社会都对同性恋讳莫如深。1996 年,海蒂菲德(Hatfield)等对 135 个社区的调查研究表明,只有 27% 的人接受同性恋,50% 的受众坚决反对同性恋,还有不少的被调查者漠视同性恋,[2] 同性恋者往往因为自己的"不正常"而长期自我憎恨,同性恋恐惧也成为整个社会的问题,同性恋研究者很容易在身份上遭受主观臆想与预设的窘境,于是整个社会便从漠视同性恋群体发展到了忽略同性恋研究的境地。

同样,在体育研究领域,同性恋的话题依然封闭且保守。著名妇女体育问题专家海伦·列宁斯基(Helen Lenskyj)早在 1986 年的著作《打破束缚:妇女、体育与性》[3] 中就提到了男、女同性恋不同的运动经历,但并未引起学界的重视,直到 1995 年北美体育社会学学会的年会上,主席麦森纳(Michael Messner)发表了著名的文章《关注体育中的性》,发起了"研究体育中的同性恋与异性恋"的号召,麦森纳指出,体察体育中同性恋者的社会建构对研究体育的性别属性与同性恋的社会属性大有裨益。[4] 性学是关于人类的性表象的系统研究,它涵盖了性的所有面向,包括了所谓的"正常的性"以及"异常的性",卡迪薇等新锐的体育社会学工作者向着体育研究领域最敏感和最封闭的领地进发了,她们直面"性异常"群体的体育经历,探究体育对"性异常者"的性、性别建构产生了哪些影响。性学是一种描述性的学问,而非指示性的学问;也就是说,性学是试

---

[1] 李银河:《同性恋亚文化》,中国友谊出版公司 2002 年版,第 3 页。
[2] Hatfield and Rapson, *Love and Sex, Cross - Cultural Perspective*, Boston: Allyn and Bacon, 1996, p. 120.
[3] Lenskyj, H., *Out of Bounds: Women, Sport and Sexuality*, Toronto: The Women's Press, 1986, p. 3.
[4] M. Messner, "Studying up on Sex", *Sociology of Sport Journal*, 1996, Vol. 13, pp. 221 – 237.

图记录事实，而非去指点出什么行为是合适或道德的。卡迪薇等人的努力同样证明了"科学研究无禁区"的道理："真理能够解决问题，因为真理不是别的而是人对真正的事实和力量的实事求是。"[①]

### （二）独立的批判精神

酷儿理论的首要内容是向异性恋和同性恋的两分结构发起挑战，向社会的性别常态发起挑战。所谓常态主要指的就是异性恋制度与异性恋霸权，也包括那种仅仅把婚内性关系与以生殖为目的的性行为当作符合规范的观点。威蒂格曾经提出，社会意识形态是异性恋的："生活与社会之中就是生活于异性恋之中，在所有的精神分类中，异性恋总是早就存在的。它潜入了辩证法的思想之中，成为其主要分类。"[②] 异性恋机制对男、女两性的气质与特点进行了不同的分类与界定，从而影响人们对从事不同体育运动的性别刻板印象。海德对美国人眼中的性别观念进行了两分：

表13-1　　　　　美国人观念中定型化的性别特征[③]

| 社会崇尚的男性特征 | 社会崇尚的女性特征 |
| --- | --- |
| 富于攻击性、独立性、不感情用事；不易受他人影响、富于竞争性、主动；擅长业务、富于冒险精神、决策果敢；富于自信心、不怕受攻击、雄心勃勃 | 圆通机敏、文雅温柔、感情丰富敏感；虔诚、整洁、有强烈的安全需要；喜爱文学艺术、易于表露柔情 |

以上性别气质的两分法在体育运动实践中产生了重要结果。一是社会普遍认为男性更适合从事体育活动，"'是的，女人开展运动，但她们中的多数人不进行真正的运动。'这些话建立在这样的假设基础上，即真正的运动包含许多有男子气质的事情，如展现侵犯性和控制别人的身体"[④]。这种性别二分的逻辑一直被用来证明拒绝妇女参加某些运动的合法性，而男性被赋予更多运动场内外超越女性的力量。二是一旦社会中占主导地位的男性气质定义为攻击性和竞争性，那么真正的男人都必须以异性恋为取向，同性恋变成了一种贬损性的身份标签和不正常的生活方式。哈格里夫斯（Hargreaves）指出："对同性恋的恐惧影响了所有的女运动员、女同性

---

① 费孝通：《江村经济》，江苏人民出版社1986年版，第1页。
② Monique, W., *The Straight Mind*, Boston: Beacon Press, 1992, pp. 40–43.
③ 海德：《妇女心理学》，广东高等教育出版社1987年版，第166页。
④ N. Theberge, "Playing with the Boys", *Canadian Woman Studies*, 1996, Vol. 15, pp. 37–41.

恋者及异性恋者；它制造了恐惧，它迫使妇女遵从传统性别角色，使女同性恋者销声匿迹。"①

以酷儿理论为先导，同性恋者参与体育运动的经历表明，同性恋运动员以多种方式应对与消除同性恋恐惧症。一些人参加运动，只是为了忍受疏远和孤独；有的人把运动当作可以向自己或别人"证明"其性别气质的隐蔽场所；有的人组织同性恋运动会，以集体的方式反驳体育活动与性别逻辑的必然联系。体育社会学家杰·科克利曾经以 NBA 球员罗德曼为例，来表明球场上的强悍与生活中的阴柔极大地挑战着传统的性别思想。② 还有更多的例子鼓励了酷儿们勇敢地在运动场上展示属于自己的文化，这种面对强大的异性恋意识形态的独立、批判精神值得人们从学术品性和日常行为中给予鼓励与褒奖。

### （三）民族志方法的引入

民族志研究方法（Ethnography）原为人类学者以参与观察的方法，对特定文化及社会搜集制作资料、记录、评价，并以社会或人类学的理论来解释此类观察结果的一种研究方法。在定性研究中，民族志研究成为一种普遍的途径，它被文化人类学、人类地理学、教育研究与文化研究等许多学科或领域所采用。

体育中的性与酷儿的研究继承了西方人类学家马林诺斯基和拉德克利夫·布朗确立的写实主义的科学民族志范式，用一种经验式的、描述式的方式真实地书写了发生在同性恋亚文化群体中的体育实践。比如欧文（Gareth Owen）用民族志的方法展示了竞技赛艇运动员在寻求性、性别认同中的身心分立。作为一名男同性恋赛艇俱乐部的成员，欧文将他自己的身体作为数据收集的工具，探究体育叙事的可能性，其实这种强调研究者自身主观体验的方法在恩格（Heidi Eng）等人的研究中就得到了运用，欧文只不过是在不同的情境中使用它而已。

此外，人类学家对于自己的学术活动作为一种具有政治经济的动因和后果的社会实践的反思和批判将民族志的研究推向了解释和评价的地步。研究主体会以先在的价值观去解释、衡量研究对象是如何行动、如何交互作用、如何建构意义、如何加以诊释的。在研究中，贾维斯（Nigel Jarvis）

---

① Hargreaves, J., *Sporting Female: Critical Issues in the History and Sociology of Women's Sport*, London: Routledge, 1994, p. 41.
② [美] 杰·科克利：《体育社会学——议题与争议》，管兵等译，清华大学出版社 2003 年版，第 295 页。

不惜暴露自己的同性恋身份，对垒球运动中的男同性恋气质进行了研究，他认为球队中的这种特殊亚文化现象是酷儿反抗社会压力的一种行为，也是同性恋者希望通过男性气质霸权来寻求社会的理解。相比较于恩格描述的挪威竞技体育中的同性恋经历，贾维斯强调语言与行为是如何诠释男同性恋的种种气质。强调通过受棒球影响的话语体系，男同性恋运动员们如何展示男同性恋者的性欲望、性行为、性认同与性别认同。

民族志研究是一个结果，也是一个过程。在卡迪薇看来，就结果而言，民族志的方法为本来处于边缘性位置而缺乏第一手资料的同性恋体育研究增添了经验的描述和史料的积累；就过程而言，它解释了体育行为的意图和同性恋亚文化团体的互动关系，这个过程因嵌入了研究者的主观感受与先验价值观而充满生趣与活力，尤其以同性恋身份进行研究的学者参与减少了"他者化"的陌生感与隔阂感。

诚然，体育中的性与酷儿研究在知识的系统性和理论的适用性方面还存在着一定缺陷，在作者的身份立场上依然保持了白人特点，在内部的逻辑一致性方面还存在着自相矛盾之处。然瑕不掩瑜，它毕竟开启了研究体育与同性恋关系研究的崭新视域，并提供了重要的批判性武器——酷儿理论。体育社会学家珍妮弗·哈格里夫斯（Jennifer Hargreaves）与伊恩·麦克唐纳（Ian McDonald）对此给予高度认可："该研究富有质疑精神、干预精神与创新精神，展示了经常被误解、谬传和边缘化的性别少数群体的日常体育经历，为理解体育中性别的复杂性提供了奠基石。"[1] 虽然中国的体育理论界对此新锐、敏感的话题还尚无涉及与讨论，但可以预测，在具备了有力的理论武器与初步的研究基础之后，那些有志于进行体育与同性恋关系、体育与性别关系研究的学者将会对参与体育锻炼的同性恋者的自我心理效能、同性恋者体育竞技的社会影响、从事体育实践的同性恋者的身份认同等议题进行广泛的延展和深入的探讨。

---

[1] Caudwell, J., *Sport, Sexualities and Queer Theory*, New York and London: Routledge, 2006, p. X.

# 结语　新世纪女性体育研究的挑战

女性体育研究从一个研究领域逐步向学科化方向发展是一个长期的趋势，也是目前人文社会科学跨学科性发展的一种真实体现。然而这个过程并不容易，会有很多挑战摆在面前。

从国际视野来看，女性体育研究逐渐开始从关注女性群体转移到关注两性平衡，如何在这个转移中仍然坚持女性主义立场以及观察现象的视角，避免传统男性中心主义的回潮是一个重大的挑战。在研究内容来看，如何结合微观、具体、实证性的研究和宏观、策略性、理论性的研究，使女性体育研究成果能产生广泛的社会性效应和策略性的政治影响是一个重大挑战。从研究范围来看，如何打破西方中心主义的主导，创造多元文化的研究氛围，关注和吸收非西方社会所关注的女性、健康、体育参与的问题和研究成果，在一些共性的问题上进行真正地跨区域性研究，而在一些差异问题上给予更充分地尊重、理解和支持是国际女性体育研究的另一个重大挑战。

从中国本土视野来看，女性体育研究除了以上的挑战以外，还有它自身更为严峻和迫切的挑战。首先是来自主流人文社会科学的挑战。无论是从性别社会学还是体育社会学来看，女性体育研究仍然还处于较为边缘的地带，女性体育研究与成果常常会受到轻视，因为体育、流行音乐以及其他的流行文化在学术界看来并不是一个严肃的话题，这样造成了一批拥有社会学、性别学背景和知识结构的学者远离女性/性别体育研究；这种情况在体育界要相对好一些，但是持续进行女性/性别研究的体育学者也不多。其次是来自"实证科学"的挑战，女性体育研究更倾向于人文性，正如我们前文所提到的其研究方法与范式更多的以质性的、解释性的为主，然而在实证主义当道的社会科学话语权下，很多文章、课题必须带上"量化""科学""数据""问卷调查"的帽子才能得到认同，造成大家一窝蜂地去追逐数据、代表性、模型、规律，而一些具有阐释性、反思性的女性体育研究只能在夹缝中生存，或者去迎合男性主义思维定式的量化研究。

女性体育研究的发展除了来自外部的挑战之外，还有来自女性体育研究内部的挑战，首要的问题是女性体育研究的体系化发展，目前中国女性体育研究比较零星、分散，主要是以现象与问题入手所进行的科研性探讨，从学科和学理层面对其关注较少，直接反映在缺少系统性的教材和参考书籍上；其次是女性体育研究的创新性，目前我国女性体育研究还处于一个拿来、模仿的阶段，更确切地说还属于"拿来"阶段的初期，很多东西还没有拿来，模仿也还没有到家，跟国际性研究还没完全接轨，但是我们能看到一股学习、借鉴的风潮。当"拿来"之后，如何用、如何在用的过程中创新是一个大挑战。这个创新包括了超越其母学科性别学、体育学的创新，也包括了超越以西方为中心的研究范式的创新，既应该有实践问题的创新也要有理论和方法论层面上的创新，换句话说，我国女性体育研究必须激发出原创性——对现实问题的关注、确实可行的目标、具有影响力的战略、原创的精神、先见的洞察力，才能可持续性地发展和繁荣。

# 参考文献

## （一）中文参考文献

1. 杜芳琴、王政主编：《中国历史中的妇女与性别》，天津人民出版社2004年版。
2. 佟新：《30年中国女性/性别社会学研究》，《妇女研究论丛》2008年第3期。
3. 王金玲：《中国大陆女性社会学的发展与建设》，《思想战线》2002年第1期。
4. ［英］约翰·洛克：《教育漫话》，傅任敢译，人民教育出版社1985年版。
5. ［美］杰·科克利：《体育社会学——议题与争议》（第六版），管兵等译，清华大学出版社2003年版。
6. 熊欢：《城市女性体育参与分层现象的质性研究》，《体育科学》2012年第2期。
7. ［美］理查德·桑内德：《肉体与石头——西方文明中的身体与城市》，黄煜文译，上海世纪出版集团2005年版。
8. ［法］皮埃尔·布迪厄：《男性统治》，刘晖译，中国人民大学出版社2012年版。
9. 熊欢：《"自由"的选择与身体的"赋权"——论体育对女性休闲困境的消解》，《体育科学》2014年第4期。
10. 熊欢：《身体、社会与体育——西方社会学理论视角下的体育》，当代中国出版社2011年版。
11. ［加］巴巴拉·内加尔：《政治学与女性主义》，郭夏娟译，东方出版社2005年版。

12. ［美］萨缪尔森·诺德豪斯：《经济学》，萧琛译，人民邮电出版社2004年版。
13. 胡海德：《教育学原理》（第二版），甘肃教育出版社2001年版。
14. 邵宗杰等：《教育学》（第三版），华东师范大学出版社2006年版。
15. 佟新：《社会性别研究导论》，北京大学出版社2011年版。
16. 陈绍：《中国风俗通史·两周卷》，上海文艺出版社2003年版。
17. 樊六东：《汉代女性体育研究》，《体育文化导刊》2010年第11期。
18. 林琳：《古代妇女蹴鞠运动》，《零陵学院学报》2001年第1期。
19. 戴红磊：《辽代女性体育研究》，《吉林体育学院学报》2013年第2期。
20. 杨向东：《中国体育通史第二卷》，人民体育出版社2008年版。
21. 赵崔莉：《明代女性的休闲生活》，《中国社会经济史研究》2009年第1期。
22. 王玉立：《中国近代女子体育的兴起与发展》，《山东体育科技》2004年第2期。
23. 章开沅：《经元善集》，华中师范大学出版社1988年版。
24. 张肩任：《急救甲辰年女子之方法》，《女子世界》1906年第6期。
25. 罗时铭：《中国体育通史第三卷》，人民体育出版社2008年版。
26. 张文娟：《近代妇女解放思想与五四新文化运动》，《齐鲁学刊》2008年第1期。
27. 赵晓阳：《强健之路：基督教青年会对近代中国体育的历史贡献》，《南京体育学院学报》2003年第2期。
28. 王振亚：《旧中国体育见闻》，人民体育出版社1987年版。
29. 孔翼：《成都竹枝词》，四川人民出版社1987年版。
30. 王浩：《民国时期的女子体育研究（1927—1937年）》，硕士学位论文，华中师范大学，2012年。
31. 国家体委政策研究室：《体育运动文件汇编（1949—1981）》，人民体育出版社1982年版。
32. 董进霞：《延续和变迁的中国社会与女子体育》，《体育与科学》2006年第2期。
33. 董进霞：《女性与体育——历史的透视》，北京体育大学出版社2005年版。
34. 潘勤：《中国社会的三次转型与中国女子体育的发展研究》，硕士学位论文，苏州大学，2009年。
35. 卢玲：《我国竞技体育女性参与的研究》，国家体育总局体育社会科学研究项目，项目编号：1296SS08114。
36. 马宣建：《中国体育通史》（第 8 卷），人民体育出版社 2008 年版。
37. 黄嫣梨：《女性社会地位——传统与变迁》，香港特别行政区政府教育局，2012 年。
38. 施白蒂（Beatriz Basto Da Sliva）：《澳门编年史：20 世纪（1900—1949）》，金国平译，澳门基金会 1995 年版。
39. 汤开建：《民国时期澳门近代体育的形成与发展》，《暨南史学》2004 年第 00 期。
40. 李旺全、郑威健等：《澳门的学校体育现状及其发展对策研究》，《武汉体育学院学报》2001 年第 4 期。
41. 黄有力：《"一国两制"框架下澳门体育发展战略研究》，博士学位论文，北京体育大学，2009 年。
42. 张晋芬：《台湾女性入门史——劳动篇》，2009 年版。
43. 徐耀辉：《从运动社会学观点谈台湾女性与运动》，《国民体育季刊》第 136 期。
44. 方刚：《性别心理学》，安徽教育出版社 2010 年版。
45. ［美］玛丽克劳福德·罗林昂格尔：《妇女与性别——一本女性主义心理学著作》，中华书局 2009 年版。
46. 王金玲：《女性社会学》，高等教育出版社 2006 年版。
47. ［法］皮埃尔·布尔迪厄：《男性统治》，刘辉译，海天出版社 2002 年版。
48. ［美］卡拉·亨德森等：《女性休闲——女性主义的视角》，刘耳等译，云南人民出版社 2000 年版。
49. ［美］文森特·帕里罗等：《当代社会问题》，周兵等译，华夏出版社 2002 年版。
50. 刘少杰：《当代国外社会学理论》，中国人民出版社 2009 年版。
51. ［美］D. P. 约翰逊：《社会学理论》，国际文化公司 1988 年版。
52. ［美］艾尔·巴比：《社会研究方法》（第十一版），邱泽奇译，华夏出版社 2009 年版。
53. 贾春增：《外国社会学史》，中国人民大学出版社 1989 年版。
54. 黄盈盈：《身体、性、性感》，社会科学文献出版社 2008 年版。
55. ［英］克里斯·希林：《身体与社会理论》（第二版），李康译，北京大学出版社 2010 年版。
56. ［英］布莱恩·特纳：《身体与社会》，春风文艺出版社 2003 年版。

57. ［法］爱弥尔·涂尔干：《宗教生活的基本形式》，渠东、汲喆译，上海人民出版社1999年版。
58. ［法］马塞尔·莫斯：《社会学与人类学》，佘碧平译，上海译文出版社2003年版。
59. ［德］诺伯特·埃利亚斯：《文明的进程》（第一卷），王佩莉译，生活·读书·新知三联书店1998年版。
60. ［法］让·波德里亚：《消费社会》，刘成富、全志刚译，南京大学出版社2001年版。
61. ［英］布莱恩·特纳：《身体与社会》，马海良、赵国新译，春风文艺出版社2000年版，第1页。
62. ［美］彼得·布鲁克斯：《身体活：现代叙述中的欲望对象》，朱生坚译，新星出版社2005年版。
63. ［英］克里斯·西林：《文化、技术与社会中的身体》，李康译，北京大学出版社2011年版。
64. 熊欢：《城市中产阶级女性体育参与研究》，《北京体育大学学报》2008年第3期。
65. 孙中欣、张莉莉：《女性主义研究方法》，复旦大学出版社2007年版。
66. 郑丹丹：《女性主义研究方法解析》，社会科学文献出版社2011年版。
67. 熊欢：《城市化与市民体育的兴起——美中城市体育发展之比较》，《体育科学》2008年第1期。
68. 张丽丽：《张丽丽主席在妇女与城市发展暨纪念第四次世界妇女大会十五周年论坛"女性与城市化进程"分论坛上的讲话》，2011年9月17日。
69. 胡锦涛：《中共中央总书记、国家主席、中央军委主席胡锦涛同志在北京奥运会、残奥会总结表彰大会上发表重要讲话》，新华网，2008年9月29日（http：//2008. people. com. cn/GB/28533/135285/8124065. html）。
70. 刘鹏：《刘鹏在〈全民健身条例〉新闻发布会上的讲话》，体育总局网站，2009年9月10日（http：//www. chinasfa. net/lr. aspx？id＝5589）。
71. 王雅林等：《城市休闲》，社会科学出版社2003年版。
72. 刘德谦等：《2011年中国休闲发展报告》，社会科学文献出版社2011年版。
73. 韩湘景：《中国女性生活状况报告》，社会科学文献出版社2007年版。
74. 许仲槐：《体育社团实体化出论》，广东高等教育出版社2003年版。
75. 黄亚玲：《论中国体育社团》，北京体育大学出版社2004年版。

76. 黄春晓：《城市女性社会空间研究》，东南大学出版社 2008 年版。
77. 卢锋：《休闲体育学》，人民体育出版社 2005 年版。
78. 周庆山：《传播学概论》，北京大学出版社 2004 年版。
79. 李岩：《传播与文化》，浙江大学出版社 2009 年版，第 63 页。
80. ［英］格雷姆·伯顿：《媒体与社会——批判的视角》，史安斌主译，清华大学出版社 2007 年版。
81. 戴婷婷：《解析大众传媒对性别的刻板印象化表现——从广告中的性别表现谈起》，硕士学位论文，郑州大学，2005 年。
82. 李岩：《媒介批评：立场、范畴、命题、方式》，浙江大学出版社 2005 年版。
83. 曹晋：《媒介与社会性别研究：理论与实例》，上海三联书店 2008 年版。
84. ［美］杰佛瑞·戈比：《你生命中的休闲》，康筝译，云南人民出版社 1999 年版。
85. ［英］罗杰克：《休闲理论原理与实践》，张凌云译，中国旅游出版社 2010 年版。
86. ［美］杰弗瑞·戈比：《21 世纪的休闲与休闲服务》，张春波译，云南人民出版社 2000 年版。
87. 熊欢：《中国城市女性体育参与分层现象的质性研究》，《体育科学》2012 年第 2 期。
88. 方英：《女性类型与城市性别秩序》，社会科学文献出版社 2011 年版。
89. 熊欢：《女性主义视角下的运动身体理论》，《北京体育大学学报》2013 年第 7 期。
90. ［美］乔纳森·特纳：《社会学理论的结构》，邱泽奇、张茂元等译，华夏出版社 2006 年版。
91. 孙睿诒、陶双宾：《身体的征用——一项关于体育与现代性的研究》，《社会学研究》2012 年第 6 期。
92. 田麦久：《我国优秀运动员退役安置情况及改进对策》，《北京体育学院学报》1993 年第 1 期。
93. 任海等：《我国体育资源配置中存在问题及其原因探讨》，《天津体育学院学报》2001 年第 3 期。
94. 叶乔波：《退役运动员生存与发展理论实践研究》，博士学位论文，中共中央党校，2007 年。
95. 国家体育总局、中央编办、教育部、财政部、人事部、劳动保障部：

《关于进一步做好退役运动员就业安置工作的意见》，体人字〔2002〕411号，2002年9月29日。

96. 国家统计局人口和社会科技统计司编：《中国社会中的女人和男人——事实和数据（2004）》，中国统计出版社2004年版。
97. 麦乐乐：《乒乓球女子运动员技术男性化发展趋势剖析》，《体育时空》2012年第9期。
98. 李银河：《同性恋亚文化》，中国友谊出版公司2002年版。
99. 汪民安：《身体的文化政治学》，河南大学出版社2004年版。
100. 费孝通：《江村经济》，江苏人民出版社1986年版。
101. 海德：《妇女心理学》，广东高等教育出版社1987年版。

## （二）外文参考文献

1. Bunch, C., *Passionate Politics: Feminist Theory in Action*, NY: St. Martin's Press, 1987.
2. Edwards, H., *Sociology of Sport*, IL: Dorsey, 1973.
3. Coakley, J., *Sport in Society: Issues & Controversies*, New York: McGraw-Hill, 2001.
4. Ferguson, A., *An Essay on the History of Civil Society*, Edinburgh: A. Millar & T. Caddel, 1767.
5. Gerber, E. W. and Morgan W. J. (eds.), *Sport and the Body: A Philosophical Symposium*, London: Henry Kimpton, 1979.
6. Coakley, J., *Sport in Society: Issues & Controversies*, New York: McGraw-Hill, 2001.
7. Turner, B. S., *The Body and Society*, London: Sage Publication, 1996.
8. B. Kidd, "Sports and Masculinity", in M. Kaufrman ed., *Beyond Patriarchy: Essays by Men on Pleasure, Power, and Change*, New York: Oxford University Press, 1987.
9. Lapchick, R. A., "Grandfather's Take on Women's Sports", Women's Sports Foundation [online], 2001 (http://www.womenssportsfoundation.org.).
10. D. K. Orthner and J. A. Mancini, "Benefits of Leisure for Family Bonding", in B. L. Driver, P. J. Brown and G. L. Peterson eds., *Benefits of Leisure*, State College, PA: Venture Publishing, 1991.

11. Xiong, H., *Urbanisation and Transformation of Chinese Women's Sport Since 1980: Reconstruction, Stratification and Emancipation*, London: VDM Verlag Publisher, 2009.
12. Dong, J., *Women, Sport and Society in Modern China: Holding Up more than Half of the Sky*, London: Frank Cass, 2003.
13. S. J. Birrell, "Feminist Theories and Sport", in J. J. Coakley and E. Dunning (eds.), *Handbook of Sports Studies*, London: Sage, 2000.
14. Brown, P. *The Body and Society: Men, Women, and Sexual Renunciation in Early Christianity*, New York: Columbia University Press, 1988.
15. B. Kidd, "The Myth of the Ancient Games", in A. Tomlinson and G. Whannel (eds.), *Five-Ring Circus*, London: Pluto Press, 1984.
16. S. Birrell and N. Theberge, "Ideological Control of Women in Sport", in D. M. Costa and S. R. Cuthrie (eds.), *Women and Sport: Interdisciplinary Perspective*, Human Kinetics, 1994.
17. D. Harris, "The Social Self and the Competitive Self of the Female Athlete", *The Third International Symposium on the Sociology of Sport*, Waterloo, ON, 1971.
18. R. Colker and C. Widom, "Correlates of Female Athletic Participation", *Sex Roles*, Vol. 6, 1980.
19. K. McCrone, "Play up! Play up! And Play the Game! Sport at the Late Victorian Girls' Public Schools", in J. A. Magan and R. J. Park (eds.), *Sport and the Socialization of Women in the Industrial and Post-industrial Eras*, Exeter: Frank Cass, 1987.
20. N. Struna, "Good Wives' and 'Gardeners', 'Spinners and Fearless Riders': Middle-and Upper-rank Women in the Early American Sporting Culture", in J. A. Mangan and R. J. Park (eds.), *Sport and the Socialization of Women in the Industrial and Post-Industrial Eras*, Exeter,: Frank Cass, 1987.
21. M. Hanks, "Race, Sex, Athletics and Education Achievement", *Social Science Quarterly*, 1979, Vol. 60.
22. A. Ingham, "Sport and the 'New Left': Some Reflections upon Opposition without Praxis", in D. M. Lamders (ed.), *Social Problems in Athletics*, Champaign: University of Illinois Press, 1976.
23. C. Bray, "Sport Capitalism and Patriarchy", *Canadian Women Studies*,

1983, Vol. 4.
24. R. Beamish, "Materialism and the Comprehension of Gender – related Issues in Sport", in N. Theberge and P. Donnelly (eds.), *Sport and the Sociological Imagination*, Fort Worth: Texas Christian University Press, 1984.
25. N. Theberge, "Joining Social Theory to Social Action: Some Marxist Principles", *Arena Review*, 1984, Vol. 8.
26. D. H. J. Morgan, "Gender", in R. G. Burgess (ed.), *Key Variables in Social Investigation*, London: Routledge and Kegan Paul, 1986.
27. Gruneau, S., *Class, Sports and Social Development*, Amherst: University of Massachusetts Press, 1983.
28. Connell, R. W., *Gender and Power: Society, the Person and Sexual Politics*, Stanford, CA: Stanford University Press, 1987.
29. J. Phillips, "Mummy's boys: Pakeha Men and Male Culture in New Zealand", in P. Bunkle and B. Hughes (eds.), *Women in New Zealand Society*, Auckland: Allen and Unwin, 1980.
30. Mangan, J. *The Games Ethic and Imperialism*, New York: Viking Press, 1987.
31. L. Bryson, "Sport and the Maintenance of Masculine Hegemony", in S. Birrell and C. Cole (eds.), *Women, Sport and Culture*, Champaign, IL: Human Kinetics, 1987.
32. D. Whison, "Sport in the Social Construction of Masculinity", in A. M. Messner and D. F. Sabo (eds.), *Sport, Men and the Gender Order: Critical Feminist Perspectives*, Champaign: Human Kinetics, 1990.
33. S. Birrell, "Feminist Theories for Sport", in J. Coakley and E. Dunning (eds.), *Handbook of Sports Studies*, London: Sage publication, 2000.
34. A. Hall, "The Discourse of Gender and Sport: from Femininity to Feminism", in S. Scraton and A. Flintoff (eds.), *Gender and Sport: A Reader*, London: Routledge, 2002.
35. Cook, E. P., *Psychological Androgyny*, New York: Pergamon, 1985.
36. H. W. Marsh and S. W. Jackson, "Multidimensional Self – Concepts, Masculinity, and Femininity as a Function of Women' Involvement in Athletics", *Sex Roles*, 1986, Vol. 15.
37. Hall, M. A., *Feminism and Sporting Bodies: Essays in Theory and Practice*, Champaign, IL: Human Kinetics, 1996.

New York: Octagon Books, 1974.
103. P. Vertinsky, "Sexual Equality and the Legacy of Catharine Beecher", *Journal of Sport History*, 1979, Vol. 6, pp. 38 – 49.
104. Phelps, A., *Female Student: Or Lectures to Young Ladies—on Female Education*, New York: Leavitt & Lord, 1833.
105. Leonard, F. E. and Affleck, G. B., *A Guide to the History of Physical Education*, Philadelphia: Lea& Febiger, 1947.
106. Clements, B. E., *Images of Women: Views from the Discipline of History*, New York: Harrington Park Press, 1990.
107. Spencer, H., *Education: Interllectual, Moral and Physical*, London: Williams& Norgate, 1860.
108. J. W. Stocking Jr., "Lamarckianism in American Social Science", *Journal of the History of Ideas*, 1962, Vol. 23, pp. 235 – 259.
109. F. P. Cobbe, "Ladies' Amusements", *Every Saturday*, 1870, Vol. 9.
110. Smith, R. A., *A Social History of the Bicycle*, New York: McGraw – Hill, 1972.
111. Blue, A., *Grace Under Pressure: The Emergence of Women in Sport*, London: Sidgwickv&Jackson, 1987.
112. Peiss, K., *Cheap Amusements: Working Women and Leisure in Turn – of – the – Century New York*, Philadelphia: Temple University Press, 1986.
113. Smith, R. A., *A Social History of the Bicycle*, New York: McGraw – Hill, 1972.
114. Blue, A., *Grace Under Pressure: The Emergence of Women in Sport*, London: Sidgwick&Jackson, 1987.
115. Clarke, E. H., *Sex in Education, or A Fair Chance for the Girls*, Boston: J. Osgood and Company, 1873.
116. Howe, J. W., *Sex and Education: A Reply to Dr. E. H. Clarke's "Sex in Education"*, Boston: Roberts Bros, 1874.
117. E. C. Stanton, "The Health of American Women", *North American Review*, 1882, Vol. 313.
118. Verbrugge, M. H., *Able – Bodied Womanhood: Personal Health and Social Change in Nineteenth Century Boston*, Oxford: Oxford University Press, 1988.
119. Dubbert, J. L., *A Man's Place: Masculinity in Transition*, Englewood Cliffs, NJ: Prentice – Hall, 1979.

120. Banner, L. W., *American Beauty*, Chicago: University of Chicago Press, 1983.
121. S. Berenson, "The Significance of Basketball for Women", in *Line Basket Ball or Basket Ball for Women* 1901, New York: American Sporting, 1901.
122. G. R. Schleppi, " 'It Pays': John H. Patterson and Industrial Recreation at the National Cash Register Company", *Journal of Sport History*, 1979, Vol. 3.
123. H. L. Ray, " Snap, Crackle, Pop for Fitness and Sport: The Kellogg Legacy", paper presented at the North American Society for Sport History Conference, Clemson, SC, 1989.
124. Gerber, E. W., *The American Woman in Sport*, Reading, MA: Addison – Wesley 1974.
125. D. Schaper, "Industrial Recreation for Women", *American Physical Education Review*, 1922, Vol. 27.
126. M. F. Shelden, " Textile League and Early Competition for Women". Paper presented at the North American Society for Sport History Conference, Columbus, OH, 1987.
127. Twin, S. L., *Out of the Bleachers: Writings on Women and Sport*, Old Westbury, NY: Feminist Press, 1979.
128. Hagen, M. A., *Industrial Harmony Through Sports: The Industrial Recreation Movement and Women's Sports*, 1990.
129. R. Dunn, "The Country Club: A National Expression, Where Woman Is Really Free", *The Outing Magazine*, 1905, Vol. 42.
130. "Fifth Annual Meeting, Women's Division, National Amateur Athletic Federation", *American Physical Education Review*, 1929, Vol. 34.
131. Kaplin, J., *Women and Sports*, New York: Geoghegan, 1980.
132. H. Xiong, "Urbanisation, Women's Body Image, and Women's Sports under Chinese Socialism 1949 – 1979: A Historical Review", *Sport History Review*, 2008, Vol. 39.
133. Jaggar, A M., *Feminist Politics and Human Nature*, Totowa, NJ: Rowman Allamheld, 1983.
134. Tong, R., *Feminist thought: A Comprehensive Introduction*, Boulder, CO: Westview Press, 1989.
135. D. M. Toohey, "The Political Components behind Women's Participation in the Modern Summer Olympic Games", in U. Simri (ed.), *Sport and Politics*,

Netanya, Israel: Wingate Institute, 1984.

136. S. Birrell, "Double Fault: Renee Richards and the Construction and Naturalization of Difference", *Sociology of Sport Journal*, 1990, Vol. 7.

137. M. Messner, "Sports and Male Domination: the Female Athlete as Contested Ideological Terrain", *Sociology of Sport Journal*, 1988, Vol. 5.

138. N. Theberge and S. Birrell, "The Sociological Study of Women and Sport", in D. Costa and S. Guthrie (eds.), *Women and Sport: Interdisciplinary Perspectives*, Champaign, IL: Human Kinetics, 1994.

139. M. C. Duncan, "Beyond Analyses of Sport Media Texts: an Argument for Formal Analysis of Institutional Structures", *Sociology of Sport Journal*, 1993, Vol. 10.

140. Weedon, C., *Feminist Practice and Poststructuralist Theory*, New York: Basil Blackwell, 1987.

141. Butler, J., *Gender Trouble: Feminism and the Subversion of Identity*, New York and London: Routeledge, 1990.

142. M. Fine and S. M. Gordon, "Effacing the Centre and the Margins: Life at the Intersection of Psychology and Feminism", *Feminism and Psychology*, 1991, Vol. 1.

143. J. Lever, "Sex Differences in the Games Children Play", *Social Problems*, 1976, Vol. 23.

144. Anshel, M., *Sport Psychology: From Theory to Practice*, Scottsdale, AZ: Gorsuch Scarisbrik, 1990.

145. J. Shotter, and J. Logan, "The Pervasiveness of Patriarchy: On Finding a Different Voice", in M. M. Gergen (ed.), *Feminist Thought and the Structure of Knowledge*, New York: New York University Press, 1988.

146. T. J. Curry, "Fraternal Bonding in the Locker Room: A Profeminist Analysis of Talk about Competition and Women", *Sociology of Sport Journal*, 1991, Vol. 8.

147. R. Lurie, "Unnecessary roughness", *The Village Voice*, 1991, Vol. 1.

148. I. Balbus, "Disciplining Women", in S. Benhabib and D. Cornell (eds.), *Feminism as Critique*. Minneapolis: University of Minnesota Press, 1987.

149. Gilligan, C. *In a Different Voice*, Cambridge, MA: Harvard University Press, 1982.

150. B. Bredemeier, "Sport, Gender and Moral Growth", in J. Silva and R.

Weinberg (eds.), *Psychological Foundation of Sport*, Champaign, IL: Human Kinetics, 1984.

151. M. Duquin, "Power and Authority: Moral Consensus and Conformity in Sport", *International Review of Sport Sociology*, 1984, Vol. 19.

152. E. Burman, "Feminism and Discourse in Developmental Psychology: Power, Subjectivity and Interpretation", *Feminism and Psychology*, 1992, Vol. 2.

153. M. Duquin, "Differential Sex Role Socialization toward Amplitude Appropriation", *Research Quarterly*, 1977, Vol. 48.

154. Gill, D. L., *Psychological Dynamics of Sport*, Champaign, IL: Human Kinetics, 1986.

155. Metheny, E., *Connotations of Movement in Sport and Dance : a Collection of Speeches about Sport and Dance as Significant Forms of Human Behavior*, New York: W. C. Brown Co, 1965.

156. Boutilier, M. and SanGiovanni, L., *The Sporting Women*, Champaign, IL: Human Kinetics, 1983.

157. Dillon, M., *Introduction to Sociological Theory*, West Sussex, John Wiley&Sons Ltd, 2010.

158. Edles, L. D. And Appelrouth, S., *Sociological Theory in the Classic Eras: Text and Reading*, London: Pine Forge Press, 2010.

159. Hughes, J. A., *Understanding Classic Sociology: Marx, Weber, Durkheim*, London: Sage Publication, 1995.

160. Riley, J., *Aging and Society Volume 3: A Sociology of Age Stratification*, New York: Ruessel Saga Foundation, 1972.

161. Synder, E. and Spreitzer, E., *Social Aspect of Sport $3^{rd}$ edition*, Prentice Hall, Englewood Cliffs, New Jersey, 1989.

162. Loy, M. and Kenyon, G., *Sport and Social System*, Addison – Wesley Publishing Company, 1978.

163. H. Blumer, "*Social Psychology*", in E. D. Schmidt (ed.), *Man and Society*, New York: Prentice – Hall, 1937.

164. Blumer, H. *Symbolic Interactionism: Perspective and Method*, London: University of California Press, 1998.

165. Shilling, C., *The Body and Social Theory*, London: Sage, 1993.

166. Nicholson, K., *Body and Soul: the Transcendence of Materialism*, Cumnor Hill: Westview Press, 1997.

167. Johnson, M., *The Body in the Mind: The Bodily Basis of Meaning, Imagination, and Reason*, Chicago and London: The University of Chicago Press, 1987.

168. Gallagher, S. *How the Body Shapes the Mind*, New York: Oxford University Press, 2005.

169. T. J. Csordas, " Introduction: The Body as Representation and Being – in – the world", in Thomas J. Csordas (ed.), *Embodiment and Experience: The Existential Ground of Culture and Self*, Cambridge and New York: Cambridge University Press, 1994.

170. Douglas, M., *Purity and Danger: An Analysis of Concepts of Pollution and Taboo*, London: Routledge & K. Paul, 1966.

171. Hertz, R., *Death and the Right Hand*, London: Cohen and West, 1960.

172. Goffman, E., *The Presentation of Self in Everyday Life*, Harmondsworth: Penguin, 1969.

173. M. Featherstone, " The Body in Consumer Culture", in M. Featherstone, M. Hepworth and B. S. Turner, (eds.), *The Body: Social Process and Cultural Theory*, London: SAGE Publications Ltd, 1991.

174. Grosz, E., *Volatile Bodies: Toward a Corporeal Feminism*, St. Leonards: Allen and Unwin, 1994.

175. Kantorowicz, E. H., *The King's Two Bodies*, Princeton: Princeton University Press, 1957.

176. Punday, D. *Narrative Bodies: Toward a Corporeal Narratology*, New York: PALGRAVE MACMILLAN [TM], 2003.

177. Brooks, P., *Reading For the Plot: Design and Intention in Narrative*, Oxford: Clarendon Press, 1984.

178. Hargreaves, J. "The Body, Sport and Power Relations", in J. Horne, D. Jary and A. Tomlinson (eds.), *Sport, Leisure and Social Relations*, London: Routledge & Kegan Paul, 1987.

179. Birley, D. *Sport and the Making of Britain*, Manchester: Manchester University Press, 1993.

180. Huizinga, J., *Homo Ludens: A Study of the Play Element in Culture*, London: Temple Smith, 1970.

181. Dunning, E., *Sports Matters*, London: Routeledge, 1999.

182. C. L. Cole and M. Orlie, "Hybrid Athletes, Monstrous Addicts, and Cyborg

Natures", *Journal of Sport History*, 1995, Vol. 22.
183. B. Pronger, "Rendering the Body: the Implicit Lessons of Gross Anatomy", *Quest*, 1995, Vol. 47.
184. Wilson, J., *Playing by the Rules: Sport, Society and the State*, Detroit: Wayne State University Press, 1994.
185. Blake, A., *The Body Language: The Meaning of Modern Sport*, London: Lawrence and Wishart, 1996.
186. Baudrillard J. *Symbolic Exchange and Death.* London: Sage, 1993.
187. E. Cashmore, "Between the mind and muscle" (Review Article), *Body and Society*, 1998, Vol. 4.
188. H. Russell, "Competition and the Growing Child", in G. Gleeson (ed.), *The Growing Child in Competitive Sport*, London: Hodder and Stoughton, 1986.
189. C. L. Cole, "Addiction, Exercise and Cyborgs: Technologies of Deviant Bodies", in G. Rail (ed.) *Sport and Postmodern Times*, New York: State University of New York Press, 1998.
190. Harris, D., *Involvement in Sport: A Somatopsychic Rationale for Physical Activity*, Philadephia: Lea and Febiger, 1973.
191. P. Marlula, "Looking Good, Feeling Good: Strenthening Mind and Body in Aerobics", in L. Laine (ed.), *On the Fringe of Sport*, St Augustin, Germany: Academia, 1993.
192. Lock, M. *Knowledge, Power and Practice in Medicine and Everyday Life*, Berkeley, CA: California University Press, 1978.
193. Brownell, S., *Training the Body for China: Sports in the Moral Order of the People's Republic*, Chicago: University of Chicago Press, 1995.
194. L. Stanley and S. Wise, "Method, Methodology and Epistemology in Feminist Research Process", in L. Stanley (ed.), *Feminist praxis*, London and New York: Routledge, 1990.
195. Mcfee, G., *Ethics, Knowledge and Truth in Sports Research: an Epistemology of Sport*, London: Routeledge, 2010.
196. Eicher, M., *Nonsexist Research Methods: a Practical Guide*, Boston: Allen and Unwin, 1986.
197. S. Harting, "Feminism, Science, and the Anti-Enlightenment Critiques", in L. J. Nichoson (ed.), *Feminism/Postmodernism*, New York and London: Cornell University Press, 1990.

198. Reinharz, S., *Feminist Research Methods in Social Research*, New York: Oxford University Press, 1992.
199. M. Mies, "Towards a Methodology for Feminist Research", in M. Hannersley (ed.), *Social Research: Philosophy, Politics and Practice*, London: Sage, 1993.
200. B. Laslett and B. Thorne, "Life History of a Movement: An Introduction", in B. Laslett and B. Thorne (eds.), *Feminist Sociology: Life Histories of a Movement*, New Brunswick, HJ: Rutgers University Press, 1997.
201. Belenky, M., *Women's Way of Knowing: The Development of Self, Voice and Mind*, New York: Basic Books, 1986.
202. B. James, "Taking Gender into Account: Feminist and Sociological Issues in Social Research", *New Zealand Sociology*, 1986, Vol. 1.
203. Oakley, A., *The Sociology of Housework*, Oxford: Basil Blackwell, 1985.
204. Walker, B., "Psychology and Feminism—if You Can't Beat them, Join them", in D. Spender (ed.), *Men's Studies Modified: The Impact of Feminism on the Academic Disciplines*, New York: Pergamon, 1981.
205. R. Vaughter, "Psychology", *Signs: Journal of Women in Culture and Society*, 1976, Vol. 2.
206. A. Eagly, "Sex Differences in Influenceability", *Psychological Bulletin*, 1978, Vol. 1.
207. M. Parlee, "Psychology and Women", *Signs: Journal of Women in Culture and Society*, 1979, Vol. 5.
208. J. DiIorio, "Feminism, Gender and the Ethnographic Study of Sport", *Arena: The Institute for Sport and Social Analysis*, 1989, Vol. 13.
209. N. Theberge, "Doing Feminist Ethnography: A Report from the Rink", in P. Markula (ed.) *Feminist Sport Studies: Sharing Experiences of Joy and Pain*, New York: State University Press of New York Press, 2005.
210. Hartmann-Tews, I. and Pfister, G., *Sport and Women: Social Issues in International Perspective*, London: Routledge, 2003.
211. Abu-Lughod, L., *Veiled Sentiments: Honor and Poetry in a Bedouin Society*, Berkeley, CA: University of California Press, 1986.
212. Powers, M., *Oglala Women: Myth, Ritual and Reality*, Chicago: University of Chicago Press, 1986.
213. Riess, S. A., *City Games: The Evolution of American Urban Society and the*

Rise of Sports, Champaign: University of Illinois Press, 1989.
214. Croll, E., Chinese Women since Mao. London: Zed Book Ltd., 1983.
215. Yang, M. M., Space of Their Own: Women's Public Sphere in Transitional China, London: University of Minnesota Press, 1999.
216. Simmel, G., Soziologie: Untersuchungen ueber die Formen der Vergesellschaftung, Berlin, 1968.
217. P. Kelvin, "Work as a Source of Identity: The Implications of Unemployment", British Journal of Guidance and Counseling, 1981, Vol. 8.
218. Lefebvre, H., The Production of Space, London: Wiley – Blackwell, 1994.
219. Women and Geography Study Group of the IBG, Geography and Gender: An Introduction to Feminist Geography, London: Hutchinson, 1984.
220. Hall, S., Representation: Cultural Representations and Signifying Practices, London Thousand Oaks, 1997.
221. E. J. Trolan, "The Impact of the Media on Gender Inequality within Sport", Procedia—Social and Behavioral Science, 2013, Vol. 91.
222. A. H. Jones, "Visual and Verbal Gender Cues in the Televised Coverage of the 2010 Winter Olympics", The International Journal of Interdisciplinary Social Science, 2011, Vol. 6. (http://www.SocialSciences – Journal.com).
223. L. M. Haggard and D. R. Williams, "Self – identity Benefits of Leisure Activities", in B. Driver, G. Peterson, & T. Brown (eds.), Benefits of Leisure, Venture Publishing, 1991.
224. B. Gunter, and N. Gunter, "Leisure Styles: A Conceptual Framework for Modern Leisure", The Sociological Quarterly, 1980, Vol. 21.
225. S. M. Shaw, "Leisure in the Contemporary Family: The Effect of Female Employment on the Leisure of Canadian Wives and Husbands", International Review of Modern Sociology, 1988, Vol. 18.
226. J. S. Maguire, "Exercising Control: Empowerment and the Fitness Discourse", in L. K. Fuller (ed.), Sport, Rhetoric and Gender: Historical Perspectives and Media Representations, Palgrave, 2006.
227. Richardson, N. and Lockes, A., Body Studies: the basics, London: Routledge, 2014.
228. Young, I. M., Throwing Like a Girl and Other essays in Feminist Philosophy and Social Theory, Bloomington, IN: Indiana University Press, 1990.
229. J. Grimshaw, "Working out with Merleau – Ponty", in J. Arthurs & J.

Grimshaw ( eds. ), *Women's Bodies: Discipline and Transgression*, London, England: Cassell, 1999.

230. J. Oksala, "Female Freedom: Can the Lived Body be Emancipated?", in D. Olkowski and G. Weiss ( eds. ), *Feminist Interpretations of Maurice Merleau – Ponty*, University Park, PA: Pennsylvania State University Press, 2006.

231. Crossley, N., *Intersubjectivity: The Fabric of Social Becoming*, London, England: Sage, 1996.

232. Bartky, S. L., *Femininity and Domination: Studies in the Phenomenology of Oppression*, New York, NY: Routledge, 1990.

233. C. Classen, "Engendering Perception: Gender Ideologies and Sensory Hierarchies in Western History", *Body & Society*, 1997, Vol. 3.

234. J. Bulter, "Sexual Difference as a Question of Ethics: Alterities of the Flesh in Irigaray and Merleau – Ponty", in D. Olkowski & G. Weiss ( eds. ), *Feminist Interpretations of Maurice Merleau – Ponty*, University Park, PA: Pennsylvania State University Press, 2006.

235. Grosze, E., *Volatile bodies: Towards a Corporeal Feminism*, London: Routledge, 1994.

236. J. Allen – collinson, "Sporting Embodiment: Sports Studies and the ( Continuing) Promise of Phenomenology", *Qualitative Research in Sport and Exercise*, 2009, Vol. 1.

237. M. C. Duncan, "The Politics of Women's Body Images and Practices: Foucault, the Panopticon, and Shape Magazine", *Journal of Sport & Social Issues*, 1994, Vol. 18.

238. A. P. Markula, "The Technologies of the Self: Sport, Feminism and Foucaul", *Sociology of Sport Journal*, 2003, Vol. 20, pp. 87 – 107.

239. Sheets – Johnstone, M., *The phenomenology of dance* (2nd ed. ), London: Dance Books, 1979.

240. Brohm, J. M., *Sport: A Prison of Measured Time: Essays.* ( I. Fraser, Trans. ), London: Ink Links, 1978.

241. S. Brownell, "Why Should an Anthropologist Study Sports in China?", in N. Dyck ( ed. ), *Games, Sports and Cultures*, Oxford, England: Berg, 2000.

242. Bale, J., *Landscapes of Modern Sport*, Leicester: Leicester University Press, 1994.

243. M. A. LLoyd, "Feminist Mapping of Foucauldian Politics", in S. J. Hek-

man ( ed. ) , *Feminist Interpretations of Michel Foucault* , University Park, PA: Pennsylvania State University Press, 1996.
244. Brownell, S. , *Beijing's Games: What the Olympics Mean to China*, Lanham, MD: Rowman & Littlefield, 2008.
245. Howe, P. D. , *The Cultural Politics of the Paralympic Movement: Through an Anthropological Lens*, London: Routledge, 2008.
246. Helman, C. , *Culture, Health and Illness: An Introduction for Health Professionals* (2nd ed. ) , London, England: Wright, 1990.
247. Horne, J. , *Sport in Consumer Culture*, Basingstoke: Palgrave Macmillan, 2006.
248. T. Schultz, "Capital Formation by Education", *The Journal of Political Economy*, 1960.
249. Danziger, Kaliland & Anderson. " Human Capital, Physical Health, and Mental Health of Welfare Recipients: Co‑occurrence and Correlates", *Journal of Social Issues*, 2000.
250. Schultz, T. , *Investing in People: The Economics of Population Quality*, Los Angeles: University of California Press, 1981.
251. Mincer, J. , *Studies in Human Capital*, England: Edward Elgar, 1993.
252. Becker, J. , *Human Capital*, Chicago: The University of Chicago Press, Ltd. , 1993.
253. M. Stevens, "Human Capital Theory and UK Vocational Training Policy", *Oxford Review of Economic Policy*, 1999.
254. S. L. Kirby and G. Wintrup, "Hazing and Initiation: Sexual Harassment and Abuse Issues", *Journal of Sexual Aggression*, 2002, Vol. 8.
255. International Olympic Committee, "Consensus Statement on 'Sexual Harassment and Abuse in Sport'", 2007. http://multimedia.olympic.org/pdf/en_ report_ 1125. pdf,
256. K. Fasting, "Experiences of Sexual Harassment and Abuse amongst Norwegian Elite Female Athletes and Non‑athletes", *Research Quarterly for Exercise and Sport*, 2003, Vol. 74.
257. S. Chroni, and K. Fasting, "Prevalence of Male Sexual Harassment among Female Sports Participants in Greece", *Inquiries in Sport and Physical Education*, 2009, Vol. 7.
258. Holman, M. , *Female and Male Athletes' Accounts and Meanings of Sexual*

*Harassment in Canadian Interuniversity Athletics*, Unpublished doctoral thesis, University of Windsor, Ontario, 1995.

259. T. Leahy, "Feminism, Sport and Psychology", Paper resented at the 10th World Congress in Sport Psychology," Skiathos, Greece, 2001. 6.

260. S. E. Hervik and K. Fasting, "The Experiences of Sexual Harassment among Czech and Norwegian Female Sport sStudents", Paper presented at the Pre – Olympic Conference, Thessaloniki, Greece, 2004. 8.

261. T. Leahy, G. Pretty and G. Tenenbaum, "Perpetrator Methodology as a Predictor of Traumatic Symptomatology in Adult Survivors of Childhood Sexual Abuse". *J Interpers Violence*, 2004, Vol. 19.

262. K. Volkwein – Caplan, F. Schnell and D. Sherwood, "Sexual Harassment of Women in Athletics vs Academia", *Journal of sexual Aggression*, 2002, Vol. 8.

263. K. Fasting, C. H. Brikenridge and J. Sundgot – Borgen, "Experiences of Sexual Harassment and Abuse amongst Norwegian elite female athletes and non – athletes", *Res A Exerc Sport*, 2003, Vol. 74.

264. K. Fasting, S. Chroni, and S. E. Hervik, "Sexual Harassment in Sport toward females in three European Countries", *International Review of Sociology of Sport*. 2011, Vol. 46.

265. K. Fasting, C. H. Brikenridg, J. Sundgot – Borgen, "Prevalence of Sexual Harassment among Norwegian Female Elite Athletes in Relation to Sport Type", *International Review of Sociology of Sport*, 2004, Vol. 39.

266. L. Irish, I. Kobayashi and D. L. Delahanty, "Long – term Physical Health Consequences of Childhood Sexual Abuse: a Metal – analytic Review", *Journal Pediatrics Psychology*, 2010, Vol. 35.

267. S. Marks, M. Mountjoy and M. Marcus, "Sexual Harassment and Abuse in Sport: the Role of the Team Doctor", *British Journal of Sports Medicine*, 2012, Vol. 46.

268. T. Lauretis and D. Allen, " Queer Theory: Lesbian and Gay Sexualities", *Differences: A Journal of Feminist Cultural Studies*, 1991, Vol. 3.

269. Weeks, J., *Against Nature: Essays on History, Sexuality and Identity*, London: Rivers Oram Press, 1991.

270. Butler, J., *The Psychi Life of Power: Theories in Subjection*, Stanford, CA: Stanford University press, 1997.

271. Butler, J., *Bodies that matter: On the Discursive Limits of Sex*, New York: Routledge, 1993.
272. Parker, R. G. and Gagnon, J. H., *Conceiving Sexuality, Approaches to Sex Research in Postmodern World*, New York and London: Routledge, 1995.
273. M. G. McDonald, "Queering Whiteness: The Peculiar Case of the Women's National Basketball Association", *Sociological Perspective*, 2001, Vol. 45.
274. Foucault, M. *Politics, Philosophy, Culture, Interviews and Other Writings*, 1977–1984, New York and London: Routledge, 1988.
275. Caudwell, J., *Sport, Sexualities and Queer Theory*, New York and London: Routledge, 2006.
276. J. Muñoz, *Dissidentifications: Queers of Color and the Performance of Politics*, Minneapolis: University of Minnesota, 1999.
277. Hatfield andRapson, *Love and Sex, Cross-cultural Perspective*, Boston: Allyn and Bacon, 1996.
278. Lenskyj, H., *Out of Bounds: Women, Sport and Sexuality*, Toronto: The Women's Press, 1986.
279. M. Messner, "Studying up on Sex", *Sociology of Sport Journal*, 1996, Vol. 13.
280. Monique, W., *The Straight Mind*, Boston: Beacon Press, 1992.
281. N. Theberge, "Playing with the Boys", *Canadian Woman Studies*, 1996, Vol. 14.
282. Caudwell, J., *Sport, Sexualities and Queer Theory*, New York and London: Routledge, 2006.

# 后　　记

　　本书从执笔到完成，历时四年，内容不仅包括了本人前10年在国外求学和工作中知识和经验的积累，也包括了回国后几年对中国现实问题的观察和心得。本书不能说是开拓性的，它只是试图用一种研究框架，把我们对女性体育研究所取得的成就和存在的差距，以及女性体育研究与社会变革的关系作进一步探索，从理论、方法和方向上为我国女性体育研究提供一定启发。受到本身知识结构的影响和限制，书中所讨论的女性体育问题主要是在社会人文科学的范畴里。

　　女性主义倡导把研究者的自我经验作为研究过程的一部分展现在研究中，所以在此我简单地回顾一下自己的研究经历。20世纪末，作为社会学专业的本科生，我对性别、女性问题特别感兴趣，正如女性主义强调的对自我现状的关注是大部分女性主义者开始关注女性问题的动力。受到《第二性》《性政治》《女性的奥秘》等女性主义作品以及孙中欣老师的"性别研究课程"的影响，对女性问题的关注也是从家庭、性、身体、性别气质与刻板印象等传统话题开始的。而成长为一名真正意义上的"女性主义研究者"则要追溯于到英国之后的学习。在这个过程中，体育运动成为我观察与研究性别问题的一面新棱镜。体育运动虽然不像家庭、就业、教育、生育、经济消费这类传统的女性研究话题那样直接影响着女性的地位和生存状态，但是通过体育运动这种"社会身体的活动"可以折射出许多问题。特别是在西方女性主义"观察日常生活"研究思潮的启发下，作为一种生活方式的体育活动成为了解女性生活状态的一个很好的切入点。对女性体育运动更深层次的理解和启发还来自于一批20世纪80—90年代的女性主义学者对体育、身体、性别的诠释，如 Ann Hall、Jennife Hargreaves、Patricia Vertinsky、Nancy Theberge、Susan Birrell、Helen Lenskyj、Elizabeth Pike、Margrate Costa 、Sharon Guthrie、Boutilier and SanGiovanni、M. Messner、Cheryl Cole、Susan Brownell、Margaret Duncan、Pirkko Markula、Toni Bruce、Kari Fasting 等。在 Fan Hong 教授的指导下，2006年我完成了博士论文"Urbanisation and Transformation of Chinese Women's Sport since 1980: Reconstruction, Stratification and Emancipation",也更确定了我从社会学的视野去观察体育与性别的兴趣和信心,这也是我写作本书的一个原始动力。在近十年工作、教学、科研的沉淀以后,本书终于成型,它一方面系统地整理了在西方学习期间所积累的有关女性体育研究的视野、理论、方法以及实践,另一方面也总结了多年来对女性体育所关注的问题以及心得和收获,与国内学者分享,希望有更多的学生、学者关注这个领域,丰富性别研究的内容,扩宽体育学的视野。幸运的是本书获得了"国家社科基金后期资助",说明了女性体育研究的学术价值得到了国家层面一定的认可。

本书的总体规划、大纲和框架的制订、资料收集以及主要章节的撰写由本人完成。第二章第二节由西郊利物浦大学的庞念亮老师撰写；第八章由华南师范大学研究生石丽艳撰写；第十章由新西兰奥克兰大学的刘侣岑博士撰写；第十一章由广东外语外贸大学的张玲博士撰写；第十三章由福建师范大学王润斌博士和本人共同撰写。最后由本人进行统稿、修改调整和增删。

本书在资料收集、写作过程中还得到了北京大学的董进霞教授,华南师范大学的谭华教授、黄宽柔教授,北京体育大学熊晓正教授,宁波大学郑国华教授,前国际妇女体育协会主席、挪威运动科学学院 Kari Fasting 教授,国际体育社会学学会主席 Elizabeth Pike 教授等专家学者们的宝贵意见和建议。华南师范大学体育科学学院领导和同事们在实际工作中提供了诸多支持与帮助,为我的科研和写作提供了宽松的环境。本书的完成也离不开家人的理解和支持,为我解决了很多后顾之忧,使我能安心地投入到本书的写作之中。在此,对所有帮助本书顺利完成的各位表示衷心的感谢！

作为对女性体育研究理论、方法以及实践问题的综合性、探索性、构建性、应用性研究,本书还存在着一些不足,不能做到面面俱到。从理论上看,由于国内女性体育研究还非常薄弱,因此大部分的理论来自于对西方理论的介绍、归纳和应用；从实践问题上看,有关女性体育的具体议题和研究课题非常丰富多样,本书只能挑选那些具有突出性、代表性或者先锋性的案例与大家分享,希望各位读者包容和理解。

熊　欢

2016 年 3 月